Nichts Neues unter der Sonne?

Beihefte zur Zeitschrift für die alttestamentliche Wissenschaft

Herausgegeben von
John Barton · Reinhard G. Kratz
Markus Witte

Band 450

De Gruyter

Nichts Neues unter der Sonne?

Zeitvorstellungen im Alten Testament

Festschrift für Ernst-Joachim Waschke
zum 65. Geburtstag

Herausgegeben von
Jens Kotjatko-Reeb, Stefan Schorch,
Johannes Thon und Benjamin Ziemer

De Gruyter

ISBN 978-3-11-029785-0
e-ISBN 978-3-11-029793-5
ISSN 0934-2575

Library of Congress Cataloging-in-Publication Data

A CIP catalog record for this book has been applied for at the Library of Congress.

Bibliografische Information der Deutschen Nationalbibliothek

Die Deutsche Nationalbibliothek verzeichnet diese Publikation in der Deutschen
Nationalbibliografie; detaillierte bibliografische Daten sind im Internet
über http://dnb.dnb.de abrufbar.

© 2014 Walter de Gruyter GmbH, Berlin/Boston

Druck und Bindung: CPI books GmbH, Leck
∞ Gedruckt auf säurefreiem Papier

Printed in Germany

www.degruyter.com

MIX
Papier aus verantwor-
tungsvollen Quellen
FSC® C003147

Vorwort

»Nichts Neues unter der Sonne?« – Das Buch Kohelet, aus dem der Titel stammt, ist das alttestamentliche Lieblingsbuch von Ernst-Joachim Waschke, dem dieser Band zu seinem 65. Geburtstag gewidmet ist. Die Frage ist provokativ gemeint, und erscheint doch zugleich nicht unberechtigt, angesichts des jahrtausendealten Gegenstandes der alttestamentlichen Wissenschaft. Was könnte es denn da noch Neues geben? Der berühmte und gern zitierte Satz »Es gibt nichts Neues unter der Sonne« (Koh 1,9) wirft aber unter anderem die Frage nach dem ihm zugrundeliegenden Zeitverständnis auf, und die Frage nach den Zeitvorstellungen im Alten Testament ist das eigentliche Thema dieser Festschrift.

Ein unvoreingenommener Leser könnte sich darüber wundern, welche Vielfalt an Assoziationen und Annäherungsversuchen durch das Wort »Zeit« ausgelöst wurde, oft in Begriffspaare gefasst wie Zeit und Ewigkeit, Mythos und Geschichte, Ordnung oder Chaos, zyklische versus lineare Zeit. Ähnlich zwischen zwei Polen ausgerichtet ist auch unser eigenes alltägliches Verständnis von Zeit, nämlich einerseits subjektiv bestimmt, andererseits gezähmt durch simple Mechanik, die den Ablauf der Zeit räumlich verstetigt dokumentiert. Danach richten sich unsere Uhren – und unser Leben. Doch erfährt wohl jeder Mensch zugleich, dass das eigene Empfinden diesem Modell oft zuwiderläuft. Ein Blick auf die Uhr »korrigiert« schnell solche »Einbildungen« – eine Stunde Warten kann nicht länger dauern als eine Stunde der Erfüllung – doch während der eine sich Zeit seines Lebens vom Ende getrieben fühlt, ist für den anderen die Zeit ein Schatz, aus dem er unendlich schöpft.

Die Vielfalt an Zeitbegriffen in diesem Buch gründet in den unterschiedlichen Formen der Wahrnehmungen und ihrer Darstellungen. Die fundamentalen lebensgeschichtlichen Erfahrungen von Tagen und Jahren korrespondieren mit offensichtlichen kosmischen Ordnungen. Menschenleben und die Folge von Generationen ziehen die eine Linie aus; die Beobachtung astronomischer Zyklen öffnet hingegen den Blick für viel weiter reichende Zeitabschnitte. Das Schicksal der Toten drängt Fragen auf, die die Ewigkeit berühren – *et ultra*.

Alle Theorien über gemeinsame und abweichende Zeitvorstellungen der Vergangenheit müssen im Lesen von Texten gründen. Wir besitzen keinen direkten Zugang, sondern haben die zufälligen oder bewussten literarischen Inszenierungen von Zeiten, Zeitabläufen und Zäsuren ernst zu nehmen und zu deuten. Dass auch diese Texte ihre Geschichte haben, macht die Sache nicht leichter, sondern uns nur umso deutlicher bewusst, wie unvermeidlich wir im hermeneutischen Zirkel gefangen sind.

Das Buch ist in vier Teile gegliedert. Die Beiträge des ersten Teils beschäftigen sich grundsätzlich mit dem Zeitbewusstsein und den Zeitbegriffen, die den alttestamentlichen Texten zu Grunde liegen. Der einleitende Beitrag von Otto Kaiser thematisiert die Frage nach dem Verhältnis von zyklischem und linearem Zeitverständnis und ordnet beide in eine lineare Entwicklung ein, deren Wendepunkt er im 6./5. Jh. v. Chr. ansetzt. Der darauf folgende Beitrag von Arndt Meinhold behandelt das Verständnis von Zeit und Ewigkeit aus der Perspektive des Einzelnen im Kontext altorientalischer Religiosität. Anhand von I Sam 9,9 zeigt Johannes Thon auf, dass den Israeliten auch die zeitlichen Veränderungen der Sprache durchaus bewusst waren und auch als Stilmittel eingesetzt werden konnten. Mit dem wichtigsten hebräischen Begriff für »Zeit«, עת, befasst sich Jens Kotjatko-Reeb, ausgehend von Koh 3,1–8, indem er dessen sprachliche Konstruktionsmöglichkeiten mit Verbalnomina und Infinitiven vom biblischen bis zum rabbinischen Hebräisch beschreibt. Dem »Alles hat seine Zeit« Kohelets stellt schließlich Giuseppe Veltri die »Klage gegen die Zeit« des Leone Ebreo gegenüber und beschreibt die jüdische Perspektive auf den uns bis heute prägenden Zeitbruch von Renaissance und Humanismus.

Im zweiten Teil geht es um biblische Texte, in denen die lineare Strukturierung der Zeit selbst zum Thema wird – sei es in erzählter Vergangenheit oder real erlebter Gegenwart. Christoph Levin findet in der samaritanischen Chronologie von Gen 5 die ursprüngliche Konzeption der »Priestergrundschrift«, während die Chronologie des Masoretischen Textes für den jetzigen, Gen 4 und 5 gemeinsam umfassenden Text modifiziert worden sei. Raik Heckl weist anhand einer Untersuchung der »priesterlichen Konzeption der Volkswerdung Israels« nach, dass Ex 1,1–14 nicht zwei konkurrierende literarische Ursprungstraditionen miteinander verbindet, sondern den Übergang vom Mythos zur Geschichte des Volkes Israel markiert. Auch Hans-Christoph Schmitt zieht aus den Zeitvorstellungen der priesterlichen Texte literar- und redaktionsgeschichtliche Schlüsse, während Graham Davies die kalendarische Aussage von Ex 12,1–2 als programmatischen Versuch von

»P« versteht, das Passahfest als alternatives Neujahrsfest zu etablieren, und die religionsgeschichtlichen Implikationen beschreibt. Georg Hentschel fragt nach dem Alter, der Herkunft und dem geschichtlichen Hintergrund der Synchronismen in den Königebüchern, sowie nach der möglichen Existenz einer »synchronistischen Chronik«. Im Beitrag von Benjamin Ziemer wird paradigmatisch anhand des historischen Anhangs des Jeremiabuches die buchkompositorische Funktion von chronologischen Angaben thematisiert. Sebastian Grätz schließlich unterzieht die Chronologie von Esr 1–6 einer erneuten Untersuchung.

Die zyklische Strukturierung der Zeit gründete in der Antike, wie im Prinzip auch heute noch, in astronomischen Beobachtungen. Für die Einteilung von Tagen und Jahren spielte und spielt die Sonne eine zentrale Rolle. In Abwandlung des Titelzitats beschäftigen sich die beiden Beiträge des dritten Teils der Festschrift darum mit der Frage, was es »Neues über die Sonne« zu entdecken gibt, wenn das Alte Testament in seinem kulturgeschichtlichen Kontext wahrgenommen wird. Jürgen Tubach kommt nach einer religionsgeschichtlichen Rundumschau zu dem Schluss, dass die in den letzten Jahrzehnten beliebte These der »Solarisierung« des Gottes Israels einer kritischen Überprüfung nicht standhält. Jutta Noetzel beschäftigt sich in ihrem Beitrag mit der besonderen Rolle der Sonne in der Herrschaftsideologie. Dabei zeigt sie auf, wie die Sonne nicht nur für ewige Wiederkehr, sondern ebenso für die Vergänglichkeit steht.

Im vierten und letzten Teil werden weitere Aspekte des übergreifenden Themas beleuchtet, unter dem Koh 3,1 entlehnten Motto »Alles hat seine Zeit«. Die zeitliche Ansetzung des Buches Kohelet selbst thematisiert in sehr differenzierter Weise der Beitrag von Zoltán Kustár. Rüdiger Lux lenkt in seinem Beitrag »Hat auch der Satan seine Zeit?« das Augenmerk auf die eschatologische Dimension von Sach 3 und Hiob 1, während Cătălin Vatamanu die überzeitliche Deutung der Merkabah-Vision von Ez 1 durch Fra Angelico thematisiert. Den Spuren der Zeit in der ostjordanischen Archäologie folgen Dieter Vieweger, Katja Soennecken und Jutta Häser, wohingegen Ulrich Hübner ein ganz besonderes Zeitdokument der Vergessenheit entreißt. Am Ende des Bandes geht Stefan Schorch den Spuren nach, welche verschiedene Vorstellungen von Zukunft im Pentateuchtext hinterlassen haben.

Der konkrete Anlass, die Zeitvorstellungen des Alten Testaments aus den verschiedensten Richtungen zu beleuchten, liegt in der Gegenwart: Ernst-Joachim Waschke feiert seinen 65. Geburtstag. Geboren am 2.10.1949 in Dessau (Anhalt) und damit wenige Tage vor der Gründung der DDR, ist er nach dem Studium der Theologie in Greifswald und Jena, der Promotion in Leipzig und der Habilitation in Greifswald

seit dem Wintersemester 1990–1991 und damit ziemlich genau seit der
deutschen Vereinigung im Oktober 1990 Professor für Altes Testament
an der Martin-Luther-Universität Halle-Wittenberg. In dieser Zeit hat
er nicht nur die Entwicklung der Halleschen Theologischen Fakultät
deutlich geprägt, sondern als Senator und Prorektor auch auf Universi-
tätsebene Verantwortung übernommen und den Neuanfang der Universität aktiv mitgestaltet. Als Vorstandsvorsitzender der Stiftung Leu-
corea ist Ernst-Joachim Waschke zudem auch weiterhin am anderen
Ursprungsort der heutigen vereinigten Universität maßgeblich tätig,
und als Rektoratsbeauftrager für das Reformationsjubiläum 2017 hat er
ein größeres berufliches Ziel sogar noch vor sich. Und da auch Ernst-
Joachim Waschkes Dienstzeit als Professor für Altes Testament erst
2015 endet, ist der vielleicht für ihn wichtigste Einschnitt, der tatsächlich mit seinem 65. Geburtstag zusammenfällt, das Erscheinen von
Heft 3 der ZAW 2014. Das ist das letzte von ihm selbst zusammenge-
stellte Heft dieser Zeitschrift, um die er sich in den Jahren 1993–2004 als
Herausgeber der Zeitschriftenschau und von 2005 bis 2014 als einer der
beiden Hauptherausgeber verdient gemacht hat. Dass diese Festschrift
in den »Beiheften« der ZAW erscheinen kann und dafür eigens die
runde Nummer 450 reserviert wurde, zeigt die Wertschätzung, derer
sich Ernst-Joachim Waschke beim Verlag de Gruyter erfreut.

Die Festschrift würdigt also nur eine Seite des Wirkens des Jubilars
– nicht den Reformationsgeschichtler und Wissenschaftsorganisator,
sondern den sich dezidiert als Theologen verstehenden Alttestamentler, der sich vor allem mit seinen Arbeiten im Bereich der Theologie des
Alten Testaments, vom Menschenbild über die Messiasvorstellungen
bis hin zu den prophetischen Überlieferungen, einen Namen gemacht
hat. Alle an dieser Festschrift Beteiligten haben mit seinem Wirken als
Alttestamentler zu tun: Für die fruchtbare interdisziplinäre Zusammenarbeit in der »alttestamentlichen Sozietät« in Halle stehen die Beiträge von Jens Kotjatko-Reeb, Arndt Meinhold, Stefan Schorch, Jürgen
Tubach und Giuseppe Veltri, während Raik Heckl, Rüdiger Lux und
Georg Hentschel die Leipzig und Erfurt einschließende »gemeinsame
alttestamentliche Sozietät« vertreten. Ohne selbst eine »Schule« zu begründen, hat Ernst-Joachim Waschke sich gemeinsam mit seinen Schü-
lern auf ganz unterschiedliche Perspektiven eingelassen, wie die Beiträge von Zoltán Kustár, Jutta Noetzel, Johannes Thon, Cătălin Vatamanu und Benjamin Ziemer belegen. Ernst-Joachim Waschke hat in
Halle neben dem Alten Testament im engeren Sinne auch die »Palästi-
nakunde« vertreten, und die Exkursionen nach Israel und Jordanien
waren stets Höhepunkte des Instituts- und Fakultätslebens. Deshalb ist
es erfreulich, dass mit Jürgen Vieweger und Ulrich Hübner auch zwei

wichtige Vertreter der biblischen Archäologie für Beiträge zu diesem Band gewonnen werden konnten. Mit Otto Kaiser und Hans-Christoph Schmitt sind zwei seiner Vorgänger in der Herausgeberschaft der ZAW und mit Graham Davies und Sebastian Grätz zwei der gegenwärtigen Mitherausgeber unter den Autoren der Festschrift. Der Beitrag von Christoph Levin, dem Präsidenten des Münchner IOSOT-Kongresses 2013, verdeutlicht schließlich die Anerkennung, die Ernst-Joachim Waschke in der Fachwissenschaft weit darüber hinaus genießt.

Wir als Herausgeber haben allen genannten Autoren zu danken, die sich auf unsere Einladung hin nicht nur rechtzeitig die Zeit genommen haben, einen Festschriftbeitrag für Ernst-Joachim Waschke zu verfassen, sondern auch bereit waren, sich auf das von uns gewählte Thema, die Zeitvorstellungen des Alten Testaments, und unsere verschiedenen Wünsche und Bitten einzulassen. So hat sich in zahlreichen Fällen bereits während der Entstehung des Buches ein fruchtbarer wissenschaftlicher Austausch ergeben, und es ist der vorliegende, thematisch geschlossene Band entstanden, der mitnichten »Nichts Neues« zur derzeitigen Fachdiskussion beiträgt.

Für die Aufnahme in die Reihe »Beihefte zur Zeitschrift für die alttestamentliche Wissenschaft« danken wir John Barton, Reinhard Gregor Kratz und Markus Witte, für die Betreuung seitens des Verlages Sabina Dabrowski, Albrecht Döhnert und Sophie Wagenhofer. Bei den Korrekturen haben überdies Carina Böttcher und Werner Meyknecht wertvolle Hilfe geleistet, auch ihnen gebührt unser Dank.

Den durch diesen Band zum Ausdruck kommenden Dank an unseren Lehrer, Kollegen und Freund Ernst-Joachim Waschke möchten wir mit allen guten Wünschen verbinden – und mit der Vorfreude auf die Fortsetzung unserer Gespräche.

Halle (Saale), am 7. 7. 2014

Jens Kotjatko-Reeb, Stefan Schorch, Johannes Thon und Benjamin Ziemer

Inhaltsverzeichnis

I. Zeitbewusstsein und Zeitbegriffe

Die Wende der Zeit im Alten Testament

Otto Kaiser

1. Die Zeit – ein selbstverständliches
und zugleich beunruhigendes Phänomen

Fragen wir nach dem Wesen der Zeit, so scheint die Antwort keiner großen Überlegungen zu bedürfen: Wir nehmen uns für etwas Zeit. Wir haben Zeit oder immer häufiger keine Zeit, weil die Zeit für unser Empfinden immer schneller vergeht, obgleich die Zeitmesser uns erklären, dass das ein subjektives Gefühl und objektiv ein Irrtum sei, weil die Zeit nun einmal stetig und kontinuierlich verläuft. Das tröstet uns freilich wenig, wenn wir feststellen, dass diese subjektive Steigerung des Lebenstempos unser aller Schicksal geworden ist.

Wenden wir uns an die Theologen, so werden sie uns in der Nachfolge des Kirchenvaters Augustinus erklären, dass Gott die Zeit zugleich mit der Welt erschaffen hat und sie erst aufhören wird, wenn sie in die Ewigkeit als die absolute Zeitlosigkeit, das ewige Jetzt mündet. Streicht man die Beziehung auf Gott, so basiert auch die naturwissenschaftliche Kosmologie auf der Vorstellung, dass Raum und Zeit zugleich mit dem »Urknall« entstanden sind.[1] Aber alle dogmatische Aussagen hin oder her: Wissen wir wirklich, was die Zeit eigentlich ist?[2] Unter den Großen des Geistes, die in der Antike die Frage nach dem Wesen der Zeit zu beantworten versuchten, haben drei eingestanden, dass wir es nur so lange zu wissen meinen, wie uns keiner fragt, was sie eigentlich sei, nämlich der Arzt und skeptische Philosoph Sextus Empiricus (um 200 n. Chr.), der Begründer des Neuplatonismus Plotin (204–270 n. Chr.) und der Kirchenvater Aurelius Augustinus (354– ca. 373 n. Chr.): Er erklärt in seiner Abhandlung über die Zeit im 11. Buch seiner Confessiones, seiner Bekenntnisse:

---

1 Withrow, Natural Philosophy, 19–24, bzw. Herrmann, Weltall, 74–75.
2 Vgl. zum Folgenden Kaiser, Rätsel, bes. 415–418.

»Wenn wir über die Zeit sprechen, wissen wir, was das ist; wir wissen es auch, wenn ein anderer darüber zu uns spricht. Was also ist die Zeit? Wenn mich niemand danach fragt, weiß ich es; wenn ich es jemand auf seine Frage hin erklären will, weiß ich es nicht.«

Und das, obwohl er natürlich genau wie wir wusste, dass es die drei Zeiten der Vergangenheit, Gegenwart und Zukunft gibt. Aber als Phänomen, als Erscheinung ist uns die Zeit nur im Jetzt als dem rätselhaften Augenblick gegeben, in dem die Zukunft Gegenwart wird und die Gegenwart in der Vergangenheit versinkt. Das erscheint uns selbstverständlich, ist aber als solches erst durch Aristoteles (384–322 v. Chr.) erkannt worden. Er hat die Zeit als die Grenze zwischen dem Davor und dem Danach und damit ihre Funktion bestimmt und erkannt, dass wir die Zeit durch die Bewegung und die Bewegung durch die Zeit bestimmen (vgl. Aristot. Phys. IV.10–15).[3] Augustin hat diese Einsicht um die andere ergänzt, dass sich die Zeitmessung in unserer Erinnerung, in unserem Gedächtnis vollzieht. Aber nicht, dass wir die Zeit messen können, sondern dass unsere eigene Zeit flüchtig und begrenzt ist, das unser Dasein seinem Wesen nach zeitlich und zugleich als Dasein zum Tode bestimmt ist, beunruhigt uns.[4]

2. Das aspekthafte oder magisch-mythische Weltzeitalter

2.1 Das ursprüngliche semitische Verbalsystem

Wir setzten es als selbstverständlich voraus, dass die Zeit die drei Dimensionen der Vergangenheit, Gegenwart und Zukunft besitzt. Jeder der Hebräisch gelernt hat oder sich mit der Geschichte der semitischen Sprachen beschäftigt hat, weiß, dass die semitischen Verben nicht perspektivisch auf diese drei Zeiten ausgerichtet waren, sondern zunächst lediglich aspektiv feststellten, ob eine Handlung oder ein Zustand erreicht war oder sich noch im Verlauf befindet.[5] Kennzeichnend für dieses Denken ist sprachlich die Parataxe, die Fakten und Ereignisse nebeneinander stellt, aber nicht gemäß ihrer Zeitstellung staffelt.[6] Dem

---

3   Coope, Time, 60–69.
4   Heidegger, Sein und Zeit §53, 345–354 ([15]260–267).
5   Lipiński, Semitic Languages, 331–332, und zur Entstehung des hebräischen »Temporalsystems« Bobzin, Tempora, 1–42 und zur vergleichbaren Verbalsyntax in Turksprachen Arik, Space, 305–322.
6   Zum Unterschied zwischen aspektivem und perspektivischem Denken vgl. Brunner-Traut, Frühformen, 7–14, und die Beispiele aus der ägyptischen darstellenden Kunst 15–40.

entspricht, dass den Kunstwerken sämtlicher archaischer Kulturvölker die Zentralperspektive fehlt, so dass sie ihre Gestalten und Ereignisse ebenfalls neben einander stellten.[7]

Ein Weltverständnis, das nicht auf den drei Zeiten der Vergangenheit, Gegenwart und Zukunft basiert, war offensichtlich anders strukturiert als das unsere. In ihm gab es nur ein Geflecht von machtvollen Beziehungen, die sämtlich nebeneinander standen und miteinander verbunden waren, wobei es bei der Aussage darauf ankam, ob ein Vorgang sein Ziel erreicht oder nicht erreicht hatte. Dabei wurden Welt und Gesellschaft als ein universaler Zusammenhang verstanden. Kosmologisch beruhten auf ihr ebenso die Rituale der Weissager[8] wie die Berechnungen der Astrologen, soziologisch die *unio magica*, die alle Glieder einer Gemeinschaft in ihrem Empfinden und Handeln dank ihrer Beziehung auf eine zentrale Gestalt untereinander verband. In dieser Verbindung zu leben, war heilvoll, aus ihr heraus zu fallen führte zur Verstoßung ins Elend, ins »Ausland«.[9] (In dem eigenartigen Phänomen, mit anderen Menschen oder mit Tieren auf eine nicht sinnliche Weise innig ohne eine physikalisch wahrnehmbare Nachrichtenübermittlung miteinander verbunden zu sein und um ihr Glück oder Unglück zu wissen, lebt dieses Weltverständnis fort.)[10] Das Denken dieses Zeitalters war mithin aspektiv und lebte in dem nachfolgenden gebrochen magischen oder mythischen Zeitalter fort: Die Einheit der Welt war vorgegeben, sie wurde nicht wie im neuzeitlichen Denken mittels einer offenen Kette physikalisch-mathematischer Daten konstruiert. Daher gab es auf jede Frage eine Antwort, die keinen Anspruch auf Allgemeingültigkeit erhob, sondern nur für die so und nicht anders gestellte Frage galt.[11] Man hat das treffend die Vielfalt der Zugänge, *multipilicity of approaches*, genannt und damit das Grundgesetzt des Denkens des magischen und des aus ihm entstandenen mythischen Zeitalters bezeichnet.[12]

---

7   Brunner-Traut, Frühformen, 7.
8   Zu den empirischen und theoretischen Begründungen der Weissagungskunst vgl. z.B. Starr, Rituals, 1–4, zu den empirischen und theoretischen Begründungen der mesopotamischen Weissager und zu den Prinzipien und dem Sinn der antiken Astrologie Boll/Bezold/Gundel, Sternglaube, 72–82, und Barton, Astrology, 86–113.
9   Ratschow, Magie, 27–87, bes. 83–87.
10   Tenhaeff, Hellsehen, 31–57.
11   Cassirer, Mythische Denken, Philosophie II, 39–77.
12   Frankfort, Egyptian Religion, 4, und ders., Frühlicht, 27.

2.2 Die Kultur des Alten Ägyptens,
die Zeitstrecke und die in sich zurücklaufende Zeit

Die magische Welt war die der Naturvölker und lebt als solche teilweise bis in die Gegenwart fort, wird aber durch den Kontakt mit der Westlichen Welt fortlaufend zerstört. Zum Glück hat die diesem Welt- und Zeitverständnis verpflichtete Kultur des Alten Ägyptens etwa von der Mitte des 4. Jt. v. Chr. bis in die römische Kaiserzeit kontinuierlich bestanden und gewaltige Tempel- und Grabanlagen sowie unzählige schriftliche Dokumente hinterlassen. Den Mittelpunkt der ägyptischen *Unio magica* bildete der König als der Herr der beiden Länder Ober- und Unterägypten. Als solcher war er in der Theorie der einzige Besitzer des Landes,[13] dem alle Einwohner dienten und der ihnen ihre Lebensstellung und ihren Lebensunterhalt bis über ihren Tod hinaus zuwies.[14] Er war als der Sohn des Sonnengottes Rê[15] für die als Maʿat oder »Gerechtigkeit« bezeichnete Harmonie verantwortlich, die den Kosmos und die Gesellschaft zusammenhielt.[16] Ihr zu entsprechen war die Grundregel des Handelns für Hoch und Niedrig.[17] Der König aber war ihr Garant. Das galt nicht nur für die ordentliche Landverteilung nach der alljährlich im Sommer erfolgenden Überschwemmung der Ufer des Niltals,[18] sondern auch für die ganze Landesverwaltung, den Handel[19] und die Verteidigung des Landes gegen fremde Angreifer.[20] Aber während er alle die Verwaltung und Kriegsführung betreffenden Aufgaben seinen Beamten und Offizieren übertragen konnte,[21] war er für die Sicherheit der kosmischen Ordnung allein verantwortlich. Sie wurde durch Maʿat, ihre Kosmos und Gesellschaft gestaltende Ordnung, aufrechterhalten und durch Isfet, durch Unrecht und Gewalt, gefährdet.[22]

---

13 Frankfort, Egyptian Religion, 40–42.
14 Assmann, *Maʿat*, 222–231; zu den altägyptischen Vorstellungen vom Tod und Jenseits umfassend Kees, Totenglauben, und Assmann, Tod und Jenseits, bes. 477–500.
15 Zu der spannungsreichen Göttlichkeit des Königs vgl. Hornung, Eine, 130–133.
16 Frankfort, Egyptian Religion, 49–58; Otto, Wesen, 65–69 und Assmann, *Maʿat*, 35–39, und zur Rolle des Königs zusammenfassend 211.
17 Assmann, *Maʿat*, 213–215; Lichtheim, Maat, 9–101, und dies., Moral Values, bes. 77–99.
18 Zur Nilschwemme vgl. Kees, Ägypten, 19–26, und zur Rolle des Königs Wilson, Ägypten, 91–92.
19 Kees, Ägypten, 76–77.
20 Ebd., 78–79.
21 Frankfort, Egyptian Religion, 33–37, und Wilson, Ägypten, 99–103.
22 Assmann, *Maʿat*, 201–231.

Als Beispiel sei die Sicherung des der Ma'at gemäßen Umlaufs der
Sonne gewählt. Der König hatte sich täglich und in allen Wendezeiten
des Jahres in besonderem Maße der Aufgabe zu unterziehen, die Rund-
fahrt der Sonne auf dem überirdischen und unterirdischen Nil durch
seine Gebete und Segenswünsche zu sichern und ihre kosmischen
Gegner zu verwünschen.[23] Denn ein kosmischer Drache, die Apophis-
schlange,[24] suchte ihn an den morgendlichen und abendlichen Wende-
punkten an der Weiterfahrt zu hindern. Diese Gefahr aber überwand
der Sonnengott dank der morgendlichen und abendlichen Gebete und
Beschwörungen des Königs.[25] In ähnlicher Weise galt der König als
dafür verantwortlich, dass die in jedem Sommer wiederkehrende Nil-
schwelle weder zu schwach noch zu stark ausfiel.[26]

Entscheidend für das Verständnis der Zeit war die Orientierung auf
den Ursprung aller Dinge: Die Welt entstand, als der Sonnengott sich
selbst auf dem Urhügel schuf, der aus den abziehenden Wassern der
Urflut auftauchte.[27] Dieses Geschehen wiederholte sich an jedem Morgen und noch einmal besonders, wenn sich die Wasser der Nilschwemme verzogen. Jeder Tempel des Sonnengottes war in diesem
Sinne der Urhügel und damit der Mittelpunkt der Welt. Der König
garantierte als der Sohn des Sonnengottes mit seinem kultischen Handeln die Harmonie des Kosmos.[28] Sein Handeln folgte stets dem göttlichen Vorbild, und so war diese Kultur trotz ihrer zahlreichen Königsin-
schriften und Königslisten in eigenartiger Weise geschichtslos.[29] Das
Beste war, wenn es nichts Neues unter der Sonne gab![30] Lineare Zeit
und zyklische Zeit[31] waren dabei in eigentümlicher Weise verbunden,
indem die linerare in die zyklische einmündete:

---

23 Zur Begleitung der Sonnenfahrt durch den Königs vgl. Koch, Geschichte, 272–277,
    und zur nächtlichen Fahrt des Sonnengottes Hornung, Unterweltsbücher, 25–30.
24 Zu ihrem Charakter als Symbol des Nichtseins, das alles Sein bedroht und zugleich
    verjüngt, vgl. Hornung, Unterweltsbücher, 45–47.
25 Assmann, Ägypten, 124–132, und Koch, Geschichte, 272–277.
26 Assmann, Ma'at, 220–221.
27 Vgl. z.B. Kap. 17 bzw. Spruch 17.1–2 des Totenbuches, vgl. Hornung, Totenbuch,
    59–60, dazu Kaiser, Mythische Bedeutung, 10–18, und zum aspektiven Charakter der
    ägyptischen Syntax Assmann, Steinzeit, 80.
28 Assmann, Ma'at, 201–212.
29 Assmann, Steinzeit, 144–177.
30 Zu der eigenartigen Geschichtslosigkeit der altägyptischen Kultur vgl. Assmann,
    Steinzeit, 261–262.
31 Zu Neḥeḥ als der zyklischen Zeit und Djet als der linearen Zeit oder unwandelbaren
    Dauer und beider Verbindung vgl. Assmann, Ägypten, 132–133, und ders., Steinzeit,
    80–85.

>»An jedem Abend stirbt der Sonnengott; das bedeutet das Ende des Tages-
zyklus, aber es bedeutet keine Katastrophe, weil der Gott, wie es in den
Texten immer wieder betont wird, in die Erde eingeht, aus der er entstanden ist, und in den Mutterschoß, aus dem er hervortritt.«[32]

Entsprechend wurde auch der Tod des Einzelnen als Durchgang gedeutet, sofern er als der »Gerechtfertigte an Stimme« Platz in der Son-
nenbarke fand und also an dem kosmischen Wechsel von Tag und
Nacht und Nacht und Tag teilhatte.[33] Eine eigentliche Eschatologie, die
mit dem Ende der durch die Götter gelenkten Welt und der das Leben
erhaltenden und erneuernden Kulte rechnete, wie sie im griechisch
verfassten »Töpferorakel« angekündigt wird, hat sich offenbar erst als
Reaktion auf die fortschreitenden Christianisierung Ägyptens entwickelt.[34]

Zusammenfassend können wir die verschiedenen Aspekte des königlichen Wirkens auf die Formel bringen und sagen, dass der König
durch sein kultisches und sein politisches Handeln das Leben jedes
seiner Untertanen sicherte und mithin (poetisch ausgedrückt) der Le-
benshauch in ihren Nasen war,[35] − ein Ehrentitel, den der Dichter des
vierten der sog. Klagelieder Jeremias (Thr 4,20) dem deportierten letzten König von Juda aus Davids Geschlecht Zedekia (»Meine Gerechtigkeit ist Jahwe«) zuerkannt hat.

2.3 Das ugaritische Baalepos
als Umsetzung der Mythen vom Jahreskreis in eine Erzählung

Damit haben wir einen eleganten Anknüpfungspunkt für die Rekonstruktion des Denkens der Königszeit Israels und genauer für die
vorexilische Vorstellung vom Königtum Jahwes gewonnen, das auf
seinem Sieg über das aufbegehrende Meer beruhte. Sie besaß ihre Parallele in dem ugaritischen Baalepos aus dem 13. Jh. v. Chr. In ihm wird
in KTU 1.2.IV.7–40 von einem Kampf zwischen dem Gott Baal und
dem Meeresgott Yammu berichtet, in dem der von beiden Göttern er-
hobene Anspruch auf die Herrschaft über die Erde seinen Austrag findet: Baal gelang es mit seinen Blitzkeulen den das Königtum über die
Erde verlangenden und das Festland bedrohenden Meeresgott zu be-
siegen (KTU 1.2.IV.23–31), worauf er zum König ausgerufen wurde
(KTU 1.2.IV.32.). Als solcher herrschte er als König über die Götter

---

32   Assmann, Steinzeit, 204.
33   Ebd.
34   Koch, König, 9–10, und Assmann, Steinzeit, 227–229.
35   Assmann, Ma'at, 230–231.

und ernährte Götter und Menschen und alles Leben auf Erden
(KTU 1.4.VIII.50–52). Wir brauchen im vorliegenden Zusammenhang
nicht auf die weiteren Episoden des Baalepos einzugehen, in denen er
als der sterbende und auferstehende Gott erscheint, der zu Mot in die
Unterwelt fahren muss, wo er sieben Jahre bleibt. Die epische Erzählung erstreckt sich mithin über Jahre und lässt damit die jahreszeitliche
Bindung ihrer Einzelthemen hinter sich. Was das Epos über Jahre ge-
dehnt erzählt, spiegelt allerdings ohne Rücksicht auf die natürliche
Abfolge den Kreislauf der Jahreszeiten und des Lebens, in dem Saat
und Ernte, Jugend, Alter und Tod aufeinander folgen, aber nur die
seligen Götter unsterblich sind.[36] Angemerkt sei, dass der König auch
in Ugarit in einer besonderen Beziehung zu dem Haupt des ugaritischen Pantheons, dem Gott El stand, weil er als dessen Sohn galt.[37]

2.4 Vorblick auf das Zeitverständnis im Alten Testament

Vergleichbar der Unterscheidung der in sich kreisenden Zeit (Neheh)
und der Dauer (Djet) bei den alten Ägyptern wird auch im Alten Testament zwischen der konkret gefüllten Zeit oder dem Augenblick ('ēt)[38]
und der sich unbestimmt erstreckenden Zeitdauer ('ôlām) unterschieden.[39] Im Zuge der Entwicklung der israelitisch-jüdischen Eschatologie
wurde der gegenwärtigen Weltzeit des Unheils die künftige als die des
Heils gegenübergestellt und die gegenwärtige entsprechend als hā 'ôlām
hazzæh und die künftige als hā 'ôlām habbā' bezeichnet.[40] Dabei wurde

---

36 Übersetzung von Manfried Dietrich und Oswald Loretz (TUAT III/6), 1118–1134.
    Zur Beziehung des Ba'almythos zum Jahreskreis vgl. de Moor, Seasonal Pattern, 245–
    249. Dagegen betont Gese, Religionen, 78–79, mit Recht, dass die ugaritischen Texte
    den primär an den Jahreslauf gebundenen Mythos bereits in eine Geschichte Ba'als
    verwandelt haben und damit eine gewisse Distanz zur imitativen Aufführung der
    Inhalte des Mythos zu erkennen geben. Trotzdem hält er am Herbstfest als dem ur-
    sprünglichen Sitz im Leben der Verlesung des Epos fest, vgl. auch Stolz, Funktionen,
    83–105, bes. 105. Zur Ikonographie und Charakterisierung des Gottes in den Texten
    Niehr, Religionen, 31–33, der allerdings die Beziehung des Epos zum Jahreskreis be-
    streitet. Zur Diskussion über die Bedeutung der Kampfmythen vgl. Smith, Baal Cyc-
    le, 58–114.
37 Vgl. das Epos vom König Keret bei Dietrich und Loretz (TUAT III/6), 1213–1253. Zur
    religiösen Sonderstellung des Königs als Sohn des Gottes El vgl. knapp Loretz, Uga-
    rit, 204–206, und ausführlich Aboud, Rolle des Königs, 123–192, mit reichlichen Be-
    legen zur Rolle des Königs als Opferndem am herbstlichen Neujahrsfest und bei an-
    deren Gelegenheiten auf 172–186.
38 Kronholm, 'ēt, 463–482.
39 Vgl. Jenni, Wort 'ôlām I, 197–248 und II, 1–35; Preuss, 'ôlām, und zum Zeitverständ-
    nis im AT insgesamt Mathys, Zeit (Lit.).
40 Vgl. die Belege bei Dalman, Worte Jesu, 121–125.

die Zeit in beiden Fällen als gefüllt betrachtet, so dass das Wort ʿôlām die Bedeutung »Welt« annehmen konnte. Andererseits konnte die gegenwärtige Weltzeit wie in Dan 2 und 7 auch als eine Abfolge von Weltreichen verstanden werden, die durch die Königsherrschaft Gottes abgelöst würden.[41] Das entscheidend Neue des eschatologischen Zeitverständnisses in den beiden Testamenten besteht darin, dass in ihm die Weltzeit in zwei eindeutig unterschiedene Zeitalter des Unheils und des Heils aufgeteilt wurde.

2.5 Das vorexilische Verständnis von Zeit und Welt

Dass diese Wende erst im spätexilisch-frühnachexilischen Zeitalter erfolgt ist, mag der Vergleich zwischen der Prophetie des Amos und einer Reihe deuterojesajanischer Texte zeigen. Der im zweiten Drittel des 8. Jh. v. Chr. am Reichsheiligtum zu Bethel[42] wirkenden Prophet Amos sagte dem Nordreich Israel, das sich unter der Regierung Jerobeam II. (784–748) auf einem Höhepunkt seiner politische und wirtschaftliche Blüte befand,[43] im Namen Jahwes die Heimsuchung durch ein schweres Erdbeben voraus (Am 2,6–8.13–16; 4,1–3). Der Prophet konnte versuchen, durch seine Fürbitte das drohende Unheil abzuwenden (Am 7,1–7), wurde sie nicht angenommen, waren seine Mittel erschöpft, so dass es seinen Lauf nahm. Alle Worte, die von Umkehr und kommendem Heil im Amosbuch sprechen, gehen auf exilisch-nachexilische Redaktionen zurück.[44] Auf eine vergleichbar beschränkte, sich am Jahreskreis orientierende Deutung des Königtums Jahwes treffen wir in den etwa gleichzeitig kräftig umgedeuteten Psalmen, die den Antritt der Königsherrschaft Jahwes besingen, die er (seinem späteren Widersacher Baʿal gleich) durch den Sieg über das Meer errungen hatte (vgl. Ps 18,8–16;[45] 29*; 93*[46] und 77*[47]). Dass Jahwe an seinem Thronbe-

---

41   Vgl. Kratz, Translatio Imperii, 197–222, und zur Weltalterlehre von Griechen und Römern seit Hesiod umfassend Glatz, Weltalter.

42   Am 7,10–17.

43   Hasegawa, Aram and Israel, 123–147 mit der Zusammenfassung 147, und Faust, Archaeology, 264–265.

44   Ausführliche Nachweise bei Rottzoll, Studien, *passim*.

45   Nach Hossfeld, Psalmen I, 121, wäre der Grundbestand in Gestalt eines Dankliedes des Königs in den V.2.33–50 in spätvorexilischer Zeit um den die Theophanieschilderung enthaltenden Rettungsbericht der V.3–20* erweitert; nach Adam, Königliche Held, 229–231, liegt der vorexilische Bestand in den V.4–20* und 33–41 vor, wobei sich das rettende Handeln Jahwes und des Königs genau entsprächen. Dagegen rechnet Müller, Wettergott, 22–26 damit, dass die Theophanieschilderung in den V.8–16* sekundär mit dem Rahmen verbunden ist und beim herbstlichen Jahresbeginn als Festlegende für Jahwes Königtum gedient hätte. Ähnlich hatte z.B. schon

steigungsfest unsichtbar über der Lade thronend als Sieger aus dem Kampf mit dem Meer in den Tempel eingeholt wurde, belegt Ps 24,7–10.[48] Dass diese Thronfahrt mit der Ausrufung seiner erfolgten Thronbesteigung endete, lässt sich aus Ps 47,6–9* erschließen.[49] Dass der König in diese Prozession einbezogen war, lässt sich aus dem Bericht über die Ladeprozession Salomos bei der Tempelweihe in I Reg 8 entnehmen, da der Erzähler dafür keine originalen Quellen besessen haben dürfte, sondern einen Rückschluss aus der ihm bekannten Rite gezogen haben dürfte. Dass das erste Jahr des neuen Königs jeweils an dem nach dem Tod des Vorgängers fallenden Neujahrsfest begangen wurde, zeigt die in der Königszeit übliche Berechung der Regierungsjahre des neuen Königs vom Neujahr nach dem Tod seines Vorgängers an.[50] So ist es nicht ausgeschlossen, dass auch das Königtum des irdischen Königs an diesem Tage erneut ausgerufen wurde. Dass der davidische König nicht anders als die vorderasiatischen und ägyptischen Könige

---

Seybold, Psalmen, 81 die V.8–16 als ein Hymnusfragment beurteilt, dem die Chaoskampfmythe zugrunde liegt. Zur Diskussion über und den Belegen für das vorexilische Neujahrsfest in Israel seit Sigmund Mowinckels Psalmenstudien II vgl. Loretz, Ugarit und die Bibel, 96–109.

46 Müller, Wettergott, 103–132, mit der Zusammenfassung 132. Zur vorausgehenden Diskussion vgl. z.B. Loretz, Thronbesteigungspsalmen, 76–248 (mit einem ausführlichen Lit.-Verzeichnis 232.248); Jeremias, Königtum Gottes, 41–44; Day, Conflict, 35–37; Spieckermann, Heilsgegenwart, 165–179 und Hossfeld, Psalmen I, 180–185.

47 Loretz, Thronbesteigungspsalmen, 388–394; Hossfeld, Psalmen II, 434–438, bes. 437–438 und Müller, Wettergott, 43–63, bes. 63.

48 Zur Gliederung des Psalms in die Einzugstora mit den V.1–6 und einer älteren Torliturgie in den V.7–10 vgl. z.B. Hossfeld, Psalmen I, 157, der darauf hinweist, dass die Lade nicht erwähnt wird und sich die Liturgie daher der Konkretion des Einzugs Jahwes entziehe. Dagegen belässt es Seybold, Psalmen, bei dem Hinweis darauf, dass der zweite Teil des Psalms in der Traditionslinie der Lade und Silo-Jerusalems stehe. Dagegen rechnen Mowinckel, Psalmenstudien II, 190–191, und Day, Conflict, 37–38, damit, dass der Psalm zu einer Ladeprozession gehörte. Für Porzig, Lade, 215, handelt es sich bei Ps 24,7–10 zusammen mit Jes 6,(1–)3 um die ältesten Erwähnungen der Lade außerhalb der Ladeerzählungen in I Sam 4–6 und II Sam 6.

49 Die Analysen von Loretz, Thronbesteigungspsalmen, 278–293, vgl. bes. 292–293, und Müller, Wettergott, 64–85, vgl. bes. 85, unterscheiden sich im Wesentlichen dadurch, dass Müller V.5b zum Grundtext rechnet, während Loretz ihn zusammen mit V.1b und 2a einer nachexilischen Bearbeitung zuweist. Nach Müller wäre ein aus dem V.3–4.5b bestehendes Triumphlied durch die Einleitung in V.1–2 mit Jahwes Thronbesteigung verbunden und dann spät um V.5 gesetzestheologisch erweitert; vgl. auch Seybold, Psalmen, 368–370. Jeremias, Königtum Gottes, 27, stellt fest, dass der Psalm das kanaanäische Thema des Königtums Gottes durch seine statisch-nominalen Aussagen abwandelt, indem es nicht den Chaoskampf, sondern die göttlichen Voraussetzungen für die Stabilität der Welt beschreibt.

50 Finegan, Handbook, 87–88.

als der besonders zum Schutz der Kleinen Leute berufene Rechtswalter
Jahwes galt und von seiner Gerechtigkeit die Fruchtbarkeit des Landes
abhing, belegt am eindrücklichsten der wohl für die Thronbesteigung
des Königs Josia 639 v. Chr. gedichtete Psalm 72*.[51] Aus dem Gesagten
dürfte deutlich genug hervorgehen, dass die im Rhythmus des Jahres
kreisende Zeit das Denken der vorexilischen Epoche bestimmte, obwohl die in drei Etappen gewachsene Synchronistische Königschronik
in I Reg 1,10–II Reg 24,18 die Zeitlinie für die Herrscher auszog.[52]

3. Der Sieg des linearen Zeitverständnisses über das zyklische in der israelitisch-jüdischen Eschatologie

3.1 Vorbemerkung

Im Laufe des 6. und 5. Jh. wandelte sich das Geschichtsverständnis des
Judentums entscheidend durch das Aufkommen von Erwartungen,
nach denen Jahwe endgültig seine Herrschaft über die Völker der Erde
antreten und seinem geknechteten Israel Volk nicht nur die politische
Freiheit zurückgeben, sondern ihm auch die Herrschaft über die Völker
verleihen würde. So kam es zu einer Historisierung des Mythos vom
Siege Jahwes über das anbrausende Meer, der nun zu dem von Jahwe
abgewehrten Völkersturm gegen Jerusalem wurde (vgl. z.B. Ps 46;
Jes 14,26–27; 29,5–7; 33; Joel 4; Sach 14).[53] Damit trat die Zeit der
Knechtschaft und des Unheils in einen klaren Gegensatz zu der kommenden Zeit des Heils.

---

51 Otto, Krieg, 117–121, und Arneth, Sonne der Gerechtigkeit, 96–108. Beide betonen
    die Abhängigkeit des Psalms von dem Krönungshymnus Assurbanipals (VAT 13831
    bzw. SAA III/11, wiedergegeben bei Otto, 117–118, und Arneth, 58–59). Dass die
    Aufgabe des Königs, Gerechtigkeit auf Erden durchzusetzen, auch zur ägyptischen
    Königsideologie gehörte, trifft jedenfalls zu. Für die Verbindung von Sonne und
    Mond in V.5 lassen sich weder in den einschlägigen assyrischen noch in den ägypti-
    schen Texten Vorlagen nachweisen. Stattdessen ist an die um 720 v. Chr. datierte
    Inschrift in Karatepe KAI 26 V 6–7 (TSI III, Nr.15, 54–55) zu erinnern: »[Möge der
    Name von] Azitidawa dauern für immer wie der Name der Sonne und des Mon-
    des.« Auch wenn es, wie Keel/Uehlinger, Göttinnen, 322–429, vgl. bes. 422–429,
    nachweisen, in der Eisenzeit II C in Palästina zu einer Astralisierung der himmli-
    schen Mächte gekommen ist, bleiben angesichts des die josianische Reform be-
    stimmenden antiassyrischen Zeitgeistes die Motivparallelen zum Thronbesteigungs-
    hymnus Assurbanipals beachtenswert.
52 Zu ihrer aus der Zeit König Hiskias stammenden Grundgestalt vgl. Adam, Warfare,
    35–68, bes. 36–41.
53 Vgl. dazu ausführlich Day, Conflict, 88–140, und Kaiser, Gott III, 133–151.

3.2 Die Ausrichtung der Zeit auf die Zukunft vom Zweiten Jesaja bis zu den altkirchlichen Bekenntnissen

Wenn wir als Beispiel für dieses neue Zeit- und Geschichtsverständnis vier deuterojesajanische Texte wählen, so besitzt das seinen Grund darin, dass in ihnen diese Ausrichtung auf die Zukunft samt ihren Folgen ausdrücklich thematisiert wird. Dass die Jes 40–55* umfassende Großkomposition Texte enthält, die von der Mitte des 6. bis zu der des 5. Jh. entstanden sind, dürfte derzeit von der Mehrzahl der Forscher anerkannt sein. Dabei dürfte der Großteil der in den c. 41–48 enthaltenen Texte aus der Zeit zwischen dem Eintritt des Perserkönigs Kyros in die Weltgeschichte um 550 und seinem Einzug in Babel 539 entstanden sein. Dagegen spiegelt sich der Ägyptenfeldzug seines Nachfolgers Kambyses in der Einbeziehung der ägyptischen, nubischen und sabäischen Diaspora in 43,5–7 und 45,14, während die Niederschlagung des babylonischen Aufstandes durch Dareios I. im Jahr 522 der babylonischen Gola grundsätzlich den Weg für die Rückkehr zum Zion öffnete. So liegt die Annahme nahe, dass der große Rahmen in Gestalt von 40,1–5.9–11 und 52,7–10 erst im frühen 5. Jh. v. Chr. um die Sammlung gelegt wurde.[54]

Von den hier ausdrücklich berücksichtigen Texten ist Jes 43,16–21 im vorliegenden Zusammenhang deshalb der wichtigste, weil er der einstigen Rettung aus Ägypten eine neue alsbald kommende Heilstat Jahwes gegenüberstellt, hinter der jene zurücktreten soll. Daher lässt der Prophet Jahwe sein Volk (vgl. V.1, 10 und 14) in den V.18–19 dazu auffordern, nicht (klagend)»der früheren Dinge« zu gedenken, weil er Neues mache, das sich bereits auf dem Wege sei. Die darin vorausgesetzte universale Macht Jahwes über die Natur und die Geschichte beruht darauf, dass Jahwe nicht nur der König Israels, sondern der einzige Gott ist, der als solcher aller Welt voraus ist und alle Welt überdauert. In Jes 44,6b ist die monotheistische Zuspitzung des Jahweglaubens deutlicher noch als in I Reg 18,39 auf die Formel gebracht, dass er der Erste und der Letzte ist und es außer ihm keinen Gott gibt

---

54 Sehen wir von diesem Rahmen ab, so begleitet der Textblock Jes 40,12–48,20 mit Kratz, Kyros, 151, Israel auf seinem Weg zur Erlösung: In 40,12–41,29* geht es um Jahwes Macht, die es ihm ermöglicht, den seinen Namen anrufenden Retter von Mitternacht zu erwecken. In 42,14–43,21 stellt sich Jahwe als der vor, der die Befreiten sicher durch die Wüste führen wird. In 43,22–44,23 präsentiert er sich als der, der Israel seine Sünden vergibt, worauf er in 44,24–48,21* die Befreiung aus dem Exil durch Kyros und die Niederwerfung Babylons ankündigt. Vgl. die Analysen von Kratz, Kyros, 147–176 mit der Tabelle 152, von v. Oorschot, Babel, mit der Zusammenfassung 319–324 und der beigelegten Tabelle und zur weiterhin möglichen Annahme der Einheit der dtjes. Komposition Hermisson, Deuterojesaja 3, 220.

(vgl. auch 43,10–11). Weiterhin proklamieren die Rahmentexte 40,1–
6.7–9 und 52,7–10, dass Jahwe nachdem er Jerusalem seine Schuld
vergeben hat, als königlicher Hirte mit seiner befreiten Herde zum Zion
ziehen und dort seine Königsherrschaft antreten würde (52,7bβ). Es ist
der Gott, der seine machtvolle Herrlichkeit, seinen *Kābôd*, bereits vor
allem Fleisch offenbart und also die Völker niedergeworfen hat (40,5).
Diesen Sieg Jahwes über die Völker aber setzt die Vorladung der
»Entronnenen der Völker« in 45,20–23 bereits voraus. Um die in 45,14
erwähnten Kuschiten und Sabäer, die in dem Ägyptenfeldzug des
Perserkönigs Kambyses in den Jahren 525–522 gefangen worden
waren,[55] kann es sich hier nicht handeln. Will man den zeit-
geschichtlichen Horizont der frühen Perserzeit nicht überschreiten, so
müssen es die Angehörigen der Völker sein, die den Feldzügen der
Perserkönige entkommen waren. Sie sollen, durch die Voraussage der
inzwischen eingetretenen Ereignisse von der Macht Jahwes überzeugt,
sich zu ihm als dem einzigen machtvollen Helfer bekennen.[56]
    Den Vollzug dieser Wende kündigt Psalm 96 an:[57] Er belegt, dass
aus der alljährlich im Herbst erfolgenden Proklamation des Königtums
Jahwes als des Siegers über das Meer die Ankündigung des künftigen
Antritts seiner universalen Königsherrschaft geworden ist. Der Blick
geht nicht mehr zu dem Sieg über das Meer als Begründung seiner
Herrschaft über die Erde zurück, sondern wendet sich der Zukunft zu,
in der Jahwe endgültig zum Herrn und Richter der ganzen Erde wird.[58]
Gewiss kehrt der Wechsel der Jahreszeiten auch weiterhin wieder.
Aber das Neujahrsfest nimmt jetzt den Anbruch des ewigen Königtums
und das letzte Gericht Gottes vorweg.
    Auf die Entfaltung des Mythos vom Jüngsten Gericht und der Auf-
nahme des anderen von der Auferstehung der Toten im hellenistischen
Judentum wie im Urchristentum und im Islam können wir im vorliegenden Zusammenhang nur noch hinweisen. Dank seiner Aufnahme in
die altkirchlichen Bekenntnisse und in den Koran setzt es zusammen
mit dem Bekenntnis zu Gott als dem Schöpfer von Himmel und Erde
einen mythischen Rahmen, der alle Zeiten und damit zugleich den

---

55 Vgl. Berges, Jesaja, 429 z. St.
56 Zur Abgrenzung der Einheit auf 45,18–23* vgl. Hermisson, Deuterojesaja 2, 54–61.
57 Vgl. auch Ps 97–99.
58 Nach einer Vermutung von Volz, Neujahrsfest, 15, wirkt in der Verbindung des
    Gerichtsgedankens mit dem Neujahresfest die am babylonischen Neujahrsfest be-
    gangene Auslosung des Schicksals des kommenden Jahres nach. Sie fand nach Pon-
    gratz-Leisten, Neujahr(sfest), 295b, in der 2. Versammlung der Götter am 11. Tag des
    Festes statt. Das Weltschöpfungsepos *Enûma eliš* wurde dagegen am 4. Tag des Fes-
    tes vor Marduk rezitiert.

eigenen Tod in Gottes Hände legt und damit jeden Einzelnen dazu aufruft, sein Leben dankbar als ein Geschenk Gottes anzunehmen, für dessen Verwaltung er am Ende Rechenschaft ablegen muss. In diesem großen Rahmen versteht die christliche Kirche das Wirken Jesu von Nazareth als die Mitte der Zeit. Da seine Auferstehung auf den ersten Tag der Woche fiel, wurde der Sonntag seit 321 n. Chr. offiziell zum Ruhetag der Christen erklärt, während das Rechnen mit Jahren vor und nach der Geburt Jesu Christi auf den 525 n. Chr. eingeführten Osterkalender des Dionysius Exiguus zurückgeht.[59] Es setzte sich in der christlichen Welt erst im Hochmittelalter durch und überlebte bislang alle rationalistischen oder revolutionären Versuche sie durch einen Gegenkalender zu ersetzen.[60]

Trotzdem ist nicht zu übersehen, dass dieser Zeitrechnung im postmodernen Bewusstsein ihre eigentliche Bedeutung verloren gegangen ist. Denn es ist in eine weitere Spielart des Kreislaufdenkens zurückgekehrt, mit der es, ohne es zu wissen, Nietzsches Lehre von der ewigen Wiederkehr des Gleichen und dem Willen zur Macht als zielloser Übermächtigung[61] gleichsam existential auslegt, wobei das Denken und Handeln durch ein zielloses Streben nach dem Immer-Mehr, Immer-Größer, Immer-Schneller bestimmt wird.[62] Man kann das mit Martin Heidegger als die Vollendung des Nihilismus bezeichnen.[63] Er setzt den vermeintlichen Tod Gottes voraus, der sich darin zu spiegeln scheint, dass seine Kirchen ihre Rolle als Zentren des Lebens verloren haben und zu Gottes Grüften geworden sind.[64] Nur wer es wagt, gelassen zu leben und d.h. das eigene und das gemeinsame Leben als Geschenk anzunehmen und seinem göttlichen Urgrund anzuvertrauen, weiß, dass Gott seine ewige Zuflucht ist.[65]

---

59 Maier, Zeitrechnung, 33.72–73.
60 Maier, Zeitrechnung, 33–54.97–107.
61 Kaiser, Nietzsches Lehre, 1–32.
62 Heidegger, Beiträge, 124–143.
63 Umfassend Heidegger, Nietzsche: Der europäische Nihilismus. Heidegger erkennt in Nietzsches Lehren das notwendige Ende des Zeitalters der Metaphysik und leitet daraus die Forderung der Rückkehr hinter ihre Anfänge und d.h. für ihn: hinter den Platonismus ab. Zu Nietzsches Nihilismus vgl. auch ders., Nietzsches Wort, 264–267.
64 Nietzsche, Fröhliche Wissenschaft III, 140–141, und dazu Heidegger, Nietzsches Wort, 209–267.
65 Vgl. dazu künftig das Schlusskapitel in Kaiser, Glaube und Geschichte, BThSt, 2013.

Literatur

J. Aboud, Die Rolle des Königs und seiner Familie nach den Texten von Ugarit, FARG 27, Münster 1994

K.-P. Adam, Der königliche Held. Die Entsprechung von kämpfendem Gott und kämpfendem König in Psalm 18 (WMANT 91), Neukirchen-Vluyn 2001

— Warfare and Treaty Formulars in the Background of Kings, in: M. Leuchter/K.-P. Adam (eds.), Soundings in Kings. Perspectives and Methods in Contemporary Scholarship, Minneapolis 2010, 35–68

E. Arik, Space, Time, and Iconicity in Turkish Sign Language, Trames 16, Tallinn 2012, 305–322

M. Arneth, »Sonne der Gerechtigkeit«. Studien zur Solarisierung der Jahwe-Religion im Lichte von Psalm 72, ZARG.B 1, Wiesbaden 2000

— Psalm 72 in seinen altorientalischen Kontexten, in: E. Otto/E. Zenger (Hg.), »Mein Sohn bist du« (Ps 2,7). Studien zu den Königspsalmen, SBS 192, Stuttgart 2002, 135–172

J. Assmann, Die Zeugung des Sohnes. Bild, Spiel, Erzählung und das Problem des ägyptischen Mythos, in: Ders./Burkert/Stolz, Funktionen, 13–61

— Ägypten. Theologie und Frömmigkeit einer Hochkultur, UB 366, Stuttgart u.a. 1984

— Maʿat. Gerechtigkeit und Unsterblichkeit im Alten Ägypten, München 1990

— Tod und Jenseits im Alten Ägypten, München 2001

— Steinzeit und Sternzeit. Altägyptische Zeitkonzepte, München 2011

J. Assmann/W. Burkert/F. Stolz, Funktionen und Leistungen des Mythos. Drei altorientalische Beispiele, OBO 48, Freiburg (Schweiz)/Göttingen 1982

J. Assmann/B. Janowski/M. Welker (Hg.), Gerechtigkeit. Richten und Retten in der abendländischen Tradition und ihren altorientalischen Ursprüngen, München 1998

E. Auerbach, Die große Überarbeitung der biblischen Bücher, in: Congress Volume Copenhagen 1953, VT.S I, Leiden 1953, 1–10

Augustinus, Confessiones. Ed. Martinus Skytella. Ed. corr. cur. H. Juergens et W. Schwab, BSGLT, Stuttgart 1981

— Die Bekenntnisse. Aus dem Lat. übers. und hg. v. K. Flasch/B. Mojsisch. Mit einer Einleitung von K. Flasch, Reclam Bibliothek, Stuttgart 2008

T. Barton, Ancient Astrology, Scienes of Antiquity, London/New York 1994 (ND)

U. Berges, Jesaja 40–48, HThKAT, Freiburg/Basel/Wien 2008

H. Bobzin, Die »Tempora« im Hiobbuch. Inaugural-Dissertation zur Erlangung der Doktorwürde des Fachbereichs 11 – Außereuropäische Sprachen und Kulturen der Philipps-Universität Marburg/Lahn, Marburg 1974

F. Boll/C. Bezold/W. Gundel, Sternglaube und Sterndeutung. Die Geschichte und das Wesen der Astrologie. 6., durchges. Aufl. mit einem bibliograph. Anhang von H.-G. Gundel, Darmstadt 1974

R. Borger, Akkadische Rechtsbücher, TUAT I/1, Gütersloh 1982, 32–125

E. Brunner-Traut, Frühformen des Erkennens. Am Beispiel Altägyptens, 2. durchges. und erw. Aufl., Darmstadt 1992

E. Cassirer, Philosophie der Symbolischen Formen II: Das Mythische Denken, 1, 2. Aufl., Darmstadt 1953

J. J. Collins, The Apocalyptic Imagination. An Introduction to Jewish Apocalyptic Literature, second edition, Grand Rapids/Cambridge (U.K.) 1998

U. Coope, Time for Aristotle. Physics IV.10–14, Oxford Aristotle Studies, Oxford 2005

G. Dalman, Die Worte Jesu. Mit Berücksichtigung des nachkanonischen jüdiuschen Schrifttums und der Aramäischen Sprache I: Einleitung und wichtige Begriffe. Mit Anhang A: Das Vaterunser, B: Nachträge und Berichtigungen, Darmstadt 1965 (= 2. Aufl. Leipzig 1930)

J. Day, God's conflict with the dragon and the sea. Echoes of a Canaanite myth in the Old Testament, Cambridge (U.K.) 1985

M. Dietrich/O. Loretz, Mythen und Epen in ugaritischer Sprache, TUAT III/6, Gütersloh 1997, 1089–1317

K. Elliger, Deuterojesaja. 1. Teilband Jesaja 40,1–45,7, BK.AT XI/1, Neukirchen-Vluyn 1978

A. Faust, The Archaeology of Israelite Society in Iron Age II, Winona Lake (Indiana) 2012

J. Finegan, Handbook of Biblical Chronology. Principles of Time Reckoning in the Ancient World and Problems of Chronology in the Bibel, Princeton (N.J.) 1964

H. Frankfort, Ancient Egyptian Religion. An Interpretation, New York 1948 (ND)

H. Frankfort/J. A. Wilson/T. Jacobsen, Frühlicht des Geistes. Wandlungen des Weltbildes im Alten Orient, Stuttgart 1954

H. Gese, »Die Religionen Altsyriens«, in: Ders./M. Höfner/K. Rudolph, Die Religionen Altsyriens Altarabiens und der Mandäer, RM 10/2, Stuttgart u. a. 1972, 1–172

J. C. Gibson, Textbook of Syrian Semitic Insctiptions II: Aramaic Inscriptions, Oxford 1975

B. Glatz, Weltalter, goldene Zeit und sinnverwandte Vorstellungen, Spudasmata XVI, Hildesheim 1967

J. Gray, The Biblical Doctrin of the Reign of God, Edinburgh 1979

S. Hasegawa, Aram and Israel during the Jehuite Dynasty, BZAW 414, Berlin/Boston 2012

M. Heidegger, Sein und Zeit (1927), hrsg. von F.-W. v. Herrmann (GA I/2), Frankfurt am Main 1977

— Nietzsche und der europäische Nihilismus. Freiburger Vorlesung II. Trimester 1940, hrsg. von P. Jaeger, GA II/48, Frankfurt am Main 1961 (ND)

— Nietzsches Wort »Gott ist tot« (1943), in: Ders., Holzwege, GA I/5, Frankfurt am Main 1977, 209–267

— Beiträge zur Philosophie (Vom Ereignis), hrsg. von F. W. v. Herrmann, GA III/65, 3. (= 2.) durchges. Aufl., Frankfurt am Main 2003 (=1994)

H.-J. Hermisson, Deuterojesaja. 2. Teilband Jesaja 45,8–49,13, BK.AT XI/2, Neu-
kirchen-Vluyn 2003
— Deuterojesaja, 3. Teilband, BK.AT XI/3, Lfg. 14, Neukirchen-Vluyn 2010
E. Hornung, Ägyptische Unterweltsbücher. Eingel., übers. u. erl., BAW. AO,
München/Zürich 1972
— Der Eine und die Vielen. Ägyptische Gottesvorstellungen, Darmstadt 1973
— Das Totenbuch der Ägypter. Eingel., übers. u. erl., BAW.AO, München/
Zürich 1979
F. L. Hossfeld/E. Zenger, Die Psalmen I-III, NZB.AT, Würzburg 1993, 2002 und
2012
B. Janowski, »Die Frucht der Gerechtigkeit und die judäische Königsideologie«:
Psalm 72 und die judäische Königsideologie, in: E. Otto/E. Zenger (Hg.),
»Mein Sohn bist du« (Ps 2,7). Studien zu den Königspsalmen, SBS 192,
Stuttgart 2002, 94–134
E. Jenni, Ernst, Das Wort ʿôlām im Alten Testament I, ZAW 64 (1952), 97–248;
II, ZAW 65 (1953), 1–35
J. Jeremias, Das Königtum Gottes in den Psalmen. Israels Begegnung mit dem
kanaanäischen Mythos in den Jahwe-Königs-Psalmen, FRLANT 141, Göt-
tingen 1987
O. Kaiser, Die mythische Bedeutung des Meeres in Ägypten, Ugarit und Israel,
2. Aufl., BZAW 78, Berlin 1962
— »Klagelieder«, in ATD 16/2, 4. Aufl., Göttingen 1992, 91–198
— Der Gott des Alten Testaments. Theologie des Alten Testaments I: Grund-
legung, UTB 1747; II: Jahwe, der Gott Israels, Schöpfer der Welt und des
Menschen, UTB 2024; III: Jahwes Gerechtigkeit, UTB 2392, Göttingen 1993,
1998 und 2003
— Gott, Mensch und Geschichte. Studien zum Verständnis des Menschen und
seiner Geschichte in der klassischen, biblischen und nachbiblischen Litera-
tur, BZAW 413, Berlin/New York 2010
— Das Rätsel der Zeit nach Buch XI der Confessiones von Aurelius Augusti-
nus, in: Ders., BZAW 413, 409–441
— Nietzsches Lehre vom Übermenschen, der ewigen Wiederkehr und dem
Willen zur Macht, Trames 15 (2011), 1–32
— Glaube und Geschichte, BThSt, 2013
O. Keel/C. Uehlinger, Göttinnen, Götter und Gottessymbole. Neue Erkenntnis-
se zur Religionsgeschichte Kanaans und Israels aufgrund bislang un-
erschlossener ikonographischer Quellen, Quaestiones Disputatae 24,
4., erw. Aufl., Freiburg/Basel/Wien 1998
H. Kees, Aegypten, RGL 10, Tübingen 1928
— Das alte Ägypten. Eine kleine Landeskunde. 3., durchg. Aufl., Wien/
Köln/Graz 1977
— Totenglauben und Jenseitsvorstellungen der alten Ägypter. Grundlagen
und Entwicklung bis zum Ende des Mittleren Reiches, 3., unv. Aufl., Berlin
1977
K. Koch, Geschichte der ägyptischen Religion. Von den Pyramiden bis zu den
Mysterien der Isis, Stuttgart/Berlin/Köln 1993

R. G. Kratz, Translatio Imperii. Untersuchungen zu den aramäischen Daniel-erzählungen und ihrem theologiegeschichtlichen Umfeld, WMANT 63, Neukirchen-Vluyn 1991
— Kyros im Deuterojesaja-Buch, FAT 1, Tübingen 1991
T. Kronholm, עֵת 'et, ThWAT VI, 463–482
C. Levin, Das Alte Testament, C. H. Beck Wissen 2160, 4. durchg. Aufl., München 2010
T. J. Lewis, Cults of the Dead in Ancient Israel and Ugarit, HSM 39, Atlanta (Gorgia) 1989
M. Lichtheim, Maat in Egyptian Autobiographies and Related Studies, OBO 120, Freiburg (Schweiz)/Göttingen 1992
— Moral Values in Ancient Egypt, OBO 155, Freiburg (Schweiz)/Göttingen 1997
E. Lipiński, Semitic Languages. Outline of a Comparative Grammar, OLA 80, Leuven 1997
O. Loretz, Die Königspsalmen. Die altorientalisch-kannanäische Königstradition in jüdischer Sicht I: Ps 20, 21, 72, 101 und 144. Mit einem Beitrag von I. Kottsieper, UBL 6, Münster 1988
— Ugarit-Texte und Thronbesteigungspsalmen. Die Metamorphosen des Regenspenders Baal-Jahwe [Erw. Neuaufl. von: Ders., Psalm 29. Kanaanäische El- und Baaltraditionen in jüdischer Sicht, UBL 2, 1984], UBL 7, Münster 1988
— Ugarit und die Bibel. Kanaanäische Götter und Religion im Alten Testament, Darmstadt 1990
— Psalmenstudien. Kolometrie, Strophik und Theologie ausgewählter Psalmen, BZAW 309, Berlin/New York 2002
— Götter – Ahnen – Könige als gerechte Richter. Der »Rechtsfall« des Menschen vor Gott nach altorientalischen und biblischen Texten, AOAT 290, Münster 2003
H. Maier, Die christliche Zeitrechnung, Freiburg/Basel/Wien 1991
H.-P. Mathys, Zeit III. Altes Testament, TRE XXXVI (2004), 520–523
S. M. Maul, Der assyrische König – Hüter der Weltordnung, in: J. Assmann/ B. Janowski/M. Welker (Hg.), Gerechtigkeit. Richten und Retten in der abendländischen Tradition und ihren altorientalischen Ursprüngen, Paderborn 1998, 65–77
J. C. de Moor, The Seasonal Pattern in the Ugaritic Myth of Ba'lu. According to the Version of Ilimilku, AOAT 16, Kevelaer/Neukirchen Vluyn 1971
S. Mowinckel, Psalmenstudien II: Das Thronbesteigungsfest Jahwäs und der Ursprung der Eschatologie, SNVAO II Nr. 61, Kristiania 1922
— The Psalms in Israel's Worship. Transl. by D. R. Ap. Thomas I-II, Oxford 1962
R. Müller, Jahwe als Wettergott. Studien zur althebräischen Kultlyrik anhand ausgewählter Psalmen, BZAW 387, Berlin/New York 2008
H. Niehr, Religionen in Israels Umwelt, NEB. AT. E 5, Würzburg 1998

— Texte aus Ugarit. Rituale und Beschwörungen, in: B. Janowski/G. Wilhelm (Hg.), Omina, Orakel, Rituale und Beschwörungen TUAT.NF IV, Gütersloh 2008, 243–257

F. Nietzsche, Die Fröhliche Wissenschaft (»La Gaya Scienza«), mit einem Nachwort von W. Gebhard, KTA 74, Stuttgart 1986

J. van Oorschot, Von Babel zum Zion. Eine literarkritische und redaktionsgeschichtliche Untersuchung, BZAW 206, Berlin/New York 1993

Eberhard Otto, Wesen und Wandel ägyptischer Kultur, Verständliche Wissenschaft 100, Berlin/Heidelberg/New York 1969

Eckart Otto, Krieg und Frieden in der Hebräischen Bibel und im Alten Orient, Theologie und Frieden 18, Stuttgart 1999

B. Pongratz-Leisten, Neujahr(sfest), RIA IX (1998–2001), 294–298

P. Porzig, Die Lade Jahwes im Alten Testament und in den Texten vom Toten Meer, BZAW 397, Berlin/New York 2009

H.-D. Preuss, עוֹלָם ʿôlām, ThWAT V (1986), 1144–1159

G. v. Rad, Das judäische Königsritual (1947), in: Ders., Ges. Studien zum Alten Testament, ThB 8, München 1958, 205–213

C. H. Ratschow, Magie und Religion, Gütersloh 1955

D. U. Rottzoll, Studien zur Redaktion und Komposition des Amosbuches, BZAW 243, Berlin/New York 1996

M. Saur, Die Königspsalmen. Studien zu ihrer Entstehung und Theologie, BZAW 340, Berlin/New York 2004

K. Seybold, Die Psalmen, HAT I/15, Tübingen 1996

M. S. Smith, The Ugaritic Baal Cycle I: Introduction with Text, Translation & Commentary of KTU I.1–I.2, VT.S 55, Leiden 1994

H. Spieckermann, Heilsgegenwart. Eine Theologie der Psalmen, FRLANT 148, Göttingen 1989

K. Spronk, Beatific Afterlife in Ancient Israel and in the Ancient Near East, AOAT 219, Münster 1986

I. Starr, The Rituals of the Diviner, Bibl. Mesopotamica XII, Malibu 1983

F. Stolz, Funktionen und Bedeutungsbreite des ugaritischen Baᶜalmythos, in: Assmann/Burkert/Stolz, Funktionen, 83–118

W. H. C. Tennhaeff, Hellsehen und Telepathie. Aus dem Niederländischen übertrg. von H. P. Kövari, Bücherei Bildung und Wissen, Gütersloh 1962

P. Volz, Das Neujahrsfest Jahwes (Laubhüttenfest), SGV 67, Tübingen 1912

M. Weippert, Historisches Textbuch zum Alten Testament, GAT 10, Göttingen 2010, zit. als HTAT

J. A. Wilson, »Ägypten«, in: H. Frankfort/J. A. Wilson/T. Jacobsen, Frühlicht, 37–135

G. J. Withrow, The Natural Philosophy of Time. 2nd. ed., Oxford 1990

E. Zenger, siehe Hossfeld/Zenger

Zur »Ewigkeits«-Perspektive des zeitlichen Menschen im alten Israel[*]

Arndt Meinhold

1. Begriffliches

»Ewigkeit« ist »die unendliche Dauer«[1] bzw. »Dauer ohne Anfang und Ende«.[2] Bei ihrer Verhältnisbestimmung zur Zeit heißt es bei Schelling: »Die wahre E. ist nicht die, welche alle Zeit ausschließt, sondern welche die Zeit (die ewige Zeit) selbst sich unterworfen enthält. Wirkliche E. ist Überwindung der Zeit«.[3] Im theologischen Sinne ist Ewigkeit Gott selbst: »aeternitas non est aliud quam ipse deus«.[4]

Beide altorientalischen Hochkulturen, die das alte Israel umgaben und je spezifisch beeinflussten, die ägyptische und die mesopotamische, bestimmten ihre Zeit- und Unvergänglichkeitsverständnisse mythisch und kosmologisch verankert. Ähnlich verstand man im alten Israel die Zeit-Raum-Erstreckung der erschaffenen Welt (Gen 1,1–2,4a; vgl. Prov 8,22–31), gewissermaßen zwischen Urzeit und Endzeit.

In Mesopotamien war man der Überzeugung, dass die Tag für Tag vonstattengehende Reise des Sonnengottes Šamaš/UTU sowohl der Welt der gegenwärtig Lebenden als auch in der Unterwelt den bereits Verstorbenen teilhaftig werde. Im jenseitig-nächtlichen Geschehen fie-

---

[*]   Ernst-Joachim Waschke gelten meine besten Wünsche zum 2. Oktober 2014 und herzlicher Dank für die gemeinsame Zeit in Halle an der Saale, verbunden mit diesem Beitrag, der auf einen Vortrag während des Konvents des Kirchenkreises Naumburg-Zeitz zum Thema »Ewigkeit« am 4. November 2008 in Brotterode zurückgeht.
1   Schischkoff, Wörterbuch, 178a.
2   Jüngel, Ewigkeit II, 1772.
3   Schischkoff, ebd.
4   Thomas von Aquin, Summa Theologiae 1q.10a. 2 ad 3, zitiert und übersetzt (»E[wigkeit] ist nichts anderes als Gott selbst«) bei Jüngel, Ewigkeit III, 1774. Entsprechend rühmt II Makk 1,25a: »… einziger Spender (der Lebensgüter), einzig Gerechter, Allherrscher und Ewiger«.

len Vergangenes und Zukünftiges in eins, da die Nacht gleichzeitig Vergangenheit gegenüber dem zurückliegenden Tag und Zukunft in Hinblick auf den kommenden war. Darin liegt begründet, dass die Schau der Zukunft, einschließlich Traumgeschehen, ihren Ort des Nachts in der Unterwelt hatte.[5] Für die Begrifflichkeit wurden im Akkadischen vor allem drei Wurzeln verwendet, deren Wörter keine eigentlichen Zeitbegriffe darstellen: *darû(m)* I »(ewig) dauern« mit dem Partizip *dārû(m)* »dauernd, ewig« und dem Nomen *dāru(m)* I »Dauer, Ewigkeit«,[6] *ṣiātum, ṣâtu* »ferne Zeit (in Vergangenheit und Zukunft)«[7] und – was dauert, muss – *kīnu(m)* »wahr, fest« sein. Das zugrundeliegende *kânu(m)* »dauerhaft, wahr, fest sein bzw. werden« (vgl. hebr. כון/כֹ) hängt mit *kittu(m)* I »Wahrheit, Stetigkeit, Treue« zusammen.[8] Wahrheit, Festigkeit und Dauer/Ewigkeit bilden eine untrennbare Einheit.[9] Das Gegenteil – *sarru(m)* I »falsch, verbrecherisch« – ist folglich hinfällig.

Im Ägyptischen bezeichnet das Begriffs-Doppel *Neheh* und *Djet* die »Fülle der Zeit als kosmische Totalität«[10]. Im Spruch 17 des Totenbuchs wird »[das,] was ist« als *Neheh* und *Djet* (Z.45–51) verstanden.[11] Beide Größen stellen himmelstützende, den Bestand der Welt sichernde Gottheiten dar,[12] mit folgenden Zuordnungen:

Neheh (m) – Wandel   – Tag   – Re
Djet (f)   – Vollendung   – Nacht – Osiris.

Der Sonnenlauf selbst verkörpert die Anschauung der Zeit als duale Einheit: Über den Tag verwandelt sich die Morgensonne in der Gestalt von Chepre bis zur Vollendung als Abendsonne in Form von Atum, wenn sie untergeht. Zusammen verkörpern *Neheh* und *Djet* den gesamten Vorrat an Zeit für lange Dauer, doch nicht unendlich, da sein Ende mit dem der Welt zusammenfällt. Dem nach Unendlichkeit/Ewigkeit strebenden Menschen ist sie im irdischen Leben jedoch nicht beschieden, so dass dessen Zeit nur in sinnvollem Tun als *Carpe diem* zu nutzen bleibt. Die Aufschrift einer Priesterstatue aus der 22. Dynastie feiert den Wert des Augenblicks, als wäre es die praktisch-reale Entsprechung zur Ewigkeitserwartung: »Ein Augenblick, da man die Strahlen

5   Radner, Macht, 12.
6   AHw 164a. b; CAD D 115–118.
7   AHw 1096f.; CAD Sz 116b–117b.
8   AHw 438–440.481.494f.; CAD K 161a–b.389b–390a.468–472.
9   Radner, Macht, 14f.
10 Assmann, Ägypten, 90.
11 Hornung, Totenbuch, 61f.
12 Hornung, Mythos, 85f. mit Abb. 6 (Text: 32).

sen) Odems durch JHWH das Verscheiden bewirkt.[28] Offenbar im Hinblick auf den Menschen,[29] den die unmittelbar vorangehende Metaphorik als einen sich im Alter dem Sterben Nähernden zeichnet (Koh 12,2–6), heißt es hingegen am Ende des Schlussgedichts Kohelets (12,7):

> Und es kehrt zurück der Staub (העפר) zur Erde, »als das, was er war«[30];
> und der (Lebens-)Geist (הרוח) kehrt zu Gott zurück, der ihn gegeben hat.

Der Bezug auf Koh 3,21 und die daher rührenden Veränderungen sind offensichtlich: Der staubverhaftete Körper erhält einen Platz im unabsehbar-langwährenden Geschöpf Erde; die unvergängliche, auf Zeit verliehene רוח kehrt zu ihrem Eigner, dem Schöpfer-Gott, dem »bleibende(n) Ort des Lebens«[31], zurück. Des Menschen Ganzheitlichkeit ist damit freilich aufgelöst, entsprechend der bei Kohelet fehlenden »Lebensperspektive über den Tod hinaus«.[32]

3. Fragliche Strategien zur Perpetuierung des Menschen

Dass das Sterblichkeitsproblem des Menschen lösbar sei, wurde bereits früh in Abrede gestellt. Wohl war im Alten Orient die Vorstellung verbreitet, der Mensch sei zweiphasig aus irdenen und göttlichen Komponenten erschaffen worden.[33] Doch resultierte daraus keine Götter-

---

28 In Ps 146,4 ist lediglich vom Lebensgeist des Menschen die Rede; Hi 34,14f. nennt zwar »alles Fleisch« (V.15a), doch steht in synonymem *parallelismus membrorum* אדם (»Mensch, Menschheit«; V.15b); vgl. Lux, Tod, 55.

29 Dass mit Koh 12,7 auch an die Rückkehr des tierischen Lebensgeistes zum göttlichen Geber gedacht sei, so dass es »*nach dem Tod keine Bevorzugung des Menschen gegenüber dem Vieh gibt*« (Fischer, Kohelet, 350 [kursiv]), bleibt angesichts von Text und Kontext fraglich, gleichfalls ob in 3,21 zwingend eine rhetorische Frage den Vorrang des Menschen vor dem Vieh abweist (ebd., 348; vgl. auch Lux, Tod, 54f.). Kommt מי יודע hier als spätbibl.-hebr. Form für אולי im klassischen Bibl. Hebr. (Schorch, Konzept, 462) in Betracht, ergibt sich evtl.: »Vielleicht ist die רוח der Menschen die aufsteigende, sie, nach oben, und die רוח des Viehs die hinabsteigende, sie, nach unten zur Erde?« (Koh 3,21).

30 Lux, Tod, 61.

31 Vgl. Lux, Tod, 61f. (Zitat: 62). Die deutende Umschreibung von Kohelets schließlichem Bekenntnis, dass bei Gott des Menschen »רוח war, als er noch nicht gewesen ist, und bei dem sie einmal sein wird, wenn er nicht mehr ist« (ebd., 62), ist wohl zu ergänzen: »… wenn er nicht mehr {er selbst; Vf.} ist«.

32 Leuenberger, Gott, 141.

33 Für Ägypten z.B. die Darstellung Chnums, Amenophis III. auf der Töpferscheibe formend, und Belebung durch Hathor mit dem Lebenszeichen (Keel, Welt, 227, Abb. 334); für Mesopotamien z.B. Atra(m)hasis-Mythos T. I, 233f. (TUAT III/4, 612–

gleichheit mit Unsterblichkeit, wie beispielhaft an Gilgamesch gezeigt
wird, der seit Geburt zu zwei Dritteln Gott, im entscheidenden Drittel
aber Mensch sei (GE.M I, 48; IX, 51). Unvergängliches Leben am Tod
vorbei war eben nicht zu erlangen, da er als Sterblicher die Prüfung,
sechs, sieben Tage ohne Schlaf zu sein (XI, 202–204.243–246), nicht zu
bestehen vermochte. Selbst die als Trost erhaltene lebenerneuernde
Pflanze – noch *einmal* Jugend gewährend (XI, 286), was »Gilgamesch«
bedeutet (»Der alte Mensch ist [wieder] jung«) – verlor er an die
Schlange, den »Löwen des Erdreichs« (XI, 305–307.314). Erst postmor-
tal wurde er unter die Götter erhoben und über die Unterwelt gesetzt
(GE.M, 18).

Umso intensiver wurden auf der geistig-realen Ebene Strategien
zur Perpetuierung des eigenen Lebens über den Namen verfolgt. Sie
fußten zum einen auf der faktischen Vergänglichkeit des physischen
Menschen und zum anderen auf dem Konzept, der Name sei mit seinem Träger »bis zur Austauschbarkeit zusammengehörig« und »[d]ie
Existenz des einen … an die Existenz des anderen geknüpft«.[34] Dementsprechend bedeutete das Auslöschen eines Namens einerseits zugleich die Vernichtung seines Trägers.[35] Andererseits ergab sich für den
Menschen in Mesopotamien die Möglichkeit, »die körperliche Vergänglichkeit durch die Erhaltung des von den Gesetzen der Natur unbe-
rührbaren Namens zu überwinden. Sie eröffnet dem Individuum eine
Aussicht zur Weiterexistenz nach dem Tode.«[36.37]

Der Mensch als ungeteiltes Selbst besitzt nach diesem Verständnis
mehrere Repräsentationsformen: die »physische Existenz«, die an den
lebenden Körper gebunden ist, während »Name« und »Geist« davon
unabhängig sind. Jedoch bedürfen »geschriebener Name« und »Bild«
gewissermaßen alternativer ›Körper‹ wie (Ton-)Tafel, Schriftstück (=
sepær), Stele, Denkmal, Siegel.[38] Die Strategien, das eigene Selbst durch
die »Macht des Namens« zu sichern, beruhten auf Nachkommen,

645, speziell 624); Enuma elish T. VI, 31–34a (ebd., 565–602, speziell 592); vgl. ferner
Enkidus Erschaffung aus Ton (GE.M I, 101–104).

34 Radner, Macht, 15.

35 Ebd., 16.

36 Ebd., 21.

37 Auch das alte Israel kannte Möglichkeiten, mittels Namen und Gedächtnis den Tod
zu überdauern; vgl. z.B. Dtn 25,6f.; Ruth 4,5.10; Ps 112,6; Prov 10,7 sowie Spronk,
Afterlife, 70f.; ferner Vf., »Leben auf Dauer«. U.a. setzen der זכרון ספר (»Gedächtnis-
buch/Gedenkschrift«; Mal 3,16b) und andere sog. »himmlische Bücher« bzw.
»Schriftstücke« das namentliche Gedenken an Menschen auch über ihren Tod hinaus bei Gott voraus (siehe dazu Vf., Maleachi, 372–374).

38 Radner, Macht, vor allem 19–25 (schematische Übersicht: 23, Abb. 1).

Ruhm und »geschriebenem Namen«. Zwar waren diese Strategien allen Menschen zugänglich, doch verfügten Priviligierte über Vorteile, ihrem Namen durch politische, militärische, wirtschaftliche, bauliche, religiöse, geistig-kulturelle Großleistungen langwährende Dauer zu verschaffen.

In den Hiob-Dialogen werden solche Strategien beim irrealen Versuch Hiobs, sich den scheinbar ungerecht-frevlerisch handelnden Gott (Hi 9,17–24; 16,7–22; 19,6–12) zur eigenen Rechtfertigung herbeizuzwingen, argumentativ-metaphorisch verwendet und verworfen. Voraussetzung ist die über lange Zeit des antiken Israel hin vorherrschende Ansicht, der lebende Mensch ende in postmortaler, schattenartiger Fortexistenz im Totenreich, der שאול,[39] ohne Wiederkehr (Hi 14,7–22) und ohne jede Art erfolgversprechender Selbsterhaltungsstrategie (V.17–19). Jedoch klingt in Hi 19,25–27a eine Alternative an.[40]

4. Aspekte einer »Ewigkeits«-Perspektive des Menschen im alten Israel

a) Spannung in der Beleglage

Nur schwer erklärbar ist, dass auf der masoretischen Textebene erst spät die vor allem in Psalmen begegnende Ansicht, Gott und die Toten bzw. das Totenreich seien strikt voneinander geschieden (Jes 38,11.18 f.; Ps 6,6; 30,10; 88,6.11–13; 115,17 f.), fortschreitend in Frage gestellt wurde. Außerbiblisch lassen zwei epigraphische Kontexte aus der EisenIIC-Zeit (ca. 850–586 v. Chr.) im Rahmen von Grabinschrift bzw. -beigabe vorausgesetzte Beziehungen JHWHs zum Verstorbenen und damit JHWHs entsprechende »Kompetenzausweitung« erschließen.[41]

Unter den Inschriften von Ḥirbet el-Qōm kommen Z.2 f. von Grabinschrift 3 in Betracht:

2 Gesegnet ist/sei ʾŪrīyāhû vor Jahwe.
3 Und von seinen Feinden hat er ihn durch seine Aschera errettet.[42]

Der neben der Inschrift befindlichen gezeichneten Hand, vermutlich die Rechte JHWHs, bzw. seinem Schutzgott glaubte sich der inzwischen Verstorbene auch für den Todeszustand anvertraut.

---

39 Vgl. zu Anm. 20.
40 Zu den genannten Hiob-Texten siehe Vf., »Leben auf Dauer«, 354–361.
41 Leuenberger, Gott, 109–119 (Begriff z.B. 116); vgl. Liess, Weg, 302 ff.
42 Vgl. HAE I, 199 f.207–211.

Die beiden Silberamulette von Ketef Hinnom[43] wurden offenbar bereits zu Lebzeiten eines nun Toten individuell-apotropäisch verwendet und dienten dann sekundär als Grabbeigaben.[44] Beide Inschriften scheinen eine kürzere Vorstufe zum Aaronitischen Segen Num 6,24–26 darzustellen.[45] Amulett 2, 5–12 lautet:

```
 5  […] Es segne dich
 6  Jahwe und
 7  [be]hüte dich.
 8  Es lasse leuchten Jah-
 9  [we] sein Angesicht
10  [über] dir und set-
11  ze dir Frie-
12  de[n …] …⁴⁶
```

Amulett 1 bietet in Z.11–14 Anspielungen auf JHWH als den Toten zugewandt, bevor in Z.14–18 die Segensformulierungen beginnen:

```
11  Denn bei ihm (sc. JHWH) ist Erlö-
12  sung, denn JHWH
13  (ist) unser [Wie]derhersteller [und]
14  Fels. Es segne …⁴⁷
```

b) Theologische Antriebskräfte,

die auf der atl. Textebene eine Beschränkung Gottes allein auf den Bereich der auf Erden Lebenden nicht dauerhaft hinnehmen ließen, bestanden zum einen im Bewusstsein der Einzigkeit Gottes mit Omnipotenz, Omniscienz und Ubiquität,[48] so dass in Ps 139,8b schließlich JHWHs mögliche Anwesenheit selbst im Totenreich gedacht wurde; zum anderen ging es um die besonders in weisheitlichen und prophetischen Texten immer bedrängendere Theodizee-Frage, wo denn Gottes Gerechtigkeit bliebe, ob und, wenn ja, wann sie den ihm Getreuen erfahrbar werde (z. B. Ps 73; Mal 2,17–3,5.13–21; Koh 8,12–14). Innerhalb apokalyptischer Vorstellungen kam es schließlich zu Aussagen einer Auferstehung von Toten (Ps 22,30–32; Dan 12,1–3.13;[49] vgl. Ez 37,1–10;

---

43 Leuenberger, Segen, 164 f.; anders HAE I, 447 f.
44 Leuenberger, Segen, 163 f.
45 Ebd., 168–171.
46 HAE I, 455.
47 Wiedergabe Janowski, Gott Israels, 284.
48 In großen Linien Müller, Monotheismus, 1459–1462.
49 Mit entsprechender Metaphorik vom Tod als Schlaf (im Erdstaub) und dem Erwachen daraus (Dan 12,2a; vgl. Leuenberger, Gott, 131).

II Makk 7,9.14.29; 12,44 f.), ja zur Überwindung des Todes überhaupt (Jes 25,8; 26,19), ohne dass dazu im Frühjudentum eine einheitliche Lehre entwickelt worden wäre.[50] Es gab jedoch gegen derartige Vorstellungen auch so etwas wie »protosadduzäische(n) Widerstand«[51] (z.B. Hi 14,7–22; Koh 9,4–6.10).

Neben diversen religions- und theologiegeschichtlichen Entwicklungen, die zunächst nur vereinzelt die »traditionelle postmortale Perspektive« zu durchbrechen scheinen,[52] finden sich Überlegungen, wie für Gott das vielgestaltige Todesproblem zu bewältigen sei.[53]

c) Der Topos »Punktuelle Errettung vom Tode«

begegnet in Klage-, Dank- und Vertrauensliedern des Einzelnen. Krankheit, Unglück, feindselige Bedrängung, Verlust sozialer Beziehungen, Einsamkeit, Elend usw. wurden als Formen verminderten Lebens bereits der Sphäre des Todes zugerechnet.[54] »Was immer schwach, d.h. an Lebenskraft im weitesten Sinne arm ist, fällt seiner [des Totenreichs; Vf.] Macht anheim.«[55] Infolgedessen kann JHWH angefleht werden, aus dieser Art »Tod mitten im Leben« zu erretten, um dann entsprechend dankbar bekannt zu werden (Ps 30,2–4.10). Die Fragen von V.10

> Was für Gewinn wäre in meinem Blut, wenn ich hinabstiege zur Grube?
> Bekennt dich der Staub? Vermeldet er deine Treue?

sind ein Beispiel dafür, dass der Retter- und Heilgott noch nicht als derjenige erkannt ist, der die für einen Gestorbenen unübersteigbare Todesgrenze zu überwinden vermag. Noch scheint er ausschließlich der Gott der Lebenden (vgl. Mk 12,26 f. mit Bezug auf Ps 88,6.11–13), noch nicht auch der der Toten zu sein.

d) Die dauerhafte, selbst im Tod nicht zerstörbare Gottesbeziehung

bedeutet einen wesentlichen Schritt weiter. Sie klingt bereits in Ps 16,5 f.10 f. und Ps 23,1b.4 an.

---

50   Stemberger, Auferstehung, 916 f.; vgl. Waschke, Auferstehung, 916; speziell Bieberstein, Verlangen, 302–310.
51   Schwienhorst-Schönberger, Ijob, 424.
52   Janowski, Ewiges Leben, 1762.
53   Zum folgenden vgl. ebd., 1762 f.
54   Von Rad, Theologie I, 400.
55   Barth, Errettung, 70.

Bei Ps 16 sind die Ansichten darüber geteilt, ob schon Jenseitscha-
rakter[56] oder noch Diesseitscharakter der Lebenshoffnung vorliegt[57].
V.10f.

> Fürwahr, nicht (über-)lässt du mein Leben der Scheol,
>   nicht gibst du zu, dass dein dir Ergebener die Grube sehen muss.
> Du zeigst mir den Weg zum Leben,
>   Sättigung an Freuden ist bei deinem Angesicht,
>   Lieblichkeiten in deiner Rechten immerfort

scheint mit Nicht-der-Scheol-Überlassen und mit Nicht-Sehen-Müssen
die Grube = das Grab sowie mit »Sättigung an Freuden bei/mit deinem
Angesicht« in der kultischen Nähe Gottes mehr das Diesseits der Gottesbeziehung im Blick zu haben. Doch die Land-Metaphorik für JHWH
(V.5f.; auch Ps 73,26b; 142,6b), an dem der Beter hocherfreuenden, be-
cherrauschgleichen (Erb-)Anteil bereits zu Lebzeiten gewinnt und dann
nicht mehr verliert, hebt die von Gott her nicht in Frage gestellte Beständigkeit der Beziehung zum Beter hervor. Bildlich integriert er sich
gewissermaßen in JHWH und könnte so nicht mehr verlorengehen.

Dass Ps 23 Nähe zu Ps 16 besitzt, ist längst bekannt.[58] Hält man an
MT fest, belegt besonders die letzte Langzeile mit dem Ausdruck wie-
derholten Tempelbesuchs den momentanen Diesseitscharakter der
Gottesbeziehung:

> Und ich werde zurückkehren in JHWHs Haus
>   für eine Länge an Tagen (Ps 23,6).

Wie der aktuelle Gottesdienstvollzug Zeit und Raum tranzendiert,
geschieht Gleiches mit dem irdischen Tempel hinsichtlich himmlischem
Heiligtum.[59] Doch der Mensch west dabei weiterhin auf der Erde an,
wobei sich »Menschliche Existenz realisiert ... zugleich in gefahrvoller
Wanderschaft und bergender Gottesheimat in dieser Welt, doch nicht
von dieser Welt.«[60] Die metaphorische Sprache ist für die »Ewigkeits«-
Perspektive, die ein Mensch in Gott finden kann, durchlässig. Bereits
V.1b umfasst den gesamten Psalminhalt und trifft über die Satzart der
Themenformulierung (Nominalsatz ohne festgelegten Zeitbezug:

---

56 Zenger, Psalm 16, 109.113.
57 Janowski, Ewiges Leben, 1762f.; Ders., Die Toten, 239–241; Liess, Leben, 136; Dies.,
    Weg, speziell 247f.291f.341f.
58 Z.B. Hunziker-Rodewald, Hirt, 188; Janowski, Konfliktgespräche, 317; Liess, Weg,
    424–429.
59 Hunziker-Rodewald, Hirt, 183–188, sieht vermutungsweise in V.6b eine Anspielung
    auf die ewige »Gottesheimat«, in die der Mensch letztlich zurückkehrt und auf Dau-
    er geborgen bleibt.
60 Spieckermann, Heilsgegenwart, 274.

»JHWH ist mein Hirte«) sowie mit dem Zeitaspekt des folgenden Verbalsatzes (unvollendete, fortdauernde Handlung im Impf/PK) eine über Zeit und Raum hinausreichende Aussage: »Nichts fehlt mir (jemals)«. V. 4 hingegen beruht mit einem Sterbe- und Todesrealität einbeziehenden, aber neutralisierbaren Wortbild (»Todesschattental«; 4aα) sowie dem Vertrauensbekenntnis zu JHWH (4aβ.b), der »Sinnachse des Psalms«,[61] auf Erfahrungen, die Gewissheit für Nicht-Wissbares begründen.

e) Die Aufnahme Verstorbener durch Gott

kommt in zwei Psalmen zur Sprache, bevor schließlich im Buch der Weisheit (Sap), das vermutlich auf einen Juden Alexandriens im ersten vorchr. Jh. zurückgeht,[62] die Erkenntnis von Geheimnissen Gottes (μυστήρια θεοῦ; Sap 2,22; vgl. V. 23) bezüglich Unsterblichkeit dank göttlichen Erbarmens (Sap 3,1.4b.9b) artikuliert wird.

In Ps 49,16 heißt es zwischen Aussagen zum endgültigen Todesgeschick begüterter Frevler (V. 13–15.17–20):

> Doch Gott wird befreien mein Leben
> aus der Gewalt der Scheol, denn er wird mich aufnehmen. Sela.

Ps 73 ist von schwerer Anfechtung durch Wohlergehen und Erfolg der Rücksichtslosen geprägt, deren Art beinahe den Beter verleitet hätte (V. 2). Doch werden Wahrnehmungen aus der Welt Gottes geltend gemacht, die das betend-reflektierende Ich zur Einsicht gelangen ließen (V. 17). Was mit »Gottesheiligtümern« (מקדשי אל)[63] gemeint ist, bleibt rätselhaft. Tempelgebäude oder Teile davon sind hier schwer vorstellbar, weil sie als solche kaum etwas über Zukunft bzw. Ende der Frevler preisgeben dürften (V. 17b). Wenn es tatsächlich um so etwas wie »Unsterblichkeitslehre«[64] ginge, handelte es sich wohl um verschlüsselt ausgedrückte »Gottes-Geheimnisse«,[65] die Sap 2,22 (s. o.) erwähnt und auf die sich Paulus in I Kor 15,51–53 bezogen haben wird. In Ps 73 finden die Andeutungen ihren Höhepunkt in V. 23–28, wo bei weithin intaktem Text manche Übersetzungs- und Deutemöglichkeiten offenbleiben, vielleicht weil Erkenntnisgrenzen tangiert sind, für die ausreichende sprachliche Mittel noch nicht voll zur Verfügung standen.

---

61   Janowski, Psalm 23, 260.
62   Rost, Einleitung, 43.
63   Zu den Mehrdeutigkeiten dieses und anderer Verse siehe vor allem Michel, Unsterblichkeit, 162–177, zu V. 17 speziell 162–167.
64   Duhm, Psalmen (1899), 191/(²1922), 282.
65   Duhm, Psalmen (1899), 191.

23 Aber ich bin immer mit/bei dir.
    Du hast meine rechte Hand ergriffen.
24 Nach deinem Ratschluss führst du mich,
    und nach(?)/in(?) Herrlichkeit nimmst du mich (auf/weg?).
25 Wen habe ich im Himmel?
    Und mit/bei dir habe ich kein Gefallen an/auf der Erde.
26 Erschöpft/aufgebraucht wurden mein Fleisch und mein Herz.
    Der Fels meines Herzens und mein (Land-)Anteil ist Gott für immer.

Vor allem das letzte Wort von V.24, תקחני, vermittelt das Schwebende des Sprach- und Vorstellungsgehalts. Zwar wird es sich um eine Übertragung der Vorstellung Entrückung durch Gott am Tod vorbei wie bei Henoch

> Aber nicht war er (mehr) vorhanden,
> denn (weg-)genommen hatte (לקח) ihn Gott (Gen 5,24b)

und Elia[66] handeln,[67] aber verlegt in den postmortalen Bereich vieler.[68] Bei der Wiedergabe von לקח unterschied LXX zwischen ἀνελήμφθη (»[Elia] wurde aufgenommen […] wie [ὡς] in den Himmel«; IV Regn 2,11) und προσελάβου με (»… und [mit Herrlichkeit] nahmst du mich [als Freund] an«; Ps 72[73],24). Damit entsprach die frühjüdische LXX einer Verstehensweise von לקח, den Tod nicht wie bei Entrückung zu umgehen, sondern einen Verstorbenen (und damit viele) Auf- und Annahme durch, bei und in Gott finden zu lassen. Für den Beter ist Gott selbst (Land-)Anteil für immer (חלקי אלהים לעולם [Ps 73,26b; vgl. 16,5a]), weil er »ihn in dieses sein ›ewiges‹ Gott-Sein mithineingenommen« hat.[69]

5. Fazit

Indem JHWH im alten Israel als Gott schlechthin erkannt wurde, war es eine Frage (theologie-)geschichtlicher Zeit, bis der Gott Israels als *der* Herr über Leben *und Tod* galt. Das bedeutete, dass der/die Gestorbene

---

66 Bei Elias sog. »Himmelfahrt« (II Reg 2,1–18) wird zwar לקח »(weg-)nehmen« für den mysteriös ausgedrückten Vorgang (V.11aβ.b) gerade nicht gebraucht, aber im vorangehenden Text verweist das leitwortartige לקח (V.3.5.9f.) auf diese Deutung (zu Elia in Mal 3,23f. vgl. Vf., Maleachi, 418–420).
67 So z.B. Janowski, Ewiges Leben, 1763, für Ps 49,14–16; 73,23–26. Vgl. ferner Num 20,28f.; Dtn 34,5–7.
68 Vgl. Leuenberger, Gott, 128, Anm. 203. Siehe insbesondere Analysen und Schlussfolgerungen zu Ps 73,24–26 durch Witte, Weg, 15–28.
69 Zenger, Psalm 73, 352.

nicht mehr nur im »Unland« der שאול[70] schattengleich fortzuexistieren hatte, sondern durch/bei/in Gott Aussicht auf nicht mehr verlierbares Leben bekam. Wohl in nachexilischer Zeit wird die JHWH-Beziehung als Neubestimmung von Leben und Tod in Ps 63,4a hymnisch gerühmt:[71]

Wahrhaftig, besser ist deine Güte als Leben. כי טוב חסדך מחיים

In der zuteil werdenden Gottesbeziehung gründet die »Ewigkeits«-Perspektive des Menschen. Dem trägt schließlich auch der zu lobpreisendem Bekennen auffordernde »Hymnus der Hymnen«[72] Rechnung:

הודו ליהוה כי טוב כי לעולם חסדו:[73]

Literatur

J. Assmann, Ägypten. Theologie und Frömmigkeit einer frühen Hochkultur, UB 366, Stuttgart u.a. ²1991

C. Barth, Die Errettung vom Tode in den individuellen Klage- und Dankliedern des Alten Testaments, Stuttgart u.a. (3)1997

K. Bieberstein, Vom Verlangen nach Gerechtigkeit zur Erwartung einer Auferstehung von Toten. Noch einmal zum Problem der Theodizee, in: E. Gaß/ H.-J. Stipp (Hg.), »Ich werde meinen Bund mit euch niemals brechen!« (Ri 2,1) (FS Groß), HBS 62, Freiburg u.a. 2011, 295–313

H. Delkurt, »Der Mensch ist dem Vieh gleich, das vertilgt wird«. Tod und Hoffnung gegen den Tod in Ps 49 und bei Kohelet, BThSt 50, Neukirchen-Vluyn 2005

B. Duhm, Die Psalmen, KHC XIV, Leipzig u.a. 1899. Tübingen ²1922

A. A. Fischer, Kohelet und die frühe Apokalyptik. Eine Auslegung von Koh 3,16–21, in: A. Schoors (Hg.), Qohelet in the Context of Wisdom, BEThL 136, Leuven 1998, 339–356

[GE.M] Das Gilgamesch-Epos. Neu übersetzt und kommentiert von S. M. Maul, München 2005. ⁵2012

A. Grund, Aspekte der Zeitwahrnehmung im alten Israel, in: B. Janowski/ K. Liess (Hg.), Der Mensch im alten Israel. Neue Forschungen zur alttestamentlichen Anthropologie, HBS 59, Freiburg u.a. 2009, 506–525

E. Hornung, Geist der Pharaonenzeit, dtv 30318, München 1992

— Der ägyptische Mythos von der Himmelskuh. Eine Ätiologie des Unvollkommenen, OBO 46, Göttingen u.a. ²1991

---

70 Podella, Scheol, 471.

71 Leuenberger, Gott, 123.147; vgl. von Rad, Theologie I, 416.

72 Willi: BK XXIV/2,2, MS 74 (bei I Chr 16,34).

73 Z.B. Jer 33,11; Ps 106,1; 107,1; 118,1.29; I Chr 16,34 und vergleichbare Formulierungen z.B. in Ps 34,9; 86,5; 100,4b.5a; II Chr 7,3b.6; vgl. ferner Mk 10,18par.

– Das Totenbuch der Ägypter, BAW. AO, Zürich u. a. 1979

R. Hunziker-Rodewald, Hirt und Herde. Ein Beitrag zum alttestamentlichen
Gottesverständnis, BWANT 155, Stuttgart 2001

B. Janowski, Der Gott Israels und die Toten. Eine religions- und theologiegeschichtliche Skizze, in: Ders., Die Welt als Schöpfung. Beiträge zur Theologie des Alten Testaments 4, Neukirchen-Vluyn 2008, 266–304

– Der Gute Hirte. Psalm 23 und das biblische Gottesbild, in: A. Berlejung/
R. Heckl (Hg.), Ex oriente Lux. Studien zur Theologie des Alten Testaments
(FS Lux), Arbeiten zur Bibel und ihrer Geschichte 39, Leipzig 2012, 247–271

– Konfliktgespräche mit Gott. Eine Anthropologie der Psalmen, Neukirchen-
Vluyn 2003. ⁴2013

– Ewiges Leben. III, RGG⁴ 2 (1999), 1762f.

– Die Toten loben JHWH nicht. Psalm 88 und das alttestamentliche Todesverständnis, in: Ders., Der Gott des Lebens. Beiträge zur Theologie des Alten Testaments 3, Neukirchen-Vluyn 2003, 201–243

E. Jenni, יוֹם Tag, THAT 1 (⁴1984), 707–726

– עַד immer, THAT 2 (³1984), 207–209

– עוֹלָם Ewigkeit, THAT 2 (³1984), 228–243

– עֵת Zeit, THAT 2 (³1984), 370–385

E. Jüngel, Ewigkeit. II/III, RGG⁴ 2 (1999), 1772–1776

O. Keel, Die Welt der altorientalischen Bildsymbolik und das Alte Testament,
Zürich u. a. ²1977. ⁵1996

M. Leuenberger, Segen und Segenstheologien im alten Israel. Untersuchungen
zu ihren religions- und theologiegeschichtlichen Konstellationen und
Transformationen, AThANT 90, Zürich 2008

– Gott in Bewegung. Religions- und theologiegeschichtliche Beiträge zu
Gottesvorstellungen im alten Israel, FAT 76, Tübingen 2011

K. Liess, Leben. II. 1., RGG⁴ 5 (2002), 135f.

– Der Weg des Lebens. Psalm 16 und das Lebens- und Todesverständnis der
Individualpsalmen, FAT II/5, Tübingen 2004

R. Lux, Tod und Gerechtigkeit im Buch Kohelet, in: A. Berlejung/B. Janowski
(Hg.), Tod und Jenseits im alten Israel und in seiner Umwelt. Theologische,
religionsgeschichtliche, archäologische und ikonographische Aspekte,
FAT 64, Tübingen 2009, 43–65

A. Meinhold, »Leben auf Dauer« als Argumentationsmetapher. Die Alternative
zu altorientalischen Selbsterhaltungsstrategien in Hiob 19, in: M. Bauks
u. a. (Hg.), Was ist der Mensch, dass du seiner gedenkst? (Psalm 8,5).
Aspekte einer theologischen Anthropologie (FS Janowski), Neukirchen-
Vluyn 2008, 351–361

– Maleachi, BK XIV/8, Neukirchen-Vluyn 2006

– Menschsein in der Welt vor Gott, ThLZ 107 (1982), 241–258

D. Michel, Ich aber bin immer bei dir. Von der Unsterblichkeit der Gottesbeziehung, in: Ders., Studien zur Überlieferungsgeschichte alttestamentlicher
Texte, TB 93 (1997), 155–179

H.-P. Müller, Weisheitliche Deutungen der Sterblichkeit: Gen 3,19 und Pred 3,21; 12,7 im Licht antiker Parallelen, in: Ders., Mensch – Umwelt – Eigenwelt, Stuttgart u. a. 1992, 69–100

— Monotheismus und Polytheismus. II, RGG⁴ 5 (2002), 1459–1462

T. Podella, Scheol, NBL 3 (2001), 471f.

H. D. Preuß, עולם, ThWAT 5 (1986), 1144–1159

G. von Rad, Theologie des Alten Testaments I, München ⁴1962

K. Radner, Die Macht des Namens. Altorientalische Strategien zur Selbsterhaltung, Arbeiten und Untersuchungen zur Keilschriftkunde 8, Wiesbaden 2005

P. Riede, Noch einmal: Was ist »Leben« im Alten Testament?, ZAW 119 (2007), 416–420

L. Rost, Einleitung in die alttestamentlichen Apokryphen und Pseudepigraphen einschließlich der großen Qumran-Handschriften, Heidelberg ²1979

G. Schischkoff, Philosophisches Wörterbuch, KTA 13, Stuttgart ²¹1982

J. Schnocks, Rettung und Neuschöpfung. Studien zur alttestamentlichen Grundlegung einer gesamtbiblischen Theologie der Auferstehung, BBB 158, Göttingen 2009

S. Schorch, »Vielleicht wird der Herr doch gnädig sein!« Das Konzept der Unverfügbarkeit Jhwhs in der alttestamentlichen Prophetie, in: A. Berlejung/ R. Heckl (Hg.), Ex oriente Lux. Studien zur Theologie des Alten Testaments (FS Lux), Arbeiten zur Bibel und ihrer Geschichte 39, Leipzig 2012, 457–468

H. Schützinger, Tod und ewiges Leben im Glauben des Alten Zweistromlandes, in: H.-J. Klimkeit (Hg.), Tod und Jenseits im Glauben der Völker, Wiesbaden ³1994, 48–61

L. Schwienhorst-Schönberger, Das Buch Ijob, in: E. Zenger u. a., Einleitung in das Alte Testament, KStTh 1,1, Stuttgart ⁸2012, 414–427

H. Spieckermann, Heilsgegenwart. Eine Theologie der Psalmen, FRLANT 148, Göttingen 1989

K. Spronk, Beatific Afterlife in Ancient Israel and in the Ancient Near East, AOAT 219, Kevelaer u. a. 1986

G. Stemberger, Auferstehung. I.3., RGG⁴ 1 (1998), 916f.

L. Wächter, שאול, ThWAT 7 (1993), 901–910

E.-J. Waschke, Auferstehung. I.2., RGG⁴ 1 (1998), 915f.

— Untersuchungen zum Menschenbild der Urgeschichte. Ein Beitrag zur alttestamenlichen Theologie, ThA 43, Berlin 1984

T. Willi, Chronik. 2. Teilband: 1. Chronik 11,1ff., BK XXIV/2, Lfg. 2, Neukirchen-Vluyn (Manuskript)

M. Witte, Auf dem Weg in ein Leben nach dem Tod. Beobachtungen zur Traditions- und Redaktionsgeschichte von Psalm 73,24–26, ThZ 58 (2002), 15–30

E. Zenger, Psalm 16, in: F.-L. Hossfeld/E. Zenger, Die Psalmen I, NEB.AT 29, Würzburg 1993, 108–113

— Psalm 73, in: F.-L. Hossfeld/E. Zenger, Psalmen 51–100, HThKAT, Freiburg u. a. 2000, 330–355

Diachrones Sprachbewusstsein im Alten Testament am Beispiel von I Sam 9,9

Johannes Thon

1. Sprachbewusstsein und Zeitbewusstsein

Je nachdem, wo man die Autoren der biblischen Texte kultur-geschichtlich und soziologisch einordnet, als Angehörige einer tribalen Gesellschaft oder einer Bürger-Tempel-Gemeinde, in der Nähe altorien-talischer Hochkulturen oder als Nachbarn bzw. Bewohner des grie-chischen oder hellenistischen Einflussbereiches, immer sind mit diesen Denkmodellen Vorurteile über den Grad an Bewusstheit und an Reflektionsvermögen verbunden, zu dem diese Autoren fähig waren. Wenn auch das Vermögen, innezuhalten und das eigene Handeln kritisch zu befragen, deutlich in der Weisheitsliteratur bezeugt ist, sind die Differenzen zur klassisch europäischen Wissenschaftstradition augenfällig, und viele Indizien scheinen wie in dem hier zu bespre-chenden Fall eher zufällig überliefert zu sein.[1]

Sich etwas bewusst zu machen, fällt besonders da schwer, wo wir für den Alltag darauf angewiesen sind, den jeweiligen Handlungsbe-reich möglichst so zu meistern, dass wir nicht viel darüber nachdenken müssen. Das trifft sowohl für die Sprache[2] als auch für das Zeitempfin-den zu.[3] Beides dient zur Orientierung und ist doch trotzdem immer schon vorbewusst präsent.

Sprachreflexion ist darüber hinaus nicht nur ein Privileg der Lingu-istik. In alltäglichen Kommunikationen erscheinen immer wieder meta-sprachliche Bezugnahmen auf das Gesprochene, die freilich meistens

---

1 Vgl. hierzu Thon, Power. Auch der vorliegende Beitrag muss als Ertrag des For-schungsprojektes zu den Sprachauffassungen verstanden werden, das der hier zu ehrende Ernst-Joachim Waschke geleitet hat. Sein eigener früherer Aufsatz zum Nabi-Begriff mit Besprechung von I Sam 9,9 wird unten noch ausführlicher gewür-digt.

2 Vgl. Gauger, Sprachbewußtsein, 41 f.

3 Vgl. A.a.O., 39.

stark interessegeleitet sind.[4] Hans-Martin Gauger hat drei unterschiedliche Stufen von Sprachbewusstsein postuliert: Erstens durchschnittli-
ches, zweitens literarisches und drittens sprachwissenschaftliches
Sprachbewusstsein.[5] Auch bei I Sam 9,9 muss gefragt werden, auf welcher Ebene die Beobachtung zu verstehen ist.

Das Wissen um im Laufe der Zeit auftretende Veränderungen des
Sprachgebrauchs (diachrones Sprachbewusstsein) verbindet beide Ebenen miteinander: Zeit und Sprache. Gauger hat deutlich gemacht, dass
dieser Aspekt ein integraler Bestandteil der Sprachlichkeit ist: Da ein
Großteil des Wortschatzes einer Sprache für seine Zugehörigkeit zu
einem Grundwort »durchsichtig« sei, bestehe grundsätzlich ein Bewusstsein dafür, dass Wörter von anderen abgeleitet sind. Daher gebe
es immer schon das Konzept von Früher und Später im Sprachbewusstsein.[6]

Aber auch darüber hinaus bemerken Menschen Differenzen innerhalb der Sprache. So gibt es regionale Differenzen, Besonderheiten von
Soziolekten, Unterschiede im Sprachgebrauch zwischen den Generationen. Sprache ist ein wichtiger Identitätsmarker, und deshalb sind solche Feinheiten immer relevant.[7] Korrespondierend mit den Stufen des
Sprachbewusstseins können diachrone Beobachtungen auf unterschiedlichen Ebenen zu verstehen sein: Sprachwandel zwischen noch lebenden Generationen, Vorstellungen von antiquiertem Sprachgebrauch,
Bewusstsein für das Alter eines Textes korrespondierend mit sprachlichen Besonderheiten. Dieses Bewusstsein muss nicht korrekt sein. Es
gibt viele solcher Elemente, aus denen wir historisch nicht zutreffende
Schlüsse ziehen. Irrtümer treten hier immer wieder auf. Nichtsdestotrotz sind auch solche irrtümlichen Annahmen deutliche Anzeichen für
das Bewusstsein diachroner Veränderungen in der Sprache.

2. Zwei metasprachliche Beobachtungen in I Sam 9,9

In der Geschichte von der Begegnung Sauls mit Samuel in I Sam 9f.
findet sich in Vers 9,9 ein doppelter metasprachlicher Kommentar. Beide hier gemachten sprachlichen Beobachtungen beschreiben sprachliche Diachronie. Der zeitliche Abstand wird deutlich markiert durch die

---

4   Paul, Praktische Sprachreflexion, 1–8.
5   Gauger, Sprachbewußtsein, 47.
6   A.a.O., 36–38.
7   Heller, Language, 1583.

Bestimmung לְפָנִים, »früher«, im zweiten Fall wird dem noch ein הַיּוֹם, »heute«, gegenübergestellt.[8]

Den ersten der beiden Kommentare könnte man als eine phraseologische Beobachtung bezeichnen: Einer speziellen Handlungssituation wird eine dann üblicherweise geäußerte Phrase zugeordnet. Wenn ein Mann Gott oder die Götter befragen wollte, sagte er »auf, lasst uns bis zum Seher gehen«. Geht es wirklich um die Formulierung der Phrase? Was soll daran denn außergewöhnlich sein, etwa die Präposition עַד mit Bezug auf eine Person?[9]

Eine Antwort darauf gibt der zweite Kommentar, der einen lexikalischen Wandel bezeichnen könnte: Statt נָבִיא, »Prophet«, hat man früher רֹאֶה, »Seher«, gesagt, und genau darin liegt das Besondere an der vorher beobachteten Phrase. Demnach müssten beide Bemerkungen als zusammengehörig angesehen werden.

Ob die Intention der Aussagen wirklich in der metasprachlichen Beobachtung besteht, hängt im Zusammenhang der Auslegung des Gesamttextes zu einem großen Teil davon ab, wie der Vers literargeschichtlich beurteilt und welche Funktion ihm im erzählerischen Gesamtzusammenhang zugewiesen wird. Was dagegen relativ klar ist: Durch die beiden Kommentare wird im vorliegenden Text mitten im Dialog zwischen Saul und seinem Knecht die Ebene des Erzählers explizit gemacht – und zwar als eine von der erzählten Zeit relativ weit entfernte. Insbesondere der zweite Kommentar belegt deutlich das Bewusstsein für diachrone Veränderungen im Sprachsystem. Welche Realität freilich damit wirklich benannt sein soll, muss hier erst diskutiert werden.

3. Die Randglosse

Eine klassische Erklärung zu diesem Vers ist seine Beurteilung als sekundäre Glosse, meist als eine Randglosse, die an der falschen Stelle in den Text hineingetragen wurde.[10] Die tendenziell negative Bewertung, die schon im Begriff der Glosse selbst steckt, steht in einer relativ starken Spannung dazu, dass die darin gemachte metasprachliche Beobachtung viel Aufmerksamkeit auf sich gezogen hat und z.T. weitrei-

---

8 Vgl. Bar-Efrat, Narrative art, 25 f.
9 So Nowack, Samuelis, 40.
10 Siehe etwa Thenius, Samuelis, 31 f.; Budde, Samuel, 61; Stoebe, Samuelis, 195. Nowack, Samuelis, 41; Stökl, Prophecy, 197 f., sowie die unten aufgeführten Zitate, dagegen z.B. Caspari, Samuelbücher, 98; Fenton, Advocacy, 24.

chende Schlüsse zur Folge hatte.[11] Seit das Lösungsmodell der Randglosse im Raum steht, wird dabei auch immer wieder die vorausgesetzte Annahme explizit gemacht, dass dem Autor des Textes diese meta-
sprachliche Reflexion nicht zugetraut werden könne. Das hängt
natürlich mit der Annahme zusammen, dass die ursprüngliche Erzählung relativ nahe an den historischen Ereignissen der Staatenbildung
Israels anzusiedeln ist. Den Anstoß für die Diskussion hat die traditionelle Annahme gegeben, dass Samuel der Autor sein müsse.

Thematisiert wird das etwa bei David Kimchi, der feststellt, dass
die verbleibende Lebenszeit Samuels viel zu kurz gewesen wäre
(I Sam 13,1),[12] um einen entsprechenden diachronen Wandel in der
Sprache zu beobachten.

> Unseren Weisen seligen Angedenkens wurde überliefert, dass Samuel sein
> Buch selbst geschrieben hat. Und diese Begebenheit geschah am Ende sei-
> nes Lebens. Denn noch zu Lebzeiten Sauls starb Samuel und jener herrschte
> ja nicht länger als zwei Jahre. Wenn dem aber so ist, was bedeuten dann
> »früher« und »heute«?![13]

Kimchi erwägt deshalb auch andere (synchrone) Deutungen der Bemerkung.

Für Hugo Grotius dient diese Stelle denn auch als zentraler Beleg
dafür, dass Samuel nicht der Autor des Buches gewesen sein kann.

> »Denn wer heute Prophet genannt wird, hieß früher Seher«. Es scheint, dass
> das Buch sehr lange nach dieser Zeit geschrieben wurde, womit die am An-
> fang dieses Buches geäußerte Vermutung bestätigt wird.[14]

Oder um eine andere Stimme zu zitieren:

> Die Parenthese müßte man als Zusatz von der Hand eines späteren Schrei-
> bers ansehen, wenn man glaubte, daß Samuel die ersten 25 Kapitel ge-
> schrieben habe.[15]

So findet sich auch der vielleicht erste Beleg für das Lösungsmodell,
I Sam 9,9 als Randglosse zu isolieren, im Zusammenhang mit dem Argument der Autorschaft Samuels bei Johannes Clericus im Jahr 1708.[16]

---

11 Siehe unten.
12 Zum textlichen Problem mit einem neuen Erklärungsvorschlag zu dieser wenig
    plausiblen Zeitangabe siehe jetzt Gilmour/Young, Reign.
13 Übersetzung vom Autor.
14 Grotius, Annotationes, 215. Übersetzung vom Autor.
15 Nachtigal/Röper, Handbuch, II, 77.
16 LeClerc, Libri historici, 203.

Es ist glaubhaft, dass dieses Wort [sc. Prophet – J. Th.] nach den Zeiten Moses weniger gebraucht zu werden begann, danach – z. Zt. des Autors dieses Buches – wiederum in Gebrauch gekommen ist, womit Horaz' Beobachtung übereinstimmt: Viele Wörter werden wiedererweckt, die schon dahingefallen sind, und die werden fallen, die jetzt hochgeschätzt werden, wenn es der Gebrauch wollen wird.

Es ist nicht zu leugnen, wie mir jedenfalls scheint, dass es sich hier um eine Nebenbemerkung von jüngerer Hand als Samuels handelt, die eine Aussage sehr gelehrter Männer [*doctissimorum virorum*] ist. Denn wenn auch behauptet wird, dass Samuel dieses Buch kurz vor seinem Tode geschrieben habe, so konnte er nicht von einem neuen Gebrauch »bis heute« sprechen. Denn Samuel war alt, als er Samuel [gemeint: Saul – J. Th.] gesalbt hat, wie es in I Sam 8,1 gesagt ist. Danach hat er nicht mehr lange gelebt.

»Früher sagte man in Israel, wenn man ging, Gott zu befragen … wer heute Prophet genannt wird, hieß früher Seher.« Die hebräische Sprache ändert sich nicht so, dass der alte Samuel die Bezeichnung Seher gebrauchte, aber vor seinem Tod davon abließ, sie zu gebrauchen. Aber es ist auch dies verwunderlich, warum die Bemerkung hier eingefügt wurde, obwohl in den vorangegangenen Versen Samuel nirgends *Seher* genannt wird, wovon hier die Deutung überliefert wird, sondern immer *Mann Gottes*. Wenn die Hebräer nach der Art der Griechen und Lateiner und auch heutiger Sprachen [*more Graecorum et Latinorum, hodiernarumque adeo Linguarum*] in die Rede Bemerkungen einfügen würden, hätte der Knecht Sauls vorher nicht sagen dürfen *gebe ich dem Gottesmann*, sondern *gebe ich dem Seher*. Denn wenn diese Bemerkung vorausgeschickt wäre, dann würde die Parenthese passend zur Erklärung hinzugefügt sein. Andernfalls würde sie besser nach V. 11 gesetzt werden, in dem das Wort *haroëh* erscheint. Und vielleicht könnte jemand annehmen, dass sie zunächst am Rand diesem Vers beigefügt war, und sich dann vom Rand in den Text eingeschlichen hat – freilich aufgrund der Unachtsamkeit der Schreiber [*incuria scribarum*] an den falschen Ort. In der Tat beachten die Hebräer die Ordnung nicht so sehr wie in rhetorischen Studien gebildete Völker [*Verum Hebraei non sunt usque adeo ordinis observantes, ac gentes studiis rhetoricis excultae*].[17]

Leider ist die Absicht des letzten Satzes nicht besonders klar: Dass »die Hebräer« die Regeln des Textaufbaus nicht beachten, kann sich darauf beziehen, dass die Randglosse an die falsche Position in den Text hineingeraten ist, sie entkräftet allerdings auch das eine Argument dafür, dass der Vers eine spätere Hinzufügung sei. Denn das Postulat, eine Erklärung sei erst nach der Verwendung des fraglichen Begriffes angebracht, wurde oben ja als Teil einer rhetorischen Tradition benannt, der »die Hebräer« offensichtlich nicht angehören. Wenn aber die Bemer-

---

17 LeClerc, Libri historici, 203. Ich bedanke mich hier besonders bei Thomas Hübner für Beratung bei der Übersetzung und Nachhilfe im Lateinischen, vor allem aber die intensive Diskussion um die Deutung des letzten Satzes.

kung, wie noch weiter oben festgestellt wird, von einem gelehrten Bewusstsein für diachrone linguistische Veränderungen zeugt, das man mit Äußerungen von Horaz vergleichen kann, und wenn sie gerade deshalb nicht ursprünglich sein kann, dann stellt sich die Frage: Gelehrt oder nicht? Verschiedene Erklärungsmodelle stehen unausgeglichen im Raum. Die Frage nach dem Grad an Sprachbewusstsein der biblischen Autoren und der Nähe dieses Bewusstseins zur klassischen Bildungstradition erscheint als Schlüsselfrage zur Einschätzung des Textes. Als zweites wird aus diesem Zitat deutlich, wie stark die Einschätzung als Randglosse darauf abzielt, die Autorschaft Samuels (oder anders gesagt: das Alter des Textes) zu retten.

4. Diskussion der Glosse und religionsgeschichtliche Spekulationen

Wellhausen hatte mit »Seher« und »Prophet« im ursprünglichen Text zwei ganz verschiedene Gruppen benannt gesehen, während die Glosse beide Begriffe miteinander gleichsetzt und nachzeitig deutet.[18] Richard Kraetzschmar und dann vor allem Gustav Hölscher haben darauf aufbauend eine religionsgeschichtliche Deutung geprägt, die im »Seher« den heidnischen Mantiker sieht, der vor allem bei den semitischen Nomaden seine Parallelen habe, während der »Prophet« ein kanaanäischer Ekstatiker sei.[19] Obwohl oft Zweifel an der Klarheit dieser terminologischen Zuordnung zur Sprache kommen[20] und der Wunsch bestehen kann, einzelne Elemente doch als spezifisch israelitisch anzusehen,[21] wurde diese religionsgeschichtliche Deutung – insbesondere, was die kanaanäische Herkunft des נביא angeht – lange Zeit als gegeben hingenommen. Das semitisch-nomadische Element konnte dann auch als das angesehen werden, was der nomadischen Vorzeit Israels nahestand.[22]

Der hypothetisch angenommene Sprachwandel erscheint dabei in der Regel jedoch verbunden mit Wandlungen im Phänomen der Prophetie. Die hinter der Glosse stehende Realität sei also nicht, dass ראה außer Gebrauch geraten und dafür נביא verwendet worden war. Vielmehr habe es beide Begriffe schon vorher nebeneinander gegeben. Sie bezeichneten demnach zwei parallel existierende Phänomene. Die Be-

---

18 Wellhausen, Prolegomena, 265 f.
19 Kraetzschmar, Prophet und Seher; Hölscher, Profeten, 125–143.
20 Rowley, Servant, 99–101.
21 von Rad, Theologie, II, 24–26.
22 Fohrer, Literatur, 304–308.

obachtung des Glossators bezöge sich eher darauf, dass diese ältere begriffliche Differenzierung, die ja auch in I Sam 9f. zu beobachten wäre, später dadurch nivelliert worden sei, dass נביא zum Allgemeinbegriff für die verschiedenen religiösen Phänomene geworden sei.[23] Da sich die weiteren Belege dieser Theorie nur mit Spannungen zuordnen ließen, zeigen sich verschiedene Variationen – etwa, dass נביא in der mosaischen Zeit schon einmal den Überbringer des Gotteswortes bezeichnete und erst in der frühen Königszeit zur Bezeichnung des damals neu erschienenen Ekstatikertums für dieses spezifisch verwendet wurde.[24] Auch wenn I Sam 9,9 eine vorrangig kompositionelle Funktion zugeordnet wurde, behielt der Vers dennoch oft seine religionsgeschichtliche Belegkraft: Nach Hertzberg erscheint der Vers, um die zwei dem Text zugrundeliegenden Traditionen miteinander zu verbinden, beruht aber auf der Beobachtung, dass ursprünglich voneinander zu unterscheidende Phänomene in der späteren Prophetie miteinander verbunden waren.[25]

Zu Recht ist diese Zuordnung religionsgeschichtlicher Phänomene zu den in I Sam 9f. verwendeten Termini öfter wegen viel zu schmaler Textbasis kritisiert worden.[26] Terry L. Fenton fragt zudem, ob die deutliche Unterscheidung von Ekstatikern und Mantikern überhaupt sinnvoll ist.[27] Ernst-Joachim Waschke macht vielmehr darauf aufmerksam, dass der Gebrauch von נביא bzw. seine Vermeidung mit dem Selbstbild der vorexilischen Propheten als Unheilspropheten im Gegenüber zu Heilspropheten zu tun hat.[28]

Nach Waschke ist ראה als Bezeichnung einer bestimmten Berufsgruppe historisch gar nicht verifizierbar. Die Bemerkung sei als Kommentar zum Gebrauch in I Sam 9,18f. zu verstehen und stehe in Beziehung mit der Verwendung des Wortes als Titel für Samuel in der Chronik. Die formulierte Diachronie zeige am ehesten ein Bewusstsein dafür, dass die klassischen Propheten (Jes/Jer) נביא als Selbstbezeichnung vermieden.[29]

Es stellt sich die Frage, auf welcher Ebene der Sprachwandel, von dem hier gesprochen wird, von dem Kommentator gedacht ist. Er setzt ja in jedem Fall ein Bewusstsein dafür voraus, dass Sprache sich verän-

---

23   Budde, Samuel, 61; Nowack, Samuelis, 41.
24   Sellin, Religionsgeschichte, 60–62. Vgl. auch oben das Zitat von Johannes Clericus.
25   Hertzberg, Samuelbücher, 60f.
26   Waschke, *Nābî'*, 62; Stökl, Prophecy, 196–199.
27   Fenton, Advocacy, 33.
28   Waschke, *Nābî'*, 68f.
29   Waschke, *Nābî'*, 62.68f.

dert und dass man das beobachten kann. So nehmen Fenton und – im Anschluss an ihn – Dietrich einerseits an, dass es sich um eine deuteronomistische Fortschreibung handele, andererseits setzen sie aber doch voraus, dass eine bestimmte sprachliche Beobachtung zugrunde liege: ein evtl. außer Gebrauch gekommener Begriff[30] oder vielleicht spezifisch benjaminitisches Vokabular.[31]

5. Diachrones Sprachbewusstsein als literarisches Gestaltungsmittel

Eine Art, in der sich Sprachbewusstsein im Alten Testament sehr häufig und offensichtlich äußert, sind Bemerkungen, die einen diachron variierenden Sprachgebrauch vermerken. Sie stehen im Zusammenhang mit dem Sprachgebrauch fremder Völker und erscheinen in ihrer Form oft als philologische Glossierungen. Dieser Zusammenhang ergibt sich durch die erzählerische Einbettung der Bemerkung. Als paradigmatische Beispiele können zuerst die Umbenennungen von Städten bei der Eroberung des Landes Kanaan dienen:

Die Israeliten erobern eine Stadt in Kanaan. Dabei ergibt sich (oft durch Formulierungen des Textes eingeleitet) die Benennung von Orten. In einigen Fällen wird darauf verwiesen, dass diese Orte vorher anders hießen, so etwa in Jdc 1,10f.:

> Und der Name von … war früher …

Oder in Jdc 18,29:

> Und sie nannten den Namen der Stadt »Dan«, aber zuerst war der Name der Stadt Lajisch.

Wenn danach gefragt wird, was mit diesen Bemerkungen explizit bewusst gemacht wird, sind diese Anmerkungen offenbar mit verschiedenen Aspekten verbunden:

Es gibt hier erstens einen zeitlichen Aspekt: Die deutliche Unterscheidung von vorher und nachher. In dieser Unterscheidung dürfte für den erzählerischen Kontext das literarische Hauptinteresse liegen. Die Landnahme stellt eine tiefe Zäsur dar, die ihre Auswirkungen in der Geographie des Landes hat: Nach der Vernichtung der Vorbevölkerung und der Zerstörung ihrer Städte wird mit der Umbenennung eine weitere Diskontinuität betont.

---

30 Dietrich, Samuel, 413.
31 Fenton, Advocacy, 27f. 38.

Das ist freilich schon eine schwer zu beweisende Behauptung, die damit arbeitet, den Eindruck des Lesers in den Autor hineinzuprojizieren. Es könnte sich genauso gut um eine Bemerkung handeln, die eher assoziativ oder erklärend mit eingebunden wird, dann aber nicht so sehr mit dem literarischen Interesse der Gesamterzählung verbunden wäre. Die Information, dass die betreffende Stadt noch einen zweiten, vielleicht weniger gebräuchlichen Namen hat, könnte hier einfach sachgemäß hinzugefügt sein. Falls sie als älterer, mittlerweile außer Gebrauch gekommener Name angesehen wird, wäre damit ein zweiter diachroner Aspekt in dieser metasprachlichen Notiz festzuhalten, der aber nicht unbedingt etwas mit der chronologischen Periodisierung des Kontextes (vor bzw. nach der Landnahme) zu tun haben muss.

Da die Berichte mit der Vertreibung fremder Bewohner verbunden sind, kann sich auch drittens die Assoziation nahelegen (in manchen Texten wird sie explizit), dass es sich bei dieser weniger gebräuchlichen Bezeichnung um den Namen der Stadt im Munde der Vorbevölkerung handelte.

Alle drei Aspekte (literarische Intention, diachrones Sprachbewusstsein und Wahrnehmung von Fremdsprachigkeit) können durchaus miteinander verbunden sein.

5.1 Was kann man einer antiquarischen Notiz zutrauen?

Ernst-Joachim Waschke hat sein Erklärungsmodell mit der Feststellung verbunden, dass es sich bei I Sam 9,9 nicht um eine antiquarische Notiz handeln könne[32] – denn es wird ja nicht ein überliefertes altes Wissen geboten, handelt es sich doch laut Waschke um einen literarischen Kommentar.

Wenn mit dem Terminus »antiquarische Notiz« argumentiert wird, kann man sehr oft einen deutlichen Widerspruch in den wertenden Äußerungen der Exegeten finden. Einerseits wird der Begriff gebraucht, um ein Textstück als sekundäre Glosse zu bezeichnen. Andererseits offenbart der Terminus die Annahme, hier werde ein Wissen über vergangene Zeit überliefert. Beides geht meist besser zusammen, wenn man diesem geschichtlichen Wissen keinen historischen Wert beimisst.

Ein schönes Beispiel dafür bietet etwa die Besprechung von Dtn 3,11 durch Ulrich Hübner in einer Miszelle in der ZAW. Der polemische Unterton ist dabei nicht zu überlesen. Er spricht von »Scheingelehrsamkeit« und einer Kombination von »Halb-« und

---

32 Waschke, *Nābî'*, 62.

»Nichtwissen«. Die Polemik gilt dabei freilich eher exegetischen
Kollegen, die der Notiz über den Sarg von Og einen anderen historischen Gehalt zugeschrieben haben als Hübner. Denn auch er geht
natürlich davon aus, dass ein bestimmter historischer Sachverhalt
durchaus im Hintergrund steht. Ob der moderne Exeget wirklich mehr
wusste als die antiken »Antiquare«, muss aber offen bleiben.[33]
    Der Terminus »antiquarische Historiographie« wird in der Alter-
tumswissenschaft als eine Gattung antiker Geschichtsschreibung neben
anderen benannt, die sich auf die Sammlung vereinzelter Informationen über die Vergangenheit bezieht.[34] Ein Antiquarium ist eine Alter-
tümersammlung und verdient daher große Anerkennung. Daher erklären sich einerseits die oben erwähnten weitreichenden Hoffnungen, aus
der fraglichen Stelle eine Geschichte der kanaanäischen und israelitischen Prophetie zu schreiben.
    Hinter dem oben beobachteten negativen Unterton steht anderer-
seits offenbar das Modell eines degenerierten Überlieferungsprozesses.
Etwa in dem Sinne, wie Adam Ferguson 1767 die mittelalterliche Geschichtsschreibung der antiken gegenüberstellt:

> Jedenfalls haben wir von den griechischen und römischen Historikern nicht
> nur die authentischsten und lehrreichsten, sondern auch die fesselndsten
> Schilderungen jener Volksstämme, deren Nachkommen wir sind. Jene her-
> vorragenden und klugen Schriftsteller kannten die menschliche Natur. Sie
> vermochten es, deren Grundzüge zu sammeln und ihre charakteristischen
> Eigenschaften darzustellen. Die ersten Geschichtsschreiber des modernen
> Europa, die diese Arbeit fortsetzten, waren schlechte Nachfolger. Gewöhn-
> lich nur für den Mönchsberuf ausgebildet, blieben sie auf das Klosterleben
> beschränkt, und waren damit beschäftigt aufzuzeichnen, was sie als Tatsa-
> chen zu bezeichnen für gut hielten. Die Werke des Genies dagegen ließen
> sie untergehen. Vom Stoff her, den sie wählten, oder im Stil ihrer Komposi-
> tionen waren sie unfähig, eine Darstellung des aktiven Geistes der Mensch-
> heit in irgend einer Lage zu geben.[35]

Das Modell ist eine Klosterbibliothek: Abgeschlossen vom wirklichen
Leben, notiert ein dort arbeitender Archivar irgendwelche zufällig
überlieferten Informationen assoziativ an die Ränder alter Handschriften, oder fügt sie beim Abschreiben in den Text.
    Diese negative Beurteilung antiquarischer Geschichtsschreibung
wurde besonders pointiert von Friedrich Nietzsche formuliert. Er be-

---

33 Hübner, Og.
34 Cancik, Geschichtsschreibung II, 804; Wischmeyer, Orte, 167. Vgl. Listen etc. als erste
    Stufe von Historiographie bei Cancik, Grundzüge, 13–15.
35 Ferguson, Versuch, 200.

schreibt diese Gattung antiker Wissenskultur als eine verehrende und bewahrende Sammelleidenschaft,[36] die an der Pflege der eigenen Identität interessiert sei, sie wachse sich gern auch zu einer »blinden Sammelwuth« aus.[37]

Wenn metatextliche Kommentare wie I Sam 9,9 tendenziell für sekundär gehalten werden, stehen solche abwertenden Denkmodelle wohl oft im Hintergrund. Sicher muss man die klaren wohlkomponierten Darstellungen antiker Geschichtsschreiber bewundern. Sie sind für den neuzeitlichen Rezipienten viel gefälliger. Aber gerade das sollte zur Vorsicht mahnen, wenn es um die Authentizität der Informationen geht. Auch wenn diese Wissenskultur nicht unseren Erwartungen entspricht, bezeugt sie doch ein Bewusstsein für geschichtliche Veränderungen.

Der von Hübner im Zusammenhang mit Dtn 3,11 angesprochene Textzusammenhang ist für das Thema dieses Aufsatzes aber noch näher zu betrachten. Denn auch in Dtn 2 geht es wie in I Sam 9,9 um Sprachbewusstsein. In diesem Fall werden allerdings synchrone Differenzen betrachtet, die mit geschichtlichen Informationen zu tun haben. Auch die Nachbarvölker Israels hätten Vorbevölkerungen beerbt, die zur Gattung der Riesen gehörten, die aber von den jeweiligen Völkern mit einer besonderen Bezeichnung versehen wurden. Dabei wird nicht der Gebrauch unterschiedlicher Sprachen vorausgesetzt, sondern jedes Volk hat für seine Riesen einen speziellen Namen. Nachbarvölker, Vorbevölkerung und deren Bezeichnungen durchziehen das Kapitel also mit einer Systematik, die den Plot der Landnahme Israels in einen regionalen Kontext von Landnahmen einbettet und in einem engeren Verhältnis zu Gen 14,5–7[38] stehen muss. Dabei kann man hier Sprachbewusstsein und Zeitbewusstsein deutlich unterscheiden. Dtn 2,20 führt aus, dass das Land zur Erzählzeit für ein Land der Riesen gehalten wird (Präformativkonjugation=PK), weil diese in der Vorvergangenheit darin wohnten (Afformativkonjugation), und erneut in der Erzählzeit (PK) wird der Sprachgebrauch der Ammoniter diesbezüglich bezeugt. In Dtn 3 wird das Thema Sprachbeobachtungen und historische Bemerkungen noch fortgeführt mit zwei einzelnen Notizen über gruppenspezifische Benennungen von Hermon und Baschan (3,9.14) sowie mit dem von Hübner diskutierten Hinweis auf das zur Erzählzeit noch vorhandene Bett Ogs in Rabba, der nicht in der Vorzeit, aber in der erzählten Zeit als letzter Riese übrig geblieben war.

---

36 Nietzsche, Geburt, 258.
37 A.a.O., 268.
38 Diskutiert etwa bei Eißfeldt, Elemente, 174; Ziemer, Abram, 154–157.

Hübner weist das »Unwissen« der israelitischen Schreiber durch den Hinweis nach, dass »[w]eder die Refa'im noch die Zmzmym [...] jemals historisch belegbare Ethnien [...] gewesen«[39] seien. Diese Argumentation speist sich freilich aus unserem heutigen Halbwissen, das sich nur auf die überlieferten Belege stützen kann, und verkennt vor allem, dass keine Behauptungen über menschliche Ethnien, sondern über Riesen gemacht werden – der »numinose Charakter« der vorammonitischen Bevölkerung ist dem Schreiber also durchaus bewusst.[40] Und den historischen Wert der metasprachlichen Beobachtung in Frage zu stellen, gibt es gar keinen Grund: Die Ammoniter nannten Riesen Samsummiter.

Was dem (meist nicht wirklich einzuhaltenden) Anspruch einer klassischen Geschichtswissenschaft zuwiderläuft, ist der offensichtlich tendenziöse Charakter der Texte, der sich aus ihrer legitimierenden Funktion ergibt.[41] Man überliefert Geschichte, gerade weil man ein Interesse daran hat. In Bezug auf die Namen der israelitischen Vorbevölkerung hat Christoph Uehlinger das für die deuteronomistischen Reihen von Völkernamen erklärt. Aber auch diese Autoren »were not driven by religious ideology alone [...] but by a truly historiographical interest and sometimes even antiquarian curiosity.«[42] Um die eigene Vorgeschichte zu konstruieren, stützten sie sich wohl auch auf Informationen, die ihnen zur Verfügung standen: Überlieferungen, religiöse Lehre und vereinzelte Dokumente, denn diese Geschichte musste auch einer Zuhörerschaft plausibel sein.[43]

5.2 Fazit

Ob gute Geschichtsschreibung Zusammenhänge konstruiert oder einfach Fakten aneinanderreiht, bleibt ein offenes Problem. Irgendwo dazwischen bewegen sich auch antiquarische Notizen im Bibeltext. Sie sind (primär oder sekundär) in einen literarischen Zusammenhang eingebunden und dienen damit einer Absicht. Je stärker sie als Fremd-

---

39 Hübner, Og, 91.
40 Und die mythische Verbindung des Ostjordanlandes mit der Unterwelt ist ja schon öfter angenommen worden (Bieberstein, Gehenna, 513; Gulde, Unterweltsvorstellungen, 219–224). Frühere Ausleger hatten allerdings andersherum angenommen, dass die Eliten der Vorbevölkerungen mythologisiert wurden (Holzinger, Genesis, 143f.; Bertholet, Deuteronomium, 8f.).
41 Hübner, Og, 91.
42 Uehlinger, Canaanites, 187.
43 Uehlinger, Canaanites, 187.

körper im Text erscheinen, umso wichtiger ist es zu prüfen, inwieweit eine antike Wissenskultur über Vergangenheit zugrunde liegt.

6. Erzähltechnische Funktion

Versteht man den metasprachlichen Kommentar in I Sam 9,9 von der Differenz zwischen Erzählzeit und erzählter Zeit her, dann stellt sich die Frage seiner Funktion im Gesamttext: Der Kommentar macht gerade auf diese Differenz sehr eindrücklich aufmerksam.[44] Das bestätigt die gleiche Phrasaeologie in Ruth 4,7: Ebenfalls mit der Formulierung לפנים בישראל wird für die Richterzeit ein spezieller ritualisierter Vorgang bezeugt und dem Leser deutlich vor Augen geführt, dass Erzählzeit und erzählte Zeit weit auseinander klaffen. Was in I Sam 9,9 erzählt wird, gehört eben noch zur Vorgeschichte Israels, oder genauer: Es bildet gerade den Übergang von der vorstaatlichen zur Königszeit. Durch den Kommentar wird freilich ein zweites (mit dem Königtum korrespondierendes) Phänomen periodisiert.

Stoebe, der zwischen Vers 9a und 9b unterscheidet, sieht diesen Aspekt vor allem bei 9a gegeben. Dieser will unterstreichen, dass Saul und sein Knecht in der Tat ein Orakel einholen wollen.[45] Ähnlich wie in Jdc 17f. erscheint hier ein privat bezahlter religiöser Spezialist. Der Vers weist die Leser des Textes darauf hin, dass das hier Erzählte die Verhältnisse vor der Entstehung des Königtums wiedergibt.

Für diese Annahme spricht, dass im jetzt vorliegenden Text der Erzählung weitere Bemerkungen aus der Erzählerperspektive eingefügt werden, die chronologische bzw. phraseologische Fragen thematisieren. Letzteres geschieht durch den die Erzählung als Ätiologie konstituierenden Bezug auf die sich hieraus ergebende Redewendung (משל) »Ist Saul auch unter den Propheten?«, von der im Allgemeinen angenommen wird, dass sie der Erzählung vorauslag.[46] Der dritte Metakommentar ist die Bemerkung über Samuels Offenbarungsempfang am Vortag in I Sam 9,15f. Auch innerhalb der Dialoge fallen in diesem Text die gehäuften zeitlichen Vorgriffe auf, so dass man in diesen wörtlichen Reden auch eine Art Metaebene zur eigentlichen Erzählung sehen kann: So die Erklärungen der jungen Frauen am Stadttor über die zu erwartenden Vorgänge bei der Kultmahlzeit, die später z. T. eine

---

44 Bar-Efrat, Narrative art, 25f.
45 V. 9b schließt einfach assoziativ daran an (eben im Sinne einer antiquarischen Notiz: Stoebe, Das erste Buch Samuelis, 202f.).
46 Dietrich, Samuel, 437.

Rolle spielen (9,12f.), oder die Vorwegnahme der Erlebnisse Sauls durch die Vorhersage Samuels in 10,2–8.

Das Spiel mit den Erzählperspektiven bildet also ein konstitutives Element des Textes. Die Bemerkung in 9,9a fügt sich in diese Tendenz gut ein. Ihre literarische Funktion ist, einen Brauch für die erzählte Vergangenheit zu behaupten, nämlich mit privaten Interessen zum Mantiker zu gehen. Von diesem Brauch wird hier eine typische Phraseologie berichtet, diese Absicht zu formulieren. Ähnlich wie in der Vergleichsstelle Ruth 4,7 gehört so ein Metakommentar zu den Stilmitteln, mit denen man auf den zeitlichen Abstand zwischen erzählter und Erzählzeit aufmerksam machen kann. Wie mehr oder weniger frei man dabei mit vorgegebenen Informationen umgehen kann, lässt sich etwa am Vergleich von Ruth 4,7 mit seinem Bezugstext Dtn 25,7–10 ermessen.

In Ruth 4,7 ist auch deutlich zu sehen, dass der Metakommentar *vor* dem Vollzug der Handlung eingeschoben wird und nicht hinterher. Geht es also um die Stellung von I Sam 9,9a, so ist dessen Position im Text ganz passend, denn in V. 10 verwendet Saul dann die entsprechende Formulierung. Das Argument, die Glosse sei falsch plaziert, fällt damit also weg.

Versteil 9b ist nun ein zweiter Kommentar, der diesen soeben berichteten Sprachgebrauch noch einmal kommentiert – nun in Bezug auf die Verwendung des Begriffes »Seher«. Es ist möglich, diesen zweiten Kommentar als sekundär anzusehen. Die parallele Formulierung zum ersten Halbvers könnte aber doch auch auf dieselbe Hand hinweisen und auch dieser Kommentar kann eine ähnliche Funktion im Gesamttext haben: Er bemerkt, dass man Propheten früher Seher nannte, und macht damit den Abstand zwischen Erzählzeit und erzählter Zeit sehr deutlich.

7. Schluss

Je nachdem, welchem Modell man folgt, bezeugt die metasprachliche Notiz in I Sam 9,9 unterschiedliche Arten des Bewusstseins für die Entwicklung der Sprache: Handelt es sich einfach um eine antiquarische Notiz, dann wird dieses Bewusstsein selbstverständlich vorausgesetzt: Natürlich ist auch den alten Israeliten deutlich gewesen, dass sich nicht nur Ortsnamen, sondern bestimmte Begrifflichkeiten ändern können, wie sich auch bestimmte regelmäßige Lebensvollzüge ändern können. Welche Zeitspanne damit überblickt wird, ist freilich offen. Es würde nahe liegen, diese Differenzen an sprachlicher Variation zwischen mehreren lebenden Generationen wahrzunehmen.

Manche Auslegungen legen nahe, dass sich die Beobachtung eher an regionaler Differenz festgemacht hat.[47] Vom Text wäre das freilich als zeitliche Differenz gedeutet worden. Das ist durchaus plausibel: Weniger gebräuchliche Worte des eigenen Dialekts können als außer Gebrauch gekommen wahrgenommen werden.[48] Werden sie in einem verwandten Dialekt regelmäßiger gebraucht, kann das als Hinweis auf die frühere Verwendung im eigenen Dialekt verstanden werden.

In dem Moment, in dem die Auslegung die »antiquarische Notiz« nicht mehr allein als vollkommen isolierte Glosse versteht, sondern ihr eine Funktion im Prozess der literarischen Gestaltung zuschreibt, verändert sich auch der Aussagegehalt der metasprachlichen Passage. Es ist dann hier nicht einfach das Sprachbewusstsein (diachron oder regional) dokumentiert. Im Vordergrund steht dann die literarische Funktion dieser Metaebene. Sie kann zur Illustration der zeitlichen Differenz zwischen Erzählzeit und erzählter Zeit dienen. Nach vielen älteren Deutungen hat sie dazu gedient, die Entstehung des israelitischen Prophetentums aus dem Sehertum bei gleichzeitiger Differenz zu diesem im Kontext der Entstehung des Königtums zu beschreiben.

Oft wird ein Mittelweg gewählt: Die Notiz habe keine zentrale literarische Funktion, sondern bilde eher eine redaktionelle Brücke,[49] die den Gebrauch verschiedener Vokabeln in einem Text miteinander ausgleiche. Gerade in einem solchen Fall nähme I Sam 9,9 dann die Rolle eines philologischen Kommentars ein. Nach den Kategorien von Gauger für diachrones Sprachbewusstsein[50] gründet dieses Sprachbewusstsein weniger auf der Wahrnehmung der eigenen gesprochenen Sprache (im Zusammenleben der Generationen) als vielmehr auf der Beobachtung literarischer Texte.

Unterschiedliche Auslegungen bringen also ganz unterschiedliche Ergebnisse, auf welcher Ebene eine »antiquarische Notiz« ein Bewusstsein für geschichtliche Entwicklungen auch in der Alltagswelt bezeugt. Besonders die Historizität der Aussage·kann sehr unterschiedlich beurteilt werden, und wird tendenziell eher skeptisch gesehen. Dass der Text jedoch ein Bewusstsein dafür bezeugt, dass es Veränderungen z. B.

---

47 Fenton, Advocacy, 30, s. o. Über den bewussten Einsatz verfremdender sprachlicher Elemente siehe Rendsburg, Variation.

48 Gauger, Sprachbewußtsein, 38.

49 Fenton, Advocacy, 27 f., vgl. auch Wellhausen, Prolegomena, 265 f.

50 Gauger, Sprachbewußtsein, 47.

im Sprachgebrauch gibt, steht außer Frage. Dazu ist er zu eindeutig in diesem Sinne formuliert.

Allerdings kann mit diesem Bewusstsein auch eine fiktive Beobachtung konstruiert werden: Da der Ausgangspunkt für die alte These, der Vers sei sekundär, an dem traditionellen Verständnis hing, Samuel müsse der Autor sein, habe ich hier den Versuch gewagt, den Vers als integralen Bestandteil des Textes zu verstehen. Berücksichtigt man, dass hier zwei verschiedene Kommentare miteinander verbunden sind, fällt auch das zweite literarkritische Argument, das der fehlplazierten Glosse. I Sam 9,9 erweist sich als ein Stilmittel, mit dem der Abstand zur erzählten Zeit besonders deutlich gemacht werden kann: Damals ging man mit privaten Interessen zum Mantiker und bezahlte ihn dafür. In der Erzählzeit habe sich das – zusammen mit dem Sprachgebrauch – gewandelt: Wahre Propheten treten nun ungefragt auf und werden nicht mehr dafür bezahlt!

Literatur

S. Bar-Efrat, Narrative art in the Bible, JSOT.S 70, Sheffield 1989
A. Bertholet, Deuteronomium, KHC 5, Freiburg i. B. – Leipzig – Tübingen 1899
K. Bieberstein, Die Pforte der Gehenna. Die Entstehung der eschatologischen Erinnerungslandschaft Jerusalems, in: Janowski/Ego, Weltbild, 503–539
K. Budde, Die Bücher Samuel, KHC VIII, Tübingen – Leipzig 1902
H. Cancik, Grundzüge der hethitischen und alttestamentlichen Geschichtsschreibung, ADPV 4, Wiesbaden 1976
– Geschichtsschreibung II. Griechisch, RGG⁴ III (2000), 804–806
W. Caspari, Die Samuelbücher mit Sacherklärungen versehen, KAT 7, Leipzig 1926
W. Dietrich, Samuel, BK. AT VIII/1, Neukirchen-Vluyn 2011
O. Eißfeldt, Achronische, anachronische und synchronische Elemente in der Genesis, in: Ders., Kleine Schriften zum Alten Testament, hrsg. von Karl-Martin Beyse und Hans-Jürgen Zobel, Berlin 1969, 164–180
T. Fenton, Deuteronomistic Advocacy of the Nābîʾ: 1 Sam IX 9 and Questions of Israelite Prophecy, VT 47 (1997), 23–42
A. Ferguson/Z. Batscha/H. Medick (Hg.), Versuch über die Geschichte der bürgerlichen Gesellschaft, stw 739, Frankfurt am Main 1986
G. Fohrer, Neuere Literatur zur alttestamentlichen Prophetie (Fortsetzung), ThR 20 (1952), 295–361
H.-M. Gauger, Sprachbewußtsein und Sprachwissenschaft, Serie Piper 144, München 1976
R. Gilmour/I. Young, Saul's Two Year Reign in 1 Samuel 13:1, VT 63 (2013), 150–154

H. Grotius, Hvgonis Grotii Annotationes in Vetvs Testamentvm, hrsg. v. G. J. L. Vogel, Band I, Halae 1775

S. Gulde, Unterweltsvorstellungen in Ugarit, in: Janowski/Ego, Weltbild, 393–429

M. Heller, Language and Identity/Sprache und Identität, in: U. Ammon et al. (Hg.), Soziolinguistik. Ein internationales Handbuch zur Wissenschaft von Sprache und Gesellschaft, Band 2, Berlin – New York ²2005, 1582–1586

H. W. Hertzberg, Die Samuelbücher, ATD 10, Göttingen 1956

G. Hölscher, Die Profeten. Untersuchungen zur Religionsgeschichte Israels, Leipzig 1914

H. Holzinger, Genesis, KHC 1, Freiburg i. B. – Leipzig – Tübingen 1898

U. Hübner, Og von Baschan und sein Bett in Rabbat-Ammon (Deuteronomium 3,11), ZAW 105 (1993), 86–92

B. Janowski und B. Ego (Hg.), Das biblische Weltbild und seine altorientalischen Kontexte, FAT 32, Tübingen 2001

R. Kraetzschmar, Prophet und Seher im alten Israel, Tübingen u. a. 1901

J. LeClerc, Veteris Testamenti Libri Historici, Josua, Judices, Rutha, Samuel, Reges, Paralipomena, Esdras, Nehemias et Esthera: ex translatione Ioannis Clerici; cum ejusdem commentario philologico Dissertationibus criticis, Ed. nova, em. Amsterdam 1708

J. C. C. Nachtigal/F. L. Röper, Exegetisches Handbuch des Alten Testaments für Prediger, Schullehrer und gebildete Leser, Leipzig 1797

F. Nietzsche, Die Geburt der Tragödie. Unzeitgemäße Betrachtungen I–IV. Nachgelassene Schriften 1870–1873, hrsg. von V. G. Colli und M. Montinari, dtv 2221, München [u. a.] ²1988

D. Nowack, Die Bücher Samuelis übersetzt und erklärt, HAT I, 4,2, Göttingen 1902

I. Paul, Praktische Sprachreflexion, Konzepte der Sprach- und Literaturwissenschaft 61, Tübingen 1999

G. v. Rad, Theologie des Alten Testaments. Band 2: Die Theologie der prophetischen Überlieferungen Israels, München 1960

G. A. Rendsburg, Linguistic Variation and the »Foreign« Factor in the Hebrew Bible, in: S. Izreʿel/R. Drory (Hg.), Language and Culture in the Near East, IOS 15, Leiden – New York – Köln 1995, 177–190

H. H. Rowley, The Servant of the Lord and Other Essays on the Old Testament, London 1952

E. Sellin, Israelitisch-jüdische Religionsgeschichte, Leipzig 1933

H. J. Stoebe, Das erste Buch Samuelis, KAT VIII, 1, Gütersloh 1973

J. Stökl, Prophecy in the Ancient Near East. A Philological and Sociological Comparison, Culture and History of the Ancient Near East 56, Leiden/Boston 2012

O. Thenius, Die Bücher Samuels, Leipzig 1842

J. Thon, The Power of (Hebrew) Language: Grammar, Cabbalah, Magic and the Emerging Protestant Identity, EJJS 6 (2012), 105–122

C. Uehlinger, The »Canaanites« and other »pre-Israelite« peoples in Story and History, FZPhTh 46/47 (1999–2000), Bd. 46: 546–478, Bd. 47: 173–198

E.-J. Waschke, Der *Nābî'*. Anmerkungen zu einem Titel, Leqach 4 (2004), 59–63

J. Wellhausen, Prolegomena zur Geschichte Israels, Berlin ⁶1905

O. Wischmeyer, Orte der Geschichte und der Geschichtsschreibung in der frühjüdischen Literatur, in: E.-M. Becker (Hg.): Die antike Historiographie und die Anfänge der christlichen Geschichtsschreibung, BZNW 129, Berlin u. a. 2005, 157–170

B. Ziemer, Abram–Abraham. Kompositionsgeschichtliche Untersuchungen zu Genesis 14, 15 und 17, BZAW 350, Berlin/New York 2005

Koh 3,1–8 – Infinitive und Verbalnomina nach dem Zeitnomen עת im Hebräischen

Jens Kotjatko-Reeb

In einem bekannten Gedicht im Alten Testament, dem Gedicht über die Zeit, das dem Leser des Predigers in Koh 3,1–8[1] so unerwartet begegnet, sind neben den vielfältigen Ausdeutungen, die nicht nur in den Kommentaren schon seit alters her zu lesen sind,[2] auch einige interessante syntaktisch-grammatische Strukturen zu beobachten, die im Folgenden näher beschrieben und in einen gesamthebräischen Kontext gestellt werden sollen.

Koh 3,1 לַכֹּל זְמָן וְעֵת	»Für alles gibt es eine Stunde, und eine Zeit
לְכָל־חֵפֶץ תַּחַת הַשָּׁמָיִם׃ ס	für jedes Geschehnis unter dem Himmel:
2 עֵת לָלֶדֶת וְעֵת לָמוּת	Zeit zum Gebären und Zeit zum Sterben,
עֵת לָטַעַת	Zeit zum Pflanzen
וְעֵת לַעֲקוֹר נָטוּעַ׃	und Zeit zum Ausreißen des Gepflanzten,
3 עֵת לַהֲרוֹג וְעֵת לִרְפּוֹא	Zeit zum Töten und Zeit zum Heilen,
עֵת לִפְרוֹץ וְעֵת לִבְנוֹת׃	Zeit zum Einreißen und Zeit zum Aufbauen,
4 עֵת לִבְכּוֹת וְעֵת לִשְׂחוֹק	Zeit zum Weinen und Zeit zum Lachen,
עֵת סְפוֹד וְעֵת רְקוֹד׃	Zeit des Trauerns und Zeit des Tanzens,
5 עֵת לְהַשְׁלִיךְ אֲבָנִים	Zeit zum Steine-Werfen
וְעֵת כְּנוֹס אֲבָנִים	und Zeit des Steine-Sammelns,
עֵת לַחֲבוֹק	Zeit zum Umarmen
וְעֵת לִרְחֹק מֵחַבֵּק׃	und Zeit zum Fern-Sein vom Umarmen,
6 עֵת לְבַקֵּשׁ וְעֵת לְאַבֵּד	Zeit zum Suchen und Zeit zum Verlieren,
עֵת לִשְׁמוֹר וְעֵת לְהַשְׁלִיךְ׃	Zeit zum Bewahren und Zeit zum Verwerfen,
7 עֵת לִקְרוֹעַ וְעֵת לִתְפּוֹר	Zeit zum Zerreißen und Zeit zum Nähen,
עֵת לַחֲשׁוֹת וְעֵת לְדַבֵּר׃	Zeit zum Schweigen und Zeit zum Reden,
8 עֵת לֶאֱהֹב וְעֵת לִשְׂנֹא	Zeit zum Lieben und Zeit zum Hassen,
עֵת מִלְחָמָה וְעֵת שָׁלוֹם׃	Zeit des Kämpfens und Zeit des Heils.«

1   Ob V.9 als Schlussvers noch zum Gedicht gehört oder schon die Überleitung zur Auslegung in V.10–15 bildet, bzw. mit V.1 eine Rahmung darstellt, soll hier nicht diskutiert werden; vgl. dazu Schwienhorst-Schönberger, Kohelet, 246.

2   Vgl. u.a. Schwienhorst-Schönberger, Kohelet, 244–259; Lauha, Kohelet, 61–71; Murphy, Ecclesiastes, 28–39 und die dort aufgeführte Literatur.

In Koh 3,1–8 finden wir einen ganzen Abschnitt, der sich ausschließlich der Näherbestimmung des Nomens עֵת »Zeit« widmet und jedem Geschehnis »unter dem Himmel« eine Stunde und eine Zeit zuordnet.

Das Gedicht eröffnet in V. 1 mit einer Art Überschrift, die zwei synonyme Zeitnomina einführt, das seltenere und neben Koh nur in den jüngsten Büchern des AT vorkommende aramäische Lehnwort זְמָן »bestimmte Zeit; Stunde« und das geläufigere עֵת »Zeit; Zeitpunkt«, das insgesamt im AT 296-mal begegnet, allein 40-mal in Koh, davon 28-mal in 3,1–8. Dabei dient 23-mal der *Inf. cstr.* mit לְ als Epexegese des Zeitnomens[3] und bringt dessen positiv wünschenswerte oder negativ nicht wünschenswerte Verwendung zum Ausdruck:[4] »Zeit zum Gebären und Zeit zum Sterben, Zeit zum Pflanzen und Zeit zum Ausreißen des Gepflanzten usw.« Zwei dieser Infinitive, V. 2bβ und 5aα, sind an der Objektstelle durch ein direktes Akkusativobjekt bzw. im *gen. obj.* ergänzt.[5] Lediglich drei Infinitive sind ohne לְ belegt: V. 4 עֵת סְפוֹד וְעֵת רְקוֹד »Zeit des Klagens und Zeit des Tanzens«; V. 5 עֵת כְּנוֹס אֲבָנִים »Zeit des Steine-Sammelns«. Diese Infinitive bilden mit dem Substantiv eine Genitivverbindung, wobei die Infinitive *nomen rectum* zu עֵת sind. In V. 5aβ ist der Infinitiv כְּנוֹס zudem *nomen regens* zum Nomen אבנים »Steine«, das wiederum im *gen. obj.* oder als direktes Objekt im Akkusativ steht. Und schließlich finden sich in V. 8 zwei Verbalnomina als *nomen rectum* zu עֵת: עֵת מִלְחָמָה וְעֵת שָׁלוֹם »Zeit des Kämpfens und Zeit des Heils«. Insgesamt wird die kolometrische Struktur des antithetischen Parallelismus innerhalb der Halbverse im gesamten Gedicht nur 3-mal durchbrochen, in V. 5a וְעֵת כְּנוֹס אֲבָנִים fehlt im Gegensatz zu עֵת לְהַשְׁלִיךְ אֲבָנִים das לְ vor dem Infinitiv, in V. 2bβ und 5bβ sind die Infinitive im Gegensatz zu den Parallelen zudem ergänzt, 1-mal in der Objektstelle E2, 1-mal in EPräp..[6]

---

3   Zur Epexegese von Nomina vgl. Kotjatko-Reeb, Epexegese, 547–581.

4   Vgl. die Diskussion zur Struktur und zur Wertung der aufgezählten Ereignisse und Handlungen u.a. bei Schwienhorst-Schönberger, Kohelet, 246–248.

5   Zum nominalen Gebrauch des Infinitivs im Genitiv und zum verbalen Gebrauch mit dem Objekt im Akkusativ vgl. u.a. Joüon/Muraoka, Grammar, §124d–j.

6   Zum Valenzsystem im Hebräischen im Allgemeinen und den Ergänzungen im Konkreten vgl. zuletzt Malessa, Valenz, bes. 20–35, und ders., Valency, mit Verweis auf die dort angeführte Literatur. Die in diesem Beitrag verwendeten Kürzel für die Ergänzungen (E) entsprechen in großen Teilen denen bei Malessa, so E1, E2 und EPräp., Orts- und Richtungsangaben mit Präposition werden als EPräp./Lok. gekennzeichnet. Neu ist somit in der vorliegenden Betrachtung, dass die syntaktischen Ergänzungen, die sich aus der verbalen Valenz ergeben, fast ohne Unterscheidung auf die Verbalnomina, auf Infinitive und sonstige Verbalsubstantive gleichermaßen, übertragen werden.

Besonders interessant also am strukturellen Aufbau dieses Gedichts mit seinen vom Leitnomen עֵת abhängigen Infinitiven und Verbalnomina und Grundlage der Untersuchung für den vorliegenden Beitrag ist, dass in den einzelnen Kola drei verschiedene Konstruktionsmuster in derselben syntaktischen Funktion erkennbar sind. Von den 28 Konstruktionen mit עֵת ist mit 23 Belegen das Muster des Infinitivs mit לְ nach עֵת am häufigsten, nur 3-mal dagegen begegnen Infinitive und 2-mal Verbalnomina ohne לְ.

Dass diese »Unebenheiten« in der Struktur nicht selbstverständlich waren, zeigen einige Textzeugen, die diese Stellen »harmonisiert« haben oder eine andere Lesart bieten, die vielleicht einer abweichenden Vorlage geschuldet ist: So hat TargQoh in allen Fällen einen Infinitiv mit לְ nach עִידָן בְּחִיר »eine bestimmte/ausgewählte Zeit«, so auch in V. 8 עִידָן בְּחִיר לְאַגָּחָא קְרָבָא וְעִידָן בְּחִיר לְמֶעְבַּד שְׁלָמָא »eine zum Krieg-Führen bestimmte Zeit und eine zum Frieden-Schließen bestimmte Zeit«. Dabei sind alle Infinitive durch direkte oder indirekte Objekt ergänzt.

Auch Peschitta (P) hat wie Targ alle Infinitive gleichmäßig mit ܠ wiedergegeben, z.B. V. 4a ܘܰܒܟܐ ܠܡܒܟܐ ܘܙܒܢܐ ܠܡܓܚܟ »Zeit zum Weinen und Zeit zum Lachen«, die Verbalnomina aber nach Genitivpartikel, V. 8b: ܘܙܒܢܐ ܕܩܪܒܐ ܘܙܒܢܐ ܕܫܠܡܐ »Zeit des Krieges und Zeit des Friedens«.

Auch LXX zeigt überall die zu erwartende Konstruktion mit dem Infinitiv nach einem Artikel im Genitiv, z.B. V. 4a: καιρὸς τοῦ κλαῦσαι καὶ καιρὸς τοῦ γελάσαι »eine Zeit zu weinen und eine Zeit zu lachen«. Lediglich die Verbalnomina in V. 8 finden sich auch in LXX: καιρὸς πολέμου καὶ καιρὸς εἰρήνης »Zeit des Krieges und Zeit des Friedens«.[7]

Ausgehend von dieser einführenden Betrachtung zum Zeitnomen עֵת in Koh 3,1–8 und seiner attributiven und epexegetischen Näherbestimmung durch Infinitive und Verbalnomina mit und ohne לְ soll in der folgenden Untersuchung beispielhaft an עֵת herausgearbeitet werden, wie sich die Verteilung der Zeitnomina im Hebräischen insgesamt in Bezug auf die Erweiterung durch Infinitive, Verbalnomina und »Zwischenformen«[8] verhält. Dazu wird neben dem Biblischen[9] auch

---

7   Vgl. auch Septuaginta Deutsch.

8   Bei den »Zwischenformen« handelt es sich um *forma mixta* oder um Formen, die sowohl als Infinitiv als auch als konkretes Nomen fungieren bzw. einen Bedeutungsübergang ins Konkrete enthalten. Grafisch sind die Infinitive durch ein INF, die Verbalnomina durch VN und die »Zwischenformen« durch ZF gekennzeichnet.

9   Hier wird auf den digitalisierten Text aus Bibleworks 8 (BW 8) zugegriffen. Für die deutsche Übersetzung, bei der, soweit das möglich ist, eine wortartgetreue Wiedergabe des hebräischen Textes angestrebt wird, d.h. vor allem der nominale Charakter

das Rabbinische Hebräisch[10] sowie das Hebräische der Texte vom Toten Meer[11] herangezogen. In den biblischen und Qumran-hebräischen
Belegen wird herausgearbeitet, inwieweit Infinitive und Verbalnomina
parallel, in derselben syntaktischen Umgebung und Funktion, verwendet werden können. Des Weiteren soll untersucht werden, ob und wie
viele Ergänzungen in Bezug auf die syntaktische Valenz bei den Infinitiven und Verbalnomina zu verzeichnen sind. Letzteres kann für das
Biblische Hebräisch, da das Korpus begrenzt ist und alle Belegstellen
berücksichtigt werden, auch statistisch ausgewertet werden.

Daneben wird in den Anmerkungen auf Entsprechungen und Varianten in aramäischen und arabischen Textzeugen verwiesen, so in den
Targumim (Targ) Onkelos (TargO), Pseudo-Jonathan (TargPsJ), Neofiti
(TargNeof) und Genizafragmenten,[12] sowie in der Peschitta (P)[13] und in
den arabischen Bibel-Übersetzungen des Saadia Gaon (ATSaadia).

1. Das Zeitnomen als *nomen regens* in *st. cstr.*-Verbindungen, am Beispiel von עֵת »Zeit«

Sehr häufig begegnen Infinitive und Verbalnomina in Genitiv-
Verbindungen als *nomina recta* nach »Zeitsubstantiven«. In diesen
st. cstr.-Verbindungen dienen Zeitnomina wie יוֹם »Tag, Zeit« oder שָׁנָה
»Jahr«, עֵת »Zeit«, תְּחִלָּה »Anfang, Beginn«, אַחֲרִית »Ende« usw. als *nomen regens* dazu, den Zeitpunkt oder die Zeitspanne bzw. Beginn, Verlauf und Ende der durch die Infinitive oder Verbalnomina ausgedrückten Handlung, des Geschehnisses oder des Zustands näher
einzugrenzen, unabhängig davon, welches Satzglied diese Verbindung
selbst darstellt und welche syntaktische Funktion es ausübt, wobei es
sich in den allermeisten Fällen um temporale Näherbestimmungen
handelt.

Im Mischna- und im Rabbinischen Hebräisch sind bekanntlich an
die Stelle der Infinitive Verbalnomina getreten, sodass das im Bibli-

---

der Infinitive bewahrt werden soll, wurde auch die Elberfelder und Zürcher Bibel
aus BW 8 herangezogen.

10 Hebräisch der Mischna und der Tosefta sowie der halachischen und älteren aggadi-
schen Midraschim. Zur weiteren Differenzierung des Mischnischen und Rabbinischen Hebräisch vgl. Nebe, Neologismen, 245–246, und die Lit. dort, sowie Pérez
Fernández, Grammar, 1–15; Bar-Asher, Studies, 12–16; Breuer, Amoraic. Als Beleg-
quelle dient JCL.

11 Als digitalisierte Quelle dient hier Tov, DSSEL.

12 BW 8=CAL.

13 CAL.

schen und im Qumran-Hebräischen charakteristische Nebeneinander von Infinitiven und Verbalnomina dort nicht besteht. Allgemeine Zeitbegriffe wie יום und עת »Zeit« sind in der Häufigkeit ihrer Verwendung im Mischna- und im Rabbinischen Hebräisch durch שעה »Stunde, Zeit(punkt)« verdrängt worden. Hinzu kommen Zeitnomina wie סוף »Ende« und זמן »Zeit«, die vor Infinitiven und Verbalnomina im Biblischen nicht belegt sind, während שנה »Jahr« in den hier relevanten Konstruktionen im Mischnischen überhaupt nicht belegt ist.

Es lassen sich vereinfacht allgemeine Zeitbegriffe wie זמן, שעה, עת und מועד von kalendarischen Zeitbegriffen wie יום, שנה, לילה usw. und Zeit-Teilbegriffen wie ראשית, תחלה, תוך, קרב, אחרית, קץ, סוף und תום unterscheiden.

Zu den allgemeinen Zeitbestimmungen im Biblischen Hebräisch zählt in erster Linie עת,[14] das einem durch einen abhängigen Infinitiv oder ein Verbalnomen realisierten Zustand, Ereignis oder Geschehnis eine bestimmte Zeit oder einen Zeitpunkt, nach Jenni »eine zusammenfassende Bezeichnung für einen bestimmten, mehr oder weniger lange dauernden Zeitausschnitt«,[15] zuordnet. Oder anders herum, durch eine konkrete inhaltliche Näherbestimmung, z.B. durch Verbalnomina und Infinitive, kann einer »bestimmten Zeit« ein Zeitinhalt zugewiesen werden.[16] Dieser allgemeinste Zeitbegriff kann auch durch die Nomina יום oder (mittelhebräisch) שעה zum Ausdruck kommen, wobei beide im Kontrast zur jeweils konkreteren, zeitlich begrenzten Bedeutung »Tag« und »Stunde« stehen, und besonders יום »die Grundbedeutung [...] nie ganz verloren«[17] hat. Seltener begegnet in dieser Rubrik, zur Bezeichnung eines Zeitpunkts, das Nomen מוֹעֵד[18] »Zeitpunkt, Termin, Frist«.

Im Folgenden soll die Darstellung der Konstruktionen mit Infinitiven und Verbalnomina auf das Zeitnomen עת beschränkt werden, da an dieser Stelle nicht ausreichend Platz für eine umfassende Darstellung besteht.[19]

---

14 Vgl. Kronholm, עת, 463–482, bes. Pkt. 3.
15 Jenni, Beth, 302.
16 Vgl. Jenni, עת, 376.
17 Jenni, עת, 371. Vgl. zu יום und den Problemen der semantischen Abgrenzung Jenni, Beth, 296.
18 Vgl. Koch, מועד, 743–750.
19 Eine vergleichende Darstellung aller Zeitnomina mit Infinitiven und Verbalnomina soll an anderer Stelle erfolgen.

1.1 Biblisches Hebräisch

Ez 35,5[VN]/[VN] קֵץ עֲוֹן בְּעֵת אֵידָם בְּעֵת »zur Zeit ihres Verderbens, zur Zeit ihres endgültigen Schuldig-Werdens[20] (und der darauf folgenden Strafe)«

> TargJ mit Verbalnomen: בעדן תברהון בעדן תושלמת חוביהון »zur Zeit ihres Verderbens, zur Zeit des Bezahlens (für) ihre Schuld«; ebenso P ܟܘܒ ܕܗܒܬܐ ܐܘܬܟܘ ܕܚܘܒ.

Gen 29,7[INF] לֹא־עֵת הֵאָסֵף הַמִּקְנֶה »es ist (noch) nicht Zeit des Gesammelt-Werdens des Viehs«

> TargO hat einen Inf. mit ל nach dem Zeitnomen: לא עידן למכנש בעיר »es ist nicht Zeit zum Einbringen des Viehs«; ähnlich TargPsJ למיכנוש und P ܘܟܒ ܠܡܟܢܫ.

Dieser Vers hat denselben syntaktischen Aufbau wie Koh 3,5, mit einem abhängigen Infinitiv ohne ל im Genitiv, dort mit einer Ergänzung in der Objektstelle, hier in der Subjektstelle nach einem passivierten Infinitiv.

Jos 10,27[INF] וַיְהִי לְעֵת בּוֹא הַשֶּׁמֶשׁ צִוָּה יְהוֹשֻׁעַ »und es geschah zur Zeit des Sonnenuntergangs, da befahl Josua«

> TargJ hat auch Inf. לעדן מיעל שמשא; P dagegen Verbalnomen in einer festen Nominalphrase ܟܘܒ ܕܡܥܪܒ ܫܡܫܐ »zur Zeit des Sonnenuntergangs«. Vgl. auch II Chr 18,34, dort hat TargChr לעדן מטמע שמשא; P ܫܡܫܐ ܕܡܥܪܒ ܠܘܬ; Ps 105,19 TargPs mit Rel.-Satz (Konj.-Satz)[21] עידן דאתא פתגמיה; P konjunktional (konj.) ܒܐܕܡ ܕ; Jer 8,7 TargJ עידן מיתיהון/מיעלהון »die Zeit ihres Kommens«; P mit ZF ܘܟܒ ܕܡܥܠܬܗ; Hag 1,2.

Jes 48,16[INF] מֵעֵת הֱיוֹתָהּ שָׁם אָנִי »seit der Zeit ihres Seins/Geschehens bin ich da«

> TargJ konj. ד מעדן; ebenso P ܘܟܒ ܕ ܡܢ; ATSaadia hat *maṣdar*: וקת כונהא »die Zeit ihres Seins«.

Hld 2,12[VN] עֵת הַזָּמִיר הִגִּיעַ »die Zeit der Ernte ist gekommen«[22]

> Targ ועדן קיטוף; P ܘܟܒ ܕܚܨܕܐ »Zeit des Beschneidens«.

---

20 Vgl. zu עון »Schuld, Schuldig-Sein« auch Ez 21,30.34.

21 Das Zeitnomen zusammen mit der Relativ-Partikel kann auch als temporale Konjunktion (Konj.) in einem finiten Nebensatz verstanden werden. Davon hängt ab, ob die Konstruktion als Relativ- (Rel.-) oder als Konjunktionalsatz (Konj.-Satz) bestimmt und übersetzt wird.

22 Vgl. »Zeit des Singens« in Elberfelder und Zürcher; Ges.18, s.v. זמיר.

I Reg 11,4ᵛᴺ וַיְהִי לְעֵת זִקְנַת שְׁלֹמֹה נָשָׁיו הִטּוּ אֶת־לְבָבוֹ »und es geschah zur
Zeit des Alt-Seins Salomos, da neigten seine Frauen sein Herz«

TargJ konj. לעדן דסיב. Vgl. auch I Reg 15,23 לעת זקנתו; TargJ/ לעדן סיבתיה;
סיבותיה; Ps 71,9 TargPs לעידן סיבו; P überall mit Verbalnomen ܣܝܒܘܬܐ
ܘܣܐܒܘܬܐ.

Ez 16,57ᵛᴺ כְּמוֹ עֵת חֶרְפַּת בְּנוֹת־אֲרָם »wie zur Zeit des Höhnens der Töchter Arams«

TargJ konj. בעידן דחסידו.

Gen 31,10ᴵᴺᶠ וַיְהִי בְּעֵת יַחֵם הַצֹּאן וָאֶשָּׂא עֵינַי »und es geschah zur Zeit des
Brünstig-Seins der Tiere, da erhob ich meine Augen«

Targ konj., z.B. PsJ בעידן דאתיחמא; dagegen Geniza בשעת חמות[י]. P konj.
ܒܙܒܢܐ ܕܚܡܐ.

Hi 39,1ᴵᴺᶠ הֲיָדַעְתָּ עֵת לֶדֶת יַעֲלֵי־סָלַע »Kennst du die Zeit des Werfens der
Steinböcke?«

TargJob mit Nomen עדן מולדיהון. ATSaadia ולאד. P mit Rel.-Satz. ܙܒܢܐ ܕܝܠܕܢ
»die Zeit, da sie werfen«.

Gen 38,27 ᴵᴺᶠ וַיְהִי בְּעֵת לִדְתָּהּ »und es geschah zur Zeit ihres Gebärens«

TargO und PsJ haben ebenfalls Inf. בעידן מילדה; Neof dagegen Konj, בשעתה
ד; Geniza מולדה und P mit VN ܒܝܘܠܕܗ »die Zeit ihres Gebärens«. Vgl.
auch Hi 39,2 עת לדתנה und dort TargJob עדוני מולדיהון; ATSaadia וקת
ולאדהא »die Zeit ihres Werfens«; P ܒܝܘܠܕܗܝܢ »die Zeit ihres Werfens«.

Gen 24,11 ᴵᴺᶠ לְעֵת עֶרֶב לְעֵת צֵאת הַשֹּׁאֲבֹת »zur Abendzeit, zur Zeit des
Herauskommens der Schöpferinnen«

Targ לעדן/בשעתא דנפקן und P ܕܢܦܩܢ haben konj. aufgelöst. ATSaadia
maṣdar: וקת כרוג »zur Zeit des Herausgehens«.

I Chr 20,1ᵛᴺ/ᴵᴺᶠ וַיְהִי לְעֵת תְּשׁוּבַת הַשָּׁנָה לְעֵת צֵאת הַמְּלָכִים וַיִּנְהַג יוֹאָב »und
es geschah zur Zeit der Wiederkehr des Jahres, zur Zeit des Ausziehens
der Könige, da führte Joab [...]«

TargChr hat für den Infinitiv Konj.-Satz לזמן סיפא דשתא לעדן דנפקין מלכיא
»zur Zeit des Ausgangs des Jahres, zur Zeit, da die Könige ausziehen«. //
II Sam 11,1 vor dem VN ohne Zeitnomen: ויהי לתשובת השנה לעת צאת
המלאכים. TargJ zu Sam hat wie in der Vorlage Verbalnomen und Infinitiv
nach זמן und עדן:לזמן סופא דשתא לעדן מפק מלכיא. P hat Sam und Chr Verbalnomen ܡܦܩܐ »Auszug« für den Infinitiv:ܘܠܟܐ ܘܡܦܩܐ.ܕܫܬܐ

Hier steht das Verbalnomen תשובה parallel neben einem Infinitiv צאת.

II Chr 21,19 INF וּכְעֵת צֵאת הַקֵּץ לְיָמִים שָׁנַיִם »und zur Zeit des Auslaufens von zwei Jahresenden«

TargChr konj. בעדן ד.

Koh 3,5 INF עֵת לְהַשְׁלִיךְ אֲבָנִים וְעֵת כְּנוֹס אֲבָנִים »(es ist) Zeit zum Steine-Werfen und Zeit des Steine-Sammelns«[23]

I Sam 4,20 INF וּכְעֵת מוּתָהּ וַתְּדַבֵּרְנָה הַנִּצָּבוֹת עָלֶיהָ אַל־תִּירְאִי »und zur Zeit ihres Sterbens[24] sagten die (Frauen), die bei ihr standen: ›Fürchte dich nicht!‹«

TargJ hat verschiedene Varianten mit Verbalnomina מותה/מיתה/מֵיתה und finit בעדן דמיתת; P ܡܘܬܗ ܡܘܬܐ.

Koh 3,8ᵛᴺ/ᵛᴺ עֵת מִלְחָמָה וְעֵת שָׁלוֹם »Zeit des Kämpfens und Zeit des Heils«

TargQoh hat auch hier analog zum gesamten Gedicht Koh 3,2–8 Infinitive mit ל: עידן בחיר לאגחא קרבא ועידן בחיר למעבד שלמא. P dagegen mit Verbalnomina: ܘܟܐ ܢܡܘܟܐ ܕܘܟܐ ܓܐܠܡܐ.

Ps 32,6 INF עַל־זֹאת יִתְפַּלֵּל כָּל־חָסִיד אֵלֶיךָ לְעֵת מְצֹא »deshalb soll jeder Fromme zu dir beten, zur Zeit des (Sich-Be)findens«

TargPs לעידן רעותיה »zur Zeit seines Wohlgefallens«; P mit Adj. ܟܘܒܠܐ ܟܡܟܠܐ »zur üblichen Zeit«

Jer 51,6ᵛᴺ כִּי עֵת נְקָמָה הִיא לַיהוָה »denn es ist die Zeit des Rache-Nehmens des Herrn«[25]

TargJ עידן פורענותא mit Verbalnomen; ebenso P ܓܘܟܠܐ ܡܘ ܢܦܩܬܗ.

I Sam 18,19 INF וַיְהִי בְּעֵת תֵּת אֶת־מֵרַב בַּת־שָׁאוּל לְדָוִד »und es geschah zu der Zeit des die Merab, die Tochter Sauls, (dem) David Gebens«

TargJ hat 2 Varianten, einen seltenen Infinitiv ohne ל: בעדן דמטא זמן אתיהבא, und einen mit ל: למתן ית מירב. P ܠܡܟܐܒ ܡܘܡܐ ܟܐܡܐ ܘܟܐ »und als die Zeit kam zu geben […]« neben ܡܘܡܒ ܟܐܡܐ ܘܟܐ »und als die Zeit kam, da man geben (sollte)«.

Koh 3,4 INF עֵת סְפוֹד וְעֵת רְקוֹד »Zeit des Klagens und Zeit des Tanzens«

Jer 10,15ᵛᴺ בְּעֵת פְּקֻדָּתָם יֹאבֵדוּ »zur Zeit ihres Heimgesucht-Werdens werden sie umkommen«[26]

---

23 Ein Inf. mit ל parallel zu einem ohne. Vgl. die o. zu Koh 3 gemachten Anmerkungen.

24 Hier begegnet ein »echter« Inf.cstr. von מות, während in den allermeisten Fällen das *nomen verbi* als »Zwischenform« im Substantiv מֶוֶת/מוֹת- aufgegangen ist.

25 Vgl. יום נקמה in Jer 46,10 und maskulines נָקָם in Jes 61,2; Prov 6,34 u.ö. nach יום.

TargJ konj. בעידן דאסער עליהון חוביהון »zur Zeit, da ihre Schuld sie heim-
sucht«; ebenso P ܟܘܟܐ ܘܕܓܠܝܩܡܕܗ. So auch Jer 8,12 und 51,18. Jer 46,21 und
50,27 haben TargJ עדן סעורן/סעורה und P ܘܟܠܐ ܕܦܩܕܢܗܡ VN.

II Chr 28,22 INF וּבְעֵת $\boxed{\text{הָצֵר}}$ לוֹ וַיּוֹסֶף לִמְעוֹל בַּיהוָה »und zur Zeit des Ihn-
Bedrängens, da handelte er noch treuloser gegen den Herrn«

TargChr konj. בעדן דעאק ליה »zu der Zeit, da es ihn bedrängt«.

Viel häufiger als der Infinitiv von צרר ist das Nomen צרה »Bedrängnis«
nach Zeitnomina anzutreffen, so z. B.:

Jes 33,2 VN $\boxed{\text{צָרָה}}$ אַף־יְשׁוּעָתֵנוּ בְּעֵת »(sei) auch unsere Rettung zur Zeit der
Bedrängnis«[27]
Vgl. auch Ri 10,14; Jer 14,8; 15,11; 30,7; Ps 37,39; Neh 9,27; Dan 12,1.

In den Targ wird צרה regelmäßig durch עקה wiedergegeben; in P 4-mal
durch ܐܘܠܨ ܢܐ »Qual, Not, Bedrängung«, 3-mal durch ܥܡܠܐ »Kummer«.

Dan 8,17 INF כִּי לְעֶת $\boxed{\text{קֵץ}}$ הֶחָזוֹן »denn die Vision (gilt) für die Zeit des
Endes«

P ܐܕܢ ܩܨܐ. Vgl. auch Dan 11,40; 12,4.9, alle ohne E; P hier regelmäßig
ܥܕܢ ܩܨܐ.

Jer 50,16 VN וְתֹפֵשׂ מַגָּל בְּעֵת $\boxed{\text{קָצִיר}}$ »(rottet aus Babel den Sämann aus) und
den, der die Sichel trägt zur Zeit des Erntens«[28]

TargJ liest hier בעידן קטול »zur Zeit des Tötens«; P ܟܘܟܐ ܕܚܨܕܐ »zur Zeit
der Ernte«.

Jer 11,14 INF בְּעֵת $\boxed{\text{קָרְאָם}}$ אֵלַי בְּעַד רָעָתָם »zu der Zeit ihres Rufens zu mir
wegen[29] ihres Unglücks«[30]

TargJ konj. בעידן דאת מצלי עליהון; ebenso P ܟܘܟܐ ܕܡܨܐ ܠܗ

---

26 Dem Begriff פקדה »Heimsuchung, Heimgesucht-Werden« als Strafe begegnen wir
vor allem im Jeremia-Buch; so nach עת in Jer 8,12; 46,21; 50,27; 51,18; sowie nach שנה
in Jer 11,23; 23,12; 48,44. Mit dem Infinitiv findet sich פקד nach יום in Ex 32,34;
Jer 27,22; Am 3,14.
27 Vgl. auch die vielen Belege mit יום צרה.
28 Im Mischna-Hebräischen finden wir in ähnlicher Konstruktion das übliche Verbalnomen des Qal שעת הקצירה »Zeit des Erntens«, z.B. Pea 4,10.
29 TargJ liest auch hier בעת »zur Zeit«: בעידן בישתהון »zur Zeit ihres Unglücks«: ebenso
P ܟܘܟ ܕܒܐܫܬܗܘܢ.
30 Vgl. auch קראם nach כל in I Reg 8,52 und קראנו in Dtn 4,7.

Ps 37,19^VN לֹא־יֵבֹשׁוּ בְּעֵת רָעָה וּבִימֵי רְעָבוֹן יִשְׂבָּעוּ »sie werden nicht zuschanden in der Zeit des Unglücklich-Seins,[31] und in den Tagen des Hungerns werden sie satt werden«

> TargPs בעידן בישתא; P ܒܒܝܫܬܐ. Zu עת רעה עת vgl. auch Jer 2,27.28; 11,12; 15,11; Koh 9,12. Targ alle (י)שתא ב(י)(ד) (י)(ע) (auch suff.), nur Koh 9,12 לזמן בישתא; P alle ܘܒܒܝܫܬܐ ܒܒܝܫܬܐ (auch suff.), nur Jer 15,11 ܠܝ ܘܠܐ.

Ps 69,14^VN וַאֲנִי תְפִלָּתִי־לְךָ יְהוָה עֵת רָצוֹן »und ich (richte) mein Gebet an dich, Herr, zur Zeit des Wohlgefallens«[32]

> TargPs hat רעווה »Gnade, Wohlgefallen«; P mit Adj. ܒܙܒܢܐ »zur üblichen Zeit«. Vgl Jes 49,8. TargJ konj.; P ܒܙ ܚܕ ܒܙܒܢ.

In I Chr 20,1 steht das Verbalnomen תשובה parallel neben dem Infinitiv צאת, beide 1-stellig ergänzt. Eine Überschneidung besteht zwischen dem *Inf. cstr. Hif.* הצר in II Chr 28,22 und dem Verbalnomen צרה in Jes 33,2.

Insgesamt finden sich in dieser Rubrik 15 Infinitive neben 42 Verbalnomina. Die Infinitive stehen 3-mal ohne E, 10-mal 1-stellig (8-mal E1; 1-mal E2; 1-mal EPräp) sowie 2-mal 2-stellig (1-mal E2+EPräp; 1-mal E1+EPräp). Die Verbalnomina stehen 18-mal ohne E und 23-mal 1-stellig mit E1 sowie 1-mal EPräp ergänzt.

Zieht man die Vorkommen mit syndetischem Rel.-Satz nach עת mit in die Betrachtung ein, so begegnet finites Verb nach אשר 2-stellig ergänzt 3-mal in I Chr 29,30 (עבר); II Chr 25,27 (סור); Koh 8,9 (שלט); und 1-mal 3-stellig ergänzt Est 5,13 (ראה).

Die statistische Verteilung der Verba, Infinitive und Verbalnomina nach der Anzahl ihrer Ergänzungen wird in Abb. 1 veranschaulicht. Trotz der insgesamt geringen Belegzahl wird eine leichte Tendenz deutlich: Die Verbalnomina, die fast ausschließlich von monovalenten Zustands-, Eigenschafts- und Vorgangsverben gebildet werden, sind maximal 1-stellig mit E1 ergänzt, die Infinitive stehen, wenn sie von Zustands- und Vorgangsverben gebildet werden, meist 0- oder 1-stellig, von Handlungsverben auch 2-stellig. Die mit אשר gebildeten Rel.-Sätze enthalten ausschließlich 2- und 3-stellig ergänzte Handlungsverben.

---

31   Es ist nicht immer eindeutig zu entscheiden, ob es sich bei רעה um ein Adjektiv oder ein Substantiv handelt. Da רעה in Belegstellen wie Ps 37,19 und Jer 15,11 parallel zu einem Verbalnomen steht, wird auch רעה als solches betrachtet.

32   Vgl. auch יום רצון Jes 58,5; שנת רצון 61,2.

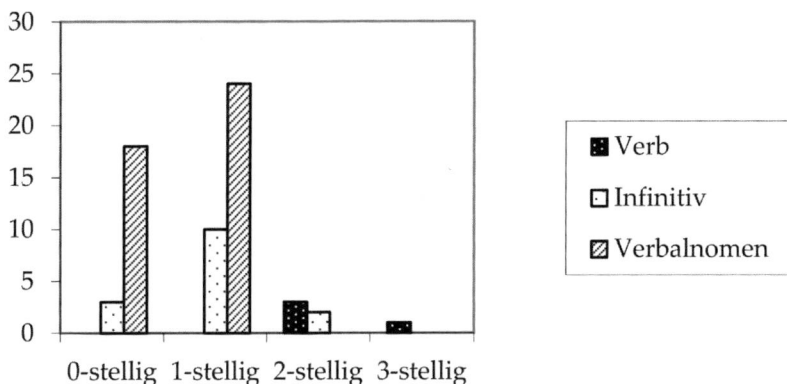

Abb. 1: Zahl der Ergänzungen der Verben/Verbalnomina nach *עת*

In den Targ und P werden Infinitive der hebräischen Vorlage vornehm-
lich in konjunktionalen Nebensätzen aufgelöst, während Verbalnomina
meist auch in den Übersetzungen als Nomina wiedergegeben werden.
Daneben werden Infinitive aber besonders dann mit Verbalnomina
wiedergegeben, wenn die Infinitivphrase einen Vorgang beschreibt, der
ein konkretes Ereignis darstellt, so z.B.: TargJob Hi 39,1 עת מולד »Zeit
der Geburt« für hebr. עת לדת, oder P II Sam 11,1 ܘܒܟܐ ܕܡܦܩܬܐ »Zeit des
Auszugs« für hebr. עת צאת; P Jos 10,27 ܘܒܟܐ ܕܡܥܪܒܝ ܫܡܫܐ »Zeit des
Sonnenuntergangs« für hebr. עת בוא השמש.
    Selten bleibt der Infinitiv in einer *cstr.*-Verbindung erhalten, so z.B.
TargO Gen 38,27 עידן מילד für hebr. עת לדתה; TargJ II Sam 11,1 לעדן
מפק für hebr. לעת צאת (aber://I Chr 20,1 לעדן דנפקין). Einige *cstr.*-
Verbindungen mit Infinitiven werden in Targ und P durch Infinitive
mit *Lamed* wiedergegeben, so z.B.: Gen 29,7, regelmäßig in Koh 3, und
in I Sam 18,19. In letzterem Beleg begegnen aber auch Varianten mit
Infinitiv in *cstr.*-Verbindung (TargJ) oder mit finitem Verb in konj. Nebensatz (P).
    Gelegentlich werden in Targ und P im Biblischen belegte
Verbalnomina nach עת auch konjunktional wiedergegeben, so z.B.:
TargJ I Reg 11,4 עדן דסיב »als (Salomo) alt wurde« für hebr. עת זקנה,
TargJ Ez 16,57 עידן דחסידו »als sie höhnten« für hebr. עת חרפה; TargJ
und P Jer 8,12; 10,15; 51,18 עידן דאסער und ܘܒܟܐ ܕܡܣܥܪ܉ für hebr. עת
פקדתם.

1.2 Hebräisch der Texte vom Toten Meer

1QHa XVI,23[ZF] בעת חום יעצור מעוז »in der Zeit der Hitze bleibt (die) Stärke«

1QM I,5[VN] עת ישועה לעם אל »Zeit des Heils für das Volk Gottes«

4Q525 f14 II,7[INF] בעת מוטך תמצא »in der Zeit deines Wankens wirst du finden«

4Q284 IV,6[VN] בעת הנגע[»zur Zeit der Plage«

1QHa f45,2[VN] בעת עוונו »zur Zeit seines Vergehens (und der folgenden Strafe)«[33]

4Q177 f12–13 I,13[VN] היא עת ענות »sie ist die Zeit des Leidens«

1QS IX,19 עת פנות הדרך »die Zeit des Bahnens des Weges«[34]

4Q162 (1QpJes[b]) II,2[VN] בעת פקדת הארץ »zu der Zeit des Heimgesucht-Werdens des Landes«[35]

4Q215a f1 II,5[VN] עת הצדק »Zeit der Gerechtigkeit«

4Q525 f2 II,5[VN] ובעת צוקה לוא יעוזבנה »und in der Zeit der Not verlässt er sie nicht«

1Q171 f1–10 II,18[VN] בעת המצרף »in der Zeit der Heimsuchung«[36]

1QM XV,1[VN] כיא היאה עת צרה לישר[אל »denn sie ist die Zeit der Not für Isra[el«[37]

4Q424 I,12[VN] ובעת קביץ »und zur Zeit der Ernte«

4Q372 III,15[VN] עד עת קץ לו »bis zum Zeitpunkt seines Endes«[38]

4Q172 I,2[VN] בעת רעב »zur Zeit des Hungers«

4Q508 f2,2[INF] ועת שוב[»und die Zeit der Rückkehr«[39]

In den Qumran-Texten finden sich lediglich 3 Belege mit Infinitiven, מוט, פנות und שוב, eine »Zwischenform«, חום, dagegen wenigstens 12 Verbalnomina in 16 Belegstellen als *nomen rectum* nach עת.

---

33 Vgl. Ez 35,5.

34 //4Q258 VIII,4. Vgl. Jes 40,3.

35 Vgl. Jes 10,15.

36 So die Übersetzung bei Wise/Abegg/Cook, Schriftrollen, 239. 4Q174 IV,1 »die Zeit der Verfolgung«, ebd., 246; eigentlich »zur Zeit der Läuterung«, so 4Q177 f5–6,3, ebd., 252.

37 S. auch 1QM I,11; 4Q436 f1 I,1 בעת צרתמה. Vgl. auch Jes 33,2.

38 Vgl. Dan 12,4.9.

39 Vgl. von שוב das Verbalnomen תשובה in I Chr 20,1.

2 der 3 Infinitive sind 1-stellig mit E₁ מוט und E₂ פנות ergänzt, E von
שוב ist nicht zu verifizieren. 10 Verbalnomina und die »Zwischenform«
חום stehen ohne E, 3 Verbalnomina 1-stellig mit E₁ und 2 mit E_Präp.
Eine Überschneidung besteht zwischen dem Infinitiv שוב in
4Q508 f2,2 und dem Verbalnomen תשובה in I Chr 20,1.

1.3 Rabbinisches Hebräisch

Im Gegensatz zum Biblischen Hebräisch und zu den Texten aus Qumran finden sich im Rabbinischen Hebräisch, und dort nur in jüngeren
Texten,[40] neben einigen aus der Bibel übernommenen Phrasen wie עת
רצון, עת צרה, עת רעה עת u.a., sowie konjunktionalen Nebensätzen mit עת
-ש, nur sehr wenig Belege für eine Konstruktion mit עת und einem
abhängigen *nomen verbi*.[41]

BerR 63,5^VN אין עכשיו עת הריון מגבר »es ist jetzt nicht die Zeit des Schwan-
ger-Werdens von einem Mann«

PRE 37^VN מעון שעשו השבטים במכירת יוסף לא נתכפר להם עד עת מיתתם »von
der Sünde, die die Stämme beim Verkauf von Josef begangen hatten, wurden sie bis zum Zeitpunkt ihres Todes nicht gereinigt«[42]

tBer 3,2^VN רבי יוסי אומר עת נעילת שערים »R. Jossi sagt: Zur Zeit des Schlie-
ßens der Tore«

PRE 36^VN שלחני שהגיעה עת עמידתי לשרת »entlasse mich, da die Zeit meines
Hinstellens gekommen ist, um zu dienen«[43]

MTeh 17,4^VN מעת שחיטת התמיד עד עת זריקת דמו »von der Zeit des Schlach-
tens des Tamid-Opfers bis zum Sprengen seines Bluts«

Die von stativen Verben hergeleiteten Verbalnomina sind entweder
ohne E, הריון, oder mit E₁, מיתה und עמידה, ergänzt, die Verbalnomina
von transitiven mehrwertigen Verben dagegen haben E₂ an der Objektstelle. Mehrstellige Ergänzungen an den Verbalnomina nach עת sind
leider keine belegt.[44]

---

40 In der Mischna gibt es außer der Wendung מעת לעת »von Zeit zu Zeit« und einigen
    Biblizismen keine der hier relevanten Belege für עת.

41 Die Funktionen von עת werden im Mittelhebräischen vorrangig durch das Zeitno-
    men שעה realisiert.

42 Vgl. aber die Stelle u.a. in der Ausgabe Venedig 1544 bei Börner-Klein, Pirke, 493, in
    der die Nominalphrase konjunktional aufgelöst wird (Per. 38): מכירת יוסף לא נתכפר
    לשבטים עד שמתו.

43 Vgl. Börner-Klein, Pirke, 466 (Per. 37).

44 Einige Verbalnomina nach שעה – diese Nominalphrase ist wie schon erwähnt im
    Mittelhebräischen sehr häufig – haben 2-stellige Ergänzungen.

Eine Überschneidung über die Sprachstufengrenze hinaus besteht zwischen dem Verbalnomen מיתה in PRE 37 und dem Infinitiv מות in I Sam 4,20.

2. Infinitive mit ל nach Zeitnomina, am Beispiel von עֵת »Zeit«

Weit weniger häufig als die Verbindung von Infinitiven und Verbalnomina mit Zeitnomina in einfachen *st.-cstr.*-Verbindungen finden sich im Hebräischen Zeitnomina mit folgendem ל vor Infinitiven.[45] Jenni listet diese Belege mit Infinitiv mit ל in der Rubrik 74 zu den Admissionalen Verknüpfungen auf.[46] Danach dient eine Größe im Hauptsatz, die »nicht mit dem Subjekt oder mit dem Objekt […] koreferent« ist, hier eine durch ein Zeitnomen wiedergegebene Größe, »als Grundlage für einen durch ל + Infinitiv ausgedrückten Effekt« und »wird dadurch weitgehend zu einem Mittel, das einen Zweck erfüllen kann«.[47]

Die Infinitive mit ל, mit und ohne Ergänzung, dienen hier der Epexegese des nominalen Bezugswortes in Bezug auf dessen Zweck, Bestimmung oder Inhalt. Die Zeitnomina werden somit durch die in den Infinitiven enthaltene abstrakte Verbalhandlung dahingehend näherbestimmt, dass einem Zeitpunkt, -abschnitt oder -rahmen eine Handlung zugeordnet wird, die während dieser Zeit(spanne) durchgeführt werden kann, oder ein Vorgang, der geschehen kann.

2.1 Biblisches Hebräisch

Im Biblischen Hebräisch ist besonders die Häufung der Verbindung von עֵת »Zeit; Zeitpunkt« mit folgendem *Inf. cstr.* mit ל im eingangs zitierten Gedicht in Koh 3,2–8 auffällig. Allein hier stehen 23 Infinitive mit ל als Epexegese zum Zeitnomen עֵת, um jedem Geschehnis »unter dem Himmel« einen »rechten Zeitpunkt«, wie Jenni schreibt,[48] zuzuordnen (Übersetzung oben S. 55):

2 עֵת לָלֶדֶת וְעֵת לָמוּת עֵת לָטַעַת וְעֵת לַעֲקוֹר נָטוּעַ׃
3 עֵת לַהֲרוֹג וְעֵת לִרְפּוֹא עֵת לִפְרוֹץ וְעֵת לִבְנוֹת׃
4 עֵת לִבְכּוֹת וְעֵת לִשְׂחוֹק עֵת סְפוֹד וְעֵת רְקוֹד׃
5 עֵת לְהַשְׁלִיךְ אֲבָנִים וְעֵת כְּנוֹס אֲבָנִים עֵת לַחֲבוֹק וְעֵת לִרְחֹק מֵחַבֵּק׃

---

45 Vgl. Kotjatko-Reeb, Epexegese. Leider sind keine von Zeitnomina abhängigen Verbalnomina mit ל belegt.

46 Jenni, Lamed, 216–217.

47 Jenni, Lamed, 208.

48 Jenni, עת, 382; Ders., Lamed, 216.

6 עֵת לְבַקֵּשׁ וְעֵת לְאַבֵּד עֵת לִשְׁמוֹר וְעֵת לְהַשְׁלִיךְ:

7 עֵת לִקְרוֹעַ וְעֵת לִתְפּוֹר עֵת לַחֲשׁוֹת וְעֵת לְדַבֵּר:

8 עֵת לֶאֱהֹב וְעֵת לִשְׂנֹא

Daneben gibt es aber noch weitere Belege nach עֵת:

II Reg 5,26 הַעֵת לָקַחַת אֶת־הַכֶּסֶף וְלָקַחַת בְּגָדִים »ist es Zeit, das Silber zu nehmen und Kleider zu nehmen?«[49]

Hos 10,12 וְעֵת לִדְרוֹשׁ אֶת־יְהוָה »es ist Zeit, den Herrn zu suchen«

Hag 1,4 הַעֵת לָכֶם אַתֶּם לָשֶׁבֶת בְּבָתֵּיכֶם סְפוּנִים »ist es für euch selbst die Zeit, in euren gedeckten Häusern zu wohnen?«[50]

Ps 102,14 כִּי־עֵת לְחֶנְנָהּ כִּי־בָא מוֹעֵד »denn es ist Zeit, ihm (Zion) gnädig zu sein, gekommen ist der Zeitpunkt«[51]

Ps 119,126 עֵת לַעֲשׂוֹת לַיהוָה הֵפֵרוּ תּוֹרָתֶךָ »es ist Zeit, für den Herrn zu handeln«[52]

Dan 12,11 וּמֵעֵת הוּסַר הַתָּמִיד וְלָתֵת שִׁקּוּץ שֹׁמֵם יָמִים אֶלֶף מָאתַיִם וְתִשְׁעִים »und von der Zeit an, (in der) das Tamid-Opfer abgeschafft wird, und um den verwüstenden Greuel einzusetzen, sind es 1290 Tage«

Von den 30 Infinitiven mit ל nach עֵת sind 20 nicht ergänzt, alle aus Koh 3,2–8, die anderen 10 begegnen 1-stellig ergänzt, 7-mal an der Objektstelle, E2, 2-mal EPräp./Lok., 1-mal EPräp..

2.2 Rabbinisches Hebräisch

Im Rabbinischen Hebräisch ist nur der folgende Beleg, 1-stellig mit E2 ergänzt, zu finden:

tPes 3,9 הגיע עת לבער החמץ »der Zeitpunkt zum Verbrennen des Gesäuerten ist gekommen«

3. Fazit

Die drei Konstruktionen, die in Koh 3,2–8 der Näherbestimmung des Zeitnomens עֵת dienen, die *st. cstr.*-Verbindungen mit Verbalnomina und Infinitiven sowie die Epexegese mittels Infinitiven mit ל, lassen sich im Hebräischen in unterschiedlichem Maße auch außerhalb dieses

---

49 TargJ löst finit auf השעא היא לך דנסיבתא.
50 Vgl. Zürcher. TargJ finit הכדין כשר לכון דאתון יתבין בבתיא.
51 TargPs mit Infinitiv ארום עידן למיחוס עלה.
52 Ebenso עידן למעבד.

Gedichtes nachweisen und sind darüber hinaus auch mit vielen anderen Zeitnomina belegt, wobei im Biblischen Hebräisch neben עת besonders häufig יום, seltener ראשית und שנה, im Rabbinischen Hebräisch anstelle des nur gelegentlich vorkommenden עת häufig שעה begegnen.

In Bezug auf die Häufigkeit der beiden Grundkonstruktionen, *st. cstr.*-Verbindungen und Infinitive mit ל, ergibt sich im Vergleich zu den Belegen außerhalb Kohelets ein umgekehrtes Verhältnis. Während in Koh 3,2–8 Infinitive mit ל nach עת gleich 23-mal begegnen, dagegen nur 5 Verbalnomina oder Infinitive in *st. cstr.*-Verbindungen, finden sich sonst im biblischen Text Infinitive mit ל als Epexegese von עת nur noch 7-mal, Verbalnomina und Infinitive in *cstr.*-Verbindungen mit עת dagegen mehr als 50-mal.

Diese Verteilung gilt auch für die anderen Zeitnomina. Während Epexegese mit ל neben עת vorrangig noch nach יום, nach anderen Zeitnomina wie לילה, עוד, צום und תור aber nur noch vereinzelt begegnet, sind fast alle im Biblischen Hebräisch vorkommenden Zeitnomina, seien es allgemeine, kalendarische, oder Teil-Zeitbegriffe, in *st. cstr.*-Verbindungen mit Verbalnomina und Infinitiven relativ häufig belegt, besonders nach עת und יום sowie im Rabbinischen Hebräisch nach שעה.

Auch außerhalb des biblischen Textes wird diese Relation deutlich. Sowohl im Qumran-Hebräischen, das insgesamt in etwa das Bild aus dem Biblischen Hebräisch bestätigt, als auch im Rabbinischen Hebräisch sind *st. cstr.*-Verbindungen in einer gewissen Häufigkeit belegt, wobei in den rabbinischen Texten das dort seltenere עת durch שעה verdrängt wurde. Zudem finden wir im Mischna- und Rabbinischen Hebräisch, wie zu erwarten, in *st. cstr.*-Verbindungen fast ausschließlich verbalnominale Formen oder »Zwischenformen«. Infinitive sind nach עת keine und auch sonst äußerst selten zu verzeichnen, so begegnet יום טבוח in Hag 2,4, aber zu erwartendes שעת טביחה in tBQ 7,5.

Einige wenige Belege aus Qumran, nach יום und לילה, lassen eine ähnliche Verwendungsweise vermuten. Aber nur ein einziger gesicherter Beleg[53] aus der gesamten mittelhebräischen Literatur, ein Infinitiv nach עת in tPes 3,9, zeugt dafür, dass zumindest in Bezug auf die Zeitnomina die Epexegese durch Infinitive mit ל im Mittelhebräischen unüblich war.

Innerhalb der Rubrik der Zeitnomina als *nomen regens* in *st. cstr.*-Verbindungen kommen im Biblischen Hebräisch insgesamt ca. 200-mal Verbalnomina als *nomen rectum* vor, Infinitive ca. 120-mal. Nach עת begegnen 42-mal Verbalnomina und 15-mal Infinitive.

---

53 Die Belege nach שעה sind nicht ganz eindeutig.

In Bezug auf die quantitative syntaktische Valenz und die realisierten Ergänzungsstellen wird anhand der Daten, die der Grafik zugrunde liegen, eine Tendenz deutlich – und die hier nicht explizit besprochenen Konstruktionen mit anderen Zeitnomina, bes. יום, bestätigen das –, die besagt, dass die verwendete Wortart in den Konstruktionen mit Zeitnomina abhängig ist von der Anzahl der zu realisierenden Ergänzungen. Steigt deren Anzahl, dann steigt auch die Verwendung von Infinitiven in Relation zu den Verbalnomina. Im 2- und 3-stelligen E-Bereich verdrängen dann Rel.-Sätze mit אשר die Infinitivkonstruktionen.

Gelegentlich werden Verbalnomina und Infinitive parallel in einem Vers verwendet, so z.B. עת תשובת השנה neben עת צאת המלכים in I Chr 20,1. Und trotz der insgesamt geringen Anzahl der Belege ist dieser Befund doch ein Indiz dafür, dass Verbalnomina und Infinitive nebeneinander in derselben syntaktischen Funktion fungieren können.

Die aramäischen Übersetzungen versuchen, sich an die hebräischen Vorlagen zu halten, indem sie die Infinitive gleichmäßig in konjunktionalen Nebensätzen auflösen, die Verbalnomina aber als solche belassen. Gelegentlich werden aber auch Verbalnomina in konjunktionale, meist temporale Nebensätze aufgelöst. Selten finden sich Infinitive der hebräischen Vorlage als Verbalnomina realisiert, meist bei Begriffen mit einer konkreteren Konnotation.

Literatur

Ch. Albeck (Hg.), Shishah sidre Mishnah, 6 Bd., Tel Aviv 1952–1958 = 2008
M. Bar-Asher, Studies in Mishnaic Hebrew. Vol. 1: Introductions and Liguistic Investigations (hebr.), Jerusalem 2009
H. Bauer/P. Leander, Historische Grammatik der Hebräischen Sprache, Halle ²1922
H. Bietenhard, Der Tosefta-Traktat Soṭa. Hebräischer Text mit kritischem Apparat, Übersetzung, Kommentar, Bern 1986
D. Börner-Klein, Pirke de-Rabbi Elieser, Nach der Edition Venedig 1544 unter Berücksichtigung der Edition Warschau 1852, Studia Judaica 26, Berlin 2004
J. Breuer, Amoraic Hebrew, in: G. Khan u.a. (Hg.), EHLL 1, 102–107
L. Costaz, Dictionaire Syriaque–Français/Syriac–English Dictionary, Beirut 1986
D. Correns, Die Mischna. Das grundlegende enzyklopädische Regelwerk rabbinischer Tradition, ins Deutsche übertragen, mit einer Einleitung und Anmerkungen versehen von Dietrich Correns, Wiesbaden 2005

G. Dalman, Aramäisch-neuhebräisches Handwörterbuch zu Targum, Talmud und Midrasch, 5. Nachdr. d. 3. Aufl. Göttingen 1938, Hildesheim/New York 2007

J. Derenbourg (Hg.), Saadia Ben Josef Al-Fayyoûmî. Œuvres complètes publiées sous la direction de J. Derenbourg, 5 Bände in 2 Bänden, Nachdr. d. Ausg. Paris 1893–1899, Hildesheim/New York 1979

A. Drost-Abgarjan/J. Kotjatko-Reeb/J. Tubach (Hg.), Vom Nil an die Saale (FS Arafa Mustafa), Hallesche Beiträge zur Orientwissenschaft 42/06, Halle 2008

W. Gesenius/H. Donner, Hebräisches und Aramäisches Handwörterbuch über das Alte Testament, 18. Aufl., Heidelberg 2013

W. Gesenius/E. Kautzsch, Wilhelm Gesenius' Hebräische Grammatik völlig umgearbeitet von E. Kautzsch, vielfach verb. und verm. 28. Aufl., Leipzig 1909

D. Hoffmann (u.a.), Mischnajot: Die sechs Ordnungen der Mischna, Hebräischer Text mit Punktation, deutscher Übersetzung und Erklärung, 6 Bd., 3. Aufl., Basel 1986

E. Jenni, עת, THWAT, Bd. II, München 1984, 370–385

— Die hebräischen Präpositionen, Bd. 1: Die Präposition Beth, Stuttgart u.a. 1992

— Die hebräischen Präpositionen, Bd. 3: Die Präposition Lamed, Stuttgart u.a. 2000

P. Joüon/T. Muraoka, A Grammar of Biblical Hebrew, Second Reprint of the Second Edition, with Corrections, Rom 2009

G. Khan u.a. (Hg.), EHLL = Encyclopedia of Hebrew Language and Linguistics, 4 Vols., Leiden/Boston 2013

K. Koch, מוֹעֵד, TWAT, Bd. IV, כ–מר, Stuttgart u.a. 1984, 744–750

J. Kotjatko-Reeb, Infinitive und Verbalnomen mit ל als Epexegese eines Nomens im Hebräischen am Beispiel von לאכול, לאכלה, למאכל und לאוכלה, in: Drost-Abgarjan u.a. (Hg.), Vom Nil an die Saale, 345–581

W. Kraus/M. Karrer (Hg.), Septuaginta Deutsch. Das griechische Alte Testament in deutscher Übersetzung, Stuttgart [2]2010

T. Kronholm, עֵת, TWAT, Bd. VI, עזז–קום, Stuttgart u.a. 1989, 463–482

M. Krupp (Hg.), Mischna. Textkritische Ausgabe mit deutscher Übersetzung und Kommentar, Jerusalem 2002ff.

A. Lauha, Kohelet, BKAT XIX, Neukirchen-Vluyn 1978

G. Lisowsky, Die Tosefta, Band VI 2, Seder Toharot: Para – Mikwaot/übersetzt und erklärt von Dr. Gerhard Lisowsky. Mit Beitr. von Karl Heinrich Rengstorf, Rabbinische Texte, Reihe 1, Stuttgart 1965

M. Malessa, Untersuchungen zur verbalen Valenz im Biblischen Hebräisch, Studia Semitica Neerlandica 49, Assen 2006

— Valency, in: Khan u.a. (Hg.), EHLL 3, 893–896

R. Meyer, Hebräische Grammatik, Berlin/New York 1992

R. E. Murphy, Ecclesiastes, Word Biblical Commentary 23A, Dallas (Texas) 1992

G. W. Nebe, Neologismen im rabbinischen Hebräisch am Beispiel der Bildung des Infinitivus constructus qal der Verben I א, נ, י, ה, ל, in: Drost-Abgarjan u.a. (Hg.), Vom Nil an die Saale, 243–300

M. Pérez Fernández, An Introductory Grammar of Rabbinic Hebrew, Leiden/ New York/Köln 1997

E. Qimron, A Grammar of the Hebrew Language of the Dead Sea Scrolls, Thesis submitted for the Degree of ›Doctor of Philosophy‹ (hebr.), Jerusalem 1976

— The Hebrew of the Dead Sea Scrolls, Atlanta (Georgia) 1986

— The Temple Scroll. A Critical Edition with Extensive Reconstructions, with Bibliography by Florentino Garcia Martinez, Beersheva 1996

— The Dead Sea Scrolls. The Hebrew Writings, Volume 2, Jerusalem 2013

L. Schwienhorst-Schönberger, Kohelet, Übersetzt und ausgelegt von Ludger Schwienhorst-Schönberger, HThKAT, Freiburg 2004

M. Sæbø/W. v. Soden/J. Bergmann, יֹום, TWAT, Bd. III, חמר–יתר, Stuttgart u.a. 1982, 559–586

A. Steudel, Die Texte aus Qumran II. Hebräisch/Aramäisch und Deutsch, mit Masoretischer Punktation, Übersetzung, Einführung und Anmerkungen, Darmstadt 2001

A. Stiglmair, לַיִל/לֵילְיָה, TWAT, Bd. IV, כ–מר, Stuttgart u.a. 1984, 552–562

H. Wildberger, Jesaja 13–27, BKAT X/2, Neukirchen-Vluyn 1989

B. K. Waltke/M. P. O'Connor, An introduction to biblical Hebrew syntax, Winona Lake (Indiana) 1997

M. Wise/M. Abegg, Jr./E. Cook, Die Schriftrollen von Qumran – Übersetzung und Kommentar mit bisher unveröffentlichten Texten, Herausgegeben von Professor Dr. Alfred Läpple, Übersetzt aus dem Amerikanischen von Anne Stegmeier [u.a.], Augsburg 1999

M. Wise/M. Abegg, Jr./E. Cook, The Dead Sea Scrolls – A New Translation, revised edition, San Francisco [2]2005

Digitalisierte Quellen

BibleWorks for Windows, Version 8.0.005s.1, © 2009 BibleWorks, 2009

Judaic Classics Library, Version 2.2, by David Kantrowitz, © 1991–2001 Institute for Computers in Jewish Life, Davka Corporation, and/or Jewish Press, Inc., 2001

E. Tov (Hg.), The Dead Sea Scrolls Electonic Library, English Translations (Partially based on The Dead Sea Scrolls Reader Edided by Donald W. Parry and Emanuel Tov), revised edition, Leiden/Boston 2006

Internet-Quellen

CAL, The Comprehensive Aramaic Lexicon Project, Hebrew Union College, Cincinnati, http://cal1.cn.huc.edu/ (28.02.2014)

Mikranet, Ma'agar Sifrut ha-Qodesch, http://kodesh.mikranet.org.il/ (28.02.2014)

Online Treasury of Talmudic Manuscripts, The Jewish National and University Library, David and Fela Shapell Family Digitization Project and the Hebrew University Department of Talmud, http://jnul.huji.ac.il/dl/talmud/intro_eng.htm (28.02.2014)

Zeitschwelle und Traditionsbruch

Jüdische Wahrnehmung der »Moderne« im Zeitalter der Renaissance am Beispiel von Leone Ebreo[*]

Giuseppe Veltri

לַכֹּל זְמָן וְעֵת לְכָל־חֵפֶץ תַּחַת הַשָּׁמָיִם (Kohelet 3,1)

Zu jeder Sache und zu jedem Ereignis gibt es eine günstige Zeit, die man nicht unbedingt im Voraus wahrnimmt. Diejenigen, die es können, nennt man Propheten. Auch diejenigen, die die *eigene* Zeit und die *eigene* Epoche in ihrer Bedeutung und Tragweite richtig und/oder plausibel erklären, sind Propheten, die die inneren Brüche zwischen den Zeiten angemessen deuten. Darum geht es im Folgenden. Beginnen wir mit einem Zitat:

> »Und nun, in dieser Generation, die von Unvollkommenheit und Dummheit geprägt ist, steht jemand auf und spricht gegen die Heiligen, die mehr als ein Jahrtausend vor uns waren, und sagte: ›Sieh meine Methode und werde weise!‹ An einigen Stellen hat er zu seiner Unterstützung weltliche und götzendienstliche Schriften herangezogen und die Worte unserer geheiligten und gottgetreuen Weisen wie nichtige und unbeständige Reden behandelt«.[1]

---

[*] Es ist eine angenehme Pflicht und eine Ehre, diesen Essay meinem Freund und Kollegen Ernst-Joachim zu widmen. Seine immer sonnige, offene und herzhafte Freundschaft ist und bleibt ein Merkmal, das mein akademisches und privates Leben in Halle geprägt hat. Er hat an der Martin-Luther-Universität viel bewirkt – und bewirkt noch – , hat Brücken gebaut und enthusiastisch den judaistischen Kollegen aufgenommen und ihm im Lande Luthers bei dem Aufbau des Faches Judaistik sehr geholfen. Herzlichen Dank Ernst-Joachim! עד מאה ועשרים!

1 Y. Löw, Sefer Beer ha-Golah, 127–128 (Übersetzung G. V.). Der Beer ha-Golah ist in Prag 1598 als Teil von Tiferet Yisrael erschienen; weitere Auflagen u.a.: Zolkiew 1848; Warschau 1935; Shanghai 1947; Tel-Aviv 1955; London 1964; französische Übersetzung: Ders., Le puits de l'exil.

Wer hier mit Pathos, Rhetorik und Zorn spricht, ist der Hohe Rabbi von Prag, der berühmte Rabbi Yehuda Löw; Ziel seiner Tirade ist das Werk des Mantuaner Azaria de' Rossi, der in seinem Buch *Meor Enayim* (»Erleuchtung der Augen«), die jüdische rabbinische Tradition als historisch und wissenschaftsgeschichtlich unzuverlässig erklärt hatte.[2] In seinem Verriss des Werkes des Gelehrten de' Rossi bemerkte Rabbi Löw, einer der tiefgreifenden Denker des sechzehnten Jahrhunderts, richtig, dass die Frage nach der Methode schwer in die Waagschale der intellektuellen Geschichte fallen wird: Die Methode ist der Weg zur Wahrheitsfindung bei einem möglichen Traditionsbruch. In der Tat hatte der Mantuaner die Glaubwürdigkeit der jüdischen Antike in Frage gestellt und der Wahrheit der neuen Wissenschaften (Geographie, Chronologie, Astronomie etc.) Glauben geschenkt. Es ist zu fragen, ob der Mantuaner de' Rossi wirklich eine Wende in der Beurteilung der Antike herbeiführen oder doch die Verortung der rabbinischen Literatur als Produkt der Zeit richtigstellen wollte; jedenfalls bleibt es bei der Tatsache, dass sein Werk wohl unbewusst die rabbinische Verbannung, eine Art *Index librorum prohibitorum* riskierte und bis zur Epoche der Wissenschaft des Judentums als verpönte Lektüre bei den Juden galt.[3]

Rabbi Löw ist zuzustimmen, dass eine Generationswende in Gang war, eine Wende, die etwas bewirken wollte. Wie erreicht aber das Individuum die Gewissheit, dass man sich an der Schwelle zu einem Bruch befindet? Wie denkt man sich Zeit und Epochen aus? Wo lässt sich der qualitative Sprung im Zeitbewusstsein festmachen, ein Sprung, den man als pythagoreischen Wendepunkt bezeichnen soll/kann? Das sind Fragen, die uns in diesem Beitrag beschäftigen werden, der sich vor allem auf die Denkanstöße einiger jüdischer Intellektueller der Renaissance, in erster Linie Leone Ebreos, bezieht. Die Leitfragen sind: Zeitschwelle, Traditionsbruch und Zeitbewusstsein, die sich miteinander verbinden und als Novum in das individuelle und kollektive Zeitempfinden münden werden.

1. Zeitschwelle

Eine Schwelle ist ein magischer Ort, sie steht für die Überführung aus der öffentlich gehaltenen Welt (Publikum) in die eigene Welt (das Private); in vielen Riten und Kulten versucht man diese Schwelle zu überspringen, genau wie Braut und Bräutigam. Sie ist aber mehr als ein

---

2 Zur Frage siehe Veltri, Maharal against Azaria de Rossi.
3 Zur Frage siehe Benayahu, ha-pulmus.

Zeichen zweier Welten, sie scheidet und sondert sie ab, weil in beiden zwei unterschiedliche Autoritären herrschen, die räumlich und juristisch teilweise die gleiche Macht beanspruchen.[4]

Hat die Zeit eine Schwelle, die zwei Sektoren so präzise und juristisch unanfechtbar unterscheiden lässt, eine Schwelle, die man überspringen muss, um sich die Welt der anderen anzueignen und das Alte vom Neuen abzusondern? Die Zeit ist ja – rein philosophisch gesprochen – eine individuelle und daher »private« Wahrnehmung, die sich auf eine allgemeine Messung durch allgemein anerkannte Instrumente bezieht, weshalb die Zeitwahrnehmung, obwohl sie offensichtlich gleich für alle sein müsste, je nach Kulturen und Völkern, sowie zwischen Personen unterschiedlicher soziokultureller Abstammung und Zeitepochen anders gedeutet wird. Man erinnert sich an die schon vor dem zweiten Weltkrieg geführte Diskussion, ob »semitisch« die Zeit als »volle Zeit« oder »Zeit der Fülle« wahrgenommen worden wäre im Unterschied ja sogar im Kontrast zu der »hellenistisch« gehaltenen Zeitwahrnehmung, die eher chronologisch verlaufen sei. Gerhard Kittel und seine Schüler und Mitstreiter hatten offensichtlich Liturgie und Historiographie verwechselt und das religiöse und zivile Gesetz mit der Logos-Ideologie der Griechen verglichen.[5] Ein gefährliches Unternehmen, wie man weiß: Das Gesetz Moses ist nicht ohne Apologie, wie dies die jüdisch-hellenistischen Schriftsteller Aristobulos, Aristeas oder Philo getan haben, mit der hellenistischen Literatur *sic et simpliciter* vergleichbar. Die Hellenisierung unserer Wissenschaft ist ein Kind der Zeit und zwar des neunzehnten Jahrhunderts, als Hellas als Maß der Dinge die Bibel ersetzte und alles mit griechischen Augen betrachtet wurde. Die Zeit und die Zeitwahrnehmung entzieht sich jeglicher kulturbezogener Abhängigkeit und schwankt nur zwischen dem individuellen und kollektiven Bewusstsein.[6]

Die Zeit hat keine für alle gleich messbare und daher wahrnehmbare Schwelle. Daher hat Aristoteles die materielle Existenz, die sich in der Zeit und im Raum definieren lässt, als Akzidens, die Materie hingegen als ewig betrachtet. Das ist der Ausdruck des Paradoxons einer an sich – zumindest gedacht – mathematisch geordneten Messung, die jedoch aus einer Reihenfolge von Punkten zwischen Anfang und Ende besteht, wobei weder der Anfang noch das Ende *per definitionem* feststellbar sind. Das Leben in der Zeit ist diesem Schema folgend das be-

---

4   Zum Thema von Öffentlichem und Privatem in der rabbinischen Literatur siehe Hezser, »Privat« und »öffentlich«.

5   Siehe dazu Barr, Semantics.

6   Dazu siehe mein Buch, Language.

stimmte unter den unbestimmten, das Vergängliche im Unvergänglichen.

In diesem Zusammenhang ist die Bestimmung einer Epoche nur dann möglich, wenn man sie relativ aufteilt zwischen einem Früher und einem Nachher, eine chronologische Bestimmung, die nicht absolut sein kann, weil weder Vergangenheit noch Zukunft bestimmbar sind. Die Gegenwart setzt also den Wert sowohl des Vergangenen als auch des Zukünftigen. Ich erinnere meine Studenten in diesem Zusammenhang immer an den christlichen Gelehrten Pierre de Blois, der mit einem erstaunlich starken Selbstbewusstsein, sich eines Spruches Bernhard von Chartres bedienend, behauptete:

> »Wir sind wie Zwerge auf den Schultern der Giganten, deshalb sehen wir weiter als sie. Die Form ihres Denksystems, die ihres Alters wegen devitalisiert ist – und darum sind sie in Vergessenheit geraten –, beleben wir durch eine gewisse Neuheit des Gehalts« (quasi iam mortuas in quamdan novitatem essentiae suscitatus).[7]

Das Alte ist tot, wenn wir es nicht auferstehen lassen. Wir sind also christlicher Überzeugung zufolge der »Christus« des Textes, der als Lazarus im Grab auf unsere göttliche Kraft wartet. Diese christliche Auferstehungslehre wurde von jüdischer Seite rezipiert und als Zeichen der Autonomie der Hermeneutik gegen die Tradition verwendet.[8] Was hier aber für die Hermeneutik postuliert wird, gilt erst recht für die Zeitwahrnehmung überhaupt, weil wir sie als zeitlich und zeitbedingt wahrnehmen. Tod und Ewigkeit gleichen sich, nur das Leben ist zeitlich bedingt, nicht der Tod, so dass Epikur behauptet:

> »Was ist der Tod wenn nicht Nichtexistenz; wenn er da ist, bin ich nicht da, wenn ich da bin, ist er nicht da. Die Nichtexistenz ist die Ewigkeit.«[9]

Die Bestimmung einer Zeitschwelle ist nur eigene, persönliche Bewertung, die sich immer wieder individuell und kollektiv definieren lässt, weil dies das Maß des Denkens, des Handelns und des Fühlens bestimmt. Wir befinden uns in der Zeit zwischen einem Früher und einem Nachher und daher an der Schwelle *per definitionem* und *de facto*.

---

7   Blesensis (Pierre de Blois), Epistula XCII, 290 (Übersetzung G. V.).
8   Die Vorstellung von Büchern als Verstorbenen wird auch in jüdischem Milieu rezipiert, siehe z.B. Portaleone, De Auro dialogi tres, am Anfang des dritten Dialogs. Dazu siehe Guetta, Avraham Portaleone. Zum Topos »nos quasi nani« siehe Merton, On the Shoulders of Giants; deutsche Übersetzung: Auf den Schultern von Riesen; Veltri, The Humanist Sense of History; und Woolf, Diffidence.
9   Brief an Menoikeus 125. Über die ähnliche Auffassung vom Tode bei Seneca siehe den Brief an Lucilius, Seneca, Schriften.

Jeder von uns befindet sich in einer Zeitschwelle, *volens nolens* oder *dolens*, wie es Søren Kierkegaard ausdrücken würde.

2. Traditionsbruch

Was ist aber mit dem »Traditionsbruch«, von dem alle in der Wahrnehmung der sog. Moderne reden? Tradition ist von der Gegenwart theoretisch unabhängig, man glaubt sie als Größe, als Patrimonium, als Erbe des Vergangenen zu definieren, das man anvertraut bekommt – man beachte hier das familiäre Vokabular ähnlich dem Wortgebrauch des Privaten bei der Schwelle. Der Bruch findet dann statt, wenn man sich von der Tradition trennt. Das Neue wird von dem Willen geleitet, zeitlich zu bestimmen. Dieser Wunsch macht den Traditionsbruch in der Regel zu einer privaten Wahrnehmung, die erstaunlicher- und paradoxerweise erst dann öffentlich wird, wenn der Bruch zur Tradition wird, wenn das Neue als solches überliefert wird. Solange der Revolutionär seine eigenen Bewertungen und Ideen für sich behält, findet kein Traditionsbruch statt, nur wenn er sie äußert und sie kommuniziert und Schüler macht, bricht er mit dem Vergangenen: Ein Traditionsbruch ist als solcher wahrzunehmen, wenn er als Tradition des Bruches wahrgenommen wird.

Einige Beispiele aus der Geschichte. Die jüdische Doktrin des Jesus aus Nazareth kann ohne weiteres als Bruch mit der jüdischen Tradition gesehen werden, gegen einige Postulate des Ritualgesetztes und gegen das Beharren auf bestimmten Formen und Reinheitspraktiken, die den Rabbinen und ihren Kritikern immer Rätsel bereitet haben. Der Bruch wurde erst manifest, als das erste »Konzil« Offenheit gegenüber der anderen Welt gefordert hat, die weit über die Botschaft des unfreiwilligen Gründers hinaus ging und von da an umkehrbar wurde: Das war der Wendepunkt. Ähnlich geschah es im 8. und 9. Jahrhundert in den arabischen Ländern, als die sog. Sekte der Karäer gegen das sog. rabbanitische Judentum das schriftliche Gesetz als alleingültig gegen die Macht des mündlichen herausstellte und eine neue Tradition begründete. Nicht Unähnliches geschah bei der protestantischen Reformation, als – man beachte das gleiche Muster – die Katholiken mit Tempelpriestern verglichen wurden, die Opferdarbringung zu ihrem Nutzen austauschten usw. Ähnliches ereignete sich im 19. Jahrhundert, als sich aufgeklärte Juden gegen die Macht der Orthodoxie die Freiheit des Tuns und Glaubens erkämpften und sich reichlich protestantischer

Ideologie bedienten, das Reformjudentum gründeten etc. etc.[10] Es gibt
jedoch einige Traditionsbrüche, die nicht als solche wahrgenommen
und von der Autoritätsmacht domestiziert, sogar in die Reihe der eigenen Tradition zwangseingeleitet wurden. So geschah für die mystische
jüdische Tradition, die einige jüdische Dogmen zu zerbrechen und zu
entwerten drohte, die aber wiederum auf die eine oder andere Art in
die altbewährte Tradition eingeschlossen wurden. Diese Prozesse werden historisch und historiographisch unterschlagen.

Periodisierungen der Menschheitsgeschichte und das Postulat einer
gegenwärtigen Zeitschwelle, die den Traditionsbruch anleiten soll, sind
fast immer ein Resultat von Übertreibungen des eigenes Zeitalters
durch die Auffassung der eigenen Gegenwart als Motor der Zeitalter-
maschine und durch entsprechende Wahrnehmung der modernen
Geistesgeschichte. Sogar bei einer negativen Wahrnehmung des eigenen existentiellen Zeitraums schwingt die Idee der Übertreibung des
Eigenen mit, was wir schon vorher bei Bernhard von Chartres gelesen
haben: Die Zwerge auf den Schultern von Giganten sehen weiter als
diese. Selten ist die Wahrnehmung der Zeit an der Zukunft als solcher
interessiert, weil diese zumindest *in nuce* in der Gegenwart lebt. Man
erlebt daher sich selbst als Keim der Zukünftigen. Dieser historische
Egoismus stellt die Wurzel der Wahrnehmung der Moderne, des Neu-
en dar.

Kann man aber ganz theoretisch von Bruch in der Tradition reden?
Wohl kaum: *natura non fecit saltus, sic ut historia.* Die Natur macht keinen Sprung, so ist es auch mit der Geschichte; sie vergeht Schritt für
Schritt, Stunde um Stunde und Jahr für Jahr, nur die ihre Wahrnehmung ist subjektiv, dem Menschen überlassen, die sie deuten möchten.
Daraufhin ist Genesis 1,14 zu lesen: »Und Gott sagte: Es werden Lichter
an der Feste des Himmels zur Unterscheidung zwischen Tag und
Nacht und als Zeichen der Zeiten, Tagen und Jahren«. Der Schöp-
fungsakt, der sich vor allem als Schöpfung des Unterschiedes versteht,
zwischen Himmel und Erde, Licht und Finsternissen, streicht auch hier
den Unterschied heraus, der die Zeit ausmacht: Die Verbindung zwischen menschlichem Kultusleben und Gestirnen, zwischen Zeitwahrnehmung und Raum. Feste und Festzeiten, *mo ʿadim,* sind nur Zelebrie-
rungen der Dimension des menschlichen Lebens, und wie der Himmel
auf die Erde schaut, die von der Feste geschieden werden, so sollen
auch feste Zeiten den menschlichen Lauf kennzeichnen, der zyklisch
verläuft. Ein Zyklus ist Wiederholung in Unendlichkeit.

---

10   Siehe Veltri, Esra als »Reformator«.

Die Aufgabe Gottes war es, die Welt »in seiner Zeit« zu schaffen. »In seiner Zeit« ist ein biblischer Ausdruck, der Materie für eine kabbalistische Diskussion bildet: Gott hat die Welt in seiner Zeit geschaffen, weil eine Zeit existiert, die nicht seine, sondern Zeit des Unheils ist. Wir lesen bei Yosef Gikatilla (1248–1325), einem spanischen Kabbalisten, der auch durch die lateinische Übersetzung von Paolo Ricci in der Renaissance bekannt geworden ist:[11]

> Wisse, es gibt Zeiten zum Guten und Zeiten zum Bösen, schon Salomo – Friede sei über ihn! – hat das Geheimnis aufgedeckt und gesagt (Koh 3,2): *Eine Zeit zum Gebären etc.*
> Und desgleichen gibt es eine Zeit des Wohlgefallens und eine Zeit des Unheils, wie die Weisen – ihr Andenken zum Segen! – im Abschnitt *Chäläq* (bSanhedrin 102a) dargelegt haben.
> Nun offenbare ich dir das Geheimnis: Wisse, dass die Wirkungsweise ʾDNJ (X) »Zeit« (ʿet) heißt, und wenn die sich mit dem *Çaddîq*/ »Gerechten« (IX) vereinigt, und »gut« (*tôb*) heißt, dann wird sie »Gute Zeit« (ʿet tôbah), denn das »Gute« verbindet sich mit der Zeit.
> Aber wenn – Gott behüte – das »Gute« von der Zeit getrennt wird, dann verbindet sich mit der Zeit eine andere Sache, die außerhalb der Sefirot angesiedelt ist, und »Böses« genannt wird. Das ist gemeint mit (Gen 2,9): *Baum der Erkenntnis von Gut und Böse.*

Der Ursprung des Bösen ist die Verbindung zwischen Zeit und Bösem, das außerhalb der göttlichen Kraft steht. Die dualistische Vision der Kabbala – das Böse als Prinzip außerhalb der Gottheit, aber mit negativer Kraft versehen – lässt eine andere Zeit entstehen, die außerhalb Gottes steht, weil Gott »in seiner Zeit« geschaffen hat und alles was er geschaffen hat, gut ist, wie es im ersten Kapitel von Genesis auch gesagt wird. Die Zeit Gottes ist also gut in ihrem Wesen, das Böse leitet aber die andere Zeit an, die die Degradation der Schöpfung zur Folge hat. Nur der Versuch, diese Degradation des Seins zu restaurieren, kann als Fortschritt, also Schritt nach vorn definiert werden. Auch die Theorien der Renaissance, die vom Bewusstsein einer Wende in die Moderne sprechen, gehen von diesem Modell aus: Die paradiesische *aetas aurea* und der spiralartig zyklische Versuch, das Alte als neu zu restaurieren. So verhält es sich z.B. auch in der Kunsttheorie.

---

11 Gikatilla, Schaare Orah, Bd. 1, 135: Deutsche Übersetzung von Maier, Die Kabbalah, 124.

3. Zeitbewusstsein

Die Deutung der Kunstgeschichte durch Giorgio Vasari ist typisch
messianisch-eschatologisch, basierend auf einem positiven Gefühl des
eigenen Zeitalters. In seinem oft und zu Recht gelobten Werk »Vite de'
più excellenti pittori, scultori e architettori italiani«[12] unterteilte er die
Kunstgeschichte folgendermaßen: Nach der hervorragenden Epoche
der Klassik sei die Zeit der Spätantike und des frühen Mittelalters als
Zeit des Niederganges anzusehen, auf welche der Rinascimento der
Künste folgte, der sich seinerseits – hier vernimmt man joachimitische
Untertöne – dreiteilig präsentiere: *la prima età*, das erste Zeitalter, die
Kindheit, die von der Vorherrschaft des byzantinischen Stils gekennzeichnet gewesen sei; *la seconda età*, das mittlere Zeitalter, das zeitlich
im 15. Jahrhundert angesiedelt sei und hauptsächlich durch Brunelle-
schi, Masaccio und Donatello vertreten würde; *la terza età*, das dritte
Zeitalter, die Zeit des Erwachsenseins, das mit den Werken Leonardo
da Vincis, Raffaels und Michelangelos identifiziert werden könne. Dieses dritte Zeitalter verkörpere den Höhepunkt der künstlerischen Darstellung. Das menschliche Alter als Bild der Zeitgeschichte verwendete
Vasari zyklisch. Nach dem Höhepunkt der Renaissance werde eine
Epoche des Niederganges und dann wieder eine neue Renaissance[13]
erfolgen.

Einen ähnlichen Verlauf des Lebens, aber dem Makro-Mikrokos-
mos zugewandt, vertreten die Kabbalisten in ihrer Doktrin der Men-
schenseelenwanderung, oder Metempsychose, auf hebräisch Gilgul
neschamot. Nach kabbalistischer Überzeugung und vor allem von
Isaak Luria (Schaar ha-Gilgulim)[14] besaß der erste Mensch eine universale Seele (neschama klalit), die alle Teile der Schöpfung und der zukünftigen Menschheit enthielt. Nachdem er vom Baum der Erkenntnis
gegessen hat, zerbrach seine Seele in unendlichen Fragmente (Funken),
die sich mit Körpern vereinigten (kabb. einkleiden). Ziel der einzelnen
Seelen ist, die ursprüngliche Einheit wiederherzustellen, und das kann
nur durch einen Prozess von Reinigung geschehen, der von den nied-
rigsten Seelenformen hin zu den obersten verläuft oder auch wieder
umkehrt, wenn man die Vollkommenheit wegen begangener Sünden

---

12   Vasari, Vite. Die erste Edition (edizione Torrentiniana) erschien 1550 in Florenz,
     siehe dazu Riccò, Vasari scrittore. Eine deutsche Übersetzung findet sich in: Vasari,
     Lebensläufe.
13   Ebd., Bd. 3, 3ff. Ein klassisches Werk über den Vasari hat W. Kallab verfasst: Vasari-
     studien; siehe auch Boase, Giorgio Vasari.
14   Zur lurianischen Kabbala siehe jetzt Necker, Einführung.

nicht erreicht hat. Diese Anthropologie der geschichtlichen Seelenwanderung ist durchaus mit apokalyptisch-mystischen Tendenzen vergleichbar, die die Menschheit als *in nuce* und *in historia* betrachten, wie der Theorie des Abts Joachim von Fiore. Auch dort besitzt die Geschichte als solche eine reinigende Funktion und das Ende ist die volle Restitution der Schöpfung als Ganzer und ihre Perfektion.

Die kabbalistische Theorie von Mikro- und Makrokosmos, die letztlich Neuplatonismus und jüdische Mystik in der Tiefe verbindet, wird auch zur Seele der humanistischen Spekulation. Schon ab Llull,[15] sicherlich aber seit der Entstehung der platonischen Akademie von Florenz wird die jüdische Kabbala zum Objekt des Studiums, und Pico della Mirandola ließ sich eine Menge von hebräischen und aramäischen Texten von Flavius Mithridates übersetzen.[16] Ob er diese Texte tatsächlich auch gelesen hat, ist umstritten. Unbestritten ist hingegen, dass die jüdische Tradition, vor allem Bibel und Kabbala als Synolon, in die Spekulationen über den Ursprung der Weisheit einbezogen wurde. Von da an beginnt die christliche Kabbala, mehr oder weniger bewusst kabbalistische Traditionen rezipierend, eine neue intellektuelle Bewegung ins Leben zu rufen, die bis heute Spuren in philosophischen, theologischen und esoterischen Kreisen hinterlassen hat. Die christliche Kabbala, auch wenn von den neuen Wissenschaften als unwahr und abergläubisch abgetan wurde, trug zum Bewusstsein der Moderne bei, weil sie den Akzent auf den Menschen setzte, als Mikrokosmos, Bild und Abbild des Makrokosmos.

4. Zeitbruch im kollektiven und individuellen Zeitempfinden

Die christliche Wahrnehmung des Judentums in der Renaissance[17] ist meist durch das Nutzen jüdischer Traditionen geprägt. Obwohl man immer das christliche Interesse für das Judentum in der Renaissance als Zeichen der italienischen Toleranz preist, sollte man vorsichtig sein und sagen, dass, von wenigen Ausnahmen abgesehen, die Erforschung jüdischer Traditionen nur ausbeutend verlief. Erst ab dem 17. Jahrhundert kann man nachweislich hebräische Kenntnisse im Christentum beobachten, die weit über die proklamierte Bildung in den drei heiligen Sprachen hinausging und das nachbiblische Judentum einbezog.[18]

---

15 Siehe Hames, Art.
16 Siehe dazu die zahlreichen Bde. hrsg. von Busi, Library.
17 In diesem Abschnitt stütze ich mich, fast wörtlich, auf Veltri, Faszination.
18 Siehe den Band Veltri/Necker (Hg.), Gottes Sprache.

Die Frage, ob die Renaissance im Judentum stattgefunden hat oder
nicht, ist erst in den letzten Dekaden des zwanzigsten Jahrhunderts in
judaistischen Kreisen heftig debattiert worden, jedoch hat die Diskussion zu keinem Konsens geführt. Klar ist jedenfalls, dass der allgemeine
Trend einer Hinwendung zur Renaissance im späten 18. Jahrhundert
am Judentum nicht vorbeiging. Die Bewunderer der Berliner Haskala,
der jüdischen Aufklärung, und die Vertreter der »Wissenschaft des
Judentums« rekurrierten auf die Renaissance, um geistesgeschichtliche
Vorläufer zu finden. Dabei spielten drei Faktoren eine große Rolle: die
Entwicklung der Bibelwissenschaft, die verspätete Reformation und die
Entdeckung einer »jüdischen« Philosophie. Moses Mendelssohn erwähnt in seiner hebräisch verfassten Einleitung zur deutschen Pentateuchübersetzung[19] anerkennend das Werk und das Wirken des italienischen jüdischen Humanisten und Gelehrten Azaria de' Rossi. Das
war kein Zufall, da der Mantuaner de' Rossi fast der einzige Jude war,
der in seinem Hauptwerk »Me'or 'Enayim« eine Geschichte des Bibel-
textes und seiner Übersetzungen einschließlich einer Diskussion mit
seinen christlichen Kollegen darbot.[20] Er war für Mendelssohn also eine
Art Vorbild. Darüber hinaus wurde de' Rossi von der jüdischen Gemeinde für die Veröffentlichung seiner kritischen Gedanken mit dem
Bann belegt, weshalb er als eine Art Märtyrer für das kritische Wissen
angesehen wurde.[21] Auf de' Rossi als Vater der »Wissenschaft des Judentums« greift auch der Gründer der akademischen Bewegung der
»Wissenschaft des Judentums«, Leopold Zunz, zurück, der über de'
Rossis Leben eine Biographie schrieb.[22] Zunz sah die Renaissance als
den *locus classicus* der Bewegung zwischen Allgemeinheit und Judentum an.

Die Renaissance wirkte verspätet auf die Wiederaufnahme reforma-
torisch-lutherischer Züge im Reformjudentum nach.[23] Schon die Bezeichnung »Reform« klang verlockend und rief – bewusst oder unbewusst – das Wirken Luthers in Erinnerung. Wie der Wittenberger den
Bann des konservativen römischen Christentums gebrochen und den
»verbissenen katholischen Aberglauben« zertrümmert hatte, so sollte
der aufgeklärte Jude tun und die magisch-kabbalistischen Vorstellungen des »orthodoxen« Judentums als Staub der dunkleren Jahrhunder-

---

19   Mendelssohn, »Or li-ntiva«, 236 ff.
20   Zu dieser Gestalt siehe Veltri, Humanist Sense.
21   Siehe dazu Kaufmann, Contributions; Benayahu, pulmus.
22   Zunz, Toledot.
23   Siehe Veltri, A Jewish Luther?; ders., Editorial.

te hinwegfegen.[24] In dieser Auseinandersetzung galt die jüdische Beschäftigung mit der Philosophie als identitätsstiftender Faktor:[25] Philo von Alexandrien, vor allem aber die mittelalterliche Philosophie, die durch Saadia Gaon, Moses Maimonides, Judah Halevi und andere Gelehrte vertreten wurde, werden als Prototypen des Juden im 19. Jahrhundert betrachtet, weil sie die Eigenart des Judentums als Religion und Kultur der islamischen und christlichen Welt gegenüber begründet und verteidigt haben. Diesen Prämissen folgend entstanden mehr und mehr Zirkel, die sich mit Themen der Renaissance beschäftigten. Die Werke des Humanisten Azaria de' Rossi wurden neu aufgelegt, der Bibelwissenschaftler Elia Levita wurde studiert, der Renaissance-Philosoph Leone Ebreo neu interpretiert; die politischen Theorien von dessen Vater Isaak Abravanel evaluiert, das musikalische Werk von Salomone Rossi entdeckt und in Paris uraufgeführt etc. etc. Die Renaissance der »jüdischen« Renaissance gipfelte in dem 1959 erschienenen Werk von Cecil Roth »The Jews in the Renaissance«, das 80 Jahre nach Burckhardt ein umfassendes Lob auf das Judentum der Renaissance sang.[26] Roth schreibt, dass die jüdische Partizipation an der allgemeinen Kultur im Deutschland des 19. und 20. Jahrhunderts oder im Amerika der Gegenwart selbstverständlich breiter gewesen sei, jedoch das Judentum der Renaissance eine Besonderheit aufweise, die es von allen Epochen hervorhebt: die perfekte Synthese zwischen der Liebe für die antike hebräische Kultur und dem Engagement für die der Gegenwart.[27] Cecil Roths Urteil ist deutlich von der unbewussten Prämisse geleitet, dass das amerikanische Judentum eine Dichotomie zwischen dem klassischen Judentum und dem Engagement für die Gegenwart aufweist, was er als Manko beklagt. Ob es überhaupt sinnvoll ist, in

---

24 Bezeichnend ist, was L. Löw schrieb (Mantik, 107): »Der Orthodoxie waren jene kabbalistischen Rechtfertigungen (scil. durch ihre Spekulationen, G. V.) ebenso willkommen, wie ihr in neuerer Zeit die Symbolik der deutschen Romantiker willkommen war. Und ob sich auch von Zeit zu Zeit Widerspruch dagegen erhob, so war es doch immer die Orthodoxie, die treue Erbin rabbanitischer Überlieferung, welche den Glauben an Zauberei bald aus naiver Borniertheit, bald aus kabbalistischer Verschrobenheit, bald wohl auch aus dem Grunde nicht aufgeben mochte, damit die vielgepriesene Weisheit der Altvordern nicht in Verruf komme, und man nicht auf den Gedanken gerathe, die älteren Lehrer für gewöhnliche Menschen zu halten, die in dem Aberglauben ihrer Zeit befangen waren. Solchergestalt behielt die Zauberei ihren Platz in den Gebetbüchern bis auf den heutigen Tag.«

25 Siehe Veltri, Wurzeln.

26 Roth, Jews.

27 Ebd., xi: »There has never been any other period in history when Jews achieved so successful a synthesis between their ancestral Hebraic culture and that of the environment«.

Bezug auf die jüdische Literatur und Philosophie des 15.–16. Jh. von einem Zeitalter der »Renaissance«, mithin von einer »jüdischen« Renaissance zu sprechen, wird von einer immer wachsenden Anzahl von Wissenschaftlern in Frage gestellt. Besaßen die Juden in jener Epoche denn eigentlich die politische Freiheit, sich an der *respublica christiana et literaria* zu beteiligen, und wenn ja, in welchem Maße waren sie vom zeitgenössischen humanistischen Geist ergriffen? Einige Forscher betonen daher die eher passive Rolle des Judentums bei der Rezeption humanistischer Vorstellungen.

Wie auch immer Cecil Roths Enthusiasmus für die Renaissance zu erklären ist, so ist m.E. nicht zu bezweifeln, dass die Rezeption humanistischer Themen im Judentum größer gewesen ist als die Wahrnehmung des Judentums in der christlichen Renaissance und in der späteren Wahrnehmung derselben.

Die Faszination des italienischen Humanismus und der Renaissance erreicht auch das Judentum. Schon nach der Etablierung des neuen, der italienischen Sprache verpflichteten Stils verstanden sich die Juden mit Begeisterung als Teil dieser Bewegung und ahmten im 14. Jahrhundert poetisch Dante Alighieri nach. *Umanesimo* bedeutet vor allem Interesse an der Kultur der Antike, der Rhetorik, der Grammatik, der schönen Künste. Yehuda Messer Leon, aber auch Yohanan Alemanno verstanden die neue Richtung zu schätzen und begannen die jüdische hebräische Tradition in dieser Perspektive zu interpretieren. Man konnte den Refrain »ad fontes« nicht anders als willkommen heißen, weil die Quellen jüdischer Herkunft waren. Und so entstanden Traktate über hebräische Rhetorik, neue Impulse für die hebräische Prosa, neue Liebe zu Grammatik, Lexikon, Philosophie, Literatur und Musik.

Das europäische Judentum hat also die Renaissance miterlebt, d.h. grundsätzlich unterstützt und nicht dogmatisch abgewiesen. Miterlebt will bedeuten, dass vieles, was die Renaissance für das Christentum bedeutet, auch im Judentum von Spanien bis Prag, von England bis Ägypten wahrgenommen wurde. Die Wahrnehmung dieser Epoche spiegelt sich in jüdischen Quellen, wird aber grundsätzlich als Traditionsbruch abgelehnt, weshalb man von einer besonderen Wahrnehmung, nicht aber von einer grundsätzlichen Beeinflussung reden kann. Was ist der Grund der Ablehnung oder höchstens vorsichtigen Annäherung an die humanistische Ideologie? Das Verfahren an sich, die Methode also. Christliche Humanisten haben sich jüdischer Kategorien bedient, sie sich angeeignet und für eigene Zwecke verfremdet. Sie haben dem Judentum die eigene Tradition entnommen und für sich in Anspruch genommen. Das Ziel ihrer Interessen war nicht, die Wahrheit zu finden, sondern die eigene Tradition aufgrund anderer Quellen zu untermauern. Die Wahrnehmung der Moderne bedeutet für sie also nur die kulturelle Entmachtung des Judentums als Wahrheitsträger. Der Traditionsbruch fand statt, als die jüdische Tradition für fremde Zwecke verwendet wurde.

5. Individuelles Zeitempfinden

So lange aber die Juden eigene Schüler hatten, die die Weisheit der Alten weiter überliefern konnten, und »Freiheit« nach innen, war es nicht so wichtig, sich mit den Goyyim, Heiden, also Christen, direkt zu konfrontieren. Von daher sind uns nicht so viele apologetische Werke gegen die Christen in lateinischen oder anderen europäischen Sprachen erhalten. Es gibt einige apologetische hebräische Werke, die jedoch wegen der Sprache eher eine interne Funktion zur Stärkung der Identität hatten als auf eine Konfrontation mit den Christen abzielten. Die Lage änderte sich, sobald die Juden in Not waren. Was ist, wenn sie zur Konversion gezwungen werden? Das war die Ausgangslage für den jüdischen Neoplatoniker Leone Ebreo (Jehuda Abravanel), Autor eines der berühmtesten Werke der Renaissance, *I dialoghi d'amore*[28] (»Die Liebesdialoge«), der außerdem ein autobiographisches Gedicht schrieb, das das Thema »Zeit« behandelt. Das Gedicht heißt *Teluna 'al ha-Zman*, »Klage gegen die Zeit« und fängt mit folgenden Versen an:[29]

Die Zeit schlug geschärften Pfeiles in mein Herz
    und spaltete mir im Innern meine Nieren.
Sie schlug mich und unheilbar ist ihr Schlag,
    sie zerschmetterte mich und machte ewig meinen Schmerz.
Sie verwundete mich und vernichtete mein Fleisch
    und es fraß der Schmerz mein Blut und mein Fett
Sie zermalmte all meine Gebeine in ihrer Wut,
    sie erhob sich und stürzte sich auf mich wie eine Löwin.
Nicht genug, daß sie mich windengleich wand,
    sie machte mich zum vertriebenen Wanderer in der Blüte meiner Jugend.
Wie einen Söldling trieb sie mich um in der Welt
    und wirbelte mich um die Enden der Erde.
Schon sind es zwanzig von meinen Jahren,
    daß nicht zur Ruhe kamen mein Pferd und mein Wagen.

---

28   Siehe Veltri, Philo und Sophia, 68–72. Meine Interpretation von Leones Gedicht wurde von Agela Guidi übernommen, siehe Guidi, Amour et Sagesse.

29   Die deutsche Übersetzung ist übernommen von Ebreo, Dialoghi, 7–17 (Appendix). Siehe auch Almagor/Gavin/Jacobson, Complaint, 59.

Eine hohle Hand maß die Wasser und allen Staub der Länder,
		und meinen Frühling vernichteten die.
Die Zeit verscheuchte den Freund von mir
		und jagte, die meines Alters waren,
		und verstieß das Volk, das mir nahe ist.

Leone Ebreo, mit jüdischem Namen Jehuda Abravanel (Lissabon ca.
1460 – Neapel nach 1523) ist der bekannteste jüdische Intellektuelle der
Renaissance, nach Jakob Guttmann sogar »der einzige wirkliche jüdische Renaissancephilosoph«.[30] Er wurde als der älteste Sohn des Don
Isaak Abravanel in Lissabon geboren. Er bekam von seinem Vater die
ersten Kenntnisse in jüdischer und arabischer Philosophie. Später stu-
dierte Jehuda Abravanel Medizin, die zu seinem Hauptberuf wurde. In
dem Verzeichnis der Lissaboner Ärzte von 1483 wird sein Name aufgeführt. Er folgte seinem Vater, als dieser im Jahr 1483 gezwungen wurde, Portugal zu verlassen. Während der Verbannung der Juden aus
Spanien (1492) wurde sein einjähriger Sohn in Portugal, wohin er mit
seiner Hebamme geschickt worden war, gefangen und getauft. Abravanel ließ in seinem Gedicht *Teluna al ha-Zman* (»Klage gegen die
Zeit«), das er im Jahre 1503 verfasste, sein Leid darüber aus. Er begab
sich schließlich nach Neapel, wo er als Arzt tätig war. Amatus Lusita-
nus berichtet, dass er in Saloniki ein philosophisches Werk von Abravanel über die Harmonie des Himmels sah, welches Abravanel für
Pico della Mirandola abgefasst hatte.[31] Dieses Werk ist leider verloren
gegangen. Es besteht die Vermutung, die Entstehung dieses Werkes sei
ein Hinweis auf einen möglichen Aufenthalt von Abravanel in Florenz,
wo er mit der *Accademia platonica*, mit Pico und Marsilio Ficino in Kontakt kam. Vergeblich, wie man aus seiner Klage über die Zeit: 106–112,
erfährt:

… Ihrer [der Weisheit, Wissenschaft] ein Teil ist
das Vatererbe meines Lehrers,
		des Vaters der Weisheit, er mein Lehrer und mein Meister,
Und zum Teil durch meine Mühe erworben:
		ich eroberte es durch meinen Bogen und mein Schwert.
Meine Gedanken vertieften sich in ihr
		und die Weisen Edoms waren wir Heuschrecken in meinen Augen.
Ich ging in ihre Akademien,
		aber niemand, der den Kampf mit mir aufnähme.

---

30 Guttmann, Philosophie, 271. Vgl. Gebhardt in Leone Ebreo, Dialoghi, 4.
31 Curationum Medicinalium Centuriae septem, cent. VII, cur. 98, ed. Venice 1566,
		152f., ed. Burdigala 1620, 786f., zitiert von Gebhardt in Ebreo, Dialoghi, 15–16, von
		seinen »Regesten zur Lebensgeschichte Leone Ebreos« (Ende des Bandes). Siehe
		meine Kritik in Veltri, Renaissance Philosophy, 61–62.

Ich besiegte jedermann, daß er vor mir schwieg
Ich beuge und setze ins Unrecht meinen Gegner.
Wer denn würde es wagen, sich zu nahen
dem Urgrund und dem Geheimnis von Wagen und Reiter?

Was bedeutet »Ich ging in ihre Akademien, aber niemand, der den Kampf mit mir aufnähme«, wenn nicht das Desinteresse der Akademie Neapel und der neoplatonischen Akademie von Florenz? Jeder Akademiker hat ja jüdische Berater und berühmte Verleger haben auch jüdische Setzer gehabt, von ihrer Wirkung erfahren wir kaum etwas. Andererseits wurde auch jüdischerseits diese Zusammenarbeit als eine Art Kollaboration angesehen und sogar mit der Verbannung bestraft.

Der einzige Weg, mit den Christen einen Kampf aufzunehmen, war, Spuren hinter sich zu lassen und die eigenen Gedanken in der Sprache zu verfassen, die die Christen auch verstünden: die lateinische oder die Landessprache. Leone war sicherlich nicht der erste jüdische Philosoph der Renaissance, der in italienischer Sprache schrieb, war und blieb aber der erfolgreichste: Zwischen 1535 und 1607 wurde sein Werk 25-mal neu abgedruckt und zwischen 1551 und 1660 ins Französische, Lateinische, Spanische und Hebräische übersetzt. *I dialoghi d'amore* übten großen Einfluss auf die europäische Kultur der Renaissance aus, wie beispielsweise in den *Sonetti* des Michelangelo und in dem Dialog *Minturno* des Torquato Tasso zu erkennen ist. Interesse erweckte sein Werk auch bei Alessandro Piccolomini und es erfreute sich wachsender Beliebtheit als Hofliteratur, wie sich aus den Schriften und Notizen von Giuseppe Betussi, Tullia d' Aragona, Benedetto Varchi und Anton Francesco Doni entnehmen lässt.[32] Auch Philosophen wie Giordano Bruno und Spinoza berufen sich auf die Gedanken Abravanels. Die erste hebräische Übersetzung wurde nach 1660 von Baruch von Urbino angefertigt. Abgesehen von Spinoza aber hat sich kein Philosoph mit ihm beschäftigt, er wurde nicht in philosophischer, sondern in der Hofliteratur und bei den christlichen Kabbalisten rezipiert. Hatte er seine neoplatonischen »Gedichte«, wie Gebhardt sie nennt, für Frauen und Kabbalisten geschrieben? Es ist nicht auszuschließen, aber ich denke, dass er vor allem diejenigen erreichen wollte, die, des Hebräischen nicht kundig, die jüdische Natur der allgemeinplatonischen Philosophie nicht unmittelbar verstehen konnten: die jungen Zwangskonvertiten.

Ich gehe daher einen Schritt in der Diskussion um das Publikum des Leone Ebreo weiter und wage zu denken, dass Leone Ebreo seine *Dialoghi d'Amore* in italienischer Sprache mit dem Zweck verfasst hat,

---

32 Angabe in Veltri, Renaissance, 69–71.

damit sein zwangsweise Christ gewordener Sohn die Natur der jüdischen Religion und Kultur zumindest eingekleidet in philosophische neoplatonische Diskussion erkennen würde. So beendet er auch sein Gedicht:

> Meine Form liegt in einer Veste – meine Form ist umfestigt,
>   umschlossen, gefesselt im Käfig,
> Und sehnt sich, ihre Stufen emporzusteigen,
>   und begehrt, sich aufzurichten auf der Leiter
> Mein Geliebter, was hast du unter dem Volke des unreinen Herzens,
>   wie der Apfelbaum im dürren Walde?
> Und deine reine Seele unter den Völkern
>   wie eine Rose zwischen Dornen und Kraut?
> Auf! geh und komm zu meiner Wanderung,
>   flieh und sei gleich der Gazelle und dem Hirschen.
> Geh in das Haus deines Vaters, zum Stamm, der dich gebar.
>   Es schütze dich Gott, mein Beschützer.
> Er, mein Gott, ebne deinen Pfad,
>   und aus der Enge bringe er dich ins Weite.

Man bedenke, dass das Gedicht in hebräischer Sprache verfasst wurde, sodass das Kind es gar nicht verstehen konnte. Die Hoffnung einer Rückkehr des Sohnes in das »Haus seines Vaters« wurde wohl nicht erfüllt, er konnte nur hoffen, dass sein Sohn sein *Buch* lesen würde. Der Generationsbruch leitet bei Leone einen Traditionsbruch ein, und so entsteht die »Moderne« als Kommunikation mit der Sprache und mit der Tradition der christlichen Mehrheit.

Schluss

Seine Klage über die Zeit benennt einen anderen Zeitbegriff als den oben behandelten: Es geht hier nicht um die Erkenntnis, in welchem epochalen Umbruch man sich gerade befinde. Die »Klage über die Zeit« ist zunächst eine Klage über die aktuellen Zustände (*o tempora, o mores!*). Mit dem Begriff der Zeit wird dabei allerdings impliziert, dass sich diese Zustände im Vergleich zu früheren Verhältnissen verschlechtert haben – dass die »gute alte Ordnung« zerstört sei.

Ist Leone Ebreo ein »ewig Gestriger«? Nein: Von ihm als Zeitzeugen können wir nicht verlangen, dass er unsere späteren idealisierenden Projektionen antizipiert. Er lebt jetzt, leidet jetzt und benennt gerade auch die negativen Aspekte der Entwicklung. Und die beziehen sich eben auf die hohen Ansprüche der Humanisten, der »Weisen von E-dom«: Gierig bemächtigen sie sich neuer Quellen, die für den Juden freilich die Traditionen der Väter darstellen. Doch den Subjekten dieser Tradition, dem Juden, der sich auf die gemeinsame intellektuelle Suche einlassen will, begegnet man mit den alten engstirnigen Vorurteilen. Es ist eine Zeit des Umbruchs, aber das Negative überwiegt: Die Vertreibungen bedeuten schmerzliche Einschnitte in Familienzusammenhänge und einzelne Biographien. Und der Ruf »ad fontes« bringt die Gefahr mit sich, dass Fremde die eigene Tradition zu ihren Zwecken missbrauchen.

Literatur

D. Almagor/B. Gavin/D. Jacobson, A Complaint against the Time, Jewish Quarterly 39 (1992), 55–59

J. Barr, The Semantics of Biblical Language, Oxford 1961

M. Benayahu, ha-pulmus al sefer meor enayim le-rabbi azarya min ha-adummin, Asufot 5 (1991), 217–264

P. Blesensis (Pierre de Blois), Epistula XCII ad Reginaldum episcopum, PL 207, 289–291

T. Boase, Giorgio Vasari. The Man and the Book, Princeton 1979

G. Busi, The Kabbalistic Library of Giovanni Pico della Mirandola, Nino Aragno Editore, Torino 2004 ff.

L. Ebreo, Dialoghi d'amore. Hebräische Gedichte, hrsg. mit einer Darstellung des Lebens und Werkes Leones. Bibliographie, Register zu den Dialoghi, Übertragung der hebräischen Texte, Regesten, Urkunden und Anmerkungen von Carl Gebhardt, Heidelberg 1929

Epikur, Brief an Menoikeus 125, in: Diogenes Laertius, X. Buch. Epikur, übers. von Otto Apelt, hrsg. von Klaus Reich und Hans Günter Zekl, Hamburg 1968

J. Gikatilla, Shaare Orah, hrsg. von J. Ben-Shlomo, 2 Bde., Jerusalem 1970

A. Guetta, Avraham Portaleone, le scientifique repenti. Science et religion chez un savant juif entre le 16ème et le 17ème siècle, in: G. Freudenthal (Hg.), Torah et science: perspectives historiques et théoriques (FS Touati), Louvain/Paris 2001, 213–227

A. Guidi, Amour et Sagesse. Les Dialogues d'amour de Juda Abravanel dans la tradition salomonienne, Leiden 2011

J. Guttmann, Philosophie des Judentums, München 1933, Reprint Wiesbaden 1985

H. J. Hames, The Art of Conversion. Christianity and Kabbalah in the Thirteenth Century, Leiden 2000

C. Hezser, »Privat« und »öffentlich« im Talmud Yerushalmi und in der griechisch-römischen Antike, in: P. Schaefer (Hg.), The Talmud Yerushalmi and Graeco-Roman Culture, Bd. I, Tübingen 1998, 423–579

W. Kallab, Vasaristudien, mit einem Lebensbilde des Verf. aus dessen Nachlasse hrsg. von Julius von Schlosser, Quellenschriften für Kunstgeschichte und Kunsttechnik des Mittelalters und der Neuzeit, N.F., 15, Wien u.a. 1908

D. Kaufmann, Contributions à l'histoire des luttes d'Azaria de Rossi, REJ 33 (1896), 77–81

L. Löw, Zur talmudischen Mantik. Nach einer 1846 gehaltenen Vorlesung, in: Ders. (Hg.), Gesammelte Schriften, Szegedin 1890 (zuerst in: Ben Chananja 9, 1866), 105–114

Y. Löw, Le puits de l'exil, traduit, présenté et annoté par Edouard Gourévitch, Paris 1982

— Sefer Beer ha-Golah, Bne Barak 1980

— Sifre Maharal (= Gesamtausgabe), 18 Bde, Jerusalem/Bne Barak 1963–1987

— Tiferet Yisrael, Prag 1598

J. Maier, Die Kabbalah. Einführung – Klassische Texte – Erläuterung, München 1995

M. Mendelssohn, Or li-ntiva (1783), in: H. Borodianski (bar-Dayan) (Hg.), Hebräische Schriften, Bd. 1, Nachdruck von 1938, 229–248

R. K. Merton, On the Shoulders of Giants. A Shandean Postscript, New York 1965

— Auf den Schultern von Riesen. Ein Leitfaden durch das Labyrinth der Gelehrsamkeit, aus dem Amerikanischen von Reinhard Kaiser, Frankfurt a.M. 1980

G. Necker, Einführung in die lurianische Kabbala, Frankfurt a.M. 2008

A. Portaleone, De Auro dialogi tres, Venedig 1584

L. Riccò, Vasari scrittore. La prima edizione del libro delle »Vite«, Rom 1979

C. Roth, The Jews in the Renaissance, Philadelphia 1959 (Nachdruck 1977)

L. A. Seneca, Philosophische Schriften lateinisch und deutsch, herausgegeben von Manfred Rosenbach III: Ad Lucilium epistulae morales. An Lucilius Briefe über Ethik 1–69. IV: Ad Lucilium epistulae morales. An Lucilius Briefe über Ethik 70–124; http://www.gottwein.de/Lat/sen/epist.026.php (Mai 2013)

G. Vasari, Lebensläufe der berühmtesten Maler, Bildhauer und Architekten, übers. aus dem Ital. von T. Fein unter Heranziehung der dt. Ausg. von L. Schorn und E. Förster, Zürich ⁵1993

G. Vasari, Vite de' più excellenti pittori, scultori e architettori italiani, 9 Bde, ND Novara 1967

G. Veltri, Editorial, JSQ 7 (2000), 289–295

— Esra als »Reformator« in der klassischen Literatur des Judentums, in: Reformen im Alten Orient und der Antike. Programme, Darstellungen und Deutungen, hrsg. von E.-J. Waschke in Zusammenarbeit mit J. Thon, Tübingen 2009, 175– 186

— Von Faszination und Irrtum des Humanismus. Jüdisches Denken in der Italienischen Renaissance, in: Ders./A. Winkelmann (Hg.), An der Schwelle zur Moderne. Juden in der Renaissance, Leiden 2003, 1–21

— The Humanist Sense of History and the Jewish Idea of Tradition: Azaria de' Rossi's Critique of Philo Alexandrinus, JSQ 2 (1995), 372–393

- Die humanistischen Wurzeln der »jüdischen« Philosophie. Zur Konzeption einer konfessionellen Ontologie und Genealogie des Wissens, in: W. Stegmaier (Hg.), Die philosophische Aktualität der jüdischen Tradition, Frankfurt a.M. 2000, 249–278
- A Jewish Luther? The Academic Dreams of Leopold Zunz, JSQ 7 (2000), 335–348
- Language of Conformity and Dissent. On the Imaginative Grammar of Jewish Intellectuals in the Nineteenth and Twentieth Centuries, Boston 2013
- Maharal against Azaria de Rossi. The other side of skepticism, in: M. Seidel (Hg.), Rabbinic Theology and Jewish Intellectual History. The Great Rabbi Loew of Prague, Oxford 2012, 65–76
- Philo and Sophia. Leo Hebraeus' Concept of Philosophy, in Cultural Intermediaries, in: D. Ruderman/G. Veltri (Hg.), Jewish Intellectual in Early Modern Italy, Philadelphia 2004, 55–66, Neugedruck in Veltri, Renaissance Philosophy in Jewish Garb, Leiden/Boston 2009, 60–72

G. Veltri/G. Necker (Hg.), Gottes Sprache in der philologischen Werkstatt, Leiden/Boston 2004

J.R. Woolf, Between Diffidence and Initiative: Ashkenazic Legal Decision-Making in the Late Middle Ages (1350–1500), JJS 52/1 (2001), 85–97

L. Zunz, Toledot le-R' Azarya min ha-Adummim, Kerem Chemed 5 (1841), 131–158; 7 (1843), 119–124

II. Strukturierungen der Zeit

Chronologie als Theologie: Die Toledot Adams

Christoph Levin

»Dem alttestamentlichen Jahweglauben ist ... ein auffallend stark ausgeprägtes Zeitdenken eigen; er weiß um eine Geschichte Gottes mit den Menschen und mit seinem Volk Israel, um Abläufe, die einmalig sind und nicht
umkehrbar. Diese Abgrenzung von heilsgeschichtlichen Epochen ist ein
markantes Charakteristikum der Priesterschrift.«[1]

So befand Gerhard von Rad in seiner Auslegung von Genesis 5. Die
Toledot Adams, die die Zeit zwischen der Schöpfung und der Sintflut
überbrücken, sind mit ihren Angaben zu Alter und Generationenfolge
der Patriarchen ein treffendes Beispiel einer solchen heilsgeschichtlichen Epoche und zugleich für die alttestamentliche Sprache der Zahlen
überhaupt. Was die Daten besagen sollen, ergibt sich allerdings nicht
auf den ersten Blick; zumal sich die Spekulation darüber hergemacht
hat: Masoretentext, Septuaginta und samaritanischer Pentateuch, die
drei Hauptzeugen der Textgeschichte, stimmen nicht überein.

Den Schlüssel zum System hat Karl Budde in seiner »Biblischen
Urgeschichte« gefunden,[2] aufbauend auf Beobachtungen von Philipp
Buttmann[3] und Ernst Bertheau.[4] Seither kennen wir die traditionsgeschichtliche Stellung der Toledot Adams und zugleich die Botschaft,
die der Verfasser der Priesterschrift mit der Stammliste zur Geltung
bringen wollte. Insofern bietet der folgende Abriss »nichts Neues unter
der Sonne«.

Das heißt nicht, dass es unnütz wäre, Buddes Beweis in Erinnerung
zu rufen; denn er bestätigt ebenso beiläufig wie zwingend die Urkundenhypothese, die neuerdings zugunsten verschiedener Ergänzungs-
hypothesen sogar für die Urgeschichte wieder in Zweifel gezogen wird.
Aus Gen 5 im Verhältnis zu Gen 4 geht in aller Deutlichkeit hervor,
dass Jahwist und Priesterschrift selbständige literarische Werke gewe-

---

1   v. Rad, Genesis, 46.
2   Budde, Urgeschichte, 89–116. Zu Budde siehe Smend, Karl Budde, bes. 361 f.
3   Buttmann, Mythologus, 170–171.
4   Bertheau, Die Zahlen der Genesis, 664–672.

sen sind, die erst in einem weiteren Schritt redaktionell miteinander verknüpft wurden. Ebenso eindeutig ist, dass die Priesterschrift die jüngere Fassung bietet. Sie hängt zwar nicht literarisch, wohl aber in der Sache von der jahwistischen Darstellung ab.

Kainiten und Setiten

Philipp Buttmann machte 1828 in seinem »Mythologus« darauf aufmerksam, dass die Genealogien in Gen 4 und in Gen 5 zu großen Teilen identisch sind: Sechs der zehn Patriarchen aus Gen 5 begegnen auch in Gen 4: Adam, Set, Enosch, Henoch, Lamech und Noach. Die verbleibenden vier tragen ähnliche Namen: Kenan und Kain, Mahalalel und Mehujaël, Jered und Irad, Metuschelach und Metuschaël. Sogar die Abfolge ist mit kleinen Abweichungen dieselbe.

> »Von *Enos* geht die vorsündflutische Hauptlinie bis auf Noach [in Gen 5]; neben ihr aber geht von *Adam* aus, durch Kain, eine Nebenlinie [in Gen 4] bis auf jene drei Erfinder [Jabal, Jubal und Tubal-Kain]. Man sondere diese, nebst dem Noach, als letzte Glieder beider Linien ab, so bleiben auf beiden Seiten folgende Namen: 1) Adam, Kain, Hanoch, Irad, Mehujael, Methusael, Lamech [in Gen 4]. 2) Enos, Kainan, Mahalaleel, Jared, Henoch, Methusalach, Lamech [in Gen 5]. Nun lasse man nur noch in der zweiten Reihe den Mahalaleel mit dem Henoch die Stellen wechseln, und es entsteht eine vollkommne Uebereinstimmung zwischen beiden Linien, so daß jedem Namen entweder vollkommen derselbe oder ein nur durch leichte Abweichungen verschiedner gegenüber steht.«[5]

Das bedeutet:

> »Es ist zweimal *dieselbe Stammliste*, nur mit kleinen Abweichungen in der Folge und in den Namensformen«.[6]

Buttmann vermutete, dass zwei rivalisierende Stämme die Liste je für sich abgewandelt hätten, um ihre gemeinsame Abstammung zu bestreiten. Allerdings schränkte er ein, diese Erklärung sei »eine Hypothese …, die keinen Anspruch macht«. Näher liegt, die Beziehung zwischen den beiden Fassungen in der Literaturgeschichte zu suchen. Entweder ist Gen 4 die Vorlage für Gen 5 gewesen, oder umgekehrt Gen 5 für Gen 4.

---

5   Buttmann, Mythologus, 170–171.
6   A.a.O., 171.

Solange die heute »Priesterschrift« genannte Quelle als die ältere
und als »Grundschrift« galt, war die Sache ausgemacht: Gen 4 musste
die jüngere, abhängige Fassung sein. So liest man es bei Friedrich Tuch:

> »In Beziehung ... auf das folgende 5. Capitel, welches der Grundschrift an-
> gehört, tritt hier [in Gen 4] ... der Ergänzer unverkennbar hervor. Dort [in
> Gen 5] schliesst sich die Genealogie an Seth, ohne von Kain und Abel etwas
> zu wissen, hier ist die Geschichte dieser beiden nachgebracht; die weitere
> Geschichte hat mit Kain und seinen Nachkommen nichts zu thun, sie muss-
> te also vom Ergänzer hier eingeschoben werden, und dass dieser die C. 5.
> folgende Genealogie kannte, geht aus v. 25.26 hervor, wo er hinüberleitend
> die Geburt des Seth und dessen Sohnes Enosch kurz erwähnt, vgl. m.
> C. 5, 3.6.«[7]

Tuch deutet das Verhältnis von Gen 4 und 5 anhand von 4,25–26, wo
die Genealogie mit Set und Enosch neu einsetzt. Da Gen 5 gleichfalls
als Stammliste der Setiten beginnt, müssen 4,25–26 – unter Voraussetzung der Ergänzungshypothese – von Gen 5 abhängig sein. Solange
innerhalb von Gen 4 nicht differenziert wird, ist damit über das ganze
Kapitel entschieden.

Hermann Hupfeld, der Begründer der neueren Urkundenhypothese, hat den Einwand erhoben, dass 4,25–26 für eine redaktionelle
Klammer zu breit und zu inhaltsreich seien. Er sieht in den beiden Versen stattdessen das Bruchstück einer Jhvhistischen Setitengenealogie.
Deren Fortsetzung sei von dem Redaktor, der die Urschrift (= P) und
den Jhvhisten (= J) miteinander verknüpft hat, abgeschnitten worden.

> »Denn aus der Elohistischen Genealogie Cap. 5 kann sie nicht etwa vom Er-
> gänzer ›zur Überleitung‹ hergesetzt sein, wie Tuch meint: weil das nur allen-
> falls die Nennung des ersten, Seth, erklären könnte, nicht aber wozu dann
> noch der zweite, Enosch, genannt werde«.[8]

Zwar kann man 4,25–26 auch im Rahmen der Urkundenhypothese als
Überleitung verstehen. Eberhard Schrader sieht die beiden Verse verfasst »von demjenigen, der die elohistische Grundschrift [= P] mit den
jahvistischen Stücken bereicherte«.[9] Doch Wellhausen pflichtete mit
guten Gründen Hupfeld bei:

> »Daraus, dass R, um von 4,24 zu 5,1 einen Übergang zu gewinnen, zu ei-
> nem ähnlichen Einsatz gezwungen gewesen wäre, folgt nicht, dass er 4,25s.
> nicht schon vorfand; er würde nicht über das Notwendige hinausgegangen

---

7 Tuch, Genesis, 99.
8 Hupfeld, Die Quellen der Genesis, 129 f.
9 Schrader, Urgeschichte, 132; zustimmend Nöldeke, Untersuchungen, 10, Anm. 2.

sein, nicht die Etymologie und nicht das merkwürdige ›iste coepit invocare
nomen Domini‹ hinzugefügt haben.«[10]

Eindeutig ist, dass die beiden Verse nicht zu der vorangehenden Kaini-
tengenealogie gehört haben. Schon der Wechsel von der Gattungsbe-
zeichnung הָאָדָם »der Mensch« zum Eigennamen אָדָם »Adam« zeigt,
dass ein anderer Verfasser geschrieben hat. Zur Wahl steht, ob V. 25–26
auf eigener Überlieferung beruhen, oder als Ergänzung verfasst worden sind. Budde wollte aus den beiden Versen das Fragment einer eigenständigen, jahwistischen Setitengenealogie rekonstruieren. Dazu
musste er alles wegputzen, was nicht zu der von ihm angenommenen
Grundlage passt: »Und Adam erkannte sein Weib, und sie gebar einen
Sohn und nannte ihn Scheth«, denn: »Gott hat mir Samen (Nachkommenschaft) gesetzt«.[11] Doch die Unebenheiten im Text, die Budde geltend macht, sind herbeigezwungen.

Lässt man die beiden Verse ungeschoren, ist nicht zu übersehen,
dass sie sich auf den Vortext beziehen und von ihm abhängen. Der
Einsatz וַיֵּדַע אָדָם עוֹד אֶת־אִשְׁתּוֹ וַתֵּלֶד בֵּן »und Adam erkannte *wiederum*
seine Frau, und sie gebar einen Sohn« knüpft an V. 1 an und ist anders
nicht denkbar: וְהָאָדָם יָדַע אֶת־חַוָּה אִשְׁתּוֹ וַתַּהַר וַתֵּלֶד אֶת־קַיִן »der Mensch
aber erkannte seine Frau Eva, und sie wurde schwanger und gebar den
Kain.« Dass das Verb ידע »erkennen« in fast allen Fällen den Beginn,
nicht die Fortsetzung der ehelichen Gemeinschaft bedeutet, also in
Widerspruch zu עוֹד »wiederum« steht,[12] unterstreicht nur, dass die
Geschichte der Menschheit von neuem beginnen soll, um den Mörder
Kain und den erschlagenen Abel zu ersetzen. Ausdrücklich bezieht sich
der Ausspruch, mit dem Eva den Namen des Set begründet, auf den
Brudermord: כִּי שָׁת־לִי אֱלֹהִים זֶרַע אַחֵר תַּחַת הֶבֶל כִּי הֲרָגוֹ קָיִן »denn gesetzt
hat mir Gott einen anderen Nachkommen anstelle Abels, denn Kain hat
ihn erschlagen.« Set gilt als der gottgegebene »Ersatz« – nichts anderes
bringt sein Name »Set« zum Ausdruck. Die Setitengenealogie kann
deshalb keine eigenständige Überlieferung gewesen sein, sondern setzt
voraus, was zuvor erzählt ist.

> »Kain, der Brudermörder, konnte nicht der Stammvater Noahs und des
> ganzen gegenwärtigen Menschengeschlechts werden, wenn nicht jedes ge-
> sunde Gefühl tödlich verletzt werden sollte.«[13]

---

10 Wellhausen, Composition, 3.
11 Budde, Urgeschichte, 158; der Beweisgang dort 154–159.
12 Darauf verweist Budde, Urgeschichte, 157f., mit Nachdruck. Ausnahmen sind nach
    Budde nur 1 Sam 1,19 und Gen 38,26. Beide sind erklärbar.
13 Wellhausen, Composition, 10.

Dass die Deutung erst nachträglich auf den Brudermord bezogen worden sei, ist nicht wahrscheinlich zu machen.[14] Eine vergleichbare Etymologie, ebenfalls mit אֱלֹהִים »Gott« gebildet, findet sich für Isaak in Gen 21,6.[15]

Neuerdings hat Markus Witte wieder wie einst Schrader 4,25–26 als redaktionelles Bindeglied zu Gen 5 verstehen wollen:

> »Durch die Einfügung von 4,25–26 hat der Redaktor 4,1 und die ›jahwistische‹ Kainitentafel mit den ›priesterlichen‹ Adamtoledot genealogisch harmonisiert.«[16]

Doch dem erklärten Rückbezug auf Gen 4 steht kein vergleichbarer Bezug auf Gen 5 zur Seite. Die beiden Verse wollen nicht harmonisieren, sondern die Kainiten vom Fortgang der Menschheit ausschließen. Die Setitengenealogie 4,25–26 ist als Fortschreibung innerhalb der Quelle J zustande gekommen.[17] Nur so lässt sich erklären, dass es – im Ansatz – zu zwei Stammlisten nebeneinander gekommen ist.

Dieses Nebeneinander wird in Gen 5 auf einer dritten Stufe wieder überwunden. Die Kainiten werden in die unvollständig gebliebene Genealogie der Setiten eingereiht, die in Gen 4 an ihre Stelle treten sollten. Unter dem Namen Kenan wird Kain zum Sohn des Enosch.

> »Da Adam und Enos sich decken, so läuft das hinaus auf Adam Seth Adam Kainan; d.h. Adam Seth ist vorgesetzt, und mit Enos Kainan fängt die Reihe von vorne an und zwar ebenso wie in JE.«[18]

> »Nur die jehovistische Liste macht noch den Eindruck der Ruine, während dagegen in der anderen die Trümmer zu einem künstlichen Neubau benutzt worden sind, in welchem sie sich nun eben nicht mehr wie Trümmer ausnehmen. Sie dienen hier nämlich zu Trägern einer Chronologie, die von Adam bis auf Moses herabgeht«.[19]

---

14 Gegen Budde, Urgeschichte, 155.

15 Levin, Der Jahwist, 172.

16 Witte, Urgeschichte, 63; zuvor u.a. Noth, Überlieferungsgeschichte des Pentateuch, 12, Anm. 26.

17 Auf der Ebene der vorjahwistischen Quellen umfasste die Fortschreibung wahrscheinlich nur V. 25 und wollte allein den Verlust des Abel ausgleichen. Der jahwistische Redaktor hat V. 26 hinzugefügt, wie neben dem unebenen Übergang die sachlichen und stilistischen Parallelen 6,1; 9,20; 10,8.21.25; 11,6; 12,8; Ex 34,5 zu erkennen geben (vgl. Levin, Der Jahwist, 95–96.99). Er vertieft den Gegensatz: Kain muss fort vom Angesicht Jahwes (4,3–5.8a.9–12.16), Set und Enosch aber beginnen, Jahwe anzurufen (V. 26b). Noach dürfte Sohn des Lamech (4,18) gewesen sein, wie es bei P (+ J) in 5,28 noch der Fall ist.

18 Wellhausen, Prolegomena, 308f.

19 A.a.O., 308.

Die Chronologie in Genesis 5

In diese Chronologie kleidet die Priesterschrift ihre Botschaft. Jedem der Patriarchen von Adam bis Noach werden drei Datierungen zuge-ordnet: sein Alter bei der Zeugung des ersten Sohnes, die verbleiben-den Lebensjahre, in denen er Söhne und Töchter zeugte, und zuletzt sein gesamtes Lebensalter.

> Set lebte 105 Jahre und zeugte Enosch.
> Set lebte, nachdem er Enosch gezeugt hatte, 807 Jahre
> und zeugte Söhne und Töchter.
> Alle Tage Sets waren 912 Jahre; dann starb er.

Wie häufig in der Priesterschrift sind die Daten von unterschiedlichem Gewicht. Die durchlaufende Chronologie beruht nur auf der jeweils ersten Zahl, dem Alter bei der Zeugung des ältesten Sohnes.[20] Diese Altersangaben bilden die Grundreihe:

> Adam lebte 130 Jahre und zeugte …[21] Set.
> Set lebte 105 Jahre und zeugte Enosch.
> Enosch lebte 90 Jahre und zeugte Kenan.
> Kenan lebte 70 Jahre und zeugte Mahalalel.
> Mahalalel lebte 65 Jahre und zeugte Jered.
> Jered lebte <62> (so Sam; MT 162) Jahre und zeugte Henoch.
> Henoch lebte 65 Jahre und zeugte Metuschelach.
> Metuschelach lebte <67> (so Sam; MT 187) Jahre und zeugte Lamech.
> Lamech lebte <53> (so Sam; MT 182) Jahre und zeugte <Noach>.[22]

Die Reihe wird fortgesetzt in 6,10 und 7,6:

> Noach zeugte drei Söhne: Sem, Ham und Jafet.[23]
> Noach war 600 Jahre alt, als die Wasserflut über die Erde kam.

Bei Noach läuft die Chronologie über das Datum der Flut. Einer der Gründe ist, dass für ihn – im Vorausblick auf die Gliederung der Völ-kertafel – drei Söhne genannt werden, die nicht gut in einem und dem-

---

20 Die Differenz zwischen Zeugung und Geburt ist unwesentlich. Anders Ziemer, Erklärung der Zahlen.

21 Der ausgelassene Text stammt von der Redaktion, die die beiden Pentateuchquellen J und P miteinander verbunden hat, vgl. Levin, Die Redaktion R^{JP}, 27 (= 72).

22 Der jetzige Text liest »einen Sohn«, weil an dieser Stelle ein Fragment aus der jahwis-tischen Quelle eingefügt wurde, vgl. Levin, Die Redaktion R^{JP}, 28f. (= 73).

23 Die Parallele 5,32b stammt aus der jahwistischen Quelle. Die Datierung in 5,32a geht auf die Redaktion R^{JP} zurück und dient als Gelenk, vgl. Levin, Die Redaktion R^{JP}, 29 (= 73f.).

selben Jahr gezeugt worden sein können.[24] Folgerichtig ist die Zeugung von Noachs Enkel Arpachschad in Gen 11,10 ebenfalls an die Flut angebunden.

> Sem ...[25] <zeugte> Arpachschad zwei Jahre nach der Flut,

das heißt nach der inklusiven Zählweise: in dem der Flut folgenden Jahr. Die anschließende Zeitrechnung in 11,12–26 wird wieder an das Alter des Vaters geknüpft.

Alle Zahlen sind unnatürlich hoch. Dadurch wird möglich, mit nur zehn Generationen 1307 Weltjahre – oder im masoretischen Text 1656 oder in der griechischen Überlieferung 2242 Weltjahre – zwischen Schöpfung und Flut zu überbrücken. Beispiellos ist das nicht. Die sumerische Königsliste kennt noch weit höhere Lebensalter.[26]

Die beiden anderen in der Liste gegebenen Daten sind, genau besehen, ein einziges; denn das gesamte Lebensalter ist nur die Summe aus dem Alter bei der Zeugung des ältesten Sohnes und der verbleibenden Lebenszeit. Darum kann die dritte Zahl bei den Nachkommen Sems in 11,10–26 ohne weiteres entfallen:

> Arpachschad lebte 35 Jahre und zeugte Schelach. Arpachschad lebte, nachdem er Schelach gezeugt hatte, 403 Jahre und zeugte Söhne und Töchter.

Die Summe von 438 Jahren wird nicht mehr gezogen,[27] und auch die Todesnotiz entfällt.[28]

Aus dieser Beobachtung folgt, dass dem Lebensalter, wie es in Gen 5 für jeden Patriarchen eigens aufgeführt wird, ein bestimmter Sinn innewohnen muss. Das gilt umso mehr, als für das lange Leben regelmäßig nur eine einzige Tätigkeit genannt wird: »Sie zeugten Söhne und Töchter.« Sonst geschieht über tausende von Jahren nichts, das der Erwähnung wert befunden würde.

---

24 Das Problem wurde früh diskutiert, vgl. bSanh 69b (bei Rottzoll, Rabbinischer Kommentar, 132f.).

25 Die Altersangabe »Sem war 100 Jahre alt« ist von der Redaktion R[JP] ergänzt worden. Sie steht zu der Angabe »zwei Jahre nach der Flut« in Spannung. Vgl. Rösel, Übersetzung, 132; Levin, Die Redaktion R[JP], 30 (= 74).

26 TUAT I/4, 328–337. Die Tradition kehrt auch in den Babyloniaka des Berossos wieder, vgl. Schnabel, Berossos, 261f. (oder AOT 149f.).

27 Sie wird vom Samaritanus regelmäßig ergänzt.

28 Sie wird vom Samaritanus und der Septuaginta regelmäßig ergänzt. »Beide Versionen sind gegenüber dem Masoretischen Text deutlich sekundär in ihrem Bemühen, die Texte von Gen 5 und 11 einander anzugleichen« (Rösel, Übersetzung, 222).

Alle Tage Adams, die er lebte, waren 930 Jahre;
    dann starb er.   (Weltjahr 930)
Alle Tage Sets waren 912 Jahre; dann starb er.   (Weltjahr 1042)
Alle Tage Enoschs waren 905 Jahre; dann starb er.   (Weltjahr 1140)
Alle Tage Kenans waren 910 Jahre; dann starb er.   (Weltjahr 1235)
Alle Tage Mahalalels waren 895 Jahre; dann starb er. (Weltjahr 1290)
Alle Tage Jereds waren <847> (so Sam; MT 962) Jahre;
    dann starb er.   (Weltjahr <1307>/1422)
Alle Tage Henochs waren 365 Jahre. … Dann war er nicht mehr da,
    denn Gott hatte ihn hinweggenommen.   (Weltjahr <887>/987)
Alle Tage Metuschelachs waren <720> (so Sam; MT 969) Jahre;
    dann starb er.   (Weltjahr <1307>/1656)
Alle Tage Lamechs waren <653> (so Sam; MT 777) Jahre;
    dann starb er. …   (Weltjahr <1307>/1651)
Noach war 600 Jahre alt,
    als die Wasserflut über die Erde kam.   (Weltjahr <1307>/1656)
Alle Tage Noahs waren 950 Jahre; dann starb er.   (Weltjahr <1657>/2006)

Was mit den Zahlen gesagt werden soll, stellt sich heraus, wenn man die Zählweisen in Masoretentext und Samaritanus gegeneinander abwägt.[29] Ernst Bertheau hat beobachtet, dass sich bei der samaritanischen Reihe das jeweilige Lebensalter durch Addition aus Zahlen der Grundreihe errechnen lässt.[30] Das ist eindeutig allerdings nur bei den 847 Jahren des Jered (62+65+67+53+600), den 720 Jahren des Metuschelach (67+53+600) und den 653 Jahren des Lamech (53+600). Es hat zur Folge, dass alle drei im Jahre 600 Noachs sterben, in dem die Sintflut beginnt. Bertheau fand dafür die Erklärung:

> »Damit Jared, Methusalah und Lamech doch auch ein Alter erreichen, welches nicht allzuweit von dem der früheren Patriarchen abweicht, wird ihnen eine so lange Lebensdauer wie nur möglich gegeben«.[31]

---

29 Die Zählung der Septuaginta fällt nicht ins Gewicht, da sie gegenüber der samaritanischen und der masoretischen Zählung offenkundig sekundär ist. Die Zeit zwischen Schöpfung und Flut wird, gemessen am Samaritanus, um insgesamt 935 Jahre verlängert, indem das Zeugungsalter jeweils um 100 Jahre heraufgesetzt wird, bei Lamech um 135 Jahre. Das Lebensalter bleibt mit Ausnahme des Lamech unverändert. Dabei ist für Jered (962 Jahre) und Metuschelach (969 Jahre) die masoretische Zählung vorausgesetzt, für Lamech (753 Jahre) und für das Zeugungsalter des Metuschelach (167 Jahre) die samaritanische.

30 Bertheau, Die Zahlen der Genesis, 664–666.

31 A.a.O., 667. Die Beobachtung findet sich schon bei Eusebius, Chronik, 85, wenn er die Zahlen des Samaritanus wiedergibt: Jered, Metuschelach und Lamech leben »bis zur Flut«.

Doch Budde hat erkannt, dass die Zahlen erst beredt werden, wenn man sie nicht auf die Lebensdauer, sondern auf den Zeitpunkt des Todes bezieht:

>>Wenn ... in dem Todesjahre jener drei Patriarchen die ganze Menschheit, mit alleiniger Ausnahme Noah's und der Seinigen, in der Sündfluth um's Leben kam, so darf man mit ... Zuversicht sagen: Nach dem Bericht der Grundschrift in der samaritanischen Textgestalt gingen Jered, Methuschelach und Lemekh in der Sündfluth unter.<<[32]

Um das ganz eindeutig zu machen, gibt es die Ausnahme. Bei Henoch ist das Schema abgewandelt. Statt וַיְחִי חֲנוֹךְ >>und Henoch *lebte*, nachdem er Metuschelach gezeugt hatte<< lautet es:

Und Henoch *wandelte mit Gott* (וַיִּתְהַלֵּךְ חֲנוֹךְ אֶת־הָאֱלֹהִים),
nachdem er Metuschelach gezeugt hatte, 300 Jahre
und zeugte Söhne und Töchter.
Alle Tage Henochs waren 365 Jahre.
Und Henoch wandelte mit Gott.[33]
Dann war er nicht mehr da (וְאֵינֶנּוּ),
denn Gott hatte ihn hinweggenommen (כִּי־לָקַח אֹתוֹ אֱלֹהִים).

Henoch ist der einzige in der Liste, von dem mehr gesagt ist, als dass er Söhne und Töchter zeugte. Seine Frömmigkeit ist es, die ihn von den anderen unterscheidet. Daraufhin unterscheidet sich auch sein Ende: Henoch muss den Tod nicht schmecken, sondern wird entrückt. Das spektakuläre Geschick, das Henoch nur noch mit Elia teilt (II Reg 2,11), wird nur festgestellt, nicht erzählt. Es hat keinen überlieferungsgeschichtlichen Hintergrund, sondern geht allein auf den Verfasser der Priesterschrift zurück. Es ist eine Konsequenz redaktioneller Theologie. Das Fehlen der Anschauung hat später die ausgestaltende Phantasie umso mehr gereizt. Für die Apokalyptik war die Entrückung Henochs ein gefundenes Fressen. Sie hat ihn zu einer der wirkungsgeschichtlich bedeutendsten Gestalten des Alten Testaments werden lassen.

Dass Henoch mit Gott wandelte, verbindet ihn mit Noach, dem letzten der vorsintflutlichen Patriarchen (Gen 6,9):

---

32 Budde, Urgeschichte, 93.
33 Die wörtliche Wiederholung וַיִּתְהַלֵּךְ חֲנוֹךְ אֶת־הָאֱלֹהִים >>Henoch wandelte mit Gott<<, die an die Stelle tritt, wo im Schema >>sonst nur das וימת folgt ... ist hier ... sehr störend<< (Budde, Urgeschichte, 172). Sie kann später hinzugefügt worden sein, um nochmals zu unterstreichen, dass Henoch wegen seiner Frömmigkeit entrückt worden ist.

Noach war ein …[34] untadeliger Mann unter seinem Geschlecht.
Mit Gott wandelte Noach (אֶת־הָאֱלֹהִים הִתְהַלֶּךְ־נֹחַ).

Auch bei Noach besteht ein direkter Zusammenhang zwischen Frömmigkeit und Schicksal: Weil er mit Gott wandelte, lässt Gott ihn samt seiner Familie als einzigen der Sintflut entkommen. Im Vergleich wird deutlich, dass die Wendung »Henoch wandelte mit Gott« dasselbe zum Ausdruck bringt:

> »Anders als begründend läßt sich diese Aussage nicht auffassen. Damit ist denn doch gegeben, daß dies die Zeitgenossen *nicht* thaten … Wenn wir nun Vater, Sohn und Enkel Henoch's bis zur Sündfluth leben sehen, so ist … mit höchster Wahrscheinlichkeit zu schließen: sie waren Sünder und sind in der Sündfluth dafür bestraft worden, Henoch aber wurde mitten aus einem verfluchten Geschlechte, das ihn nach oben und unten umfaßte, gnädig herausgerissen und bewahrt.«[35]

Gemessen an den anderen Patriarchen ist die Lebenszeit von 365 Jahren, die Henoch zugeschrieben wird, äußerst kurz. Doch soll darin, anders als sonst, keine Minderung oder Strafe liegen. Wenn Henochs Jahre den Tagen des Sonnenjahrs entsprechen, durfte er ein rundes Leben vollenden, ehe Gott ihn rechtzeitig vor dem kommenden Inferno hinwegnahm.

Bemerkenswert ist die Inszenierung, die sich den Zahlen entnehmen lässt. Franz Delitzsch hat beobachtet:

> »Als Henoch hinweggenommen wurde, lebten noch Seth, Enos, Kenan, Mahalal'el, Jered; es lebte Henochs Sohn Methusalah, damals 300 Jahre alt …, und es lebte bereits Henochs Enkel Lemech 113 Jahre alt; nur Adam war schon gestorben und Noah, der Urenkel, noch nicht geboren.«[36]

So stellt es sich nach den masoretischen Zahlen dar. Budde sah jedoch:

> »Nach dem Samaritanus … wurde Henoch im Jahre 887 der Welt weggenommen, Adam starb 930, Noah wurde 707 geboren; Adam also überlebte Henoch noch um 43 Jahre, Noah war bei seiner Entrückung bereits 180 Jahre alt. Es waren demnach alle Patriarchen Zeugen dieser wunderbaren Aushülfe, und sie geschah nach dem, was wir sahen, … den Einen zum Trost, den Anderen zur Warnung und Drohung.«[37]

Erst so erhält die Szene ihre volle Bedeutung.

---

34 Das asyndetische Stichwort צַדִּיק »gerecht« wurde im Rahmen der Gerechtigkeits-Bearbeitungen später eingefügt, vgl. 7,1b. Es wäre innerhalb der Priesterschrift singulär, vgl. Schmid, Gerechtigkeit, 110.
35 Budde, Urgeschichte, 95.
36 Delitzsch, Genesis, 187.
37 Budde, Urgeschichte, 97.

Der Sündenfall in der Priesterschrift

Die Behauptung, dass Henoch mit Jahwe gewandelt sei, wird nicht begründet oder anschaulich gemacht. Henoch ist wie alle anderen in der Genealogie nur ein Name. Was war der Grund, dass der Verfasser der Priesterschrift genau ihm – neben Noach – zuschrieb, mit Jahwe gewandelt und zum Lohn dafür der Sintflut entkommen zu sein?

Die einzige Besonderheit besteht darin, dass Henoch und Mehujaël/Mahalalel zwischen Gen 4 und Gen 5 die Plätze getauscht haben. In welcher der beiden Fassungen ist das geschehen und warum? Wieder hat Budde die Antwort gefunden: Der Wechsel geschah in Gen 5, und dafür gab es theologische Gründe.

Die Genealogie in Gen 5 zerfällt in zwei Hälften: Die fünf Patriarchen der ersten Hälfte von Adam bis Mahalalel können ihre Lebenszeit von etwa 900 Jahren vollenden. In der zweiten Hälfte müssen drei von fünf Patriarchen in der Sintflut ertrinken: Jered, Metuschelah und Lamech. Henoch und Noach aber werden um ihrer Frömmigkeit willen gerettet. Die beiden Ausnahmen sind es, die den Wechsel eindeutig machen. Die Geschichte der Menschheit zwischen Schöpfung und Flut teilt sich genau in der Mitte in eine fromme und in eine sündige Periode.

Solange die Priesterschrift literarisch selbständig war, gab es keine Darstellung des Sündenfalls. Gleichwohl kommt auch hier die Sünde in die Welt. Die Schöpfung endet in Gen 1,31a mit der Feststellung:

> Gott sah an alles, was er gemacht hatte, und siehe, es war sehr gut.

Nach zehn Generationen hat sich die Lage vollständig gewandelt (Gen 6,12):

> Gott sah die Erde, und siehe, sie war verderbt; denn alles Fleisch hatte seinen Weg verderbt auf der Erde.

Wer allein den priesterschriftlichen Text liest, erfährt nicht, wie es zu der Verderbnis gekommen ist. Anders als beim Jahwisten fehlt eine Erzählung, die den Wandel erklären würde.[38]

Der Wechsel von gut zu böse findet dennoch statt. Er wird durch den Aufbau und durch die Zahlen ausgedrückt. Der Sündenfall steht im wörtlichen Sinne zwischen den Zeilen, nämlich zwischen Mahalalel und Jered.

---

38 Vgl. Blum, Studien zur Komposition, 289–293, der daraus entnahm, dass die Priesterschrift nie literarisch selbständig gewesen ist.

»Die Zeit von der Schöpfung, in der alles von Gott sehr gut geschaffen war, bis zur Sündfluth, in der Gott alles Fleisch verderbete, weil es seinen Weg verderbt hatte, theilt sich folgerichtig nach den beiden Polen in eine gute und eine böse Hälfte«.[39]

Um den Wechsel ganz deutlich zu machen, der sich nach fünf Generationen vollzogen haben soll, nutzt der Verfasser der Priesterschrift die Gestalt des Henoch. Henoch gehörte in der ursprünglichen Generationenfolge, die aus Gen 4 vorgegeben war, zum ersten Teil der Liste. Als Sohn des Kain war er der Letzte der positiven Hälfte: Adam, Set, Enosch, Kain=Kenan, Henoch. Der Verfasser der Priesterschrift versetzte ihn von dort in die zweite Hälfte an die siebte Stelle der gesamten Genealogie. Obwohl nunmehr der sündigen Periode zugeteilt, behält Henoch dennoch seine Frömmigkeit bei. Er wird die Ausnahme in der Reihe der Frevler. Der Frevel der anderen, die in der Flut umkommen, wird durch das Gegenbeispiel umso deutlicher. So erweist sich ihr schlimmes Schicksal als gerechtfertigt.

Budde konnte darüber hinaus zeigen, dass die Veränderung, die einige der Namen in der Priesterschrift erfahren haben, von derselben Absicht bestimmt ist. Der Name des Kain wurde zu Kenan leicht verändert, um die Nicht-Identität mit dem Brudermörder zu behaupten und gleichwohl die Generationenfolge der Nachkommen Adams zu wahren. Kenan ist nun einer der Frommen. Irad (עִירָד), der in Gen 4 Sohn des Henoch ist, wurde zu Jered (יֶרֶד). Da er seinen Platz behält, ist er der erste Patriarch der sündigen Hälfte. Sein veränderter Name lässt die Wurzel ירד »hinabsteigen« anklingen.

»Läßt sich ein bezeichnenderer Name für denjenigen denken, *von dem an* es mit dem Menschengeschlechte bergab, rettungslos dem sittlichen und leiblichen Untergang entgegen geht?«[40]

Um seinen Platz dem Henoch zu überlassen, musste Mehujaël (מְחוּיָאֵל) in die erste, fromme Hälfte wechseln. Dafür erhielt er einen veränderten Namen: אֵל + מַהֲלָל »Lob Gottes«. Als Mahalalel (מַהֲלַלְאֵל) ist er schon dem Namen nach einer der Frommen. Auch Metuschaël (מְתוּשָׁאֵל) büßt seinen Namen ein, der als אֵל + שֶׁ + ⁻מַת* »Mann Gottes« verstanden werden kann. Das passte nicht auf den Frevler, der er nach der jetzigen Einteilung ist. Der neue Name Metuschelah (מְתוּשֶׁלַח) lässt sich als שֶׁלַח + מַת* »Mann des Geschosses« verstehen.

---

39   Budde, Urgeschichte, 97.
40   A.a.O., 100.

Die masoretische Chronologie

Wenn die Botschaft, die die Priesterschrift in die Sprache der Zahlen gefasst hat, so eindeutig gewesen ist, »warum hat dies helle Licht bisher nicht ausgereicht, die Augen aller Leser auf sie zu lenken und so das richtige Verständnis der Stammtafel herbeizuführen«?[41] Budde verband diese Frage sogleich mit der weiteren: Warum wurden die Zahlen im Masoretentext verändert? Die Antwort gibt die Urkundenhypothese: Die Priesterschrift wurde mit dem Jahwisten zu einer neuen, gemeinsamen Darstellung verbunden.

Dadurch veränderten sich die heilsgeschichtlichen Koordinaten. Auf die Toledot Adams folgen nicht mehr die Toledot Noachs 6,9–9,29*, sondern die Perikope von den sogenannten Engelehen 6,1–4* und der jahwistische Prolog zur Flut 6,5–8*. Für den Jahwisten ist es der Übergriff der Göttersöhne auf die Töchter der Menschen gewesen, der die Sintflut veranlasst hat. Diese Grenzüberschreitung lässt das Böse so überhand nehmen, dass Gott die Vernichtung der Menschheit beschließt (Gen 6,1–2.5a.6b–7aα):[42]

Als die Menschen sich zu mehren begannen auf dem Erdboden,
wurden ihnen auch Töchter geboren.
Da sahen die Göttersöhne die Töchter der Menschen,
dass sie schön waren,
und nahmen sich zu Frauen, welche sie wollten. …
Als aber Jahwe sah,
dass die Bosheit der Menschen groß war auf der Erde, …
grämte er sich in seinem Herzen.
Und Jahwe sprach: »Ich will die Menschen … vom Erdboden vertilgen.«

Sobald im kombinierten Text diese breite Einleitung auf die Toledot Adams folgte, musste sich der Wechsel von der frommen zur sündigen Periode unwillkürlich aus der Mitte an deren Ende verschieben.

Auch von der Gegenseite her bestätigt sich die neue Epochengrenze. In Gen 4 stehen dem Brudermörder Kain und seinen Nachkommen die beiden Frommen Set und Enosch gegenüber: »Damals wurde begonnen, den Namen Jahwes anzurufen« (4,26b).

»Schon der Gegensatz mußte die Sethiten als ein Geschlecht der Gerechten und Frommen kennzeichnen«.[43]

---

41 A.a.O., 103.
42 Zur Zuweisung an J^R vgl. Levin, Der Jahwist, 104–106; zur Ausgrenzung vgl. darüber hinaus ders., Gerechtigkeit Gottes, 352–354 (= 44–46).
43 Budde, Urgeschichte, 103.

Wenn anschließend die Priesterschrift in Gen 5 mit Adam und Set einsetzt, gerät deren Stammliste als ganze auf die Seite der Frommen.
Nicht nur Adam, Set, Enosch, Kenan und Mahalalel sowie Henoch und
Noach, sondern auch Jered, Metuschelach und Lamech zählen jetzt zu
den Gerechten. Wenn aber diese drei in der Sintflut zu sterben drohen,
kommt Abrahams Appell an Gott ins Spiel (Gen 18,25a):

> »Es sei ferne von dir, so etwas zu tun: zu töten den Gerechten mit dem
> Frevler, so daß der Gerechte wäre wie der Frevler!«

Gott konnte das nicht getan haben. Deshalb zögerten die Tradenten des
protomasoretischen Textes nicht, in den Wortlaut einzugreifen. Die
Lösung fand sich, wo das Problem entstanden war: in den Zahlen.
Noach lebte nach der Flut 350 Jahre (Gen 9,28). Er wurde zwanzig Jahre
älter als Adam. Im samaritanischen Pentateuch ist er der Mensch mit
der längsten Lebenszeit überhaupt. Nichts lag näher, als diese Zeit zu
nutzen, um die Flut so weit wie möglich hinauszuschieben, damit Jered, Metuschelach und Lamech ihr gerechtes Leben vollenden konnten.
Da der Verlauf der Flut ein Jahr benötigte, wie aus den Datierungen in
7,11; 8,4.5.13.14 hervorgeht, verschob sich die Chronologie um 349
Jahre. So geriet der Beginn der Flut vom Jahr 1307 in das Jahr 1656. Die
Nachricht, dass Noach nach der Flut noch 350 Jahre gelebt hat, musste
freilich stehen bleiben. Er stirbt im Weltjahr 2006.

Die 349 Jahre mussten der Zeit vor der Flut hinzugefügt werden,
und zwar in der Grundreihe. Deshalb zeugt Jered nun nicht mit 62,
sondern mit 162 Jahren den Henoch (+100), Metuschelach nicht mit 67,
sondern mit 187 Jahren den Lamech (+120), und Lamech nicht mit 53,
sondern mit 182 Jahren den Noach (+129). Das Augenmerk liegt freilich
auf dem Lebensalter. Jered darf, nachdem er Henoch gezeugt hat, statt
785 noch runde 800 Jahre leben. Seine gesamte Lebenszeit erhöht sich
um 115 Jahre auf das gesegnete Alter von 962 Jahren, womit er Noachs
950 Jahre übertrifft. Dann stirbt er, statt in der Sintflut umzukommen.
Metuschelach, dem Sohn des gerechten Henoch, werden sogar 969
Lebensjahre zugebilligt. Er lebt bis zum Ausbruch der Flut im Jahre
1656, so dass er die gegebene Frist bis zur Neige ausschöpft. Das bleibt
seinem Sohn Lamech nicht vergönnt, der den üblen Leumund, der ihm
in Gen 4 zugewachsen ist, auch unter der Gruppe der Gerechten nicht
abstreifen kann. Im Einklang mit seinem Rachelied Gen 4,23–24 stirbt
er mit 777 Jahren im Jahre 1651, fünf Jahre vor seinem Vater Metuschelach. Das ist das kürzeste Lebensalter von allen Patriarchen,
Henoch ausgenommen.

Ergebnis

Die Stammliste in Gen 5 bildet einen unentbehrlichen Bestandteil der Grundschrift der Priesterschrift (P^G). Sie ist in der selbständigen Priesterschrift auf die Toledot-Unterschrift des Schöpfungsberichts in 2,4a gefolgt und wurde von den Toledot Noachs in 6,9–9,29* weitergeführt. Zusätze der Redaktion R^JP finden sich in V. 1b–2.3aβb*. Die Wiederholung aus der Erschaffung des Menschen in 1,27–28 soll den Zusammenhang herstellen, der durch die jahwistischen Kapitel 2,5–4,26 unterbrochen wurde. Auch V. 32a stammt von R^JP, um die genealogische Notiz V. 32b, die aus dem Jahwisten stammt, einzubinden.[44] Ferner hat die Redaktion in V. 29 den Ausspruch eingestellt, den Lamech in der Darstellung des Jahwisten bei der Geburt des Noach getan hat. Das Bindeglied zwischen 3,17 und 8,21aα durfte für die Theologie der Urgeschichte nicht entfallen. Die Wiederholung von V. 22aα¹ in V. 24a könnte eine Zutat der Gerechtigkeits-Bearbeitung sein. Alles Übrige stammt von P^G.

Die Abfolge der zehn Patriarchen nimmt die Namen aus Gen 4 auf. Den Anfang machen Set und Enosch, die in 4,25–26 an die Stelle des Brudermörders treten sollen. Damit folgt die Priesterschrift der dortigen Absicht. Sie fügt aber die Abfolge von Kain bis Lamech aus 4,17–18 gleichwohl hinzu und leitet so auf Noach über, der vermutlich auch beim Jahwisten ein Sohn des Lamech gewesen ist, wie sich aus 5,28–29 erschließen lässt.

Auch für die Priesterschrift ist die Genealogie der Patriarchen trotz der gleichmäßigen Form keine Einheit. Statt zwischen Kain und Set liegt die Zäsur genau in der Mitte der zehn Generationen, nämlich zwischen Mahalalel und Jered. Sie erklärt den Wechsel von der sehr guten Schöpfung (1,31a) zur rettungslosen Verderbnis der Erde (6,11), die das Strafgericht der Sintflut heraufbeschwört. Um das darzustellen, nutzt die Priesterschrift das Mittel des Kontrasts. Nicht nur Noach darf der Flut entkommen, sondern auch Henoch, der nach der Abfolge von Gen 4 der ersten Gruppe angehört hat, aber an die siebte Stelle versetzt wird. Auch in der gottlosen Hälfte hält er fest an seiner Frömmigkeit und wird dafür nach 365 Lebensjahren von Gott hinweggenommen. Jered, Metuschael und Lamech aber kommen mitsamt der übrigen Menschheit um, wie ihre Lebensdaten unmissverständlich zum Ausdruck bringen: Theologie in der Sprache der Zahlen.

---

44   Levin, Der Jahwist, 99–100; ders., Die Redaktion R^JP, 27–30 (= 71–74).

Literatur

E. Bertheau, Die Zahlen der Genesis in Cap. 5 und Cap. 11, JDTh 23 (1878), 657–682

E. Blum, Studien zur Komposition des Pentateuch, BZAW 189, Berlin 1990

K. Budde, Die Biblische Urgeschichte (Gen. 1–12,5) untersucht, Gießen 1883

Ph. Buttmann, Mythologus oder gesammelte Abhandlungen über die Sagen des Alterthums. Nebst einem Anhang über das Geschichtliche und die Anspielungen im Horaz. Erster Band, Berlin 1828

F. Delitzsch, Commentar über die Genesis, Leipzig [4]1872

Eusebius, Werke Bd. 5: Die Chronik. Aus dem Armenischen übersetzt mit textkritischem Commentar von Josef Karst, GCS 20, Leipzig 1911

H. Hupfeld, Die Quellen der Genesis und die Art ihrer Zusammensetzung, Berlin 1853

Ch. Levin, Der Jahwist, FRLANT 157, Göttingen 1993

— Gerechtigkeit Gottes in der Genesis, in: A. Wénin (ed.), Studies in the Book of Genesis. Literature, redaction and history, BETL 155, Leuven 2001, 347–357; wiederabgedruckt in: Ders., Fortschreibungen. Gesammelte Studien zum Alten Testament, BZAW 316, Berlin 2003, 40–48

— Die Redaktion R[JP] in der Urgeschichte, in: M. Beck/U. Schorn (Hg.), Auf dem Weg zur Endgestalt von Genesis bis II Regum (FS Schmitt), BZAW 370, Berlin 2006, 15–34; wiederabgedruckt in: Ders., Verheißung und Rechtfertigung. Gesammelte Studien zum Alten Testament II, BZAW 431, Berlin 2013, 59–79

Th. Nöldeke, Untersuchungen zur Kritik des Alten Testaments, Kiel 1869

M. Noth, Überlieferungsgeschichte des Pentateuch, Stuttgart 1948

G. von Rad, Das erste Buch Mose. Genesis, ATD 2/4, Göttingen [9]1972

M. Rösel, Übersetzung als Vollendung der Auslegung. Studien zur Genesis-Septuaginta, BZAW 223, Berlin 1994

D. U. Rottzoll, Rabbinischer Kommentar zum Buch Genesis, SJ 14, Berlin 1994

H. H. Schmid, Gerechtigkeit als Weltordnung. Hintergrund und Geschichte des alttestamentlichen Gerechtigkeitsbegriffes, BHTh 40, Tübingen 1968

P. Schnabel, Berossos und die babylonisch-hellenistische Literatur, Leipzig 1923

E. Schrader, Studien zur Kritik und Erklärung der biblischen Urgeschichte, Zürich 1863

R. Smend, Karl Budde (1850–1935), in: S. E. Balentine/J. Barton (ed.), Language, Theology, and The Bible. Essays in Honour of James Barr, Oxford 1994, 351–369

F. Tuch, Kommentar über die Genesis, Halle 1838

J. Wellhausen, Die Composition des Hexateuchs und der historischen Bücher des Alten Testaments, Berlin [4]1963

— Prolegomena zur Geschichte Israels, Berlin [6]1905

M. Witte, Die biblische Urgeschichte. Redaktions- und theologiegeschichtliche Beobachtungen zu Genesis 1,1–11,26, BZAW 265, Berlin 1998

B. Ziemer, Erklärung der Zahlen von Genesis 5 aus ihrem kompositionellen Zusammenhang, ZAW 121 (2009), 1–18

Vom Mythos zur Geschichte

Die priesterliche Konzeption der Volkswerdung Israels in Ex 1,1–14 und ihre Voraussetzungen

Raik Heckl

Israel als Gottesvolk, das Verhältnis des Volkes Israel zu seinem Gott, ist das Leitthema der Hebräischen Bibel.[1] Sein Ursprung liegt – weit bezeugt – in der Befreiung des Volkes Israel aus Ägypten. Erzählerisch wird es im Exodusbuch breit entfaltet. Der Exodus hat seine Vorgeschichte im Pentateuch bei den Erzelterngeschichten und der Josefsgeschichte,[2] wo von Israel noch »im Modus der Familiengeschichte«[3] berichtet wird. Um den Text, in dem die Volksgeschichte ihren Anfang nimmt, und um die Konzepte in seinem Hintergrund soll es in diesem Beitrag gehen.

1. Die Volkswerdung Israels

1.1 Das Problem des Zusammenhangs von Genesis und Exodus

Bis in die 80er Jahre war es unbestritten, dass die jeweiligen Eigenheiten von Genesis und Exodus mit einem unterschiedlichen Ursprung der enthaltenen Stoffe zusammenhängen und daher überlieferungskritisch zu erklären sind. Heute nimmt man dagegen wieder stärker an, dass der Pentateuch aus vorher eigenständigen literarischen Zusammenhängen komponiert worden ist. Ein Paradebeispiel für eine Verbindungsstelle vorher eigenständiger Inhalte ist der Übergang von den

---

1 So schon Wellhausen, Geschichte, 23: »Jahve der Gott Israels, Israel das Volk Jahves: das ist der Anfang und das bleibende Prinzip der folgenden politisch-religiösen Geschichte.«

2 Die wohl älteste literarische Bezeugung der Verbindung findet sich in dem Verweis auf die Jakobsüberlieferung in Hos 12,3–7. Siehe dazu Blum, Hosea, 318.

3 Ebd.

Erzelterngeschichten zum Exodus-Landnahme-Komplex.⁴ Man vermutet, dass erstmals die Priesterschrift die Inhalte von Erzeltern und Exodus verbunden hat.⁵

Dass der Übergangsbereich von der Genesis zum Exodusbuch sehr spät und vor allem priesterlich geprägt ist, lässt sich kaum von der Hand weisen.⁶ Doch geht man über diese Beurteilung hinaus, wenn

---

4   E. Blum arbeitete zunächst heraus, dass die exilische, vordtr. Vätergeschichte s.E. ursprünglich weder mit der Urgeschichte noch mit dem Exodus verbunden (vgl. Blum, Vätergeschichte, 359–361) und selbst der »Ausblick in 46,3f. [auf die Volkswerdung der Jakobsfamilie in Ägypten, R. H.] voll und ganz aus Vg2 heraus motiviert« (ebd., 360) gewesen sei. Doch schränkte er ein: S.E. »benötigt der Hörer/Leser […] die Kenntnis des heilsgeschichtlichen Aufrisses bis zur Landnahme« zum Verständnis (ebd.).

5   Römer, Väter, 568, ist als erster in diese Richtung gegangen: Die Erwähnung der Patriarchen sei bereits »im Dtn einer späten, nachdtr. Redaktion zuzuschreiben« (ebd., 270). Schmid, Erzväter, 152–157, sieht den Beginn eines vorpriesterlichen Erzählwerks in Ex 2,1. Nach Gertz, Exoduserzählung, 370f.381, ist Ex 1,11f. der Anfang. Erstmals P habe Erzeltern- und Exodusgeschichte verbunden (Gen 50,12–14a.22b.26a; Ex 1,[1–5].7.13–14). Durch eine nachpriesterliche Redaktion in Gen 50,8b.22–26*; Ex 1,6.8–10 sei die Buchgrenze betont worden. Vgl. ebd., 380; zuletzt Gertz, Transition, 82. Zu den Entscheidungen, 86f.; vgl. ders., Exoduserzählung?, 352f.358f. Auch E. Blum revidierte sich und sieht nun zuerst eine priesterliche Verbindung der beiden Themen, vgl. Blum, Verbindung, 117. Im Übergang rechnet Blum mit dem »ersten – nahezu lückenlos erhaltenen – literarischen Zusammenhang […der] P-Komposition« in »Gen 50,22f.; Ex 1,1–5a.7.9ff.« (ebd., 115) gefolgt von einer »zusätzlichen Überleitung« »mit Gen 50,24–26 und Ex 1,5b.6.8« (ebd., 116). Zur gegenwärtigen Diskussion zwischen L. Schmidt und E. Blum siehe unten, Anm. 6. Ähnlich wie Blum, aber mit weniger Überarbeitungen, Utzschneider/Oswald, Exodus, 51.62. Anfang des zugrunde liegenden nichtpriesterlichen Exoduszusammenhanges sei zwar Ex 1,11, doch das sei »kein absoluter Anfang, da das Subjekt der Handlung nicht genannt wird« (ebd., 73). Oswald, Staatstheorie, 75, rechnete zuvor noch damit, »dass bei der Aneinanderkopplung von Josephsgeschichte und Exodus-Erzählung der Anfang der zweiten durch die priesterliche Überleitung ersetzt wurde«.

6   Schmidt, Verbindung, 36, macht im Übergang zwischen Genesis und Exodus noch die alten Quellen mit redaktionellen Ergänzungen ausfindig. Blum, Literarkritik, 510f., ist demgegenüber zurückhaltender und sieht im Prinzip lediglich eine priesterliche Schicht und postpriesterliche Ergänzungen. Die priesterlichen Abschnitte haben s.E. die Verbindung von Erzelterngeschichte und Genesis geschaffen, die Ergänzungen intendieren eine Art »Neueinsatz in einem größeren Werkzusammenhang« (ebd., 511; ders., Verbindung, 116). Blum, Literarkritik, 506ff., stellt grundsätzliche Anfragen an die Hypothesenbildung der Quellenscheidung und mahnt (ebd.) eine Literarkritik der rekonstruierten Schichten an. Doch ruft auch er mit seinen Entscheidungen Kohärenzprobleme hervor. Siehe dazu unten, 116, Anm.12, und 119, Anm.25. Nicht im Rahmen eines Quellenmodells rechnen Dozeman, Commission, 128, und Carr, Narrative Connections, 167f., sowie Berner, Exoduserzählung, 45, mit vorpriesterlichen Schichten, die Genesis und Exodus in Gen 50; Ex 1 verbinden.

man die Überlieferungskomplexe außerdem als *erstmals* verbunden ansieht und für die zugrunde liegende Erzeltern- und Exodustradition schließt, diese hätten zuvor nur separat existiert.[7] Aus der bloßen Tatsache des priesterlich geprägten Überganges lässt sich nicht notwendig schließen, dass die Zusammenhänge zuvor unverbunden waren.

Auf ein methodisches Problem der gegenwärtigen Argumentation hat E. Blum hingewiesen. Viele Konzepte rechneten s.E. nicht damit, dass im Zuge der Literargeschichte Textabschnitte ersetzt worden sind.[8] Es ist ein unbewiesenes Postulat, dass die Reproduktion von älteren Vorlagen nur additiv vonstatten gegangen ist. Ebensogut kann der literarische Befund in Gen 50–Ex 1 darauf zurückgehen, dass ältere Zusammenhänge oder Bezugnahmen durch andere ersetzt worden sind.[9] M.E. macht eine Textanalyse unter Einschluss textpragmatischer Überlegungen letzteres wahrscheinlich.

Einer textpragmatischen Herangehensweise ist an diesem Punkte der Vorzug zu geben, weil bei über Generationen weitergegebenen und bearbeiteten Texten die Kenntnis der Vorlagen bei den intendierten Adressaten vorausgesetzt sein dürfte. Da es sich nicht um fiktionale Literatur,[10] sondern um religiöse Gebrauchsliteratur handelt, waren die Redaktoren, Kompositoren und Ergänzer in ihren Entscheidungen nicht frei, sondern mussten ihre Innovationen aufgrund der möglichen Kenntnis der Vorlagen und Traditionen bei den intendierten Adressaten plausibel machen.

---

7 Nach K. Schmid werde »in ganz unterschiedlicher Weise, einmal autochthon, inkludierend und pazifistisch, einmal allochthon, exkludierend und aggressiv« »das Verhältnis Israels zu seinem Land« realisiert, so dass »eine grundsätzliche Konkurrenz zwischen diesen beiden Überlieferungskomplexen auf der Hand« liege (Schmid, Erzväter, 161). Vgl. weiter ebd., 123; ders., Literaturgeschichte, 297.

8 Vgl. Blum, Verbindung, 110f. Dass der ursprüngliche Anfang des Exodusbuches trotz der Überarbeitungen noch rekonstruierbar ist, ist nach Blum, ebd., 110, »nicht gerade wahrscheinlich«.

9 Die Nichtberücksichtigung entsprechender Möglichkeiten (Transformationen etc.), weil diese »sich der methodischen Kontrolle entziehen«, hat nicht nur zur Folge, dass »jede Analyse dieser Art unter einem methodischen Vorbehalt« (Blum, Verbindung, 111, ebenfalls kritisch) steht, sondern führt auch zu verzerrten Analyseergebnissen. Beispielsweise zeigt der Vergleich von II Chr 35f. mit II Reg 23–25, dass additive (Fortschreibung) und transformative Techniken (Paraphrase, Neuformulierung) ebenso angewandt wurden wie die Ersetzung von Inhalten oder ihre vollständige Auslassung, und dies wahrscheinlich im Zuge eines Abfassungsvorganges.

10 Vgl. dazu Blum, Historiographie, 80.

1.2 Exodus 1,1–14

1.2.1 Analyse

Ex 1 beginnt mit einer Liste der Söhne Israels. Von diesen heißt es, dass sie und ihr Haus mit Jakob nach Ägypten gekommen waren. Dies setzt einerseits die Identifikation Jakobs mit Israel voraus, von der in Gen 32,25–33; 35,9f. erzählt wird, andererseits die Kenntnis einer Tradition des Hinabziehens von Jakobs Familie nach Ägypten, für die wir als Äquivalent nur die Josefsgeschichte haben (vgl. Gen 46). Die nachfolgende Auflistung der Söhne Israels (Ex 1,2–4) hat die gleiche Reihenfolge wie jene in Gen 35,23–26, wo ebenfalls erst die Leasöhne (V. 23), dann die Rahelsöhne (V. 24) und zuletzt die Bilha- (V. 25) und Silpasöhne (V. 26) stehen. Allerdings fehlt Josef in Ex 1,3. Danach wird festgestellt, dass es sich insgesamt um 70 Nachkommen Jakobs gehandelt habe (1,5a), dass Josef aber bereits vorher nach Ägypten gekommen sei (1,5b). Von E. Blum wird V. 5b als Nachtrag angesehen.[11] Doch wird dem Leser aufgrund der Nennung von elf Jakobssöhnen einschließlich Benjamins das Fehlen Josefs signalisiert. Bereits die Übereinstimmung der Liste mit Gen 35,23–25 zeigt auch, dass deren Reihenfolge normiert war. Ex 28,10 erwähnt zudem ausdrücklich die Reihenfolge der Geburt der Söhne Israels, weswegen die Erwähnung Josefs im Anschluss an die Liste derer, die mit Jakob nach Ägypten kamen, in der er logischerweise fehlt, geradezu zwingend ist.[12]

---

11   Vgl. Blum, Verbindung, 117; zuletzt ders., Literarkritik, 511. Ähnlich Berner, Exoduserzählung, 22, der Tod Josefs sei »in 1,5b recht unbeholfen durch die Bemerkung vorbereitet […], Joseph sei bei der Ankunft seiner Brüder bereits in Ägypten gewesen«.

12   Der Leser stolpert bereits vor 1,5 über die nur elf (!) Namen, und es drängt sich ihm die Frage auf, was aus dem zwölften Sohn geworden ist. Blum, ebd., fasst zwar Ex 1,5 als Zusammenfassung der Liste auf: »Insgesamt waren es 70 Personen, die aus den Lenden Jakobs hervorgegangen waren.« Ohne Josef in V. 5b wird aber der Eindruck erweckt, als gäbe es ihn im Konzept der Jakobssöhne nicht. Zwar könnte man einwenden, dass auch in der priesterlichen Schicht zuvor von Josef die Rede ist, doch fasst eben Ex 1,1–5 die Josefsgeschichte zusammen, so dass Josef als Protagonist in der Zusammenfassung nach der Auflistung von elf Namen nicht fehlen dürfte. Das Streichen von Ex 1,6 hat außerdem zur Folge, dass sich die בני ישראל scheinbar unter Ausschluss Josefs in Ex 1,7 vermehren. Ein Kohärenzproblem entsteht bei Blums Abfolge 1,5a.7 damit, dass die בני ישראל, die sich in 1,7 massenhaft vermehren, nun die Jakobssöhne sind. Die massenhafte Vermehrung setzt aber eine Zeitraffung voraus, weil die Zahl der Nachkommen Jakobs bereits mit siebzig angegeben ist. בני ישראל in 1,7 kann daher nur spätere Nachkommen der Jakobssippe meinen, weswegen Ex 1,6 nicht gestrichen werden kann.

Die Erwähnung von 70 Nachkommen Jakobs in 1,5, im Anschluss an die Liste, findet sich noch zweimal in unterschiedlicher Form, einmal in Dtn 10,22 und einmal in Gen 46,26–28.[13] Zusammen mit der gesonderten Erwähnung Josefs (V. 5b) wird dadurch ein weiteres Mal ein inhaltlicher Zusammenhang mit der Josefsgeschichte hergestellt, deren Ziel rekapituliert wird. Dies ist nur nötig, weil ein neues Buch beginnt.[14] Ex 1,1 ist dadurch zwar an den Genesis-Zusammenhang gebunden, die Informationen machen es aber möglich, Exodus als eigenständiges Buch zu lesen.[15] Ob dieser Zusammenhang zuvor ohne Bezug zu den Inhalten der Genesis existiert hat, darüber sagt der Neueinsatz ebenso wenig, wie darüber, ob erst sekundär und nachpriesterlich eine Zäsur (Buchtrennung) geschaffen worden ist.

An die Ankunft im Lande Ägypten heftet sich in V. 6 der Bericht vom Tode Josefs, seiner Brüder und von deren Generation. Das Sterben Josefs nimmt ebenfalls das Ende des Genesisbuches auf. Die Erwähnung des Todes des letzten eponymen Vorfahren in der Genesis steht in einem direkten Zusammenhang zur Liste der elf Söhne Israels und von 1,5b. Als Rekapitulation ist V. 6 erkennbar, weil man sich gegenüber Gen 50,26 auf die Tatsache selbst beschränkt.[16] Nicht erwähnt werden Salbung und Sarglegung.

Mit dem Tod der Brüder und jener Generation werden in V. 6 die Inhalte der Josefsgeschichte (zeitlich) verlassen und eine Zäsur markiert. כל הדור ההוא umfasst neben den Familien der eponymen Stammväter auch deren Umfeld, also die Ägypter. Dies lenkt den Fokus auf eine neue Generation, die im Folgenden thematisiert wird. Damit zeigt sich, dass der Rückgriff auf das Genesisbuch dazu dient, in Ex 1 einen Epochenwechsel zu platzieren.[17] Dieser wird mit Blick auf die Israeliten

---

13　Während in Ex 1,5 Josef nicht mit in die Zahl eingeschlossen ist, wird in Gen 46,26–28 eine andere Zahl gegeben, damit man zusammen mit Josef, seinen Kindern und Jakob auf 70 kommt. Blum, Verbindung, 116, schlussfolgert, Gen 46 diene dazu, Ex 1,5 »zu korrigieren und zu präzisieren«. Demgegenüber könnte Dtn 10,22 eine ältere Version sein, die in Ex 1,5 aufgegriffen und ebenfalls an den engeren Kontext angepasst worden ist.

14　Nach Blum, Literarkritik, 511, geschieht das erst sekundär zu KP »im Zusammenspiel von 1,6 mit 1,8«. Doch warum soll weder im priesterlichen Text noch in der ihr vorausgehenden Tradition keine Zäsur zwischen der Erzelternzeit und der Exodusgeschichte existiert haben?

15　So in Anschluss u.a. an Levin, Jahwist, 315; Schmid, Erzväter, 69.

16　Die wiederholte Erwähnung von Josefs Tod durch Ex 1,6 hat zu einer literarkritischen Entscheidung gegen den Vers geführt. Vgl. Blum, Literarkritik, 511.

17　Der Epochenwechsel erinnert nach Blum, Verbindung, 117, an Jdc 2 und sei deswegen sekundär. Doch findet sich bspw. auch in Dtn 2 ein Epochenübergang, der ähnlich stilisiert ist. Schon Jacob, Exodus, 6, sah Jdc 2,10 als »Nachahmung« von Ex 1. Da

in V. 7 realisiert. In kurzen Sätzen und einer Fülle von teilweisen Synonymen wird von einem massenhaften Anwachsen des Volkes gesprochen. Die Zeit wird V. 6 gegenüber dadurch noch weiter gerafft, dass
eine solche Zunahme der Bevölkerung das Aufeinander mehrerer Generationen voraussetzt. V. 7 ist kein einfaches Erzählungselement.
Denn trotz der vielen Verben werden keine Einzelheiten berichtet. Die
synonymen Aussagen machen einen formelhaften Eindruck und lassen
es zugleich offen, wo die Israeliten leben, wie sich die Bevölkerung
zusammensetzt und ihre Lebensweise sich entwickelt hat. Der besondere Charakter von V. 7 signalisiert, dass hier der Schwerpunkt von Ex
1 liegt.[18]
    Dies bestätigt sich durch die Intertextualität, denn V. 7 hängt direkt
mit priesterlichen Formulierungen der Urgeschichte zusammen. Daneben gibt es auch Bezüge zu den Mehrungsverheißungen der Erzelterngeschichten. Es wird aber besonders auf den Schöpfungssegen in
Gen 1,22 und 1,28 und den wiederholten Schöpfungssegen für Noah
und seine Söhne in Gen 9,1 angespielt. Wie eine Klammer umschließen
Gen 9,1 und Ex 1,7 die Verheißungen an die Erzeltern. Zwar sind dort
die Bezüge zu den priesterlichen Verheißungstexten enger als zu den
nichtpriesterlichen, und durch das mehrfache במאד מאד ist auch ein
Zusammenhang zu Gen 17 nicht von der Hand zu weisen,[19] doch
stimmen die Formulierungen mit jenen in der Urgeschichte nahezu
wörtlich überein.[20] Diese explizite Intertextualität ist also primäres Interesse von Ex 1,7. Sie ermöglicht es, den Exodus mit der Urgeschichte zu
verbinden und über die weniger starken Intertextualitäten auch die
Verheißungen an die Erzeltern in einem übergreifenden theologischen
Konzept zu präsentieren.
    Die Mehrung des Volkes steht mit dem zugesprochenen Schöp-
fungssegen direkt in Zusammenhang, insofern ja der Gott Israels in
Gen 1 als Schöpfer der Welt eingeführt wird.[21] Da die Mehrung als Auftrag und Segenszusage bereits in der Urgeschichte wiederholt wird,

---

die Endredaktion von Josua- und Richterbuch mindestens bis in die spätpersische
      Zeit reicht, ist B. Jacobs Einschätzung nach wie vor plausibel.

18   So schon Jacob, ebd.

19   Vgl. Gertz, Tora und Vordere Propheten, [in: Gertz, Grundinformation], 215.

20   So schon Weimar, Studien, 321: »Als Erfüllungsnotiz stellt der Vers ein komplex
      angelegtes Schlußwort unter die Reihe der Mehrungsverheißungen dar, worin zu-
      gleich eine systematisierende Tendenz zur Periodisierung des Geschichtsablaufs
      zum Ausdruck kommt.«

21   Nach Schüle, Prolog, 75, werden »in Ex 1,7 Schöpfung und Volkwerdung im Blick
      auf Israel gebündelt«. Er führt die Verwendung der gleichen Motivkombination in
      Ex 1 darauf zurück, »dass beide Stellen Buchanfänge bilden«.

muss sie von besonderem Gewicht sein. Ihre Verwendung in Ex 1 bringt den Exodus in direkten Zusammenhang mit den Kontexten der Urgeschichte. Allerdings kann Ex 1 nicht nur die Erfüllung der Mehrungsformulierungen der Urgeschichte im Sinn haben,[22] da es ja dort um die Menschheit insgesamt geht. An beiden Bezugsstellen (Gen 1,28; 9,1) folgt auf die Mehrungszusage jedoch eine Zuweisung von Herrschaft. Weil sich Ex 1,7b ותמלא הארץ אתם und Gen 9,1 ומלאו את הארץ entsprechen, dürfte der Rückbezug signalisieren, dass sich der in Ex 1,8 ins Spiel gebrachte ägyptische König mit einem konkurrierenden Herrschaftsanspruch konfrontiert sieht. Die von ihm wahrgenommene Größe entspricht der Ankündigung von Furcht und Schrecken in Gen 9,2, und dadurch wird eine analoge Situation zwischen Israel und Ägypten hergestellt, wie sie nach der Sintflut zwischen Menschen und Tieren angekündigt wird.

Es zeigt sich so ein konzeptioneller Zusammenhang, der, von der Schöpfung über den Neuanfang nach der Flut durch die priesterlichen Genealogien in Gen 10f. direkt mit den Erzeltern verbunden, bis zum Exodus und sicher bereits darüber hinweg reicht. Er zeigt, dass trotz des Universalismus der Priesterschrift deren eigentlicher Fokus auf Israel liegt.[23]

Der ägyptische König ist die erste Größe, die Israel direkt gegenübersteht. »Ein neuer König stand auf …« (V. 8) impliziert nach V. 7 eine veränderte Situation. V. 7 setzte bereits voraus, dass mehrere Generationen sich abgelöst haben müssen. Nach der Logik des Textes gilt das auch für die ägyptischen Könige. Die Betonung eines »neuen Königs« signalisiert, dass dieser sich in einer besonderen Weise auszeichnet.[24] Der folgende Attributsatz lässt sich also nicht streichen.[25] »Ein König, *der von Josef nicht wusste*« ist also eng verflochten mit dem Kontext. Dies ruft wiederum die Zusammenhänge der Josefsgeschichte ins Gedächtnis, insbesondere die Treffen Josefs mit dem Pharao, bei denen es um die Ansiedlung der Jakobsfamilie in Ägypten und um die Bestat-

---

22 So Utzschneider/Oswald, Exodus, 58.

23 Allgemein dazu vgl. von Rad, Priesterschrift, 188.

24 Dass Ägypten in der Vergangenheit einen König hatte, dürfte den intendierten Adressaten im Alten Israel geläufig gewesen sein. Daher verweist die Notiz vom »Aufstehen« eines ägyptischen Königs auf eine veränderte Situation. Dass es ein *neuer* König ist, signalisiert aufgrund des Kontextes bereits ein mögliches Problem der Volkswerdung der Israeliten.

25 Es zeigt sich, dass die Entfernung Josefs aus Ex 1 durch Blum (vgl. Blum, Verbindung, 117, und oben, Anm. 12) keinen kohärenten Text hervorbringt.

tung Jakobs ging (Gen 47; 50).[26] Faktisch wird bei den intendierten Adressaten auch die Kenntnis dieser Zusammenhänge vorausgesetzt.

Die Veränderung des Verhältnisses wird in der direkten Rede des Königs an sein Volk deutlich. Er stellt fest, dass es ein Volk (עַם)[27] der בני ישראל gibt, das im Lande Ägypten wohnt, und dass es bereits stärker ist als die Ägypter (V. 9). Der Pharao spricht damit auf der Ebene der Figurenrede das aus, was die Mehrungsnotiz in 1,7 auf der Erzählebene andeutet. Damit ist die Stelle markiert, ab der die בני ישראל nicht mehr (wie noch in Ex 1,1) die Familie Jakobs, sondern das daraus hervorgegangene Volk sind.

Der Text führt stringent von der Aufzählung der Jakobssöhne bis zu dieser Stelle. Dass der ägyptische König auf der Erzählebene die eponymen Vorfahren und das ihm gegenüberstehende Volk geradezu selbstverständlich in einen Zusammenhang bringt, zeigt, dass bei den intendierten Adressaten der genealogische Zusammenhang zwischen der Jakobfamilie und dem Volk Israel präsupponiert ist.[28] Die Differenz der beiden Völker ist eine Grundbedingung für die Handlung. Mit der möglichen Bestreitung der Herrschaft des ägyptischen Königs hängen die besonderen Aspekte der Wortwahl gegenüber Gen 1,28; 9,1 zusammen. Der Gebrauch des Verbs עצם in Ex 1,7 und der Vergleich רב ועצום ממנו in Ex 1,9 unterstreicht das mögliche Problem der Ägypter mit den Israeliten.[29] Zugleich wird vom Pharao und damit scheinbar

---

26 Dass in Ex 1,6–8 »die Wirkung der Josephsgeschichte ›aufgehoben‹ [wird], bevor das Geschehen, von dem Ex berichtet, einsetzen kann« (Schmid, Erzväter, 58), ist somit in der Sache begründet.

27 עם kann auch den Ahnen bezeichnen. So zuletzt Gen 49,29 bei Jakobs Tod. Vgl. Lipiński, עם, 185.

28 Carr, Genesis in Relation, 291, überlegt, ob vorpriesterlich zuerst nur in der Figurenrede des Pharao die Entstehung des Volkes vorkam. Er schlussfolgert, »that Exod 1,6.8 probably once existed as a link of Genesis and Moses traditions apart from the surounding P material« (ebd.). Die Beobachtung beruht darauf, dass in den genannten Versen wie auch in den als priesterlich erkennbaren Bestandteilen ein inhaltlicher Zusammenhang mit der Genesis bereits als gegeben vorausgesetzt ist.

29 Blum, Literarkritik, 513, und Schmidt, Verbindung, 32, überlegen aufgrund der Besonderheit von רבה und עצם, ob es sich um einen nichtpriesterlichen Bestandteil handelt. Die Wortverbindung עצם und רבה kommt aber außer in Ex 1,7 nur in Ex 1,20 vor. Das Verb kommt 20x im AT und ganze dreimal im Pentateuch vor. עצום kommt 31x vor, in Genesis und Exodus aber nur zweimal. Anders Blum, Verbindung, 113, der meint עצם und רבה sei »im AT relativ häufig belegt, nur nicht in der gesamten P-Literatur«. Das Starkwerden des Volkes ist ein notwendiger Erzählzug, der die folgende Konfrontation begründet. Allerdings können die priesterlichen Verfasser sich an bekannte Formulierungen wie z.B. im Bekenntnis in Dtn 26,5 (גוי גדול עצום ורב) angelehnt haben.

extern bezeugt, dass man in der eigenen Frühzeit den Ägyptern nicht nur ebenbürtig, sondern überlegen war.

In V. 10 folgt die Reaktion. Man will konspirativ (»wir wollen klug gegen es sein«) eine mögliche Bedrohung verhindern. Hier wird mit einem sing. Suffix auf Israel verwiesen und die vorangehende Aussage über das Volk der Israeliten unterstrichen. Der Vers enthält ein Kohärenzproblem. Während die Furcht vor einer kriegerischen Auseinandersetzung auf die Größe des Volkes reagiert, ist die Befürchtung eines möglichen Auszugs des Volkes überraschend. Sie nimmt bereits das Ziel der Exoduserzählung vorweg.

Die äyptische Reaktion auf die Volkswerdung der Israeliten wird in unterschiedlicher Weise verfolgt. In den V. 11–13 wird ein erster Anlauf genommen, sie durch harte Zwangsarbeit niederzuhalten. Gertz sieht in den V. 11 f. den ursprünglichen Anfang der nichtpriesterlichen Exodusgeschichte,[30] doch ist die in V. 11 (למען ענתו בסבלתם) deutliche Bedrückung bzw. Misshandlung im Erzählverlauf ohne den vorangehenden Kontext weder gerechtfertigt, noch ist ohne eine Mehrungsnotiz deutlich, wer bedrückt wird.[31] V. 12a signalisiert bereits, dass die Ägypter so nicht zu ihrem Ziel gelangen. Hier wird nun auf der Erzählebene mit dem Suffix 3. mask. Sing. auf das Volk verwiesen, was ohne den vorangehenden Kontext ins Leere gehen würde. Das folgende ויקצו מפני בני ישראל (V. 12b) kommt zur Klarstellung zu spät. Hinzu kommt, dass die Aussage in 1,12 ohne V. 7 (Mehrung) und V. 10 (Absicht, klug gegen das Volk vorzugehen) unverständlich wäre.

Die V. 13f. schließen den Abschnitt damit ab, dass das Verhalten der Ägypter als Versklavung bezeichnet wird.[32] Dabei handelt es sich um eine deutliche Steigerung gegenüber den V. 11f., so dass man nicht von einer Dublette sprechen kann.[33] Der Weg in die Freiheit, zu dem das Buch Exodus ansetzt (vgl. z.B. die Präambel des Dekalogs), beginnt mit der Versklavung. Auch dies impliziert noch einmal, dass zuvor eine andere Situation bestand. Ein Zusammenhang zu den vorangehenden Verweisen auf die Josefsgeschichte ist nicht von der Hand zu weisen.

---

30 Vgl. Gertz, Exoduserzählung, 370ff.; ders., Transition, 83.
31 Zu weiteren Gegenargumenten vgl. Utzschneider/Oswald, Exodus, 71.
32 Der Hif. von עבד kommt im Pentateuch nur Ex 1,13 und in 6,5 vor.
33 So Gertz, Tradition, 353f: »V. 11f und V. 13f berichten jeweils, daß die Ägypter den Israeliten Fronarbeiten auferlegen«. Doch Zwangsarbeit und Bedrückung unter שרי מסים »Frondienstbeamten« sind noch keine Sklaverei. Diese wird erst in Ex 1,13 mit עבד (Hif.) erreicht. Utzschneider/Oswald, Exodus, 72f. meinen, »die Darstellung von 1,11 erweckt nicht den Eindruck, als werde hier ein Volk unterdrückt, das größer als die Ägypter ist« (ebd., 72). Der Bau von Vorratsstädten setzt jedoch zumindest eine größere Volksmenge voraus.

Die mit der Zäsur in V. 7 ausgedrückten Veränderungen, die vom Pharao festgestellt und feindselig beantwortet werden, führen stringent in die Versklavung als neue Epoche, die in 1,14 summarisch umrissen wird. 1,13 (mit עבד Hif.) steht bereits eng mit Ex 6,5 in einem Zusammenhang, wo in der priesterlichen Berufung des Mose die Versklavung der Israeliten als Anlass für das göttliche Eingreifen genannt wird (אשר מצרים מעבדים אתם).[34]

1.2.2 Resümee

Ex 1,1–14 lässt sich in drei Teile gliedern: erstens die Ankunft der Jakobsfamilie in Ägypten, zweitens die Volkswerdung und drittens die feindselige Reaktion der Ägypter. Die Volkswerdung ist das Zentrum des Abschnittes, das vorbereitet wird und den Ausgangspunkt der nachfolgenden Handlung bildet. Die Erwähnung von Josefs Tod, von jenem seiner Brüder und deren Generation führt zur Volkswerdung. Dem dient auch die Inthronisation eines neuen Königs in Ägypten. Dass dieser nichts (mehr) von Josef weiß, signalisiert die Entstehung einer neuen Situation und unterstreicht die durch die Volkswerdung geschehene Veränderung. Sie leitet über zur Versklavung des Volkes, die eng mit der priesterlichen Berufungsgeschichte des Mose (Ex 6,5) verbunden ist und zum Auszug führt.

In Ex 1,1–14 finden sich keine Kohärenzprobleme, die zu literarkritischen Operationen nötigen würden.[35] Die Unterscheidung einer Schicht, die für den Zusammenhang von Ex 1 mit der Genesis verantwortlich ist, von einer Schicht, die beides wieder in Bücher aufgetrennt hat, stützt sich nicht auf textinterne Argumente.[36] Ausgehend von dem Bezug zu Gen 46 und zum priesterlichen Schöpfungsbericht ist Ex 1,1 ff. als priesterlicher Text anzusprechen.[37]

---

34 In Ex 6 ist der Bezug vom Exodus zu den Erzeltern als selbstverständlich bei den intendierten Adressaten vorausgesetzt.

35 Ähnlich vorsichtig bei der Analyse von Ex 1: Schmid, Erzväter, 152 ff., und Gertz, Tradition, 180 f. Utzschneider/Oswald, Exodus, 72 f., sehen in V. 11 f. vorpriesterliche Bestandteile.

36 Es dominieren übergreifende inhaltliche und redaktionskritische Überlegungen, die Blum, Literarkritik, 510, als »Stratigraphie« bezeichnet.

37 Wöhrle, Fremdlinge, 134, hält Ex 1,1–5 für von P abhängig und spätpriesterlich, »weil das Verzeichnis die Jakob-Söhne in exakt derselben Reihenfolge aufzählt wie die den priesterlichen Passagen zuzuschreibende Variante in Gen 35,22b.23–26 und da dieses Verzeichnis auch sonst Gemeinsamkeiten mit den priesterlichen Nachkommensverzeichnissen aufweist«.

Ein vorpriesterlicher Bestand lässt sich nicht erheben.[38] Sicher muss der ursprüngliche Vorspann sowohl die Bedrückung und deren Gründe als auch eine Definition der Größe Israel enthalten haben. Doch an den Stellen, wo die priesterliche Konzeption dem von ihr rezipierten Konzept entspricht, gibt es keine Möglichkeit, einen Wortlaut zu rekonstruieren. Der Konkordanzbeweis ist, insbes. wenn es kaum alternative Ausdrucksmöglichkeiten gibt, dafür zu schwach.

Allerdings könnten Inhalte, die in anderen priesterlichen Texten abweichend dargestellt werden, zu den Vorlagen zurückführen. Das ist in Ex 1,1ff. nur bei den 70 Vorfahren der Fall, die in Dtn 10,22 anders und im priesterlichen Text in Gen 46,26–28 noch einmal abweichend definiert werden. Der Einschätzung von E. Blum, dass Ex 1,5 von Gen 46,26–28 interpretiert wird, ist zu folgen.[39] Könnte es aber sein, dass man am Anfang der Exodusgeschichte eine vorgegebene Angabe deswegen stehen lassen musste, weil sie gerade aufgrund der Zäsur bei den Lesern als bekannt vorausgesetzt werden musste? Gen 46,26–28 wäre dann eine in der priesterlichen Komposition der Angabe in Ex 1,5 bewusst vorangestellte Klärung, was es mit den 70 Vorfahren in Ex 1 und Dtn 10 genau auf sich hat, von der her die folgenden Stellen verstanden werden sollen.

Die Volkswerdung Israels ist das Bindeglied zwischen der Epoche der eponymen Vorfahren und der eigentlichen Geschichte.[40] Die Rede von den Vorfahren, von Josef und seinen Brüdern, als einer zu Ende gegangenen Generation stellt deren Zeit in eine geschichtliche Kontinuität mit den folgenden Ereignissen. Die Vorgeschichte, die Zeit der eponymen Vorfahren, wenn man so will: die mythischen Überlieferungen über die Anfänge, werden also mit einem geschichtlichen Interesse rezipiert und mit der geschichtlichen Erzählung verbunden.[41] Das Verfahren in Ex 1 ist vergleichbar mit jenem, das im priesterlichen Schöpfungsbericht anzutreffen ist.

---

38 Vgl. oben, Anm. 29.

39 Vgl. Blum, Verbindung, 116. Zum Problem vgl. auch Römer, Väter, 33.

40 Ähnlich findet sich das auch in anderen Bereichen der Hebräischen Bibel. In Dtn 2,8f.19 sind Moab und Ammon mit Lot verbunden, in Dtn 2,4; Mal 1,2 die Edomiter mit Esau. Die Verbindung von eponymen Vorfahren mit der »Phylogenese (von Sippe, Stamm, Volk, Menschen)« ist nach Blum »in der Weltsicht traditionaler Kulturen […] gerade zu unabdingbar« (Blum, Hosea, 318).

41 Wenn man auch heute nicht mehr grundsätzlich von einer Historisierung der Mythen in Israel spricht, so ging Noth, Historisierung, 39, mit der Annahme, »daß die Weltschöpfung auf ein und derselben Linie liegt wie die folgende Geschichte, daß jene nur der Anfang dieser ist«, doch bereits in eine ähnliche Richtung.

Auch Gen 1 interpretiert »mythische Vorstellungen um und lässt
sie in einem universalisierenden Gesamtkonzept der Schöpfungswoche
aufgehen«.[42] Im priesterlichen Schöpfungsbericht wird vom Urchaos
schematisch zu den Verhältnissen der bestehenden Welt auf der
folgenden Zeit des Menschen hingeleitet, für die die priesterlichen
Autoren auch ältere stärker im Mythos verankerte Überlieferungen
(u.a. Gen 2–4) nutzten. Ähnliches ist in Ex 1 der Fall. Die Vorgeschichte
der Erzelterngeschichte wird als Ausgangspunkt aufgerufen, und in
Anspielung an den priesterlichen Schöpfungsbericht wird von der
Volkswerdung des Volkes berichtet, die als Überleitung zur »eigentlichen« Geschichte des Volkes dient.[43] M.E. sprechen allerdings die
sagenhaften Elemente im Exodusbuch und die Bezüge von Ex 14f. zu
schöpfungsmythologischen Zusammenhängen dafür, dass erst die
priesterliche Konzeption den Exodus zum Anfang der »Geschichte«
Israels gemacht hat.

Man wird also schon von dieser Analogie her kaum sagen können,
dass die priesterlichen Theologen hier »erstmals« die »Verbindung von
Erzvätern und Exodus«[44] hergestellt haben, und auch nicht, dass sie die
Zeit der Josefsgeschichte »außer Kraft gesetzt«[45] hätten. Vielmehr haben
sie auf bereits existierende Ursprungstraditionen zurückgegriffen und
so ähnlich wie in Gen 1 ältere mythische Traditionen in ihrem Konzept
präsentiert. Das zeigt sich insbesondere daran, dass beim Rückgriff auf
die Genesis in Ex 1,1ff. deren Kenntnis ebenso vorausgesetzt wird, wie
die Tatsache, dass ausschließlich die Jakobsfamilie die Größe ist, aus
der heraus das zahlreiche und starke Volk entsteht. Als bei den intendierten Adressaten akzeptierte Grundlage lässt sich in Ex 1 die genealogische Kontinuität von Jakob zu den Israeliten erkennen. Wären die
Traditionen zuvor unabhängig oder gar konkurrierend gewesen, hätten
besondere Techniken der Vermittlung angewendet werden müssen.
Dies sagt allerdings nichts darüber aus, ob Genesis und Exodus vorher
Teile eines Buches gewesen sind oder nicht.

---

42 Heckl, Exposition, 21, in Anschluss an Gertz, Polemik, 149ff., der von einer Art
    Wissenschaftsprosa spricht, die »mythologische Vorstellungen mit der Alltagserfah-
    rung« (ebd., 150) verbindet.

43 Dies wird beispielsweise auch in Ps 100,3; 149,2 explizit ausgedrückt. In Ps 95,4–7 ist
    das Motiv mit der Schöpfung verbunden. Vgl. Kratz/Spieckermann, Schöpfer/
    Schöpfung II, 266. In DtJes (siehe Jes 43,1–15) wird die Rede von der Erschaffung Ja-
    kobs/Israels mit Motiven des Exodus verbunden und eine Herrschaft über Ägypten
    verheißen.

44 Schmid, Erzväter, 359, in Anschluss an A. de Pury; siehe dazu aber Blum, Hosea,
    308f., und Römer, Väter, 574.

45 Schmid, Erzväter, 186.

Ex 1,7 mit seinem Bezug zur priesterlichen Urgeschichte bildet den Ausgangspunkt für die eigentliche Handlung und berichtet von der Bedrückung der Israeliten durch die Ägypter, was bereits zum Exodus hinführt. Die priesterlichen Theologen präsentieren die Volkswerdung Israels als eine Neuschöpfung in der Welt.

2. Die Mehrungsverheißung in der Genesis

Die Verheißungen der Genesis sind für die Funktion der Erzelterngeschichten als Vorgeschichte Israels mit seinen Nachbarn von besonderer Bedeutung. Bereits die vorpriesterlichen Verheißungen binden die Erzelterngeschichten zusammen und verknüpfen dabei die Zusage des Landbesitzes mit der Mehrung. Dies geschieht in Gen 12,2f.7; Gen 13,14–17; Gen 15,7; 26,3–6; 28,13f.[46] Verheißung in den Erzelterngeschichten bedeutet über weite Strecken ein konzeptionelles »Noch-Nicht«.[47] So erwähnt Gen 12,2 bereits in Bezug auf Abraham die Erwartung, dass Völker auf ihn zurückgehen werden, und auch der Anfang der Jakobsgeschichte in Gen 25,23 nimmt im Miteinander von Jakob und Esau das Gegenüber Israels mit Edom vorweg.

Selten gibt es allerdings direkte Vorverweise auf die Volkswerdung in Ägypten und den Exodus. Es findet sich eine Vorwegnahme in Abrahams Zug nach Ägypten (Gen 12,10–20; vgl. Gen 26,2). Auch Gen 15,7 könnte in Blick auf Gen 12,1ff. eine Vorwegnahme sein. Echte Ankündigungen des Exodus finden sich nur in späten Texten: neben Gen 50 in einem *vaticinium ex eventu* Gen 15,13ff., in Gen 46,3 und 48,21.[48]

Auch wenn Vorverweise selten sind,[49] fehlt den vorpriesterlichen Mehrungsverheißungen der Genesis durchgängig eine Einlösung. Wie könnten die Jakobsöhne ohne den Umweg über Ägypten in den Besitz des Landes kommen, und wie werden sie zu einem Volk? Das bleibt offen und man müsste entweder davon ausgehen, dass dies nie erzählt

---

46 Vgl. dazu Rendtorff, Problem, 151; Blum, Vätergeschichte, 362–372.

47 Damit kann man die Aussage von Gertz, Tora und Vordere Propheten, [in: Ders: Grundinformation], 277, die »Erzelterngeschichte [erzähle] eine erfolgreiche Verheißungsgeschichte«, nur sehr eingeschränkt gelten lassen.

48 Zu Gen 15,13ff. vgl. Blum, Vätergeschichte, 379, zu Gen 15 insgesamt Schmid, Erzväter, 372. Gertz, Exoduserzählung, 277, weist Gen 46,3b der Endredaktion zu. Gen 48,21 ist nach Schmid, Erzväter, 66, »ein Satellit« zu Gen 15; 50 und daher s. E. ebenfalls postpriesterlich. Demgegenüber sieht Ziemer, Abram, 254ff., Gen 15 als vorpriesterlich an. Er versteht den Text einleuchtend als »Bezugstext für die Landschwurreferenzen« (ebd., 256).

49 Dies ist der Fall, weil Vorverweise die Spannung aufheben würden.

wurde, oder dass eben zum Anfang der Exoduserzählung immer schon
die Volkswerdung mit Bezug auf die Jakobstradition gehörte.[50] Dass sie
nie erzählt wurde, ist zumindest ungewöhnlich, denn die Erzeltern
bauen keine Städte, lassen sich (noch) nicht fest nieder, sondern werden
als Nomaden gezeichnet. Auch wenn erst die priesterlichen Texte dies
als »Fremdlingschaft im Lande« bezeichnen, fehlt der Schritt zur Kultur
generell, obwohl die Erzeltern die eponymen Vorfahren der Nachbarvölker hervorbringen, Kultplätze entdecken und Orten ihren Namen
verleihen.

Mit der Mehrungsverheißung hängt die Konzeption der Stämme Israels unmittelbar zusammen. Diese hat synchron ihren Ursprung in der
Jakobsgeschichte. Doch auch schon im Deuteronomium ist das Volk
Israel aus Stämmen zusammengesetzt.[51] Die Zentralisationsgesetze
weisen zudem indirekt auf eine Dominanz Judas, die seit dem Ende des
Nordreiches andere Konzepte abgelöst hat. Dass das Volk sich aus
Stämmen zusammensetzt, deren Namen mit den Jakobsöhnen verbunden sind, lässt sich neben dem Pentateuch auch im Josua- und Richterbuch verfolgen. Das Zwölfstämmekonzept ist dabei als das Ergebnis
einer längeren Entwicklung anzusehen. Als ältestes Zeugnis von den
Stämmen Israels nennt das Deboralied auch Gilead und Machir als
Stämme, während Juda und Gad noch fehlen.[52] Festzuhalten bleibt,
dass, auch wenn die Zwölfzahl der Stämme erst spät ist, das Konzept
der Stämme insgesamt sehr tief in der Tradition wurzelt,[53] so dass es in
der Exodustradition nicht gefehlt haben kann. Wenn die Stammeskon-
zeption ein wesentlicher Identifikationsaspekt war, kann die Jakobstradition nicht unabhängig von Exodus und Landnahmetraditionen existiert haben.

3. Deuteronomium 26

In dem Bekenntnis am Ende des dtn. Gesetzeskorpus ist die Rede davon, dass der als Vater bezeichnete Vorfahr des Sprechers nach Ägyp-

---

50 Schmid, Erzväter, 134ff., nennt die Belege, die *nur* den Exodus erwähnen. Doch
    weder dies noch der Verweis auf Herodot und Strabo (ebd., 138) kann einen »Exo-
    dus ohne Eisodos« (ebd., 134) wahrscheinlich machen, da die Differenz zwischen
    den Israeliten und den Ägyptern konstitutiv für das Exodusbuch ist.

51 Siehe z.B. Dtn 12,5.14; 16,18; 18,5.

52 Vgl. Seebaß, Stämme.

53 Immerhin sieht man Israel und Juda heute als im Bergland entstandene Stammes-
    staaten an. Vgl. Berlejung, Geschichte und Religionsgeschichte [in: Gertz, Grundin-
    formation], 98f.105.

ten zog und dort mit wenigen Angehörigen (במתי מעט) als Fremdling wohnte. Es schließt sich die Volkswerdung in Ägypten an: ויהי שם לגוי גדול עצום ורב.

G. von Rad hat Dtn 26,5–9 als einen sehr alten Schlüsseltext für den Abriss des Pentateuchs identifiziert.[54] Schon L. Perlitt freilich verglich den Text mit Jos 24[55] und sah ihn zeitlich in der Nachbarschaft von Gen 15.[56] Doch auch als dtn./dtr. Text widerspricht er der inzwischen aufgekommenen Sicht, dass Genesis und Exodus erstmals von der Priesterschrift und in den postpriesterlichen Redaktionen miteinander verbunden worden seien, was aus der Perspektive dieser Thesen erklärungsbedürftig ist. Nach J. C. Gertz sei er gegen das priesterliche Konzept gerichtet, indem »an die Stelle einer vormosaischen Offenbarungsgeschichte […] die Rede von einem anonymen Vater, dessen Dasein und Ergehen dem als Strafe verstandenen Exil Israels gleichkommt«,[57] tritt. Er habe aber zugleich auch als Programmtext für den Abschluss des Pentateuchs gewirkt.[58]

Für die Frage nach dem Verhältnis der hinter den Erzelterngeschichten und dem Exodus stehenden Traditionen ist die Pragmatik des Bekenntnisses entscheidend. Der Sprecher als Israelit verweist mit אבי auf einen Vorfahren. Nach dem Konzept des Deuteronomiums muss es sich dabei um einen eponymen Vorfahren jedes einzelnen Israeliten handeln. Es muss außerdem eine bei den intendierten Adressaten bekannte und akzeptierte Größe sein. Der Gebrauch von אבי lässt an eine Identifikationsfigur denken, wie auch die danach genannten Einzelheiten, das Hinabgehen und die Volkswerdung in Ägypten. Die erste mögliche Gestalt, auf die sich אבי beziehen kann, ist daher Jakob, zu dem auch die Erwähnung Ägyptens führt, möglich wäre wegen Gen 12,10ff. auch Abraham, allerdings nur, wenn man אבד als Hinweis auf das Nomadentum betrachtet.[59]

---

54 Vgl. v. Rad, Problem, 7.
55 Vgl. Perlitt, Bundestheologie, 252.
56 Vgl. ebd., 77.
57 Gertz, Credo, 44. לגוי גדול עצום ורב sei »im AT singulär« (Gertz, Credo, 40) und dies ein Hinweis, dass Dtn 26,5 eine Innovation sei. Doch גוי גדול findet sich in Gen 12,2; 18,18 u.ö. עצם und רב stehen zwar in Ex 1,7.9, doch können sie dort wie auch in Dtn 26 dem Thema der Volkswerdung und des Kontrastes mit den Ägyptern geschuldet sein. Sie müssen also auch in Dtn 26 nicht auf P reagieren. Parallele Begriffe zu dem kurzen Bekenntniss in den umfangreichen priesterlichen Texten können kaum die These tragen (ebd., 40–42), dass das Bekenntnis von diesen priesterlichen Texten abhängig ist.
58 Das Bekenntnis habe »erstmals eine Zusammenschau der beiden ehedem selbständigen Texte« (ebd., 45) geboten.
59 So Lipiński, Arameans, 55f. Zur Lexematik siehe ebd.

Für die Deutung der eröffnenden Formulierung ארמי אבד ist es nötig, das Partizip zu verstehen.[60] Ein solches begegnet in Dtn 32,28 in ähnlicher Konstruktion (גוי אבד עצות) »ein Volk, dem es an Rat fehlt«), so dass der Ausdruck auch in Dtn 26 ein Defizit ausdrücken dürfte.[61] Dieses ist dann verbunden mit den das Bekenntnis konstituierenden Gegensätzen. Im Gegensatz zu dem Land besitzenden Israeliten, der seine Erstlinge als Antwort auf das Heilshandeln seines Gottes zum Tempel bringt, wird am Anfang in Dtn 26,5 die Bedürftigkeit des Ahnen betont: »ein bedürftiger Aramäer«.[62]

Die unterstellte Verwandtschaft des eponymen Vorfahren zu den Aramäern scheint auf den ersten Blick außergewöhnlich zu sein. Doch ist eine solche (allerdings ausschließlich) in der Jakobsgeschichte vorausgesetzt, wo Jakob von Laban als naher Verwandter behandelt und als solcher mit אח bezeichnet wird (Gen 29,15),[63] aber gleichwohl »dienen« musste.[64] ארמי אבי weist also nach Haran, wo ja letztlich nach der Jakobsgeschichte der Ursprung des Volkes Israel liegt. Es wird also mehrfach auf Jakob = Israel angespielt.[65]

Auch wenn es abgesehen von Gen 29ff. »keinen präzise bestimmbaren Referenztext in den Vätererzählungen gibt«,[66] lässt die Pragmatik keine andere Schlussfolgerung zu, als dass in Dtn 26 die Jakobstradition als Ausgangspunkt für Volkswerdung und Exodus erinnert wird.[67] Die Verbindung der beiden Themen kann dabei nicht erst Neuerung der Autoren des Textes sein, denn nicht die Unterweisung zur korrekten Ablegung des Bekenntnisses steht in Dtn 26 im Vordergrund, sondern die Übergabe der Erstlingsfrüchte an das Zentralheiligtum. Das Bekenntnis zum Heilshandeln *Jhwhs* dient wie in Dtn 5,6ff. und an

---

60   Vgl. zur Auslegung Lipiński, Arameans, 55ff., der allerdings auf Dtn 32,28 nicht eingeht.

61   Vgl. auch Hi 29,13; 31,19 und dazu Ges[18], 3.

62   Der Schwerpunkt liegt auf deren kultischen Vergegenwärtigung und Kontrastierung mit der gegenwärtigen Darbringung. Vgl. Janowski, Doppelgesicht der Zeit, 119.

63   Abgesehen von den genealogischen Belegen von Aram (Gen 10,22f.; 22,21) findet sich ארמי nur bezogen auf Betuel und Laban in Gen 25,20; 28,5; 31,20.24. Schon die Rabbinen haben darauf hingewiesen, dass Laban in der Bibel als Aramäer bezeichnet wird und beziehen die Formulierung auf die Konfrontation Jakobs mit Laban. Vgl. Sifrei Dtn 5, zu Dtn 26,5.

64   Siehe Gen 30,26; Hos 12,13.

65   Diese Sicht war Konsens bis in die 90er Jahre. Vgl. Römer, Väter, 61.

66   Gertz, Credo, 42.

67   Es ist bei Dtn 26,5–9 auffällig, dass wie in Ex 1 zur Volkswerdung gewechselt wird und die »nicht-priesterlichen […] Mehrungsaussagen« (Blum, Literarkritik, 513) וירבו ועצמו (vgl. רב ועצום ממנו Ex 1,9) eine nahe Parallele in לגוי גדול עצום ורב (Dtn 26,5bβ) haben, das Volk aber wie in der Genesis mit גוי bezeichnet wird.

anderen Stellen der Motivation zur Gebotserfüllung.[68] Exodus und Jakobsgeschichte schlossen sich bei den intendierten Adressaten also auf keinen Fall aus, sondern wurden bereits aufeinander bezogen.[69] Das einzigartige אֲרַמִּי, mit dem auf Jakob verwiesen wird, spricht dabei dafür, dass der Text eher dtr. und daher älter ist, als die Erwähnung von Aram in den Genealogien in Gen 10; 22, wo die Tendenz spürbar ist, die Differenz zwischen den Vorfahren Israels und den Aramäern zu vergrößern.[70]

Zeitlich nicht weit von diesem Text entfernt findet sich in den Historien des Herodot aus der Mitte des 5. Jh. ein außerbiblischer Hinweis darauf, dass das Bekenntnis in Dtn 26,5–9 wohl keine späte Neuerung ist, sondern eine in der Perserzeit akzeptierte Vorstellung von den Ursprüngen der Region und daher auch Israels.[71] Herodot bezeichnet die Bevölkerung Palästinas durchgängig als die »Syrer Palästinas«. Auffällig ist, dass er sie dabei immer von den eigentlichen Syrern unterscheidet.[72] Er hebt sie als eines von drei asiatischen Völkern hervor, die die Beschneidung praktizieren, was er auf eine Beziehung zu Ägypten in der Vorgeschichte zurückführt. Wie die Phönizier, die aus dem Süden vom »Roten Meer« stammen (Herodot VII, 89,1f.; vgl. I, 1,1)[73] haben die

---

68 Die Übergabe der Erstlinge ist auch in Lev 23,10; Num 15,18ff. mit einem Verweis auf die Landgabe verbunden. Der Appell an das Selbstverständnis dient also dazu, die eigentliche Forderung nach Übergabe der Erstlinge an den Tempel, die die Einhaltung der dtn. Festkonzeption und vor allem die Einhaltung der Zentralisationsforderung beinhaltet zu bewirken.

69 Wenn Hos 12 ein alter Text ist, beweist er zusätzlich, dass die beiden Themen bereits im 8. Jh. v. Chr. verbunden werden konnten. Nach Blum, Hosea 12, 318, gibt es für »die Zuordnung beider Traditionen […] konzeptionell nur die eine Möglichkeit […] die geschichtliche Vorordnung der Jakobgeschichte vor die Exodusgeschichte«. Sie sei »nicht nur problemlos, sondern in der Weltsicht traditionaler Kulturen […] gerade zu unabdingbar.«

70 Die Verwandtschaft der Patriarchen fällt aus deren Konzept heraus, vgl. Hieke, Genealogien, 100. Kunin, Logic, 192: »It is likely that the change in genealogical position reflects changes in ideological position.«

71 Herodot verbindet in seinem Werk literarische Überlieferungen Griechenlands und der Völker, die er behandelt, mit mündlichen Informationen. Daher bezeugen die Historien, was in und über die behandelten Völker im 5. Jh. akzeptiert war. Vgl. Thomas, Herodot, 271f.

72 Vgl. Herodot I,72,1f.; II, 104,3; III, 90,2–91,4; VII, 89,1 (zit. nach Feix, Herodot).

73 Damit ist nicht nur das uns bekannte Rote Meer, sondern der Indische Ozean insgesamt gemeint. Herodot bezieht sich nicht nur auf den Persischen Golf, wie Schmid, Erzväter, 138, in Anschluss an Hölscher, Geschichte, 39, annimmt. Nach Herodot II, 158, 1–5 baute Necho einen Kanal »vom nördlichen Meer […] zum südlichen, das auch das Rote Meer genannt wird«. Vgl. ebd., IV, 42, 2f. Strabo XVI 3,4.27 (siehe Radt, Geographika, 354f.), auf den Hölscher ebenfalls verweist, spricht nur von Kolonien der Phönizier im Indischen Ozean.

Syrer Palästinas wie die Phönizier die Beschneidung von den Ägyptern
übernommen (Herodot II, 104,3). Nimmt man die beiden Informationen
zusammen, so ergibt sich, dass Herodot die Bevölkerung Palästinas in
der Perserzeit einerseits eng mit Ägypten, andererseits zugleich mit
Syrien verbunden sah.[74]

4. Mythos und Geschichte bei Herodot

Herodot geht in seinen Historien auf den Ursprung vieler Völker ein
und interpretiert mythische Texte oder Nachrichten über bestimmte
Kulturheroen als Ausgangspunkt der Geschichte der Völker.[75] Span-
nend dabei ist, dass Herodot auch die aus mythischen Überlieferungen
stammenden Informationen vor ihrer Verarbeitung anhand weiterer
Informationen auf ihre Plausibilität prüft.[76] Dass damit insbesondere
für die Anfänge keine echte Geschichtsschreibung zu erwarten ist,
ergibt sich insbesondere daraus, dass er seine Quellen nicht in unserem
Sinne kritisch behandelt und mündlich gegebene Nachrichten überbe-
wertet. Herodot nutzt die Überlieferungen von den Heroen, um den
Ursprung der Völker aufzuzeigen.[77] »Herodotus thought of the heroes
as beings who existed at the beginning of historical, human time, and
[…] he used them as chronologically fixed reference points. […] The
heroes therefore served Herodotus both as a terminus ante quem for
mythic time and a terminus post quem for historic time and human
history.«[78] Das Verfahren bei Herodot ist also mit jenem vergleichbar,
welches die priesterlichen Theologen ihrer Komposition des Pentateuchs zugrunde legten. Doch bleibt es außerbiblisch keineswegs auf
Herodot beschränkt. Bei Hekataios von Abdera erscheinen ebenfalls
eponyme Vorfahren vor der eigentlichen Geschichte. Kadmos, der
Gründer von Theben, kommt dort ebenso aus Ägypten wie Danaos
und die Israeliten.[79]

---

74 Ob dies dem Selbstverständnis der Bevölkerung Palästinas in der Perserzeit ent-
    spricht, lässt sich nicht sagen, da Herodot nichts über einen persönlichen Kontakt
    mitteilt. Doch dürfte es dem entsprechen, was über die Bewohner der Region im
    5. Jh. v. Chr. bekannt war.
75 Vgl. dazu Hunter, Past, 103 f.; Bichler, Herodots Welt, 131 ff.
76 Ein schönes Beispiel ist, dass er die Überlieferungen der Gephyraier anzweifelt
    (V, 57, 1) und ihnen eigene Nachforschungen entgegenstellt. Vgl. dazu Vandiver,
    Heroes, 42 f.
77 Vgl. ebd., 233.
78 Ebd., 235.
79 Siehe das Exzerpt bei Diod. 40,3. Text und Übersetzung: Stern, Greek, 26–29.

Damit ist die Verbindung einer Zeit der eponymen Vorfahren mit der eigentlichen Geschichte ein in Orient und Okzident übergreifend anzutreffendes Motiv. Es dient dazu, den Grund der Geschichte im Mythos ausfindig zu machen und mythische Überlieferungen auf ihre geschichtlichen Implikationen hin zu befragen. Die priesterliche Konzeption der Volkswerdung, die als Zäsur zwischen den Erzelterngeschichten und der Exodus-Landnahmegeschichte platziert wird, stellt daher nicht nur ein theologisches Konzept dar, sondern auch den Versuch, die Frühgeschichte zu periodisieren und mit der Gegenwart zu verbinden.[80]

5. Synthese

Dtn 26 setzt voraus, dass Erzelterngeschichten und Exodus vorpriesterlich verbunden werden konnten. Der Bekenntnistext zielt auf Akzeptanz und muss sie gefunden haben. Der Verweis auf den Vater als einen bedürftigen Aramäer und auf die Unterdrückung in Ägypten kontrastiert den als besitzenden Israeliten angesprochenen Bewohner des Landes, der seine Erstlinge dem Priester übergeben soll.

Außerbiblisch sind bei Herodot einerseits ein Zusammenhang mit Syrien und andererseits einer mit Ägypten als zwei Aspekte der Identität der sog. Syrer Palästinas bezeugt.

Die vorpriesterlichen Erzelterngeschichten setzten mit den Verheißungen und dem enthaltenen genealogischen Konzept bereits die Volkswerdung Israels voraus. Erzelterngeschichte und Exodus-Landnahmegeschichte sind zudem durch eine gemeinsame tribale Konzeption Israels verbunden. Die Genesis weist in den Verheißungen auf die Geschichte des Volkes voraus, lässt aber einen eigenen Übergang zur Volksgeschichte nicht erkennen. Am Anfang des Exodusbuches und in der Exodusgeschichte ist die Differenz zwischen Israeliten und Ägyptern konstitutiv. Ein anderer Ursprung der Israeliten in Ägypten als jener mit der Volkswerdung aus den eponymen Stammvätern, wie es in Ex 1 vorausgesetzt wird, existiert nicht. Wer die Existenz zweier konkurrierender Ursprungstraditionen aus dem priesterlichen Charakter der Übergangstexte behauptet, muss erklären, warum und wie zwei solche Torsi bis in die persische Zeit unabhängig voneinander existiert haben sollten. Für den vorpriesterlichen Exoduszusammenhang bedeu-

---

80 Das Interesse an den Genealogien und auch der Versuch, genaue Zeitangaben ausgehend von der Schöpfung zu geben, dürfte direkt mit diesem Interesse zusammenhängen.

tet das, dass die Volkswerdung aus den eponymen Vorfahren, und das heißt aus Jakob und seiner Familie, an ihrem Anfang thematisiert oder vorausgesetzt gewesen sein muss, wie dies auch in Dtn 26,5 der Fall ist. Ein solcher Verweis auf die Erzelterngeschichten kann nicht erst eine Erfindung kurz vor dem Abschluss oder am Ende der Literaturgeschichte des Pentateuchs sein. Der Verweis auf die 70 Vorfahren in Ex 1,5, der gegenüber dem priesterlichen Konzept von Gen 46,26–28 wie ein Fremdkörper wirkt, könnte Teil eines älteren Verweises sein.

Ob allerdings ein übergreifender Buchkontext existiert hat, bleibt unsicher. Immer wird man zwischen dem Übergang von der Zeit der Vorfahren zum Exodus, der das Volk bereits kollektiv in den Blick nimmt, eine Zäsur gesehen haben, was indirekt bspw. in den abnehmenden Lebensaltern der Erzeltern spürbar ist.

Auch setzt der priesterliche Text Ex 1,1–14 die Volkswerdung aus den eponymen Vorfahren in Ägypten, aus einer kleinen Gruppe, bereits als akzeptiertes Konzept voraus. Auch die Differenz zu den Ägyptern ist dort konstitutiv.

Ganz selbstverständlich wird auf die Inhalte der Erzelterngeschichten verwiesen, ohne dass die Verbindung erst hermeneutisch vermittelt werden müsste. Der priesterliche Text schlägt einen Bogen zurück zur Schöpfung und bereitet andererseits den Exodus vor. Dadurch haben die priesterlichen Autoren eine Periodisierung der Vorgeschichte Israels im Sinn. Mit Ex 1 markieren sie eine ähnlich bedeutsame Zäsur wie zwischen Schöpfung und Flut. Diese ist beispielsweise auch in der priesterlichen Konzeption von der noch defizitären Kenntnis *Jhwh*s bei den Erzeltern (Gen 17,1: אני אל שדי; Ex 6,3) erkennbar.[81] Das Postulat einer erst sekundären Verbindung von Genesis und Exodus durch P und einer anschließenden Abtrennung durch die Buchtrennung lässt sich nicht halten. Die priesterliche Komposition, die in Ex 1,1–14 am Werk ist, hatte bereits von Anfang an die Zäsur und wohl auch schon den Beginn eines neuen Buches im Blick.

Mit dem geschichtlichen Interesse an den Überlieferungen, die sie als Vorgeschichte der eponymen Vorfahren und der eigentlichen mit dem Exodus beginnenden Geschichte Israel einander zuordnen, geht ein theologisches systematisierendes Interesse einher, wie wir es auch in anderen priesterlichen Texten bspw. in Gen 1 antreffen. Dieses historische und theologische Interesse ist mit den Techniken der griechischen Historiographie seit Herodot vergleichbar.

Die Intention der priesterlichen Texte war es, mit einem Rückverweis auf die Urgeschichte den Übergang von der Vorgeschichte zur

---

81 Vgl. z.B. auch Num 15,41.

Geschichte Israels, von der Welt der eponymen Stammväter zur Volksgeschichte zu markieren. Die priesterlichen Autoren hatten gerade nicht die Verbindung ursprünglich getrennter Traditionen im Sinn, sondern die Gestaltung einer Zäsur, um Vorgeschichte und eigentliche Geschichte, Mythos und Geschichte einander gegenüberstellen zu können. Wenn Exodustradition und Jakobs- und Josefsgeschichte als konkurrierende Konzepte existiert hätten, wäre es notwendig gewesen, gegen die jeweils eigenständigen Traditionen zu argumentieren. Die priesterlichen Autoren hätten nicht ohne Vermittlung nur auf die Inhalte der Josefsgeschichte anspielen können.

Literatur

C. Berner, Die Exoduserzählung. Das literarische Werden einer Ursprungslegende Israels, FAT 73, Tübingen 2010

R. Bichler, Herodots Welt. Der Aufbau der Historie am Bild der fremden Länder und Völker, ihrer Zivilisation und ihrer Geschichte, Antike in der Moderne, Berlin ²2001

E. Blum, Die Komposition der Vätergeschichte, WMANT 57, Neukirchen-Vluyn 1984

— Historiographie oder Dichtung? Zur Eigenart alttestamentlicher Geschichtsüberlieferung, in: E. Blum/W. Johnstone/C. Markschies (Hg.), Das Alte Testament – ein Geschichtsbuch?, Altes Testament und Moderne 10, Münster 2005, 65–86

— Hosea 12 und die Pentateuchüberlieferungen, in: A. C. Hagedorn/H. Pfeiffer (Hg.), Die Erzväter in der biblischen Tradition (FS Köckert), BZAW 400, Berlin/New York 2009, 291–321

— Die literarische Verbindung von Erzvätern und Exodus. Ein Gespräch mit neueren Endredaktionshypothesen, in: Ders., Textgestalt und Komposition. Exegetische Beiträge zu Tora und Vordere Propheten, FAT 69, Tübingen 2010, 85–121

— Zwischen Literarkritik und Stilkritik. Die diachrone Analyse der literarischen Verbindung von Genesis und Exodus – im Gespräch mit Ludwig Schmidt, ZAW 124 (2012), 494–515

D. M. Carr, Genesis in Relation to the Moses Story. Diachronic and Synchronic Perspectives, in: A. Wénin (Hg.), Studies in the Book of Genesis. Literature, Redaction and History, BEThL 155, Leuven 2001, 273–295

— What Is Required to Identify Pre-Priestly Narrative Connections between Genesis and Exodus? Some General Reflections and Specific Cases, in: Dozeman/Schmid (Hg.), Farewell, 159–180

T. B. Dozeman, The Commission of Moses and the Book of Genesis, in: Ders./Schmid (Hg.), Farewell, 107–129

T. B. Dozeman/K. Schmid (Hg.), A Farewell to the Yahwist? The Composition of the Pentateuch in Recent European Interpretation, SBL. symposium series 34, Atlanta 2006

J. C. Gertz, Die Stellung des kleinen geschichtlichen Credos in der Redaktionsgeschichte von Deuteronomium und Pentateuch, in: R. G. Kratz/ H. Spieckermann (Hg.), Liebe und Gebot. Studien zum Deuteronomium, FRLANT 190, Göttingen 2000, 30–45

— The Transition between the Books of Genesis and Exodus, in: Dozeman/Schmid (Hg.), Farewell, 73–87

— Antibabylonische Polemik im priesterlichen Schöpfungsbericht?, ZThK 106 (2009), 137–155

— Tradition und Redaktion in der Exoduserzählung. Untersuchungen zur Endredaktion des Pentateuch, FRLANT 186, Göttingen 2000

— Grundinformation Altes Testament. Eine Einführung in Literatur, Religion und Geschichte des Alten Testaments, UTB 2745, Göttingen 2006

R. Heckl, Die Exposition des Pentateuchs. Überlegungen zum literarischen und theologischen Konzept von Genesis 1–3, in: A. Berlejung/R. Heckl (Hg.), Ex oriente lux. Studien zur Theologie des Alten Testaments (FS Lux), ABG 39, Leipzig 2012, 3–37

Herodot, Historien, J. Feix (Hg.), München ³1980

T. Hieke, Die Genealogien der Genesis, HBS 39, Freiburg im Breisgau/New York 2003

G. Hölscher, Geschichte der israelitischen und jüdischen Religion, Gießen 1922

V. J. Hunter, Past and Process in Herodotus and Thucydides, Princeton/NJ 1982

B. Jacob, Das Buch Exodus, Stuttgart 1997

B. Janowski, Das Doppelgesicht der Zeit. Alttestamentliche Variationen zum Thema »Mythos und Geschichte«, in: M. Grohmann/Y. Zakovitch (Hg.), Jewish and Christian Approaches to Psalms, HBS 57, Freiburg im Breisgau/New York 2009, 113–133

R. G. Kratz/H. Spieckermann, Schöpfer/Schöpfung II, in: TRE 30, 258–283

S. D. Kunin, The Logic of Incest. A Structuralist Analysis of Hebrew Mythology, JSOT.S 185, Sheffield 1995

C. Levin, Der Jahwist, FRLANT 157, Göttingen 1993

E. Lipiński, עַם, in: ThWAT VI, 1989, 177–194

— The Aramaeans. Their Ancient History, Culture, Religion, OLA 100, Leuven 2000

M. Noth, Die Historisierung des Mythos im Alten Testament, in: Ders., Gesammelte Studien zum Alten Testament II, München 1969, 29–47

W. Oswald, Staatstheorie im Alten Israel. Der politische Diskurs im Pentateuch und in den Geschichtsbüchern des Alten Testaments, Stuttgart 2009

— Die Exodus-Gottesberg-Erzählung als Gründungsurkunde der judäischen Bürgergemeinde, in: K.-P. Adam u. a. (Hg.), Law and Narrative in the Bible and in Neighbouring Ancient Cultures, FAT-II 54, Tübingen 2012, 35–51

L. Perlitt, Bundestheologie im Alten Testament, WMANT 36, Neukirchen-Vluyn 1969

G. v. Rad, Die Priesterschrift im Hexateuch. Literarisch untersucht und theologisch gewertet, Stuttgart/Berlin 1934

— Das formgeschichtliche Problem des Hexateuchs, Stuttgart 1938

R. Rendtorff, Das überlieferungsgeschichtliche Problem des Pentateuch, BZAW 147, Berlin/New York 1977

T. Römer, Israels Väter. Untersuchungen zur Väterthematik im Deutoronomium und in der deuteronomistischen Tradition, OBO 99, Fribourg/Göttingen 1990

K. Schmid, Erzväter und Exodus. Untersuchungen zur doppelten Begründung der Ursprünge Israels innerhalb der Geschichtsbücher des Alten Testaments, WMANT 81, Neukirchen-Vluyn 1999

— Literaturgeschichte des Alten Testaments. Eine Einführung, Darmstadt 2008

L. Schmidt, Die vorpriesterliche Verbindung von Erzvätern und Exodus durch die Josefsgeschichte (Gen 37; 39–50*) und Exodus 1, ZAW 124 (2012), 19–37

A. Schüle, Der Prolog der hebräischen Bibel. Der literar- und theologiegeschichtliche Diskurs der Urgeschichte (Gen 1–11), AThANT 86, Zürich 2006

H. Seebaß, Erwägungen zum altisraelitischen System der zwölf Stämme, ZAW 90 (1978), 196–220

M. Stern, Greek and Latin Authors on Jews and Judaism. I: From Herodot to Plutarch, Jerusalem 1976

Strabon, Geographika IV. Buch XIV-XVII. Text und Übersetzung, hrsg. von S. Radt, Göttingen 2005

R. Thomas, Herodotus in Context. Ethnography, Science and the Art of Persuasion, Cambridge 2000

H. Utzschneider/W. Oswald, Exodus 1–15 (Internationaler exegetischer Kommentar zum Alten Testament), Stuttgart 2012

E. Vandiver, Heroes in Herodotus. The Interaction of Myth and History, Studien zur klassischen Philologie 56, Frankfurt am Main/New York 1991

P. Weimar, Studien zur Priesterschrift, FAT 56, Tübingen 2008

J. Wellhausen, Israelitische und jüdische Geschichte, Berlin/Leipzig [8]1921

J. Wöhrle, Fremdlinge im eigenen Land. Zur Entstehung und Intention der priesterlichen Passagen der Vätergeschichte, FRLANT 246, Göttingen 2012

B. Ziemer, Abram–Abraham. Kompositionsgeschichtliche Untersuchungen zu Genesis 14, 15 und 17, BZAW 350, Berlin/New York 2005

Die Jahwenamenoffenbarung in Ex 6,2–9*
und die zwei Zeiten der Landgabe

Zum Ende der Priesterschrift und zu ihrem Zeitverständnis

Hans-Christoph Schmitt

1. Zur Diskussion über die Zeit der Landgabe in der Priesterschrift

In seiner Heidelberger Habilitationsschrift von 1969 »Israel und das Land. Vorarbeiten zu einem Vergleich zwischen Priesterschrift und deuteronomistischen Geschichtswerk« hat G. C. Macholz wichtige Beobachtungen zum Zeitverständnis der Priesterschrift vorgelegt. Nach ihnen spannt sich in der Priesterschrift kein Jahrhunderte überbrückender Zeitbogen zwischen der Jahweverheißung und ihrer Erfüllung:

> »P betont, dass Gott das Land schon dem Abraham gegeben hat – beim Bundesschluß gegeben – nicht als Bundesinhalt verheißen.«[1]

Somit ergehe die Zusage des Landes an Abraham »als gegenwärtige Übereignung des ›ganzen Landes Kanaan‹, die einen ... vererbbaren Rechtsanspruch auf das Land begründet«.[2] Dadurch wird »bei P die Rede vom Land aus dem weiten Bogen von Verheißung und Erfüllung herausgenommen«.[3] Als Beleg verweist Macholz[4] vor allem auf die Erzählung Gen 23,[5] die er als »Landnahmegeschichte«[6] bezeichnet.[7]

---

1 Macholz, Israel, 58.
2 Ebd., 83.
3 Ebd., 57.
4 Ebd., 50–59.86.
5 Inwieweit Gen 23 zu P gehört, ist umstritten. Blum, Komposition, 443, hat sich gegen eine Zugehörigkeit zu P ausgesprochen (vgl. auch Wöhrle, Fremdlinge, 58–64). Doch wird Gen 23 in den P-Texten von Gen 25,9f.; 49,29–31; 50,13 vorausgesetzt. Allerdings kann gegen Macholz der Erwerb der Höhle Machpela durch Abraham nicht als Erfüllung der Verheißung des *ganzen* Landes Kanaan von Gen 17,8 verstanden werden (vgl. Groß, Zukunft, 68, Anm. 52; Ziemer, Abram, 334.345, Anm. 348), son-

Bemerkenswert ist die Interpretation von Ex 6,2–8 durch Macholz. Hiernach gehe es beim Exodus nicht um die Hineinführung in das Land:[8] »Ziel der Befreiung ist die Freiheit Israels selber, nicht das Land«,[9] ist die Ermöglichung des »Lebens in den am Sinai gesetzten Ordnungen«.[10] Dies entspreche dem Abrahambund von Gen 17, bei dem auch die Landzusage nur »als Akzidenz des eigentlichen Bundesinhaltes, nämlich des Selbstverspruches Gottes«[11] erscheine.

Der neueren Forschung haben diese Beobachtungen vielfältige Impulse vermittelt. Nach F. Kohata[12] vollzieht sich bei P »die Landgabe nicht erst mit dem Eintritt der Israeliten ins Land, sondern bereits durch das Wort Gottes an die Väter«.[13] Somit ist »also auch der Nachkommenschaft bereits« das Land gegeben, und so kann bereits in der Wüstenzeit davon gesprochen werden, dass Jahwe den Israeliten das Land *gegeben hat*[14] (Num 20,12; 27,12[15]). In Konsequenz der Überlegung, dass somit P sich »wenig für die Hineinführung der Israeliten in das Land« interessiere, kamen dann vor allem T. Pola[16] und E. Otto[17] zu der Auffassung, dass die Priestergrundschrift (= P[G18]) bereits am Sinai geendet habe.[19] Wichtig ist in diesem Zusammenhang die Exegese der P[G]-Perikope von der Jahwenamenoffenbarung in Ex 6 und dabei besonders der V. 6–8: So führen zum einen F. Kohata[20] und E. Otto die Land-

---

dern ist nur als zeichenhafter Ausdruck des Landbesitzes der Erzväter zu deuten (vgl. Elliger, Sinn, 176: *in nuce*).

6   Macholz, Israel, 86.

7   Auch in Gen 28,4; 35,12 spricht P davon, dass Gott dem Abraham bzw. Abraham und Isaak das Land *gegeben hat*. Vgl. Köckert, Land, 154.

8   Die Landzusage in Ex 6,8 geht nach Macholz, Israel, 65–67, auf eine P vorgegebene Tradition zurück.

9   Ebd., 71.

10   Ebd., 82.

11   Ebd., 50.

12   Kohata, Jahwist, 29–34.

13   Ebd., 31f.

14   Ebd., 32. Ähnlich Köckert, zuletzt Thema, 517, Anm. 69.

15   Vgl. dazu unten Abschnitt 4.1.

16   Priesterschrift, 291ff.

17   U.a. in: Deuteronomium, 53, Anm. 175.

18   Zur Diskussion über die Priestergrundschrift vgl. einerseits Ziemer, Abram, 283–290 (dazu auch unten Anm. 43) und andererseits L. Schmidt, Studien, 1–34; Weimar, Studien, 10–12; auch Nentel, Jakobserzählungen, 27–34.

19   Vgl. u.a. auch Zenger, Einleitung, 199; Schmid, Erzväter, 263; Kratz, Komposition, 117; Nihan, Tora, 608–614.

20   Kohata, Jahwist, 29–34.

verheißung von Ex 6,8[21] nicht mehr auf die P^G, sondern erst auf eine »deuteronomistische« nachpriesterschriftliche Schicht zurück. Zum anderen versucht K. Schmid zu zeigen, dass die Verheißungen von Ex 6,6–8 eng auf Ex 29,45 f. bezogen[22] und damit – ähnlich wie dies Macholz gesehen hat – der Bundesverheißung subordiniert seien. Die Begegnung mit Jahwe am Sinai ersetze somit die Hineinführung in das Land, was auf ein Ende der P^G »in der Sinaiperikope«[23] deute. Schließlich füge sich auch die Darstellung einer durch die Exilserfahrung in Frage gestellten Landnahme des Volkes nicht in eine »mythisch konzipierte Ursprungserzählung«, wie sie die P^G bilde.[24]

Hier stellen sich mehrere Fragen: Neben den literarkritischen Vorschlägen[25] kann auch das auf die Urgeschichte bezogene Geschichtsverständnis der P^G durchaus anders beurteilt werden. So hat E.-J. Waschke in seiner Untersuchung der Urgeschichte[26] gezeigt, dass bei der P^G die Urgeschichte eine *dienende* Funktion für die Bewältigung der Exilserfahrung Israels hat. Im Hinblick auf den Verlust des Landes erhebt sich daher die Frage, ob nach der ersten Erfüllung der Landverheißung von Gen 17 durch die Landgabe an die *Erzväter* in P^G nicht noch mit einer zweiten Landgabe gerechnet werden kann. Im gleichen Zusammenhang ist zu fragen, ob die Darstellung einer zweiten Erfüllung der Landverheißung bereits die nachexilische Jerusalemer Gemeinde voraussetzt[27] oder nicht vielmehr noch Hoffnung auf Rückkehr in das Land wecken will, wie dies zuletzt C. Frevel[28] vertreten hat. Ausgehend von einer erneuten Untersuchung von Ex 6,2–9 sollen daher im Folgenden behandelt werden:

2. Ex 6,2–9 und die »Bundesverheißungen« von Gen 17,
3. Urgeschichte und Geschichte Israels in der P^G,
4. Landgabe *nach* der Sinaioffenbarung in der P^G,
5. Das Zeitverständnis der P^G in »Moses Landschau bei seinem Tode« (Dtn 32, 48–52*; 34, 1*.7–9*),
6. Ausblick: Nachpriesterschriftliches Zeitverständnis in Num 27,12–23*.

---

21 Otto, Deuteronomium, 37, Anm. 110, hält 6,6–8 insgesamt für nachpriesterschriftlich.
22 Schmid, Erzväter, 261.
23 Schmid, Literaturgeschichte, 147. In Erzväter, 263, Anm. 532, hatte er das Ende der P^G genauer mit Lev 9,24 bestimmt.
24 Erzväter, 262 f.
25 Vgl. dazu unten Abschnitt 2.1.
26 Untersuchungen 42–51.
27 So L. Schmidt, Studien, 259–265.
28 Blick, 361–371; vgl. schon Elliger, Sinn, 196, und Kilian, Priesterschrift, 246.

2. Die Jahwenamenoffenbarung in Ex 6,2–9 und die »Bundesverheißungen« von Gen 17

2.1. Zur Literarkritik von Ex 6,2–9

Von entscheidender Bedeutung für das Verständnis der Verheißungen in der P^G ist die Frage, inwieweit in Ex 6,2–9 V. 6–8 noch der Priestergrundschrift zugeschrieben werden können. Schon B. Baentsch[29] hat in V. 6–8 einen sich teilweise vom üblichen P-Stil unterscheidenden Sprachgebrauch diagnostiziert. E. Otto[30] hat daraus gefolgert, dass es sich bei V. 6–8 um einen nachpriesterschriftlichen Zusatz handele und in der P^G V. 9 ursprünglich auf V. 5 gefolgt sei. Demgegenüber ist jedoch immer wieder auf die Unentbehrlichkeit dieser Verse innerhalb von 6,2–9 hingewiesen worden:[31] So setzt V. 9a den entsprechenden Auftrag Jahwes an Mose in V. 6 voraus. Weniger problematisch ist daher der Vorschlag von F. Kohata,[32] lediglich V. 8 als nachpriesterschriftlichen Zusatz zu verstehen. Als Hauptgrund für die Ausscheidung von V. 8 wird dabei angegeben, dass in ihm mit einer *zukünftigen* Landgabe an das Volk gerechnet werde, während nach P^G (vgl. Ex 6,4 und schon Gen 28,4; 35,12) Gott den Erzvätern das Land Kanaan *bereits gegeben* hat. Zudem greife Ex 6,8 die deuteronomistische Vorstellung vom Landschwur Jahwes auf. Nun vertritt jedoch auch Ex 6,8 wie 6,4 die Vorstellung, dass das Land den *Erzvätern bereits gegeben* wurde.[33] Auch sind die terminologischen Besonderheiten von V. 8 nicht aus der deuteronomistischen Überlieferung, sondern aus der bei Ezechiel aufgenommenen »priesterlichen« Tradition herzuleiten (vgl. »Handerhebung«[34] im Gegensatz zur dtr. Formulierung »Schwur«). Dies gilt auch für *mwršh*, das ebenfalls ein im Ezechielbuch verbreiteter Begriff ist.[35] Ex 6,6–8 sind somit als Bestandteil der P^G zu verstehen.[36]

---

29   Baentsch, Exodus, 47.

30   Otto, Deuteronomium, 37, Anm. 110.

31   Vgl. u. a. Gertz, Tradition, 249; Nihan, Torah, 65, Anm. 237; L. Schmidt, Sinai, 483.

32   Kohata, Jahwist, 29–34.

33   Vgl. zuletzt Wöhrle, Fremdlinge, 196 f. Ex 6,8 spricht wie 6,4 von einem göttlichen *Geben* des Landes an die Erzväter (vgl. L. Schmidt, Studien, 185 f.; Köckert, Land, 152).

34   Vgl. zum »Erheben der Hand Jahwes« Ez 20,5.6.15.23.28.42 (auch Num 14,30 R^P) und zur inhaltlichen Differenz gegenüber »Schwur« siehe Lust, Exodus, 218–222.

35   Vgl. W. H. Schmidt, Exodus, 275, und unten Anm. 82.

36   Für die traditionsgeschichtliche Zuordnung von 6,6–8 zu P vgl. u. a. Gertz, Tradition, 245–250; Berner, Exoduserzählung, 159.

Durch Ex 6,2–8[37] strukturiert die P[G] ihre Darstellung so, dass der zukünftige Erweis der Gottheit Jahwes (vgl. die Rahmung von V. 6–8 mit »ich bin Jahwe«) von seinem Gedenken an seine Bundesverheißungen von Gen 17 bestimmt ist.[38] Dabei ging es in Gen 17 um die Mehrungsverheißung (V. 2.4–6), die Landverheißung (V. 8) und die Verheißung der Nähe Gottes (V. 7).[39] Es wird nun zu fragen sein, wie Ex 6 diese Verheißungen aufgreift.

2.2. Mehrungsverheißung

Zunächst fällt auf, dass in Ex 6,2–9 die Mehrungsverheißung von Gen 17,2.4–6 nicht mehr angesprochen wird. Dies ist offensichtlich darin begründet, dass nach der Vorstellung der P[G] die Mehrungsverheißung mit Ex 1,7 bereits erfüllt ist.[40] Ex 1,7 berichtet, dass die Israeliten in Ägypten »fruchtbar waren und sich mehrten«. Damit wird festgestellt, dass die an Abraham in Gen 17,2–6* (vgl. bes. »fruchtbar machen« in V. 6 und »mehren« in V. 2) ergangene[41] und gegenüber Jakob in Gen 35,11; 48,3 wiederholte Verheißung von »Fruchtbarkeit und Mehrung« erfüllt ist.[42] Somit ist sie nicht mehr Gegenstand der in Ex 6 durch Mose vermittelten Verheißungen Jahwes an das Volk. Beachtenswert ist, dass die P[G] hierbei von einer sich in Etappen vollziehenden Erfüllung der Verheißungen von Gen 17,2–8 ausgeht.

2.3. Landverheißung

Ex 6,4.8 rechnen damit, dass auch die *Land*verheißung von Gen 17,8 bereits in der Väterzeit erfüllt worden ist. Die entsprechenden Beobachtungen von G. C. Macholz werden dabei auch von der neuesten Unter-

---

37   In Ex 6,6 ist wohl »mit ausgestrecktem Arm« erst nachpriesterschriftlich (vgl. Dtn 4,34 u.ö.) zugefügt. Vgl. u.a. Kohata, Jahwist, 28 f.; Gertz, Tradition, 243.246; Berner, Exoduserzählung, 158.

38   Vgl. zur spezifischen theologischen Position von Ex 6,2–8 vor allem Ska, place, 541–544.

39   Vgl. u.a. W. H. Schmidt, Exodus, 276–278, und unten Anm. 85.

40   So u.a. W. H. Schmidt, Exodus, 277; Schmid, Erzväter, 258.

41   Vgl. Gen 28,3.

42   Die Verheißung von Völkern und Königen, die aus Abraham (Gen 17,6.16) bzw. aus Jakob (Gen 35,11) hervorgehen sollen, ist nur eine Explikation der Mehrungsverheißung und bezieht sich nicht auf eine nach Ex 1,7 noch ausstehende neue Dimension dieser Verheißung. Dabei sind mit den »Königen« die Könige der israelitischen Königszeit gemeint (vgl. L. Schmidt, Studien, 265; Ruppert, Genesis, 486). Dass die P[G] ein »messianisches« Königtum erwartet (wie Ez 34,24; 37,22.24 f.), wird nirgends zum Ausdruck gebracht.

suchung der Landverheißungen der priesterlichen Erzvätergeschichte, der 2012 erschienenen Arbeit »Fremdlinge im eigenen Land« von J. Wöhrle, aufgenommen. Wöhrle stellt unter Berufung auf Gen 17,8; 28,4; 35,12 und Ex 6,4 heraus, dass nach P[43] die Erzväter einerseits das Land bereits in Besitz genommen haben,[44] andererseits aber »ihr Leben nach Gen 35,27 ein Leben als Fremdling« bleibe (vgl. auch Gen 37,1; 47,9), so dass sie »Fremdlinge im eigenen Land« sind.[45] Gleichzeitig weist Wöhrle jedoch auch darauf hin, dass nach Ex 6,8 »die Inbesitznahme des Landes durch das von den Vätern herkommende Volk« noch aussteht.[46] In P werde vorausgesetzt, dass das Land »einer jeden Generation« und damit auch der Mosegeneration »aufs Neue übereignet« wird.[47] Jedoch gehöre auch für deren Mitglieder »das Leben unter einer fremden Bevölkerung … zum Leben in diesem Land« dazu, so dass auch sie wie die Erzväter »Fremdlinge im eigenen Land« wären.[48] Hierbei werden allerdings die Besonderheiten der in Ex 6,8 verheißenen Landnahme des Volkes[49] nicht berücksichtigt. So kann Wöhrle mit der gegenwärtigen Mehrheitsmeinung annehmen, dass die Priesterschrift mit der Sinaioffenbarung ohne die folgende Landgabeerzählung endet.[50]

2.4. Verheißung der Gottesnähe

Der Verzicht auf eine Landgabeerzählung nach der Sinaioffenbarung wird nun auch von K. Schmid[51] mit Ex 6,6–8 begründet. Seiner Meinung nach werde hier die V. 6–8 übergreifende Verheißung der Jah-

---

43 Wöhrle, Fremdlinge, 147–160, versteht P in der Vätergeschichte und in Ex 1–4 als Redaktion der vorpriesterlichen Überlieferungen, während in Gen 1–11 und in Ex 6–29 er P als Grundschicht ansieht.

44 Ebd., 192–197. Allerdings stellt er die Auffassung von Macholz und Kohata in Frage, dass die Landübereignung an Abraham bereits in der Landverheißung von Gen 17,8 geschehen sei (vgl. S. 193, Anm. 15).

45 Ebd., 198–201, besonders 200. Dabei wird nach Wöhrle Fremdlinge, 221, Anm. 12, vom »Land der Fremdlingschaft« gesprochen, weil »das Land den Vätern neben der im Lande lebenden Vorbevölkerung gegeben wird«. Wöhrle bringt dabei dieses Landverständnis mit der Situation der zurückgekehrten Exulanten in der frühen Nachexilszeit in Verbindung (169–192).

46 Ebd., 193–197, bes. 197 (auch Nihan, Tora, 387). Vgl. auch unten Anm. 78.

47 Ebd., 196f.

48 Ebd., 199–202, bes. 201.

49 Vgl. dazu unten Abschnitt 4.1.

50 Ebd., 159.164: in Ex 29,46.

51 Erzväter, 259–262.

weerfahrung (vgl. besonders V.6a und V. 8b)[52] mit der in V. 8 themati-
sierten Landverheißung verschränkt. Dies entspreche der Verschränkung von Verheißung der Gottesnähe und Landverheißung beim Abrahambund in Gen 17, 7.8b (»ich will ihr Gott sein«) und 17,8a »(ich
will dir und deinen Nachkommen das Land geben«).[53] Diese Verschränkung belege, dass in der P[G] die Landverheißung der Verheißung
der Gottesnähe subordiniert sei: So werde in Ex 6,6f. als Ziel des Exodus die am Sinai erlebte Erfahrung der Gottesnähe angegeben.[54] Bestätigt werde dieses Verständnis von Ex 6,6f. durch den Höhepunkt der
priesterschriftlichen Sinaidarstellung in Ex 29,45–46, der auf Ex 6,7
zurückverweise.

Angesichts der engen Beziehung zwischen Ex 6,6–8 und Ex 29,45–
46 stellt Schmid die These auf, dass für die P[G] das Ziel des Exodus die
am Sinai erfahrene Gottesgegenwart sei[55] und dass bei der P[G] damit die
Sinaioffenbarung an die Stelle der Landgabe trete. Er beruft sich dafür
auf die Feststellung von M. Köckert, dass in der P[G] das »Verweilen …
Gottes im Zelt den Platz eingenommen« hat, »den in der vorpriesterlichen Tradition die Landgabe oder die Hineinführung ins Land inne
hatten.«[56] Die Landverheißung werde daher in die Verheißung der
Nähe Gottes eingeordnet.[57]

Gegenüber dieser Interpretation erheben sich allerdings Fragen:
Die P[G] weist nirgends auf ein Aufgehen der Landverheißung in der
Verheißung der Nähe Gottes im Begegnungszelt hin. Vielmehr ist bei
der P[G] das *Land* als das »Land der Gottesnähe«[58] verstanden und bildet
somit – wie Köckert auch betont – den »Ort, ohne den die kultische
Präsenz des Gottes Israels ein bloßes Phantom bleiben müßte«.[59] Auch
gibt es Anhaltspunkte, dass die Sinaidarstellung der P[G] an ein letztlich
für das Land bestimmtes Heiligtum denkt, wie dies die Vorstellung des
beweglichen *Zelt*heiligtums nahelegt. Zwar vertritt T. Pola die Auffassung, dass sich das »Begegnungszelt« noch nicht in der P[G] finde: Aus
dem als Höhepunkt der P[G]-Sinaierzählung angesehenen Text Ex 29,43–

52 Im Mittelpunkt von V.6–8 steht dabei die hier die alleinige Initiative Jahwes beto-
nende zweiseitige Bundesformel. Zu ihrer Form bei P[G] vgl. W. H. Schmidt, Exodus,
285f.
53 Zu dieser Verschränkung vgl. auch Ziemer, Abram, 389.
54 Schmid, Erzväter, 261. Doch spricht schon Ex 16,12 von Jahweerfahrung in der
Wüste.
55 Ebd., 261f.
56 Köckert, Land, 153.
57 Schmid, Erzväter, 262. Ähnlich Zenger, Einleitung, 199.
58 Köckert, Land, 151f.
59 Ebd., 153.

44a*.45–46[60] seien die Verse V. 43–44, in denen das »Begegnungszelt« genannt ist, als sekundär auszuscheiden, was jedoch literarkritisch wenig wahrscheinlich ist.[61]

Um die These des Fehlens einer Landgabeerzählung nach der Sinaioffenbarung abzustützen, hat K. Schmid[62] versucht, den Verzicht auf einen Landgabebericht von der *Gattung* der PG als einer »mythisch konzipierten Ursprungserzählung« her plausibel zu machen. Um diese Gattungsbestimmung zu überprüfen, ist zunächst das Verhältnis von Urgeschichte und Geschichte Israels in der PG zu betrachten.

3. Urgeschichte und Geschichte Israels in der PG.
Die Gattung der PG als »mythische Ursprungserzählung« oder »urgeschichtlich fundierte Verheißungserzählung«?

Nach O. H. Steck[63] gliedert sich die PG in die folgenden zwei Großabschnitte:[64] erstens den Welt- bzw. Urgeschichtskreis, Gen 1,1–11,26*, und zweitens den Abraham- bzw. Israelkreis Gen 11,27–Dtn 34,9*. Nun hat die neuere Forschung gezeigt, dass Väter- und Israel-/ Mosegeschichte bei der PG in enger Beziehung zur Urgeschichte stehen: So setzt nach der PG Gottes Schöpfungshandeln in Gen 1,1–2,4a sich einerseits in der Offenbarung und Herstellung des Heiligtums in Ex 24,15b-18aα (Sieben-Tages-Schema); 39,43 (»Segnung« des Heiligtums); 40,33b (»Vollendung« des Heiligtums) fort.[65] In gleicher Weise hat auch die Mehrungsverheißung des Abrahambundes von Gen 17,2.4–6 ihren Grund in Gottes urgeschichtlichem Handeln – und zwar sowohl im Schöpfungssegen von Gen 1,28 als auch im Erhaltungssegen nach der Flut in Gen 9,1[66] – und findet schließlich ihre Erfüllung in Ex 1,7.

Eine über die Sinaioffenbarung hinausgehende Landgabeerzählung passt nach K. Schmid dagegen nicht zu einer solchen »mythisch konzi-

---

60 Vgl. vor allem Janowski, Tempel, 229f.
61 Vgl. zur Kritik an Polas literarischer Analyse von Ex 29,43–46 u.a. Frevel, Blick, 96–104; Nihan, Torah, 35–38; Ziemer, Abram, 285f.
62 Erzväter, 262f.
63 Aufbauprobleme, 305–308.
64 Diese beiden Großabschnitte sind im Anschluss an Wellhausens Vorstellung von einem viergeteilten Werk (vgl. Composition 1) jeweils noch einmal zu unterteilen: 1. Vor der Flut, 2. Sintflut und Noah-»Bund«, 3. Abraham-»Bund« und Vätergeschichte, 4. Volksgeschichte unter Mose mit Jahweoffenbarung.
65 Vgl. zusammenfassend u.a. Frevel, Blick, 385.
66 Vgl. Waschke, Untersuchungen, 49f.

pierten Ursprungserzählung«:[67] Für eine solche Gattung würde es ein Problem darstellen, »die Gewährung von Gottesgaben« zu erzählen, »die Israel wieder entzogen worden sind, wie das beim Land der Fall ist«: Für P^G gehöre das Land »nicht zu den ein für allemal von Gott gegebenen Stiftungsgütern«.[68]

Für das Verständnis von P^G als »mythisch konzipierter Ursprungserzählung« beruft sich Schmid auf die Auffassung von N. Lohfink,[69] dass die P^G durch die urgeschichtlich-paradigmatische Strukturierung der Geschichtsdarstellung »Geschichte in Mythos«[70] zurückverwandele. Doch geht es in der P^G nicht um »Ablehnung einer dynamischen Welt«,[71] sondern um die Erfüllung von göttlichen Bundesverheißungen,[72] an denen Gott in »ewiger Treue« trotz menschlichen Fehlverhaltens festhält und dadurch den Israeliten die Gewissheit der Hoffnung auf Heimkehr[73] vermittelt.

Wie E.-J. Waschke[74] gezeigt hat, ordnet die P^G die Urgeschichte dabei der Geschichte so zu, dass die Urgeschichte »das Vorfeld göttlichen Heilshandelns für die Geschichte Gottes mit seinem Volk darstellt«. Hier geht es darum, dass in der Exilszeit »durch Schöpfung (und Urgeschichte) heilsgeschichtliches Reden neu begründet« wird: So dürfte »die ›bundestheologische‹ Rede von P in der Urgeschichte ihren Sinn darin haben, daß der ›Noahbund‹ indirekt den ›Abrahambund‹ bestätigt. D.h. wie Gott seine Zusage an Noah (und die ganze lebendige Schöpfung eingeschlossen) eingehalten hat, so wird er auch die Zusage an Abraham (und ganz Israel eingeschlossen) einhalten.«[75] Anders als Schmid sollte man daher P^G als eine »urgeschichtlich fundierte Verheißungserzählung« klassifizieren, in der die Landverheißung auch nach der Sinaioffenbarung von zentraler Bedeutung ist. Dass dabei auch die Landverheißung einen urgeschichtlichen Rückbezug aufweist, ist kaum zu bestreiten.[76] Jedenfalls belegt Num 14,7, wo Josua und Kaleb das von

---

67 Erzväter, 262.
68 Erzväter, 262f.
69 Lohfink, Priesterschrift, 239–242.
70 So ebd., 241.
71 Vgl. die Kritik von Janowski, Tempel, 240–244. Allerdings kann man auch nicht wie Janowski von einer »Eschatologie« der P^G sprechen.
72 Vgl. Ziemer, Abram, 369, auch Lohfink, Priesterschrift, 244.
73 Vgl. Lohfink, Priesterschrift, 251.
74 Waschke, Untersuchungen, 50f.
75 Ebd., 49.
76 Vgl. u.a. Lohfink, Priesterschrift, 246f.; Waschke, Untersuchungen, 50; Köckert, Land, 150f., die den Bezug auf das Inbesitznehmen der Erde von Gen 1,28 diskutieren.

Gott verheißene Land als »sehr, sehr gut« und damit als eine »keiner
Verbesserung bedürftige Schöpfungsgabe«[77] bezeichnen, dass das Land
auch im Numeribuch »urgeschichtliche Qualität« besitzt.

4. Landgabe nach der Sinaioffenbarung in der P[G]

4.1.

Die skizzierte Gattungsstruktur lässt nun eine Fortsetzung der P[G] nach
der Sinaioffenbarung erwarten, die die verheißene Landgabe *an das
Volk* thematisiert. Grundlegend dafür ist, dass in Ex 6,4.8 zwischen der
Landgabe an die Erzväter und der zukünftigen Landgabe an das Volk
(»euch«) unterschieden wird.[78] Dabei wird in 6,4 das den Erzvätern
gegebene Land als »das Land ihrer Fremdlingschaft« bezeichnet (auch
in Gen 17,8; 28,4), während in 6,8 Jahwe dem Volk das Land verheißt,
ohne von einer »Fremdlingschaft« zu sprechen.[79]

Allerdings ist in der neueren Forschung die Übersetzung von *m{e}gu-
rim* mit »Fremdlingschaft« in Frage gestellt worden.[80] Doch zeigt
Ez 20,38, dass *m{e}gurim* in der »priesterlichen« Tradition die Vorstellung
des »Lebens in der Fremde«, zum Ausdruck bringt: »Land des *m{e}gu-
rim*« meint hier das »Land des Exils« im Gegensatz zum »Land Israel«.[81] In Ex 6,8 wird somit für das Volk Land erwartet, das nicht mehr
als »Land des Exils« erfahren wird, sondern als von Jahwe verliehene
zukünftige *mwršh*[82] (bzw. *'ḥzt 'wlm*[83] in Gen 17,8; 48,4). In Ex 6,8 geht es

---

77   Köckert, Land, 158.
78   Vgl. auch die Landverheißung an die *Nachkommen* Jakobs in Gen 28,3; 35,12; 48,4.
79   Ähnlich Ziemer, Abram, 334.345.
80   Köckert, zuletzt Thema, 517, übersetzt mit »Land des Weilens«; ähnlich Blum, Erzvä-
     ter, 443; auch Nihan, Torah, 66–68. Vgl. dagegen Wöhrle, Fremdlinge, 221, Anm.12
     (vgl. oben Anm. 45).
81   So besonders Ziemer, Abram, 333–335.
82   Mit dem Substantiv *mwršh* ist in Ex 6,8 ein von Jahwe an Völker bzw. Volksgruppen
     gewährtes »Besitzrecht« gemeint (vgl. Bauks, Begriffe, 174: Kein »uneingeschränkter
     Landbesitz der jeweiligen Parteien«, sondern ein »Nutzungsrecht, dessen Verfügung
     bei Gott liegt, der es den Völkern je nach Umstand zuweist und wieder nimmt«).
     Vgl. dazu Ez 11,15; 33,24 (Anspruch auf Land als *mwršh* wird von Jahwe den Be-
     wohnern Jerusalems ab- und den Exulanten zugesprochen) und auch Ez 36,2.3.5
     bzw. Ez 25,4.10. Im Gegensatz zum Substantiv *mwršh* wird allerdings das Verb *yrš*
     bereits für den Landbesitz *von einzelnen (Erzvätern)* verwendet (vgl. für Jakob in
     Gen 28,4, aber auch für Abraham in Ez 33,24).
83   Zum ähnlichen Gebrauch beider Begriffe vgl. Wöhrle, Fremdlinge, 198, Anm. 24,
     und auch Bauks, Begriffe, 172–174.183–185. Nach Köckert, Land, 155, bedeutet
     in Gen 47,11.27 *'ḥzh* das »Nutzungsrecht« von Land. Dabei ist eine *'ḥzt 'wlm*

somit um eine in der Zeit der Erzväter *noch nicht erfüllte* Landverheißung für das *Volk*,[84] die noch thematisiert werden muss. Dafür spricht
auch die oben bei der Mehrungsverheißung gemachte Beobachtung,
dass die P^G von einer etappenweise Verwirklichung der »Bundesverheißungen« von Gen 17 erzählt.[85] T. Pola[86] hat daher versucht, schon die
Ankunft der Israeliten in der »Wüste Sinai« (Ex 19,1 P^G) als Erfüllung
der Landverheißung an das Volk von Ex 6,8 anzusehen: Der Sinai werde von P^G »als Zion in Gestalt des traditionellen Sinai« verstanden.
Allerdings fehlen für diesen Vorschlag[87] überzeugende Belege.[88]

Zudem wird – im Gegensatz zu der Auffassung von F. Kohata,[89] im
Numeribuch werde allgemein vorausgesetzt, dass Jahwe Israel das
Land *bereits* in der Väterverheißung *gegeben hat* (*ntn* perf. in
Num 20,12.24; 27,12), – in Num 13,2 betont, dass Jahwe dem Volk das
Land *noch geben wird* (*noten* part.).[90] Dabei fällt auf, dass die Numeristel-
len, die von einer bereits *erfolgten* Landgabe Gottes an Israel sprechen,
durchweg einen nachpriesterschriftlichen Eindruck machen: So ist
weitgehender Konsens,[91] dass Num 20,23aβ (ab »und zu Aaron«)b.24
auf eine nachpriesterliche Redaktion zurückgehen. Auch Num 20,12f.*
dürfte sich in der vorliegenden Fassung dieser Redaktion verdanken:
So setzt 20,13 die nichtpriesterliche Lokalisierung des Wasserwunders
in Meriba von Ex 17,1ff.* voraus.[92] In 20,12[93] deutet jedenfalls der Vor-

---

(Gen 17,8; 48,4: »Langzeitnutzungsrecht«) kaum zu unterscheiden von einer *mwršh*
(vgl. Bauks, Begriffe, 176). Bei beidem gilt, dass Jahwe die letzte Verfügungsgewalt
über das Land hat. Vgl. Lev 25,23 und dazu auch Frevel, Blick, 360, Anm. 33.

84 Vgl. L. Schmidt, Priesterschrift, 263, der in Ex 6,2–8 unterscheidet zwischen der Zeit
El Schaddajs und der Zeit Jahwes.

85 Vgl. u.a. Schmid, Erzväter, 258, der zu der Auffächerung der Bundesverheißungen
von Gen 17 in Mehrungsverheißung (V. 6), Zusage, Israels Gott zu sein (V. 7), und
Landverheißung (V. 8) feststellt: »Diese drei Aspekte sind chronologisch geordnet
und verweisen auf die nachfolgende Geschichte Israels voraus.«

86 Pola, Priesterschrift, 272f.

87 Vgl. u.a. Nihan, Torah, 66, Anm. 240; L. Schmidt, Sinai, 482, Anm. 6.

88 Gleiches gilt für die These von Zenger, Einleitung, 199, dass die Sinaioffenbarung
auf eine »bleibende Offenheit« der Landverheißung (vgl. hierzu auch Schmid, Erzväter, 258) als »ewiger Bundesstiftung« verweise.

89 Vgl. oben Anm. 14.

90 Vgl. auch Num 14,8 P^s (vgl. L. Schmidt, Numeri, 46), wo im futurischen perf. cons.
von Jahwes zukünftiger Landgabe gesprochen wird.

91 Vgl. u.a. Noth, Numeri, 134; Weimar, Studien, 348f.; L. Schmidt, Numeri, 99 (die
abweichende Abgrenzung dieser Redaktion und die entsprechende Erklärung der
perfektischen Landgabeaussagen in Num 20,12.24 bei Schmitt, Geschichtswerk,
416f. und 418, Anm. 54, bewähren sich nicht).

92 Vgl. u.a. L. Schmidt, Numeri, 90.93.

wurf des »Unglaubens«[94] gegen Mose und Aaron auf eine nach-priesterliche Redaktion[95] hin. Der nachpriesterliche Charakter von Num 27,12ff. wird sich schließlich unten[96] in einer Kurzexegese von Num 27,12ff. zeigen.

4.2.

Außerdem ergeben sich entgegen K. Schmids Auffassung,[97] mit Ex 29,45f. *ende* das priesterschriftliche »System von literarischen Verweisen von Gen 17 aus und zurück auf Gen 17«, mehrere von Gen 17 und Ex 6f. ausgehende Linien, die über den Sinai hinausführen:

a. Dies gilt zum einen für die Altersangaben in der P[G]: So wird in der P[G] die Beauftragung Moses und Aarons in Ex 7,7[98] folgendermaßen datiert: »Und Mose war achtzig Jahre und Aaron dreiundachtzig Jahre alt, als sie mit dem Pharao redeten.« Das hier vorliegende Datierungsschema (NN Sohn von x Jahren + Inf. mit *b*) weist einerseits auf Gen 17 und die priesterschriftliche Abraham- und Isaakdarstellung zurück (vgl. Gen 16,16; 17,24.25; 25,20). Das gleiche Datierungsschema[99] findet sich andererseits aber auch in Dtn 34,7 »Und Mose war hundertundzwanzig Jahre alt, als er starb.« Damit wird von Gen 17 über Ex 7 ein Bogen geschlagen, der erst im Bericht über den Mosetod endet.

---

93 Angesichts der starken redaktionellen Überarbeitung von 20,12 ist eine Rekonstruktion der P[G]-Fassung (und damit eine Bestimmung der Schuld von Mose und Aaron in der P[G]) nicht mehr möglich.

94 Vgl. u.a. Schmitt, Redaktion, 229f.

95 Nicht überzeugend ist, wenn L. Schmidt, Deuteronomium, 482f., die Vorstellung der nachpriesterschriftlichen Stelle Num 20,24, dass Jahwe den Israeliten das Land bereits übereignet hat, in 20,12 und 27,12 als *Charakteristikum der P[G]* ansieht. Für die Annahme, dass in der P[G] die Landübereignung durch Jahwe in Num 13f.* geschehen sei, gibt es keinen Beleg (vgl. die Bedenken von Lohfink, Landübereignung, 291, gegen diese von ihm selber vorgeschlagene Lösungsmöglichkeit). Zum nachpriesterlichen Charakter dieser Stellen vgl. auch Levin, Jahwist, 378.

96 Vgl. Abschnitt 6.

97 Erzväter, 263.

98 Zur Zugehörigkeit von Ex 7,7 zur ältesten P-Schicht vgl. zuletzt Berner, Exoduserzählung, 164.

99 Abweichende Datierungsschemata aufgrund des Lebensalters der handelnden Personen (NN Sohn von x Jahren + andere syntaktische Konstruktionen) finden sich sowohl bei der P[G] (z.B. in Gen 7,6; 17,1) als auch im DtrG (z.B. in Jos 24,29; Jdc 2,8: Josua starb, als er 110 Jahre alt war). Die Unterschiede der dtr. Belege zum Schema von Ex 7,7 und Dtn 34,7 werden von Perlitt, Priesterschrift, 78, leider nicht thematisiert. Dass Dtn 34,7 von Gen 6,1–4 (R[P]) abhängig sei (so Nihan, Tora, 22), ist kaum wahrscheinlich zu machen.

b. Eine weitere chronologische Besonderheit der P[G] verbindet ebenfalls den P[G]-Abrahambund in Gen 17, die P[G]-Exodusdarstellung und die Mosetoddarstellung von Dtn 32,48–52*: Die Tage des Abrahambundes, des Exodus und des Mosetodes werden mit der Bezeichnung *b ʿṣm hywm hzh* »an ebendiesem Tag« als »hervorgehobene Tage« der priesterschriftlichen Geschichtsdarstellung herausgestellt. Dabei ist diese Formel immer auf ein genaues Datum mit einer Jahresangabe bezogen: Gen 17,1.23; 17,24.25.26; Ex 12,40.41.51; Dtn 1,3*;[100] 32,48. Schließlich wird über diese Formel auch noch in Gen 7,11.13 eine Verbindung mit der Urgeschichte, mit dem Tag der Rettung in der Arche, hergestellt. Somit ist ihr Gebrauch in Dtn 32,48 wohl ein bewusstes Kompositionselement der P[G].[101] Dagegen spricht nicht, dass »an ebendiesem Tag« auch noch im Josuabuch und in anderen nachpriesterschriftlichen Stellen[102] vorkommt. Hier verfolgt der Begriff nämlich nur die Intention, eine Datierung von *Festterminen* (vgl. bes. die Belege in Lev 23) vorzunehmen, was sich schon daran zeigt, dass im Gegensatz zu den P[G]-Stellen jeweils eine *Jahres*angabe fehlt.[103]

c. Dieser Bezug von Dtn 32,48–52* auf zentrale Texte der P[G]-Darstellung spricht nun für die alte These, dass Dtn 32,48–52* einen Teil der P[G][104] bildet. Zwar hat die neuere Forschung im Gefolge von M. Noth[105] fast einhellig die Auffassung vertreten, dass Dtn 32,48–52* gegenüber Num 27,12ff.* sekundär sei, so dass bestenfalls Num 27,12ff.* für die P[G] in Frage komme. Doch hat C. Frevel[106] starke Argumente für die Priorität von Dtn 32,48–52* beigebracht. Für die Zuweisung zur P[G] sind dabei neben der oben genannten Formel »an ebendiesem Tag« noch folgende Befunde zu nennen: Erstens die Be-

---

100 Nach u.a. Otto, Deuteronomium, 224, Anm. 290; Frevel, Blick, 298f.; Veijola, Deuteronomium, 12, knüpft Dtn 32,48 »an ebendiesem Tage« an das Datum von Dtn 1,3* »es geschah im vierzigsten Jahr am ersten Tage des elften Monats« an. Ein Bezug auf Dtn 32,45–47 (so Perlitt, Priesterschrift, 73f., und L. Schmidt, Studien, 215) entspricht nicht dem sonstigen Gebrauch der Formel.

101 Bei Pola, Priesterschrift, 13f.41f., und Nihan, Tora, 23, bleiben diese Textbezüge leider unberücksichtigt.

102 Vgl. Jos 5,10.11 und Lev 23,16.21; 23,27.28.29.30; auch Ex 12,17.

103 Wie in der P[G] wird die Formel auch im Ezechielbuch gebraucht: Ez 24,1.2; 40,1.

104 Vgl. vor allem Wellhausen, Composition, 113.116 und dazu Perlitt, Priesterschrift, 66f.

105 Noth, Numeri, 185; vgl. u.a. Seebass, Numeri, 221f.; L. Schmidt, Deuteronomium, 482–488; Schäfer-Lichtenberger, Josua, 150f.; Kratz, Komposition, 111; Ziemer, Abram, 345.

106 Blick, 290–306. Für die Priorität von Dtn 32,48–52* vgl. auch Lux, Tod, 404–406; Schmitt, Geschichtswerk, 418f.; Otto, Deuteronomium, 222–225; Achenbach, Vollendung, 558–561.

zeichnung des »Landes Kanaan« als *'hzh*[107] in Dtn 32,49;[108] zweitens das
Verständnis des Todes als »Versammeltwerden zu seinen Verwandten«
in Dtn 32,50,[109] und vor allem drittens die Num 13,2a P[G] entsprechende
Ankündigung der Landgabe durch Jahwe mit part. qal *noten* in
Dtn 32,49.52. Entscheidend für die Priorität gegenüber Num 27,12–23*
ist dabei das für die P[G] charakteristische Zeitverständnis von
Dtn 32,48–52*, das im Folgenden kurz entfaltet werden soll.

5. Das Zeitverständnis der P[G] in »Moses
Landschau bei seinem Tode« (Dtn 32,48–52*; 34,1*.7–9*)

Die hier als Ende der P[G] vorgeschlagene »Landschau des Mose bei seinem Tode« (Dtn 1,3*; 32,48–50*.52; 34,1*.7–9*[110]) wird eingeleitet mit
einem Jahwebefehl, in dem Jahwe erklärt, er werde den Israeliten das
Land Kanaan als den verheißenen »Besitz« (32,49*.52) geben.[111] Die 34,9
abschließende Bemerkung über das Hören des Volkes auf den von
Josua wahrgenommenen Jahweauftrag an Mose zeigt, dass diesmal[112]
kein Ungehorsam den Plan Jahwes verzögern wird. Dabei dürfte
Dtn 34,9aα »Josua wird von *rwh hkmh*[113] erfüllt« einen Kontrast zu
Ex 6,9 darstellen, wo die Israeliten »wegen Kürze an *rwh*« nicht auf die
Jahwebotschaft des Mose hörten.[114]

---

107 Perlitt, Priesterschrift, 75, stellt zu Recht fest, dass »Land Kanaan« und *'hzh* an sich
     keine priesterlichen Termini sind. Entscheidend ist jedoch, dass sich die Vorstellung
     vom »Land Kanaan *als* 'hzh« nur bei P findet.
108 Vgl. *'hzt 'wlm* in Gen 17,8; 48,4 und auch *'hzt qbr* in Gen 23,4.9.20; 49,30; 50,13.
109 Vgl. für »zu Verwandten versammelt werden« die P[G]-Stellen Gen 25,8.17; 35,29;
     49,29.33; Num 20,26; Dtn 32,50. Allerdings finden sich im Pentateuch auch nach-
     priesterschriftliche Belege, z.B. in Num 27,13; 31,2 (vgl. L. Schmidt, Numeri, 186).
     Nachpriesterschriftlich ist wahrscheinlich auch Num 20,24 (vgl. oben bei Anm. 91).
110 Für diese Abgrenzung siehe Schmitt, Geschichtswerk, 418–422.
111 Hier spiegelt sich wohl die Situation in Babylonien vor der großen Rückkehrerwelle
     der 20er Jahre des 6. Jh., in der die P[G] die Bereitschaft der Exulanten zur Rückkehr in
     das verheißene Land stärken wollte. Vgl. ähnlich Kaiser, Grundriß, 61; Zenger, Ein-
     leitung, 203; Frevel, Blick, 382f. Schmid, Literaturgeschichte, 149f., weist darauf hin,
     dass das negative Ägyptenbild der P[G] bei gleichzeitiger perserfreundlichen Einstel-
     lung eine Situation vor der Eingliederung Ägyptens in das persische Reich unter
     Kambyses 525 v. Chr. voraussetzt.
112 Anders als in Num 13,1f.*
113 *rwh hkmh* ist im Sinne der einzigen Parallele im Pentateuch (Ex 28,3 P[S]) als »Sach-
     verstand« zu übersetzen. Vgl. Braulik, »Weisheit«, 262f.
114 Vgl. Weimar, Untersuchungen, 182–186. Anders L. Schmidt, Deuteronomium, 490,
     Anm. 72.

Die bevorstehende Landgabe Jahwes wird von der P^G als Erfüllung der Landverheißung von Gen 17,8 dargestellt, nach der Gott den Nachkommen Abrahams das »Land Kanaan« als *'ḥzt 'wlm* geben wird.[115] Der Abrahambund ist dabei wie in Gen 17,7.19 als *bryt 'wlm* verstanden, dessen letztliche Erfüllung unabhängig ist von menschlichem Verhalten. Gleichzeitig wird beim Blick auf die Landverheißung des Abrahambundes auch deutlich, wieso bei der P^G zwei Zeiten der Landgabe vorausgesetzt werden: Gen 17,8 verheißt das Land Kanaan einerseits an Abraham als Land, in dem er ein Fremdling ist, und andererseits ohne diese Einschränkung an seine Nachkommen – eine Differenzierung, die entsprechend auch bei Jakob (Gen 28,4; 35,12) und bei der Ankündigung des Exodus in Ex 6,4.8 vorgenommen wird. Einen Rückbezug auf den Abrahambund von Gen 17 (vgl. V. 23.26) und den Exodus (vgl. Ex 12,41.51) stellt in V. 48 auch die Formel »an ebendiesem Tag« her. Die Formel macht die strenge Gliederung der von der P^G dargestellten Geschichte deutlich, in der sich die absolute Geschichtsmacht Gottes spiegelt. Bemerkenswert ist, dass diese Formel auch einen Bezug zur Urgeschichte herstellt: In Gen 7,13 wird durch sie der Tag der Besteigung der Arche Noahs zu den Tagen der Geschichte Israels in Beziehung gesetzt. Schließlich schwingt auch bei »Land Kanaan« in V. 49, das in Num 14,7 als »sehr sehr gut« bezeichnet wurde, ein Bezug auf die Schöpfung mit.[116] Bei der P^G bildet somit Gottes Heilshandeln (Schöpfung, Urgeschichte, Abrahambund, Exodus, Sinaioffenbarung, Weg ins Land Kanaan) einen Gottes Macht und Treue zeigenden strengen zeitlichen Zusammenhang, der dem Bundesvolk Israel die Gewissheit der Erfüllung der Verheißungen vermittelt. Demgegenüber treten bei der P^G Einzelschicksale zurück. Mose und Aaron sind Werkzeuge Gottes ohne eigene Entfaltungsmöglichkeit. So geschieht nach Dtn 32,50 sogar Moses Tod als Erfüllung eines göttlichen Sterbebefehls.[117]

6. Ausblick:
Nachpriesterschriftliches Zeitverständnis in Num 27,12–23*

Von diesem die Alleinmächtigkeit Gottes über die Geschichte betonenden Zeitverständnis der P^G, wie es in Dtn 32,48–52* vorliegt, weicht

---

115 Vgl. auch Gen 48,4.
116 Vgl. oben bei Anm. 76 und 77.
117 Gegen L. Schmidt, Studien, 212f., entspricht der »Sterbebefehl an Mose« der Theologie der P^G und stellt nicht das Ergebnis »mechanischer« redaktioneller Arbeit dar.

nun der Einsetzungsbericht Josuas in Num 27,12.13–14*.15–17.18–20. 22–23a[118] deutlich ab. Daher ist zu prüfen, ob man diesen Text, der fast durchgängig der P^G zugeschrieben wurde,[119] nicht nachpriesterlich einordnen muss.

Im Unterschied zu Dtn 32,48–52* geht Num 27,12ff.* davon aus, dass Jahwe den Israeliten das Land *bereits übereignet* hat (V.12 ntn perf.). So geht es hier nicht mehr wie im P^G-Text Dtn 32,48–52* um die unmittelbar bevorstehende Landgabe Jahwes. Vielmehr stehen hier die Erfahrungen Israels *nach der Landnahme* im Fokus. Dabei ist für die Stellen, die von einem schon übereigneten Land sprechen, wie Num 27,12 und vorher Num 20,12f.*23aβb.24 eine bereits *nachexilische* Entstehungssituation anzunehmen.[120] Dies wird durch die in V.18–20.22–23a berichtete Einsetzung Josuas als gleichberechtigt neben dem Priester Eleasar stehenden politischen Führer bestätigt, bei der wohl die früh-nachexilsche »Erwartung Sacharjas, dass Israel von zwei Ämtern geleitet werden wird, … auf die Verfassung Israels in der Zeit unmittelbar nach dem Tod des Mose« zurückprojiziert wird.[121]

Das von Dtn 32,48ff.* abweichende Zeitverständnis zeigt sich in Num 27,12ff.* jedoch auch am Vorausblick auf die Bücher Josua bis Könige,[122] so dass hier eine nicht zur P^G passende *Enneateuchperspektive* vorliegt: In V.15–17 bittet Mose Jahwe um einen weltlichen Anführer

---

118 In Num 27,12–23 macht einen eindeutig sekundären Eindruck nur V.21 (vgl. Schäfer-Lichtenberger, Josua, 145–162; zum sekundären Charakter von V.21 vgl. auch Frevel, 277–280; L. Schmidt, zuletzt Deuteronomium, 485 [anders Achenbach, Vollendung, 564–567, aber auch Seebass, Numeri, 218f.]) In V.21 liegt eine deutliche Unterordnung Josuas unter den Priester Eleasar vor, während im übrigen Text von V.12–23* Eleasar gleichberechtigt neben Josua steht. Eventuell gilt Entsprechendes für V.23b: Durch den Zusatz »wie Jahwe durch Mose geredet hatte« soll V.23 so verstanden werden, dass nicht Mose, sondern *Eleasar einsetzt* Josua (so Frevel, Blick, 278; L. Schmidt, zuletzt Deuteronomium, 485, Anm. 50; anders Seebass, Numeri, 230, der V.23b übersetzt: wie Jahwe »um Moses willen« geredet hatte). Die Übertragung königlicher Funktionen auf Josua in V.16–20.22.23a fügt sich dagegen gut in den Duktus von V.12–23* ein (vgl. besonders L. Schmidt, Numeri, 169; anders Seebass, Numeri, 230, der V.17 wegen des Bezugs auf Königsaussagen des DtrH als sekundär ansieht).

119 Vgl. schon Wellhausen, Composition, 113.116.

120 Vgl. oben Abschnitt 4.1.

121 L. Schmidt, Studien, 260.

122 Vgl. Noth, Numeri, 185, nach dessen Meinung Num 27,15–23 »erst im Zuge der Vereinigung des Pentateuch mit dem deuteronomistischen Geschichtswerk hinzugekommen ist«. Anders Seebass, Numeri, 219f., der diesen Bezug auf das DtrG nur bei V.17 erkennen will. Zum nicht mehr priesterlichen Charakter von Num 27,15–23* vgl. u.a. auch Perlitt, Priesterschrift, 81f.; Frevel, Blick, 280–283; Schmitt, Geschichtswerk, 418f.; Nihan, Torah, 22f.

der ʿdt Yhwh,[123] dessen Aufgabe mit Formulierungen beschrieben wird, wie sie über die Könige in den Samuel- und Königsbüchern gemacht werden (I Sam 18,16; II Sam 5,2; I Reg 22,17). Auch steht die Vorstellung von der Einsetzung Josuas in der ʿdh in Num 27,16.19f.22 wohl in Verbindung mit dem nachpriesterlichen Zusatz in I Reg 12,20, wo von der Königserhebung Jerobeams I. in der ʿdh berichtet wird.[124]

Besonders auffällig ist in Num 27,12ff.* jedoch, dass hier die Initiative zur Einsetzung eines Amtsträgers der Gemeinde nicht – wie man bei der PG erwartet hätte[125] – von Jahwe, sondern von der Fürbitte des Mose[126] ausgeht.[127] An die Stelle einer Geschichtsdarstellung, in der Gott seine Verheißungen unabhängig vom Ungehorsam der Menschen unbezweifelbar durchsetzt, wie sie die PG in Dtn 32,48–52* mit Rückbezügen auf Exodus, Abrahambund, Urgeschichte und Schöpfung entwickelt, tritt in Num 27,12ff.* ein Geschichtsverständnis, das das Scheitern der Heilsgeschichte in den Königsbüchern durch den Unglauben des Volkes reflektiert und das nur in einem »Glauben wider allen Augenschein« (wie bei Abraham in Gen 15,6)[128] an Gottes Macht festhalten kann. In diesem Sinne ist hier als Hauptsünde der »Unglaube« verstanden, dem auch Mose und Aaron verfallen (Num 20,12*).

Somit zeigt die Geschichtsdarstellung der PG-Texte in Ex 6,2–9* und Dtn 1,3*; 32,48–52*; 34,1*.7–9* gegenüber den spätdtr. nachpriesterschriftlichen Texten von Num 20,12f.*23aβb.24; 27,12ff.* ein so unterschiedliches Verständnis von Zeitperspektive und Moseauftrag, dass – entgegen der Mehrheitsmeinung der neueren Forschung – die PG-Schicht in Numeri und Deuteronomium deutlich von den spätdtr. Texten zu unterscheiden ist.

---

123 Dieser Begriff findet sich sonst in den nachpriesterschriftlichen Belegen Num 31,16; Jos 22,16, die Krisensituationen der »Gemeinde Jahwes« darstellen.

124 Vgl. Würthwein, Könige, 151. Auch die Vorstellung vom hod des Mose in 27,20 nimmt Königsprädikationen auf (vgl. Ps 21,6; 45,4 und dazu Saur, Königspsalmen, 103).

125 Vgl. besonders Num 20,25f.; aber auch schon Ex 7,1f.; Num 13,1ff.*

126 Vgl. u.a. die Fürbitte des Mose in den nachpriesterschriftlichen Texten in Ex 32–34* und in Num 14,11ff.*

127 Vgl. auch zum nachpriesterlichen Hintergrund des Gottestitels »Gott der Geister für alles Fleisch« in 27,16 (vgl. 16,22) Witte, Urgeschichte, 299.

128 Zum Bezug auf Gen 15,6 vgl. Frevel, Blick, 333f.

Literatur

R. Achenbach, Die Vollendung der Tora, BZAR 3, Wiesbaden 2003

B. Baentsch, Exodus – Leviticus – Numeri, HK 1, 2, Göttingen 1903

M. Bauks, Die Begriffe מוֹרָשָׁה und אֲחֻזָּה in Pᵍ, ZAW 116 (2004), 171–188

C. Berner, Die Exoduserzählung, FAT 73, Tübingen 2010

E. Blum, Die Komposition der Vätergeschichte, WMANT 57, Neukirchen-Vluyn 1984

G. Braulik, »Weisheit« im Buch Deuteronomium, in: Ders., Studien zum Buch Deuteronomium, SBAB 24, Stuttgart 1997, 225–271

K. Elliger, Sinn und Ursprung der priesterlichen Geschichtserzählung, in: Ders., Kleine Schriften zum AT, TB 32, München 1966, 174–198

C. Frevel, Mit Blick auf das Land die Schöpfung erinnern, HBS 23, Freiburg i. Br. u. a. 2000

J. C. Gertz, Tradition und Redaktion in der Exoduserzählung, FRLANT 186, Göttingen 2000

W. Groß, Zukunft für Israel, SBS 176, Stuttgart 1999

B. Janowski, Tempel und Schöpfung, in: Ders., Gottes Gegenwart in Israel, Neukirchen-Vluyn 1993, 214–246

O. Kaiser, Grundriß der Einleitung Bd. 1, Gütersloh 1992

R. Kilian, Die Priesterschrift. Hoffnung auf Heimkehr, in: J. Schreiner (Hg.), Wort und Botschaft, Würzburg 1967, 226–243

M. Köckert, Das Land in der priesterlichen Komposition des Pentateuch, in: D. Vieweger/E.-J. Waschke (Hg.), Von Gott reden (FS Wagner), Neukirchen-Vluyn 1995, 147–162

— »Land« als theologisches Thema im AT, in: A. Berlejung/R. Heckl (Hg.), *Ex oriente lux* (FS Lux); ABG 39, Leipzig 2012, 503–522

F. Kohata, Jahwist und Priesterschrift in Ex 3–14, BZAW 166, Berlin u. a. 1986

R. G. Kratz, Die Komposition der erzählenden Bücher des AT, Göttingen 2000

C. Levin, Der Jahwist, FRLANT 157, Göttingen 1993

N. Lohfink, Die Priesterschrift und die Geschichte, in: Ders., Studien zum Pentateuch, SBAB 4, Stuttgart 1988, 213–253

— Die Landübereignung in Numeri und das Ende der Priesterschrift, in: Ders., Studien zum Deuteronomium und zur deuteronomistischen Literatur V, SBAB 38, Stuttgart 2005, 273–292

J. Lust, Exodus 6,2–8 and Ezekiel, in: M. Vervenne (Hg.), Studies in the Book of Exodus, BEThL 126, Leuven 1996, 209–224

R. Lux, Der Tod des Mose als »besprochene und erzählte Welt«, ZThK 84 (1987), 395–425

G. C. Macholz, Israel und das Land, Habil. masch. Heidelberg 1969

J. Nentel, Die Jakobserzählungen, München 2009

C. Nihan, From Priestly Torah to Pentateuch, FAT 2. Reihe 25, Tübingen 2007

M. Noth, Das vierte Buch Mose Numeri, ATD 7, Göttingen 1966

E. Otto, Das Deuteronomium im Pentateuch und Hexateuch, FAT 30, Tübingen 2000

L. Perlitt, Priesterschrift im Deuteronomium, ZAW 100 Suppl. (1988), 65–87

T. Pola, Die ursprüngliche Priesterschrift, WMANT 70, Neukirchen-Vluyn 1995

L. Ruppert, Genesis 3.Teilband: Gen 25,19–36,43, fzb 106, Würzburg 2005

M. Saur, Die Königspsalmen, BZAW 340, Berlin u.a. 2004

C. Schäfer-Lichtenberger, Josua und Salomo, VTS 58, Leiden u.a. 1995

K. Schmid, Erzväter und Exodus, WMANT 81, Neukirchen-Vluyn 1999

— Literaturgeschichte des AT, Wiesbaden 2008

L. Schmidt, Studien zur Priesterschrift, BZAW 214, Berlin u.a. 1993

— Das vierte Buch Mose Numeri 10,11–36,13, ATD 7,2, Göttingen 2004

— Die Priesterschrift – kein Ende am Sinai!, ZAW 120 (2008), 481–500

— P in Deuteronomium 34, VT 59 (2009), 475–494

W.H. Schmidt, Exodus 1–6, BK II 1, Neukirchen-Vluyn 1988

H.-C. Schmitt, Redaktion des Pentateuch im Geiste der Prophetie, in: Ders., Theologie in Prophetie und Pentateuch, BZAW 310, Berlin u.a. 2001, 220–237

— Spätdeuteronomistisches Geschichtswerk und Priesterschrift in Dtn 34, in: K. Kiesow/T. Meurer (Hg.), Textarbeit (FS Weimar), AOAT 294, Münster 2003, 407–424

H. Seebass, Numeri 3, BK IV 3, Neukirchen-Vluyn 2007

J.L. Ska, La place d'Ex 6,2–8 dans la narrative de l'exode, ZAW 94 (1982), 530–548

O.H. Steck, Aufbauprobleme in der Priesterschrift, in: D.R. Daniels u.a. (Hg.), Ernten, was man sät (FS Koch), Neukirchen-Vluyn 1991, 287–308

T. Veijola, Das fünfte Buch Mose Deuteronomium Kapitel 1,1–16,17, Göttingen 2004

E.-J. Waschke, Untersuchungen zum Menschenbild der Urgeschichte, ThA 43, Berlin 1984

P. Weimar, Untersuchungen zur priesterlichen Exodusgeschichte, fzb 9, Würzburg 1973

— Studien zur Priesterschrift, FAT 56, Tübingen 2008

J. Wellhausen, Die Composition des Hexateuchs und der historischen Bücher des AT, Berlin ⁴1963

M. Witte, Die biblische Urgeschichte, BZAW 265, Berlin u.a. 1998

J. Wöhrle, Fremdlinge im eigenen Land. Zur Entstehung und Intention der priesterlichen Passagen der Vätergeschichte, FRLANT 246, Göttingen 2012

E. Würthwein, Das erste Buch der Könige Kapitel 1–16, Göttingen ²1985

E. Zenger u.a., Einleitung in das Alte Testament. Hrsg. von C. Frevel, Stuttgart ⁸2012

B. Ziemer, Abram–Abraham, BZAW 350, Berlin u.a. 2005

The Passover as the New Year Festival in P (Ex 12,1–2)

Graham I. Davies

The topic of this essay has been surprisingly neglected, at least in recent times. There has been much speculation and much debate about a New Year Festival in the autumn in ancient Israel, and there are indeed traces of the celebration of the New Year at the time when it has continued in Judaism to the present day, though only in late texts (Lev 23,23–25; Num 29,1–6). But the very clear association of Passover with the beginning of a New Year in the spring has not received the attention that it deserves. Perhaps the plethora of other issues that arise in relation to the origin, history and meaning of Passover has distracted scholars from reflection on what Exodus 12 says about its timing. The fact that a number of modern commentators have held that verse 2 is an intrusive later addition to the context may also have led to its prominence being disregarded (on this view see further below). Of course even if it is a later addition, and perhaps even more so then, it is still pertinent to ask why it was added here. The first day of the first month is also, as has been pointed out by Mark S. Smith for example, an important date elsewhere in the Priestly chronology of the Pentateuch.[1] Later in Exodus it is the day on which the desert sanctuary was finally erected (Ex 40,2; cf. v. 17). It is also, in the Flood Story in Genesis, the date when the waters eventually dried up (Gen 8,13; cf. vv. 4–5). By contrast the first day of the seventh month, the later *Rosh haShanah*, is never mentioned in the Priestly narrative.

Some attention was paid to Ex 12,2 in early interpretation of the chapter. Philo of Alexandria, in his *De Specialibus Legibus*, already had to contend with the practice which placed the New Year in the autumn (1.180). Speaking of the month of Passover and Unleavened Bread, he wrote (2.150):

---

1   Smith, Pilgrimage Pattern, 290–293.

ἕβδομος ὢν ὁ μὴν οὗτος ἀριθμῷ τε καὶ κατὰ τὸν ἡλιακὸν κύκλον δυνάμει
πρῶτός ἐστι, διὸ καὶ πρῶτος ἐν ταῖς ἱεραῖς βίβλοις ἀναγέγραπται.

What makes the spring (and specifically the spring equinox) first in
importance (δυνάμει) for Philo is its resemblance to the creation of
everything, of which it is a reminder as life and greenness return to the
world of nature (2.151–152; 160). By contrast the autumn is a time of
decline and destruction (φθοραί: 2.153–154), and, when Philo comes to
describe the beginning« of what he calls »the sacred month« (ἱερομηνία:
2.188–192) in the autumn, he sees its importance in quite different
terms which are based on its designation as »the feast of trumpets«.

Early rabbinic exegesis of Ex 12,2 is recorded in the *Mekhilta of Rabbi
Ishmael*, where the basis for identifying the first month as Nisan, the
conflict with the New Year in the autumn, the implications of »to you«,
and problems about intercalation are the main topics of debate
(Pisḥa, 2).[2] Subsequent Jewish exegesis made more of the spring New
Year and the numbering of the months as a memorial of the Exodus
(Rashbam, Nachmanides). Early Christian interpreters were not concerned about the competing merits of an autumn New Year, but took
up Philo's idea of a commemoration of creation (e.g. Ambrose, *Hexa-
emeron* 1.4.13–14; Martin of Braga, *On the Pascha* 7), as well as making
the to them obvious connections with the Christian Easter and the hope
of resurrection (ibid.; Ps-Macarius, *Hom.* 5.9).[3]

In modern times scholars have generally been more interested in
Passover and Unleavened Bread as spring festivals than as festivals of
the New Year.[4] The best known exceptions are I. Engnell and J. B. Segal.
Both these scholars held that Passover was from the beginning a New
Year festival, which is not what is being proposed here. According to
Engnell the Passover of the »P-work« in the Pentateuch went back to »a
southern form of the Canaanite vernal New Year festival«, which was
»probably brought to Egypt by the ›Jacobite‹ emigrants«. This he believed to have been amalgamated with its north Canaanite equivalent,
Unleavened Bread, after the return to Canaan, where it was given its
new function as a commemoration of the Exodus. Nevertheless typical
features of the ancient Near Eastern New Year festival survived in it
down to biblical times and in some cases much later.[5] Segal admired
the work of Engnell and his fellow Scandinavians, S. Mowinckel and

---

2   Lauterbach, Mekhilta, vol. 1, 15–22.
3   Lienhard, Ancient, 57–58; see also Le Boulluec/Sandevoir, L'Exode, 144.
4   E. g. de Vaux, Studies, 12–15.
5   Engnell, *Pæsaḥ-Maṣṣōt*, 44–49 [citations from 48]; cf. Engnell, Critical Essays, 190–
     196.203–205.

J. Pedersen, on the Passover,[6] but he found their readiness to follow the
common critical view that Passover and Unleavened Bread were originally two separate festivals belonging to different socio-economic
groups impossible to accept. His own argument was therefore directed
at showing that it was the combined festival of Passover and Unleavened Bread which, as a typical example of an ancient Near Eastern New
Year Festival, went back to the very beginnings of the history of Israel.[7]
This was grounded in his conviction that »The *contents* of Ex. 12 must
be early«, since its practices were so different from the Temple-centred
rituals of later times.[8]

The conclusions of Engnell and Segal have found very little ac-
ceptance among other scholars.[9] They displayed a confidence in the
possibility of using the Priestly narrative as a source for early Israelite
history which was questionable in their own time and their reliance on
similarities to ancient Near Eastern practice has become less rather than
more convincing on closer examination. Both Engnell and Segal, in
different ways, consciously departed from the methods and conclusions of mainstream Pentateuchal criticism, and the recent upheavals in
the discipline are not such as are likely to lend more credence to their
approaches. The argument put forward here is both more modest, in
that it relates only to a single, relatively late stage in the history of the
biblical Passover, and more radical, in that it suggests a sharper dis-
junction between the intentions of the Priestly writers and their prede-
cessors, both Israelite and non-Israelite.

> The Lord said to Moses and Aaron in the land of Egypt as follows:
> This month is a beginning of months for you, it is for you the first of the
> months of the year. (Ex 12,1–2)

So begin Yahweh's instructions for the ritual of the Passover on the eve
of the Israelites' departure from Egypt (Ex 12,1–14), a ritual which was
to be celebrated as a memorial and a festival for ever by their descend-
ants (v. 14). A briefer and probably older passage, in which instructions

---

6   Segal, Hebrew Passover, 92; on Engnell see further 89–91.
7   Segal, Hebrew Passover, 114–154. The possibility that »at one time the Feast of
    Maṣṣôth (Unleavened Bread) with the merging into it of the Feast of Passover was
    the Spring Festival of the New Year, but that later, though at an early period, this
    was transferred to the autumn« had been entertained by W. O. E. Oesterley in 1933
    (Early, 113), and it was developed further by S. H. Hooke in his Schweich Lectures
    two years later (Origins, 47–50).
8   Segal, Hebrew Passover, 75.
9   Cf. de Vaux, Studies, 26 n. 88; Laaf, Passa-Feier, 151–154; Childs, Exodus, 185–186;
    Houtman, Exodus, vol. 2, 154–155.

are delivered by Moses to »the elders of Israel«, follows in vv. 21–27. In some respects, such as the blood rite in vv. 7, 13 and 22–23, the two passages are very similar, but in others they differ substantially. A difference of great significance is the use of Heb. משחית in two different ways in vv. 13 and 23.

> ...when I see the blood,
> I will protect (ופסחתי) you
> and there shall be no plague for destruction (למשחית) on you
> when I strike in the land of Egypt (v. 13)

> ...when he sees the blood, on the lintel and the two doorposts,
> the Lord will protect (ופסח) the entrance
> and will not allow the Destroyer (המשחית) to enter your houses
> to bring a plague (v. 23)

In v. 13 משחית is indefinite and abstract, meaning »destruction«, as it does several times in Ezekiel and Chronicles, whereas in v. 23 it is definite and personal, meaning »the Destroyer«, and refers most probably to a »destroying angel« like the one which brings a deadly plague on Israel in II Sam 24: למלאך המשחית בעם (v. 16: par. I Chr 21,15), cf. את־ המלאך המכה בעם (v. 17). The conceptions of the divine intervention in the two parts of Exodus 12 are quite distinct: in v. 23 Yahweh brings the death of the Egyptian firstborn through the agency of an angelic figure, but there is no mention of the latter in v. 13. The two passages evidently come from different sources or layers of the Exodus narrative, and verses 1–14 bear a number of markers of the Priestly source, such as the role of Aaron in the reception of divine revelation (v. 1), the use of »congregation« (Heb. עדה) to refer to the Israelites (vv. 3.6), the numeration of exact days of the month (vv. 3.6), and the phrases »between the two evenings« (v. 6: Heb. בין הערבים), »throughout your generations« and »a perpetual statute« (v. 14).

The Priestly instructions begin with a much more general statement about the months of the year: the calendar is to begin with the month of Passover (cf. »this month« in vv. 2 and 3), which is known in other passages (e.g. Ex 13,4) by its older name Abib. But is this statement in v. 2 an original part of the passage? According to an influential group of scholars it is not: it is the work of a later writer in the Priestly tradition (Pˢ).[10] Three reasons have been given for this view. First, the structure of vv. 1–3 is somewhat unusual: an introduction to a divine speech (as

---

10   So e.g. Holzinger, Exodus, 33; Baentsch, Exodus-Leviticus-Numeri, 92; Noth, Exodus, 74; Fohrer, Überlieferung, 87; Laaf, Pascha-Feier, 12–13; Schmidt, Studien, 29; Gertz, Tradition, 35.

in v. 1) is usually followed directly by an instruction to »speak« to the people (as here in v. 3). Secondly, as the text stands the repeated »for you« seems to refer only to Moses and Aaron, the addressees specified in v. 1, when the ruling is clearly intended for the people as a whole. Thirdly, both Holzinger and Baentsch found a ruling about the calendar quite inappropriate to the narrative (»historical«) context, where a means of protection for Israel is needed (and subsequently provided). As already indicated, a decision about the precise author of v. 2 is not of crucial importance for an assessment of its likely significance: the points to be made below can stand irrespective of whether it was part of the original Priestly Work or added to it later. However, the objections to the originality of v. 2 are in fact not as compelling as they may at first seem.[11] Whatever the standard pattern for introducing instructions to be passed on to the community, the Priestly writers were able to vary it if a matter of sufficient importance demanded this, and it is not at all difficult to believe that they regarded the establishment of the calendar, according to which worship was to be regulated, as highly important. In fact earlier in Exodus there is a similar delay between the speech-introduction and the instruction to Moses to speak to the people in 6,2–6, where Yahweh tells Moses the basis for what he is going to do before commissioning him in v. 6 to tell the people of the coming deliverance. The claim that in the context »for you« can mean only »for Moses and Aaron« rests on a pedantic reading of the text which overlooks the representative function which Moses and Aaron have: »for you« can perfectly well mean »for you two and all the rest of the Israelites«, and no reader would suppose otherwise.[12] The fact that a means of protection and deliverance for the Israelites is going to be provided need by no means make the association of this with the fixing of the calendar inappropriate: the combination of the two is probably precisely the writers' point. Moreover, as both F. Kohata and J. C. Gertz have observed, eliminating v. 2 from the core of the Priestly text has to lead to the removal as well of all the references to the calendar later in the passage:[13] this leaves a very »un-Priestly« series of instructions, surpris-

---

11   This is no doubt why a large number of scholars have seen no problem with v. 2 as an original part of the passage, such as Dillmann, Exodus und Leviticus, 98–100; Carpenter/Harford-Battersby, Hexateuch, vol. 2, 96; Driver, Exodus, 87–88; Eissfeldt, Hexateuch-Synopse, 129*; Beer-Galling, Exodus, 60–63; Childs, Exodus, 184; Propp, Exodus 1–18, 374; Albertz, Exodus 1–18, 199.

12   A similar, at first surprising, 2nd p. pl. pronoun occurs in Zach 1,2, with the expected instruction to speak to the people only in v. 3. There too »your (pl.)« can easily mean »your (sing.) and their (sc. the people's)«.

13   Kohata, Jahwist, 263–264; Gertz, Tradition, 35.

ingly so in a context which is concerned with a major religious festival. Verse 2 is therefore very probably an original part of the Priestly text.

The month of Passover naturally came to be known as »the first month« elsewhere in the Priestly tradition (cf. v. 18; Lev 23,5; Num 9,1–5; 28,16; 33,3) and the same designation appears in Ez 45,21 and Ezr 6,19. Ez 40,1 uses the expression »at the beginning of the year« (בראש השנה) to date the final vision and presumably to refer to the same month. A papyrus from the Jewish settlement of Elephantine in southern Egypt, dated precisely to the fifth year of Darius (II, i.e. 419 B.C.), calls this month »Nisan« (APFC 21.7; TAD 1, A4.1.7), the name it bears in the Babylonian calendar and also twice (in non-religious contexts) in the Old Testament (Est 3,7; Neh 2,1). The name, like the other Babylonian names of months, became widely used by Jews and is inserted several times in the Targumim on Ex 12–13. No trace of this name or numbering of the months is found in the non-Priestly passages about Passover in the Pentateuch. It is revealing that in their accounts of Josiah's celebration of Passover II Reg 23,21–23 gives no indication of its month at all, while the later II Chr 35,1 uses the Priestly expression »the first month«. In fact, with the exception of the Pentateuch, the book of Joshua and some exceptional passages in Kings,[14] the numbering of months is only found in passages referring to the end of the monarchy period or later and in the books of Chronicles. In Hebrew inscriptions such a date appears only in one text from the very end of the monarchy (Arad ostracon 7).[15] It is entirely plausible to suppose that, as a matter of scribal practice, the adoption of this system, including the beginning of the numbering in the spring, was due to the influence of Babylonian imperial rule in the Levant.[16] The change evidently affected the priesthood as well as other sectors of Israelite society.

There is sufficient evidence to show that this involved an important change from earlier Israelite religious practice. For most of the monar-

---

14   The passages are I Reg 6,1.37; 8,2; 12,32–33. In the first three passages the numbering is attached to one of the old »Canaanite« names for the months: all are concerned with the building or dedication of Solomon's temple. 12,32–33 give the precise date of Jeroboam's »new« autumn festival as »the fifteenth day of the eighth month«. In each case the phraseology is likely to derive from the editing of the books of Kings (which was not completed until the exilic period) rather than to documents from the early monarchy: cf. e. g. Jones, 1 and 2 Kings, 162.173.193.260.

15   Renz/Röllig, Handbuch, vol. 1, 367–368.

16   The system itself, the »Standard Mesopotamian Calendar«, was much older, probably originating (on the basis of yet older systems) in the reign of Samsuiluna of Babylon in the eighteenth century B. C. (Cohen, Cultic, 297–342).

chy period, and perhaps earlier, the New Year began in the autumn. The two oldest »cultic calendars« both contain phrases which imply this. Ex 23,16 places the festival of Ingathering (which celebrated the grape and olive harvests) »at the going out of the year« (בצאת השנה), and Ex 34,22 associates it with תקופת השנה, which has a similar sense (cf. I Sam 1,20; II Chr 24,23 [presupposing the spring New Year]), whatever its exact etymology.[17] This corresponds more or less to the order of agricultural activities listed by months in the »Gezer calendar«, which begins with »ingathering«.[18] The festival of Ingathering could be referred to simply as »the festival« (החג: cf. Jud 21,19; I Reg 8,2), no doubt because of its special importance at the beginning of the year. The nature of this festival has been hotly debated, but its agricultural associations are beyond doubt and in Jerusalem at least it very likely celebrated Yahweh as the Creator and cosmic King.

P's festivals exhibit some striking differences from this traditional focus of worship. The themes of creation and universal lordship remain theologically central, as the Priestly sections of Genesis 1–11 show. But they are no longer at the centre of the liturgical celebrations that are prescribed by P.[19] Among these the celebration of Passover as a family festival at the beginning of the New Year in the spring takes pride of place. It provided a pattern for worship which could be followed immediately and everywhere in the period after the destruction of the pre-exilic temple in Jerusalem and the dispersion of many Jews to foreign lands. Its purpose was above all to be a memorial (Ex 12,14) of the ancient deliverance of Israel from bondage and exile in Egypt by Yahweh, which had been the necessary prelude to their settlement in the land of Canaan and, in due course, the building of a temple for Yahweh in Jerusalem.[20] Such a remembering was bound also to have contemporary significance as an inspiration for hope that Yahweh, who as the Priestly theology taught was the Creator (rather than Marduk the god of Babylon) and the God who had made an everlasting covenant with Abraham (Gen 17; cf. Ex 2,24–25; 6,4–5) and revealed his name unique-

---

17 HALAT, 1641–1642.

18 Renz/Röllig, Handbuch, vol. 1, 30–37. The order of the festivals in the Exodus passages (and in Deut 16) might seem to favour a spring New Year, but since all the major festivals occurred within a six-month period, it is equally consistent with a beginning in the autumn: cf. de Moor, New Year, vol. 1, 21–22.

19 The eating of unleavened bread is simply a part of the Passover meal (Ex 12,8; Num 9,11). With many commentators I take Ex 12,15–17 and 18–20 to be secondary additions.

20 Schmitt, Exodus, 79–94; Sarna, Exodus, 54; Grünwaldt, Exil, 222–228; Propp, Exodus 1–18, 384.

ly to his own people Israel through Moses (Ex 6,2–3), would not leave
them in their present situation but bring them back to the land which
he had promised them.[21]

This was not all, of course, that there was to the Priestly conception
of Israelite worship. The plans for a desert »tent of meeting« (Ex 25–31)
affirmed the necessity for the construction of a holy place which was
fitting for Yahweh to »dwell in« among his people (Ex 25,8; 29,45), with
its own priesthood and liturgy.[22] It is impossible not to see this as a way
of confirming the urgency of rebuilding the Jerusalem temple (or just
possibly a temple elsewhere in Canaan, for example at Bethel:
Gen 35,9–15) and of providing a new kind of validation for it when it
was built. Unlike the monarchic traditions of temple-building in
II Sam 6–7; I Reg 6–8; Ps 132, which may have seemed to have been
discredited by the events of the early sixth century, this demand drew
its strength and authority from a detailed divine revelation to Moses at
Mount Sinai. Moreover, it connected the place for Yahweh's »dwelling«
with the Exodus deliverance in two ways: it is the God of the Exodus
who is known there, and his »dwelling« among his people there is so
vital that it can be described as the (or a) purpose of the deliverance
itself:

> I will dwell in the midst of the Israelites and I will be God for them,
> and they will know that I am the Lord their God, who brought them out
> from the land of Egypt so that I might dwell in their midst.
> I am the Lord their God. (Ex 29,45–46)[23]

This does not mean, however, that P in its original form envisaged a
restoration of the pattern of festivals which was apparently established
in Jerusalem, on the basis of Deut 16, by Josiah. We have already seen
that, for good reasons determined by the new situation of the Jews, P
discarded the centralised celebration of Passover and reverted to its
older practice as a family-based festival (cf. Ex 12,21–27). There is no
sign of the three »pilgrimage-festivals« of Unleavened Bread, Harvest/
Weeks and Ingathering in the *Grundschrift* of P itself.[24] The passages

---

21 On the Priestly theology and its emphasis on salvation-history see Elliger, Sinn;
    Albertz, Religionsgeschichte, 516–535; Davies, Exegesis, 146–148.
22 Clements, God, 100–122.
23 This nexus of Exodus and tent of meeting/temple may well have been inspired by
    the old poem in Ex 15,1–18, which in its present form is surely a Jerusalemite psalm:
    see Davies, Theology, 145–148.
24 I follow in broad outline the account of the growth of the Priestly parts of the Penta-
    teuch which is increasingly accepted and well expounded in Nihan, Priestly Cove-
    nant. The ending of Pg still seems most likely, in my view, to be in Deut 34 (with
    Blum, Issues, 39–41, and L. Schmidt, Studien, against L. Perlitt, Priesterschrift, and

that mention them belong to the Holiness Code (Lev 23) and to late additions to the book of Numbers (Num 28–29). Instead P has two other regular rituals which carry special theological significance. First the daily, morning and evening, offerings (Ex 29,38–42) are a symbolic and no doubt ancient reflection of the presence of Yahweh in his »house«. »Divine presence and divine service are inextricably linked in the A[ncient] N[ear] E[ast].«[25] Secondly, the annual »Day of Atonement« (Lev 16), with its twofold rituals within and beyond the holy place, provides the means for dealing with the accumulated impurities and offences of the people.[26] The ritual is certainly very much concerned with the cleansing of the tent of meeting/temple itself and the bronze altar outside it, but this process is said to be complete in Lev 16,20a and the ritual of the scapegoat is still to follow (vv. 20b–38). Its symbolism suggests the removal of the people's offences from the wider community, so that they are no longer a threat to its life. Thus while the first part of the ritual can reasonably be described as »safeguarding the divine presence«, the second part may be said to safeguard the people: »In the wilderness, the pollutants lodge where chaos prevails so that the chaos they embody no longer affects God's community.«[27] There is, admittedly, a certain artificiality in separating the two, as the divine presence and the people's safety are so intimately connected, but the structure of the ritual, with its two goats, seems to be designed precisely to highlight the accomplishment of the two distinguishable if related purposes.

The »Day of Atonement« is only tied to a specific date, the tenth day of the seventh month, in Lev 16,29, which is the beginning of what seems to be a supplement to the main ritual (vv. 29–33/34), and in Lev 23,27 (cf. 25,9; Num 29,7). It is therefore not possible to be sure whether this festival was designed by P to be a direct replacement for the old Autumn Festival in particular or for all the three traditional festivals.[28] But the effect of the *Grundschrift*'s much curtailed festival calendar is the same in either case: the old New Year festival in the

---

those who have followed him). I am not convinced by I. Knohl's proposals (cf. Knohl, Sanctuary) to find very extensive evidence of a »Holiness School« redaction (including the whole of Ex 12,1–20) outside Lev 17–26 itself.

25 Hundley, Keeping, 95; see the whole chapter, »Regular Divine Service« (95–117).

26 See recently Hundley, Keeping, 159–172.

27 Hundley, Keeping, 159.169.

28 J. Milgrom (Leviticus 1–16, 1061–1063) made the plausible suggestion that no date was originally fixed, because the high priest at the time was expected to carry out the ritual as »an emergency measure« whenever he judged that it was needed: this would favour the latter alternative.

autumn is displaced and with it the whole agricultural basis of the
sanctuary festivals. Instead there is the »Atonement festival«. This may,
as is often suggested, have been an aspect of the old pre-exilic autumn
festival that became the exclusive focus of the Priestly festival: the
scapegoat ritual in particular has all the signs of an ancient rite, not
least the enigmatic »for Azazel« (Lev 16,8.10.26). But in its independ-
ence from other religious concerns the festival would still take on a new
and special character.

Thus P's regulations for regular worship originally, apart from the
daily offerings, covered Passover, a commemorative festival at what
was now the New Year, in the spring, and the »Atonement festival«,
which displaced the three traditional festivals, including the festival of
Ingathering, which had been celebrated at the »old« New Year in the
autumn.[29] The intention must have been to create a cultic calendar
which reflected P's priorities for the present and the future, and these
seem to have been grounded in aspects of its contemporary situation.
The Priestly concern with pollution and its threat to holiness can be
seen to be related to a central theological problem of the age. The
prophet Ezekiel had expressed his message of judgement in recognisa-
bly priestly language:

> Die Ursache des nahen Unterganges Israels lag für Hesekiel ganz eindeutig
> in einem Versagen Israels dem Bereich des Heiligen gegenüber; daß Israel
> das Heiligtum verunreinigt (Hes. 5[11]), daß es sich anderen Kulten zuge-
> wandt (Hes. 8[7ff.]) und die Götzen ins Herz geschlossen hatte (Hes. 14[3ff.]),
> m. e. W. daß sich Israel »unrein gemacht hat« vor Jahwe, das ist die Ursache
> seiner Bestrafung.[30]

The judgement of Judah had also taken a peculiarly priestly turn: Yah-
weh's glory had departed from the temple and finally from the city of
Jerusalem itself (Ez 9,3; 10,4.18–19; 11,22–23). But when it came to the
hope of future restoration, Ezekiel had spoken first in different terms
(Ez 11; 18; 20; 36–37), until in the final vision he foresaw the return of
Yahweh's glory to a new temple (43,1–5).

Not surprisingly the *Grundschrift* of P, which was not the work of a
prophet, kept firmly within priestly categories for the cure as well as
the diagnosis of Israel's corruption. It may well be that, like others of
his contemporaries, P saw the sufferings of conquest, devastation and
exile as the punishment for the nation's sins, in a similar way to its
understanding of the death of the wilderness generation and its leaders
and their exclusion from the land of Canaan (Num 14,26–35; cf.

---

29   Perhaps a step on the way to this pattern can be seen in Ez 45,18–25.
30   v. Rad, Theologie, Bd. 2, 233; cf. v. Rad, Theology, vol. 2, 224.

20,12.24; 27,12–14). But, apparently more than some others of their time, the Priestly authors saw that the same problems were likely to recur in the future and that if, as they firmly believed, Yahweh's covenant with his people was to stand for ever, there needed to be a means, and in their minds a ritual means, to ensure that the consequences of such rebellion could be averted on a regular basis. It was this that the »Atonement festival« was designed to achieve.

It is then appropriate to ask whether the presentation of Passover as the New Year festival could also have had a specific contemporary purpose, and it is possible to suggest two possible reasons for it. The first concerns the calendar itself. As already stated, it is likely that the spring New Year and the corresponding numbering (and in due course the naming) of the months were as a matter of fact taken over without comment from the Babylonians, as a result of the Jews' political and administrative subjection to them. But theologians like the authors of P, who were convinced that Yahweh the God of Israel was none other than the Creator of the world and all mankind, could hardly have remained content with the idea that the important new calendar was binding because of the practices of a pagan empire. There surely had to be a better foundation for such a change than this. In Gen 1,14 (P) it had already been made clear that the astronomical foundations of calendars in general were the result of the creative word of the God who later identified himself as Yahweh to his own people Israel. But an explicit grounding for the spring New Year in Yahweh's will was also needed, and where better to introduce it than in the regulations for the festival of Passover which now fell in the first month of this New Year (Ex 12,2)?

The presentation of Passover in this way could also provide a polemical antithesis to a central feature of Babylonian religion. Already in Gen 1,16 (and perhaps also in v. 2), as has often been observed, P had delivered a direct critique of the Babylonian gods, including Shamash and Sin, by portraying the deified features of nature as non-personal creatures of the one God, who unlike Marduk needed to fight no battles to carry out his creative purpose. Now it could be shown that it was not only the Babylonians who had a New Year festival, the Akitu festival, in the spring: the Jews had one too, the Passover.[31] Moreover, just as the recitation of the Epic of Creation, *Enuma Elish*, had a prominent place in

---

31   The most recent translation (1987) of the surviving portions of the Babylonian Akitu ritual is in TUAT, II/2, 212–223; see also ANET, 331–334. Van der Toorn, Babylonian, gives a valuable critical overview of the Akitu festival; cf. Cohen, Cultic, 400–453, and on suggested relationships to Passover Propp, Exodus 1–18, 442–443.

the Akitu ritual, so the climax at least of the biblical Exodus story was recalled in the Passover celebration. In the Priestly version this story showed not only that Yahweh was utterly superior to the Egyptians, their king and their magicians (Ex 9,11), but that even the Egyptian gods were unable to escape his judgement (Ex 12,12; cf. Isa 46,1–2). Worse was of course to come in the destruction of the Egyptian army at the sea in Exodus 14. To the Jewish readers/hearers for whom it was intended, the Priestly Passover festival was in its own way »the writing on the wall« for the Babylonian kingdom and its religious foundation.[32]

P's succinct pattern for future worship, with its powerful messages for the Jews of the time, did not survive in its original form for long. Regulations for Unleavened Bread were added (Ex 12,18–20) and Passover once again became a festival at the Jerusalem temple (Lev 23,4–8; Ex 12,15–17). The old agricultural festivals were revived (Lev 23; Num 28–29) and even the autumn New Year was reintroduced with the blowing of trumpets on the first day of the seventh month (Lev 23,23–25; Num 29,1–6). But no one dared to eliminate P's great innovation, that Passover should be a New Year festival too.

Bibliography

R. Albertz, Religionsgeschichte Israels in alttestamentlicher Zeit, GAT, Göttingen 1992
— Exodus 1–18, ZBK.AT, Zürich 2012
B. Baentsch, Exodus-Leviticus-Numeri, HK, Göttingen 1903
G. Beer/K. Galling, Exodus, HAT, Tübingen 1939
E. Blum, Issues and Problems in the Contemporary Debate Regarding the Priestly Writings, in: S. Shectman/J.S. Baden (ed.), The Strata of the Priestly Writings: Contemporary Debate and Future Directions, AThANT 95, Zürich 2009, 31–44
J. E. Carpenter/G. Harford-Battersby (ed.), The Hexateuch according to the Revised Version, London 1900
B. S. Childs, Exodus, OTL, London 1974
R. E. Clements, God and Temple: The Idea of the Divine Presence in Ancient Israel, Oxford 1965
M. E. Cohen, The Cultic Calendars of the Ancient Near East, Bethesda 1993
G. I. Davies, The Exegesis of the Divine Name in Exodus, in: R. P. Gordon (ed.), The God of Israel, UCOP 64, Cambridge 2007, 139–156
— The Theology of Exodus, in: E. Ball (ed.), In Search of True Wisdom (FS Clements), JSOT.S 300, Sheffield 1999, 137–152

---

32 In Ez 20 too the Exodus story has a prominent place as both ancient tradition and pattern for future deliverance.

A. Dillmann, Die Bücher Exodus und Leviticus, KEH, Leipzig ²1880

S. R. Driver, The Book of Exodus, CBSC, Cambridge 1911

O. Eißfeldt, Hexateuch-Synopse, Leipzig 1922

K. Elliger, Sinn und Ursprung der priesterlichen Geschichtserzählung, ZThK 49 (1952), 121–143

I. Engnell, *Pæsah-Maṣṣōt* and the problem of »Patternism«, OrSuec 1 (1952), 39–50

— Critical Essays on the Old Testament, tr. and ed. J. T. Willis, London 1970 (= A Rigid Scrutiny, Nashville 1969)

G. Fohrer, Überlieferung und Geschichte des Exodus. Eine Analyse von Ex 1– 15, BZAW 91, Berlin/New York 1964

J. C. Gertz, Tradition und Redaktion in der Exoduserzählung, FRLANT 186, Göttingen 2000

K. Grünwaldt, Exil und Identität, BBB 85, Frankfurt 1992

H. Holzinger, Exodus, KHC, Tübingen 1900

S. H. Hooke, The Origins of Early Semitic Ritual, SchLBA 1935, London 1938

C. Houtman, Exodus, Bd. 2, HCOT, Kampen 1996

M. B. Hundley, Keeping Heaven on Earth, FAT 2/50, Tübingen 2011

G. H. Jones, 1 and 2 Kings, NCeB, London 1984

I. Knohl, The Sanctuary of Silence. The Priestly Torah and the Holiness School, Minneapolis 1995

F. Kohata, Jahwist und Priesterschrift in Exodus 3–14, BZAW 166, Berlin/ New York 1986

P. Laaf, Die Pascha-Feier Israels. Eine literarkritische und überlieferungs- geschichtliche Studie, BBB 36, Bonn 1970

J. Z. Lauterbach (ed. and tr.), Mekhilta de-Rabbi Ishmael, Philadelphia 1933

A. Le Boulluec/P. Sandevoir, L'Exode, La Bible d'Alexandrie 2, Paris 1989

J. T. Lienhard (ed.), Ancient Christian Commentary on Scripture: Exodus, Levit- icus, Numbers, Deuteronomy, Downers Grove 2001

J. Milgrom, Leviticus 1–16, AncB, New York 1991

J. C. de Moor, New Year with Canaanites and Israelites, Kampen 1972

J. Nihan, The Priestly Covenant, its Reinterpretations, and the Composition of »P«, in: S. Shectman/J. S. Baden (ed.), The Strata of the Priestly Writings: Contemporary Debate and Future Directions, AThANT 95, Zürich 2009, 87–134

M. Noth, Das zweite Buch Mose: Exodus, ATD, Göttingen 1959

W. O. E. Oesterley, Early Hebrew Festival Rituals, in: S. H. Hooke (ed.), Myth and Ritual, Oxford 1933, 111–146

L. Perlitt, Priesterschrift im Deuteronomium?, in: O. Kaiser (ed.), Lebendige Forschung im Alten Testament, BZAW 100, Berlin/New York 1988, 65–88

W. H. C. Propp, Exodus 1–18, AncB, New York 1999

G. v. Rad, Old Testament Theology, tr. D. M. G. Stalker, Edinburgh 1962–1965

— Theologie des Alten Testaments, München ¹⁰1992–1993

J. Renz/W. Röllig, Handbuch der althebräischen Epigraphik, 3 vols, Darmstadt 1995–2003

N. M. Sarna, Exodus, JPSTC, Philadelphia/New York 1991

L. Schmidt, Studien zur Priesterschrift, BZAW 214, Berlin/New York 1993

R. Schmitt, Exodus und Passa. Ihr Zusammenhang im Alten Testament, OBO 7, Freiburg/Göttingen 1982

J. B. Segal, The Hebrew Passover from the Earliest Times to A.D. 70, LOS 12, London 1963

M. S. Smith, The Pilgrimage Pattern in Exodus, JSOT.S 239, Sheffield 1997

K. van der Toorn, The Babylonian New Year Festival: New Insights from the Cuneiform Text and their Bearing on Old Testament Study, in: J. A. Emerton (ed.), Congress Volume Leuven 1989, VT. S 43, Leiden 1992, 331–344

R. de Vaux, Studies in Old Testament Sacrifice, Cardiff 1964

Alter und Herkunft der Synchronismen in den Königebüchern

Georg Hentschel

1. Ausgangsfragen

»Im dreiundzwanzigsten Jahr des Joasch, des Sohnes Ahasjas, des Königs von Juda, wurde Joahas, der Sohn Jehus, König von Israel.« (II Reg 13,1) Solche Synchronismen finden sich in den Königebüchern von Abija von Juda (I Reg 15,1) bis zu König Hiskija, dem Zeitgenossen des letzten König Israels (II Reg 18,1). Sie erwecken den Eindruck, dass Israel und Juda Bruderstaaten waren. Doch wann sind die Synchronismen gebildet worden? Der Gedanke liegt nahe, dass nur die Regierungszeiten den »Tagebüchern« der Könige Israels und Judas entnommen sind. Die Synchronismen würden dann späterer Berechnung entstammen. Spiegeln sie ein Geschichtsbild wider, das erst nach 587 v. Chr. geschaffen worden ist?[1] Zeugen sie von dem Streben Joschijas, den Norden mit Juda zu vereinen?[2] Falls sich die Synchronismen aber als zuverlässig erweisen sollten, könnten sie sogar älter sein. Lassen sie sich auf eine eigenständige »synchronistische Chronik« zurückführen, die am Ende des 8. Jahrhunderts v. Chr. geschaffen worden ist?[3] Oder stammen sie doch wie die Regierungszeiten aus den sog. »Tagebüchern« der Könige Israels und Judas?[4] Ich widme diese Ausführungen gern dem Kollegen, dessen theologische Kompetenz ich hoch schätze und an dessen Universität ich einige Jahre Gast sein durfte.

---

1   Vgl. Wißmann, Rechte, 32–42.
2   Vgl. Levin, Exzerpt, 616–628.
3   Vgl. Jepsen, Quellen, 30–40, und jetzt wieder Adam, Saul, 174–206.
4   Vgl. Galil, Chronology, 11.

2. Die Zuverlässigkeit der Synchronismen

Die Frage nach der Herkunft der Synchronismen hängt auch davon ab, ob sie noch zuverlässige oder eher fiktive Daten darstellen. Nach den zahlreichen gründlichen Analysen zur biblischen Chronologie ist es etwas verwegen, die Frage in einem so kurzen Beitrag beantworten zu wollen. Einige detaillierte Probleme wie der Vergleich des masoretischen Textes mit der Septuaginta[5] können leider gar nicht berührt werden. Dennoch ist zu hoffen, dass die Rolle der Synchronismen in der biblischen Chronologie sichtbar wird.

2.1 Synchronismen und Vordatierung

Die biblische Chronologie lässt sich nur dann richtig verstehen, wenn die damalige Berechnung der Regierungsjahre berücksichtigt wird.[6] Zählt man z.B. die Jahre Nadabs (I Reg 15,25), Baschas (15,33) und Elas von Israel (16,8) zusammen, dann ergeben sich 28 Jahre. Achtet man dagegen auf die Synchronismen, dann regieren diese drei Könige nur vom 2. bis zum 27. Jahr Asas, also insgesamt nur 26 Jahre. Das letzte Jahr des Vorgängers und das erste Jahr des Nachfolgers werden folglich doppelt gezählt (Vordatierung).[7] Israel hat gerade in der älteren Zeit die Regierungsjahre so berechnet. In Juda ist man vermutlich ebenso verfahren, wie am Beispiel Abijas sichtbar wird (I Reg 15,1.2.9).[8] Am Ende der Königszeit hat man in Juda dagegen offenkundig mit einem »Antrittsjahr« gerechnet (vgl. Jer 26,1; 27,1; 28,1; 49,34), das bei den Regierungsjahren nicht mitgezählt wurde (Nachdatierung). Diese Art der Berechnung ist in Israel und Juda vermutlich unter dem Einfluss Assurs eingeführt worden, das nur die Nachdatierung kannte. Darum tritt sie bei Pekachja bereits klar zu Tage (II Reg 15,23.27). Vor- oder Nachdatierung lassen sich nicht an den Regierungsjahren allein, son-

---

5   Die Meinungen sind immer noch geteilt. Während Tetley, Chronology, 26, die Beachtung der griechischen Texte für »indispensable in evaluating the data for reconstructing the chronology of Israel and Judah« hält, sind die abweichenden Zeugnisse in der Septuaginta für Larsson, System, 72, nur »improvements«, um Widersprüche aufzulösen.

6   Thiele, Coregencies, 177, warnt zu Recht von unseren »misapprehensions« der grundlegenden chronologischen Praxis, die uns allzu schnell glauben lassen, die Zahlen seien falsch.

7   Vgl. bereits Begrich, Chronologie, 90–94.

8   Vgl. Jepsen, Untersuchungen, 15f.

dern nur an den jeweiligen Synchronismen ablesen, die darum eine unersetzbare Hilfe bieten.[9]

Die Vordatierung wird in einem Fall sogar durch externe Daten bestätigt. Da Ahab von Israel 853 an der Schlacht von Qarqar teilgenommen hat[10] und Jehu 841 v. Chr. einen Tribut an Salmanassar III. gezahlt hat,[11] bleiben für Ahasja und Joram von Israel nur etwa zwölf Jahre als Regierungszeiten übrig. Ahasja soll aber zwei (I Reg 22,52), Joram zwölf Jahre (II Reg 3,1) regiert haben. Die kürzeren Zahlen werden für Ahasja klar durch die Synchronismen bestätigt, denn Ahasja hat im 17. Jahr Joschafats von Juda zu regieren begonnen (I Reg 22,52) und ist im 18. Jahr bereits von Joram abgelöst worden (II Reg 3,1).[12]

Den Synchronismen, die durch externe Daten aus Assur glänzend bestätigt werden, stehen allerdings andere Angaben gegenüber, die Zweifel wecken. Verdächtig ist bereits, wenn ein Synchronismus außerhalb eines Rahmenstücks steht. Dass der Nachfolger im Anschluss an den Tod des Vorgängers genannt wird, ist üblich. Ungewöhnlich ist jedoch, dass damit ein Synchronismus verbunden wird (II Reg 1,17).[13] Hinzu kommt, dass der Antritt des israelitischen Königs Joram im zweiten Jahr Jorams von Juda (II Reg 1,17) nicht mit dem 18. Jahr Joschafats (II Reg 3,1) identisch sein muss.[14] Die Mitteilung, dass Hoschea im 20. Jahr Jotams König geworden sein soll (II Reg 15,30), gehört weder zum Schema für Hoschea noch zu jenem für Jotam und widerspricht der Angabe, dass Jotam nur 16 Jahre regiert hat (II Reg 15,33).[15] Dass Sanherib im 14. Jahr Hiskijas nach Juda vorgestoßen ist (II Reg 18,13), steht in deutlichem Widerspruch zu dem Synchronismus, nach dem Hiskija im dritten Jahr Hoscheas angetreten ist (II Reg 18,1). Die Angabe in II Reg 18,13 setzt offenbar die Einheit der Jesaja-Erzählungen voraus, in deren Verlauf Hiskijas Lebenszeit noch einmal um 15 Jahre verlängert wird (II Reg 20,6).[16] Wer dennoch das Datum in

---

9   Larsson, System, 59, hält allerdings Vor- und Nachdatierung für »theories«, da man nicht weiß, welche Berechnung in Israel und Juda praktiziert wurde.

10   Vgl. die Monolith-Inschrift Salmanassars III. in: TUAT I/4, 360f.

11   Vgl. den schwarzen Obelisken und ein Annalenfragment Salmanassars III. in: TUAT I/4, 362–366.

12   So Thiele, Numbers, 76–78. Da Tetley, Chronology, 117f., aber weder das Jahr 853 v. Chr. für die Schlacht bei Qarqar noch das Jahr 841 v. Chr. für den Tribut Jehus anerkennt, hält sie diese Argumentation für falsch.

13   Das geschieht allerdings auch in I Reg 15,8 G[BL]. Vgl. Tetley, Chronology, 67 und 123.

14   Thiele, Numbers, 35f., folgert aus II Reg 1,17, dass Joram von Juda bereits Mitregent seines Vaters Joschafat war. Anders urteilt jedoch Galil, Chronology, 139f.

15   Vgl. Galil, Chronology, 66.

16   Vgl. ebd., 102.

II Reg 18,13 als verlässlich annimmt,[17] gerät in nahezu unüberwindbare Schwierigkeiten.[18]

Gerade wenn sich zwischen zuverlässigen und korrigierten Synchronismen unterscheiden lässt, können sie nicht samt und sonders als Ergebnis späterer Berechnung oder als reine Fiktion angesehen werden. Wie die Ausnahmen die Regel bestätigen, so zeigen die fragwürdigen Synchronismen nur, dass die übrigen Angaben durchaus Vertrauen verdienen. Wenn man in Israel wie in Juda die Vordatierung unter dem Einfluss des übermächtigen Assur zugunsten der Nachdatierung aufgegeben hat,[19] dann fallen jene Synchronismen doch besonders auf, die eindeutig die ältere Berechnung voraussetzen.[20] Darum ist es »sicher methodisch richtig, wenn man Regierungsjahre und Synchronismen in gleicher Weise ernst nimmt«.[21]

2.2 Eine realistische Anzahl der Regierungsjahre

Ein wesentliches Problem für die Chronologie in den Königebüchern stellen die überhöhten Zahlen der Regierungsjahre dar.[22] Das gilt besonders für die Zeit zwischen Jehus Revolte und dem Ende des Nordstaates Israel. Da Jehu 841 bereits Tribut gezahlt hat[23] und Samaria spätestens 720 von Sargon II. erobert worden ist,[24] kann dieser Zeitraum nur rund 120 Jahre umfassen. Zählt man aber die Regierungszeiten der betreffenden israelitischen Könige von Jehu bis Hoschea zusammen, ergeben sich 143 Jahre und 7 Monate.[25] Auf judäischer Seite addieren sich die Regierungsjahre von Atalja bis zum 6. Jahr Hiskijas sogar auf

---

17 So besonders Thiele, Numbers, 101 f.

18 Das hat Jepsen, Untersuchungen, 29–31, hinreichend nachgewiesen.

19 Es sei darauf hingewiesen, dass die Regierungszeiten zwischen dem Fall Samarias, dem 6. Jahr Hiskijas (II Reg 18,10) und dem Tod Joschijas in Megiddo (609 v. Chr.) nur unter der Voraussetzung einer Nachdatierung halbwegs ausreichen.

20 In diesem Zusammenhang ist es interessant, dass die viel beachtete Minuskel c2 z.B. Abija zwei Regierungsjahre zuschreibt und damit bereits der Nachdatierung folgt, während der MT von drei Jahren spricht und damit noch eine Vordatierung bezeugt. Vgl. Thiele, Numbers, 93 f., der den lukianischen Handschriften einen inkonsequenten Gebrauch der Nachdatierung vorwirft.

21 Jepsen, Untersuchungen, 6.

22 Vgl. Barnes, Studies, 3: »the biblical numbers are simply too high.«

23 Vgl. den schwarzen Obelisken Salmanassars III. (TUAT I/4 362 f.).

24 Vgl. die Inschriften Sargon II. (TUAT I/4, 378–387). Die in Khorsabad gefundenen Annalen (TUAT I/4, 379) behaupten zwar, dass Sargon schon »am Anfang« seiner Regierung gegen Samaria gekämpft und 27280 Einwohner deportiert habe. Aber das wird in den anderen assyrischen Zeugnissen nicht wiederholt. Vgl. Kelle, Hoshea, 240 f.

25 So Galil, Chronology, 46.

166 Jahre.[26] Selbst wenn man die erkennbaren Vordatierungen berücksichtigt, sind die angegebenen Regierungszeiten immer noch zu hoch.

Auf israelitischer Seite löst sich das Problem schon dadurch etwas, dass Pekach nach externen Daten gar nicht 20 Jahre regiert haben kann, wie es in II Reg 15,27 gesagt wird. Denn wenn Tiglatpileser III. 738 einen Tribut von Menahem aus Samaria erhalten und Hoschea seinen Vorgänger Pekach bald nach dem Feldzug des Assyrers im Jahre 732 gestürzt hat,[27] dann bleiben für die Regierung Pekachjas und Pekachs insgesamt nur sieben Jahre.[28] Da Pekachja lediglich zwei Jahre regiert hat (737–736), beschränkt sich die Regierungszeit Pekachs auf die Zeit kurz vor und während des syrisch-efraimitischen Krieges (735–731). Die Reduktion der Regierungszeit Pekachs führt bereits in die Nähe einer realistischen Gesamtzahl (128 Jahre).

Wahrscheinlich sind auch die Regierungszeiten in der Jehu-Dynastie kritisch zu hinterfragen. Zählt man die Jahre Jehus (28) und seiner Nachfolger Joahas (17), Joasch (16), Jerobeam II. (41) und Secharja (1) zusammen, dann ergeben sich 103 Jahre. Da Jehu kaum früher als 841 an die Macht gekommen ist, hätte die Dynastie Jehus bis zum Jahre 738 geherrscht. Selbst wenn für die gesamte Dynastie noch die Vordatierung galt und darum einige Jahre doppelt gezählt wurden, wäre Secharja erst 742 gestürzt worden. Das ist schon deshalb nicht möglich, weil Menahems zehn Jahre bis in die Zeit des syrisch-efraimitischen Krieges hineingereicht hätten. Die Daten für Joahas zeigen an, dass mit Koregentschaft zu rechnen ist. Seine Regierungszeit von 17 Jahren lässt sich zwischen dem 23. und 37. Jahr des judäischen Joasch (II Reg 13,1 und 10) nicht unterbringen. Es ist nicht ausgeschlossen, dass der hart bedrängte Joahas schon zu Lebzeiten seinen Sohn Joasch hat krönen lassen.[29] Vielleicht ist er dabei dem Vorbild seines Vaters Jehu gefolgt. Dieser erhielt im 23. Jahr des Judäers Joasch einen Nachfolger (II Reg 13,1). Falls aber die sechs oder gar sieben Jahre Ataljas (II Reg 11,4) nicht als legitime Herrschaft angesehen wurden, verbergen sich in der Regierungszeit des Joasch auch ihre Jahre.[30] Dann hätte Jehu seinen Sohn Joahas schon fünf Jahre vor Ablauf seiner Herrschaft als

---

26 Galil, Chonology, kommt nur auf 164 Jahre. Er setzt dabei aber voraus, dass das 4. Jahr Hiskijas das letzte Hoscheas gewesen sei.

27 Vgl. die »kleine Inschrift Nr. 1« (TUAT I/4, 373f.) und die Inschrift Tiglatpilesers III. ND 4301 (TUAT I/4, 376–378) sowie Hayes/Kuan, Years, 153–156.

28 So Galil, Chonology, 65.

29 Galil, Chonology, 52, nimmt darum an, dass Joasch schon zu Lebzeiten seines Vaters Joahas gekrönt worden ist.

30 Galil, Chronology, 47f. So ist auch Thutmosis III. mit den Jahren seiner Stiefmutter Hatschepsut verfahren.

Mitregenten eingesetzt. Die Zeit zwischen dem Tribut Jehus 841 und der Eroberung Samarias verkürzt sich damit um insgesamt acht auf 120 Jahre.

Welche Gründe könnten dafür verantwortlich sein, dass die Zahl der judäischen Regierungsjahre derart ausgeufert ist? Seit langem steht die These im Raum, dass Jotams 16 Regierungsjahre nicht einfach an die lange Regierungszeit Asarjas angehängt werden sollten. Denn nachdem Asarja mit »Aussatz« geschlagen war, wurde Jotam Vorsteher des Palastes und regierte das Volk des Landes (II Reg 15,5).[31] Auch wenn man eine Koregentschaft nur aus triftigen Gründen annehmen darf,[32] ist sie in diesem konkreten Fall kaum auszuschließen. Diese Mitregentschaft ist später vergessen worden. Darum hat man die 16 Regierungsjahre Jotams an die 52 Jahre seines Vaters angehängt. Vielleicht hat das dadurch entstandene Ungleichgewicht zwischen den Zahlen für Israel und Juda sogar dazu geführt, auf israelitischer Seite 16 Jahre hinzuzufügen und Pekachs Jahre auf zwanzig zu erhöhen.

Die Gesamtzahl für die judäischen Könige ist allerdings auch dann noch zu hoch (150 Jahre von Atalja bis zum 6. Jahr Hiskijas), wenn Jotam in seiner gesamten Regierungszeit nur seinen Vater vertreten hat. Lässt sich noch erkunden, wann Jotam Mitregent geworden und wann er von seinem Sohn Ahas abgelöst worden ist? Zum Glück sind wir über Ahas etwas besser informiert, auch wenn wir auf den Synchronismus in II Reg 16,1 verzichten müssen. Als Hoschea in Samaria die Macht übernahm (731 v. Chr.), war für Ahas schon das zwölfte (II Reg 17,1) von 16 Regierungsjahren (II Reg 16,2) angebrochen. Wenn man diesen Angaben vertrauen kann, dann hat Ahas etwa 743 zu regieren begonnen. Hat Asarja wirklich noch beim Antritt Pekachs gelebt (II Reg 15,27), dann wurde Ahas erst zu dieser Zeit (735 v. Chr.) Alleinherrscher in Israel.[33] Er war also über die Hälfte seiner Regierungsjahre nur Mitregent seines Großvaters. Die Gesamtzahl der judäischen Regierungszeiten von der Revolte Jehus bis zur assyrischen Eroberung Samarias verringert sich damit noch einmal um acht auf 142 Jahre.

Wenn wir weiter zurückgehen, ergibt sich freilich ein Problem für den Anfang der Regierung Asarjas. Dass er im 27. Jahr Jerobeams II. König geworden sein soll (II Reg 15,1), wird von anderen Angaben in Frage gestellt. Hat Amazja wirklich 29 Jahre (14,2) regiert und Jerobeam

---

31 Galil, Chronology, 60. Vgl. schon Jepsen, Untersuchungen, 38.
32 Vgl. die Kritik von Tetley, Chronology, 106–117, an den zahlreichen Mitregentschaften bei E. R. Thiele, der auf diese Weise versucht hat, möglichst vielen Synchronismen gerecht zu werden. Andere schließen freilich eine Mitregentschaft grundsätzlich aus: so Hughes, Secrets, 99f.
33 So auch Galil, Chronology, 60f: Ahas regierte 8 Jahre von 743/2 bis 736/5.

schon im 15. Jahr des Judäers die Macht in Samaria übernommen (14,23), dann müsste Asarja im 14. Jahr Jerobeams König geworden sein.[34] Wenn allerdings Asarjas 38. Jahr zugleich das Ende der 41-jährigen Herrschaft Jerobeams war (15,8), dann wurde Asarja schon im vierten Jahr Jerobeams inthronisiert.[35] Sollte Amazja in diesem Fall nur 19 Jahre regiert haben? Dann würde es sich in II Reg 14,2 entweder um einen Schreibfehler handeln oder man müsste an eine zehnjährige Mitregentschaft denken. In jedem Fall spricht für den Synchronismus in II Reg 15,8, dass dadurch die Gesamtzahl der judäischen Regierungsjahre noch einmal um zehn auf 132 Jahre sinkt.

Joasch von Juda ist erst im siebten Jahr Jehus König geworden und soll vierzig Jahre regiert haben (II Reg 12,1.2). Wie oben schon vermutet worden ist, können die Jahre der illegitimen Herrschaft Ataljas in der Regierungszeit des Joasch enthalten sein. Die Zahl von vierzig Regierungsjahren erweckt ohnehin den Verdacht, aufgerundet zu sein. Joasch hat in der Tat spätestens in seinem 38. oder 39. Jahr (vgl. II Reg 13,10 und 14,1) in Amazja einen Nachfolger bekommen. Einige Jahre dürften auch doppelt gezählt worden sein, solange man an der Vordatierung festhielt. Damit nähert sich auch die Gesamtzahl der judäischen Regierungsjahre dem Zeitraum, der nach den externen Daten zur Verfügung steht.

Die Synchronismen erweisen sich damit auch in der Periode zwischen Jehu und dem Fall Samarias als eine beachtliche Hilfe, um zu zuverlässigen Regierungszeiten zu gelangen, die der Kontrolle durch externe Daten standhalten.[36] Zweifellos hat sich gezeigt, dass einige Synchronismen in die Irre führen (II Reg 15,1.32 und 16,1). Sie sind aber ebenso in der Minderheit wie jene Regierungszeiten, die missverständlich (II Reg 12,2) oder überhöht (13,2; 14,2; 15,27) sind. Die Synchronismen helfen sogar dann weiter, wenn es darum geht, die Koregentschaft des Sohnes wie des Enkels Asarjas näher zu bestimmen.

---

34   So sieht es auch Josephus, Ant 9,216.
35   Vgl. Galil, Chronology, 60: »Uzziah probably was crowned in year 3 or 4 of Jeroboam.«
36   Thiele, Numbers, 28, rechnet die Synchronismen wie die Regierungszeiten zu den »contemporary chronological materials of the greatest accuracy and the highest historical value«. Wenn wir Diskrepanzen entdecken, so geschehe dies »because of our failure to understand the principles of the chronological systems then in use«.

3. Das Alter der Synchronismen

Nach der Analyse der Synchronismen stellt sich die Frage, in welcher Zeit sie entstanden sind. Geht man mit R. G. Kratz davon aus, dass die sog. babylonische Chronik »dabei Pate gestanden haben wird«,[37] dann wären die Synchronismen vermutlich Teil der dtr. Redaktion.[38] Zu einem ähnlichen Ergebnis kommt man, wenn man die Synchronisierung der beiden Reiche auf die Konzeption jener Schriftpropheten zurückführt, die Israel und Juda nebeneinander anklagen (Jer 5,7.11; 11,10.17; 32,30; 36,2).[39] Muss man aber detaillierte Synchronismen für einzelne Könige Israels und Judas erstellen, um beiden Staaten das Gericht anzukündigen? Chr. Levin weist auf die Diskrepanz zwischen den nüchternen Zahlen einerseits und den Urteilen über die Frömmigkeit der Könige andererseits hin. Sie können kaum auf die gleiche Hand zurückgehen.[40] Das schließt nicht aus, dass die dtr. Redaktion in das System der Zahlen eingegriffen hat, wie die Ansetzung der Belagerung im 14. Jahr Hiskijas (II Reg 18,13) oder der Regierungsantritt Jotams nach dem Tod seines Großvaters Asarja (II Reg 15,32) zeigen. Aber es sind gerade nicht die zuverlässigen Synchronismen, die auf die dtr. Redaktion zurückgehen.

Wenn nicht nur einzelne Synchronismen,[41] sondern ihre überwiegende Mehrheit der dtr. Redaktion bereits vorgelegen hat, dann stellt sich die Frage, wie alt diese Angaben sein können. Chr. Levin nimmt ein »synchronistisches Exzerpt« an, das die Könige Israels und Judas »chronologisch verzahnt« habe.[42] »Offenbar war das Ziel, die Geschichte der beiden Königtümer als Einheit erscheinen zu lassen.«[43] Dieses Exzerpt sei unter Joschija oder unter Jojakim entstanden.[44] Der Verfasser des Exzerpts stützte sich auf die offiziellen Annalen.[45] Darin waren

---

37 Kratz, Komposition, 164.

38 Das hängt natürlich auch von der Ansetzung der neubabylonischen Chronik ab. Während Grayson, Chronicles, 11, an das 8. Jahrhundert v. Chr. denkt, möchte Wissmann, Rechte, 39 Anm. 196, die Herkunft der Tafeln aus persischer Zeit berücksichtigen.

39 Vgl. Wißmann, Rechte, 39–41.

40 Levin, Exzerpt, 622.

41 Vgl. Wißmann, Rechte, 38 Anm. 192: »Möglich wäre allerdings, dass dem Redaktor der Königebücher schon einige wenige Synchronismen vorgegeben waren«.

42 Levin, Exzerpt, 617.

43 Ebd., 625.

44 Ebd., 627 f.

45 Allerdings gibt Levin, Exzerpt, 626, zu, dass es am Ende des 7. Jahrhunderts nur noch in Juda ein »unversehrtes Archiv« gegeben hat.

zwar die Regierungszeiten, nicht aber die Synchronismen enthalten.[46] Letztere dürften eher auf »nachträglichen Berechnungen« beruhen.[47] Warum hat man aber in einer Zeit, in der im Rahmen der Nachdatierung ein »Antrittsjahr« üblich war (Jer 26,1), die Vordatierung bei den älteren Königen Israels unangetastet gelassen?

A. Jepsen hat sich für eine synchronistische Chronik ausgesprochen, die zur Zeit Hiskijas »unter dem Eindruck der Zerstörung des Nordreiches« entstanden wäre.[48] K.-P. Adam hat diese These wieder aufgegriffen.[49] Auch er ist davon überzeugt, dass diese Chronik aus judäischer Perspektive verfasst und am Ende des 8. Jahrhunderts entstanden sei. Selbst wenn sich Einwände gegen einen Abschluss der synchronistischen Chronik in der Zeit Hiskijas erheben lassen,[50] sprechen die Beobachtungen zu den zuverlässigen Synchronismen eher für eine ältere Quelle. A. Jepsen hat mit seiner synchronistischen Chronik die These verbunden, »daß es in Israel eine zuverlässige chronologische Überlieferung gegeben hat, und daß diese uns auch im wesentlichen erhalten ist«.[51] Damit ist aber noch kein Weg skizziert, wie die Synchronismen unversehrt in die synchronistische Chronik gelangt sein können. Aber auch dann, wenn wir diese Frage nicht beantworten können, bleiben die Synchronismen – wenn auch mit Ausnahmen – zuverlässige Daten für die Geschichte Israels und Judas.

4. Der geschichtliche Hintergrund der Synchronismen

Können aber die älteren, zuverlässigen Synchronismen überhaupt aus der Zeit stammen, in der Israel und Juda Nachbarstaaten waren? Setzen sie nicht ein enges Verhältnis der beiden Staaten voraus, das es so gar nicht gegeben hat? Der syrisch-efraimitische Krieg ist dafür ein deutliches Beispiel. Israel verbündet sich mit Aram; »beide sind Juda gegenüber feindliche Mächte ... In der zweiten Hälfte des 8. Jahrhunderts gab es offenbar noch kein ausgeprägtes Bewusstsein dafür, dass Juda und Israel erst *zusammen* ein Ganzes bilden«.[52] Ein politisches Bündnis zwischen Israel und Damaskus soll es schon in früherer Zeit

---

46 Levin, Exzerpt, 617.
47 Ebd., 618.
48 Jepsen, Quellen, 38.
49 Adam, Saul, 174–211.
50 Levin, Exzerpt, 619: »Das Rahmenwerk läuft bis zum Ende fugenlos durch.«
51 Jepsen, Chronologie, 6.
52 Wißmann, Rechte, 40.

gegeben haben. Als Juda unter seinem König Asa von seinem nördlichen Nachbarn hart bedrängt wird, schickt Asa Gold und Silber nach Damaskus und bittet den aramäischen König Benhadad, sein Bündnis mit dem Israeliten Bascha aufzulösen (I Reg 15,16–22). Dass Juda dem stärkeren Israel nicht gewachsen war, wird durch einen anderen Krieg bestätigt (II Reg 14,8–14).

Zwischen Israel und Juda hat es allerdings auch andere Zeiten gegeben. Die Dynastie der Omriden – die in letzter Zeit zu Recht stärker beachtet wird – hat den Streit mit Juda beendet und diese Politik mit politischen Heiraten besiegelt (II Reg 8,18.26). Der Judäer Ahasja besucht gerade den Israeliten Joram, als die Rebellion Jehus ausbricht, in deren Verlauf beide Könige getötet werden (II Reg 9,15–29). Der fromme König Joschafat soll bereitwillig an Expeditionen der Omriden teilgenommen haben (I Reg 22,1–38 und II Reg 3,4–27). Das lässt sich kaum historisch verifizieren, weist aber doch darauf hin, dass es auch im ökonomisch und militärisch schwächeren Juda den Wunsch nach mehr Gemeinsamkeit mit Israel gab. Offenbar war man nicht immer und nicht überall mit einer »Zwei-Staaten-Lösung« einverstanden. Darum hat man zumindest in den »Tagebüchern« der Könige Israels und Judas durch zuverlässige Synchronismen auf den jeweiligen unmittelbaren Nachbarn Rücksicht genommen.

Im religiösen Bereich gab es ohnehin zwischen Israel und Juda »ein gewisses Gemeinschaftsbewusstsein – schließlich waren Israel und Juda die beiden Staaten, deren Nationalgott Jhwh war«.[53] Jhwh wurde zwar im Norden und im Süden unterschiedlich verehrt, wie M. Köckert gerade gezeigt hat.[54] Die Gemeinsamkeiten waren aber immerhin so groß, dass z.B. der Judäer Amos im Norden prophetisch auftreten konnte. Schließlich ist zu fragen, wie es dazu gekommen ist, dass Israel und Juda den gleichen Staatsgott verehren. Auch wenn heute gern ein aus Israel und Juda bestehendes Staatswesen zur Zeit Davids und Salomos in Frage gestellt wird, stößt diese Skepsis wiederholt auf Widerspruch.[55] Haben David und Salomo bereits Jhwh als Staatsgott eingeführt, dann erklärt es sich am einfachsten, warum dies auch in den beiden Nachfolgestaaten so geblieben ist.

---

53   Wißmann, Rechte, 40.
54   Köckert, YHWH, 388f.
55   Vgl. Kletter, Chronology, 40–44. Schmitt, Königszeit, 426 schreibt sogar: »Die alttestamentlichen Quellen über die Zeit von Saul bis Salomo lassen sich nach wie vor plausibel mit den archäologischen Daten korrelieren.«

5. Eine Zeittafel

Am Ende soll eine Zeittafel stehen, die die Ergebnisse der vorangehenden Analysen übersichtlich zusammenfasst. Sie kann auch dazu beitragen, die schwierigen Erwägungen zur Chronologie besser zu verstehen. Vergleicht man sie mit anderen Zeittafeln, dann lassen sich Gemeinsamkeiten wie Unterschiede schnell erkennen.[56]

Einige grundlegende Bemerkungen sollen der Zeittafel aber vorangestellt werden. In Klammern stehen diejenigen Regenten, die die Herrschaft nur beansprucht haben, aber nicht anerkannt worden sind. Könige, die ganz oder teilweise Mitregenten waren, sind kursiv geschrieben. Solange in Israel und Juda vordatiert wurde, erscheint das Todesjahr des Vorgängers noch einmal als erstes Jahr seines Nachfolgers. Bei jenen Königen, deren Jahre man nachdatiert hat, steht die erste Zahl nicht für das Antrittsjahr, sondern für das erste Regierungsjahr. Die Nachdatierung unter mesopotamischen Einfluss mag dazu beigetragen haben, das Jahr im Frühjahr zu beginnen. Aber der Jahresbeginn wird noch so kontrovers diskutiert, dass er hier offen gelassen wird.[57]

Die Jahreszahlen könnten nur um den Preis der Wiederholung erneut begründet werden. Es ist aber angebracht, noch etwas zum Anfang und zum Ende der Königsreihe zu sagen, da davon bislang nicht die Rede war.

Der Synchronismus von I Reg 15,1 setzt voraus, dass Rehabeams 17. Jahr das 18. Jahr Jerobeams war. Da Nadab schon im 21. Jahr Jerobeams die Herrschaft übernahm (I Reg 15,9 und 25), werden die 22 Regierungsjahre Jerobeams (I Reg 14,20) relativiert. Wenn die hier angegebenen Zahlen nicht dem Bild entsprechen, dass die Israeliten Jerobeam erst erwählt haben, nachdem sie Rehabeam bereits abgelehnt hatten (I Reg 12,20), dann weist der Widerspruch nur auf die Unabhängigkeit der Angaben hin. Rehabeams Daten lassen es zu, dass Pharao Schischak bzw. Schoschenk im fünften Jahr des Judäers nach Palästina gekommen ist.[58] Als Regierungszeit Schischaks werden heute die Jahre 945–924 angegeben.[59]

---

56 Die ältere Listen findet man bequem in der Übersicht von Larsson, System, 65 f. Vgl. zusätzlich Barnes, Studies, 152 f. und besonders Galil, Chronology, 147 Appendix A, der m. E. die überzeugendste Liste erstellt hat.

57 Vgl. besonders Clines, Evidence, 22–40. Galil, Chronology, 9 f., rechnet zwar mit einem Jahresbeginn im Nisan für Juda und im Tischri für Israel, gibt aber gleichzeitig zu, dass außer einem späten Zeugnis für Juda (Jer 36,22) alle anderen Texte »unconvincing« seien (ebd., 10 Anm. 23).

58 Vgl. Schipper, Israel, 119–132 und Wilson, Campaign, 96.

59 Vgl. v. Beckerath, Berührungspunkte, 94, der die Jahre 946/45–925/24 nennt.

Israel		*Juda*	
Jerobeam I.	930–910	Rehabeam	929–913
		Abija	913–911
		Asa	911–870
Nadab	910–909		
Bascha	909–885		
Ela	885–884		
Simri	884		
(Tibni)	(884–881)		
Omri	884–873		
Ahab	873–852	Joschafat	870–846
Ahasja	852–851		
Joram	851–841	Joram	848–841
		Ahasja	841
Jehu	841–814	Atalja	(841–835)
		Joasch	835–804
Joahas	819–802		
Joasch	805–790	Amazja	804–787
Jerobeam	790–748	Asarja	787–736
Secharja	748	*Jotam*	760–745
Schallum	749		
Menahem	748–738	*Ahas*	744–728
Pekachja	737–736		
Pekach	735–731		
Hoschea	730–722	Hiskija	727–698

Besonders umstritten ist das Ende des Staates Israel. Der biblische Text ist bereits verwirrend. Als Hoschea Kontakte zum ägyptischen Pharao anknüpfte und den Tribut einstellte, habe der Assyrer Hoschea festnehmen lassen (II Reg 17,4). Danach hat Hoschea den Widerstand Samarias während der dreijährigen Belagerung (17,5) gar nicht mehr koordinieren können. Dennoch wird die Zeit der Belagerung an den Regierungsjahren Hoscheas gemessen: Sie habe vom siebten bis zum neunten Jahr gewährt (17,6 und 18,9.10).[60] Hat Salmanassar V. (727–722 v. Chr.) die Eroberung der Stadt überhaupt noch erlebt? Nach der babylonischen Chronik ist er es gewesen, der Samaria verwüstet hat.[61] Etliche assyrische Inschriften schreiben allerdings erst Sargon II. (721–

---

60 Jepsen, Quellen, 43, hat die Gefangennahme Hoscheas im 9. Jahr und darum die endgültige Einnahme Samarias im 11. Jahr Hoscheas angesetzt.
61 Vgl. Grayson, Chronicles, 72f.

705 v. Chr.) zu, die Stadt erobert und die Bevölkerung deportiert zu haben.[62] Wem soll man glauben? Einige Autoren haben eine mehrfache Belagerung nicht ausgeschlossen.[63] Immerhin können nach dem Regierungswechsel 722/721 v. Chr. die Bewohner Samarias erneut rebelliert haben. Andere haben sich dafür entschieden, die Einnahme der Stadt Samaria allein Sargon II. zuzuschreiben.[64] Setzt man allerdings die Eroberung Samarias erst 720 oder noch etwas später an, dann kann sie kaum im neunten Jahr Hoscheas erfolgt sein.[65] Denn Hoschea ist doch bald nach der letzten Expedition Tiglatpilesers III. nach Westen (732/731) als der neue Mann in Samaria anerkannt worden. Und nachdem er mit seinen Getreuen Pekach gestürzt hatte, verfügte er über die notwendigen Schätze, um den entsprechenden Tribut Tiglatpileser III. zu schicken, der sich in den Jahren 731 oder 730[66] gerade im südlichen Babylonien aufhielt. Die neun Regierungsjahre Hoscheas dürften also in jedem Fall vom Antrittsjahr 731 bis zum Jahr 722 v. Chr. gereicht haben.[67]

---

62 Vgl. die Inschriften Sargons II. (TUAT I/4, 378–387).

63 Für einen zweimaligen Angriff auf Samaria hat sich bereits Tadmor, Campaigns 33–40 ausgesprochen. Hayes/Kuan, Years, 180f., denken sogar an vier Aktionen gegen Samaria. Salmanassar habe in seinem zweiten Jahr (Nisan 725 – Nisan 724) Samaria teilweise zerstört und Hoschea gefangen genommen. In seinem dritten Jahr habe er die Deportation (II Reg 17,6) durchgeführt und im fünften Jahr Samaria erobert. Nach einer Rebellion habe Sargon II. in seinem zweiten Jahr ebenfalls Samaria unterworfen und Samarier deportiert. – Na'aman, Background, 206–225, hat drei Expeditionen gegen Samaria vor Augen. Der erste Feldzug ist durch II Reg 17,3 und die babylonische Chronik bezeugt. Die zweite Aktion folgt auf Hoscheas Beziehungen zum Pharao »So« (II Reg 17,4–5). Schließlich habe Sargon II. Samaria in seinem zweiten Jahr unterworfen.

64 Galil, Chronology, 90f., glaubt, dass sich Hoschea zwischen seiner Krönung und dem Jahr 723 loyal zu den Assyrern verhalten hat. Die Belagerung Samarias habe darum erst im Sommer 722 begonnen, sei nach dem Machtwechsel in Assur aufrecht erhalten worden und habe schließlich 720 zur Einnahme der Stadt geführt. Mit besonderem Nachdruck hat sich Tetley, Date, 60–66, gegen die »Two-Conquest-Hypothesis« gewandt. Sie erhebt vor allem den Einwand, dass sich die in II Reg 17,3–5a geschilderten Ereignisse in den ersten Jahren Salmanassars V. gar nicht unterbringen lassen.

65 Tetley, Date, 70, setzt die Machtergreifung Hoscheas erst sehr spät an: »the year of Hoshea's accession must have been 727, not 728«. Ihr hat aber Kelle, Hoshea 226–244, heftig widersprochen.

66 Vgl. Hayes/Kuan, Years, 156 und 179.

67 Galil, Chronology, 90, lässt m.E. die »Krönung« Hoscheas mit dem Jahr 732/31 etwas früh beginnen.

Literatur

K.-P. Adam, Saul und David in der judäischen Geschichtsschreibung, FAT 51, Tübingen 2007

W. H. Barnes, Studies in the Chronology of the Divided Monarchy of Israel, HSM 48, Atlanta, Georgia 1991

J. von Beckerath, Über chronologische Berührungspunkte der altägyptischen und der israelitischen Geschichte, in: M. Dietrich/I. Kottsieper (Hg.), »Und Mose schrieb dieses Lied auf«. Studien zum Alten Testament und zum Alten Orient, AOAT 250 (FS Loretz), Münster 1998, 91–99

J. Begrich, Die Chronologie der Könige von Israel und Juda und die Quellen des Rahmens der Königsbücher, BHTh 3, Tübingen 1929

D. J. A. Clines, The Evidence for an Autumnal New Year in Preexilic Israel Reconsidered, JBL 93 (1974), 22–40

G. Galil, The chronology of the kings of Israel and Judah, Studies in the history of the ancient Near East 9, Leiden 1996

A. K. Grayson, Assyrian and Babylonian Chronicles, Winona Lake, Indiana 2000

J. H. Hayes/J. K. Kuan, The Final Years of Samaria (730–720 BC), Biblica 72 (1991), 153–181

J. Hughes, Secrets of the times. Myth and history in biblical chronology, JSOT 66, Sheffield 1990

A. Jepsen, Die Quellen des Königsbuches, Halle (Saale) ²1956

— Untersuchungen zur israelitisch-jüdischen Chronologie, BZAW 88, Berlin 1964

B. E. Kelle, Hoshea, Sargon, and the Final Destruction of Samaria. A Response to M. Christine Tetley with a View toward Method, SJOT 17/2 (2003), 226–244

R. Kletter, Chronology and United Monarchy. A Methodological Review, ZDPV 120 (2004), 13–54

M. Köckert, YHWH in the Northern and Southern Kingdom, in: R.G. Kratz/ H. Spieckermann (Hg.), One God – One Cult – One Nation. Archaeological and Biblical Perspectives, BZAW 405, Berlin/New York 2010, 357–394

R. G. Kratz, Die Komposition der erzählenden Bücher des Alten Testaments, UTB 2157, Göttingen 2000

G. Larsson, The chronology of the kings of Israel and Judah as a system, ZAW 114/2 (2002), 224–235

— The Chronological System of the Old Testament, Frankfurt am Main 2008

C. Levin, Das synchronistische Exzerpt aus den Annalen der Könige von Israel und Juda, VT 61 (2011), 616–628

N. Na'aman, The Historical Background to the Conquest of Samaria (720 BC), Biblica 71 (1990), 206–225

B. U. Schipper, Israel und Ägypten in der Königszeit. Die kulturellen Kontakte von Salomo bis zum Fall Jerusalems, OBO 170, Freiburg/Schweiz – Göttingen 1999

R. Schmitt, Die frühe Königszeit in Israel. Anmerkungen zur aktuellen Diskussion um die niedrige Chronologie in Palästina/Israel, UF 36 (2004), 411–430

H. Tadmor, The Campaigns of Sargon II of Assur: A Chronological Study, JCS 12 (1958), 22–40 und 77–100

M. C. Tetley, The reconstructed chronology of the Divided Kingdom, Winona Lake, Ind. 2005

– The Date of Samaria's Fall as a Reason for Rejecting the Hypothesis of Two Conquests, CBQ 64 (2002), 59–77

E. R. Thiele, The Mysterious Numbers of the Hebrew Kings. A Reconstruction of the Chronology of the Kingdoms of Israel and Judah, Chicago 1951

– Coregencies and Overlapping Reigns among the Hebrew Kings, JBL 93 (1974), 174–200

K. A. Wilson, The Campaign of Pharaoh Shoshenq I into Palestine, FAT II 9, Tübingen 2005

F. B. Wißmann, »Er tat das Rechte ...« Beurteilungskriterien und Deuteronomismus in I Reg 12–II Reg 25, AThANT 93, Zürich 2008

Das 23. Jahr Nebukadnezars (Jer 52,30) und die »70 Jahre für Babel«

Benjamin Ziemer

1. 65, 67 und 70 Jahre: Eine persönliche Einleitung

Dieser Aufsatz ist Ernst-Joachim Waschke zu seinem 65. Geburtstag gewidmet, und hat doch auch etwas mit seinem 70. Geburtstag zu tun: Ich weiß von dem großen Respekt, den er dieser runden Zahl entgegenbringt. Seine beiden Lehrer Siegfried Wagner[1] und Hans-Jürgen Zobel[2] sind mit 69 und 71 Jahren gestorben, und er weiß noch eine Reihe weiterer Alttestamentler aufzuzählen, die dieses Alter nicht überschreiten konnten. Martin Noth[3] starb mit 65 Jahren, Gerhard von Rad[4] nur wenige Tage nach seinem 70. Geburtstag. Die jüngste alttestamentliche Buchpublikation des Jubilars[5] galt einem berühmten hallischen Alttestamentler, Hermann Gunkel,[6] der ebenfalls sein 70. Lebensjahr nicht vollenden konnte.

Auch wenn in Gottes Hand liegt, was in den nächsten fünf Jahren passiert – als ganz sicher wage ich vorauszusagen, dass im Jahr 2017 das 500-jährige Reformationsjubiläum gefeiert werden wird, und dass der mit dieser Festschrift Geehrte schon mit dem bis heute von ihm Geleisteten einen kaum schätzbaren Anteil daran haben wird – so will ich doch versuchen, ihm etwas von jenem Respekt zu nehmen, indem ich die berühmten »70 Jahre« thematisiere, die Jeremia für Babel veranschlagt hat, und deren Ende Juda mit Vorfreude erwarten durfte.

Denn anhand dieser Angabe, die eine einzigartige Wirkungsgeschichte bereits innerhalb der Bücher der Hebräischen Bibel gezeitigt

---

1   5.9.1930 – 19.5.2000.
2   24.5.1928 – 7.2.2000.
3   3.8.1902 – 30.5.1968.
4   21.10.1901 – 31.10.1971.
5   Waschke (Hg.), Gunkel.
6   23.5.1862 – 11.3.1932.

hat – in der Sacharjaschrift, der Chronik sowie im Danielbuch wird sie zitiert und ausgelegt oder wird doch eindeutig darauf angespielt –, lässt sich durch Vergleich der beiden in LXX und MT überlieferten Fassungen des Jeremiabuchs anschaulich zeigen, wie dehnbar und flexibel chronologische Angaben für die biblischen Schriftsteller gewesen sind.

Als Wirkungszeit des Propheten Jeremia wird durch die in der Überschrift angegebenen Daten[7] eine Dauer von etwa 40 Jahren suggeriert. Das Jeremiabuch, wie es uns überliefert ist, umfasst aber einen längeren Zeitraum: Bis zur Begnadigung Jojachins im Antrittsjahr von Amel-Marduk sind 65–67 Jahre zu veranschlagen;[8] letztere Zahl ergibt sich aus der im deutschen Forschungskontext immer noch am weitesten verbreiteten Zeittafel des Greifswalder Alttestamentlers Alfred Jepsen, der übrigens 79 Jahre alt geworden ist. Das Jeremia*buch* als Ganzes umfasst also nach seinem Selbstzeugnis mindestens 65 Jahre, wobei eine genauere Untersuchung zeigt, dass auch diese 65 Jahre dehnbar sind – so wie der Ruhestand für den hier Gefeierten trotz eines gesetzlichen Pensionsalters von 65 Jahren nicht an seinem 65. Geburtstag beginnt, sondern frühestens ein Jahr später, und auch dann vor allem im Blick auf das Reformationsjubiläum noch nicht endgültig wirksam werden dürfte.

Schon knapp eintausend Jahre vor Alfred Jepsen hat kein geringerer als Aaron ben Ascher in seinen דקדוקי הטעמים den zeitlichen Umfang des Jeremiabuches auf 67 Jahre beziffert.[9] Eine der ältesten, schönsten und am besten erhaltenen Handschriften der דקדוקי הטעמים ist Cod. Bibl. Hebr. Petropolit. B 19a,[10] also kein anderer als der später so genannte Codex Leningradensis.[11] Der Abschnitt zu Jeremia steht auf fol. 465v., Kol. 1, Abs. 2:[12]

---

7   Jer 1,1–3 werden als Eckdaten das 13. Jahr des Josia und der 5. Monat des 11. Jahres des Zedekia genannt.

8   Wenn als Regierungszeit Josias die Jahre 639–609 angesetzt werden (so Jepsen, Chronologie, 29.42f.), ergibt sich für die Berufung Jeremias das Jahr 627 v. Chr. Für die Begnadigung Jojachins werden die Jahre 563(–)562 (Albertz, Exilszeit, 90), (562–)561 (Weippert, Textbuch, 431) und (561–)560 v. Chr. (Jepsen, Chronologie, 22–24) genannt.

9   Baer/Strack, Dikduke ha-teamim, 60 (§ 70).

10 Bei Baer/Strack unter dem Siglum P zitiert, vgl. a.a.O., XXIV–XXVI.

11 Die Traditionen zu den Verfassern der biblischen Bücher und der in ihnen beschriebenen Zeit umfassen hier fol. 464v. Kol. 2, Abs. 4 – fol. 465v. Kol. 1, Abs. 2.

12 Transliteration des Textes von Codex L (Faksimile: Freedman, Codex, 942) und der kritischen Ausgabe von Baer/Strack, Dikduke ha-teamim, 59f. Text, der nur im Codex L steht, wird in runden () Klammern geboten, Text, der nur bei Baer/Strack steht, in eckigen [] Klammern.

ספר ירמיהו מן שלש עשרה Das Buch Jeremias: Vom dreizehnten
שנה ליאשיה בן אמון מלך Jahr Josias, des Sohnes Amons, Königs
יהודה עד שחרב הבית von Juda, bis der erste Tempel zerstört
הראשון ארבעים ואחת [שנה] wurde, sind es einundvierzig [Jahre] und
וששה חדשים ועשרת ימים[.] והוא sechs Monate und zehn Tage. Und er
אומר אחר חרבן הבית sagt nach der Zerstörung des Tempels: »Im
בשנת שלש ועשרים dreiundzwanzigsten Jahr
לנבוכד(נ)[ר]אצר [בשנת שמנה Nebukad(n)[r]ezars«. [Im achtzehnten Jahr
עשרה לנבוכדראצר] חרב הבית Nebukadrezars] wurde der Tempel zerstört
והגלה צדקיהו לבבל und Zedekia nach Babel ins Exil geführt.
והוא אומר ויהי בשלשים ושבע Und er sagt: »Es war im siebenund-
שנה לגלות יהויכין dreißigsten Jahr der Exilierung Jojachins
(מלך יהודה) היא השנה (des Königs von Juda)«, das ist das Jahr,
שמת (בה) נבוכדנאצר הרשע ומן da (in dem) Nebukadnezar, der Frevler,
שלש עשרה (שנה) ליאשיהו עד starb. Und vom dreizehnten (Jahr) Josias
שמת שחיק עצמות bis zum Tod– die Gebeine mögen zermalmt
נבוכדנאצר werden![13] – Nebukadnezars
ששים ושבע שנים: sind es siebenundsechzig Jahre.

Von der Berufung Jeremias bis zum letzten datierten Ereignis des Jeremiabuches sind es also 65–67 Jahre. Aaron ben Ascher nennt nach der
Tempelzerstörung aber noch ein weiteres Datum, dessen Funktion hier
unklar bleibt: »Im dreiundzwanzigsten Jahr Nebukadnezars«. Vielleicht soll es besagen, dass Jeremia in Ägypten noch weitere fünf Jahre
aktiv war, so dass das Jeremiabuch Worte aus insgesamt 46 Jahren, also
23 Jahren vor und 23 Jahren während der Herrschaft Nebukadnezars
enthält? Doch was passierte überhaupt in diesem 23. Jahr?

2. Was geschah im 23. Jahr Nebukadnezars?
Quellenlage und Auslegungsgeschichte

2.1 Außerjudäische Quellen

Die erhaltenen Fragmente der zu astrologischen Zwecken zusammen-
gestellten spätbabylonischen Wiseman-Chronik, die bekanntlich u.a.
die erste Einnahme Jerusalems am 3. Adar des 7. Jahres Nebukadnezars
vermerkt, brechen leider mit dem 11. Jahr Nebukadnezars (694/693)
ab.[14] Für die darauffolgenden Jahrzehnte fließen die babylonischen

---

13   Die Formel begleitet in der rabbinischen Literatur stereotyp vor allem die römischen
     Kaiser Vespasian, Trajan und Hadrian, wird aber häufig auch auf Nebukadnezar
     angewendet.
14   Wiseman, Chronicles, 74f.; Weippert, Textbuch, 417.

Quellen nur sporadisch. Die bislang publizierten keilschriftlichen Nachrichten, wie die Erwähnung Jojachins von Juda und seiner Söhne auf babylonischen Versorgungslisten, sagen nichts über die Verhältnisse in Juda selbst. Ob Nebukadnezar in seinem 23. Jahr einen Feldzug unternahm oder nicht, darüber lässt sich ohne neue Textfunde nur spekulieren. Aus den Babyloniaca des Berossos ist jedenfalls nur ein Summarium für die Zeit Nebukadnezars überliefert.[15] Zu babylonischen Feldzugsberichten oder einer Quelle wie der für uns so wichtigen Wiseman-Chronik hatten griechisch-römische Schriftsteller wie Josephus offenbar keinen Zugang.[16]

Auch die ägyptischen Quellen sowie Herodot helfen für die Rekonstruktion der Geschichte Judas unmittelbar nach 586 v. Chr. nicht weiter. Erst für spätere Jahre gibt es Hinweise auf ein Engagement Nebukadnezars in Ägypten.[17]

2.2 Die »Baruchbiographie«

Die mit großem Abstand detaillierteste Darstellung der Ereignisse in Juda nach der Eroberung Jerusalems durch die Truppen Nebukadnezars II. findet sich in der sog. »Baruchbiographie« in Jer 37–45*{44–51}.[18]

---

15 Josephus zitiert dieses Summarium Ant 10,219–226, nachdem er die auch bei Claudius Ptolemäus (Usener, Laterculi, 447.450) belegte und mit den biblischen Daten harmonisierbare Summe von 43 Regierungsjahren Nebukadnezars genannt hat. Danach zählt Josephus weitere griechische Quellen auf, denen er u.a. eine Information über die 13jährige Belagerung von Tyrus entnimmt (10,227–228). Das 10,229–232 folgende Summarium der Nachfolger Nebukadnezars wird dagegen zu Recht nicht modernen Rekonstruktionen zu Grunde gelegt und weckt Zweifel an der Qualität seiner Quellen: Abilmathadachos (Amel-Marduk) soll 18 Jahre (Ptolemäus: 2) und Eglisaros (Neriglissar) gar 40 Jahre regiert haben (Ptolemäus: 4), bevor nach der neunmonatigen Regierungszeit von Labosordachos (Labaši-Marduk) der mit Naboandelos (Nabonid; Ptolemäus: 17 Jahre Regierungszeit) identifizierte Baltasares (Belsazar) an die Regierung gekommen sei. Statt wie Ptolemäus mit 66 Jahren vom Regierungsantritt Nebukadnezars bis zur Einnahme Babylons durch die Perser rechnet Josephus also mit mehr als 100 Jahren.

16 Die wichtigsten Quellen des Josephus für die babylonische Zeit waren Jer, Ez und Dan. Zum Verfahren des Josephus vgl. Kaiser, Prophetie.

17 Herodot, Historien II, 162–169, beschreibt ausführlich, wie Pharao Apries durch Amasis entmachtet wurde. Nach Albertz, Exilszeit, 55 (dort Anm. 32f. weitere Literatur), versuchte Nebukadnezar im Jahr 568/567 vergeblich, Apries, der nach Babylonien geflohen war, wieder als Pharao zu installieren, vgl. auch Wiseman, Chronicles, 94f.; Schütze, Apries (Lit.).

18 Um Verwirrung in den Stellenangaben möglichst zu vermeiden, werden die vom MT abweichenden Kapitel- und Verszahlen der Göttinger LXX immer in geschweiften Klammern {} angegeben.

Hier werden die Ereignisse aus einer individuellen Perspektive erzählt. Der Leser verlässt die Stadt Jerusalem gemeinsam mit Jeremia unmittelbar nach der Einnahme durch die babylonischen Truppen und begleitet ihn und Baruch dann bis nach Ägypten. Die Ermordung Gedaljas fand danach »im siebenten Monat« statt.[19] Die Nennung des Jahres war überflüssig, weil die Angabe sich an das zuletzt genannte Datum – die Einnahme Jerusalems am neunten Tag des vierten Monats, im elften Jahr Zedekias (Jer 39{46},2 sowie II Reg 25,2f.)[20] – anschließt.[21] Was nach Jer 40{47},10–12 in der Zwischenzeit geschieht, passt sehr gut in diese Kurzchronologie: Gedalja ruft zur Ernte von Wein, Sommerobst und Öl auf (V.10). Wenn man den Monat der Gerstenernte im Bauern-Kalender von Gezer mit dem biblischen Abib, dem babylonischen Nisan und damit dem »ersten Monat« gleichsetzt, so gehört in den fünften Monat (etwa Juli/August) die Obsternte (קץ), d.h. die Ernte von Feigen und Granatäpfeln, während der sechste und siebente Monat die Zeit des »Einsammelns« (אסף), und zwar von Wein und Oliven, ist.[22] Nach V.12 haben die Judäer, die Gedaljas Ruf gefolgt sind, viel Wein und Obst geerntet. Zur Ölernte waren sie anscheinend noch nicht gekommen,[23] und von Getreidesaat und -ernte, die im landwirtschaftlichen Jahr darauf folgen, ist nicht die Rede. Die in Jer 39–41{46–48} geschilderten Ereignisse bis zur Ermordung Gedaljas dauerten also mitnichten vier bis fünf Jahre,[24] sie spielten sich vielmehr in den ersten Monaten nach der Einnahme der Stadt ab, also im 18. oder 19. Jahr Nebukadnezars. Über dessen 23. Jahr erfahren wir auch aus der Baruch-Biographie – nichts.

---

19 Jer 41{48},1; II Reg 25,25 schließt sich dem an. Das im Sacharjabuch genannte Fasten im siebenten Monat (Sach 7,5; 8,19) wird mit der Ermordung Gedaljas in Verbindung gebracht und bis heute als »Fasten Gedalja« am 3. Tischri begangen.

20 II Reg 25,8 wird darüber hinaus auch noch die Zerstörung des Tempels und der Stadt durch Nebuzaraddan datiert, von der in Jer 39–44 nicht berichtet wird: Sie soll am siebenten Tag des fünften Monats des 19. Jahrs Nebukadnezars stattgefunden haben; Jer 52,12 nennt den zehnten Tag.

21 So z.B. Wallis, Gedalja, in: BHH I, 529.

22 Vgl. Weippert, Textbuch, 225–227, sowie Dalman, Jahreslauf, 559–564.

23 Allerdings fügen fast alle Handschriften und Tochterübersetzungen der LXX in V.12 noch »und Öl« hinzu, in Entsprechung zu V.10, und verwischen dadurch, möglicherweise in Unkenntnis des Landwirtschaftsjahres in Palästina, die Differenz. Rahlfs rechnet και ελαιον zur ursprünglichen LXX, Ziegler in der Göttinger Septuaginta dagegen nicht, weil in der Syrohexaplaris, der lukianischen Rezension sowie der armenischen Übersetzung, die hier aber dem Masoretischen Text folgen, dieser Zusatz fehlt.

24 So mit Recht u.a. Stipp, Gedalja; Lipschitz, Jerusalem, 120–123.149, im Gegensatz zu Albertz, Exilszeit, 83 (dort Anm. 157 weitere Literatur).

2.3 Jer 52 LXX, II Reg 25 und II Chr 36

Außer dem ausführlichen Bericht in Jer 37–44 {44–51} gibt es mehrere kürzere Zusammenfassungen der Ereignisse am Ende der judäischen Königszeit – jeweils am Ende der verschiedenen Ausgaben des Könige- und des Jeremiabuches sowie der Chronik. All diese Berichte sind voneinander abhängig, wobei es auf jeder einzelnen Stufe Hinzufügungen wie Auslassungen gab.

Die älteste Fassung dürfte diejenige sein, die vom historischen Anhang des griechischen Jeremiabuches vorausgesetzt wird.[25] Über die Zeit von der Zerstörung und Plünderung von Stadt und Tempel bis zur Rehabilitierung Jojachins, und damit auch über das 23. Jahr Nebukadnezars, erfährt der Leser hier überhaupt nichts.

Der Bericht in II Reg 25 lässt einerseits manche Details weg, fügt aber andererseits auch einen knappen Bericht über Gedaljas Amtszeit, seine Ermordung und die Massenflucht nach Ägypten ein, offenbar eine gekürzte Zusammenfassung des entsprechenden Abschnitts der Baruch-Biographie.[26] Dieser Bericht endet mit der Feststellung, dass »das ganze Volk« nach Ägypten gezogen war.[27] Dann könnte im 23. Jahr eigentlich niemand mehr aus Juda weggeführt worden sein.

Der Bericht der Chronik, der noch einmal wesentlich jünger sein dürfte als die Langfassung des Jeremiabuches (MT), kombiniert für seine Version Nachrichten aus beiden Büchern. Er verschmilzt die beiden ihm vorliegenden Charakteristiken Zedekias (Jer 37{44},2 und II Reg 24,19=Jer 52,2 MT-Plus) zu einer einzigen (II Chr 36,12). Im Übrigen wird radikal gekürzt, so dass in nur dreizehn Versen die gesamte Regierungszeit Zedekias, die Zerstörung Jerusalems und das babylonische Exil einschließlich der Rückkehrerlaubnis durch Kyrus zusammengefasst werden können. All dies wird nun als Erfüllung der Worte Jeremias gedeutet (II Chr 36,12.15 f.21 f.). Damit gehört die Chronik aber auch schon nicht mehr zu den historischen Quellen, sondern zur Auslegungsgeschichte des Jeremiabuches.

2.4 Die Langfassung des Jeremiabuches (MT)

Für die Langfassung des Jeremiabuches (MT) ist, im Gegensatz zu Jer LXX, Königebuch oder Chronik, ein Streben nach möglichst vollständiger Darstellung charakteristisch. Angesichts der erheblichen

---

25 So etwa Person, Case Study, 178–185.
26 Jer 40–43{47–50}.
27 II Reg 25,26, in Entsprechung zu Jer 43{50},5–7.

Ausweitung des Umfangs fällt auf, dass, entgegen dem Vorurteil vom angeblich unaufhörlichen produktiven literarischen Wachstumsprozess der biblischen Prophetenbücher,[28] nur sehr wenig wirklich inhaltlich Neues hinzukommt. So ist zwar das Kapitel Jer 39MT, in dem die Einnahme Jerusalems durch Nebukadnezar erzählt wird, mehr als doppelt so lang wie das entsprechende Kapitel Jer 46LXX, in dem die Verse 4–13 fehlen. Bei den Überschüssen handelt es sich aber größtenteils um die Verdopplung von Informationen aus dem historischen Anhang. Nur V. 11 f., wonach Nebukadnezar seinen רב טבחים, Nebusaradan, persönlich damit beauftragt hatte, Jeremia zu befreien, ist echtes Sondergut. Dieser Nebusaradan spielte nach dem Zeugnis des Jeremiabuches vor, während und nach der Einnahme Jerusalems im 19. Jahr[29] Nebukadnezars eine bedeutende Rolle;[30] von einem Eingreifen in die weitere, innerjudäische Geschichte um Gedalja, Ismael, Johanan, Jeremia und Baruch[31] wird aber nicht berichtet.[32] Auch im sonst oft harmonisierenden Langtext des Jeremiabuches wird der Leser in keiner Weise darauf vorbereitet, dass dieser Nebusaradan im 23. Jahr Nebukadnezars 745 Judäer weggeführt haben sollte (Jer 52,30MT). Wie diese Nachricht mit dem übrigen Jeremiabuch zu verbinden ist, beschäftigt seither die Auslegungsgeschichte.

2.5 Josephus, Antiquitates

Flavius Josephus, der wichtigste Gewährsmann für die Geschehnisse dieser Zeit, kannte die Tradition von einer Wegführung von Judäern im 23. Jahr Nebukadnezars aus Jer 52,30MT. Er hat, da er die Flucht nach Ägypten nicht künstlich um fünf Jahre nach hinten verlegen wollte, diese Notiz aber nicht mit der *Erzählung* von Jer 41{48}ff., sondern mit den *Weissagungen* Jeremias gegen Ägypten und die dorthin gezogenen Judäer verknüpft.[33] Diese Ägypten betreffenden Traditionen verband Josephus nun noch mit weiteren Worten des Jeremiabuches. Die Ankündigung von Exil und Gefangenschaft bzw. Zerstreuung trifft nach den jeremianischen Völkersprüchen auch Moab[34] und Ammon,[35] also

---

28 Vgl. hierzu richtig Heckl, Erwägungen, 181, Anm. 1 (Lit.).

29 So die Datierung II Reg 25,8 = Jer 52,12MT-Plus.

30 Jer 39,9–13MT-Plus; 40{47},1–6; 52,12f.15[MT-Plus].16.24–27.

31 Jer 40,7–45,5{47,7–51,35}.

32 Nebusaradan bzw. der רב טבחים wird zwar in diesen Kapiteln als einziger babylonischer Beamter zweimal erwähnt, aber jeweils nur im Rückblick (Jer 41{48},10; 43{50},6).

33 Jer 42{49}; 44{51}; 46{26}.

34 Jer 48{31},7.11 Exil (גולה); 48,46MT Gefangenschaft (שבי).

die beiden in Jer 40,11 zuerst genannten Länder, aus denen die Judäer zu Gedalja gekommen waren und wohin sie später wieder geflohen sein könnten. Ammon wird als Zufluchtsort explizit genannt (Jer 41,10.15). Josephus kombinierte all dies zu einem Straffeldzug Nebukadnezars über Ammon und Moab bis nach Ägypten (hervorgehoben sind die Jer 52,30 MT entsprechenden Angaben):

Ant 10,180–182 (Niese):

180 Γενομένων δὲ αὐτῶν ἐκεῖ σημαίνει τὸ θεῖον τῷ προφήτῃ μέλλοντα στρατεύειν ἐπὶ τοὺς Αἰγυπτίους τὸν βασιλέα τῶν Βαβυλωνίων, καὶ προειπεῖν ἐκέλευε τῷ λαῷ τήν τε ἅλωσιν τῆς Αἰγύπτου, καὶ ὅτι τοὺς μὲν αὐτῶν ἀποκτενεῖ, τοὺς δὲ αἰχμαλώτους λαβὼν εἰς Βαβυλῶνα ἄξει.

181 καὶ ταῦτα συνέβη· τῷ γὰρ πέμπτῳ τῆς Ἱεροσολύμων πορθήσεως ἔτει, ὅ ἐστι τρίτον καὶ εἰκοστὸν τῆς Ναβουχοδονοσόρου βασιλείας, στρατεύει Ναβουχοδονόσορος ἐπὶ τὴν κοίλην Συρίαν, καὶ κατασχὼν αὐτὴν ἐπολέμησε καὶ Μωαβίταις καὶ Ἀμμανίταις.

182 ποιησάμενος δὲ ὑπήκοα ταῦτα τὰ ἔθνη ἐνέβαλεν εἰς τὴν Αἴγυπτον καταστρεψόμενος αὐτήν, καὶ τὸν μὲν τότε βασιλέα κτείνει, καταστήσας δὲ ἕτερον τοὺς ἐν αὐτῇ πάλιν Ἰουδαίους αἰχμαλωτίσας ἤγαγεν εἰς Βαβυλῶνα.

»Als sie [das Volk mit Jeremia und Baruch] dort [in Ägypten] angelangt waren, offenbarte Gott dem Jeremias, dass der Babylonierkönig im Begriff stehe, gegen Aegypten zu Felde zu ziehen, und hiess ihn dem Volke verkünden, Aegypten werde unterjocht und ein Teil von ihnen niedergemacht, der andere Teil aber gefangen nach Babylon geschleppt werden.

So geschah es auch in der That. Denn *im fünften Jahre nach der Zerstörung Jerusalems, welches das dreiundzwanzigste seiner Regierung war*, rückte *Nabuchodonosor* mit Heeresmacht in Coelesyrien ein, eroberte es und überzog dann die Ammaniter und Moabiter mit Krieg.

Nach Unterjochung dieser Völkerschaften griff er Aegypten an, tötete den damaligen König, setzte einen anderen an seine Stelle *und führte alle* daselbst befindlichen *Juden* wiederum nach Babylon *fort*.«[36]

Es geht nicht an, die Nachricht vom Ammoniterfeldzug Nebukadnezars mit der Datierung im 23. Jahr zu verbinden, aber vom Ägyptenfeldzug zu trennen:[37] Denn der Ägyptenfeldzug zielte nach Josephus nicht nur auf die Absetzung des Königs,[38] sondern auch auf die Wegführung der Judäer – und nur diese war in seiner Quelle, dem Jeremia-

---

35 Jer 49,3{30,19} Exil (גולה); 49,5 {30,21} Zerstreuung (נדח Nif.).

36 Ant 10,9,7 (Übersetzung von H. Clementz).

37 So u.a. Albertz, Exilszeit, 55; Weippert, Textbuch, 408. Hübner, Ammoniter, 205, Anm. 207 verweist darüber hinaus noch auf Hieronymus' Kommentar zu Ez 25, der aber seinerseits von Josephus und der rabbinischen Tradition, wie sie im SOR (s.u. S. 195) belegt ist, abhängig ist.

38 Das würde besser auf eine spätere Zeit passen: Apries, nach Herodot, Historien II, 161, 2 einer der Glücklichsten unter seinen Vorgängern, regierte etwa 25 Jahre lang, bis 570 v. Chr.; zu seinem Ende s.o. Anm. 17 (S. 190).

buch, auf das 23. Jahr Nebukadnezars datiert. Dass Josephus die Zahlen aus Jer 52,28–30 frei für seine Darstellung verwendet, ist aus der vorhergehenden Darstellung evident: Nach Ant 10,98 (10, 6, 3) führte Nebukadnezar, als er Jojachin an Stelle seines Vaters Jojakim einsetzte, 3000 der Vornehmsten des Volkes weg, unter ihnen den Propheten Ezechiel,[39] was als abgerundete Zahl den 3023 Deportierten in Nebukadnezars siebentem Jahr (Jer 52,28) entspricht. Die Zahl von 832 Deportierten (Jer 52,29) hatte er dagegen offenbar nicht mit dem 18., sondern dem 8.[!] Jahr Nebukadnezars verbunden und mit der Nachricht von der Deportation der oberen Zehntausend aus II Reg 24,14 kombiniert: Nach Ant 10,101 (10, 7, 1) führte Nebukadnezar zusammen mit Jojachin »die in der Stadt befindlichen Handwerker und jungen Leute, 10832 an der Zahl«, in das Exil. Nebenbei umging er so das bis heute nicht befriedigend gelöste Problem, warum nach Jer 52,28f. MT die beiden ersten Wegführungen in das 7. und 18. Jahr Nebukadnezars, die beiden Eroberungen Jerusalems nach II Reg 24,12; 25,8// Jer 52,12 MT aber in dessen 8. und 19. Jahr datiert werden.[40]

2.6 Seder Olam Rabba

Auch der wahrscheinlich auf tannaitische Zeit zurückgehende Seder Olam Rabba (SOR), an den sich die wichtigsten mittelalterlichen Kommentatoren (Raschi, Radaq) in ihrer Auslegung von Jer 52,30 anschließen, versucht, die von Jeremia angekündigte Unterwerfung Ammons, Moabs und Ägyptens zu datieren, und kombiniert – ähnlich wie Josephus und Hieronymus – die in Jeremia-, Ezechiel- und Danielbuch genannten Daten und Weissagungen. In das in Jer 52,30 genannte 23. Jahr wird die Eroberung von Tyrus sowie die Deportation von 745 Judäern, »die sich in Ammon, Moab und der Nachbarschaft des Landes Israels befunden hatten«, datiert (בשנת עשרים ושלש לנבוכדנצר נתנה צור)
בידו ושטף את כל היהודים שהיו בעמון ומואב ובסביבות ארץ ישראל נפש שבע

---

39 Josephus, Ant 10,99.
40 Nach der Babylonischen Chronik wurde Jerusalem am 2. Adar des 7. Regierungsjahres Nebukadnezars eingenommen (Wiseman, Chronicles, 72 f.; Weippert, Textbuch, 417). Aus der Frage, ob die Exilierung und der Thronwechsel innerhalb von vier Wochen (bis zum Neujahrsfest) vonstatten gegangen sein könne, sowie aus der Möglichkeit verschiedener Zählungen des Akzessionsjahrs und schließlich auch verschiedener Jahresanfänge ergeben sich die unterschiedlichen modernen Lösungsvorschläge. Ein früher Harmonisierungsversuch zur Frage des 7./8. und 18./19. Jahres liegt in bMeg 11b vor (vgl. die kommentierte Übersetzung bei Börner-Klein/Hollender, Traktat, 171 f.) und kommt zu einem ganz ähnlichen Ergebnis: Demnach sei das 8. und 19. Jahr nach Nebukadnezars Regierungsantritt, das 7. und 18. nach der erst ein Jahr darauf folgenden Unterwerfung Jojakims gerechnet.

(מאות וארבעים וחמשה).[41] Die Eroberung Ägyptens durch Nebukadnezar wird wegen Ez 29,19–21 erst in dessen 27. Jahr (Ez 29,17) datiert; damals wären auch Jeremia und Baruch aus Ägypten nach Babylonien gebracht worden (בשנת עשרים ושבע לנבוכדנצר נתנה מצרים בידו נשא המונה ושלל שללה ובזז ביזה והיתה שכר לחילו והגלה ירמיהו וברוך לבבל).[42]

Sowohl der SOR als auch Josephus haben versucht, die Aussage von Jer 52,30 mit anderen ihnen bekannten Daten so zu verknüpfen, dass sie eine *Erfüllung von Aussagen Jeremias* beinhaltet. Damit werden sie dem literarischen Ort von Jer 52,30 durchaus gerecht: Der Zweck des historischen Anhangs dürfte darin bestanden haben, in nüchterner Annalenprosa objektiv zu bestätigen, dass die Ankündigungen Jeremias tatsächlich eingetroffen sind.

2.7 Moderne Rekonstruktionen

Moderne Publikationen zur Geschichte Israels in der Exilszeit gehen anders als Josephus oder der Seder Olam nicht von vornherein davon aus, dass die Verheißungen Jeremias auch in Erfüllung gegangen sein müssen. Sie verbinden deshalb lieber das, was in der Baruch-Biographie erzählt wird, mit dem in Jer 52,30 genannten Datum, und werten Josephus als unabhängige Quelle. So wird die Ermordung Gedaljas, die Flucht Ismaels zu den Ammonitern, die Flucht nach Ägypten und anderes mehr in das 23. Jahr Nebukadnezars, oder, vermeintlich noch objektiver, in das Jahr 582/581 v. Chr. datiert:

Nach Alexander Schütze »floh eine größere Gruppe von Judäern 582 v. Chr. nach Ägypten, darunter auch Jeremia und Baruch«;[43] und Klaas R. Veenhof schreibt:»582/581 v. Chr. mußten die Babylonier erneut einen Feldzug gegen Juda unternehmen [...] Nebuzaradan (*Nabûzēriddin*) führte die Strafaktion gegen Juda durch und deportierte noch einmal einige tausend Judäer (Jer. 52,30).«[44]

Da die babylonische Chronik leider nur bis zum 11. Jahr erhalten ist, der Bericht im Königebuch sehr knapp, der in der biblischen Chronik sogar noch kürzer ist, sind das Jeremiabuch und die Antiquitates des Josephus die beiden Hauptquellen für die Ereignisse in Juda nach der Eroberung Jerusalems und der Zerstörung des Tempels. Schütze und Veenhof kombinieren denn auch wie viele andere[45] die ausführli-

---

41 SOR 26,44–47 (Text nach Ratner, Midrasch, 119f.).
42 SOR 26,48–50 (Text nach Ratner, Midrasch, 120).
43 Schütze, Apries.
44 Veenhof, Geschichte, 282.
45 Vgl. nur Albertz, Exilszeit, 54f. 83f., und die ebd., 83, Anm. 157, genannte Literatur.

che Schilderung der Ereignisse in Jer 39–44 mit der kurzen, isolierten Notiz von Jer 52,30 MT.

Rainer Albertz zieht demgegenüber immerhin die Möglichkeit in Erwägung, dass Josephus seine Darstellung teilweise »aus den Völker- worten Jeremias […] extrapoliert hat«, mutmaßt aber nichtsdestotrotz »eine weitere antibabylonische Aufstandsbewegung«, die »einem Feld- zug Nebukadnezars«, von dem Josephus »für das Jahr 582 […] zu be- richten« weiß, vorangegangen sein könnte.[46] Wie oben gezeigt, wird durch den Text selbst eher nahegelegt, die Ermordung Gedaljas und die weiteren bis zur Auswanderung nach Ägypten (Jer 43{50},7) ge- schilderten Ereignisse bereits in die ersten Monate nach der Eroberung Jerusalems zu datieren.[47]

3. Der literarische Kontext des »23. Jahres« im masoretischen Jeremiabuch

3.1 Die gattungstypische Flexibilität der Zahlenangaben in Jer 52

Jer 52,30 ist kein Bericht, sondern Teil einer Statistik. Dass eine solche kurz vor dem Ende eines Buches steht, ist keine seltene Ausnahme, sondern Teil eines bisher nur unzureichend beachteten Phänomens: In allen Fällen, wo mehrere literarische Versionen eines alttestamentlichen Buches überliefert sind, enthalten diese auch jeweils unterschiedliche Zahlenwerte, wobei es häufig wie auch hier im Jeremiabuch um »histo- rische Fakten« zu gehen scheint.[48]

Das »23. Jahr« Nebukadnezars dürfte, wie im Folgenden gezeigt werden soll, aus zahlensystematischen Gründen gewählt sein. Wäh- rend die historischen Ereignisse des 23. Jahres Nebukadnezars nicht

---

46 Albertz, Exilszeit, 54; vgl. auch Hübner, Ammoniter, 202.205, der aber die Flucht Ismaels nach Ammon im Gegensatz zu Albertz noch in das Jahr 586 v. Chr. datiert (a.a.O., 204). Für Alt, Rolle, 326.329, legt sich zwar wegen der Jer 52,30 erwähnten dritten Deportation »582« als »Datum der Eingliederung der Landschaft von Jerusa- lem in die nördliche Nachbarprovinz« nahe (329, Anm. 2); er trifft aber keine Aussa- ge über das Jahr der Ermordung Gedaljas und vermerkt ausdrücklich (327, Anm. 1): »Die Reihe von Ereignissen, die wir aus Jer. 39–43 kennen, führt nicht zu der Depor- tation von 582 (52, 30).« Weinberg, Gedalja, 357 f.366 datiert dann die Ermordung Gedaljas unter Berufung auf Alt in das Jahr 582 v. Chr., ohne Jer 52,30 oder Josephus, woher dieses Datum letztlich stammt, überhaupt zu erwähnen.

47 So u.a. auch Herrmann, Gedalja, 138; Wallis, Gedalja; Stipp, Gedalja; Lipschitz, Jerusalem, 120–123.

48 Vgl. Ziemer, Zahlen, 462 f.; zur Chronik dort 471; zu den vieldiskutierten Zahlen von Gen 5 vgl. zuletzt den Beitrag von C. Levin in diesem Band (S. 97–112).

mehr zu rekonstruieren sind, ist zunächst *eine* objektive Funktion der Statistik von Jer 52,28–30 nicht zu bestreiten: An ihrem Vorhandensein oder ihrem Fehlen ist schnell erkennbar, welche der beiden parallel überlieferten Versionen des Jeremiabuchs vorliegt.[49]

Die Freiheit im Umgang mit numerischen Angaben zeigt sich auch in der allerletzten im Jeremiabuch genannten Zahl: Die Begnadigung Jojachins (im 37. Jahr seiner Verbannung, im 12. Monat) wird in Jer LXX auf den 24., in Jer MT auf den 25., im Königebuch aber auf den 27. Tag datiert. Die systematische Bevorzugung von bestimmten Zahlen lässt sich aber am ehesten dann nachweisen, wenn ausgeführte Rechnungen oder durchnummerierte Aufzählungen vorliegen. In den beiden Ausgaben des Jeremiabuches gibt es ausgeführte Rechnungen nur im jeweiligen Sondergut, in beiden Fällen im historischen Anhang. Im alexandrinischen Kurztext wird über den MT hinaus angegeben, dass 96 Granatäpfel an einer Säule mit 12 Ellen Umfang 8 Granatäpfel je Elle ergeben, während im masoretischen Langtext die Zahlen aus drei Deportationen zu »4600« addiert werden.[50]

Die typische Schematisierung »historischer« Zahlenangaben lässt sich an einem weiteren Beispiel aus Jer 52//II Reg 25 verdeutlichen: Jer 52,24–26 werden die Personen aufgezählt, die Nebusaraddan seinem König nach Ribla bringt: Als Erster der »Haupt-Priester«, als Zweiter der »zweite Priester«,[51] an dritter Stelle die »*drei*« Schwellenhüter, so dass sich bis hierher fünf Personen ergeben. Als sechster wird ein Beamter genannt, der die Aufsicht über die Kriegsmänner hatte, danach – also mit dem Siebenten beginnend – »*sieben*«[52] Männer von den Vertrauten des Königs, dazu (als 14.) ein Schreiber, Oberster des

---

49 Bei Schriftrollen von der Größe des Jeremiabuches (die verschiedenen Qumranfragmente lassen auf Buchlängen von ca. 8–17 m schließen, vgl. Lange, Handbuch, 297–301) hatten solche Differenzen am Buchende sehr praktische Bedeutung.

50 Die Betonung der 12 und ihrer Vielfachen in Jer 52,22 LXX passt zum »24.12.« ebd. in V.31, während zur 4600 als runder (und durch 25 teilbarer) Dezimalzahl in Jer 52,30 MT der »25.« Tag passt, der zudem mit der »12« des angegebenen Monats insgesamt die »37« des genannten Jahres ergibt.

51 Person, Case Study, 181f., hält aus IV Regn 25,18 (Σοφονιαν υἱὸν τῆς δευτερώσεως hieße rückübersetzt צפניה בן המשנה) wg. Jer 21,1; 29,25 konjizierte Lesart צפניה בן מעשיה für ursprünglich. Dann wäre die oben beschriebene Bezeichnung der zweitgenannten Person als »Zweitpriester« sogar erst unwillkürlich durch einen Abschreibefehler entstanden!

52 Im Königebuch ist hier nur von »fünf« Männern die Rede. Hier wurden wahrscheinlich nicht die Personen, sondern die Ämter als mnemotechnische Stütze gebraucht, denn diese fünf Männer sind das fünfte Glied der Aufzählung. Welche Zahl literargeschichtlich älter und damit womöglich historisch wahrscheinlicher ist, die fünf oder die sieben Vertrauten des Königs, ist kaum zu entscheiden.

Heeres,[53] sowie (als 15.–74.) weitere sechzig[54] Mann. Dass die Männer tatsächlich in der genannten Reihenfolge aufgegriffen wurden, ist nicht anzunehmen;[55] die Aufzählung wurde stilisiert. Von der Sachlogik her hätten der Beamte (6.) und der Schreiber (14.), die beide hohe Ämter im Heer bekleideten, unmittelbar hintereinander aufgezählt werden sollen. Ihre jetzige Position verdanken sie ebenso wie die zuerst genannten Tempelbeamten sicher ihren Zahlen.[56]

Es gibt noch eine weitere Reihe von numerischen Angaben in Jer 52: Die Angaben zu den beiden bronzenen Säulen, die vor dem Tempel Salomos gestanden hatten und nun zerlegt und abtransportiert waren, variieren erheblich in den verschiedenen Beschreibungen. Die sich aus der Höhe der Säulen und der aufgesetzten Kapitelle ergebende Gesamthöhe der Säulen beträgt nach dem Tempelbaubericht im Königebuch (I Reg {III Regn} 7) insgesamt 18+5=23 (oder 27?) Ellen,[57] nach dem Zerstörungsbericht in II Reg {IV Regn} 25,17 insgesamt 18+3=21 Ellen, nach dem Baubericht in II Chr 3,15 insgesamt 35+5=40 Ellen.

Da nach dem Abtransport der Säulen und Kapitelle niemand mehr nachmessen konnte, blieben die verschiedenen Angaben unausgeglichen nebeneinander stehen (so I Reg 7 vs. II Reg 25) oder wurden dem jeweiligen literarischen Kontext angepasst (so Jer 52): Im griechischen Jeremiabuch sind es 35+5, also insgesamt 40 Ellen;[58] im masoretischen Jeremiabuch wurden dagegen die Maßangaben von 18 und 5 Ellen gewählt, was eine auszurechnende Gesamthöhe von 23 Ellen ergibt.

Somit bereitet die Beschreibung der zerschlagenen Säulen, die ohne Kapitelle 18 Ellen, mit Kapitellen aber jeweils 23 Ellen gemessen haben sollten, im masoretischen Jeremiabuch die numerische Hervorhebung des auf das 18. noch folgenden 23. Jahres Nebukadnezars vor.

---

53 Der antiochenische Text von IV Regn 25,19 verdoppelt diese Angaben und erhält so eine Person mehr.

54 In IV Regn 25,19 des griechischen Codex Alexandrinus stehen an siebenter Stelle der Aufzählung nicht 60, sondern sieben Männer, so dass die mnemotechnische Struktur (vgl. oben Anm. 52) hier konsequent bis zum siebenten Glied weitergeführt wird.

55 Die Jer 40{47},1–6 geschilderte Szenerie zeigt, dass die Festnahme eher ungeordnet erfolgte.

56 Die Gesamtsumme im Jeremiabuch von 74 Mann (=2x37) passt zu dem im Folgenden genannten 37. Jahr.

57 I Reg 7,15–19//III Regn 7,4–8. Nur hier werden, zusätzlich zu Säulen und Kapitellen, noch für die lilienartige Arbeit »auf der Spitze der Säulen« 4 Ellen genannt.

58 Das könnte in Entsprechung zu den rund 40 Jahren Wirksamkeit gewählt sein, die in der Überschrift Jer 1,1–3 vorausgesetzt werden, wenn nicht die je 35 Ellen der 2 Säulen auf die 70 Jahre anspielen sollen. Möglicherweise gehen die 35 Ellen im Tempelbaubericht der Chronik darauf zurück, dass sie die Zahl ihrer Hauptvorlage (I Reg 7) hier nach dem mutmaßlich älteren Jeremiabuch (LXX-Vorlage) korrigiert.

3.2 Die manipulierte Statistik in Jer 52,28–30 MT

Und das ist das Volk, welches Nebukadnezar weggeführt hat:
> Im Jahr *Sieben*:
>> Judäer
>>> *Drei*tausend und *zwanzig und drei.*
> Im Jahr *Acht*zehn Nebukadnezars:
>> Aus Jerusalem
>>> Seelen *Acht*hundert*dreißigundzwei*
> Im Jahr *Dreiundzwanzig* Nebukadnezars führte weg
> Nebusaradan, der Oberste der Leibwache:
>> Judäer
> Seelen *sieben*hundertvierzigundfünf.
Alle Seelen sind: Viertausendsechshundert.   (Jer 52,28–30 MT)

Bereits die erste in Jer 52,28–30 genannte Zahl von Weggeführten fällt
auf. Für eine reale Zählung wäre es ungewöhnlich, dass die genannte
»3023« so knapp über einer runden Zahl, hier der 3000, liegt. Das erinnert an das aus assyrischen Inschriften wohlbekannte Phänomen der
(pseudo-)»exakten« Zahlen.[59] Im Königebuch werden für die erste
Wegführung, nach der Kapitulation Jojachins, durchweg glatte Tau-
sender genannt, die gar keinen Zweifel daran lassen, dass es sich um
gerundete Zahlen handelt.[60] Die in Jer 52,28 zunächst erscheinende
Zahl »dreitausend« passt also zunächst gut in diesen Wissenskontext,
und erweckt dann durch die Hinzufügung der »und zwanzig und
drei« den Anschein einer exakteren Statistik.

Dieser Anschein dürfte täuschen. Die im siebenten Jahr auffallen-
den …23 Judäer haben, wie oben durch die Textanordnung angedeutet,
eine chiastische Entsprechung in der für das 23. Jahr genannten Zahl
von siebenhundert…[61] Judäern.

Josephus hatte die Statistiken aus Könige- und Jeremiabuch (MT)
kombiniert. Für das 7. Jahr rundete er die pseudoexakte 3023 auf 3000
ab, für das 8. Jahr führt er aber 10832 Verbannte an.[62] Er hat damit sekundär aus der runden Zahl von II Reg 24,14 und der genauen Zahl
von Jer 52,29 eine größere, pseudoexakte Zahl gewonnen. Veenhof
dagegen hat, wie oben zitiert, die ihm wohl zu niedrig erscheinende
genaue Zahl von 745 Judäern aus Jer 52,30 gleich zu »einige[n] tau-

---

59 Vgl. de Odorico, Use, 5f. 86–88.171f. zu diesen »›exact‹ numbers«.
60 10000, 7000 und 1000 (II Reg 24,14.16).
61 Möglich ist, dass sich die »exakte« Zahl von 745 Weggeführten an die Zahl der nach
     dem vorangehenden Kontext (V.24–27) von Nebusaradan zur Hinrichtung wegge-
     führten 74 Männer anlehnt. Vgl. ein ähnliches Phänomen bei de Odorico, Use, 141f.
62 Jos, Ant 10, 98.101; s.o. S. 193f.

send« im Jahr »582/581 v. Chr.« weggeführten aufgerundet.[63] Albertz, der selbst ebenfalls höhere Zahlen von Deportierten annimmt und das auch ausführlich und überzeugend begründet,[64] schätzt die Zahlen in Könige- und Jeremiabuch, nach Kritik an verschiedenen Ausgleichsversuchen, folgendermaßen ein:

> »Vor diese Wahl gestellt, scheint die knappe Jeremialiste klar den Vorzug zu verdienen: Ihre gebrochenen Zahlen (3023, 832, 745) machen gegenüber den runden der Königsbücher einen glaubwürdigeren Eindruck, auch wenn die glatte Endsumme von 4600 etwas irritiert. Ihre wahrscheinlich korrekte Datierung der ersten und zweiten Exilierung in das 7. und 18. statt in das 8. und 19. Jahr Nebukadnezars läßt vermuten, daß sie den Ereignissen noch näher stand.«[65]

Für eine »glatte Endsumme«, die, da eigens im Text genannt, sicher beabsichtigt ist, hat die 4600 aber doch einen im Vergleich zu den im Königebuch genannten runden 1000, 7000 oder 10000 sehr ungewöhnlichen Faktor, die 23.

$$4600 = 200 \times 23.$$

Die Zahl 23 dürfte darum der Zielpunkt der gesamten Statistik von Jer 52,28–30 sein. Von den 3023 bei der ersten Exilierung bis zu seinem 23. Jahr hat Nebukadnezar insgesamt 200x23 Menschen weggeführt!

Die Bevorzugung der »23« in dieser Statistik ist so deutlich, dass an deren historischer Zuverlässigkeit Zweifel angebracht sind. Man kann natürlich nicht ausschließen, dass Nebukadnezar in seinem 23. Jahr eine weitere Deportation von Judäern angeordnet hat. Der Verfasser unserer Statistik könnte eine derartige historische Nachricht vorgefunden und dann, vielleicht durch eine marginale Manipulation, die 23 besonders hervorgehoben haben. Er könnte aber auch aus einer größeren Zahl von Nachrichten diejenigen herausgefiltert haben, die am besten in sein Schema passten. Dann hätte es vielleicht nach seiner Quelle nicht nur im 7., 18. und 23., sondern noch in weiteren Jahren Deportationen gegeben. Die ersten beiden Zahlen hätte er gewählt, weil sie mit der bekannten zweimaligen Eroberung Jerusalems zu verbinden waren, die dritte offenbar aus anderen Gründen.

Mit ziemlicher Sicherheit auszuschließen ist, dass der Verfasser die drei Verse in ihrer vorliegenden Form einer aus Babylonien stammenden Quelle entnommen hat. Denn zwischen der ersten und der dritten

---

63 Veenhof, Geschichte, 282; s.o. S. 196.
64 Albertz, Exilszeit, 73–80.
65 Albertz, Exilszeit, 76f. In der babylonischen Chronik wird das (Ende des) 7. Jahr(es) Nebukadnezars für die erste Eroberung Jerusalems genannt (s.o. Anm. 40).

Wegführung liegen immerhin, vom 7. bis zum 23. Jahr, 15–17 Jahre. In
einer so langen Zeit sterben Menschen, und andere werden geboren
(vgl. Jer 29{36},6!). Eine sinnvolle zusammenfassende Statistik hätte zu
einem bestimmten Zeitpunkt die Zahl der Seelen in der Gola, geordnet
nach den verschiedenen Deportationszügen, mit denen sie nach Babylonien gekommen sind, erfassen können. Dann hätte die gezogene
Summe eine reale Entsprechung: Es wären zu diesem Zeitpunkt genau
4600 Menschen in der Gola gezählt worden. Wenn aber, irgendwann
nach dem 23. Jahr, 3023 Seelen aus der Deportation des 7. Jahres gezählt worden wären, hätte Nebukadnezar »im 7. Jahr« aller Wahrscheinlichkeit nach nicht genau 3023, sondern eine davon abweichende
Zahl von Judäern weggeführt. Wofür die »4600« im Text steht, ist etwas anderes: Sie fasst abschließend eine ganze Epoche zusammen. Die
Zahlen der verschiedenen Deportationen der 23 ersten Regierungsjahre
Nebukadnezars sind zusammenzurechnen, weil sie stellvertretend ein
einziges, hier in drei Etappen aufgeteiltes, Ereignis beschreiben: Die
Exilierung Judas.

Deshalb soll hier der bisher vernachlässigten Frage nachgegangen
werden, ob das durch die Zahlen der Verbannten numerisch so in den
Vordergrund gerückte 23. Jahr des Nebukadnezar im Jeremiabuch ir-
gendwie vorbereitet ist.

3.3 »23 Jahre« Verkündigung Jeremias bis zum Beginn der Herrschaft
Nebukadnezars im 4. Jahr Jojakims

Warum wird überhaupt im historischen Anhang zum Jeremiabuch
nach den Jahren Nebukadnezars gezählt? Und wie lässt sich diese Zählung mit den chronologischen Angaben im vorangehenden Buchkontext verbinden? Eine Alternative zur Rechnung nach den herrschenden
babylonischen Königen ist die im folgenden Vers verwendete Rechnung nach den Jahren der Verbannung Jojachins (Jer 52,31), die aber im
Jeremiabuch selbst keinen Bezug hat.[66] Eine zentrale Rolle spielt dagegen das vierte Jahr Jojakims. In diesem Jahr hat Jeremia Baruch das
erste Mal seine Worte diktiert, um sie in ein Buch zu schreiben
(Jer 36{43},1ff.; 45,1{51,31}), und in diesem Jahr zog Jeremia die Bilanz
seines bisherigen Wirkens (Jer 25,1).

Das vierte Jahr Jojakims ist nach Jer 46{26},2 zugleich das Jahr, in
dem Nebukadnezar bei Karkemisch die Ägypter schlug, und damit für

---

66 Bereits die Namensform »Jehojachin« (nur in Jer 52,31, aber regelmäßig in II Reg 24f.
und II Chr 36) steht in Spannung zum sonstigen Jeremiabuch, wo er »Jechonjahu«,
»Konjahu« oder »Jechonja« (so sonst nur noch I Chr 3,16f.) heißt.

das masoretische Jeremiabuch das »erste Jahr Nebukadnezars« (Jer 25,1MT).[67] An den beiden wichtigsten Nahtstellen des masoretischen Jeremiabuches, das gemeinhin in die drei Teile Jer 1–24; 25–45; 46–51 nebst dem Anhang Jer 52 gegliedert wird, begegnet also der Synchronismus zwischen dem 4. Jahr Jojakims und dem Beginn der Herrschaft Nebukadnezars. Es wird aber noch ein weiterer Synchronismus hergestellt:

Jer 25,3 [MT-Plus in eckigen Klammern]

מִן־שְׁלֹשׁ עֶשְׂרֵה שָׁנָה	»Vom dreizehnten Jahr Josias, des
לְיֹאשִׁיָּהוּ בֶן־אָמוֹן מֶלֶךְ־יְהוּדָה	Sohnes Amons, des Königs von Juda, an,
וְעַד הַיּוֹם הַזֶּה [זֶה] שָׁלֹשׁ	und bis zum heutigen Tag, [diese] drei-
וְעֶשְׂרִים שָׁנָה [הָיָה דְבַר־	undzwanzig Jahre [geschah das Wort
יְהוָה אֵלָי] וָאֲדַבֵּר	Jhwhs zu mir], und ich habe
אֲלֵיכֶם אַשְׁכֵּים וְדַבֵּר	zu euch geredet von früh an
[וְלֹא שְׁמַעְתֶּם]:	[und ihr habt nicht gehört].«

Auch hier ist also von einer 23 Jahre umfassenden Periode die Rede! Genau 23 Jahre lang soll Jeremia das Wort Jhwhs verkündet, also vor dem Feind aus dem Norden gewarnt und zur Umkehr aufgerufen haben, bevor Nebukadnezar am Euphrat die Ägypter besiegte und damit dem neubabylonischen Reich den Weg nach Syrien-Palästina öffnete. 23 Jahre jeremianischer Prophetie sollten somit auch auf der im 4. Jahr Jojakims angefertigten und von der neuzeitlichen Forschung als solche betitelten »Urrolle« ihren Niederschlag gefunden haben.

Da von *diesen* »23 Jahren« auch in der (LXX-)Kurzfassung des Jeremiabuches die Rede ist, in der die Fortsetzung mit dem »23. Jahr Nebukadnezars« fehlt, kann der ursprüngliche Sinn dieser Angabe nicht gewesen sein, einen Vorverweis auf Jer 52,30MT anzubringen. Es gibt im ganzen griechischen Jeremiabuch, abgesehen vom »37. Jahr der Verbannung Jojachins« in 52,31, nur eine Jahreszahl, die größer ist als die »23 Jahre« von Jer 25,3: Die »siebzig Jahre« von Jer 25,11.12 und 36,10LXX [=29,10MT].

Die »23 Jahre« und die »70 Jahre« stehen damit in ein und derselben Rede Jeremias, in der Mitte des hebräischen wie des griechischen Jeremiabuches.

»70 Jahre« als runde Zahl beschreiben einen sehr langen Zeitraum – so lange, dass keiner der erwachsenen Angeredeten erwarten darf, dessen Ende zu erleben. »23 Jahre« dagegen sind zwar auch ein sehr

---

67 Zur Diskussion um das Akzessionsjahr Nebukadnezars und die möglicherweise damit zusammenhängenden Probleme bei der Datierung der Wegführungen vgl. Albertz, Exilszeit, 68–73 sowie oben Anm. 40.

langer Zeitraum, aber doch einer, den ein Einzelner überblicken kann. Wenn aber die »23« und die »70« Jahre in einer einzigen Rede genannt werden, liegt es nahe, beide Zeiträume zueinander in Beziehung zu setzen. 23 Jahre sind ein rundes Drittel von 70 Jahren; 70 Jahre sind etwas mehr als dreimal 23 Jahre. Mit den 23 Jahren werden die scheinbar unendlichen 70 Jahre also zu einer berechenbaren Größe.

Ohne auf weitergehende redaktionsgeschichtliche Spekulationen eingehen zu müssen, erscheint es plausibel, dass die Formulierung von Jer 25,3 nicht auf das 4. Jahr Jojakims zurückgeht, sondern im späteren Rückblick formuliert ist, höchstwahrscheinlich im Blick auf eine ganz bestimmte Gestalt des Jeremiabuches und möglicherweise in Erwartung eines baldigen Endes der 70 Jahre.

Für die Frage nach der Historizität von Jer 52,30 MT bleibt damit festzuhalten: In der Makrostruktur des Jeremiabuches verweist das »23. Jahr Nebukadnezars« die Rezipienten zurück auf die in dessen erstem Jahr erfolgte Ankündigung der 70 Jahre für Babel (Jer 25).

4. Das 23. Jahr, drei Generationen und die 70 Jahre in den verschiedenen Jeremiabüchern

Es gibt zwei Fassungen der jeremianischen Sammlung, die der Erklärung harren; dazu sollen nicht ohne Not weitere hinzugefügt werden. Über den genauen Inhalt der nach Jer 25,1–3; 36{43},1 f. als Zusammenfassung von 23 Jahren jeremianischer Wirksamkeit Jeremias geschriebenen sog. »Urrolle« wird zu Recht heute nicht mehr gestritten: Sie ist nach Jer 36,32 unwiderruflich verbrannt. M. E. ist es gut möglich, dass die Ankündigung von siebzigjähriger Knechtschaft im Kern auf Jeremia selbst zurückgeht, ohne dass man eine ursprüngliche Formulierung noch rekonstruieren könnte. So erklärt sich die daran anknüpfende intensive Spekulation jedenfalls viel einfacher als bei der Annahme eines *vaticinium ex eventu*. Doch bleibt diese Vermutung natürlich unbeweisbar. Immerhin ist sicher, dass der Topos von »70 Jahren für Babylon« ebenso wie dessen zahlenmanipulierende Umdeutung bereits älter ist als Jeremia und seine Zeitgenossen.[68]

---

68 Assurbanipal beschreibt, wie Marduk die Babylon angedrohten 70 Jahre (1.10 in hexagesimaler Schreibweise) in 11 Jahre (10.1) verwandelt: »Obgleich er 70 Jahre als die Frist seiner Entvölkerung (auf die Schicksalstafeln) geschrieben hatte, hat der barmherzige Marduk, nachdem sein Herz alsbald zur Ruhe gekommen war, die Ziffern vertauscht und seine Wiederbebauung im 11. Jahre befohlen.« (Borger, Inschriften, 15, dort Anm. 9 weitere Lit.; vgl. auch Veenhof, Geschichte, 268; Ifrah, Zahlen, 371; de Odorico, Use, 140).

Die für die Dauer des Exils und das Ende der »siebzig Jahre« relevanten Stellen seien zunächst nebeneinandergestellt:

MT	LXX-Rückübers.	LXX (Göttingen)
לָכֵן עֹד Jer 2,9	לכן עד	Jer 2,9[69] διὰ τοῦτο ἔτι
אָרִיב אִתְּכֶם נְאֻם־	אריב אתכם נאם	κριθήσομαι πρὸς ὑμᾶς, λέγει
יְהוָה וְאֶת־בְּנֵי	יהוה ואת בני	κύριος, καὶ πρὸς τοὺς υἱοὺς
בְּנֵיכֶם אָרִיב:	בניכם אריב	τῶν υἱῶν ὑμῶν κριθήσομαι.
וְהָיְתָה כָל־ Jer 25,11	והיתה כל	Jer 25,11 καὶ ἔσται πᾶσα
הָאָרֶץ הַזֹּאת לְחָרְבָּה	הארץ	ἡ γῆ
לְשַׁמָּה וְעָבְדוּ	לשמה ועבדו	εἰς ἀφανισμόν, καὶ δουλεύσουσιν
הַגּוֹיִם הָאֵלֶּה אֶת־מֶלֶךְ	הגוים	ἐν τοῖς ἔθνεσιν
בָּבֶל שִׁבְעִים שָׁנָה:	שבעים שנה	ἑβδομήκοντα ἔτη.
וְהָיָה Jer 25,12		Jer 25,12 καὶ
כִמְלֹאות שִׁבְעִים	ובמלאת שבעים	ἐν τῷ πληρωθῆναι ἑβδομήκοντα
שָׁנָה אֶפְקֹד עַל־מֶלֶךְ־	שנה אפקד	ἔτη ἐκδικήσω
בָּבֶל וְעַל־הַגּוֹי הַהוּא	את הגוי ההוא	τὸ ἔθνος ἐκεῖνο
נְאֻם־יְהוָה אֶת־עֲוֹנָם		
וְעַל־אֶרֶץ כַּשְׂדִּים		
וְשַׂמְתִּי אֹתוֹ לְשִׁמְמוֹת	ושמתי אתם לשממת	καὶ θήσομαι αὐτοὺς εἰς
עוֹלָם:	עולם	ἀφανισμὸν αἰώνιον
קְחוּ נָשִׁים Jer 29,6	וקחו נשים	{Jer 36,6} καὶ λάβετε γυναῖκας
וְהוֹלִידוּ בָּנִים	והולידו בנים	καὶ τεκνοποιήσατε υἱοὺς καὶ
וּבָנוֹת וּקְחוּ	ובנות וקחו	θυγατέρας καὶ λάβετε
לִבְנֵיכֶם נָשִׁים	לבניכם נשים	τοῖς υἱοῖς ὑμῶν γυναῖκας
וְאֶת־בְּנוֹתֵיכֶם תְּנוּ	ואת בנותיכם תנו	καὶ τὰς θυγατέρας ὑμῶν
לַאֲנָשִׁים וְתֵלַדְנָה בָּנִים	לאנשים	ἀνδράσι δότε
וּבָנוֹת וּרְבוּ־שָׁם	ורבו	καὶ πληθύνεσθε
וְאַל־תִּמְעָטוּ:	ואל תמעטו	καὶ μὴ σμικρυνθῆτε
כִּי־כֹה אָמַר Jer 29,10	כי כה אמר יהוה	{Jer 36,10} ὅτι οὕτως εἶπε κύριος
יְהוָה כִּי לְפִי מְלֹאת	כי מל' מלאת	Ὅταν μέλλη πληροῦσθαι

---

69 Übersetzung der Septuaginta deutsch: {2,9} Deshalb werde ich noch über euch Gericht halten, spricht der Herr, und über die Kinder eurer Kinder werde ich Gericht halten.

{25,11} Und das ganze Land wird in Zerstörung liegen, und sie werden 70 Jahre (lang) unter den Völkern dienen. {25,12} Und wenn 70 Jahre voll sind, werde ich an jenem Volk Rache üben und sie in immerwährende Zerstörung versetzen.

{36,6} [Brief an die Exulanten:] und nehmt Frauen und zeugt Söhne und Töchter, und für eure Söhne nehmt Frauen und eure Töchter gebt Männern und vermehrt euch und werdet nicht weniger.

{36,10} Denn so hat der Herr gesprochen: Wenn 70 Jahre im Begriff sind, für Babylon voll zu werden, werde ich euch heimsuchen und ich werde meine Worte über euch aufrichten, euer Volk an diesen Ort zurückzubringen.

לְבָבֶל שִׁבְעִים שָׁנָה	לבבל שבעים שנה	Βαβυλῶνι ἑβδομήκοντα ἔτη,
אֶפְקֹד אֶתְכֶם וַהֲקִמֹתִי	אפקד אתכם	ἐπισκέψομαι ὑμᾶς καὶ ἐπιστήσω
עֲלֵיכֶם אֶת־דְּבָרִי הַטּוֹב	את דברי עליכם	τοὺς λόγους μου ἐφ᾽ ὑμᾶς
לְהָשִׁיב אֶתְכֶם	להשיב את עמכם	τοῦ ἀποστρέψαι τὸν λαὸν ὑμῶν
אֶל־הַמָּקוֹם הַזֶּה:	אל המקום הזה	εἰς τὸν τόπον τοῦτον·

4.1 Die 70 Jahre im Kurztext des Jeremiabuches (LXX)

Im Kurztext des Jeremiabuches, wie er in der griechischen Fassung überliefert ist, folgt im Zentrum des Buches auf die Ankündigung der Verwüstung und der siebzigjährigen Knechtschaft (Jer 25,11) unmittelbar eine Unheilsankündigung gegen »jenes Volk«, das seinerseits Verwüstung erfahren wird (Jer 25,12f.). Wann die 70 Jahre beginnen, ist damit aber nicht gesagt.

Bereits zu Anfang des Jeremiabuches wird das Gericht nicht nur den Angeredeten, sondern noch deren Enkeln angekündigt, also drei Generationen (Jer 2,9, s. die Tabelle). Angesichts der langen Wirksamkeit Jeremias stellt sich natürlich die Frage, bei welcher Generation das Gericht begonnen haben soll. Jer 25,3 kann entweder so verstanden werden, dass das Gericht, die 70 Jahre und die drei Generationen im Moment der Verkündigung, also im 4. Jahr Jojakims, beginnen – oder es kann, optimistischer, so verstanden werden, dass Jojakim und seine Zeitgenossen bereits zur zweiten Generation gehören, während 23 Jahre vorher das Wort von Jer 2,9, mit der Ankündigung des Gerichts an drei Generationen, noch – zur Zeit Josias, des Vaters Jojachins und Zedekias – an die erste Generation gerichtet war. M. E. gibt es Indizien dafür, dass im Kurztext des Jeremiabuches, im Kontext einer Naherwartung, die letztere Deutung bestimmend ist.

Vor allem die Formulierungen im Brief an die Exulanten vom Anfang der Regierungszeit Zedekias, Jer 29*{36}, sprechen m. E. dafür. Die hier Angeredeten sollen, so im Text der LXX, ihre Kinder im Exil verheiraten; von Enkeln ist aber noch nicht die Rede (V.6). Und ihre Rückkehr wird nicht erst nach 70 Jahren Knechtschaft, sondern nach 70 Jahren »für Babylon« angekündigt! Im 13. Jahr Josias (627/626 v. Chr.), in dem Jeremia nach Jer 1,2; 25,3 berufen worden sein soll, hatte sich Babylon von der assyrischen Herrschaft befreit, und 626 v. Chr. bestieg Nabopolassar den Thron und begründete damit das neubabylonische Reich.[70] Nabopolassar regierte, rechnet man sein Akzessionsjahr hinzu, 22 Jahre in Babylon, von 626–605. Als Nebukadnezar 605 bei Karkemisch, noch als Kronprinz in Vertretung seines Vaters Nabopolassar,

---

70 Wiseman, Chronicles, 5–9.50f.89f.; Weippert, Textbuch, 403.408f.

die Ägypter schlug und damit ganz Syrien-Palästina unter seine Kontrolle brachte, war für Babylon seit dem erfolgreichen antiassyrischen Aufstand 627 gerade das 23. Jahr angebrochen.

Wenn Jeremias Berufung in dieser Buchausgabe *absichtlich* in die gleiche Zeit datiert worden sein sollte wie der Beginn des neubabylonischen Reiches, dann könnten die »70 Jahre für Babel« auch den Rahmen für das ganze Jeremiabuch, von Beginn seiner Verkündigung an, bilden. Nach 23 Jahren unbestimmter Warnung wäre die Bedrohung »aus dem Norden« in der zweiten Generation erstmals konkret geworden: Durch Nebukadnezar, den Sohn Nabopolassars, dem sich nun Jojakim, der Sohn Joschias und bis dahin judäischer König von ägyptischen Gnaden, alsbald unterworfen haben dürfte.

Der sichere *terminus post quem* für den Kurztext des Jeremiabuches ist nun aber die Begnadigung Jojachins durch Ewil-Merodach/Amel-Marduk im 37. Jahr seiner Wegführung, und der wohl bald darauf folgende, aber nicht datierte »Tag, an dem er [Ewil-Merodach oder Jojachin?] starb« (Jer 52,31–34). Amel-Marduk regierte nur zwei Jahre, womit die von Nabopolassar begründete Dynastie in drei Generationen 68 Jahre regiert hatte. Auch Jojachin gehörte, von 627 an gerechnet, als Sohn Jojakims, des Sohnes Josias, der dritten Generation an. Die auf den Tod Nebukadnezars folgenden Jahre waren von häufigen Thronwechseln in Babylonien geprägt. Es ist anzunehmen, dass sich die Judäer Hoffnungen auf einen Untergang des Reiches machten – und diese auch mit den Weissagungen des Jeremia begründen zu können meinten, deren Zusammenstellung, gerahmt vom 13. Jahr Josias und dem 37. Jahr des Exils Jojachins, mit dem Gericht an den Völkern im Zentrum (so der Kurztext der Jer-LXX), gut in dieser Zeit vorstellbar ist.

4.2 Die 70 Jahre im Langtext des Jeremiabuchs (MT)

Der masoretische Langtext des Jeremiabuches rechnet dagegen mit einer gewissen Verzögerung. Hier ist (Jer 29,6MT) nun auch davon die Rede, dass die Töchter und Schwiegertöchter im Exil wiederum Söhne und Töchter gebären sollen (וְתֵלַדְנָה בָּנִים וּבָנוֹת); damit wird eine zusätzliche Exilsgeneration vorausgesetzt. Ebenfalls im Masoretischen Text werden die 70 Jahre konkreter definiert: Nebukadnezar agiert als »Knecht« Jhwhs (Jer 25,9MT), um das Unheil herbeizuführen, und Juda und die Völker um Juda herum sollen dem König von Babel, so heißt es Jer 25,12, 70 Jahre dienen. Das kann in dieser Deutlichkeit nicht mehr von Nabopolassars Regierungsantritt (627/626) an gerechnet sein, son-

dern frühestens seit der Unterwerfung von »Ḫattu« unter Nebukadnezar nach seinem Sieg bei Karkemisch 605.[71]

In der Auseinandersetzung zwischen Jeremia und Chananja, die
Jer 27 f. [Jer 34 f. LXX] berichtet wird, geht es um die Frage, wie lange
das Joch des Königs von Babel auf Juda liegen muss. Jeremia hatte angekündigt, dass Jhwh die ganze Erde, Menschen und Tiere, in die
Hand Nebukadnezars gegeben habe und selbst die noch verbliebenen
Tempelgeräte nach Babylon geführt würden.[72] Chananja kündigt dagegen – datiert auf das vierte Jahr Zedekias[73] – an, dass Jhwh in weniger
als zwei Jahren das Joch Babels zerbrechen und die Tempelgeräte sowie
Jojachin und die übrigen Verbannten zurückbringen wird (Jer 28{35},1–
4), und zerbricht das hölzerne Joch, das sich Jeremia zur Bekräftigung
seiner Rede gemacht hatte. Daraufhin macht sich Jeremia bekanntlich
ein eisernes Joch, und die Geschichte bestätigt seine Ankündigung,
während Chananja stirbt, noch bevor er das Nichteintreffen seiner Ankündigung erleben könnte.

Der masoretische Text von Jer 27{34} ist wesentlich ausführlicher
als der entsprechende Text der LXX, und hier wie so oft macht er explizit, was auch in der LXX implizit ausgesagt ist: So werden z. B. die
Tempelgeräte, die Nebukadnezar noch nicht nach Babel geführt hat,
eigens aufgezählt: die Säulen, das Meer, die Gestelle und Geräte (27,19)
– also diejenigen Geräte, die im historischen Anhang (Jer 52) ebenfalls
genannt sind.

Vor allem aber gibt es hier eine deutliche Angabe zur Dauer der
Knechtschaft (V.7), nachdem einleitend explizit von »meinem Knecht
Nebukadnezar« (V.6)[74] die Rede war:

וְעָבְדוּ אֹתוֹ	Jer 27,7 MT	Und es werden ihm dienen
כָּל־הַגּוֹיִם וְאֶת־בְּנוֹ		alle Völker, und seinem Sohn
וְאֶת־בֶּן־בְּנוֹ עַד בֹּא־עֵת		und dem Sohn seines Sohnes, bis kommt die Zeit
אַרְצוֹ גַּם־הוּא וְעָבְדוּ בוֹ		seines Landes, auch diese; und es werden ihn
גּוֹיִם רַבִּים וּמְלָכִים גְּדֹלִים׃		dienstbar machen viele Völker und große Könige.

---

71 Daten der babylonischen Chronik nach Weippert, Textbuch, 416; vgl. Wiseman,
    Chronicles, 23–28.67–70.

72 Jer 27{34},5 f.19 f.

73 Das entspräche dem 10. oder 11. Jahr Nebukadnezars, was eine besondere ironische
    Wendung impliziert: Asarhaddon hatte seinerzeit berichtet, wie Marduk aus 70 Jah-
    ren Unheil für Babel 11 Jahre gemacht habe (s. o. Anm. 68). Während Hananja das
    Ende Nebukadnezars in dessen 11. Jahr prophezeit, bleibt Jeremia bei der angekün-
    digten Dauer von 70 Jahren resp. drei Generationen, er macht also aus 11 Jahren 70!

74 Jer 27{34},6 »meinem Knecht« nur im MT. Die LXX übersetzt »um ihm zu dienen«,
    liest also statt עבדי offenbar לעבדו עָבְדוֹ.

Drei Generationen babylonischer Könige soll die Knechtschaft Judas wie seiner Nachbarn[75] Edom, Ammon, Moab, Tyrus und Sidon gelten.

Nach dem heutigen Wissensstand kann die dynastische Thronfolge lediglich bis zur Herrschaft von Ewil-Merodach/Amel-Marduk, dem Sohn Nebukadnezars, als gesichert angesehen werden. Dieser wurde von Nebukadnezars Schwiegersohn Neriglissar (נרגל שר אצר), der nach Jer 39,3.13 in seiner Eigenschaft als רב מג bereits 597/96 an der Eroberung Jerusalems beteiligt war, abgelöst; dessen Sohn Labaschi-Marduk könnte also ein Enkel Nebukadnezars sein, regierte aber nur sehr kurz. Nabonid, der letzte neubabylonische König, hat keine Abstammung von Nebukadnezar für sich reklamiert; von seinen Lebensdaten her gehört er aber ebenfalls zur Enkelgeneration.

Für die Rabbinen war die Rekonstruktion der babylonischen Herrscherfolge dagegen offenbar einfacher. Sie wussten nichts vom Königtum Neriglissars oder Labaschi-Marduks, und setzten den aus dem Danielbuch bekannten Belsazar (der historisch tatsächlich Zeit seines Lebens nur Kronprinz unter Nabonid gewesen ist) nach Ewil-Merodach als dritten in die Reihe. Und auch hier begegnet bei der Aufteilung der 70 Jahre wieder die Zahl 23 (bMeg 11b):

תמני ותלתין ושבע הרי	»8 [Jahre] und 37 [Jahre][76] sind
ארבעין וחמש דנבוכדנצר.	45 [Jahre] für Nebukadnezar.
ועשרין ותלת דאויל מרודך	Und 23 [Jahre] für Ewil-Merodach
גמרא, ותרתי דידיה	überlieferte Lehre,[77] und 2 für ihn selbst
הא שבעין	[d.h., Belsazar],[78] das sind 70 [Jahre].«

5. Schluss

Der historische Quellenwert von Jer 52,28–30 darf nicht überschätzt werden. Auch wenn die Formulierung dieses Passus noch aus dem 6. Jh. stammen dürfte, zeigt die offensichtlich manipulierte Statistik der Zahlen der Deportierten, dass es sich nicht einfach um das Exzerpt einer babylonischen Quelle handelt. Die konkrete Auswahl der Daten

---

75 Jer 27{34},3.

76 8 Jahre nach II Reg 24,12, und 37 Jahre nach II Reg 25,27 // Jer 52,31.

77 22–23 Jahre waren weder auf Nebukadnezar noch auf Belsazar aufzuteilen und darum frei verfügbar. Es lag nahe, die im Jeremiabuch zweimal prominent erwähnte Zahl von 23 Jahren einfach dem mittleren der drei babylonischen Könige zuzuschreiben, die in der Bibel erwähnt sind und insgesamt 70 Jahre regiert haben sollen.

78 So bMeg 11b; SOR 27 nennt 3 Jahre für Belsazar, mit anschließender Erklärung, warum sich 71 Jahre ergeben müssen. Beide gehen davon aus, dass das Dan 8,1 genannte 3. Jahr des Belsazar das Ende seiner Herrschaft bedeutet.

dürfte vielmehr mit dem konkreten literarischen Kontext zusammenhängen: Das »23. Jahr Nebukadnezars« weist zurück auf die – nach »23
Jahren« der Verkündigung Jeremias – im »1. Jahr Nebukadnezars«
erfolgte Ankündigung der »70 Jahre Knechtschaft«, an deren Ende das
Gericht über Babel erwartet wird (Jer 25,1–14MT).

Im konkreten literarischen Kontext, also der Langfassung des Jeremiabuches, wie sie im Masoretischen Text überliefert, aber, soweit der
fragmentarische Erhaltungszustand ein Urteil darüber zulässt, auch
bereits in den ältesten Jeremiahandschriften aus Qumran (4QJer[a.c],
2. Jh. v. Chr.) bezeugt ist, wird die Dauer der Herrschaft Babylons über
Juda auf drei Generationen veranschlagt, wobei Nebukadnezar und
Jojachin jeweils zur ersten Generation zählen (Jer 27,7MT; 29,6MT). Die
Begnadigung Jojachins durch Nebukadnezars Sohn Ewil-Merodach/
Amel-Marduk (562 v. Chr.) stellt zwar immer noch das letzte erzählte
Ereignis dar, bedeutet aber noch lange nicht das Ende des Exils. Tatsächlich endete die Existenz des neubabylonischen Reiches endgültig
und unwiderruflich mit dem Einzug des Perserkönigs Kyrus in Baby-
lon am 3. Marcheschwan des 17. Jahres Nabonids (= 29. Oktober 539
v. Chr. nach dem julianischen Kalender),[79] und damit ziemlich genau 23
Jahre nach dem Regierungsantritt von Amel-Marduk/Ewil-Merodach.
Die in Jer 50f. angekündigte Zerstörung Babylons blieb zwar aus, dennoch bekam die Erwartung, dass die Prophezeiungen Jeremias letztlich
durch die Geschichte bestätigen werden, neuen Auftrieb:

בְּאַחֲרִית הַיָּמִים תִּתְבּוֹנְנוּ בָהּ (Jer 23,20; 30{37},24)

»Am Ende der Tage werdet ihr es begreifen«

Der masoretische Text in Jer 23,20 enthält zusätzlich ein Wort, das im
Kurztext der LXX fehlt: בְּאַחֲרִית הַיָּמִים תִּתְבּוֹנְנוּ בָהּ בִּינָה – »Am Ende der
Tage werdet ihr darin בינה begreifen«, d.h., ihr werdet wahrlich
begreifen. Der gematrische Zahlenwert des hinzugefügten Wortes בינה
beträgt 67: Nicht 70, sondern 67 Jahre hat Aaron ben Ascher für das
Jeremiabuch berechnet, von der Berufung des Propheten bis zur Begna-
digung Jojachins – eine Rechnung, die, wie oben gezeigt, bereits in der
Jer-Kurzfassung der LXX-Vorlage angelegt war.

Im MT wird dagegen, durch das nur hier explizit genannte »1.«
und »23.« Jahr Nebukadnezars, eine weitere 67-Jahr-Periode evoziert,
die im 23. Jahr der Verkündigung Jeremias erst beginnt: Nicht im 70.,
sondern im 67. Jahr nach dem Sieg Nebukadnezars über Necho bei
Karkemisch (605/604) ist nach unserer Kenntnis Babylon an die Perser
gefallen (17. Jahr Nabonids, 539/538).

---

79 Weippert, Textbuch, 444.

Wirkungsgeschichtlich am bedeutsamsten wurde allerdings eine dritte Rechnung,[80] die schon kurze Zeit später belegt ist. Hier werden nicht mehr 70 Jahre der Herrschaft Babels, sondern der Zerstörung des Jerusalemer Tempels gezählt. Nach Sach 7,1–5 wurde im 9. Monat des 4. Jahrs des Darius (518/517 v. Chr.) auf »diese 70 Jahre« des Fastens zurückgeblickt.[81] In dieser Rechnung spielte das 23. Jahr Nebukadnezars schon keine Rolle mehr. Einmal vom Kontext der »70 Jahre für Babel« gelöst, stand dem Weg von Jer 52,30MT in die Geschichtsschreibung nun nichts mehr im Wege.

Literatur

R. Albertz, Die Exilszeit, Biblische Enzyklopädie 7, Stuttgart u. a. 2001
A. Alt, Die Rolle Samarias bei der Entstehung des Judentums, Kleine Schriften zur Geschichte des Volkes Israel II, München 1953, 316–337
S. Baer/H. L. Strack, Dikduke ha-teamim des Aharon ben Moscheh ben Ascher, Leipzig 1879
D. Börner-Klein/E. Hollender, Rabbinische Kommentare zum Buch Ester. Bd. 1: Der Traktat Megilla, Leiden u. a. 2000
R. Borger, Die Inschriften Asarhaddons Königs von Assyrien, Archiv für Orientforschung, Beiheft 9, Osnabrück 1957
H. Clementz, Des Flavius Josephus Jüdische Altertümer, [Halle 1899 =] Wiesbaden 1979
G. Dalman, Arbeit und Sitte in Palästina. Bd. 1: Jahreslauf und Tageslauf, 2. Hälfte: Frühling und Sommer, Gütersloh 1928

---

80 Auch diese Rechnung knüpft eng an das masoretische Jeremiabuch an. Die Erwartungen für eine Wiederherstellung Judas konzentrierten sich nach Jer 33,17f. (MT-Sondergut) neben den Davididen nun ausdrücklich auch auf die »levitischen Priester«. Tatsächlich haben, etwa 23 Jahre nach der Eroberung Babylons durch Kyrus, Serubbabel, der Sohn Schealtiels und Enkel des von Nebukadnezar exilierten Königs Jojachin, sowie Joschua, der Sohn Jozadaks und Enkel des von Nebukadnezar exekutierten Priesters Seraja, nach dem Zeugnis von Haggai und Sacharja den Wiederaufbau des Tempels in Angriff genommen, 70 Jahre nach der Zerstörung.

81 Beginnt man mit der Tempelzerstörung im 5. Monat des 11. Jahres Zedekias zu zählen, dann ergibt sich, je nachdem, ob man die Tempelzerstörung in den Sommer 587 (so u.a. Albertz, Exilszeit, 73) oder 586 v. Chr. (so u.a. Weippert, Textbuch, 407) datiert, dass die Anfrage von Sach 4,1 im »9. Monat im 4. Jahr des Darius« (Winter 518/517) tatsächlich im 69. oder im 70. Jahr seit der Tempelzerstörung erfolgte. Das nicht nur in Juda mit hohen Erwartungen verbundene 2. Jahr des Darius (Albertz, Exilszeit, 101.105; Weippert, Textbuch, 457: 520 v. Chr.), als Haggai in Juda zum Wiederaufbau des Tempels aufrief und die Erwählung Serubbabels mit dem Umsturz der Weltordnung ankündigte, war nicht das 70., sondern (bei Datierung der Tempelzerstörung in das Jahr 586) das 67. Jahr nach der Zerstörung des Tempels.

D. N. Freedman u.a. (Hg.), Der Leningrad Codex. A Facsimile Edition, Leiden u.a. 1998

R. Heckl, »Jhwh ist unsere Gerechtigkeit« (Jer 23,5f.). Überlieferungsgeschichtliche Erwägungen zu Jer 21–24, in: R. Lux/E. J. Waschke (Hg.), Die unwiderstehliche Wahrheit. Studien zur alttestamentlichen Prophetie (FS Meinhold), ABG 23, Leipzig 2006, 181–198

S. Herrmann, Gedalja, in: TRE 12, 1984, 138–139

G. Ifrah, Universalgeschichte der Zahlen, Frankfurt/Main 1993

A. Jepsen, Zur Chronologie der Könige von Israel und Juda, in: A. Jepsen/ R. Hanhart, Untersuchungen zur israelitisch-jüdischen Chronologie, BZAW 88, Berlin 1964, 1–48

O. Kaiser, Die eschatologische Prophetie im Danielbuch bei Josephus. Ein Beitrag zum Verständnis des Josephus, in: H. Lichtenberger/U. Mittmann-Richert (Hg.), Biblical Figures in Deuterocanonical and Cognate Literature, Berlin/New York 2008, 441–470

A. Lange, Handbuch der Textfunde vom Toten Meer. Bd. 1: Die Handschriften biblischer Bücher von Qumran und den anderen Fundorten, Tübingen 2009

O. Lipschitz, Jerusalem between Destruction and Restauration (hebr.), Jerusalem 2004

B. Niese (Hg.), Antiquitatum Judaicarum libri VI–X, Flavii Josephi opera 2, Berlin 1888

M. de Odorico, The use of numbers and quantifications in the Assyrian royal inscriptions, SAAS 3, Helsinki 1995

D. B. Ratner, Midrasch Seder Olam (hebr.), Jerusalem 1953

R. F. Person, II Kings 24,18–25,30 and Jeremiah 52: A Text-Critical Case Study in the Redaction History of the Deuteronomistic History, ZAW 105 (1993), 174–205

A. Schütze, Apries, Das Wissenschaftliche Bibellexikon im Internet, Stuttgart 2010, http://www.bibelwissenschaft.de/stichwort/13565/

H.-J. Stipp, Gedalja, Das Wissenschaftliche Bibellexikon im Internet, Stuttgart 2011, http://www.bibelwissenschaft.de/stichwort/19110/

H. Usener, Laterculi regum et imperatorum ab astronomis Alexandrinis conditi et Constantinopoli continuati, in: Th. Mommsen (Hg.), Chronica Minora Saec. IV. V. VI. VII, Vol. 3, Berlin 1898, 438–455

K. R. Veenhof, Geschichte des Alten Orients bis zur Zeit Alexanders des Großen, GAT 11, Göttingen 2001

G. Wallis, Gedalja, BHH 1, Göttingen 1992, 529

E.-J. Waschke (Hg.), Hermann Gunkel (1862–1932), BThSt 141, Neukirchen-Vluyn 2013

J. Weinberg, Gedaliah, the Son of Ahikam in Mizpah: His Status and Role, Supporters and Opponents, ZAW 119 (2007), 356–368

M. Weippert, Historisches Textbuch zum Alten Testament, GAT 10, Göttingen 2010

B. Ziemer, Zahlen, Zahlensymbolik, in: M. Fieger/J. Krispenz/J. Lanckau, Wörterbuch alttestamentlicher Motive, Darmstadt 2013, 462–471

Chronologie im Esrabuch

Erwägungen zu Aufbau und Inhalt von Esra 1–6[*]

Sebastian Grätz

1. Bestandsaufnahme

Eine synchrone Lektüre der Kap. 1–6 des Esrabuches (MT)[1] bietet der Leserschaft folgende Darstellung der Ereignisse: Im ersten Jahr des Kyros (II.) ergeht ein Edikt des Großkönigs, demzufolge die dem Volk JHWHs zugehörenden Personen in ihre Heimat zurückkehren und in Jerusalem den zerstörten Tempel wieder aufbauen dürfen. Gleichzeitig werden die von Nebukadnezar aus dem Heiligtum entfernten Geräte dem »Fürsten von Juda« (הנשיא ליהודה) Scheschbazzar[2] übergeben, der in verantwortlicher Position die Heimkehr begleitet (Esr 1,1–11). Es überrascht daher, dass dieser Scheschbazzar in der nun folgenden Liste der aus dem Exil Zurückkehrenden (Esr 2,1–67) keine Erwähnung mehr findet, obwohl ihn seine Titulatur deutlich als Exilsjudäer ausweist. Statt Scheschbazzar erwähnt diese Liste an erster Stelle Serubbabel und Jeschua, die für den folgenden Zusammenhang wichtig sein werden.[3] Die Liste selbst endet mit der Nennung der heimgeführten

---

[*] Mit diesem Beitrag verbinde ich herzliche Grüße an den geschätzten Kollegen Ernst-Joachim Waschke zum 65. Geburtstag.

[1] In der Forschung zum Verhältnis Esr/Neh (MT) zu III Esr mit seiner abweichenden Darstellung der Ereignisse (siehe Pohlmann, 3. Esra-Buch, 377) ist ein Ende der Debatte noch nicht in Sicht. Vgl. nur die Beiträge des jüngsten Sammelbandes zum Thema von L. Fried, Was 1 Esdras First? Abgesehen von dieser notwendigen Diskussion erscheint es aber angemessen, Esr 1–6 (MT) einer eigenen Betrachtung zu unterziehen, die die Binnenlogik des vorliegenden Textes zu erhellen sucht. So soll in diesem Artikel in erster Linie der MT ausgewertet und auf III Esr nur okkasionell eingegangen werden.

[2] Vgl. aber Esr 5,14: פחה. Zu möglichen Implikationen vgl. Halpern, Commentary, 91f.

[3] Vgl. zur Überarbeitung der V.1–2a und weiteren Implikationen der Liste für die Gesamtheit von Esra-Nehemia Mowinckel, Studien, 63ff.

Reittiere in Esr 2,66 f., während die drei letzten Verse des Kapitels (68–70) mit der Erwähnung der »freiwilligen Gabe« (נדב hit.: Ezr 1,4.6; 2,68) einerseits auf Kap. 1 zurückgreifen, andererseits durch das Thema der Ansiedlung in den Städten Kap. 3 vorbereiten.

Esr 3,1 nennt nun das zweite Datum des Esrabuches: den herannahenden siebten Monat, der dem Herbstkalender folgend das neue Jahr beginnen lässt[4] und der im gegenwärtigen Zusammenhang nur auf die vorangehende Datumsangabe in Esr 1,1 bezogen sein kann, das erste Jahr des Kyros.[5] Die Ereignisse, die anschließend in Esr 3,2–7 berichtet werden und die die Einrichtung eines regelmäßigen Opfers sowie die anstehende Feier des Hüttenfestes umfassen, werden demnach zwar mit dem ersten Jahr des Kyros verbunden, setzen aber mit dem beginnenden neuen Jahr (Esr 3,6: »1.7.«) gleichzeitig eine Binnenchronologie in Kraft. Esr 3,8 fügt mit einer weiteren Datumsangabe erneut eine Zäsur ein: »im zweiten Jahr[6] ihrer Ankunft beim Hause Gottes in Jerusalem«. Damit wird die Datierung von Esr 1,1 erneut modifiziert: Ist dort noch der Großkönig im Blick, der die Rückkehr ermöglichte und förderte, wird nun das Jahr der Ankunft beim Tempel(platz) als Ausgangspunkt der Chronologie genommen. Da in V.8aβ noch präzisierend »der zweite Monat« genannt wird, kann wohl davon ausgegangen werden, dass die Chronologie am Baubeginn des ersten

---

4   Anders als in Esr 6,15 wird hier der babylonische Name des Monats (Tischri) nicht
     genannt, sondern lediglich die entsprechende Monatszahl (vgl. Esr 3,8; 6,19; 7,8ff.;
     8,31; 10,9ff.; Neh 7,72; 8,1ff.; siehe auch das System bei Hag-Sach; vgl. Nodet,
     Calendriers, 139ff.). Es fällt auf, dass die einzige Nennung eines babylonischen Mo-
     nats*namens* im Esrabuch in den Bereich der sog. Aramäischen Chronik fällt, während
     dies im vorderen Nehemiabuch (1,1; 2,1; 6,15) üblich zu sein scheint, anders als bei
     denjenigen Stoffen, die wiederum dem Esrabuch nahestehen: Neh 7,72; 8,1ff.

5   In III Esr bezieht sich die entsprechende Angabe in III Esr 5,46 dagegen auf das
     zweite Jahr des Darius (vgl. Rudolph, Esra, XII). Das Problem ist jedoch noch kom-
     plexer: Nach u.a. Rudolph, Esra, 15.29; Halpern, Commentary, 93ff., stammt das Da-
     tum aus dem Schluss der Liste in Neh 7,72b, der Esr 3,1 entspricht. Doch auch hier
     hängt das Datum des siebten Monats etwas in der Luft, müsste sich wohl auf
     Neh 6,15 (25. Elul = sechster Monat) beziehen. Doch bereits die unterschiedliche Zäh-
     lung der Monate nach Monatsnamen bzw. -zahl legt nahe, dass der Stoff aus dem
     Esrabuch bzw. der Esraüberlieferung stammt (siehe die vorangehende Anm.): Mo-
     winckel, Studien, 33ff., vermutet m.E. mit Recht, dass Neh 7,69–72 aus Esr 2,70–3,1
     entnommen ist. Auch die Bemerkung, dass »die Israeliten in ihren Städten waren«
     (Esr 3,1) ergibt den besseren Sinn, wenn sie sich der Erzähllogik von Esr 1–2 entspre-
     chend dort nach ihrer Heimkehr niedergelassen haben und nicht, der Nehemiage-
     schichte folgend, dort schon längst lebten. Vgl. auch Wright, Rebuilding Identity,
     301ff.

6   Die Lukianische Rezension (und die verwandte Minuskel 121) ergänzt entsprechend
     der Binnenlogik in III Esr (siehe die vorangehende Anm.) »Darius«, so dass hier un-
     zweifelhaft das zweite Jahr von dessen Regentschaft bezeichnet ist.

Tempels orientiert ist, der ja auch auf ein heilsgeschichtliches Datum, den Exodus, rekurriert und ebenfalls den »zweiten Monat« nennt (I Reg 6,1//II Chr 3,2).[7] Gleichzeitig ist implizit deutlich, dass der Baubeginn auch in das zweite Jahr des Kyros fällt.

Der folgende Abschnitt, der in Esr 4,1 beginnt, wird durch Esr 3,13 bereits vorbereitet, wenn die weithin hörbare Feststimmung nun an die Ohren der Widersacher (צרים) dringt, die nun bei Serubbabel und Jeschua vorstellig werden, um am Tempelbau mitzuwirken, von diesen jedoch einen abschlägigen Bescheid erhalten (Esr 4,1–5). V.5 stellt abschließend fest, dass die in V.1 bezeichneten Widersacher die Judäer am Tempelbau hindern, solange Kyros lebte, bis zur Herrschaft des Darius.[8] Der nun folgende Abschnitt, die Artaxerxeskorrespondenz Esr 4,6–23 (4,8ff. [–6,18] aramäisch), scheint diese Vorgabe zu spiegeln, wenn in Esr 4,24 wiederum von Darius, und zwar dessen zweitem Regierungsjahr, die Rede ist. So imaginiert der Text eine Abfolge der Herrscher Kyros – Xerxes (Esr 4,6) – Artaxerxes (Esr 4,7ff.) – Darius. Das in historischer Perspektive offenkundige Problem dieser Abfolge lässt sich ohne die Annahme von Störungen in der Überlieferung nur lösen, wenn in Esr 4,23 Darius II. (424–405 v. Chr.) im Blick wäre, was aber an der erneuten Nennung von Serubbabel und Jeschua ab Esr 5,1ff. scheitern dürfte.[9] Auf dieses Problem wird unten ausführlicher einzugehen sein. Es ist an dieser Stelle aber schon zu erwähnen, dass der Tempel innerhalb der aramäischen Korrespondenz Esr 4,6–23 nicht mit einem Wort erwähnt wird. Vielmehr geht es um den Bau der Stadt Jerusalem und deren Mauern (V.12f.16)[10] – ein Thema, das eigentlich dem Nehemiabuch zuzuordnen wäre, hier aber bereits verhandelt wird.

Esr 5,1 führt neues Personal ein, wenn die Propheten Haggai und Sacharja genannt werden. Das in Esr 4,23 genannte Datum des zweiten Jahres des Darius ist ja aus der einschlägigen Überlieferung der entsprechenden Prophetenbücher bestens bekannt (Hag 1,1ff.; Sach 1,1ff.) und begegnet auch im Esrabuch. Desweiteren werden den Propheten – ebenfalls entsprechend den Büchern Haggai und Sacharaja (Hag 1,12ff.; 2,4.21ff.; Sach 3f.; 6,9ff.) – die aus Esr 2–3 bekannten Anführer Serubbabel und Jeschua zugeordnet, und diese scheinen auf das Geheiß der Propheten hin erstmalig mit dem Tempelbau zu beginnen: Das aram.

---

7   Vgl. u. a. Gunneweg, Esra, 75.
8   Zur Angabe in III Esr 5,70, dass der Tempelbau zwei Jahre geruht habe, vgl. Pohlmann, 3. Esra-Buch, 408.
9   Vgl. zusammenfassend Becking, Ezra, 10f.
10   Vgl. ausführlich Böhler, Stadt, 119ff.

Adverb zu Beginn von V.2, באדין, zeigt den temporalen Bezug
zwischen dem Auftritt der Propheten und dem Handeln der Anführer
an, das aram. Verb שרא *Pa.*(V.2) bedeutet »anfangen«. Diese Beobachtung fügt sich auch zu Hag 1,2ff. (zweites Jahr des Darius), wo der
Tempel noch als Trümmerstätte vorgestellt wird, und Serubbabel und
Jeschua auf das Wort des Propheten hin zu handeln beginnen und den
Tempelbau erstmalig in Angriff zu nehmen scheinen.[11] Im Verlauf der
sog. aramäischen Chronik kommt es nun zu erneuten brieflichen
Eingaben an den Großkönig (Darius) seitens offizieller nicht-judäischer
Kreise (Esr 5,3ff.), die diesmal allerdings keinen Baustopp nach sich
ziehen, sondern über eine Retrospektive der Zeit des Kyros (5,13; 6,3)
zu einer ausdrücklichen Befürwortung des Tempelbaus durch Darius
führen (6,6ff.). Esr 6,14f. fassen die Ereignisse Esr 1–6 zusammen (V.14)
und berichten von der Fertigstellung des Heiligtums am 3. Adar (=
zwölfter Monat) des sechsten Jahres der Regentschaft des Darius
(V.15). Der Buchteil Esr 1–6 schließt in Esr 6,19–22 (wiederum hebr.)
mit einem Bericht über die Fcier des ersten Pesachfestes am neuge-
bauten Tempel, das auf den 14.1. datiert wird.

Es ist hinreichend deutlich, dass Störungen in der Logik des Er-
zählverlaufs die Lektüre von Esr 1–6 und die Rekonstruktion einer
plausiblen Chronologie der berichteten Ereignisse erheblich erschwe-
ren. Im Folgenden seien daher einige Probleme kurz skizziert.

2. Die Artaxerxeskorrespondenz (Esr 4,6–23)

Es ist bereits erwähnt worden, dass neben der problematischen Datierung unter Xerxes und Artaxerxes auch der Inhalt dieser Korrespon-
denz zur Nachfrage veranlasst: Der Briefwechsel[12] zwischen einem v.a.
der Provinz Samaria nahestehenden Absenderkreis[13] und dem König
Artaxerxes handelt vom Aufbau der Stadt Jerusalem und der Stadt-
mauern, nicht aber vom Tempel, um den es in den Rahmentexten
Esr 4,1–5.24 geht.[14] Das Thema des Stadtbaus ist ja eigentlich für das
Nehemiabuch reserviert, und daher verwundert es nicht, wenn sich in
Esr 4 weitere Querbeziehungen finden lassen. So ist in Neh 2,19, der
Lutherbibel folgend, zu lesen:

---

11   Vgl. Lux, Tempel, 133ff.
12   Vgl. zu den Details der Aufteilung der Briefe Schwiderski, Handbuch, 345ff.
13   Vgl. Grätz, Adversaries.
14   So hat III Esr 2,17f. den vermissten Tempel nachgetragen.

Als das aber Sanballat, der Horoniter, und Tobija, der ammonitische
Knecht, und Geschem, der Araber, hörten, verspotteten und
verhöhnten sie uns und sprachen:
»Was ist das, was ihr da macht? Wollt ihr von dem König abfallen?«

Der hier von den Gegnern Nehemias vermutete »Abfall«, eine Rebellion gegen den König, ist in Esr 4,12.19 mit demselben Begriff (hebr./
aram. מרד) bezeichnet. Konkreter wird Neh 6,6f., wenn die Gegnerschaft Nehemias den mutmaßlichen Aufstand (מרד) mit einer von
Nehemia angestrebten Königswürde in Verbindung bringt: Das Vollenden der Befestigungsanlagen wird von den Gegnern als Schritt in die
politische Autonomie gewertet. Dasselbe scheint in Esr 4,6–23 der Fall
zu sein: Der Aufbau von Stadt und Mauern würde zur Einstellung der
Tributzahlungen führen, was einem Austritt aus dem Großreich
gleichkäme.[15]

Der Rahmen der Korrespondenz (Esr 4,1–5.24) zeigt nun noch eine
weitere Parallele zu der entsprechenden Motivik im Nehemiabuch; hier
wird der Auftritt der Gegnerschaft jeweils stereotyp eingeleitet
(Neh 2,10.19; 3,33; 4,1; 6,1):

Als Sanballat (…) und Tobija (…) dies hörten   וישמע סנבלט וטוביה

Ebenso auch in Esr 4,1:

Als die Widersacher Judas (…) hörten   וישמעו צרי יהודה

Das Erfahren von Neuigkeiten im Fortschritt der Restitution bringt die
jeweilige Gegnerschaft auf den Plan. Während dieses Motiv die Geschichte des Mauerbaus in Neh 1–6 regelmäßig begleitet, ist es in Esr 1–
6 einmalig, dürfte aber die gleiche Funktion haben: Die Diskreditierung
einer spezifischen Gegnerschaft, die in Bezug auf den Tempelbau
(Esr 4,1–5.24) sehr wahrscheinlich im Bereich der samarischen Bevölkerung zu suchen ist – zu deutlich ist vor allem die Anspielung auf
II Reg 17,24–33 in Esr 4,2.[16] Dieses Ansinnen spiegelt auch die Fülle von
Absendern, die für die Korrespondenz verantwortlich zeichnen. Obwohl längst nicht alle Namen, die in Esr 4,7–10 genannt werden, identi-
fizierbar sind,[17] so unterstreicht doch vor allem V.10, dass hier die
Nachbarn aus dem Norden in den Blick genommen werden. Die An-

---

15 Gerade die Zahlung der Tribute ist zentral für die persische Reichsidee; vgl. Root,
    King, 227 ff.; Ahn, Herrscherlegitimation, 300 ff.

16 Vgl. u. a. Gunneweg, Esra, 79.

17 Vgl. Grätz, Adversaries. Möglicherweise hat bereits der Verf. von III Esr 2,15 dies
    nicht mehr leisten können und den Passus Esr 4,6–10 deutlich gekürzt (anders: Böh-
    ler, Stadt, 223 ff.). Die entscheidende Identifikation mit Vertretern Samarias bleibt
    freilich erhalten.

häufung von Widersachern hat A. H. J. Gunneweg erwägen lassen, dass hier das Motiv des »Völkersturms« Verwendung finde.[18] So erscheint der Komplex Esr 4,1–24 als Einfügung in den Zusammenhang Esr 3; 5 oder Ergänzung zu Esr 3 mit der Absicht, die ebenfalls JHWH verehrenden Samarier in Bezug auf den neuen Tempel zu disqualifizieren: Sie werden von dem Bauprojekt ausgeschlossen und reagieren mit der Erwirkung eines Baustopps. Interessanterweise handelt nun die aramäische Korrespondenz selbst, wie gesagt, nicht vom Tempel-, sondern vom Stadtbau und reflektiert damit die Zeit Nehemias, die v.a. durch die Nennung eines Königs Artaxerxes (Esr 4,7ff.) bestätigt wird.[19] Jedoch ist zunächst zu bedenken, dass die aramäische Korrespondenz nicht authentisch sein dürfte: Neben der stark überhöhten Flut an Absendern und Problemen, die das Briefformular betreffen,[20] ist auch der Inhalt der Briefe kaum auf die genannten offiziellen Kreise zurückzuführen. So enthält die Antwort des Artaxerxes (V.18ff.) in V.20 die (Chronistische) Fiktion eines davidisch-salomonischen Großreichs, das sich bis zum Euphrat erstreckt habe.[21] Damit eng verbunden ist die Betonung der potentiellen Gefahr für das Großreich, wenn die Konsolidierung Jerusalems erst einmal abgeschlossen sei: Die Klage der Absender, dass die Stadt schon immer »aufrührerisch« (מרד) und für die Nachbarn »schädlich« (נזק) gewesen sei, würde für den König zum Verlust des transeuphratenischen Gebietes führen (V.16). Auch hier wird die Großreichsfiktion gespiegelt, so dass die Begriffe מרד und נזק eigentlich für die potentielle Stärke Judas und Jerusalems stehen.[22] So dürfte der Text der Korrespondenz kaum aus den Federn der entsprechenden Kanzleien stammen, sondern eine Episode einer aramäischsprachigen Chronik darstellen, wie sie vergleichbar in Esr 5f. vorliegt, und die alternativ zur Nehemiageschichte die Fährnisse des Wiederaufbaus zur Zeit eines Königs Artaxerxes beschreibt und dabei die Gegnerschaft Samariens stark herausarbeitet. Diese Episode ist dann durch ihren Rahmen (Esr 4,1–5.24) auf das hier interessierende Thema des Tempels gedeutet und passend nach Esr 3 eingefügt worden. Dass sich Redaktoren von den durch ihre Arbeit entstehenden Widersprü-

---

18 Vgl. Gunneweg, Esra, 90.

19 Die Vermutung, dass die leicht unterschiedliche Orthographie in Esr 6 und Neh 2 (ארתחששתא/ארתחשסתא) einen Hinweis auf unterschiedliche Könige des Namens Artaxerxes enthalten könnte (vgl. bereits Torrey, Ezra, 38f., sowie Gunneweg, Esra, 83.88), lässt sich kaum überprüfen.

20 Vgl. Schwiderski, Handbuch, 344ff.

21 Vgl. Gunneweg, Esra, 92.

22 Vgl. zu מרד den positiv konnotierten Aufstand Hiskijas gegen die Assyrer in II Reg 18,7, wo der Abfall die eigene militärische Stärke unterstreicht.

chen nicht unbedingt irritieren ließen, zeigt bereits der Blick in die Redaktionsgeschichte des Pentateuchs.[23]

Die Nennung der Könige Xerxes und Artaxerxes steht somit im Zusammenhang einer Stadtbaugeschichte aus der Umgebung des Nehe-
mia-Stoffes, die redaktionell eingefügt wurde, um den Widerstand der
nördlichen Nachbarn gegen den Tempelbau zu illustrieren und sie so
letztlich als Teilnehmer am Kultus zu disqualifizieren. Das chronologische Problem, das dabei auftrat, spielte für die Redaktion anscheinend
eine untergeordnete Rolle.

3. Die Aramäische Chronik (Esr 5,1–6,18)

Bereits der Abschluss in Esr 4,24 zielt auf das Kommende: Die Nennung des zweiten Jahres des Darius fügt sich zu der aus den Prophetenbüchern Haggai und Sacharja bekannten Chronologie. Das »zweite
Jahr« aus Esr 3,8 ist ja auf die Ankunft in Jerusalem bezogen, Darius
wird bis Esr 4,5.24 nicht genannt. Es ist in der Forschung unbestritten,
dass das chronologische Gerüst, das Hag/Sach miteinander verbindet,
in der gegenwärtigen Form nicht ursprünglich ist. M. Hallaschka vermutet, dass die Chronologie aus Hag stammen würde und mit
Hag 1,1*.4.8 ein erster authentischer Prophetenspruch vorliege, zu dem
auch die Datumsangabe (ohne die Nennung von Serubbabel und Jeschua) gehöre.[24] Haben die Propheten Haggai und Sacharja den Tempelbau initial angeregt und begleitet,[25] dann findet sich hiervon ein
Reflex in Esr 5,1–2, wo allem Anschein nach ein Neuanfang markiert
ist,[26] der wohl aus den Prophetenbüchern[27] sowie Esr 3,2[28] gewonnen
wurde. Die Initiative geht hier von den beiden Propheten aus, die die

---

23 Vgl. nur Donner, Redaktor, 272ff., mit dem Bsp. der Sintflutgeschichte, in der es
    durch redaktionelle Tätigkeit zu deutlichen chronologischen und inhaltlichen Span-
    nungen kommt, die aber – so zumindest Donner – von den antiken Redaktoren nicht
    als störend empfunden wurden. Im Vordergrund habe die Erhaltung der vorgege-
    ben Überlieferung gestanden.

24 Vgl. Hallaschka, Haggai und Sacharja, 53f.

25 Vgl. Lux, Tempel, 133ff.

26 Vgl. Grätz, Aramäische Chronik, 405f.

27 Vgl. Gunneweg, Esra, 95.

28 Der Beginn des jeweiligen Verses ist mit der Wz. קום prinzipiell gleich gestaltet;
    lediglich die Reihenfolge des Personals ist vertauscht, und in Esr 3,2 geht es um den
    gebauten (בנה) Altar, in 5,2 um das zu bauende (בנא) »Haus Gottes in Jerusalem«.
    Dafür, dass Esr 3 der gebende Teil ist, spricht die offenkundig redaktionelle Gestal-
    tung des Passus Esr 5,1–2, der einem Abschnitt vorangeht, der Serubbabel und Je-
    schua sonst nicht mehr erwähnt. Siehe im Folgenden.

bereits aus Esr 3 bekannten Protagonisten Serubbabel und Jeschua zum Handeln veranlasst.[29] Mit keinem Wort wird dabei auf die in Esr 4 wiedergegebenen Ereignisse eingegangen; mehr noch: Es kommt sogleich in V.3ff. zu einer weiteren Störung des Tempelbaus, die diesmal aber nicht als feindliche Intervention, sondern als offizielle Inspektion seitens des Statthalters Tattenai und einiger seiner Kollegen[30] dargestellt wird. Diese Inspektion dient letztlich dem Ziel, den Tempelbau als legitim und der königlichen Förderung würdig auszuweisen. Es ist dann aber auffällig, dass Serubbabel und Jeschua mit Esr 5,2 ihre letzte Erwähnung als Protagonisten des Tempelbaus haben. Im Folgenden (Esr 5,5ff.) sind die Ansprechpartner der offiziellen Vertreter die »Ältesten der Juden« (שבי יהודיא), die in Esr 6,14aβ.b an der Seite der Propheten Haggai und Sacharja genannt werden. Auch die beiden Propheten haben damit ihren letzten Auftritt und fehlen in Esr 6,15–22, so dass man fragen kann, ob der Bestand von Esr 5,3–6,14aα.15[31] nicht eine eigene schriftliche Überlieferung gebildet hat, die ohne die Protagonisten Serubbabel und Jeschua einerseits sowie Haggai und Sacharja andererseits ausgekommen ist. Denn innerhalb dieses Passus sind allein die »Ältesten der Juden« als Ansprechpartner der offiziellen Vertreter genannt (Esr 5,5.9; 6,7f.14).[32] Insofern erscheint es naheliegend, auch für Esr 5,3–6,14aα.15 ein eigenes schriftlich vorliegendes Traditionsstück anzunehmen, das bezeichnenderweise auch nicht auf den nach Esr 3,1ff.; 5,1f. zu erwartenden Serubbabel, sondern auf den bereits in Esr 1 vorgestellten Scheschbazzar als Initiator des Tempelbaus rekurriert (Esr 5,14.16, vgl. Esr 1,8.10)[33] und das entgegen den sonstigen Gepflogenheiten in Esr 1–6 einen babylonischen Monatsnamen nennt

---

29 S. o. Abschnitt 1.

30 Zu dem hier erwähnten und im Fall des Tattenai auch historisch nachweisbaren Personals vgl. Briant, Cyrus, 487f.

31 Esr 6,14f. bilden eine Doublette: Die Fertigstellung wird doppelt berichtet. Da V.16 neue grammatische Subjekte nennt, scheint der mit 5,1 beginnende Abschnitt in 6,15 abgeschlossen zu werden. Die Doublette in 6,14b käme dadurch zustande, dass der Vers durch die Nennung der Propheten und ihre Funktion in Bezug auf Bau und Vollendung des Tempels ab 14aβ erweitert wurde.

32 Vgl. Grätz, Aramäische Chronik, 406f.; zur Rahmung von Esr 5,1–6,14ff. vgl. Kratz, Komposition, 59f.

33 Ob eine historische Lösung des Problems, wie sie bspw. von Donner, Geschichte, 449, angeboten wird, hinreichend ist, darf bezweifelt werden. Donner zufolge sei die Arbeit Serubbabels befristet gewesen, so dass er von der persischen Regierung zurückbeordert worden sei. Doch warum dann gerade der Hohepriester Jeschua bei der Tempelweihe ebenso fehlt, kann diese Hypothese nicht erklären. Auch ist die Nennung Scheschbazzars überraschend, wenngleich durch Esr 1 vorbereitet.

(Esr 6,15: »3. Adar«).[34] Auch für diesen Passus, der vor allem einen Briefwechsel zwischen Tattenai und Darius sowie ein Memorandum aus der Zeit des Kyros zitiert, ist kaum davon auszugehen, dass hier authentische Texte aus Kanzleien wiedergegeben werden: Auch hier sprechen formale und inhaltliche Gründe für die Annahme einer fiktionalen Darstellung.[35] Diese Darstellung wäre dann mithilfe des aus Hag/Sach bekannten Personals zu einer Episode ausgestaltet worden, in der sowohl die Propheten als auch wiederum und verstärkt die persischen Könige als Initiatoren des Tempelbaus berücksichtigt werden: Nach Esr 5,1f. sind es die Propheten, die Serubbabel und Jeschua zum Bau motivieren, während Esr 5,13ff.; 6,1–12 die persischen Könige Kyros und Darius Bauerlaubnis und finanzielle Hilfestellung beisteuern. Damit wird das Bauprojekt als von göttlicher und großköniglicher Inspiration durchwirktes Vorhaben stilisiert,[36] wobei das Achtergewicht deutlich auf der Initiative der Könige liegt.

4. Esr 3 und Esr 1

Scheschbazzar und Serubbabel erscheinen in Esr 1–6 etwas unversöhnt nebeneinander. So ist das Datum in Esr 3,1 im gegenwärtigen Zusammenhang nur auf Esr 1 zu beziehen, so dass die Aktivitäten Jeschuas und Serubbabels zunächst in die Zeit des Kyros zu gehören scheinen, für die aber nach Esr 1 und v.a. Esr 6,14–16 Scheschbazzar als Verantwortungsträger auch in Bezug auf den Beginn des Tempelbaus genannt wurde. Dieses enge Nebeneinander hat zu zahlreichen Spekulationen Anlass gegeben,[37] die hier nicht besprochen werden sollen. Im Grunde sieht die in Esr 1–6 vorliegende Tradition Scheschbazzar eng verbunden mit dem Kyros-Edikt (Esr 1,1–4.9–11; 5,14f.; 6,3–5),[38] während dies im Fall von Serubbabel nur indirekt in Esr 3,7 der Fall ist. Dies fügt sich zwar durchaus zu Esr 3,1.8, wo entsprechend zu Esr 1 weiterhin die Zeit des Kyros vorgestellt ist, widerspricht aber den aus Hag/Sach zu erhebenden Nachrichten, die die Aktivitäten der Propheten sowie Serubbabel und Jeschua in das zweite Jahr des Darius datieren. Dieses

---

34 S. o. Anm. 4.
35 Vgl. Schwiderski, Handbuch, 351ff.; Grätz, Aramäische Chronik, 408ff.
36 Vgl. Kratz, Komposition, 60.
37 Vgl. Grätz, Edikt, 19ff., mit Literatur. In III Esr sind die beiden Figuren durch die abweichende Disposition des Stoffes schärfer voneinander getrennt. Vgl. Böhler, Stadt, 268ff.
38 Vgl. ausführlich Halpern, Commentary, 85ff.

Dilemma lässt sich wohl so lösen, dass die Verfasser von Esr 1–6 die
Zeit des Kyros im Sinne von Esr 1,1–4 als Heilszeit verstanden haben.
So sieht T. Willi den Eingang des Buches als »Schlüssel zu seiner Konzeption«.[39] Dies kann leicht an der Erfüllung des Bauauftrages in Esr 1,2
nachvollzogen werden: Wie vom Großkönig und nicht etwa von den
(hier passend fehlenden) Propheten[40] angeordnet, wird sogleich nach
der Heimkehr mit dem Bau des Altars begonnen (3,2). Hierauf schließt
sich die Wiedererrichtung des Tempels im zweiten Jahr nach der Ankunft an (3,8 ff.). Bekanntermaßen lässt sich diese Vorstellung des Tempelbaus auf Geheiß des (göttlich erweckten) Kyros auch in Jes 44,28
finden, so dass von hier die Ideologie von Esr 1 wechselseitig unterfüt-
tert wird.[41] Die Datierung nach Hag/Sach wäre hier somit wenig passend gewesen, da der Baubeginn sich nach deren Zeugnis aus spezifischen internen Gründen[42] bis ins zweite Jahr des Darius verzögerte. Da
es aber schließlich in Esr 6,15 dennoch zu einer Äquivalenz mit der Zeit
des Darius kommt, wird auch in Esr 1–6, hier anschließend an die Ereignisse aus Esr 3 mit der abschließenden Notiz des weithin schallen-
den Lärms, eine Verzögerung eingebaut, indem die überlieferte
Artaxerxes-Korrespondenz mit ihrer antisamarischen Tendenz, in
Esr 4,1 mit dem aus Neh 1–6 bekannten Motiv des »Hörens« beginnend, eingepasst wird. Auf diese Weise wird das Thema des Tempelbaus mit der Heilszeit unter Kyros verbunden und zugleich in seiner
(wahrscheinlich) historisch korrekten Zeit dargestellt. Gewisse Glät-
tungen dürfte sich die Redaktion dabei erlaubt haben. So ist die Datierung in Esr 3,8 sicher der Vorstellung der Heilszeit unter Kyros zu verdanken, wobei aber gleichzeitig das Thema des zweiten Jahres mitsamt
dem Personal aus Hag/Sach übernommen worden sind.[43] Hierdurch
geraten die beiden Protagonisten Scheschbazzar und Serubbabel so eng
zusammen, dass zuerst Fl. Josephus die beiden für ein und dieselbe
Person gehalten hat.[44] Gleichwohl lässt sich noch erkennen, dass die

---

39 Vgl. Willi, Juda, 47(ff.).
40 Sie treten erst bei der Reinitiierung des Baus in der passenden Zeit des Darius auf
    den Plan.
41 Zum Verhältnis der fraglichen Texte zueinander vgl. Kratz, Kyros, 88 ff., wobei aber
    die Vermutung, Esr 5 f. bildeten den Ausgangsort für diese Tradition, zu diskutieren
    wäre.
42 Vgl. zur Widerlegung der aus Hag 2,14 gewonnenen »Samaritaner-Hypothese«
    zusammenfassend Hallaschka, Haggai und Sacharja, 79 ff.
43 Vgl. auch Williamson, Composition, 25; Halpern, Commentary, 97 ff.
44 Ant. XI, §§ 13 f. Vgl. Halpern, Commentary, 108, der aufgrund der offenen Datums-
    angaben von Esr 3 von einer absichtlichen Verwischung der beiden Figuren durch
    die Redaktion ausgeht.

Redaktion insgesamt unterschiedliche Traditionen mit unterschiedlichen Figuren vorgefunden und verarbeitet hat, die sie unter dem Leitgedanken einer Heilszeit unter Kyros miteinander harmonisierte.[45]

5. Zusammenfassung

Die synchrone Lektüre von Esr 1–6 weist einige Schwierigkeiten in der Chronologie auf, die am besten redaktionsgeschichtlich zu lösen sind. Unterschiedliche Stoffe wie Esr 4,6–23; 5,3–6,14aβ.15 sowie die einschlägigen Nachrichten aus Hag/Sach – zu nennen wäre auch noch die hier nicht näher behandelte Liste in Esr 2 – werden im Dienste einer Restaurationsgeschichte zusammengearbeitet und unter den Leitgedanken einer mit der Regentschaft des Kyros einsetzenden göttlichen Heilszeit gestellt. So kommt es zu den beschriebenen Störungen chronologischer und inhaltlicher Art, die die Redaktion aber um der Gesamtdarstellung willen tolerierte.[46] Diese Darstellung spannt einen Bogen vom ersten Jahr des Kyros, das auch bereits den Baubeginn des Tempels erlebt, bis hin zur Tempelweihe in Esr 6,15(ff.). Bezeichnend ist, dass es aufgrund einer Intervention aus Samarien zur entscheidenden Verzögerung kommt, die es erlaubt, die Fertigstellung des Heiligtums in die (korrekte) Zeit des Darius zu datieren. Es fällt auf, dass die in Hag/Sach reflektierte entscheidende prophetische Rolle in Bezug auf den Tempelbau gegenüber derjenigen des Königs in Entsprechung zu Esr 7 deutlich zurücktritt: Die zu Serubbabel und Jeschua gehörenden Propheten Haggai und Sacharja treten erst beim zweiten Anlauf im zweiten Jahr des Darius (Esr 5,1f.) auf den Plan, um den Bau erneut zu motivieren, der aber erstmals von Kyros angeregt wurde, wie der Fortgang des Textes zeigt (Esr 5,13ff.).

In welchen Kreisen schließlich die hier arbeitende Redaktion zu suchen ist, kann nur vermutet werden: Die deutliche antisamari(tani)sche Tendenz von Esr 4 widerrät der Annahme, dass hier dem Chronisten nahestehende Kreise am Werke waren,[47] Texte wie Esr 3,8ff.; 6,19–22 sprechen jedoch für eine übergreifende Redaktion einer chronistischen

---

45 S. o. Anm. 23.
46 Vgl. Halpern, Commentary, 133, der von einer »dual chronology« spricht (111.125f. und *passim*), bei der die tatsächliche (»real«) von der vorgeblichen (»ostensible«) Chronologie unterschieden sei. Auch Halpern vermutet, dass die Redaktion ideologische bzw. theologische Schwerpunkte setzte, der sie die Darstellung der Ereignisse anpasste (vgl. 135f.).
47 Vgl. Willi, Chronik, 190ff.

Hand,[48] die die Verbindungslinien zu den Büchern der Chronik hergestellt bzw. verstärkt hat.[49]

Esr 1–6 fokussiert substantiell vor allem zweierlei: erstens die Legitimität des Zweiten Tempels als Erbe des vorexilischen Heiligtums, zweitens die Exklusivität der sich an ihm versammelnden Gemeinde. Hierfür werden unterschiedliche schriftliche Traditionen zusammengearbeitet, die nun in ihrer Gesamtheit das Interesse von Kreisen wahren, die zweifellos dem Tempel sehr nahe standen, aber vor allem ein religionspolitisches Anliegen vertraten: Die vorfindliche Provinz Jehud/ Judäa mit ihrem Heiligtum hat die legitime und unmittelbare Nachfolge des staatlichen Juda angetreten, und in ihrer Mitte geschieht demzufolge auch die legitime Pflege des Kultes und – wie der Fortgang ab Esr 7 zeigt – der Tora. Einer gesellschaftlichen Öffnung wird hier im Rahmen des Kasus der »Mischehen« (Esr 9 f.) ebenso eine Absage erteilt wie dies bereits im Fall des Tempelbaus in Esr 4,1 ff. geschehen ist. Die Chronologie in Esr 1–6 erfüllt damit auch insofern eine wichtige Funktion, als sie nicht allein Beginn und Verlauf einer neuen Heilszeit berichtet, sondern auch zugleich die religionspolitische Notwendigkeit einer strikten Selbstbesinnung dokumentiert.

Literatur

G. Ahn, Religiöse Herrscherlegitimation im achämenidischen Iran. Die Voraussetzungen und die Struktur ihrer Argumentation, Acta Iranica 31, Leiden/Louvain 1992

B. Becking, Ezra, Nehemiah and the Construction of Early Jewish Identity, FAT 80, Tübingen 2011

D. Böhler, Die heilige Stadt in Esdras a und Esra-Nehemia. Zwei Konzeptionen der Wiederherstellung Israels, OBO 158, Freiburg (Schweiz)/Göttingen 1997

P. Briant, From Cyrus to Alexander. A History of the Persian Empire, Winona Lake 2002

H. Donner, Geschichte des Volkes Israel und seiner Nachbarn in Grundzügen, GAT 4/2, Göttingen ⁴2008

— Der Redaktor. Überlegungen zum vorkritischen Umgang mit der Heiligen Schrift, in: Ders., Aufsätze zum Alten Testament aus vier Jahrzehnten, BZAW 224, Berlin/New York 1994, 259–285

48	Vgl. Kratz, Komposition, 65.

49	Dass diese textgeschichtlich bestehen, zeigt ja bereits die Existenz von III Esr, wo in III Esr 1 eine Parallele zu II Chr 35 f. vorliegt. Die Diskussion um das Verhältnis der Schriften Chr – Esr/Neh ist noch nicht abgeschlossen.

L. Fried (Hg.), Was 1 Esdras First? An Investigation into the Priority and Nature of 1 Esdras, Ancient Israel and Its Literature 7, Atlanta 2011

S. Grätz, The Adversaries in Ezra/Nehemiah – Fictitious or Real? A Case Study on Creating Identity in Late Persian and Hellenistic Times, in: R. Albertz/ J. Wöhrle, Between Cooperation and Hostility. Multiple Identities in Ancient Judaism and the Interaction with Foreign Powers, Journal of Ancient Judaism Supp. 11, Göttingen 2013, 73–88

— Die Aramäische Chronik des Esrabuches und die Rolle der Ältesten in Esr 5–6, ZAW 118 (2006), 405–422

— Das Edikt des Artaxerxes. Eine Untersuchung zum religionspolitischen und historischen Umfeld von Esra 7,12–26, BZAW 337, Berlin/New York 2004

A. H. J. Gunneweg, Esra, KAT 19,1, Gütersloh 1985

M. Hallaschka, Haggai und Sacharja 1–8. Eine redaktionsgeschichtliche Untersuchung, BZAW 411, Berlin/New York 2011

B. Halpern, A Historiographic Commentary on Ezra 1–6. A Chronologica Narrative and Dual Chronology in Israelite Historiography, in: W. H. Propp/ B. Halpern/D. N. Freedman (Hg.), The Hebrew Bible and Its Interpreters, Biblical and Judaic Studies 1, Winona Lake 1990, 81–142

R. Hanhardt, Text und Textgeschichte des 1.Esrabuches, MSU 12, Göttingen 1974

R. G. Kratz, Die Komposition der erzählenden Bücher des Alten Testaments. Grundwissen der Bibelkritik, Göttingen 2000

Kyros im Deuterojesaja-Buch. Redaktionsgeschichtliche Untersuchungen zu Entstehung und Theologie von Jes 40–55, FAT 1, Tübingen 1991

R. Lux, Der Zweite Tempel von Jerusalem. Ein persisches oder prophetisches Projekt?, in: Ders., Prophetie und Zweiter Tempel. Studien zu Haggai und Sacharja, FAT 65, Tübingen 2009, 122–143

S. Mowinckel, Studien zu dem Buche Ezra-Nehemia I. Die nachchronistische Redaktion des Buches: Die Listen, Oslo 1964

E. Nodet, Calendriers bibliques: Salomon, Éléphantine, Jubilées, Dédicace, Trans 39 (2010), 121–151

K. F. Pohlmann, 3. Esra-Buch, JSHRZ I,5, Gütersloh 1980

M. C. Root, The King and Kingship in Achaemenid Art. Essays on the Creation of an Iconography of Empire, Acta Iranica 19, Leiden 1979

W. Rudolph, Esra und Nehemia samt 3. Esra, HAT I, 20, Tübingen 1949

D. Schwiderski, Handbuch des nordwestsemitischen Briefformulars. Ein Beitrag zur Echtheitsfrage der aramäischen Briefe des Esrabuches, BZAW 295, Berlin/New York 2001

C. C. Torrey, Ezra Studies, Chicago 1910

T. Willi, Juda – Jehud – Israel. Studien zum Selbstverständnis des Judentums in persischer Zeit, FAT 12, Tübingen 1995

H. G. M. Williamson, The Composition of Ezra i-vi, JThS 34 (1983), 1–30

J. L. Wright, Rebuilding Identity. The Nehemiah-Memoir and its Earliest Readers, BZAW 348, Berlin/New York 2004

III. Neues über die Sonne

Jahwe und die Sonne

Jürgen Tubach

In der alttestamentlichen Wissenschaft gibt es seit etwa 15 Jahren einen Trend, den alttestamentlichen Gott vermehrt in ein solares Licht zu tauchen, was von solaren Elementen in seinem Wesen bis hin zu seiner Transformation in einen Sonnengott reichen kann. In die Nähe des Sonnengottes hatten Jahwe zuvor nur wenige Forscher gerückt, wie etwa Claude R[eignier] Conder (1848–1910),[1] Daniel [Erhard Johannes] Völter (1855–1942),[2] Karl Vollers (1857–1909),[3] Herbert G[ordon] May (1904–1977),[4] Jan Dus (*1931),[5] Frederick James Hollis[6] und besonders Julian Morgenstern (1881–1976),[7] deren Position keine allgemeine Anerkennung fand und von der überwiegenden Mehrzahl der Alttestamentlicher als mehr oder weniger abwegig abgelehnt wurde. Das gleiche Schicksal teilte Robert Eislers (1882–1949) Versuch, den Nachweis zu erbringen, dass Jahwe – er müsste den Mond vertreten – sich während des Schwarzmondes mit der Sonne vermählt.[8]

In der Regel wird die Frage, ob Jahwe solare Züge besessen hat, in den diversen »alttestamentlichen Theologien«, die es mittlerweile gibt, nicht behandelt. *Opinio communis* ist, dass die Sonne ein Geschöpf Jahwes ist (Gen 1), dem keine göttliche Dignität zukommt. Auch in religionsgeschichtlich orientierten Überblickswerken über den Glauben

---

1 Conder, Sun.
2 Völter, Herkunft, 126–133; ders., Jahwe, 8; ders., Patriarchen, 10 u.ö.
3 Vollers, Solare Seite.
4 Some Aspects, 269–281.
5 Dus, Gibeon, 353–374.
6 Hollis, Sun-Cult, 87–110; vgl. ders., Archaeology, 125.132f.
7 Morgenstern, Gates, 34–37; ders., Theophanies, 172, Anm.2.44, Anm.2.47.54.58ff.; ders., Fire, 7f.87ff.102ff.; ders., Book [I.], 45–67; ders., Setting, 1–42; ders., King, 159–161.179.182–189. Morgenstern nahm an, dass Jahwe in Zusammenhang mit Salomos Tempelbau unter dem Einfluss des tyrischen Melqart eine Solarisierung erfuhr. Doch Melqart, der in späterer Zeit mit Herakles identifiziert wird, ist keine solare Gottheit (vgl. Bonnet, Melqart).
8 Eisler, Hochzeit, 22–70.

Altisraels wurde bisher als Ergebnis festgehalten,[9] dass Jahwe nie mit
der Sonne gleichgesetzt wird, noch nicht einmal in Ps 104[10] oder Ps 19,[11]
obwohl dort offenbar Gedankengut aus Sonnenhymnen aufgenommen
wurde.

Zu dieser Trendwende in der rein textorientierten Wissenschaft
führte ohne Zweifel die biblische Archäologie. Hauptzeuge sind Siegel
mit ägyptischen oder ägyptisierenden Motiven. Skarabäen und geflügelte Sonnenscheiben – in Ägypten Symbole der Sonne – gelten als
unwiderlegbares Indiz, dass Jahwe im 8. und 7. Jh. v. Chr., z.T. auch
schon früher, mit der Sonne identifiziert wurde. Vor diesem Hintergrund lassen sich nun etliche alttestamentliche Texte als Beleg für eine
Solarisierung Jahwes anführen, ja die solare Tradition des Alten Orients
kann geradezu als »ein wichtiges Movens in der Geschichte des Jahweglaubens« angesehen werden.[12]

Dass Jahwe in den Dunstkreis des Sonnengottes geraten ist, steht
außer Zweifel. *ṣædæq* und *mišpāṭ* (oder *mîšôr*) sind wohl von Kittu und
Mēšaru, personifizierten Eigenschaften des Sonnengottes im Zweistromland, nicht zu trennen. Eine ganz ähnliche Rolle spielt Maat (Mȝʿt,
ⲙⲉ etc.) in Ägypten. Die »Tochter von Re«, wie die Göttin genannt
wird, ist eigentlich eine Hypostase des Sonnengottes, im Prinzip ein
typischer Charakterzug der Gottheit, der personifiziert und selbststän-
dig handelnd auftreten kann. Maat ist Garant der kosmischen Ordnung, was Recht und Gerechtigkeit einschließt.[13] Als Hüter der Rechts-
ordnung muss Jahwe nicht *eo ipso* auch zum Sonnengott geworden
sein, selbst wenn Ägypten und der syro-mesopotamische Raum in for-
maler Hinsicht ein Vorbild waren. Es ist kaum anzunehmen, dass Jahwe sich zuvor um Recht und Gerechtigkeit nicht kümmerte und er mit
dem Konzept von *ṣᵉdāqāh* erst im Kulturland bekannt wurde.

Zwischen der *Rezeption solarer Elemente*[14] und einer *Solarisierung*,
wie sie etwa Stähli,[15] Janowski,[16] Keel,[17] Keel/Uehlinger,[18] Taylor,[19] Ir-

---

9   Vgl. jedoch jetzt: Berlejung, 132: »Uranisierung und Solarisierung Jahwes«.
10 In den V.19–33 wird offenbar Echnatons Sonnenhymnus (in der Langversion) auf-
    genommen, was nach einer Entsolarisierung bzw. Jahwisierung problemlos möglich
    war (Reichmann, Psalm, 257–288; Dion, YHWH, 43–71).
11 Ringgren, Religion, 56. – Denkbar wäre auch eine Interpretation des Psalms auf dem
    Hintergrund des Henochbuches. In diesem Fall wäre der Hymnus, der die Sonne als
    Teil der Schöpfung Jahwes sieht, in der nachexilischen Zeit entstanden (Albani,
    »Werk«, 237–256). Vgl. ferner Sarna, Psalm.
12 Stähli, Solare Elemente, 46; Zitat auch bei Janowski, JHWH, 218.
13 Assmann, Maʿat; Lichtheim, Maat; Karenga, Maat; Goyon, Rê.
14 Z.B. Smith, Near; ders., History, 115–124.
15 Stähli, Solare Elemente, 40.

sigler,[20] Arneth,[21] Leuenberger,[22] Lauber,[23] Niehr,[24] Kutter[25] oder auch Albani[26] auf ihr Programm geschrieben haben, besteht ein größerer Unterschied. Besitzt Jahwe Charakterzüge, die er mit dem Sonnengott teilt, heißt das nichts anderes, als dass sein Wesen um einen Aspekt bereichert wurde oder dass ein in den Hintergrund getretener Wesenszug stärker als früher betont wird, was durch die Begegnung mit anderen Glaubensformen geschah oder angeregt wurde. *Solarisierung* impliziert aber letztlich, dass Jahwes Wesen eine Transformation erfährt bzw. solare Charakterzüge eine Dominanz erhalten und letzten Endes eine Sonnenreligion entsteht. Das wird aber nicht näher definiert,[27] obgleich es sich um einen Vorgang handelt, der im Orient in dieser speziellen Form singulär ist.

Nehmen wir einmal an, dass alle alttestamentlichen Passagen, die mit Lichtsymbolik[28] operieren, und die wenigen Stellen, die auf eine Identifikation Jahwes mit der Sonne schließen lassen, als Indiz, wenn nicht als Beweis, für eine Solarisierung Jahwes in vorexilischer Zeit gelten können, so ergeben sich trotz allem doch einige Bedenken, die letztlich an der Interpretation der einschlägigen Stellen Zweifel erwecken. Unproblematisch ist die *Rezeption von solaren Elementen.* Bei diesem Vorgang muss man nur lokale Zusammenhänge berücksichtigen. Eine *Solarisierung* erfordert jedoch die Berücksichtigung eines übergeordneten Zusammenhangs (Weltbild, Geistesströmung etc.).

---

16 Janowski, JHWH.

17 Keel, Sturmgott; ders., Monotheismus, 118–121.129–132.267–286.380–385.416–420, vgl. 536–538.

18 Keel/Uehlinger, Jahwe, 269–306; Dies., Göttinnen, 282ff.315–317.406.

19 Taylor, Yahweh; ders., Yahweh worshiped.

20 Irsigler, Mythos, 23–34.38–42.

21 Arneth, »Sonne«; ders., Šamaš. Nach Becker, Psalm, 133f., ist Arneths These weder beweisbar noch wahrscheinlich.

22 Leuenberger, Gott, 34–71 (»Die Solarisierung des Wettergottes Jhwh«).

23 Lauber, Sonne der Gerechtigkeit, 387–401.

24 Niehr, Gott, 141–163, bes.150ff. (»JHWH als Sonnengott«); ders., JHWH, 316f.322.

25 Kutter, nūr, 355–419; vgl. auch Podella, Lichtkleid, 196–200.267.

26 Albani, Gott, 167–169. Das Stichwort Solarisierung Jahwes fällt mehrmals und wird quasi als erwiesenes Faktum behandelt. Die Solarisierung des alttestamentlichen Gottes wird als »entscheidender Schritt auf dem Wege zu einem universalen monotheistischen Gottesverständnis« angesehen (a.a.O., 261.262).

27 Bei Leuenberger, Gott, 34.37, bes. 36f., wird ein solcher Versuch unternommen, der aber nicht in einen religionsgeschichtlichen Kontext gestellt wird und daher nicht besonders hilfreich ist.

28 Vgl. Langer, Gott, 1–155; Aalen, Licht; Hempel, Lichtsymbolik; Reece, Concept.

1. Die Voraussetzung:
Sonnenkult in Palästina (bzw. Jerusalem)

Für die Rezeption solarer Vorstellungen ist die Existenz einer autochthonen Sonnenverehrung in Juda und Israel eine wichtige, wenn auch nicht unabdingbare Voraussetzung. Belege für eine ältere, vorisraelitische Sonnenverehrung sind einige Ortsnamen wie Bêt Šæmæš oder ʿĒn Šæmæš. Aus den Namen ergibt sich zwangsläufig, dass hier eine Sonnengottheit verehrt wurde. Welche Rolle die Sonne im kanaanäischen Raum in vorexilischer Zeit spielte, lässt sich (mangels Quellen) nicht genau eruieren. Legt man ugaritische Verhältnisse zu Grunde, müsste man eine Sonnengöttin verehrt haben. Im Alten Testament ist das Wort šæmæš bald maskulin, bald feminin. In der Regel ist die Sonne im westsemitischen Bereich dem Genus nach weiblich (z.B. šamsun, altsüdarab. šams). Ist sie eine männliche Gottheit, liegt ostsemitischer, d.h. sumero-akkadischer Einfluss vor. Šapš[29] spielt im ugaritischen Mythos nur eine untergeordnete Rolle und ist hierin dem zu den Titanen gehörenden Helios im griechischen Pantheon vergleichbar. Auf Palästina übertragen, hieße das, dass eine mehr oder weniger stark subordinierte Gottheit[30] auf den Hauptgott der Israeliten einen beträchtlichen Einfluss ausgeübt hätte, was zwar nicht unmöglich, aber doch wenig wahrscheinlich ist.

Häufig wird angenommen, dass Jahwe nach seiner Ankunft im Kulturland dem Wettergott[31] seinen Kompetenzbereich streitig machte, sich aber damit nicht zufrieden gab, sondern die Sonnengottheit vom Thron im jebusitischen Tempel in Jerusalem vertrieb[32] und nach Salomos Tempelbau erfolgreich zum Sonnengott im neuen Heliopolis[33] mutierte. So stellen sich jedenfalls Keel bzw. Keel-Uehlinger den religionsgeschichtlichen Entwicklungsverlauf des Jahwekultes in der vorexilischen Zeit im Südreich vor, was vielfach in unterschiedlicher Variation in der einschlägigen Literatur wiederholt wird. Belege für diese These von der Sonnenstadt Jerusalem sind Funde von Skarabäen, in deren Aufschriften Re genannt wird, und die in die Zeit gehören, als Palästina während des Neuen Reiches ägyptischer Oberherrschaft un-

---

29 Caquot, Divinité; Husser, · Shapash; Wiggins, Shapsh; Rahmouni, Epithets, 241–
    243.252–255.286–287.305–308; sowie bes. Kutter, nūr, 17–209.
30 Kutter schätzt die Rolle der Sonnengöttin in Ugarit höher ein, obwohl sie nicht zur
    Kategorie der großen Gottheiten gehört.
31 Zu Jahwe und dem Wettergott vgl. Müller, Jahwe.
32 Vgl. Keel/Uehlinger, Jahwe, 287.289–292.
33 Keel/Uehlinger, Jahwe, 298–300 (»Jerusalem, die Stadt des Sonnengottes«).

terworfen war.[34] Weitere Indizien sind Gen 19,[35] Jos 10,11–14,[36] der aus
jebusitischen Königsnamen[37] erschlossene Gott Ṣædæq als Begleiter der
Sonnengottheit,[38] ferner die Ost-West-Orientierung des Tempels[39] und
Salomos Tempelweihspruch.[40] Mit der Sonne bringen Keel/Uehlinger
Šalim in Verbindung, der Bestandteil des vorisraelitischen Stadtnamens
Jerusalem ist. Šālim und sein Zwillingsbruder Šaḥar[41] sind aus einem
ugaritischen Mythos bekannt und sollen die Abend- und Morgensonne
bzw. das Morgen- und Abendrot[42] repräsentieren. Auf Siegeln und
Skarabäen aus Jerusalem bzw. dem Nord- und Südreich ist oft eine
geflügelte Sonnenscheibe[43] zu sehen. Die Flügelsonne stammt aus
Ägypten und erfuhr im Orient eine weite Verbreitung bis hin nach
Anatolien und Persien. Ihre solare Konnotation ist nicht in jedem Fall
sicher, sonst müssten Assur, Ḫaldi und Ahura Mazdā in die Kategorie

---

34 Keel/Uehlinger, Jahwe, 279; ausführlich dazu: Keel, Monotheismus, 101–132, vgl.
    ferner Rendsburg, Egyptian; Ulmer, Egyptian, 285.
35 Keel/Uehlinger, Jahwe, 280.289.295; Keel, Sodom; ders., Monotheismus, 277–
    281.375–377.
36 Keel/Uehlinger, Jahwe, 281–285.
37 Gen 14,18 und Ps 110,4: *Malkîṣædæq* (»mein König ist Ṣädäq«), Jos 10,1.3: *Adonî-
    ṣædæq* (»mein Herr ist Ṣädäq«).
38 Keel/Uehlinger, Jahwe, 279–281; Keel, Monotheismus, 190–192. Bereits Rosenberg
    (God, 161–177) identifizierte Ṣädäq mit Jahwe. Er sah in dem Jerusalemer Gott
    Ṣädäq, der dem akkadischen Kittu entspricht, eine Manifestation des Sonnengottes
    (ebd., 163.164 u.ö.). Als David Jerusalem seinem Reich als königliche Residenzstadt
    eingliederte, wandelte sich Ṣädäq zu einer Hypostase Jahwes (ebd., 170–172), der
    faktisch die Rolle des Sonnengottes übernahm (ebd., 166).
39 Keel/Uehlinger, Jahwe, 285; Keel, Monotheismus, 269f.276f.; ders., Geschichte, 8:
    »Die Ost-West-Orientierung ist typisch für Sonnenheiligtümer«. Diese Argumentati-
    on ist nicht neu. Bereits die ältere Sekundärliteratur zog aus dieser baulichen Orien-
    tierung den Schluss, dass der Tempel ein Sonnenheiligtum sei (Morgenstern, Hollis).
    Eine detaillierte Studie zum Grundriss des Tempels und seiner Ausrichtung nach
    der Sonne stammt von Reidinger (Temple, 319–346; ders., Tempel, 81–104). Der ar-
    chäologische Befund zu syro-palästinischen Tempeln bestätigt das nicht in entspre-
    chender Weise (Kutter, nūr, 359f.; Zwickel, Tempel, 70; Busink, Tempel, 651–656).
40 Keel/Uehlinger, Jahwe, 286–289; Keel, Tempelweihspruch; ders., Monotheismus,
    267–272; mit Modifikationen: Hartenstein, Sonnengott, 53–69; kritisch zu Keels Aus-
    führungen: Rösel, Salomo, 402–417; Janowski, JHWH, 231.
41 Dijkstra, Astral, 265–287.
42 Keel/Uehlinger, Jahwe, 278, vgl. 275.276. – Normalerweise wird das Brüderpaar als
    Morgen- und Abendstern gedeutet d.h. als Erscheinungsformen des Gottes ʿAṯtar
    (>ʿAštar). Saḥarᵘⁿ bezeichnet im Arabischen die »Zeit vor Tagesanbruch, die Mor-
    gendämmerung«.
43 Keel/Uehlinger, Jahwe, 294f. u.ö.; ders., Monotheismus, 92.138.192.304.383f.417.

der solaren Gottheiten eingereiht werden.[44] Keel behielt seine Rekonstruktion der religiösen Verhältnisse im alten Israel in seinem Opus über Jerusalem im Wesentlichen bei. Im Kulturland nimmt Jahwe Züge des Wettergottes und des Sonnengottes in sich auf, ohne jeweils in einer der beiden Gestalten völlig aufzugehen. Er agiert als Wetter- und Sonnengott, ist aber mit den Naturphänomenen nicht identisch.[45]

2. Der Sonnengott im Alten Orient

2.1 Mesopotamien

In Mesopotamien nimmt Šamaš[46] zwar einen wichtigen Platz im Pantheon ein, er steht aber trotz aller Wertschätzung quasi im zweiten Glied. Genealogisch ist er mit dem Mondgott verbunden. Er gilt als dessen Sohn, kann sich aber mit seinem Vater Sīn[47] nicht an Ansehen und Bedeutung messen.

2.2 Phönizien und Syrien

In Ugarit tritt die Sonnengöttin im Kult etwas stärker hervor als im Mythos, wo sie eher eine blasse Figur abgibt. Im 2. Jt. v. Chr. zählt der Sonnengott in manchen Orten Syriens zu den großen Gottheiten des Pantheons (Ebla,[48] Qatna), was vermutlich auf sumero-akkadischen Einfluss zurückgeht. Im phönikischen Bereich spielt die Sonnengott-

---

44 Eißfeldt, Flügelsonne; Pering, Scheibe; Mayer-Opificius, Sonne; dies., Sonnenscheibe, 19–24; Parayre, Cachets; ders., Carchemish; Bretschneider, Flügelsonne; Ornan, Winged disc; Lauber, Flügelsonne; LeMon, Yahweh, 94ff.151ff.164f.183f.; sowie Podella, Lichtkleid, 26–31.132–154; Kutter, nūr *passim*.
    Umstritten ist insbesondere die geflügelte Sonnenscheibe in Bezug auf Ahura Mazdā (Shahbazi; Jamzadeh; Tanabe; Lecoq; Jacobs). Die Flügelsonne impliziert keineswegs, dass es sich um einen Gott mit solarem Charakter handelt, obwohl es in der antiken Literatur eine Reihe von Belegen gibt, die Ahura Mazdā mit der Sonne identifizieren, und die Säulen des Apadana von Persepolis eine Ausrichtung nach den Strahlen der aufgehenden Sonne beim Sommersolstitium besaßen (Jacobs, Sonnengott). Die astronomischen Beobachtungen vor Ort und die Berechnungen von Lentz/Schlosser sind mit Reidingers Ausführungen (Anm. 39) nicht zu vergleichen, da die Ruinen noch vorhanden sind. Vgl. Lentz/Schlosser, Persepolis; dies./Gropp, Persepolis; Gropp, Beobachtungen, 25; Lentz, Implement, 349; dsgl. George, Orientations, 196–206, vgl. ferner Mousavi, Persepolis, 55.
45 Keel, Monotheismus, 286.
46 Polonsky, Rise.
47 Sjöberg, Mondgott; Hall, Moon-God, vgl. ferner Theuer, Mondgott.
48 Kutter, nūr, 22–24.

heit, die bald weiblich, bald männlich sein kann, in manchen Orten
(z.B. Byblos) eine nicht unbedeutende Rolle.[49] Sie ist jedoch nie die
Hauptgottheit einer Stadt. In den aramäischen Staaten des nördlichen
Syrien und Mesopotamien gehört der Sonnengott Šamaš zu den großen
Gottheiten des Pantheons, wird aber stets nach dem Mondgott genannt,
der offenbar nach babylonisch-assyrischer Tradition sein Vater ist.[50] Die
höchste (bzw. die mächtigste) Gottheit ist der Wettergott,[51] was auch
sonst in Syrien und Anatolien der Fall ist. Hinter dem Sonnengott der
Aramäer steht mit Sicherheit der sumero-akkadische Utu (Tag > Sonne)
bzw. Šamaš, was dazu führte, dass das Substantiv, das eigentlich wie in
anderen westsemitischen Sprachen feminin ist, auch als Masculinum
vorkommt.

2.3 Kleinasien

Eine bedeutende Rolle spielt die Sonne in der hethitischen Religion.[52]
Sie tritt bald als männliche, bald als weibliche Gottheit auf. Die Sonnengöttin von Arinna, deren hattischer Name Wurunšemu (Urun-
zimu)[53] lautet, gilt als Königin des Himmels und der Erde.[54] Als »Sonnengöttin der Erde« ist sie auch Herrin der Unterwelt, in die sie abends
hinabsteigt, wenn es auf Erden dunkel wird.[55] Sie ist mit einem der
kleinasiatischen Wettergötter[56] verheiratet. Ihr hethitischer Name lautet
Ištanu oder Aštanu, was auf ein hattisches Eštan[57] zurückgeht. In der
Blütezeit des hethitischen Reiches wird sie mit Ḫebat (Ḫepat, Ḫeba/
Ḫepa, luwisch: Ḫiputa),[58] der Gemahlin des (hurritischen) Wettergottes
Teššub (Teššop), verschmolzen.[59] Dem Wettergott, der die Herrschaft
ausübt, steht an Macht der »Sonnengott des Himmels« nur wenig nach.
Im Luwischen heißt der Sonnengott Tiwat und im Palaischen Tiyat. Er

---

49 Kutter, nūr, 211–294.
50 Kutter, nūr, 295–354. – Da der Mondgott in den Inschriften aus Sām'al nicht vor-
    kommt, schloss Kutter, nūr, 352, dass dem Sonnengott der Vorrang gebührt. Sie
    wollte sogar erste Anzeichen für die Solarisierung des höchsten Gottes erkennen
    (ebd., 301 f.), was aber eher in den Bereich der vagen Vermutungen gehört.
51 Schwemer, Wettergottgestalten; Green, Storm-god; sowie Haas, Geschichte.
52 Haas, Geschichte, 377–381.420–432 u.ö.; vgl. ferner Yoshida, Sonnengottheiten; Hut-
    ter, Tiyaz.
53 Haas, Geschichte, 421.423 u.ö.
54 Ebd., 424–426.
55 Ebd., 421 f.
56 Ebd., 315–339.
57 Ebd., 133.420.
58 Ebd., 383–392.
59 Ebd., 425.

ist ein Sohn des (hattischen) Wettergottes Taru. Im Unterschied zur
Sonnengöttin von Arinna wird der männliche Sonnengott oft »Sonnengott des Himmels« genannt und kann als der »große Sonnengott« und
als »König des Himmels« bezeichnet werden.[60]

2.4 Urartu

Ähnliche Verhältnisse herrschen in Urartu (assyr. Artaya). Der Sonnengott Šiwini (< hurrit. Šimigi)[61] gehört neben dem Reichsgott Ḫaldi[62]
(aus Ardini [hurrit.»die Stadt«],[63] akkad. Muṣaṣir) und dem Wettergott
Tešeba (hurrit. Teššub)[64] zu den großen Göttern des Pantheons.

2.5 Persien

In Persien nimmt Mithra (avest. Miθra/altpers. Mitra, Miθra) die Rolle
eines Licht- und Sonnengottes ein.[65] Die Identifikation mit der Sonne
gehört vielleicht der späten Achämenidenzeit an. Sicher belegt ist sie
erst im 1. Jh. v. Chr. Mithra ist jedoch dem Himmelsgott Ahura Mazdā
(parth. Aramazd)[66] subordiniert.

2.6 Fazit

Der Sonnengott belegt zwar häufig einen der vorderen Plätze des Pantheons, nie steht er aber an der Spitze der Götterwelt. In Mesopotamien
ist er dem Mond als Sohn untergeordnet und steht eher in dessen
Schatten als umgekehrt, was an und für sich nicht verwunderlich ist.
Die Wärme und Hitze, die er ausstrahlte, war je nach Jahreszeit uner-
träglich. Trotzdem gehört die Sonnengottheit in Mesopotamien zu den
großen Gottheiten, während sie in Palästina bzw. dem südlichen Syri-
en, wenn man Ugarit als Maßstab anlegt, eher zu den kleinen, weniger
bedeutenden Größen des Pantheons zu zählen ist.

---

60   Haas, Geschichte, 379.
61   Salvini, Geschichte, 183 f. 186. 189 u. ö; Wartke, Urartu, 126 u. ö.
62   Salvini, Geschichte, 183. 186. 189 u. ö; Wartke, Urartu, 123 ff.
63   Salvini, Geschichte, 47.
64   Ebd., 183. 186. 189; Wartke, Urartu, 124. 126 u. ö.
65   Nyberg, Religionen, 52–85 u. ö.; Widengren, Religionen, 12 f. 14 f. u. ö.
66   Boyce, Ahura Mazdā, 684–687; Nyberg, Religionen, 98 ff. 114 ff. 209 ff.; Widengren,
     Religionen, 11 f. 13 f. 15 f. 57–69. 75–77. 79–84 u. ö.; Dombrowski, Mazdā; Jhabvala,
     Ahura.

3. Griechenland und Rom

Wirft man einen Blick auf Griechenland und Rom,[67] ist es um den Rang des Sonnengottes noch schlechter bestellt. Seine Macht ist in den Mythen sehr begrenzt. Er sieht (als *panoptēs*) zwar wie seine östlichen Kollegen alles, besonders das Unrecht, aber er kann nicht wie die Olympier ins menschliche Dasein eingreifen. Helios ist für die Griechen mehr ein Sinnbild für Licht und Leben als eine echte Gottheit.[68]

4. Die Sonne an der Spitze des Pantheon?

Sollte die Sonne plötzlich an die Spitze eines Pantheons treten, war dies ohne eine Änderung des Weltbildes nicht möglich. Eine Umschichtung der Rangverhältnisse oder eine Neuinterpretation des Gottesbildes ist nur durch einen Impuls von außen denkbar und nicht allein durch die innovative Kraft der eigenen religiösen Tradition.

4.1 Eine Ausnahme: Ägypten und der Sonnengott

Das einzige Volk der Antike, das eine echte Sonnenreligion kannte, sind die Ägypter. Nur hier nimmt der Sonnengott eine alles beherrschende Stellung ein. Schon seit dem Alten Reich besitzt Re die Funktion eines Welt- und Reichsgottes. Im Neuen Reich nahm diese Position der thebanische Gott Amun an, indem er sich in seinem Wesen Re anglich.[69] Dass sich die Pantheonsspitzen der phönizischen Städte an der Mittelmeerküste, die traditionell enge Kontakte zum Niltal besaßen, unter ägyptischem, z.B. heliopolitanischem Einfluss solare Weihen gegönnt hätten, ist für die altorientalische Zeit nicht nachweisbar.[70]

Bis in die frühachämenidische Zeit gehörten die phönizische Küste und Teile des Hinterlandes zum Einflussgebiet ägyptischer Kultur.

---

67 Vgl. ferner Seitschek, Helios; Matern, Helios; Letta, Helios; C. Koch, Sol; Sellers, Sun.
68 Einen bedeutenden Kult besaß Hyperions Sohn nur auf der Insel Rhodos. Zu seiner Verehrung vgl. Nilsson, Griech. Rel. I, 839f. u.ö.; Burkert, Griech. Rel., 272f.
69 K. Koch, Geschichte, 120ff.; Helck, Ägypten, 389–393; Assmann, Re; Quirke, Ra.
70 In der hellenistischen Zeit wird in Baalbek-Heliopolis eine Kultlegende gepflegt, nach der es eine *Translatio Iovis Heliopolitani* aus dem ägyptischen Heliopolis (altägypt. Iunu, kopt./hebr. On) gegeben habe (Macrobius, Saturnalien I 23$_{10-21}$ [ed. J. Willis 1963, 125–127] nach Porphyrios; Hajjar, Triade II, 439–442; Altheim/Stiehl, Araber III, 238–240). Die Hintergründe für die legendarische Tradition, dass das Kultbild des Jupiter Heliopolitanus aus On stamme, liegen im Dunkeln und sind unklar. Vgl. dazu Hajjars Kommentierung (442–457).

Spätestens seit dem 5. Jh. v. Chr. fand ein Wechsel des kulturellen Ge-
schmacks ein: Ab jetzt blickte man nach Griechenland.[71]

4.2 Solarisation und Sonnenreligion

Für die Übertragung solarer Züge auf Jahwe machen Keel *et alii* im
Wesentlichen folgende Faktoren verantwortlich:

1. vorisraelitische kanaanäische Kulttraditionen mit solarer Implikation in
Jerusalem und anderen Orten (z.B. nach der Sonne benannte Kultorte etc.)
samt einem starken ägyptischen Einfluss,

2. Flügelsonne (und Skarabäen) als Nachweis einer Sonnensymbolik,

3. Theophanietraditionen, die für Jahwes Epiphanie die »Lichtverben *zaraḥ*,
aufstrahlen und *yapa'* hif. aufstrahlen, glänzend erscheinen« benutzen, d.h.
die sich einer Lichtterminologie bedienen,[72]

4. die auf Jahwe übertragene *Ṣædæq/Ṣ^edāqāh*-Tradition.

Nach Niehr ist die Solarisierung des »höchsten Gottes« letztlich ein
Ergebnis des Monotheismus, da es Jahwe prinzipiell verwehrt war, den
Sonnengott, wie ansonsten üblich war, in subordinierter Position in
Dienst zu nehmen. Es gab nur einen einzigen Ausweg: Jahwe musste
sich die Eigenschaften des Sonnengottes gewissermaßen einverleiben
und sich einem Prozess der allmählichen Solarisierung unterziehen.

Doch aus welchem Grund musste oder sollte sich Jahwe zum Sonnengott wandeln? Ebenso hätte er sich konsequent zu einem Gott der
Fruchtbarkeit, des Regens und der Bewässerung entwickeln können!
Zur Rezeption der *Ṣ^edāqāh*-Tradition bedurfte es keiner Solarisation. Die
Lichtterminologie ist eine zweischneidige Angelegenheit. Der Terminus Licht gehört zum Standardvokabular religiöser Sprache und muss
sich nicht unbedingt auf die Sonne beziehen.[73] Das gilt auch für die
beiden Verben. Sie werden zwar oft für den Sonnenaufgang gebraucht,
aber auch für das Erscheinen des Lichts oder eines Sternes. Das Licht
spielt bei nicht wenigen babylonischen Gottheiten eine Rolle, ohne dass
sie deswegen Sonnengötter sind.[74] Der Unterschied zwischen Licht im
Allgemeinen und dem Sonnenlicht sollte nicht vorschnell eingeebnet
werden. Eine relativ ausgeprägte Lichtsymbolik gibt es auch im antiken

---

71 Wagner, Einfluss, 175ff.
72 Diese Verbalformen müssen aber nicht unbedingt mit der Sonne assoziiert werden
    (Day, Yahweh, 190; Renz, Jahwe, 313f.).
73 Allgemein dazu: Mensching, Lichtsymbolik.
74 Vgl. dazu Cassin, Splendeur; Podella, Lichtkleid, 31–34.116–124.124ff.; sowie Lan-
    ger, die sich allerdings auf Šamaš beschränkt (Gott, 156–217).

Griechenland, ohne dass das zu einer Aufwertung des Hyperionsohnes führte.[75] Das Licht ist ein Teil der göttlichen Welt und leuchtet aus ihr auf. Die irdische Sonne ist ein schwacher Abglanz des *lux intelligibilis*. Das Licht und seine Symbolik spielt auch im alten Iran[76] eine Rolle, ferner in der Gandhāra-Kunst[77] und allgemein im »Großen Fahrzeug« (Mahāyāna),[78] ohne mit Surya (sanskr. Sonne) oder einer anderen Sonnengottheit[79] näher verbunden zu sein.

Die Solarisierung des »höchsten Gottes« impliziert, wie bereits betont, dass eine Sonnenreligion mit einer Sonnentheologie entsteht. Damit ist gemeint, dass der Sonnengott an der Spitze des Pantheons steht oder die alles dominierende Gestalt des Pantheons ist. Eine solche Sonnenreligion – im Unterschied zur Verehrung der Sonne als einer Gottheit unter vielen – existierte nur in Tahuantinsuyu, mit Abstrichen im meso-amerikanischen Raum, im alten Ägypten und im Römischen Kaiserreich in der Spätantike. Hier stieg der von allen Partikularismen gereinigte Sonnengott im 3. Jh. zum obersten Reichsgott unter Kaiser

---

75 Vgl. dazu Beierwaltes, Lux; Treu, Licht; Classen, Licht; Bremer, Licht; Parisinou, Light; Bultmann, Lichtsymbolik; vgl. ferner Notopoulos, Sun; Luther, Licht.

76 Colpe, Lichtsymbolik.

77 Soper, Light; Klimburg-Salter/Taddei, Light.

78 Weber, Lichtmetaphorik.

79 In Indien entwickelte sich in frühnachchristlicher Zeit ein Sonnenkult, in dem Surya ähnlich wie im Śiva- oder Víṣṇu-Kult zum höchsten Gott erhoben wurde. In seiner Eigenschaft als Paramatma waren dem Sonnengott die anderen Gottheiten gleich Dienern untergeordnet oder sie wurden zu Aspekten des Höchsten degradiert. In der Gupta-Zeit entstanden zahlreiche Sonnentempel im nördlichen Indien. Die klassische Periode dieser indischen Solarreligion reicht von der Epoche der Gupta-Dynastie bis ins 13.Jh. Die Anfänge der Saura-Bewegung, die Surya als Weltenherrn und Urgrund aller Dinge verehrt, liegen völlig im Dunkeln. Aufgrund des Sāmba- und Bhaviṣya-Purāṇa, wo von der Immigration von 18 Maga(Magier)-Familien berichtet wird, nimmt man an, dass die Maga-Brahmanen mit den Saken oder Kušān nach Indien gelangten und dort eine den Vaiṣṇavas und Śaivas vergleichbare religiöse Bewegung ins Leben riefen. Dass die exklusive Verehrung Suryas zu einem nicht geringen Teil auf nichtindischem Einfluss beruht, zeigt der u.a. nicht selten für den Sonnengott belegte Name Mihira (mittelpers. Mihr) und besonders die Ikonographie des Gottes.
    Nach dem Sāmba-Purāṇa kamen die Maga-Brahmanen aus »dem Land der Saken« (Sakastān > Sīstān). Danach wäre der Impuls zur Erhebung Suryas zum Iṣṭadevatā aus dem Westen gekommen. Vgl. dazu Gail, Eigengewächs; ders., Tempel; Stietencron, Sonnenpriester; Lobo, Sun-Temple; Scheftelowitz, Mithra, 319–323; sowie Pandey, Sun-worship; Srivastava, Sun-worship; Boner/Sarma, Sun Temple; Dass, Sun-worship; Mitra, Sun god; Pandey, Surya; Saran/Pandey, Sun-worship; Nagar, Sūrya; Shah, Sun images; Mohanty, Sun; Gupta, Surya; Singh, Surya.

Aurelian (270–275)[80] auf. Konstantins Konversion zum *Sol verus/novus*, wie Christus genannt werden konnte, ließ das Ansehen des *Sol invictus*[81] verblassen. Der Faszination der Sonnenreligion konnte sich in der römischen Kaiserzeit kaum eine Religion entziehen. Das Christentum griff beherzt in »die nie versagende Rüstkammer der Bibel«[82] und aktivierte Maleachis »Sonne der Gerechtigkeit« oder erfand neue Bezeichnungen, wie *sol veritatis/salutis* etc.[83] Belege für dieses Vorgehen findet man sowohl im lateinischen Westen als auch im syrischen Osten, wo Ephraem Syrus eifrig bemüht ist, den Altgläubigen die Sonne streitig zu machen bzw. ihnen den Wind aus den Segeln zu nehmen.

Die Solarisierung Jahwes wäre für altorientalische Verhältnisse wie für die Religionsgeschichte des Orients überhaupt ein absolutes Novum. Noch ehe das römische Reich der Heliolatrie huldigte, was nicht wenigen Gottheiten eine Solarisierung abnötigte, nahm man diese Erscheinung in Altisrael vorweg. Jahwe hätte eine Metamorphose zum Sonnengott erlebt, ohne dass die dafür erforderlichen Voraussetzungen gegeben waren und ohne dass entsprechende Feste (an einem der Kardinalpunkte) für den solar »gewendeten« Gott existierten. Wenn das alles zuträfe, wäre die Exklusivität Jahwes, sonst auf den Monotheismus bezogen, innerhalb der altorientalischen Religionsgeschichte voll gewahrt.

5. Die Sonnenreligion und ihre Voraussetzungen

5.1 Das Weltbild der Astronomie (und der Astrologie)

Die spätantike Sonnenreligion, deren Wurzeln bis in spätachämenidische oder frühhellenistische Zeit zurückgehen, beruht auf einem minimalen Bestand an »Glaubenswahrheiten«, die obendrein wissenschaftlich abgesichert waren und gegen die es keinerlei Einwände gab. Das von der Astronomie (und der Astrologie) in hellenistischer Zeit verfochtene Weltbild gipfelte in der Quintessenz, dass der Sonne an Macht und Einfluss im Kosmos nichts gleichkomme. Im Wesentlichen gibt es für die Suprematie der Sonne drei Gründe:[84]

---

80 Halsberghe, Sol, 131 ff.; ders., Deus, 2193–2200; Watson, Aurelian, 183 ff.; White, Restorer; Saunders, Aurelian.

81 Halsberghe, Sol; ders., Deus, 2184–2223; Hijmans, Sol; ders., Sun; Usener, Sol.

82 Usener, Sol, 480 (= Weihnachtsfest, 365).

83 Dölger, Sol; ders., Sonne; ders., Sonnengleichnis; McCarthy, Sol; Miziolek, Sol; Wallraff, Sol.

84 van der Waerden, Astronomie, 229–230 (= Astronomy, 160–161); Cumont, Théologie.

1. Die Attraktionskraft der Sonne.[85]
2. Die Sonne schenkt dem Mond ihr Licht.
3. Die Sonne verursacht die Jahreszeiten und ist für das Pflanzenwachstum
verantwortlich.

Diese Gründe konnten von den verschiedensten religiösen und philosophischen Systemen adaptiert werden. In der Philosophie wurde die
Sonnentheologie von dem Stoiker Poseidonios von Apameia (am Oron-
tes, 135–51 v. Chr.) rezipiert,[86] den man als den Thomas von Aquin der
Stoa bezeichnen könnte. Schon Kleanthes von Assos ([Behramkale],
ca. 331/30–232 v. Chr.) setzte Zeus mit der Sonne gleich.[87] Popularisiert
wurde die Vorstellung von der Suprematie der Sonne im Kosmos
durch die Astrologie, die aus den Ergebnissen der Astronomie die entsprechende Nutzanwendung zog, sowie durch die Wochentagsnamen,
denen die gängige Planetenreihenfolge mit der Sonne in der Mitte zugrunde liegt.

5.2 Der Sonnenkalender

Vor Caesars Kalenderreform war die Erstellung eines Horoskops nicht
ganz einfach, da alle Daten auf einen luni-solaren Kalender umzurech-
nen waren. Der Astrologe musste sich im Orient die Daten für den Eintritt der Sonne in die jeweiligen Tierkreiszeichen im makedonischen
Luni-Solarkalender oder im *annus vagus* (mit seinen 365 Tagen ohne
Interkalation) jedes Jahr notieren. Der erstere war mit dem älteren babylonischen Kalender identisch, der in der achämenidischen Kanzlei im
ganzen Reich benutzt wurde.[88] Mit der Einführung von Caesars Sonnenkalender,[89] der nichts anderes war als der um einen Schalttag ver-
mehrte alexandrinische Kalender,[90] war alles viel einfacher. Die Monate

---

85 Gundel/Gundel, Planeten, 2069.2084.2088f.2090f.2110; Cumont, Théologie, 454.
    455f. (=8.9f.). Die Attraktionskraft der Sonne, die sich auf die oberen und unteren
    Planeten auswirkt, gilt für das geozentrische Weltbild. Im heliozentrischen System
    des Babyloniers Seleukos von Seleukeia am Erythräischen Meer wäre die Suprematie
    der Sonne bzw. des Sonnengottes noch einfacher begründbar gewesen.

86 Zur Sonne als *hēgemonun* der Welt vgl. Dörrie, Solar-Theologie, 284; Bidez, Cité, 274;
    Jessen, Helios, 62; Jones, Posidonius, 126.

87 Bidez, Cité; Jessen, Helios; Jones, Posidonius; Dörrie, Solar-Theologie, 283; Thom,
    Cleanthes, 59.78f.84.89.

88 Parker/Dubberstein, Chronology.

89 Malitz, Kalenderreform.

90 Der wichtigste Berater bei der Reform war der Astronom Sosigenes aus Alexandria
    (ad Aegyptum). Vgl. Rehm, Sosigenes. – Nach dem Kanopus-Dekret verfügte Pto-
    lemaios III. Euergetes (246–222 v. Chr.) im Jahre 238 v. Chr., dass die Zahl der
    Epagomenen (ägypt. Heriu-renpet) des ägyptischen *annus vagus* alle vier Jahre um

entsprachen in etwa dem Sonnenlauf durch den Zodiakos.[91] Auch die Berechnung des Horoskops gestaltete sich viel einfacher. Mit dem Horoskop für »jedermann«, ermöglicht durch den Sonnenkalender, wurde das Weltbild der Astronomie/Astrologie popularisiert und dem Siegeszug der Sonnenreligion der Weg geebnet.[92] Im Prinzip lässt sich die Regel aufstellen, dass es keine Sonnenreligion mit der Sonne als höchstem Gott ohne einen Sonnenkalender gibt.

Keine dieser unabdingbaren Voraussetzungen existierte für das vorexilische Juda und Israel. Es gab weder einen Sonnenkalender[93] noch irgendeine revolutionäre Entdeckung, die der Sonne einen Impuls verliehen hätte, dass sie sich an die Spitze des Pantheons hätte setzen können. In Altisrael war es ferner nicht möglich, ein Sonnenfest zu feiern, das an den Kardinalpunkten des Sonnenlaufs orientiert war, was in einer Sonnenreligion der Fall sein müsste (z.B. der *dies natalis Invicti* am Wintersolstitium[94]). Auch müsste der Tag am Morgen mit dem Sonnenaufgang beginnen und nicht am Abend des Vortages wie

---

einen weiteren zusätzlichen Tag erhöht werden sollen. Die Reform führte jedoch nicht dazu, dass der alte 365-tägige Kalender verschwand. Vgl. Pfeiffer, Dekret; Rose, Sun; El-Sabban, Temple.

91 Gundel/Böker, Zodiakos; Gundel, Zodiakos.

92 Nilsson, Sonnenkalender; ders., Solkalender; ders., Griech. Rel. II, 486–519; Dörrie, Solar-Theologie, 283–292.

93 Der Kalender der vor- und nachexilischen Epoche ist ein Lunisolarkalender, der in achämenidischer Zeit eine regelmäßige Interkalation von ganzen Monaten innerhalb eines neunzehnjährigen Zyklus kennt. Es ist im Prinzip nichts anderes als der Lunisolarkalender der achämenidischen Kanzlei, der schon vorher in Babylonien bzw. Mesopotamien in Gebrauch war und der das Jahr am 1. Nisan beginnen lässt (vgl. Parker/Dubberstein, Babylonian Chronology). In Israel begann das Jahr ursprünglich im Herbst, was nach der Eingliederung als Vasallenstaat ins neubabylonische Reich auf eine Frühjahrszählung umgestellt wurde (Auerbach, babylon. Datierung; vgl. noch Wagenaar, Festival Calendar, 124).

94 Aurelian führte den 25. Dezember als Festtag des *deus Sol Invictus* zusammen mit *agones Solis* ein (Halsberghe, Sol, 144.153 und ders., Deus, 2198). Am gleichen Tag feierten auch andere Sonnengottheiten ihren Geburtstag, z.B. Mithras, Dusares und Re (Macrobius, Saturnalia I, 18, 10). In allen Fällen kann der Festtermin kein hohes Alter beanspruchen, sondern ist relativ jung und kaum älter als die hellenistische Zeit. Re konnte kaum im *annus vagus* an der Wintersonnenwende seine Geburt feiern, da sich der Termin bereits nach vier Jahren um einen Tag verschoben hätte (Cumont, Natalis; ders., Mithra; ders., Célébration). Ab dem frühen 4. Jh. n. Chr. galt der 25. Dezember als Geburtstag Christi, was ohne das Vorbild der »unbesiegten Sonne« nicht möglich gewesen wäre. Diese *communio opinionis* wurde gelegentlich auch bestritten (zuletzt Förster). – Im »Reich der vier Weltgegenden« (Tahuantinsuyu) wird Intis höchstes Fest, das Inti Raymi, am dortigen Wintersolstitium (22. Juni) auf dem Huaccaypata gefeiert, der Hanan Qusqu mit dem Coricancha (Qorikancha oder Intikancha) von Urin Qusqu trennt.

in Altisrael, was allerdings für einen Mondkalender typisch ist.[95] Selbst wenn jemand die Kardinalpunkte (oder zumindest einen) hätte bestimmen können, wäre das völlig bedeutungslos gewesen, da im Alltag ein nichtkompatibles Kalendersystem benutzt wurde. Im Mondkalender müssten solche Tage alljährlich neu bestimmt werden, weil sie jedes Jahr auf ein neues Datum fallen. Aus den genannten Gründen gab es keine innere oder äußere Notwendigkeit für eine Solarisierung Jahwes. Die Rezeption einiger solarer Elemente bzw. Motive[96] oder Reminiszenzen genügte im Prinzip. Das wäre nur dann anders, wenn sich beweisen ließe, dass der sog. palästinische Sonnenkalender mit 364 Tagen, den das Henoch- und das Jubiläenbuch als Idealkalender (wegen seiner Sabbatstruktur) propagieren,[97] bereits in der vorexilischen Zeit benutzt wurde, was gelegentlich erwogen wird,[98] aber nicht nachweisbar ist.[99]

---

95 Im Alten Testament spielt bei Festterminen der Neu- oder Vollmond eine Rolle (K. Koch, Neumond; Grund, Sabbat). Die Sonne ist bei kalendarischen Daten im Alten Testament völlig irrelevant, was aber bei einer postulierten Solarisierung Jahwes nicht der Fall sein dürfte.

96 Z.B. Fuchs, Becher.

97 Vgl. dazu VanderKam, Calendars; Ben-Dov, Head; ders., Calendars.

98 Morgenstern war sich bewusst, dass Jahwe als Sonnengott auch einen Sonnenkalender braucht. Er nahm an, dass Salomo den alten Pentekontaden-Kalender durch den phönikischen Sonnenkalender ersetzte. Für die Existenz des letzteren gibt es allerdings keinen Beleg. Mit geringen Unterbrechungen hätte der Sonnenkalender das religiöse wie bürgerliche Leben in Israel geregelt, bis die priesterliche Restauration unter Esra Ende des 5. Jh. v. Chr. das lunisolare Jahr eingeführt hätte (Calendar, 68.75; ders., Three, 64–71; ders., Supplementory, 5; ders., Chanukkah, 376.378.393.267; vgl. noch ders., Some, 9.21; ders., Fire, 42.87ff.; ders., King, 139.177; ders., Amos I/II, 146–160/20–34, zum [angeblichen] phönikischen Sonnenkalender vgl. ders., Fire, 87ff.102ff.; ders., Son, 72.74; ders., King, 139 u.ö.). Nach Jaubert wurde in der vorexilischen Zeit der 364-tägige Kalender benutzt, bis ihn der Lunisolarkalender in der nachexilischen Zeit allmählich verdrängte (Cène, 31ff.; dies., Calendrier 258ff.; dies., Jours, 35–61).

99 Nach Albani erforderte die Entstehung des Monotheismus in der Exilszeit einen neuen Kalender. Dem »monotheistischen Gottesbild korrespondiert ein kalendarisches Konzept von der Sabbatstruktur der Zeit«. Der 364-tägige Kalender, den später das Henoch- und Jubiläenbuch als Idealkalender schätzten, wurde anlässlich der Kultreform Josias eingeführt und ist im Alten Testament im Festkalender von Lev 23 fassbar (Albani, Feste, 130ff.142). – Warum der Monotheismus einen Kalender benötigt, der mit einem Mittwoch beginnt, an dem die Sonne nach Gen 1 erschaffen wurde, wird nicht näher behandelt und bleibt in der Schwebe. Ein kalendarisches Vorbild in Babylonien gibt es nicht und die Astralisierung ist für den Aufstieg des Sonnengottes nicht ursächlich verantwortlich, da er von Hause aus eine astrale Gestalt ist. Das spätere Judentum ist strikt monotheistisch und besitzt einen Mondkalender bzw. einen Lunisolarkalender. Zwischen Monotheismus und Sonnenkalender gibt es keinen kausalen Zusammenhang, wohl aber zwischen einer Sonnenreligion

6. Sonnenreligion in Altisrael?

Die einzige Institution, die von solaren Anleihen profitieren konnte, war das Königtum. Die Adaption ägyptischer Königsideologie verhalf dem König zu sakralen Weihen, die er vorher nie besessen hatte.[100] Er konnte sich quasi in göttlichem Glanz als Sohn des Höchsten sonnen, wenn er den adoptianistischen Sinn unterschlug. Siegel mit Skarabäen und geflügelten Sonnenscheiben wurden vermutlich nicht im gleichen Sinn wie in Ägypten verstanden. Möglichweise sind es nur Symbole königlicher Majestät.[101] Sah man in der Sonnensymbolik der Siegel jedoch mehr ein Symbol für Licht und Leben, das von der Gottheit erhalten und geschützt wurde, konnte das auch in die Jahwereligion integriert werden, ohne dass es Anstoß bei irgendwelchen Kreisen erregte. Vermutlich muss man zwischen Alltagsreligion, offizieller Religion am Tempel und den offiziösen Vorstellungen des Hofes unterscheiden. Im Alten Testament wird nie gegen eine Solarisierung Jahwes polemisiert oder die Verwechslung von Schöpfer und Geschöpf in Bezug auf die Sonne kritisiert. Solange Jahwe in ein mildes solares Licht getaucht war, was nicht mit Solarisierung identisch ist, scheint man das nicht als Affront empfunden zu haben. Eine Grenze wurde offenbar zu Ezechiels Zeit überschritten. Der Tempelkult scheint einige Anleihen fremder Art gemacht zu haben, die Ezechiel als äußerst bedenklich empfand (8,16),[102] was auf eine Umgestaltung des Kults in ägyptischem Licht schließen lässt,[103] als Zedekia und seine Generäle sich mit Hilfe Ägyptens von Babylon lossagen wollten.

---

mit der Sonne an der Spitze des Pantheons und einem entsprechenden Kalender, der auf dem tropischen oder siderischen Sonnenjahr beruht.

100 Die Rezeption fremder Königsideologie impliziert nicht zwangsläufig, dass die eigene göttliche Welt davon betroffen war. Die aramäischen Vasallenfürsten des parthischen Großkönigs in Mesopotamien imitierten den persischen Adel bis hin zur Kleidung und Lebensweise samt der Königsvorstellung. Auf die Götterwelt hatte das keinen Einfluss. Die Himmlischen sind zwar parthisch gekleidet, ihre Namen oder Epitheta sind aber ganz der heimischen Tradition verpflichtet. Das lässt sich für Edessa und Hatra problemlos aufzeigen.

101 Die Anrede des Herrschers als »Sonne«, was besonders in Ägypten und im Hethiterreich vorkommt (Smith, God, 66.58f.; Kutter, nūr, 213f.), ist in gewisser Hinsicht ein Synonym für die Bezeichnung »Majestät«, auch wenn am Nil offiziell Re bzw. Amun-Re als Vater des regierenden Pharaos gilt. Im Sasanidenreich nennt sich der Großkönig in Inschriften bag/baga/ʾLHYʾ/θεός »Majestät«, was eigentlich »Gott« bedeutet (Back, 14.201.291 u.ö.).

102 Jahwe wird hier ein solarer Charakter zugeschrieben: Zimmerli, Ezechiel, 221; sowie Keel, Monotheismus, 709–712.

103 Keel, Monotheismus, 703–708.

Die postulierte Solarisierung Jahwes währte, sofern man ihren Protagonisten glaubt, zumindest 200 Jahre, ohne irgendwelche nennenswerte, größere Spuren zu hinterlassen. Wäre sie so ernsthaft betrieben worden, wie angenommen wird, müssten die Anzeichen für die Gleichsetzung Jahwes mit der Sonne etwas eindeutiger ausfallen. Das Fehlen eines Sonnenkalenders und entsprechender Feste mit einer solaren Konnotation sprechen gegen die These einer Solarisierung Jahwes in vorexilischer Zeit.[104] Ferner ist nicht nachweisbar, dass das Weltbild im Alten Orient durch die Astronomie eine revolutionäre Änderung erfuhr. Einen Aufschwung erlebte die Astronomie erst in der Achämenden- und Seleukidenzeit. Über die Planetenberechnungssysteme A und B lässt sich im Prinzip die aus hellenistischer Zeit bekannte Planetenreihenfolge mit der Sonne in der Mitte deduzieren.

Literatur

S. Aalen, Die Begriffe Licht und Finsternis im Alten Testament, im Spätjudentum und im Rabbinismus, Oslo 1951

M. Albani, »Das Werk seiner Hände verkündigt die Feste«. Die doxologische Bedeutung des Sonnenlaufes in Psalm 19, in: Ders./T. Arndt (Hg.), Gottes Ehre erzählen (FS Seidel), Leipzig 1994, 237–256
— Der eine Gott und die himmlischen Heerscharen, Leipzig 2000
— Israels Feste im Herbst und das Problem des Kalenderwechsels in der Exilszeit, in: E. Blum/R. Lux (Hg.), Festtraditionen in Israel und im Alten Orient, Gütersloh 2006, 111–156

F. Altheim/R. Stiehl, Die Araber in der alten Welt III, Berlin 1966

M. Arneth, »Sonne der Gerechtigkeit«, Wiesbaden 2000
— »Möge Šamaš dich in das Hirtenamt über die vier Weltgegenden einsetzen«, ZAR 5 (1999), 28–53

J. Assmann, Re und Amun, Freiburg/Göttingen 1983
— Ma'at, München ²1995 (ebd. 2001. ²2006)

E. Auerbach, Die babylonische Datierung im Pentateuch und das Alter des Priester-Kodex, VT 2 (1952), 334–342
— Der Wechsel des Jahres-Anfangs in Juda im Lichte der neugefundenen Babylonischen Chronik, VT 9 (1959), 113–121
— Die Umschaltung vom judäischen auf den babylonischen Kalender, VT 10 (1960), 69–70

M. Back, Die sassanidischen Staatsinschriften, Leiden 1978

---

104 Aus völlig anderen Gründen wird die Solarisierungsthese von einigen Forschern abgelehnt. Ihre Vorbehalte stützen sich auf exegetische Argumente: Day, Yahweh, 188–191.193; Zeeb, Jahwe; Wiggins, Yahweh; ders., Rejoinder.

U. Becker, Psalm 72 und der Alte Orient, in: A. Berlejung/R. Heckl (Hg.), Mensch und König. Studien zur Anthropologie des Alten Testaments (FS Lux), Freiburg 2008, 123–140

W. Beierwaltes, Lux intelligibilis: Phil. Diss. München 1957

J. Ben-Dov, Head of all Years, Leiden 2008

— Qumran Calendars. A Survey of Scholarship 1980–2007, Currents in Biblical Research 7 (2008), 124–168

A. Berlejung, Geschichte und Religionsgeschichte des antiken Israel, in: J. C. Gertz (Hg.), Grundinformation Altes Testament, Göttingen ⁴2010, 59–189

J. Bidez, La Cité du Monde et la Cité du Soleil chez les Stoïciens, BCLAB 18 (1932), 244–294

A. Boner/S. R. Sarma, New light on the Sun Temple of Konarka, Varanasi 1972

C. Bonnet, Melqart, Leuven 1988

M. Boyce, Ahura Mazdā, EIr I (1985), 684–687

D. Bremer, Licht und Dunkel in der frühgriechischen Dichtung, Bonn 1976

J. Bretschneider, Zu einer Flügelsonne im Ethnologischen Museum von Adana, UF 23 (1992), 9–12

R. Bultmann, Zur Geschichte der Lichtsymbolik im Altertum, Ph. 97 (1948), 1–36 (= ders., Beiträge zum Verständnis der Jenseitigkeit Gottes im Neuen Testament, Darmstadt 1965, 7–45 = ders., Exegetica, Tübingen 1967, 323–355)

W. Burkert, Griechische Religion der archaischen und klassischen Epoche, Stuttgart 1977. ²2011

Th. A. Busink, Der Tempel von Jerusalem von Salomo bis Herodes, Leiden 1970

A. Caquot, La divinité solaire ougaritique, Syr. 36 (1959), 90–101

E. Cassin, La splendeur divine, Paris 1968

C. J. Classen, Licht und Dunkel in der frühgriechischen Philosophie, StGen 18 (1965), 97–116

C. Colpe, Lichtsymbolik im alten Iran und antiken Judentum, StGen 18 (1965), 116–133 (= ders., Iranier – Aramäer – Hebräer – Hellenen, Tübingen 2003, 78–108)

C. R. Conder, Sun Worship in Syria, PEFQSt 13 (1881), 80–84

F. Cumont, La théologie solaire du paganisme romain, MAIBL 12, 2 (1913), 447–479 (= sep. Paris 1909, 1–33)

— Le Natalis Invicti, CRAI (1911), 292–298

— Mithra et Dusares, RHR 78 (1918), 297–212

— La célébration du »Natalis Invicti« en orient, RHR 82 (1920), 85–87

A. C. Dass, Sun-worship in Indo-Aryan religion and mythology, Delhi 1984

J. Day, Yahweh and the Gods and Goddesses of Canaan, in: Dietrich/Klopfenstein (Hg.), Ein Gott allein?, 181–196

W. Dietrich/M. A. Klopfenstein (Hg.), Ein Gott allein?, Freiburg/Göttingen 1994

M. Dijkstra, Astral myth of the birth of Shahar and Shalim, in: M. Dietrich/ I. Kottsieper (Hg.), »Und Mose schrieb dieses Lied auf«. Studien zum Alten

Testament und zum Alten Orient (FS Loretz), AOAT 250, Münster 1998, 265–287

P. E. Dion, YHWH as Storm-god and Sun-god, ZAW 103 (1991), 43–71

F. J. Dölger, Sol Salutis, Münster ²1925. ³1972

— Die Sonne der Gerechtigkeit und der Schwarze, Münster 1918. ²1971. Repr. ³1979

— Das Sonnengleichnis in einer Weihnachtspredigt des Bischofs Zeno von Verona. Christus als wahre und ewige Sonne, AuC 6 (1940–50. Repr. ²1976), 1–56

H. Dörrie, Die Solar-Theologie in der kaiserzeitlichen Antike, in: H. Frohnes/ U. W. Knorr (Hg.), Kirchengeschichte als Missionsgeschichte I, München 1974, 283–292

B. W. W. Dombrowski, Mazdā Ahura – Ahura Mazdā – Auramazdā – »Lord of wisdom«, IrAnt 18 (1983), 199–220

J. Dus, Gibeon – eine Kultstätte des Šmš, VT 10 (1960), 353–374

R. Eisler, Jahves Hochzeit mit der Sonne, in: Orientalistische Studien (FS Hommel), Leipzig 1918, 22–70

O. Eißfeldt, Die Flügelsonne als künstlerisches Motiv und als religiöses Symbol, in: FuF 18 (1942), 145–147 (= ders., Kleine Schriften II, Tübingen 1963, 413–419)

S. El-Sabban, Temple Festival Calendars of Ancient Egypt, Liverpool 2000

H. Förster, Die Anfänge von Weihnachten und Epiphanias, Tübingen 2007

— Die Feier der Geburt Christi in der Alten Kirche, Tübingen 2000

G. Fuchs, Der Becher des Sonnengottes, Münster 2003

A. J. Gail, Der Sonnenkult im alten Indien – Eigengewächs oder Import?, ZDMG 128 (1978), 333–348

— Sonnenkult in Indien. Tempel und Skulpturen von den Anfängen bis zur Gegenwart, Berlin 2001

J. George, Achaemenid Orientations, in: Akten des VII. Internationalen Kongresses für iranische Kunst und Archäologie, Berlin 1979, 196–206

J.-C. Goyon, Rê, Maât et Pharaon ou le destin de l'Égypte Antique, Lyon 1998.

A. R. W. Green, The storm-god in the ancient Near East, Winona Lake 2003

G. Gropp, Beobachtungen in Persepolis, AMI 4 (1971), 25–49

A. Grund, Die Entstehung des Sabbats, Tübingen 2011

H.-G. Gundel, Zodiakos, Mainz 1992

H. Gundel/R. Böker, Zodiakos, in: PRE X A.1 (1972), 461–710

W. Gundel/H. Gundel, Planeten, PRE XX (1950), 2018–2186

S. M. Gupta, Surya, the sun god, Mumbai ³2008

V. Haas, Geschichte der hethitischen Religion, Leiden 1994

Y. Hajjar, La triade d'Héliopolis-Baalbek, Leiden 1977

M. G. Hall, A study of the Sumerian Moon-God, Nanna/Suen, Ph. D. Philadelphia 1985

G. H. Halsberghe, The cult of Sol Invictus, Leiden 1972

— Le culte de Deus Sol Invictus à Rome au 3ᵉ siècle après J. C., in: ANRW II. 17.4, Berlin 1984, 2193–2200

F. Hartenstein, Sonnengott und Wettergott in Jerusalem? in: J. Männchen/ T. Reiprich (Hg.), Mein Haus wird ein Bethaus für alle Völker genannt werden/Jes 56,7). Judentum seit der Zeit des Zweiten Tempels in Geschichte, Literatur und Kult (FS Willi), Neukirchen-Vluyn 2007, 53–69

W. Helck, Ägypten, WM I.1, Stuttgart 1965. Repr. 1983, 313–406

S. E. Hijmans, Sol invictus, een iconografische studie, Phil. Diss. Groningen 1989

— The Sun which did not rise in the East, Babesch 71 (1996), 115–150

J. Hempel, Die Lichtsymbolik im Alten Testament, StGen 13 (1960), 352–368

F. J. Hollis, The Sun-Cult and the Temple in Jerusalem, in: S. H. Hooke (ed.), Myth and Ritual, London 1933, 87–110

— The Archaeology of Herod's Temple, London 1934

J.-M. Husser, Shapash psychopompe et le pseudo hymne au soleil, UF 29 (1997), 227–244

M. Hutter, Die Kontinuität des palaischen Sonnengottes Tiyaz in Phrygien, in: R. Rollinger/B. Truschnegg (Hg.), Altertum und Mittelmeerraum (FS Haider), Stuttgart 2006, 81–88

H. Irsigler, Vom Mythos zur Bildsprache. Eine Einführung am Beispiel der »Solarisierung« JHWHs, in: Ders. (Hg.), Mythisches in biblischer Bildsprache, Freiburg 2004, 9–42

B. Jacobs, Das Chvarnah, MDOG 119 (1987), 215–248

— Der Sonnengott im Pantheon der Achämeniden, in: J. Kellens (ed,), La religion iranienne à l'époque achéménide, Gent 1991, 49–80

P. Jamzadeh, The Winged Ring with Human Bust in Achaemenid Art as Dynastic Symbol, IrAnt 17 (1982), 91–99

B. Janowski, JHWH und der Sonnengott, in: J. Mehlhausen (Hg.), Pluralismus und Identität, Gütersloh 1995, 214–241 (= ders., Beiträge zur Theologie des Alten Testaments II, Neukirchen-Vluyn 1999, 192–219)

A. Jaubert, La date de la Cène, Paris 1957

— Le calendrier des Jubilés et la secte de Qumran, VT 3 (1953), 259–264

— Le calendrier des Jubilés et les jours liturgiques de la semaine, VT 7 (1957), 35–61

Y. Jhabvala, Vers Ahura Mazdā, Berne 1992

O. Jessen, Helios, PRE VIII.1 (1912), 58–93

R. M. Jones, Posidonius and Solar Eschatology, CP 27 (1932), 113–135

M. Karenga, Maat, New York 2004

O. Keel, Wer zerstörte Sodom?, ThZ 35 (1979), 10–17

— Sturmgott – Sonnengott – Einziger, BiKi 49 (1994), 82–92

— Der salomonische Tempelweihspruch, in: Ders./E. Zenger (Hg.), Gottesstadt und Gottesgarten, Freiburg 2002, 9–23

— Geschichte des Tempels von Jerusalem, in: [Ders./E. A. Knauf/T. Staubli,] Salomons Tempel, Freiburg 2004, 7–16

— Die Geschichte Jerusalems und die Entstehung des Monotheismus I, Göttingen 2007

O. Keel/C. Uehlinger, Jahwe und die Sonnengottheit von Jerusalem, in: Dietrich/Klopfenstein (Hg.), Ein Gott allein?, 269–306

— Göttinnen, Götter und Gottessymbole, Freiburg ⁴1998/Fribourg ⁶2010

D. Klimburg-Salter/M. Taddei, The Usnisa and the Brahmarandhra. An Aspect of Light Symbolism in Gandharan Buddha Images, in: G. Bhattacharya (Hg.), Akṣayanīvī. Essays Presented to Dr. Debala Mitra in Admiration of her Scholarly Contributions, Delhi 1991, 74–93

C. Koch, Gestirnverehrung im alten Italien. *Sol Indiges* und der Kreis der *di Indigetes*, Frankfurt 1933

K. Koch, Geschichte der ägyptischen Religion, Stuttgart 1993

— Neumonds-Neujahr oder Vollmonds-Neujahr?, in: B. Kollmann u. a. (Hg.), Antikes Judentum und frühes Christentum (FS Stegemann), Berlin 1998, 114–136

J. Kutter, nūr ilī, Münster 2008

B. Langer, Gott als »Licht« in Israel und Mesopotamien, Klosterneuburg 1989

S. Lauber, »Euch aber wird aufgehen die Sonne der Gerechtigkeit«, St. Ottilien 2006

— Zur Ikonographie der Flügelsonne, ZDPV 124 (2008), 89–106

P. Lecoq, Un problème de religion achéménide – Ahura Mazda ou Xvarnah?, in: Orientalia J. Duchesne-Guillemin emerito oblata, Leiden 1984, 301–326

J. M. LeMon, Yahweh's Winged Form in the Psalms, Fribourg/Göttingen 2010

W. Lentz, A Recently Discovered Mithraic Implement and its Possible Relationship to the Iranian Cultural Tradition, in: Akten des VII. Internationalen Kongresses für iranische Kunst und Archäologie, Berlin 1979, 348–350

W. Lentz/W. Schlosser, Persepolis ein Beitrag zur Funktionsbestimmung, ZDMG.Suppl I.3, Wiesbaden 1969, 957–983

W. Lentz/W. Schlosser/G. Gropp, Persepolis – Weitere Beiträge zur Funktionsbestimmung, ZDMG 121 (1971), 254–268

C. Letta, Helios/Sol, LIMC IV.1/2 (1988), 592–625/366–385

M. Leuenberger, Gott in Bewegung, Tübingen 2011

M. Lichtheim, Maat in Egyptian autobiographies and related studies, Freiburg/ Göttingen 1992

W. Lobo, The Sun-Temple at Modhera, München 1982

W. Luther, Wahrheit, Licht, Sehen und Erkennen im Sonnengleichnis von Platons Politeia, StGen 18 (1965), 479–496

J. Malitz, Die Kalenderreform Caesars, AncSoc 18 (1987), 103–131

P. Matern, Helios und Sol, Istanbul 2002

H. G. May, Some Aspects of Solar Worship at Jerusalem, ZAW 55 (1937), 269–281

R. Mayer-Opificius, Die geflügelte Sonne, UF 16 (1984), 189–236

— Die geflügelte Sonnenscheibe, in: D. Metzler/B. Otto/C. Müller-Wirth (Hg.), Antidoron (FS J. Thimme), Karlsruhe 1983, 19–24

W. J. McCarthy, Sol salutis, arbor mundi, lucerna Christi, Diss. Washington 1984

G. Mensching, Die Lichtsymbolik in der Religionsgeschichte, StGen 10 (1957), 422–432

S. C. Mitra, The cult of the sun god in medieval eastern Bengal, New Delhi 1986

J. Miziolek, Sol verus, Wroclaw 1991

M. Mohanty, Sun in the Religious Life and Lore of India, Kolkata 2006

J. Morgenstern, Biblical Theophanies, ZA 25 (1911), 139–193; 28 (1914), 15–60

— The Three Calendars of Ancient Israel, HUCA 1 (1924), 13–78

— Supplementory Studies in the Calendars of Ancient Israel, HUCA 10 (1935), 1–148

— The Book of the Covenant [I], HUCA 5 (1928), 1–151

— The Gates of Righteousness, HUCA 6 (1929), 1–37

— Amos-Studies I. II, HUCA 11 (1936), 19–140; 12/3 (1937/8), 1–53

— The Chanukkah Festival and the Calendar of Ancient Israel [II], HUCA 21 (1948), 365–496

— The Calendar of the Book of Jubilees, VT 5 (1955), 34–76

— The King God among the Western Semites and the Meaning of Epiphanes, VT 10 (1960), 138–197 [Kurzfassung: 8.IKRG 1956, 257–260]

— The »Son of Man« of Daniel 7,13f., JBL 80 (1961), 65–77

— The Fire upon the Altar, Leiden 1963

— The Cultic Setting of the »Enthronement Psalms«, HUCA 35 (1964), 1–42

— Some Significant Antecedents of Christianity, Leiden 1966

A. Mousavi, Persepolis, Boston 2012

R. Müller, Jahwe als Wettergott, Berlin 2008

S. L. Nagar, Sūrya and sun cult in Indian art, culture, literature and thought, New Delhi 1995

H. Niehr, Der höchste Gott, Berlin 1990

— JHWH in der Rolle des Baalšamem, in: Dietrich/Klopfenstein (Hg.), Ein Gott allein?, 307–326

M. P. Nilsson, Sonnenkalender und Sonnenreligion, ARW 30 (1933), 141–173 (= ders., Opuscula selecta II, Lund 1952, 462–504)

— Solkalender og solreligion, København 1930

— Geschichte der griechischen Religion I/II, München ³1967. Repr. 1976.1992/ ³1974. Repr. ⁴1988

J. A. Notopoulos, The Symbolism of the Sun and Light in the Republic of Plato, CP 39 (1944), 163–172. 223–240

H. S. Nyberg, Die Religionen des Alten Iran, Leipzig 1938 = Osnabrück 1966

T. Ornan, A complex system of religious symbols, in: C. E. Suter/C. Uehlinger (eds.), Crafts and Images in Contact, Fribourg/Göttingen 2005, 207–242

D. P. Pandey, Surya, Delhi 1989

L. P. Pandey, Sun-worship in ancient India, Delhi 1971

D. Parayre, Les cachets ouest-semitiques a travers l'image du disque solaire aile, Syr. 67 (1990), 269–301

— Carchemish entre Anatolie et Syrie à travers l'image du disque solaire ailé, Hethitica 8 (1987), 319–360

E. Parisinou, The light of the gods, London 2000

R. A. Parker/W. H. Dubberstein, Babylonian Chronology 626 B.C. – A.D. 45, Providence ³1956. Repr. 1961.1966.1969.1971. Repr. Eugene 2007

B. Pering, Die geflügelte Scheibe in Assyrien, AfO 8 (1932/3), 281–296

S. Pfeiffer, Das Dekret von Kanopos (238 v. Chr.), München 2004

T. Podella, Das Lichtkleid JHWHs, Tübingen 1996

J. Polonsky, The rise of the sun god and the determination of destiny in Ancient Mesopotamia I. II, PhD Philadelphia 2002

S. Quirke, The Cult of Ra, London/New York 2001

A. Rahmouni, Divine Epithets in the Ugaritic Alphabetic Texts, Leiden 2008

W. D. Reece, The Concept of Light in the Old Testament, PhD Los Angeles 1988

A. Rehm, Sosigenes (Nr. 6), in: PRE III A1 (1927), 1153–1157

S. Reichmann, Psalm 104 und der Große Sonnenhymnus des Echnaton, in: M. Pietsch/F. Hartenstein (Hg.), Israel zwischen den Mächten (FS Timm), AOAT 364 Münster 2009, 257–288

E. Reidinger, The Temple in Jerusalem: Using the Sun to date its Origins, LASBF 61 (2012), 319–346

— Der Tempel in Jerusalem. Datierung nach der Sonne, BN 128 (2006), 81–104

G. A. Rendsburg, The Egyptian Sun-God Ra in the Pentateuch, Henoch 10 (1988), 3–15

J. Renz, »Jahwe ist der Gott der ganzen Erde«. Der Beitrag der außerkanonischen althebräischen Texte zur Rekonstruktion der vorexilischen Religions- und Theologiegeschichte Palästinas, in: M. Pietsch/F. Hartenstein (Hg.), Israel zwischen den Mächten (FS Timm), AOAT 364, Münster 2009, 289–378

H. Ringgren, Israelitische Religion, Stuttgart 1963. ²1982

M. Rösel, Salomo und die Sonne, ZAW 121 (2009), 402–417

L. E. Rose, Sun, Moon, and Sothis. A Study of Calendars and Calendar Reforms in Ancient Egypt, Deerfield Beach 1999

R. A. Rosenberg, The God Sedeq, HUCA 36 (1965), 161–177

M. Salvini, Geschichte und Kultur der Urartäer, Darmstadt 1995

A. B. Saran/G. Pandey, Sun worship in India, New Delhi 1992

N. M. Sarna, Psalm XIX and the Near Eastern sun-god literature, in: Papers of the Fourth World Congress of Jewish Studies I, Jerusalem 1967, 171–175

— Studies in Biblical Interpretation, Philadelphia 2000, 365–375

R. T. Saunders, A Biography of the Emperor Aurelian, PhD Cincinnati 1991

I. Scheftelowitz, Die Mithra-Religion der Indoskythen und ihre Beziehung zum Saura- und Mithras-Kult, AcOr 11 (1933), 292–333

D. Schwemer, Die Wettergottgestalten Mesopotamiens und Nordsyriens im Zeitalter der Keilschriftkulturen, Wiesbaden 2001

R. Seitschek, Helios, Wien 1989

M. N. S. Sellers, The importance of the sun in early Roman religion, PhD Oxford, 1986

P. Shah, The sun images, New Delhi 1996

A. S. Shahbazi, An Achaemenid Symbol. II. Farnah, AMI 13 (1980), 119–147

R. K. Singh, Surya, Patna 2010

Å. Sjöberg, Der Mondgott Nanna-Suen, Stockholm 1960

A. C. Soper, Aspects of Light Symbolism in Gandhāra Sculpture, ArtAs 12 (1949), 252–283. 314–330; 13 (1950), 63–85

V. C. Srivastava, Sun-worship in ancient India, Allahabad 1972

— Revision in the Puranic sun-cult, Varanasi 1996

H.-P. Stähli, Solare Elemente im Jahweglauben des Alten Testaments, Freiburg/ Göttingen 1985

M. S. Smith, The Near Eastern Background of Solar Language for Yahweh, JBL 109 (1990), 29–39

— The Early History of God, Grand Rapids ²2002

— God in Translation, Tübingen 2008

H. v. Stietencron, Indische Sonnenpriester, Wiesbaden 1966

K. Tanabe, A Study on the Sasanian Disc-Nimbus: Farewell to its Xvarnah-Theory, in: Bulletin of the Ancient Orient Museum 6 (1984), 29–50

J. G. Taylor, Yahweh and the Sun, Sheffield 1993

— Was Yahweh worshiped as the Sun?, BArR 20 (1994), 53–61.90–91

— A Response to Steve A. Wiggins, »Yahweh: The God of Sun?«, JSOT 71 (1996), 107–119

G. Theuer, Der Mondgott in den Religionen Syrien-Palästinas, Freiburg/ Göttingen 2000

J. C. Thom, Cleanthes' »Hymn to Zeus«, Tübingen 2005. Repr. 2006

M. Treu, Licht und Leuchtendes in der archaischen griechischen Poesie, StGen 18 (1965), 83–97

R. Ulmer, Egyptian Cultural Icons in Midrash, Berlin 2009

H. Usener, Sol invictus, RMP (1905), 465–491 (= ders., Religionsgeschichtliche Unters. I, Bonn ²1911 = ders., Das Weihnachtsfest, Bonn ³1969, 348–378)

J. C. VanderKam, Calendars in the Dead Sea Scrolls, London 1998. Palo Alto 2003

D. Völter, Die Herkunft Jahwes, ZAW 37 (1918), 126–133

— Jahwe und Mose im Licht Aegyptischer Parallelen, Leiden 1919. ²1929

— Die Patriarchen Israels im Licht der ägyptischen Mythologie, Leipzig ²1921

K. Vollers, Die solare Seite des alttestamentlichen Gottesbegriffes, ARW 9 (1906), 176–184

B. L. van der Waerden, Die Anfänge der Astronomie, Groningen ²1966/Basel ²1968. Repr. ²1980

— The Birth of Astronomy, Leyden/New York 1974

J. A. Wagenaar, Origin and Transformation of the Ancient Israelite Festival Calendar, Wiesbaden 2005

P. Wagner, Der ägyptische Einfluss auf die phönizische Architektur, Bonn 1980

M. Wallraff, Christus Verus Sol, Münster 2001

R.-B. Wartke, Urartu, Mainz 1993. ²1998

A. Watson, Aurelian and the third century, London 1999. 2004

C. Weber, Die Lichtmetaphorik im frühen Mahāyāna-Buddhismus, Wiesbaden 2002

J. F. White, Restorer of the World, Staplehurst 2005. 2007

G. Widengren, Die Religionen Irans, Stuttgart 1965

S. A. Wiggins, Shapsh, lamp of the gods, in: N. Wyatt u.a. (Hg.), Ugarit, religion and culture. Proceedings of the International Colloquium on Ugarit, religion and culture, Edinburgh, July 1994 (FS Gibson), Münster 1996, 327–350

— Yahweh: The God of Sun?, in: JSOT 71 (1996), 89–106

— A rejoinder to J. Glen Taylor, in: JSOT 73 (1997), 109–112

D. Yoshida, Untersuchungen zu den Sonnengottheiten bei den Hethitern, Heidelberg 1996

F. Zeeb, Jahwe und der Sonnengott, in: O. Loretz u.a. (Hg.), Ex Mesopotamia et Syria Lux (FS M. Dietrich), AOAT 281, Münster 2002, 899–917

W. Zimmerli, Ezechiel I, BK 13, Neukirchen-Vluyn ²1979. ³2011

W. Zwickel, Der salomonische Tempel, Mainz 1999. Repr. 2011

Der König – die Sonne – kein Zufall

Spur eines königsideologischen Motivs[*]

Jutta Noetzel

Es gibt einen Mythos in der Kulturgeschichte, der den Anspruch ewiger Geltung in sich trägt.[1] Es ist der Mythos einer gerechten Herrschaft, die vor zeitbedingten Missbräuchen gefeit ist. In den Kulturen des Alten Orients ist es der Mythos vom Königtum, der durch die Zeiten und politischen Systeme hindurch in verschiedenen Erzählweisen und Bildern prägend war. Der sie verbindende Grundgedanke liegt darin, dass das Königtum eine gerechte Ordnung garantiert, unter der Frieden und Prosperität gedeihen konnten. Der König galt dabei als Repräsentant der höchsten Gottheit. Von ihm erhielt er die Machtinsignien und die Rechtsordnungen. Zur Darstellung dieses Königtums gehörte die Inszenierung seiner Unvergänglichkeit, die Kontinuität, Verlässlichkeit und Sicherheit ausstrahlte. Felsreliefs und Palastbauten bezeugten die Großtaten des Königs und die Unvergänglichkeit seines Namens. Die kontingenzgebundenen Gefährdungen dieser Institution erfuhren so ein ideelles Gegengewicht.

Besonders prägend und über Jahrtausende kontinuitätsstiftend war der Mythos vom Königtum bekanntlich in Ägypten. Der tägliche Lauf der Sonne wurde als wesentliches Element seiner Darstellung gedeutet und kultisch begangen. Der Triumph des Königs, der Horusgestalt, über seine Feinde verband sich mit der Botschaft des Sonnenaufgangs, die Mächte der Finsternis überwunden zu haben und somit »die natür-

---

* Mit diesem Beitrag, dessen Idee beim Schreiben meiner Dissertation entstand, grüße ich den Jubilar, meinen Doktorvater, mit herzlichen Glückwünschen.

1 Der Begriff »Mythos« wird hier nicht wie in Platons Politeia 377a-383b als »Göttergeschichte« verstanden, sondern als Metabegriff, der sich »grundlegende[n] religiöse[n] Orientierungsprozesse[n]« widmet und Formen fasst, die im traditionellen Erzählen der Konstituierung des religiösen Symbolsystems dienen (Stolz, Mythos, 612). Platons Definition aus der Politeia gehört zu den meistzitierten, aber auch er hat einen viel weiteren Begriff des Mythos. μυθέω heißt »ich erzähle«.

liche mit der sozialen, die menschliche mit der göttlichen Ordnung zu vereinen.«[2]

Diese Verbindung des königlichen Wirkens mit dem kosmologischen Vorgang kommt beispielsweise in folgendem Hymnus aus der Amarnazeit zum Ausdruck:

> Gegrüßet seist du, Sonne des Tages,
> der die Menschheit hervorbringt und ihren Lebensunterhalt erschafft,
> großer Falke mit buntem Gefieder …[3]

Über Jahrhunderte gewann die Idee dieses Königtums ihre Attribute aus den kosmologischen Gesetzmäßigkeiten des Sonnenlaufs. Sie stand für Beständigkeit, Sicherheit, Prosperität. Die Idee dieses Königtums war alles andere als הבל.

Im Folgenden werden einige Beispiele für die Kontinuität dieser Idee in der Kulturgeschichte aufgezeigt. Das Beispiel Kohelets wird am Ende der Darstellung bezeugen, dass der Mythos nicht ungebrochen rezipiert worden ist. Der Gebrauch der Sonnenmetaphorik ist auch Resultat eines komplexen innerreligiösen Vorgangs, zudem steht er in einem Kommunikationsverhältnis zum Symbolsystem des jeweiligen kulturellen Kontextes. Hier wird die Sonnenmetaphorik in ihrer politischen Bedeutung skizziert; die Komplexität des religionsgeschichtlichen Vorgangs soll dadurch nicht verschleiert werden.

1. Mal 3,20a und die Ikonographie der Hegemonialmacht

Im Alten Testament betrachte ich die Bildsprache in Mal 3,20a als ein Zeugnis dieser Idee.

Die Passage belegt nicht die Solarisierung Jhwhs[4] – höchstens in zweiter Instanz, insofern man annähme, dass mit dem Sprachbild die Adaption des altägyptischen Königsmythos in das Symbolsystem der jüdischen Religion verbunden gewesen sei. Dass dies nicht der Fall war, zeigt auch Jürgen Tubach in seinem Beitrag für diesen Band. Die Texte des Alten Testaments belegen eher die Vorsicht ihrer Autoren in dieser Sache. Dtn 4,19 verbietet die Verehrung der Gestirne als Gottheiten. Zwar lassen dieses Verbot und etliche Ortsangaben und Namen

---

2 Quirke, Religion, 93.

3 Assmann, Hymnen, 211.

4 So Janowski, Sonnengott, 202–204, dessen Ausführungen ich wichtige Impulse zur Deutung von Mal 3,20a verdanke; vgl. auch neuere Arbeiten wie die von Kutter, Sonnengottheiten, 355–417. Zur religionsgeschichtlichen Debatte vgl. den Aufsatz von J. Tubach in diesem Band.

mit dem theophoren Element שמש durchscheinen, dass die Sonne auch in Israel deifiziert worden ist. Das Buch unter dem Namen »Maleachi«, der das hermeneutische Prinzip göttlich inspirierter Toraauslegung »verkörpert«, belegt diesen religionsgeschichtlich oft hinterfragten Widerspruch nicht.[5]

> Euch aber, die ihr meinen Namen fürchtet, wird aufgehen die Sonne der Gerechtigkeit, und Heilung ist in ihren Flügeln. (Mal 3,20a)

Julius Wellhausens einziger Kommentar zu diesem Vers: »Denkt Maleachi an die geflügelte Sonnenscheibe?«[6] Das ist unterschiedlich beantwortet worden. Vor allem Arbeiten, die streng motivgeschichtlich vorgehen, betrachten den ersten Teil des Bildes oft separat und deuten שמש צדקה als Metapher. Ein methodisches Problem der religionsgeschichtlichen Deutungen liegt zudem darin, dass eine Metapher nicht *per se* als Beleg für die Solarisierung Jhwhs in Anspruch genommen werden kann. Eine Metapher ist keine Prädikation, da sie immer erst auf einer Zuschreibung basiert.[7] Dennoch ist der Einfluss solarer Theologie auf Mal 3,20a nicht von der Hand zu weisen, in welcher Weise, soll im Folgenden gezeigt werden.

Im Zentrum des Verses steht ein Sprachbild, das im Alten Testament einzigartig ist und zudem Reminiszenzen an ein im Alten Orient verbreitetes ikonographisches Motiv wirkt. Syntaktisch gehören שמש und כנפיה zusammen, insofern das Suffix der 3. fem. Sing. sich nur auf שמש rückbeziehen kann, dessen femininer Gebrauch bereits in der finiten Verbform וזרחה angezeigt ist.[8]

Das sprachliche Bild ist die geflügelte Sonne, das jedoch unterbrochen wird, zuerst durch das syntaktisch שמש zugeordnete Nomen

---

5   Für Ps 84,12, die zweite Passage, die den Höhepunkt der religionsgeschichtlichen Entwicklung der Solarisierung Jhwhs belegen soll, zeigt Irsigler, Mythos, 28, dass die Metapher »Sonne« nicht notwendig zur Annahme eines solar vorgestellten Gottes führen muss. Dass diese Deutung zu unterschiedlichen Zeiten im Raum stand, belegen – wie Irsigler auch aufführt – LXX und Peschitta, die die Metapher eliminieren.

6   Wellhausen, Propheten, 210. So auch v. Bulmerincq, Maleachi II, 535 f.; Elliger, Propheten II, 204.

7   Zur Metapher bei den Logikern HWPh V, 1180. Zur Formulierung des Problems z.B. Elliger, Propheten II, 204: »Die Sonne ist Bild für das ›Heil‹. Ob das Heil persönlich als die in Glorie erscheinende Gottheit oder sachlich als Inbegriff alles erstrebenswerten Glückes gedacht ist, ist schwer zu sagen.« Vgl. die unterschiedlichen Deutungen bei Irsigler, Mythos, 24; Meinhold, Maleachi, 390; Rudolph, Maleachi, 289. Kutter, Sonnengottheiten, 401 f.; Lauber, Sonne, 112; Langer, Gott, 37; erwägend auch Willi-Plein, Maleachi, 280, deuten die »Flügel« dissoziierend als »Strahlen«.

8   So auch Lauber, Sonne, 387; Kessler, Maleachi, 292. Alternativen erwägt Willi-Plein, Maleachi, 280. Codex 4 (Kennicott, Vetus II, 305) schreibt כבנפיה und deutet somit als Vergleich.

צדקה, das im *status absolutus* als Bildempfänger fungiert; parallel dazu durch מרפא, das in dieser Lesart als Bildempfänger zu כנפיה verstanden werden könnte.[9] Matthias Krieg sprach von »semimetaphorischen Genitivmetaphern«, »semi« deshalb, weil sie das »eigentlich notwendig verhüllte logische Subjekt (Gerechtigkeit, Heilung) der Metapher (aufgehende Sonne, Flügel) entmetaphorisierend nennen«[10]. Jedoch handelt es sich bei ומרפא בכנפיה um einen Nominalsatz, nicht um eine Konstruktusverbindung. Zudem zeigt diese Argumentation, dass das sprachliche Bild von der geflügelten Sonne mit den beiden inkludierten *abstracta* keine Metapher im eigentlichen Sinn ist, sondern ein kulturgeschichtlich geprägtes Bild, das bereits emblematischen Charakter hat.

Die Metaphorik des Halbverses entsteht im Zusammenhang dieses Emblems mit der finiten Verbform. שמש und die dazugehörige Verbform וזרחה sind semantisch kongruent, insofern זרח *terminus technicus* für das allmorgendliche Aufgehen der Sonne ist. Der Schilderung des kosmischen Vorgangs wohnt im Alte Testament oft eine metaphorische Dimension inne. Von den 18 Vorkommen des Verbs im Alten Testament bezieht sich die Hälfte der Belege auf das kosmische Ereignis des Sonnenaufgangs ([Ex 22,2;] Jdc 9,33; II Sam 23,4; II Reg 3,22; Jon 4,8; Nah 3,17; Ps 104,22; Hi 9,7; Koh 1,5). Aber auch in diesen Fällen ist das Bild fast immer – außer bei II Sam 23,4 und Koh 1,5 – Element der Schilderung eines Rechtsaktes, so dass das Aufgehen der Sonne nicht auf den kosmischen Vorgang beschränkt ist. Die Sonne geht auf *und* diese aufgehende Sonne gleicht dem Herbeiführen eines gerechten Urteils. Aspekte wie Helligkeit, Klarheit und Universalität werden dabei auf den Rechtsakt übertragen.[11]

Mal 3,20a zeichnet zwei semantische Brüche in das Bild des Sonnenaufgangs, d.h., die metaphorische Übertragung geschieht auf zwei Ebenen:

Das metaphorische Verständnis des Sonnenaufgangs war erstens bereits durch das erste Wort des Halbverses präjudiziert worden. Der

---

9   Lauber, Sonne, 111, meint, dass מרפא aufgrund seiner semantischen Konnotation im
    Alten Testament parallel zu צדקה Bildempfänger zu שמש ist.
10 Krieg, Mutmaßungen, 167, Anm. 175.
11 Ricœur, Symbolik, 22. Dieses Phänomen hat seinen mythischen Ursprung wohl in
    Ägypten und ist vielfach in der alttestamentlichen Wissenschaft beschrieben worden. Grundlegend dazu Janowski, Rettungsgewißheit. Dass זרח in anderen Texten
    metaphorisch für eine Epiphanie Jhwhs verwendet werden kann, liegt im metaphorischen Gebrauch des Verbs der jeweiligen Passage. Die dort entstehende Bedeutung
    kann nicht übertragen werden.

Sonnenaufgang ist universal, das ל-*experientiae*[12] enthebt ihn seiner Universalität und beschränkt seine Erfahrbarkeit auf den Personenkreis der Gottesfürchtigen.

Zweitens geht nicht die Sonne auf, sondern die geflügelte Sonne. Die Besonderheit dieser Übertragung liegt auch in der Irritation, die erst durch das letzte Wort des Teilverses das Gesamtbild entstehen lässt. Die »Performance des Lesevorgangs« erbringt eine Verschiebung von der Metapher zum Emblem.

Dass es sich bei diesem Bild und seiner metaphorischen Einbindung nicht um ein Gottessymbol handelt, macht der Zusammenhang von Mal 3,17–21 deutlich. Die aufgehende Flügelsonne erscheint als Element des von Gott geschaffenen Tags (3,17.21), und ist eine von ihm unterschiedene Größe. Alle mythischen Implikationen, die das Bild im Kontext altorientalischer solarer Theologie einschließen könnte, werden durch diesen Kontext »dekonstruiert«.[13] Ferner beschreibt das gesamte sechste Diskussionswort der Maleachischrift das schlussendliche Offenbarwerden der Königsherrschaft Gottes. Das »Buch des Gedächtnisses«, die סגלה, die weisheitlichen Prinzipien der göttlichen Ordnung, die hier vorausgesetzt werden – all diese Elemente dienen der Darstellung der Königsherrschaft Jhwhs.[14] Religionsgeschichtlich wird das Emblem also seinem ursprünglichen Kontext entzogen und zur Darstellung der Königsherrschaft Jhwhs eingesetzt.

Abb. 1: Idealtypisch dargestellte ägyptische Flügelsonne[15]

---

12 Meinhold, Maleachi, 343; vgl. zu diesem semantischen Bruch auch Kessler, Maleachi, 289.

13 Lauber, Sonne, 385. Vielleicht liegt in der Abwehr solcher Assoziationen sogar die Begründung dafür, dass שמש feminin gebraucht ist. Die Gottheit Šamaš ist in der babylonischen Mythologie maskulin.

14 Dazu meine Dissertation: Maleachi, 128–194. Podella, Lichtkleid, 152, beschreibt, dass bereits die Solarisierung des »höchsten Gottes« in der Eisenzeit »im Kontext königlicher Herrschaftsausübung und beginnender Großreichsbildung« zu verstehen ist.

15 K. Koch, Geschichte, 135.

Die geflügelte Sonne ist seit ihren Ursprüngen, die im Ägypten der 5. Dynastie liegen, »eine zum Symbol verdichtete Erscheinungsform gottbegnadeten Königtums«[16]. Mit den *lmlk*-Stempeln hat es bereits im 8. Jh. Eingang in die Herrscherikonographie des Jerusalemer Königshofes gefunden.[17] Das Symbol repräsentiert hier nicht die Gottheit, sondern deren vom Königtum repräsentierte Herrschaft. So wie für die Zeit des 8./7. Jahrhunderts erwogen wurde, ob das nicht nur auf den Stempeln belegte Auftreten solarer Elemente zuerst in der Jerusalemer Theologie politisch begründet ist,[18] scheint mir dieser Hintergrund auch für Mal 3,20a am plausibelsten.

Unumstritten ist, dass die Maleachischrift aus nachexilischer Zeit stammt; somit kommen der persische oder der ptolemäische Kontext in Betracht.

Woher die Achaimeniden das Flügelsonnenemblem haben und was es genau bezeichnet, ist so ungewiss wie die Ursprünge des Zoroastrismus.[19] Es ist an nahezu jedem der erhaltenen Palastbauten der Achai-

Abb. 2: Palast des Xerxes, Persepolis[20]

---

16 Wildung, LÄ II, 278; vgl. die Skizze bei K. Koch, Geschichte, 136.

17 Liwak, Sonne, 387–396; Lauber, Ikonographie, 103; Meinhold, Maleachi, 388–390; Mayer-Opificius, geflügelte Sonne, *passim*; Schroer, Beobachtungen, 303–309.

18 Keel/Uehlinger, GGG, 310; Liwak, Sonne, 114.118f.; Maier, Sonne, 352; als Gegenbild assyrischer Herrschaftsdarstellung: Arneth, Sonne, 201.

19 Der Zoroastrismus war, bevor die Achaimeniden an die Macht kamen und ihre im Ostiran mündlich überlieferte Religion etablierten, niemals eine Staatsreligion. Belegt ist, dass die Achaimeniden viele ägyptische Künstler und Kunsthandwerker engagierten, um ihre Herrschaftslegitimation auf der Grundlage ihrer Religion explizit zu machen. Die darauf basierende Einordnung des Flügelsonnenemblems bei den Achaimeniden verdanke ich einem Briefwechsel mit Philip G. Kreyenbroek, Prof. der Iranistik, Göttingen.

meniden in Pasargadae und Persepolis zu sehen, deren den ägyptischen Programmen ähnlicher Stil insgesamt ins Auge fällt. Schon Kyros
II. ließ man die ägyptische Krone angedeihen – obwohl Ägypten noch
nicht zu seinem Reich gehörte![21] Sein Sohn Kambyses II. ließ sich erstmals zum Pharao krönen.[22] Dessen Nachfolger Dareios erbaute nicht
nur die neue Residenz in Persepolis unter Aufnahme einer Fülle ägyp-
tisierender Elemente;[23] sondern förderte das ägyptische Kultwesen,
sorgte für die Kodifizierung des ägyptischen Rechts und den Aufbau
einer Verwaltung, in der auch Ägypter tätig waren, vollendete den Bau
des Suez-Kanals und intensivierte den Handel.[24] Besonders bedeutsam
für unseren Zusammenhang sind die Kanalstelen des von Dareios voll-
endeten Kanals.[25] Deren eine Seite zeigt einen ägyptischen Text, der von
einer Behedeti-Flügelsonne gekrönt ist, während auf der anderen Seite
mit persischem Text die geflügelte Scheibe mit unägyptischen Ranken
und Vogelschwanz dargestellt ist (Abb. 3).[26]

Aus der emblematischen Verwendung beider Formen geht hervor,
dass die Achaimeniden wohl auch die Darstellung ihres Herrschaftsbe-
reichs mit dem Flügelsonnenemblem verbanden.[27] Sie haben das Emblem in ihre Herrschaftsikonographie aufgenommen, hingegen nicht

---

20 Foto: J. Noetzel. Im Unterschied hierzu zeigt das zentrale Relief am Treppenaufgang
    des Apadana die Flügelsonne ohne anthropomorphe Gestalt, also in auffällig ägypti-
    sierter Form.

21 Vgl. den geflügelten Genius mit ägyptischer Krone am Pfosten des Nordost-
    Eingangs der Kyros-Residenz in Pasargadae, mit dem einer seiner Nachfolger –
    wohl Dareios – zum Zwecke der Herrscherlegitimation den Begründer des achai-
    menidischen Weltreichs ausstattete (H. Koch, Persepolis, 182; Boardman, Perser,
    122). Kaim, Symbol, Anhang Tafel 8.4: Das Siegel Darius des Großen aus Persepolis
    zeigt den geflügelten Diskus über der königlichen Gestalt, die von zwei ihm zuge-
    wandten Flügelwesen gerahmt wird.

22 Hölbl, Geschichte, 3. Vgl. zur Übernahme der kultisch-ideologischen Rolle des Pha-
    rao nebst pharaonischer Titulatur durch die Achaimeniden Assmann, Ägypten, 407.

23 Boardman, Perser, 94–99.

24 Huß, Ägypten, 36.

25 Einweihung, zu der Dareios gekommen war, im Sommer 497 v. Chr. (Hinz, Darius,
    213). Vgl. dort auch die Übersetzung der Hieroglyphen darauf: »Du bist … König
    für die Ewigkeit. … Dein Befehl … Sand … Seit Menschengedenken hat man dort
    nie Wasser gefunden, man musste [Trinkwasser] mitführen. Deine Majestät hat das
    erreicht, und jetzt fahren dort Schiffe. Was Deine Majestät ausspricht, das wird
    Wirklichkeit, genauso, wie alles sich erfüllt, was aus dem Munde des Sonnengottes
    Rê ausgeht …«

26 K. Koch, Geschichte, 467 f.; Hinz, Darius, 213.

27 Das Bildprogramm Dareios' I. haben die folgenden Achaimeniden dann nur noch
    kopiert (Jacobs, Bildausstattung, 122).

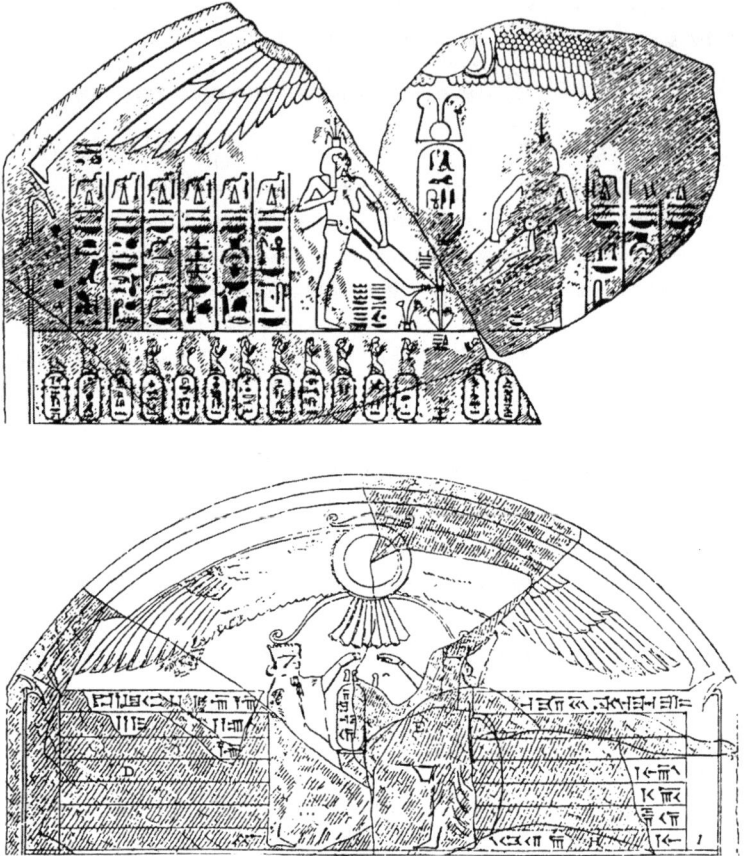

Abb. 3: Die Flügelsonne auf Stelen Dareios' I. am Suezkanal²⁸

den mit der Flügelsonne verbundenen ägyptischen Mythos.²⁹ Belegbar
ist dies beispielsweise daran, dass den Achaimeniden in ihrer Heimat
keine göttliche Abstammung zugestanden wurde.³⁰ Der Vogelschwanz
zeigt, dass diese Flügelsonne mit der in der Palastikonographie verbrei-

---

28 K. Koch, Geschichte, 498.
29 Nach Jürgen Tubach, oben S. 233 f. mit Anm. 44 sowie Anm. 100 auf S. 244, impliziert
    die geflügelte Sonnenscheibe nicht, dass es sich um eine solar konnotierte Gottheit
    handelt, nicht einmal im Fall von Ahura Mazdā, wiewohl es einige Belege in der an-
    tiken Literatur gibt, in denen die Gottheit aus dem iranischen Hochland mit der
    Sonne identifiziert sei.
30 Dazu Wiesehöfer, Persien, 55.

teten und eine anthropomorphe Gestalt aufweisenden Variante identisch ist. Vielleicht bedeutet die Ähnlichkeit mit der assyrischen Šamaš-
Darstellung, dass die achaimenidischen Herrscher sich auch in Kontinuität zu den assyrischen Großkönigen verstanden.[31] Im persischen
Verständnis stellt die Figur in der geflügelten Sonnenscheibe möglicherweise *xᵛarənah* dar, eine Art Charisma, das den rechtmäßigen König auszeichnet, ihn aber verlässt, wenn er sich als unwürdig erweist.[32]
Die Zeugnisse machen wahrscheinlich, dass die Flügelsonne im Kontext der Königsideologie in das achaimenidische Symbolsystem aufgenommen wurde. Dafür spricht, dass diese Art der Herrscherikonographie – abgesehen von Ägypten – nur in Persepolis und Umland belegt
ist; der Rest des Reiches blieb bildlos. In den Texten des Avesta begegnet die Sonne niemals als geflügelt, auch *xᵛarənah* nicht.[33] In der Klein-
kunst ist das Symbol relativ selten und seine Herkunft disparat.[34]

Seit Alexander inszenierten sich dann die griechischen Herrscher
als Pharaonen in Ägypten. Sie gründeten ihre Königsherrschaft auf die
alten ägyptischen Mythen. Nachdem Alexander sich in Memphis nach
ägyptischem Ritus hatte krönen lassen und, mit seiner Reise nach Siwa,
dem mythischen Fundament seiner Herrscherlegitimation das Geheimnis seiner Gottessohnschaft beigefügt hatte,[35] wurden die Ptolemäer als Pharaonen, Söhne des Re, verehrt. Am Todestag Alexanders
304 ließ Ptolemaios Soter sich zum Pharao krönen.[36] Seit Ptolemaios II.
erfuhren die lebenden und toten Ptolemäer in vielen Tempeln neben
den Göttern Adoration. Mit unterschiedlichen Nuancierungen sind
diese Formen der Herrscherlegitimation bis zu Ptolemaios V.[37] und
damit bis zum Ende der ptolemäischen Hegemonie in Palästina
(198 v. Chr.) belegt. In Aufnahme der alten Mythen zierte die Flügel-

---

31 Daher rührt wohl die Identifizierung der anthropomorphen Gestalt mit Ahura
    Mazdā, dem die Achaimeniden den Inschriften zufolge ihre Investitur verdanken,
    die in der älteren Forschung *en vogue* war.

32 Bergmann, Strahlen, 46.

33 Auch diese Information verdanke ich Philip G. Kreyenbroek.

34 Vgl. die Darstellungen bei Nunn, Motivschatz, 170. Zu weiteren Abbildungen des
    geflügelten Diskus über der königlichen Gestalt in der achaimenidischen Glyptik:
    Kaim, Symbol, 31. Im Anhang 7.1+2 zeigen Tafeln den geflügelten Diskus über der
    über Monstra oder Löwen triumphierenden königlichen Gestalt.

35 Haag, Zeitalter, 39; Huß, Ägypten, 55.70f.

36 Hölbl, Geschichte, 22; zur Begründung des nicht unumstrittenen Krönungsrituals
    nach ägyptischem Ritus ebd. Anm. 47.

37 Der berühmte Stein von Rosetta (Memphis) belegt, dass der griechische König Pto-
    lemaios V. als »lebendige[s] Abbild des Amun und [...] Sohn des Re« bezeichnet
    wurde (TUAT/A I, 238–239).

sonne als »Horus der Horusse«[38] jeden Gedenkstein und Tempelein-
gang.[39] Dies alles vor dem Hintergrund eines Weltbildes, in dem die
Sonne erneut eine zentrale Funktion erlangt hatte.

Sowohl im Kontext des persischen Großreiches als auch unter der
Vorherrschaft der Griechen ließe sich das Flügelsonnensymbol in
Mal 3,20a als ein Widerspruch gegen universalherrschaftliche Ansprüche der jeweiligen Großkönige lesen. Besonders plausibel erscheint mir
ein solcher Widerspruch, wenn der Herrschaftsanspruch des irdischen
Herrschers mit dessen Vergöttlichung einherging.[40] Das Flügelsonnenemblem repräsentiert die Königsherrschaft Jhwhs, die Gerechtigkeit
und Heilung für die Gottesfürchtigen verbürgt.

Im Folgenden soll gezeigt werden, dass der alttestamentliche Widerspruch gegen überhöhte Herrschaftsansprüche irdischer Herrscher
unter Aufnahme solartheologisch geprägter Bilder in der Kulturgeschichte seine Fortführung fand.

2. Der Aufstieg des *sol invictus* und die Sonnenmetapher in der jüdischen und christlichen Tradition

Auch im römischen Reich war die Sonnenmetaphorik ein elementarer
Bestandteil der politischen Theorie. Das Bildprogramm der kaiserlichen
Herrscherikonographie zeigt sich bereits an der Skulptur des Augustus
von *Prima Porta*, auf dessen Brustpanzer der Sonnengott auf einer Quadriga zu sehen ist.[41] Die zahlreichen numismatischen Zeugnisse belegen den beispiellosen Aufstieg des Sonnengottes zum zentralen
Reichsgott,[42] dessen integratives Potential politisches Programm war,
jedoch nicht alle Gruppen zu integrieren vermochte – wie zum Beispiel
Juden und Christen.

Im Christentum erlangte die Sonnenmetaphorik seit dem 2. Jahrhundert zunehmend Bedeutung. Zwar gibt es im Neuen Testament nur
wenige Grundlagen dafür,[43] und ob dieses Phänomen von der politi-

---

38 Aus dem Amunhymnus des Pap. Leiden I 344 verso, zitiert bei Assmann, Hymnen, 560.

39 K. Koch, Geschichte, 507.

40 Für diese Einordnung könnte auch die nicht so leicht zu deutende Verwendung von מרפא in Mal 3,20a sprechen, da seit Ptolemaios I. Sarapis, der Heilgott, zum Königs-gott aufgestiegen war (siehe dazu Hölbl, Geschichte, 94).

41 Wallraff, Christus, 32.

42 Siehe dazu Bergmann, Strahlen, 85 ff.

43 Mt 5,45 liest sich wie eine Entgegnung auf Mal 3,20; Mt 13,6 par. meint die natürliche Sonne; Mt 13,46 setzt die Gerechten in auffällige Parallele mit dem Bild Jesu Christi

schen Theorie Roms beeinflusst war, ist schwer zu sagen, da es erst in theologischen Schriften bezeugt ist. Trotz vorsichtiger Versuche, die Metaphorik auf Gott-Vater zu beziehen,[44] wurde bald die Christologie »zum Hauptforum der Begegnung mit der paganen Sonnenverehrung«[45]. Dass es gerade die Christologie ist, bezeugt die königsideologische Prägung der Idee. Klemens von Alexandrien gilt als der erste, bei dem diese Begegnung schriftlich dokumentiert ist, und zwar explizit mit einem missionarischen Anspruch, wie im Schlusskapitel des Protreptikos deutlich wird:

δείξω σοι τὸν λόγον καὶ τοῦ λόγου   »Ich will dir den Logos zeigen und die
τὰ μυστήρια, κατὰ τὴν σὴν   Mysterien des Logos, erklärt in deinen
διηγούμενος εἰκόνα[46]   eigenen Bildern.«

Das gleiche Werk enthält die berühmte Passage, in der die Metaphorik (!) aus Mal 3,20a auf Christus übertragen wird.[47] Origenes entfaltet die Idee der Anwendung solarer Bildsprache in der Christologie exegetisch. Jedoch wird innerhalb des altkirchlichen exegetischen Schrift-

---

in der Verklärungsperikope (Mt 17,2, anders als in den Parallelüberlieferungen der Synoptiker); die sog. synoptischen Apokalypsen sowie Apk nehmen das Bild des Verfinsterns von Sonne und Mond aus den Tag-Jhwhs-Dichtungen des Alten Testaments auf, Act 2,20 konkret Jl 3,4; dass der Sonnenuntergang auch im Neuen Testament juridische Metaphorik enthält, belegen Mk 1,32 par., rein metaphorisch Lk 23,45; Act 26,13 ist eine Reminiszenz an Mt 17,2, ebenso Apk 1,16. Einige Stellen in der Apokalypse des Johannes belegen die Metaphorik der Sonne bzw. des Sonnenaufgangs für die Epiphanie Gottes, Christi oder ihrer Boten (Apk 10,1; 16,12; 19,17). Ein besonderes Bild ist die Frau in der Sonne, die das Kind gebiert (Apk 12,1). Apk 21,23 und 22,5 nehmen die Metaphorik aus Jes 60,19f. auf. In den Texten der Kirchenväter fand die Metapher des aufgehenden Lichts für die Menschwerdung Jesu Christi in Lk 1,78 reiche Aufnahme.

44 Wallraff, Christus, 43, wertet die Belege bei Theophil von Antiochien, Origenes u.a. dahingehend aus, dass sich »das Bewußtsein für die Gefahren der Heliolatrie geschärft hatte«.

45 Wallraff, Christus, 41.

46 Clemens, Protreptikos XII § 119,1.

47 Clemens, Protreptikos XI § 114,1–3 (Übersetzung Otto Stählin, https://www.unifr.ch/bkv/kapitel2127-3.htm cited 2014/02/28): »1. […] Uns, die wir in Finsternis begraben lagen und im Schatten des Todes verschlossen waren, leuchtete vom Himmel ein Licht [...] auf, reiner als der Sonne und süßer als das Leben hienieden.
2. Jenes Licht ist ewiges Leben; und alles, was an ihm teilhat, lebt; die Nacht aber scheut das Licht, und aus Furcht dahinschwindend weicht sie dem Tage des Herrn; alles ist ein Licht geworden, das sich nimmermehr zum Schlummer neigt, und der Untergang hat sich in Aufgang verwandelt.
3. Dies hat die ›neue Schöpfung‹ bedeutet; denn ›die Sonne der Gerechtigkeit‹, die das Weltall durcheilt, durchwandelt in gleicher Weise auch die Menschheit, indem sie ihren Vater nachahmt, ›der über alle Menschen seine Sonne aufgehen läßt‹, und läßt auf die Menschen die Tautropfen der Wahrheit niederfallen.«

tums die Grenze des Metaphorischen nie überschritten. Die pagane Sonnenverehrung wird integriert und bleibt dem Glauben an die »Sonne der Gerechtigkeit« untergeordnet.[48]

Im Bereich der frühchristlichen Ikonographie ist diese Grenze noch unschärfer. Ein Mosaik im Mausoleum M der Nekropole im Vatikan (ca. 300 n. Chr.) zeigt eine bartlose Figur mit Nimbus und Strahlenkranz sowie einer Kugel in der linken Hand, die in einer von Ost nach West fahrenden Biga steht und zweifellos mit der Ikonographie des Helios/Sol identisch ist.[49] Abbildungen des personifizierten Sonnengottes sind in der frühchristlichen Sepulchralkunst häufiger zu finden, wobei niemals explizit wird, dass diese Darstellung Christus meint. Lediglich der Kontext suggeriert das. Die beliebte Kombination mit der Jonafigur, die hier begegnet, könnte eine Deutung des Sonnengottes als Richter und Herr über Leben und Tod nahelegen, unter dessen gerechter Herrschaft man die Toten nun glaubte.[50] Deutungsversuche im Bereich der persönlichen Frömmigkeit sind natürlich gewagt. Interessant ist aber, dass all diese Darstellungen aus vorkonstantinischer Zeit stammen.[51]

Konstantin führte die Politik seiner Vorgänger fort, erweiterte sie jedoch um christliche Symbolik, was in den christlich-theologischen Reflexionen dieser Zeit durchaus kritisch beurteilt wurde.[52] Konstantins Religionspolitik kulminierte in seinem Bauprogramm in Konstantinopel, wo neben der Konstantin-Helios-Statue[53] das kaiserliche Mausoleum mit dem *divus imperator* stand, der Christus-gleich im Kreis der Apostel ruht.[54]

---

48 Einen Sonderfall scheint die polemische Gegenüberstellung bei Augustin darzustellen, die Wallraff, Sonne, 53, jedoch auf seine Auseinandersetzung mit den Manichäern zurückführt; zur Problematik der Quellenlage siehe dort Anm. 51.

49 Wallraff, Christus, 159; dort auch der Hinweis auf ein weiteres Mausoleum in dieser Nekropole, dessen Decke eine Sonnengottdarstellung trägt.

50 Schon Mt 12,40 deutet die Jonageschichte als Bild für Tod und Auferstehung Christi; das ist wohl der Grund dafür, dass Jona in der Alten Kirche zum Symbol christlicher Auferstehungshoffnung wurde (Zobel, Jona, 233).

51 Vereinzelt begegnet das Motiv dann im Mittelalter wieder. Vgl. dazu beispielsweise Herdeg, Sonne, 36f.

52 Siehe zu diesem komplexen und in der Deutung vielschichtigen Vorgang Wallraff, Christus, 127–139.

53 Darauf stilisiert Konstantin sich als Helios, in der einen Hand einen Globus, in der anderen eine Lanze, den Kopf von einem Strahlenkranz umgeben. Die Bildunterschrift: »Für Konstantin, der leuchtet wie die Sonne.« Vgl. Bergmann, Strahlen, 284–287.

54 Dazu die Beschreibung in Eusebs *Vita Constantini et Oratio ad coetum sanctorum* IV §§60 und 71. §73 enthält die Notiz, dass sein Totenbild sogar auf Münzen geprägt

Mit diesem Wissen lässt sich ein Beispiel aus nachkonstantinischer Zeit (um 400) deuten, das den Sonnengott in der Quadriga zeigt. Es handelt sich um eine kaiserliche Grablege, die kleine oktogonale Kirche S. Aquilino in Mailand. Zwar legt das Bildprogramm eine christologische Deutung nahe, der Kontext der kaiserlichen Grablege lässt jedoch ambivalente Deutungen durchscheinen.

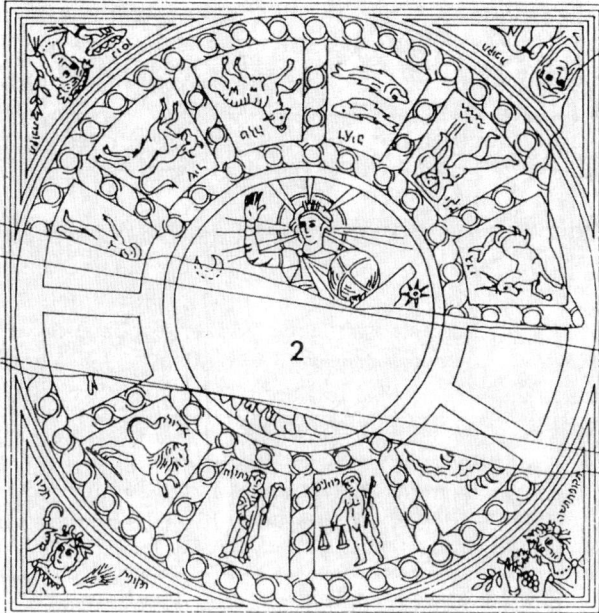

Abb. 4: Bodenmosaik der Synagoge von Hammat Tiberias (4. Jh. n. Chr.) [55]

Die jüdische Rezeption hält mit den Fußbodenmosaiken in spätantiken Synagogen, in deren Zentrum der Sonnengott in der Quadriga dargestellt ist, eine Spitze gegen die Herrschaftsikonographie der nach-

---

wurde; »die Vorderseite stellte den Seligen mit verhülltem Haupte dar, während die Kehrseite zeigte, wie er nach Art eines Wagenlenkers auf einem Viergespann fahrend, von einer Hand, die von oben herab sich ihm entgegenstreckt, aufgenommen wird.« (Übersetzung Johannes Maria Pfättisch und Andreas Bigelmair http://www.unifr.ch/bkv/kapitel2028-72.htm cited 2014/02/28.)

55 Metzger, Zodiakos, 244.

konstantinischen Kaiser bereit,[56] beispielhaft mit den Mosaiken von
Beth Alpha, Hammat Tiberias, Sepphoris und Engedi aus dem 4.–6. Jh.
Helios symbolisiert darauf den Herrscher der Welt. Der Tierkreis bzw.
die jüdischen Monate und darüber hinaus die symbolische Darstellung
der Jahreszeiten repräsentieren die zeitliche Ordnung der Welt, in de-
ren Zentrum die ewige Dimension der Herrschaft dargestellt wird. Der
Herr der Welt konnte aber in einer jüdischen Synagoge kein anderer als
Jhwh sein. So ist auch hier ein in der Mythologie verankertes Bild der
Sonne zur Darstellung der Herrschaft Jhwhs verwendet worden. Die
Bildhaftigkeit der Darstellung des Helios in der Quadriga schien ein
sensibles Thema gewesen zu sein, die solare Symbolik hingegen weniger, wie die Bodenmosaiken aus Sepphoris und Engedi bezeugen. Im
Zentrum des Bodenmosaiks der Synagoge in Sepphoris ist ein Zodia-
kos zu sehen, auf dem Helios nicht figürlich dargestellt, sondern durch
die Sonne ersetzt worden ist.

Ze'ev Weiss und Ehud Netzer deuten die Darstellung als allegori-
sches Symbol der Allmacht Gottes.[57] Noch allgemeiner bleibt die Beschreibung am Ausgrabungsort der Synagoge, die von einer Metapher
für die Kraft Gottes, den Herrscher der ganzen Schöpfung spricht. Vor
dem Hintergrund der konstantinisch-christlichen Herrscherikonographie war offensichtlich das Bild der Sonne für die jüdische Auffassung
vom Herrscher der Welt nicht anstößig, im Unterschied zur Bildhaftigkeit der Darstellung. Wenn diese Beobachtung stimmt, stellt der
Zodiakos aus Engedi ein noch weitergehendes Zugeständnis an das
Bilderverbot dar. In Engedi wird eine Abbildung der Sonne vollständig
vermieden.[58] Der Sonnenlauf wird durch ein Hakenkreuz abstrakt
symbolisiert, die Tierkreisbilder und Monate sind mit den hebräischen
Worten repräsentiert. Die Sonne ist auf allen Mosaiken gegenwärtig,
und das wurde offensichtlich nicht aus gesetzeskonformeren Kreisen in
Frage gestellt. Analog zu den frühchristlichen Abbildungen steht der
Zodiakos mit der Sonne im Zentrum nie isoliert, sondern erscheint
immer im Kontext traditionell jüdischer Motive aus dem kultischen
Bereich bzw. der Tempelfassade oder des Toraschreins. Auf allen Mosaiken erscheint das Bild des siebenarmigen Leuchters, der zwei uralte

---

56 Stähli, Elemente, 3, vermutet eine »antichristliche Spitze«, Maier, Sonne, 382, eine
    »antichristologische Spitze«. Auffällig ist zumindest, dass die Mosaiken aus der Zeit
    stammen, in der das Christentum bereits eine politisch relevante Größe war. Für ei-
    ne entmythologisierende Deutung votieren Dov/Rappel, Mosaics, 60.

57 Weiss/Netzer, promise, 36.

58 Eine Rekonstruktion des Zodiakos befindet sich im Rockefeller Museum in Jerusa-
    lem. Nachweise bei Metzger, Tierkreisbilder, 119, Anm. 4.

Abb. 5: Bodenmosaik der Synagoge von Sepphoris (5. Jh. n. Chr.) [59]

Sinnbilder für das Leben eint: den Baum und das Licht.[60] So konnte auch das Bild des Helios innerhalb der jüdischen Tradition zur Deutung der Herrschaft Jhwhs dienen.

Jahrhunderte später wurden solar konnotierte Herrscherdarstellungen erneut populär. Wie kein anderer inszenierte sich der französische König Ludwig XIV. als le Roi-Soleil, die Sonne machte er zum Emblem seiner Herrschaft. Das Sonnenschloss ist nur ein Teil seines Images.[61] In der Nachfolge Ludwigs XIV. ist auf einem Kupferstich (1674) von Christian Dittmann und Georg von Gross Leopold auf der Quadriga zu sehen,[62] in ähnlichen Bildern dessen ältester Sohn und Nachfolger Joseph. Inwieweit die Sonnendarstellungen der Barockzeit zu dieser Art Herrscherikonographie in Korrespondenz stehen, ist of-

---

59 Weiss/Netzer, promise, 26.
60 Dazu Metzger, Zodiakos, 234f. Hier finden sich weitere Nachzeichnungen der genannten Beispiele.
61 Burke, Inszenierung, 207.
62 Burke, Inszenierung, 210.

fen. Unübersehbar aber ist, dass die Sonnenmetapher in dieser Zeit die Ikonographie in den Kirchen und auch das christliche Liedgut prägt.

3. Eine antithetische Wendung des Mythos durch Kohelet

Zurück zum Alten Testament, zu Kohelet. Zwar ist im ersten Kapitel auffällig, dass der Begriff שמש eine zentrale Rolle innehat, aber es scheint, als würde hier der alte Mythos vom Königtum »dekonstruiert«.[63]

Die Überschrift Koh 1,1 bezeichnet das Textkorpus als »Worte Kohelets, des Davidsohns, König zu Jerusalem«. Der Protagonist stellt sich in Koh 1,12 selbst als (einstiger) König über Israel zu Jerusalem vor. Die masoretische Versabgrenzung möchte קהלת als Prädikatsnomen verstanden wissen; die meisten Kommentatoren lesen jedoch קהלת als Apposition und gestatten das in altorientalischen Kulturen Undenkbare – dass ein Herrscher über sein Königtum in der Vergangenheit spricht. Versteht man בן דוד (Koh 1,1) biographisch, müsste Salomo gemeint sein, der jedoch laut biblischer Überlieferung bis zu seinem Tode König war (I Reg 11,43). Danach hat es nie wieder einen Herrscher auf dem Thron Davids gegeben, der zu Jerusalem über Israel herrschte.[64]

Der Midrasch deutet diese Auffälligkeit so:

> »Ich, Kohelet, war König über Israel‹, ja, ich war, wie R. Chanina bar Jizchak bemerkt, aber jetzt gelte ich nichts. Salomo hat in seinem Leben drei Welten gesehen. Er war, wie R. Judan und R. Onja sagten, König, Gemeiner (Idiot) und wieder König, ein Weiser, ein Narr und wieder ein Weiser, ein Reicher, ein Armer und wieder ein Reicher. Und warum? Er sagt: ›Alles habe ich in den Tagen meiner Vergänglichkeit gesehen.‹ Der Mensch spricht von seiner ausgestandenen Not nur in der Stunde der Erleichterung, wenn er wieder zu seiner Wohlhabenheit gelangt ist.«[65]

---

63 Die Idee zu dieser Assoziation erhielt ich durch den Kommentar von Schwienhorst-Schönberger, wonach der hier anklingende Mythos Eingang in die jüdische Kunst gefunden habe, wie beispielsweise das Bodenmosaik der Synagoge von Beth Alpha bezeuge (Schwienhorst-Schönberger, Kohelet, 163).

64 In der gegenwärtigen Exegese wird der Text darum als »Königstravestie« gedeutet, die eine (selbst)herrliche Anthropologie des Königs revidiert, und zwar im Rückgriff auf dessen solennesten Vertreter in Israel. Zur Funktion der Königstravestie: Schwienhorst-Schönberger, Kohelet, 56f.

65 QohR I,12; zitiert nach August Wünsche, Bibliotheca Rabbinica. Nachdruck Hildesheim u. a. 1993.

Der Midrasch beschreibt, dass es Kontingenzerfahrungen sein könnten, die Kohelet zu dieser Aussage führen. Auch das Amt ist vergänglich, so wie sein Träger.

Dem entspricht die Auflistung der Großtaten, die mit Koh 2,4 beginnt: Die Bauwerke und Pflanzungen übertrafen die seiner Vorgänger, dazu Reichtum und Weisheit. Jedoch führten ihn auch seine Erfolge zu der schmerzhaften Erkenntnis: All dies ist הבל, Haschen nach Luft (Koh 2,11). Der Text erscheint wie eine Parodie auf die sonst üblichen Darstellungen der Großtaten des Königs, indem er – statt seine Unsterblichkeit zu propagieren – in der Feststellung kulminiert: Auch der König ist sterblich (Koh 2,17). Er ist nicht die Sonne, nein, die Sonne ist die Zeugin seiner Vergänglichkeit. »Unter der Sonne …«[66] müht sich der Mensch (Koh 1,3). Die Sonne bringt die Realität ans Licht. Wer meint, dass eine Ähnlichkeit besteht, eine Analogie zwischen dem König und der Sonne, wie sie der alte Königsmythos erzählt, wird gleich eines Besseren belehrt (Koh 1,4b.5a):

Eine Generation geht (הלך), eine Generation kommt (בא),
die Sonne geht auf (זרח), die Sonne geht unter (בא) …

Der Parallelismus spielt zwar auf die Analogie an, der Kontext stellt seine Antithetik aber deutlich heraus. Generationen von Menschen kommen und gehen. »Damit wird bereits implizit ein möglicher Einwand eingefangen, der das individuelle Subjekt in der Kette der Generationen weiterleben lässt, eine Thematik, die Kohelet als König in 2,18–23 durchleiden wird.«[67] Die Sonne aber ist immer dieselbe. Was aufgrund des Parallelismus zunächst einmalig scheint, erweist sich im Fortgang des Textes als etwas immer Wiederkehrendes. Es gibt einen eklatanten Unterschied zwischen den Menschen und der Sonne. Die Sonne ist ewig[68] – jedenfalls im Vergleich zur Vergänglichkeit des menschlichen Lebens.

Die mythischen Assoziationen werden mit V. 5b gesteigert, insofern das »Schnappen« oder »Lechzen« der Sonne »zu ihrem Ort« (ואל מקומו שואף) auf ihre chaosbegrenzende Funktion anspielt. Eindeutige Bezüge zu bestimmten Mythen sind jedoch nicht verifizierbar.

---

66   Die Formulierung begegnet im Alten Testament nur im Buch Koh. Sie beschreibt den Lebensraum, innerhalb dessen nach Sinn gefragt wird. Siehe dazu Schwienhorst-Schönberger, Kohelet, 153. Lohfink, Kohelet, 21, schreibt dazu: »Der Horizont der Frage ist die Welt als solche.«

67   Schwienhorst-Schönberger, Kohelet, 161.

68   So auch Lohfink, Kohelet, 21 f.

Das Buch Kohelet wird meist in die Ptolemäerzeit datiert.[69] Insofern könnte hier eine andere Art der Auseinandersetzung mit der politischen Herrscherdarstellung als in Mal 3,20a bezeugt sein.

4. Schluss

Über Jahrhunderte gibt es Zeugnisse darüber, dass die Sonne den Mythos einer gerechten Herrschaft evozierte. Gerechtigkeit und Klarheit, Beständigkeit und Zuverlässigkeit sind Attribute, die sie ihm leiht. Gerade weil das Amt durch die Kontingenz seines Inhabers in hohem Maße gefährdet ist, erfährt es durch diesen Mythos eine symbolische Darstellung, die den Eindruck ewiger Dauer erwecken kann. Der König ist die Sonne. Seine Herrschaft ist kein Zufall. Die ewige kosmologische Ordnung ist das Äquivalent seiner Herrschaft. Das Alte Testament lässt

Abb. 6: Friedhofstor in Kühndorf[70]

---

69   Schwienhorst-Schönberger, Kohelet, 102f.; Lohfink, Kohelet, 7f.
70   Foto Dirk Koch, Ingersleben.

keinen Zweifel daran, dass die Sonne nicht ganz so ewig ist wie ihr Schöpfer. Die Auslegungsgeschichte zeigt, dass man zumindest bisweilen sehr zurückhaltend war, Jhwhs Herrschaft im Bild der Sonne zu beschreiben. Kohelet weist das Bild – wohl wegen seiner mythischen Implikationen – zurück. *Alle Zeiten* im Leben lassen durchscheinen, dass Gott die Ewigkeit in ihr Herz gelegt hat (Koh 3,11), auch die Zeit des Sterbens, auch die Zeit des Verfalls. Die Sonne ist Zeugin der Vergänglichkeit, andererseits macht sie auch die schönen Seiten des Lebens bewusst (Koh 11,7).

Spuren des mythisch geprägten Bildes der Sonne begegnen heute – abgesehen von ihrer liturgischen Tradierung – im öffentlichen Bereich wieder zunehmend in der Bestattungskultur, nicht nur auf christlichen Friedhöfen. Für den Kundigen des alten Mythos erscheinen diese Bilder von der aufgehenden Sonne auf Friedhofstoren und Grabsteinen wie ein Ausdruck des Bewusstseins, dass die Herrschaft über Leben und Tod der menschlichen Verfügbarkeit entzogen ist. Vielleicht auch als Ausdruck der Hoffnung auf eine – wie auch immer justiziable – ausgleichende Gerechtigkeit. Vielleicht zeigt der Mythos vom Königtum hier seine hinter die gegenwärtigen Herrschaftsformen zurückgetretenen Spuren, die dem Verdacht des Zufalls menschlichen Lebens entgegenstreben.

Abbildungsverzeichnis

Abb. 1: Idealtypisch dargestellte ägyptische Flügelsonne
Abb. 2: Palast des Xerxes, Persepolis
Abb. 3: Die Flügelsonne auf Stelen Dareios' I. am Suezkanal
Abb. 4: Bodenmosaik der Synagoge von Hammat Tiberias (4. Jh. n. Chr.)
Abb. 5: Bodenmosaik der Synagoge von Sepphoris (5. Jh. n. Chr.)
Abb. 6: Friedhofstor in Kühndorf

Literatur

J. Assmann, Ägyptische Hymnen und Gebete, OBO, Fribourg/Göttingen [2]1999
— Ägypten. Theologie und Frömmigkeit einer frühen Hochkultur, Stuttgart/Berlin, Köln [2]1991
M. Bergmann, Die Strahlen der Herrscher. Theomorphes Herrscherbild und politische Symbolik im Hellenismus und in der römischen Kaiserzeit, Mainz 1998

J. Boardman, Die Perser und der Westen. Eine archäologische Untersuchung, Kulturgeschichte der antiken Welt 96, Mainz 2003

A. v. Bulmerincq, Band II, Kommentar zum Buche des Propheten Maleachi, ACUT(D), Tartu 1929–1932

P. Burke, Ludwig XIV. Die Inszenierung des Sonnenkönigs, WT 412, Berlin ²2005

Clemens Alexandrinus, Protreptikos, in: Clemens Alexandrinus I. GCS 12, hrsg. von U. Treu, Berlin ³1972, 3–86

M. ben Dov/Y. Rappel, Mosaics of the Holy Land, New York 1987

K. Elliger, Das Buch der zwölf Kleinen Propheten II, ATD 25/II, Göttingen ²1951

E. Haag, Das hellenistische Zeitalter. Israel und die Bibel im 4.–1. Jahrhundert v. Chr., Stuttgart 2003

W. Herdeg, Die Sonne in der Kunst, Zürich ³1964

W. Hinz, Darius und die Perser. Eine Kulturgeschichte der Achämeniden, Baden-Baden 1976

G. Hölbl, Geschichte des Ptolemäerreiches. Politik, Ideologie und religiöse Kultur von Alexander dem Großen bis zur römischen Eroberung, Darmstadt 1994 (Nachdruck 2004)

H. Irsigler, Vom Mythos zur Bildsprache. Eine Einführung am Beispiel der »Solarisierung« JHWHs, in: Ders. (Hg.), Mythisches in biblischer Bildsprache. Gestalt und Verwandlung in Prophetie und Psalmen, QD 209, Freiburg/Basel/Wien 2004, 9–42

B. Jacobs, Zur Bildausstattung der achaimenidischen Residenzen, in: Historisches Museum der Pfalz Speyer (Hg.), Begleitbuch zur Ausstellung »Pracht und Prunk der Großkönige – Das persische Weltreich«, Stuttgart 2006, 114–123

B. Janowski, JHWH und der Sonnengott. Aspekte zur Solarisierung JHWHs in vorexilischer Zeit, in: Ders., Die rettende Gerechtigkeit, BThAT 2, Neukirchen-Vluyn 1999, 192–220

— Rettungsgewißheit und Epiphanie des Heils. Das Motiv der Hilfe Gottes »am Morgen« im Alten Orient und im Alten Testament. Bd. I: Alter Orient. WMANT 59. Neukirchen-Vluyn 1989

B. Kaim, Das geflügelte Symbol in der achämenidischen Glyptik, AMI 24 (1991), 31–34

O. Keel/C. Uehlinger, Göttinnen, Götter und Gottessymbole. Neue Erkenntnisse zur Religionsgeschichte Kanaans und Israels aufgrund bislang unerschlossener ikonographischer Quellen, QD 134, Fribourg u. a. ⁵2001

R. Kessler, Maleachi, HThKAT 13,12, Freiburg im Breisgau u. a. 2011

H. Koch [Kokh], Persepolis and its Surroundings, Tehran 2006

K. Koch, Geschichte der ägyptischen Religion. Von den Pyramiden bis zu den Mysterien der Isis, Stuttgart/Berlin/Köln 1993

M. Krieg, Mutmaßungen über Maleachi. Eine Monographie, AThANT 80, Zürich 1993

J. Kutter, Nūr-ilī. Die Sonnengottheiten in den nordwestsemitischen Religionen von der Spätbronzezeit bis zur vorrömischen Zeit, AOAT 346, Münster 2008

S. Lauber, »Euch aber wird aufgehen die Sonne der Gerechtigkeit« (vgl. Mal 3,20). Eine Exegese von Mal 3,13–21, Arbeiten zu Text und Sprache im Alten Testament 78, St. Ottilien 2006

— Zur Ikonographie der Flügelsonne, ZDPV 124 (2008), 89–106

R. Liwak, »Sonne der Gerechtigkeit, gehe auf zu unsrer Zeit …« Notizen zur solaren Motivik im Verhältnis von Gott und König, in: E. M. Dörrfuß u. a. (Hg.), Am Fuß der Himmelsleiter – Gott suchen, den Menschen begegnen (FS Welten), Berlin 1996, 111–120

N. Lohfink, Kohelet, NEB 1, DDR-Lizenzausgabe Leipzig 1986

J. Maier, Die Sonne im religiösen Denken des antiken Judentums, ANRW II 19.1 (1979), 346–412

R. Mayer-Opificius, Die geflügelte Sonne – Himmels- und Regendarstellungen im Alten Vorderasien, UF 16 (1984), 189–236

A. Meinhold, Maleachi, BK XIV/8, Neukirchen 2006

M. Metzger, Tierkreisbilder, Toraschrein und Abraham. Verbindungslinien zwischen Bildmotiven auf Mosaikfußböden antiker Synagogen in Palästina/Israel, in: P. David (Hg.): Theologie in der Öffentlichkeit. Beiträge der Kieler Theologischen Hochschultage aus den Jahren 1997 bis 2006 (FS Blaschke). Kieler Theologische Reihe 5. Hamburg u. a. 2007, 109–140

— Zodiakos, Tempel und Toraschrein. Verbindungslinien zwischen Bildmotiven auf Mosaikbildern spätantiker Synagogen in Palästina, in: A. Graupner u. a. (Hg.): Verbindungslinien (FS Schmidt), Neukirchen-Vluyn 2000, 225–248

J. Noetzel, »Siehe, ich sende meinen Boten« (Mal 3,1). Ein Versuch, die Maleachischrift kontextuell zu verstehen, Dissertation, Halle (Saale) 2011

A. Nunn, Der figürliche Motivschatz Phöniziens, Syriens und Transjordaniens vom 6. bis zum 4. Jahrhundert v. Chr., OBO.SA 18, Fribourg u. a. 2000

T. Podella, Das Lichtkleid JHWHs. Untersuchungen zur Gestalthaftigkeit Gottes im Alten Testament und seiner altorientalischen Umwelt, FAT 15, Tübingen 1996

S. Quirke, Altägyptische Religion, Stuttgart 1996

M. Rashad, Iran: Geschichte, Kultur und [lebendige] Traditionen, antike Stätten und islamische Kunst in Persien, Dumont Kunstreiseführer, Ostfildern ⁵2008

W. Rudolph, Haggai – Sacharja 1–8 – Sacharja 9–14 – Maleachi, KAT, Berlin 1981

S. Schroer, Beobachtungen zur Aktualisierung und Transformation von Totenweltmythologie im Alten Israel. Von der Grabbeigabe bis zur Rezeption ägyptischer Jenseitsbilder in Mal 3,20, in: H. Irsigler (Hg.), Mythisches in biblischer Bildsprache. Gestalt und Verwandlung in Prophetie und Psalmen, QD 209, Fribourg 2004, 290–310

L. Schwienhorst-Schönberger, Kohelet, HThK.AT 19, Freiburg/Basel/Wien ²2011

H.-P. Stähli, Solare Elemente im Jahweglauben des Alten Testamentes, OBO 66, Göttingen 1985

F. Stolz, Mythos II, TRE 23, 608–625

M. Wallraff, Christus verus sol. Sonnenverehrung und Christentum in der Spätantike, JbAC Erg. Bd. 32, Münster 2001

Z. Weiss/E. Netzer, Promise and Redemption. A Synagogue Mosaic from Sepphoris. Jerusalem ²1998

J. Wellhausen, Die Kleinen Propheten, Berlin ⁴1963

J. Wiesehöfer, Das antike Persien von 550 v. Chr. bis 650 n. Chr., Zürich u.a. 1994 (Nachdruck 1998)

I. Willi-Plein, Haggai, Sacharja, Maleachi, ZBK. AT 24.4, Zürich 2007

A. Wünsche, Bibliotheca Rabbinica, Nachdruck Hildesheim u.a. 1993

H.-J. Zobel, Jona/Jonabuch, TRE 17, 229–234

IV. Alles hat seine Zeit

Neue Sichten – neue Schichten

Skizze einer Redaktionsgeschichte des Buches Kohelet

Zoltán Kustár

Bei der Analyse des Buches Kohelet stößt man rasch auf zwei eng miteinander zusammenhängende Fragen. Die eine ist die nach dem Aufbau des Buches, genauer, ob das Buch eine durchgehende Komposition aufweist, und die zweite, wie die zahlreichen inhaltlichen Widersprüche und Spannungen innerhalb des Buches zu erklären sind.

Über den Aufbau vertraten in der Vergangenheit F. Delitzsch (1877), K. Galling (1940, ²1969), O. Loretz (1964) und u.a. F. Ellermeier (1967) und A. Lauha (1978) die Auffassung, dass das Buch keine durchgehende Komposition besitze, sondern als lose Anhäufung von einzelnen Texteinheiten (Sentenzen, Reflexionen, Topoi) zu beurteilen sei, die anhand innerer Zusammengehörigkeit durch Stichwortverknüpfungen oder gedankliche Assoziationen zusammengestellt worden seien. Im Gegensatz dazu sprechen sich gegenwärtig immer mehr Exegeten für einen planvollen Aufbau des gesamten Buches aus. M. Thilo (1923), A. Bea (1950), H. L. Ginsberg (1955), G. R. Castellino (1968), A. G. Wright (1968), G. S. Ogden (1979), J. A. Loader (1979, 1986), N. Lohfink (1980, 1999), F. Rousseau (1981), J. L. Crenshaw (1988), Th. Krüger (2000) und E. Birnbaum/L. Schwienhorst-Schönberger (2012) meinen, dass das gesamte Buch als eine umgreifende Komposition zu verstehen sei. Zwischen diesen zwei Extremen vertreten z.B. K. Budde (1910, ⁴1923), W. Zimmerli (1974) und neuerdings D. Michel (1989) und A. Fischer (1995) eine vermittelnde Position. Sie meinen, dass in den ersten beiden bzw. ersten drei Kapiteln (etwa in 1,3–3,15) ein planvoller Aufbau zu erkennen sei, während die Fortsetzung weitaus schwächer durchgestaltet sei oder sogar aus teils zufällig, teils assoziativ aneinander gereihten Einheiten bestehe.[1]

---

1 Siehe Crenshaw, Ecclesiastes, 4–49; Schwienhorst-Schönberger, Kohelet, 381; Rózsa, Ószövetség, 402f.

Wenn wir uns der Frage nach den Widersprüchen und Spannungen des Buches zuwenden, können wir feststellen, dass sich heutzutage die Mehrzahl der Forscher von einer literarkritischen bzw. redaktionsgeschichtlichen Erklärung abwendet und eine Variation der sog. »Zitatentheorie« teilt.[2] Es liegt auf der Hand, dass die Vertreter der Zitatentheorie gleichzeitig auch mit einem planvollen Aufbau und höchstens mit einigen Glossen oder Nachträgen von Epilogisten rechnen, und umgekehrt diejenigen, die das Buch literarisch als nicht einheitlich beurteilen, eher zur Sicht neigen, dass höchstens Kap. 1–3 eine geschlossene und konsequente Argumentationslinie besitzen.

Das literar- oder redaktionsgeschichtliche Modell sieht in den Spannungen und Widersprüchen des Buches die Hinterlassenschaft eines komplexen literarischen Entstehungsprozesses, in dem die mit den Hauptgedanken konkurrierenden Textaussagen als Arbeit von Glossatoren, Redaktoren oder Epilogisten zu beurteilen sind. Dieses Modell wurde etwa von C. Siegfried (1898), dann G. A. Barton (1908), É. Podechard (1912), K. Galling (1940, ²1969), D. Buzy (1946) und A. Lauha (1978) vertreten, findet aber heutzutage immer weniger Anhänger, siehe A. Fischer (1997), R. Brandscheidt (1999) und M. Rose (1999), sowie in seiner Einleitung O. Kaiser (1994).[3] Während Siegfried noch fünf literarische Schichten und darüber hinaus zwei Epilogisten und zwei Redaktoren postulierte, rechnen seine Nachfolger über den Verfasser Kohelet hinaus meist mit einem Herausgeber (einem Schüler Kohelets) und mit einem (Galling, Barton, Lauha) oder zwei (Podechard, Kaiser, Fischer, Brandscheidt, Rose) weiteren Redaktoren/Epilogisten, wobei sie – mit Ausnahme von Brandscheidt – mindestens eine Umarbeitung annehmen, welche die allzu gewagten Aussagen des Buches aus »orthodoxer Sicht« korrigierend kommentiert.

Nach der Zitatentheorie sind die inhaltlichen Unebenheiten damit zu erklären, dass Kohelet in seiner Rede gegnerische Ansichten zitiert, um sie dann kritisch zurückzuweisen. Die Theorie wurde von Levy und Gordis entfaltet, und im Anschluss daran haben sich Whybray, Michel und Backhaus bemüht, sie durch die Ausarbeitung der Merkmale der Zitationsweise Kohelets abzustützen. Die These eines »rezeptionsorientierten Interpretationsansatzes«, wobei Kohelet auf zeitgenössische Texte und Konzepte mit intendierter Mehrdeutigkeit reagiert, um den Leser zu eigener Urteilsbildung zu provozieren, kann als eine Variation der Zitatentheorie betrachtet werden. Sie wird neuerdings

---

2   Schwienhorst-Schönberger, Kohelet, 381.
3   Schwienhorst-Schönberger, Kohelet, 383; Rózsa, Ószövetség, 405 f.

von Seow, Krüger und Birnbaum/Schwienhorst-Schönberger vertreten.[4]

Die Probleme, mit denen sich die Zitatentheorie konfrontiert sieht,
bestehen darin, dass erstens diese »Zitate« sich nicht von den »Kommentaren« des Kohelet abgrenzen lassen, weil sie – anders als die
Diskussionsworte und Streitgespräche des Alten Testaments – nicht
explizit als solche kenntlich gemacht sind, dass zweitens diese Argu-
mentationsweise innerhalb der biblischen Literatur – trotz bestimmter
Parallelen in der hellenistischen Diatribe – nur ferne Analogien besitzt,
und dass drittens die »gegnerischen Ansichten«, die Kohelet zitiert
haben soll, oft eher das Geltende, keinesfalls aber das Zurückgewiesene
zu sein scheinen. Es ist ebenso fraglich, wieso in diesem einen Buch die
inhaltlichen Unebenheiten als innerer Dialog oder als »intendierte
Mehrdeutigkeit«, in anderen Schriften des Alten Testaments aber, etwa
auch im Hiobbuch, als Zeichen literarischer Überarbeitungen zu bewer-
ten seien.

Der Überblick über die Forschungsgeschichte zeigt, dass in Koh 1–3
nur wenige Stellen den allgemeinen Anschauungen des Kohelet widersprechen, so dass wir hier einen geschlossenen Gedankenzusammen-
hang vorfinden, während dieser Gedankengang ab Kap. 4 immer
schwerer zu greifen ist, weil er durch lange Einschübe verschiedenster
Form und Aussageabsicht unterbrochen und inhaltlich überschrieben
wird. Dieses Phänomen ähnelt dem, was wir bei anderen Büchern des
Alten Testaments finden: Die Redaktoren neigen dazu, ihren Stoff an
das Buchende anzufügen und an prominenten Stellen des Buches, etwa
im Epilog, betont zur Sprache zu bringen.

Ich denke deshalb, dass man die redaktionsgeschichtliche Methode
– trotz der ernst zu nehmenden Hinweise auf die sprachliche Einheit-
lichkeit des Buches und die relativ kurze Zeit für die Umarbeitungen –
nicht von vornherein aus den akzeptableren Lösungsvorschlägen für
die literarischen Probleme des Buches ausschließen darf.[5] Die verschiedenen *Sichten* des Buches lassen sich m.E. durchaus als *Schichten* eines
redaktionellen Umarbeitungsprozesses identifizieren, und es verspricht
unter dem Gesichtspunkt der Religionsgeschichte Israels doch einen
bestimmten Ertrag, wenn wir die miteinander konkurrierenden Sichten
des Buches nicht als Ergebnis einer *inneren*, fiktiven Diskussion, sondern als Niederschlag eines realen Diskurses von verschiedenen theo-

---

4   Schwienhorst-Schönberger, Kohelet, 384; Rózsa, Ószövetség, 406.
5   So mit Brandscheidt, Weltbegeisterung, 510 (mit Anm. 2) gegen den oft zitierten Satz
    von Michel: »Der Versuch, mit Hilfe der Literarkritik die Schwierigkeiten des Buches
    Qohelet zu lösen, hat sich totgelaufen.«

logischen Kreisen des hellenistischen Zeitalters in Jerusalem wahrnehmen.

Mehr als eine Skizze kann und will allerdings meine Arbeit nicht sein. Ich hoffe aber, dass meine Sichtweise zum Verstehen des Buches etwas beisteuern kann – wohl wissend, dass die Ergebnisse einer solchen Rekonstruktion durch gründliche Einzelexegese der in Frage stehenden Texte zu verifizieren sind.

Mit diesem Aufsatz möchte ich meine Verehrung und Anerkennung dem Jubilar, Herrn Dr. Ernst-Joachim Waschke gegenüber zum Ausdruck bringen. Herr Waschke hat meine Forschungen als Doktorvater zwischen 1993 und 1996 in Halle betreut, und mein Denken über die alttestamentliche Literatur durch seine Publikationen, seine Vorlesungen und vor allem durch die vielen anregenden Diskussionen in Halle und mehrfach auch an unserer Fakultät in Debrecen in nicht geringem Maße beeinflusst.

Grundschicht: Das Buch eines Skeptikers

Stoff: 1,1; 1,2–11; 1,12–18; 2,1–11; 2,12–23.26bβ;
3,1–8; 3,9–10.15; 3,16.18–21.22b; 4,1–3; 4,4; 4,7–8.16aββ;
5,9–10.12–16; 6,1–6.8.9b.12aββ; 7,15+8,1a.7–8aαβ.9–10;
8,14; 8,16–17; 9,1–3.5–6.11–12; 9,13–16; 10,5a.6–7+12,8; 12,9–10.

Der Verfasser des Buches ist ein skeptischer Denker, der zwar den Glauben an die Existenz Gottes nicht aufgibt, aber die traditionellen Lehren der israelitischen Weisheit mit seinen empirischen Erfahrungen konfrontiert und ihre Tragfähigkeit grundsätzlich in Frage stellt. Alles ist eitel: Naturgesetze beherrschen die Welt, nicht aber göttliche Bestimmungen. Auch wenn Gott hinter den Geschehnissen der Welt letztendlich da ist, kann der Mensch seinen Willen nicht erforschen und den Lauf der Dinge, vor allem sein eigenes Schicksal nicht positiv beeinflussen. Weisheit hat zwar ihren relativen Nutzen für ihren Besitzer, und in Krisenfällen auch für seine Umgebung, aber das Streben nach Weisheit gebiert nur seelische Mühsal und Enttäuschung für den, der sich darum bemüht. Was aus der Vergeltungslehre der altisraelitischen Weisheit geblieben ist, ist das beständige Verlangen nach einem Lohn (1,3.11; 2,15,21–22; 3,9; 4,8; 5,10.15; 6,8), der aber, ob gegenüber einem Toren oder gegenüber einem Tier, weder im Leben noch im Tode zu finden ist.

Dieser Gott Kohelets ist eher der böse und arglistige Gott Hiobs als ein treu sorgender Vater, gerechter Richter oder Erlöser Israels, der mit ständig neuen Heilstaten seinen Gläubigen Anlass zum Lobgesang gibt. Kohelet gibt zu, dass Gott das menschliche Schicksal in seinen Händen hält (9,1), er bestimmt den Lauf der Welt (3,15) und die Schicksale des Menschen, dem einen Reichtum, dem anderen Plagen zuteilend (6,1; 3,10); aber der Mensch kann ihn – um seinem Willen zu entsprechen – trotz all seines Bemühens nicht erforschen (8,16; 9,1). Ja, er lässt sogar den Reichtum oft nicht genießen (6,2). Kohelet stellt fest: Gott hat nur deswegen dem Menschen Weisheit gegeben, damit er sich abmüht (1,12) und sich mit der Erkenntnis quält, dass sein Schicksal nicht besser als das eines Tieres sei (3,18). Es ist wahrscheinlich, dass die Popularphilosophie der Kyniker, Skeptiker, Epikureer und Stoiker den Kohelet zu dieser Skepsis führte.[6]

Wie fremd dies für viele in Judäa damals und in späterer Zeit wirkte, können wir uns gut vorstellen. Denn das ist kaum mehr – wenn überhaupt – als das, was die frommen Jhwh-Gläubigen von den Gottlosen hören:»Gott tut weder Gutes noch Böses« (Zeph 1,12, vgl. Jes 5,18–20; Ps 10; 73; Mal 3,13–21).

Und doch hat nicht allein die Tatsache das Büchlein vor der Vergessenheit bewahrt, dass der Herausgeber den Kohelet mit König Salomo, der Quelle aller Weisheit Israels, gleichsetzte.[7] Wie Ps 49; 73 oder Mal 3,13–21 und die Chronikbücher mit ihren extremen Positionen zur Theodizee einerseits, das ständig erweiterte Hiobbuch und das Hohelied andererseits zeigen, waren es viele, die die Erfahrungen Kohelets als Existenzkrise wahrnahmen und ihr Lebensgefühl mit der israelitischen Tradition in Einklang zu bringen suchten. Das Judentum war in der (früh-)hellenistischen Zeit von solchen Fragen so stark geprägt, dass dies zur letzten Blütezeit der alttestamentlichen Literatur führte. Wir werden noch sehen: Die ersten beiden Bearbeiter des Buches gehörten offensichtlich auch zu solchen Kreisen.

Der Verfasser wollte mit seinem Werk sicher nicht die Gläubigen provozieren. Dadurch, dass er seine Gedanken als Autobiographie des Königs Salomo formulierte, zeigte er seine Erkenntnisse als der hebräischen Weisheitstradition eigen auf. Wer mit ihm Streit provoziert, bestreitet die Weisheit Salomos und verleugnet den frommen König Israels. Was den Verfassern des Hiobbuches die fremden Darsteller, leistet dem Kohelet die Autorität des Davidssohnes. Kohelet schreibt hebräisch und nicht griechisch: Hier kommt also ein Mann zu Wort, der »bei aller Offenheit zum Griechischen das eigene Erbe nicht preiszugeben«

---

6 Birnbaum/Schwienhorst-Schönberger, Kohelet, 14f.
7 Galling, Prediger, 75, meint, dass erst der zweite Redaktor (QR2) des Buches den Kohelet mit König Salomo gleichgesetzt habe, ähnlich neuerdings Fischer, Skepsis, 252. Doch literarkritisch spricht kein zwingendes Argument dafür.

versuchte,[8] auch wenn er sich weigerte, »sich auf den Flügeln des Glaubens über die Grenzen des Wissbaren hinaustragen zu lassen«.[9]

Ob der Herausgeber mit dem Verfasser identisch sei, kann hier dahingestellt bleiben. Er rahmte den Stoff durch die Mottoverse 1,2 und 12,8: »Alles ist ganz eitel...«. In beiden Versen platziert er die Einschaltung »sagt der Kohelet«; sonst spricht der Kohelet in der Grundschicht immer in der ersten Person Singular.[10] Als eine zweite, äußere Rahmung fügte er dem Buch den Buchtitel (1,1) und den Epilog 12,9–10 hinzu.[11] Letzterer schließt das Buch mit dem Lobpreis des Kohelet ab, wobei er betont die »Ehrlichkeit« des Kohelet hervorhebt: Der Herausgeber rechnet also von Anfang an mit bestimmter Ablehnung seitens der angestrebten Hörerschaft. Das Büchlein könnte um die Mitte des dritten vorchristlichen Jahrhunderts in Jerusalem entstanden sein.

Redaktion 1: Gottes Wille ist nicht zu erforschen, doch die Freude an Gottes Gaben gibt dem Leben einen Sinn

Stoff: 2,24a; 3,11–13; 3,22a; 5,17–19; 7,13–14; 8,15; 9,7–10; 11,7–8; 12,1–7.

Der erste Bearbeiter des Buches war »kein radikaler Gegner« von Kohelet.[12] Er teilt durchaus die Meinung, dass Gottes Wille nicht zu erforschen sei (3,11), dass der Mensch sein Schicksal durch Weisheit und Moral nicht handhaben könne (7,13–14), und dass auch Klügelei den Menschen nicht beglücke.

Doch er sieht genügenden Grund für die Freude: Der Mensch kann nämlich sein Glück im Essen und Trinken finden – in Sachen, die vom Kohelet noch den Eitelkeiten der Welt zugeordnet wurden (2,3.10.17–18.20) –, bevor das Altwerden und der Tod ihn von derartigen sittlichen Freuden beraube (12,1–7). Es ist gut, die Sonne zu sehen – und dies soll man so weit genießen, wie es nur möglich ist. Gerade die Überzeugung, dass dieses irdische Glück zeitlich begrenzt ist, wertet die Freude auf, und wer dies verwirft oder missachtet, ist selber ein Tor (11,7). Hier liegt der Lohn, nach dem Kohelet umsonst beharrlich frag-

8   Zitat von Lohfink, Kohelet (1980), 10.
9   Michel, Untersuchungen, 273.
10   Diese Einfügung wird dann in 7,27 bewusst nachgeahmt, wenn die Redaktion 3 Kohelet zu seiner Schlussfolgerung kommen lässt.
11   Zu dieser doppelten Rahmensetzung siehe neuerdings Krüger, Kohelet, 19 (über 12,9–14).
12   So nach Siegfried, Prediger, 9f., der einer ersten Bearbeitung (Q¹) die folgenden Abschnitte zuordnet: 7,14.16; 8,15; 9,4.7–10.12; 10,19; 11,7.8a.10; 12,1b–7a.

te: Dies gibt Ziel und Sinn allem Mühen und aller Arbeit des Lebens (2,24a; 3,22a; 8,15), bis das Altwerden den Menschen dessen beraubt (9,10; 11,8; 12,1–7). Nicht alles im Leben, geschweige denn das Leben selbst sei Eitel: Eitel ist nur, was *nach den Freuden des Lebens* kommt (9,10; 11,8).

Doch dieser Denker ist mehr als ein Epikureer. Er sieht in den Freuden des Lebens Gottes Gaben (3,12–13; 5,17–19; 9,7–10), womit Gott selbst des Menschen Herz erfreut (5,19).[13] Hier erscheint Gott als gütiger Schöpfer (3,11; 12,1) und Fürsorger, der dem Menschen das Leben mit seinen Freuden schenkt (8,15), und der am Ende seinen Geist – wohl im Gegensatz zu dem des Viehs, und entgegen der Skepsis des Kohelet – zu sich zurückerwartet (12,7).

Ja, der Bearbeiter teilt die Meinung Kohelets: der Mensch kann die Welt und das Leben weder steuern noch verstehen – aber man kann es von Gott dankbar empfangen und den Ertrag seiner Arbeit mit Freude genießen. Das Leben hat doch einen Sinn: das Leben selbst, das nicht begriffen, aber trotz seiner zeitlichen Begrenztheit doch ergriffen werden kann.

Diese Lebensfreude und das Ja auf all die Güter des Diesseits führen uns in die Nähe des Hohenliedes (vgl. z.B. Koh 9,7 mit Cant 5,1; zum Hohenlied als Ganzem vgl. Koh 9,9), das ebenfalls dem König Salomo zugeschrieben wurde. Es ist durchaus denkbar, dass das umgearbeitete Buch Kohelet in einer bestimmten Zeit mit dem Hohelied zusammen zu sehen und zu lesen war.

Redaktion 2: Das zukünftige Gericht Gottes wird zeigen, dass es sich lohnt, ihn zu fürchten und seinen Geboten zu folgen

Stoff: 2,24b–26abα; 3,14; 3,17; 6,10; 8,5–6; 8,11–13; 11,9–10; 12,13–14.

Der zweite Bearbeiter fühlt sich schon stärker gezwungen, das Gottesbild des Kohelet zu korrigieren. Ganz verwirft er allerdings seine Behauptungen nicht, und erkennt ihr relatives Recht. Doch was der Kohelet als allgemein geltende Erfahrung darstellt, entspricht nach ihm nur einem begrenzten Erfahrungshorizont: Die Eitelkeit des Lebens ist eher der Gottlosen Anteil, denen aber, die Gott fürchten, schenkt er schon jetzt Freude (2,25–26abα). Aber das kommende Gericht Gottes wird die Stunde der Wahrheit bringen, in der jeder Fromme seinen Lohn und

---

13 Siehe Krüger, Kohelet, 11 f.

jeder Sünder seine Strafe bekommt. Der Begriff »Gottesfurcht« ist ein zentraler Begriff dieses Bearbeiters (siehe 3,14; 8,12–13; 12,13; dann in der nächsten Schicht: 5,6 und 7,18).

Dieser Bearbeiter knüpft mit Vorliebe an die Zusätze des vorigen Bearbeiters an. Dabei hebt er hervor, dass die Güter des irdischen Lebens von Gott kommen, gleichzeitig betont er, dass sie – als Lohn – nur den Gerechten zugeteilt wird (2,24b–26abα). Er hält es für wichtig, der vom ersten Bearbeiter empfohlenen Lebensfreude moralische Grenzen zu setzen: Das Genießen der irdischen Güter darf keinesfalls zur Zügellosigkeit führen; hier markiert Gottes Gesetz bestimmte Grenzen, besonders für die Jugendzeit (11,9–10), denn die Güte Gottes hat das Ziel, die Menschen zur Gottesfurcht zu erziehen (3,14). Gern greift aber dieser zweite Bearbeiter auch direkt in den Text ein, gerade dort, wo der Kohelet die Ungerechtigkeit des Lebens beklagt, um dies mit dem Hinweis auf das zukünftige Gericht Gottes gleich zu korrigieren (3,17; 6,10; 8,5–6; 8,11–13), unbekümmert darum, dass er den Zusammenhang der Grundschicht damit grob unterbricht (z.B. 3,17).[14]

Der Bearbeiter fasst seine Position im Fortschreiben des Epilogs (12,13–14) programmatisch zusammen:

> Lasst uns die Hauptsumme aller Lehre hören: Fürchte Gott und halte seine Gebote; denn das gilt für alle Menschen. Denn Gott wird alle Werke vor Gericht bringen, alles, was verborgen ist, es sei gut oder böse.

Diese Redaktion – oft eher als eine Glossen-Reihe betrachtet – wird innerhalb der Forschung häufig (und im Textbestand relativ einheitlich) abgesondert, wobei sie von vielen – neben der ersten, leichten Umarbeitung durch einen Herausgeber – als die einzige durchlaufende Umarbeitung des Buches anerkannt wird.[15]

Redaktion 3: Warnung vor überflüssiger Klügelei – Kritik am greisen Salomo

Stoff: 4,13–16aα; 5,1–2.5–7; 6,11–12aα; 7,5–7; 7,16–18; 7,23–29; 9,17–10,3; 10,5b; 10,8–14; 12,12.

Zahlreiche Abschnitte des Buches kritisieren den »alten und törichten König« (4,13) oder die vorzeitige Rede vor Gott und mahnen gegen

---

14 Die kurze Zwischenbemerkung »*Der Lebendige soll es sich zu Herzen nehmen!*« in 7,2b spricht ganz im Sinne der Redaktion 2, doch geht es hier wahrscheinlich um eine vereinzelte Randglosse von späterer Hand.

15 So nach Kaiser zusammenfassend Krüger, Kohelet, 33f.

überflüssige Klügeleien (5,1–2; 5,5–6; 6,11). Für Ungerechtigkeiten des Lebens wird nicht Gott, sondern werden die »Bösewichte« (9,18) und vor allem die politischen Elite verantwortlich gemacht (5,7; 10,5b), deren Weisheit durch Gewinn zur Torheit gemacht und deren Herz durch Bestechung verdorben wird (7,7), wobei auch die Gedanken des Königs zum nutzlosen Gesang (7,5–6), ja sogar zum »Schreien unter den Törichten« werden können, wenn er hochmütig wird, weil er sich mit nutzlosen Toren umgibt (9,17). Solche Reden sind unnütze »viele Künste« (7,29), die die Hörerschaft nur moralisch verunsichern (7,17) und den Redenden selbst in Verwirrtheit und ins Verderben führen (7,16); sie sind also deshalb ebenso zu meiden wie die Sünde selbst (7,18). Es kann sein, dass einer weise ist, aber es reicht ein einziges, unbedenkliches Wort, und alle seine frühere Weisheit erweist sich als Torheit (10,1). Unter den Frauen seien keine Weisen, ja, sie sind Verführerinnen, die von der Weisheit abbringen (7,26, vgl. Prov 5,1ff.; 7,6ff.; 23,26ff.) – schlimm ist es also, wenn man auf sie hört und sich von ihnen lenken lässt (7,25–29). Und zuletzt: Nicht alle Bücher verdienen ihren Preis, man solle deshalb von dem Bücherschreiben endlich ablassen (12,12).

Anscheinend sind diese Abschnitte nach ihrem Inhalt sehr heterogen. Doch sie fügen sich zu einem Gesamtbild zusammen, wenn man sie als Kritik an dem Kohelet als an dem alten und hochmütig gewordenen, unter den Einfluss seiner Frauen geratenen Salomo (vgl. I Reg 11,1–8) betrachtet, der – nach 4,13–15 und 5,5 – sich nicht mehr richtig beraten ließ, und mit seinen törichten Gedanken die Verantwortung für das Aufkommen von Rehabeam und für die Reichsteilung trägt.[16] Der König hatte zwar viel Weises gesprochen (10,1–2), aber in seinem Wohlstand verbrachte er zu viel Zeit mit Klügeleien (5,6), ließ sich von seinen verführerischen Frauen beraten (4,13–15), weshalb er zu Äußerungen kam, die, »wie die Fliege in der Salbe«, nicht mit seiner früheren Weisheit zu vereinbaren seien. Denn:

---

16 Die Mehrzahl der Forscher meint heute, hier liege eine allgemeine Lehrgeschichte vor, die verschiedene, von jeher geläufige Sagenmotive spiegelt. Dies schließt allerdings die Möglichkeit nicht aus, dass der Text auch auf bestimmte biblische Erzählungen Bezug nimmt, siehe zur älteren Forschung Lauha, Kohelet, 92, und Seow, Ecclesiastes, 190, wonach als Hintergrund auch die Erzählungen über Salomo und Rehabeam, bzw. Salomo und Jerobeam in Frage kamen. Neuerdings vertreten Birnbaum/Schwienhorst-Schönberger die Meinung, dass 4,15–16a als Anspielung auf die Auf- und Abstiegsgeschichte Salomos zu deuten ist, siehe dies., Kohelet, 13f.131–134. Diese Deutung ergibt sich aber ohne Zwang auch für die vorangehenden Verse 4,13–14b, siehe wiederum a.a.O., 132f., zu Vers 4,13.

Wo viel Mühe ist, da kommen Träume, und wo viele Worte sind,
da hört man den Toren. (5,2, siehe auch 6,11 und 10,8–14)

Tote Fliegen verderben gute Salben.
Ein wenig Torheit wiegt schwerer als Weisheit und Ehre. (10,1)

Der Bearbeiter legt das Bekenntnis in den Mund Salomos selbst:

Das alles habe ich versucht mit der Weisheit.
Ich dachte, ich will weise werden, sie blieb aber ferne von mir. (7,23)

Er lässt den König als letzte und einzig wahre Erkenntnis der Weisheit
eine Absage an die Frauen aussprechen (7,25–29).[17] Die Übernahme des
Satzes »das sagt der Kohelet« aus 1,2 und 12,8 in 7,17, also in der Mitte
dieses Abschnittes, gibt diesem Fehlerbekenntnis einen besonderen
Nachdruck. Und letztlich lässt dieser Bearbeiter, den Epilog erweiternd, zynisch durch Salomo über sein eigenes Werk das vernichtende
Urteil sprechen (12,12):

Und über dem allen, mein Sohn, lass dich warnen;
denn des vielen Büchermachens ist kein Ende,
und viel Studieren macht den Leib müde.

Es ist gut vorstellbar, dass diese Erweiterung ursprünglich hinter
12,13–14 stand, und erst von dem vierten Bearbeiter, der diese Mahnung mit dem Hinweis auf die empfehlenswerten Weisheitssammlun-
gen leicht korrigierte, hinter seinen Zusatz 12,11 umgesetzt hatte.

Ein scharfer Gegner des Kohelet meldet sich also hier zu Wort, der,
dem greisen Salomo spottend, das Büchlein Kohelet disqualifizieren
und aus der theologischen Diskussion ausklammern möchte. Offensichtlich setzt er die Verfasserschaft von Salomo ohne Nachfrage voraus, und muss mit einem bestimmten Grad an Kanonizität oder mindestens mit einer gewissen Verbreitung und Popularität des Buches
rechnen, weshalb er seine Leser nur aus dem Buch selbst mahnen kann.

Man könnte überlegen, ob die Abschnitte, die Salomo direkt in den
Mund gelegt werden, nicht von einem Späteren stammen, der, schon
Frieden stiftend, die scharfe Salomo-Kritik abmildern möchte, indem er
die kritischen Bemerkungen Salomo selber zuschreibt. Doch da 7,6 den
Satz Kohelets »Das ist auch eitel« zitiert und die unnütze Klügelei auch
sonst gerne als »eitel« benennt (5,6; 6,11), ist es offensichtlich, dass der
Bearbeiter alle seine Worte, auch wo er auf Salomo als Redenden direkt
nicht hinweist, als Bekenntnis des Königs verstehen lassen möchte. Der
Bearbeiter folgt grundsätzlich der prosaischen Form der Grundschicht,
geht aber am Buchende in dichterische Form über (9,17–10,2.8–14), und

---

17   So zum Abschnitt z.B. Lauha, Kohelet, 140f.

übernimmt die direkte Anrede der Leser, den ersten beiden Bearbeitungen der Weisheitsreden entsprechend, hinüber. So kommt ein Buchende zustande, an dem zurückzuweisende Worte kaum mehr zu finden sind, eher alles – dank seines eigenen Stoffes und der beiden früheren Bearbeitungen – sowohl in der Form als auch im Inhalt der »wahren salomonischen Weisheit« entspricht, zu der der Bearbeiter den Leser mit diesen indirekten Hinweisen auf die salomonische Spruchweisheit hinführen möchte. Wir sollten also diesen Bearbeiter in der Nähe der traditionellen Weisheitsschulen suchen.

Redaktion 4: Die Weisen haben doch Recht – Angleichung an die Proverbien

Stoff: 4,5–6; 4,9–12; 4,17; 5,3–4; 5,8; 5,11; 6,7.9a; 7,1–2a.3–4; 7,8–12; 7,19–22; 8,1b–4; 8,8aγb; 9,4; 10,4; 10,15–11,6; 12,11.

Dieser Redaktor bemüht sich, die Lehre des Kohelet mit den Sprüchen von Salomo in Einklang zu bringen. Oft inhaltlich treffend, oft aber eher assoziativ oder anhand von Stichwortverknüpfungen, häuft er ab dem vierten Kapitel Sprüche in das Buch hinein, manchmal nur einzelne Sentenzen, manchmal ganze Spruchreihen, die in ihrer Form und in ihrem Inhalt stark an das Buch der Proverbien erinnern.

Programmatisch weist er allerdings gleich in seinem ersten Spruch den Rat des Kohelet zurück, das vergebliche Streben aufzugeben: Nein, nur »Ein Tor legt die Hände ineinander und verzehrt sein eigenes Fleisch« (4,5). Und wenn man sein Streben doch als umsonst fühlt, liegt das allein daran, dass der Mensch nach unerreichbaren Zielen strebt – anstelle mit wenigerem die Ruhe zu genießen (4,6). Und wiederum programmatisch wird, möglicherweise im Zusammenhang der Umstellung von 12,12 vor die »letzte Summe« 12,13–14, die Sicht des Redaktors in den Epilog eingetragen (12,11): Gerade die Worte der Weisen seien wie Stacheln, und wie eingeschlagene Nägel sind die einzelnen Sprüche; wie ein Zaun, von einem Hirten aufgestellt, können sie den Menschen bewahren und ihm das Leben sichern.

Wo Kohelet das Schicksal der vereinzelten Reichen verachtet (4,7–8), stellt er dem die freundliche Solidarität eines Gesellen entgegen (4,9–12). Wo Kohelet die Unruhe der Reichen beklagt (5,9–10), stellt er dem wiederum die innere Ruhe der Arbeitenden (5,11) entgegen. Wo Kohelet beklagt, dass die Reichen ihren Reichtum nicht genießen können, mahnt er mit den beiden Hälften eines aufgeteilten Spruches (6,7.9a) zur Enthaltsamkeit. Wenn der Kohelet in 6,8–9.12aβb oder in

7,15 den Sinn der Weisheit der Torheit gegenüber bezweifelt, fügt er in
7,1–2a.3–4, in 7,8–12 und in 7,19–22 eine ganze Reihe von Sprüchen
hinzu, die den Nutzen der Weisheit belegen. Der Abschnitt 7,1–2a.3–4
ist mit dem Thema Tod und Trauer in 6,3–5 verknüpft. In 9,4 wird
durch einen Spruch der Gedanke zurückgewiesen, der Lebende habe
gegenüber dem Toten keinen Vorteil: Im Sinne der Bearbeitung 1 wird
bekräftigt, dass das Leben selbst den Unterschied ausmacht.[18]
　　Diese Bearbeitung setzt die Redaktion 3 offensichtlich schon voraus. In 4,17 und 5,3–4 wird die Mahnung dieser Redaktion gegenüber
voreiliger Rede (5,1–2.5–6) im Sinne der prophetischen Kultkritik ausgelegt. In 5,7, wo diese die Unterdrückung der Mächtigen beschreibt,
wird ein Spruch über die zutreffende Stellung des Königs zum Land-
bau (5,8) eingefügt, und in 10,16.20 wieder auf die Anklage gegenüber
den Mächtigen 10,5b.6 reagiert. Die Sprüche 7,3–4 und 7,11–12 nehmen
offensichtlich auf die Kritik der unnützen Reden der Toren der Redaktion 3 Bezug (6,11–12aα; 7,5–7). Andererseits greifen sie die Kritik des
törichten Redens aus derselben Redaktion (7,5–7) positiv auf. Der
Spruch 7,20 setzt die Verse 7,16–18 voraus und bringt ihre allgemein
anthropologische Bestätigung. Der Abschnitt 8,1b–4 reagiert auf 7,23–
29, und will dem Pseudo-Kohelet (Bearbeitung 3) gegenüber die Nütz-
lichkeit der Weisheit verteidigen, indem er gleichzeitig die Königskritik
jener Schicht eingrenzt und zum Gehorsam dem König gegenüber
mahnt. Die gleiche Mahnung und Korrektur ist in 10,4 gegenüber der
Kritik am törichten König von 9,17–10,3 zu finden. Die Spruchreihe
10,15–11,6 führt den Gedanken von 10,8–14 fort, indem sie die Torheit
verurteilt und zu fleißiger Arbeit ermutigt.
　　All diese Sprüche vertreten die von Kohelet grundsätzlich abge-
lehnte, traditionelle Weisheitslehre. Dass die Anknüpfung an die The-

---

18　Siegfried rechnet mit zwei weisheitlichen Bearbeitungen: Zu Q³ (»der glossierende
　　Chakam«) ordnet er 2,13.14a; 4,5; 6,8.9a; 7,11.12.19; 8,1; 9,13–18; 10,1–3.12–15, und
　　zu Q⁵ (»Glossator… auf dem Gebiete der allgemeinen Spruchweisheit«): 4,19–12;
　　5,2.6.8.11; 7,1a.5.6a.7–10.18.20–22; 10,4.8–11.16–18.20; 11,1–4.6, siehe Siegfried, Pre-
　　diger, 11f. Barton bestimmt neben 5,3.7a die Abschnitte 4,5; 5,3.7a; 7,1a.3.5.6–
　　9.11.12.19; 8,1; 9,17.18; 10,1–3.8–14a.15.18.19 als »wisdom or Hokma Glosses«, rech-
　　net aber damit, dass diese Glossen gleich vom Herausgeber des Buches zugefügt
　　wurden, ordnet sie also vor die Zusätze des *Chasid*-Redaktors, siehe Barton, Ecclesi-
　　astes, 45 f. Diesen Abschnitten fügt McNeile (siehe Barton, ebd.) noch 5,1–7 und 4,9–
　　12 hinzu. Podechard hat auch eine *Hakham*-Redaktion ausgesondert, und die folgen-
　　den Abschnitte ihr zugeordnet: 4,5.9–12; 5,2.6a; 6,7; 7,1–12.18–22; 8,1–2a.3–4; 9,17–
　　18; 10,4.10–14a.15–20; 11,1–4.6, dazu komme noch 4,17–5,6; 7,18.21 f. und 12,2–6,
　　wobei diese Worte nach Podechard nicht notwendig von dem gleichen Individuum
　　stammen müssen. Spuren dieser Redaktion seien auch in 1,4–11 zu finden. Siehe zu-
　　sammenfassend: Hertzberg, Prediger, 40.

men der Vorangehenden meist nur gedanklich, oft eher assoziativ, aber nirgendwo eindeutig literarisch ist, macht es wahrscheinlich, dass wir hier mit der Einfügung von fertigen Sprüchen zu rechnen haben. Dies beweist auch der Sonderfall 6,7.9a, wo ein einzelner Spruch geteilt und an zwei Stellen in den Text eingesetzt wurde; ähnlich könnte im Falle von 4,17 + 5,3–4, die ursprünglich wohl auch zusammengehörten, verfahren worden sein.

Doch es ist schwer zu sagen, ob alle Sprüche von gleicher Hand eingefügt worden sind oder ob wir eher mit einem längeren Anwachsen zu rechnen haben. Diese Sprüche zeigen nämlich in Form und Inhalt ein gemischtes Bild. Hier kurze Sprüche, nach den Regeln des Parallelismus aufgebaut (4,5–6; 5,11; 6,7.9a; 7,1–2a.3–4; 7,11; 7,21; 8,1; 8,4; 10,16–11,4; 12,11), dort längere Weisheitsgedichte (4,9–12), wiederum anderswo als Prosa formulierte Sentenzen (4,17; 5,3–4; 5,8; 7,12; 7,19–20; 7,22; 8,2–3; 8,8aγb; 10,4; 10,15). Oft werden die Weisheiten als allgemeine Aussage, oft aber mit direkter Anrede dem Leser ans Herz gelegt (4,17; 5,3–4; 7,21–22; 8,2–3; 10,4; 10,16–17.20; 11,1–2.5–6). Inhaltlich fallen besonders die Sprüche 4,17 und 5,3–4 mit ihrem kultischen Interesse und mit ihren Beziehungen zur Tora (vgl. Dtn 23,22–24) und zur prophetischen Tradition aus dem Rahmen. Doch wenn wir davon ausgehen, dass sie vom Redaktor fertig vorgefunden und ohne literarische Umgestaltung in das Buch hineingefügt wurden, können wir sie trotz ihrer Vielfältigkeit derselben Bearbeitung zuschreiben.

Diese Zufügungen stammen offensichtlich aus einer Zeit, als das Buch Proverbien schon als kanonisch galt. Der Bearbeiter wollte mit seinen Zufügungen erreichen, dass die beiden Bücher, die Salomo zugeschrieben wurden, – dem Proverbienbuch zuliebe – miteinander in Einklang kommen. Sein Zusatz im Epilog (12,11) weist wahrscheinlich mit dem einen Hirten auf Salomo, und die von ihm eingeschlagenen Nägel auf seine anderen Bücher, mit denen Kohelet in Einklang zu lesen sei.[19] Ähnliche, nach theologischem Ausgleich strebende Bearbeitungen können wir auch in Hiob aufspüren; der Anspruch, in einem sich langsam herausbildenden Kanon zu denken, ist aber zuerst den Chronisten eigen.

Doch wollte dieser Bearbeiter Kohelet nicht nur mit den Proverbien zusammenschauen lassen. Der Spruch 4,17 setzt die Kultkritik der prophetischen Tradition voraus, und schätzt im Sinne der Tora-Frömmigkeit der Psalmen das gehorsame Hören auf das Wort Gottes mehr als Opfer oder Kultgesang, und die Weisung 5,3–5 zitiert die Bestimmungen von Dtn 23,22–24 über die freiwilligen Gelübde. Min-

---

19 Siehe Lohfink, Kohelet (1980), 13.

destens diese beiden Zusätze, wohl aus der gleichen Quelle, denken
also schon ganz im Sinne eines dreiteiligen Kanons und müssen zur
spätesten Epoche der alttestamentlichen Zeit gehören. Das große Bemühen, die Kritik der vorangehenden Schichten am König und den
Machthabern zu entschärfen, bestätigt eine solche Spätdatierung aber
für die gestammte Redaktion 4: Sie gehört wohl schon in die hasmonäi-
sche Zeit.

Literatur

G. A. Barton, A Critical and Exegetical Commentary on The Book of Ecclesiastes, ICC, Edinburgh 1908 (reprinted: 1971)

E. Birnbaum/L. Schwienhorst-Schönberger, Das Buch Kohelet, NSK – AT 14/2,
Stuttgart 2012

R. Brandscheidt, Weltbegeisterung und Offenbarungsglaube. Literar-, form-
und traditionsgeschichtliche Untersuchungen zum Buch Kohelet, TThSt 64,
Trier 1999

J. L. Crenshaw, Ecclesiastes. A Commentary, OTL, London 1988

A. Fischer, Skepsis oder Furcht Gottes? Studien zur Komposition und Theologie des Buches Kohelet, BZAW 247, Berlin u.a. 1997

K. Galling, Der Prediger, HAT 18, Tübingen ²1969

H. W. Hertzberg, Der Prediger, KAT XVII/4–5, Stuttgart 1963

O. Kaiser, Grundriss der Einleitung in die kanonischen und deuterokanon-
ischen Schriften des Alten Testaments. Band 3. Die poetischen und
weisheitlichen Werke, Gütersloh 1994

T. Krüger, Kohelet (Prediger), BKAT XIX – Sonderband, Neukirchen-Vluyn
2000

A. Lauha, Kohelet, BKAT XIX, Neukirchen-Vluyn 1978

N. Lohfink, Kohelet, NEB, Leipzig 1980

— Kohelet. Mit einer neuen Einleitung, NEB, Würzburg ⁵1999

D. Michel, Untersuchungen zur Eigenart des Buches Qohelet, BZAW 183, Berlin u.a. 1989

H. Rózsa, Az Ószövetség keletkezése. II. kötet [Die Entstehung des Alten Testaments. Band II, ungarisch], Budapest ²1996

L. Schwienhorst-Schönberger, Das Buch Kohelet, in: E. Zenger u.a. (Hg.),
Einleitung in das Alte Testament, Stuttgart ⁶2006, 380–388

C. L. Seow: Ecclesiastes. A new Translation with Introduction and Commentary, The Anchor Bible, New York u.a. 1997

C. Siegfried, Prediger und Hoheslied, HKAT II – 3/2, Göttingen 1898

W. Zimmerli, Das Buch des Predigers Salomo, ATD 16, Göttingen ²1967, 123–
253

Hat auch der Satan seine Zeit?

Zur Niederlage des Widersachers JHWHs in Sacharja 3 und Hiob 1–2

Rüdiger Lux

>»Richter und Engel schlagen verlegen die Augen nieder.
>Der Ankläger beginnt zu lachen.«[1]

Mit diesen beiden Sätzen endet die Erzählung »Bonze Schweig« von Izchok Lejb Perez. Der kurze Lebensweg des Bonze Schweig bestand einzig und allein aus einer Ansammlung unvorstellbaren Elends. Schweigend und geduldig schickt er sich in seine Passion. Am Ende findet sich Bonze vor einem himmlischen Tribunal wieder. Er soll den himmlischen Lohn für seine irdischen Leiden empfangen. Alle sind sie dazu aufmarschiert, die Engel, der Ankläger und der allbarmherzige Richter. Jedoch ist der Lohn, den sich Bonze erbittet, von einer derartig grotesken Bescheidenheit, dass er den göttlichen Richter und die Engel in Verlegenheit versetzt, während der Ankläger sich vor Lachen schüttelt.

Im jiddischen Original heißt dieser Ankläger »Katejger«, abgeleitet vom griechischen κατήγορος, der im rabbinischen Schrifttum häufig mit שטן המקטרג »Satan, dem Ankläger« identifiziert wird.[2] Die Erzählung von Bonze Schweig, dem ostjüdischen Hiob des ausgehenden 19. Jh., endet demnach mit dem lachenden Satan. Da ist keine Niederlage und auch kein Sturz des Satans vom Himmel, mit dem er endgültig überwunden worden wäre (vgl. Lk 10,18; Joh 12,31; Apk 12,7–9 in Anknüpfung an Jes 14,12–15).[3] Ungebrochener denn je scheint seine Macht. Er betritt nicht nur von Zeit zu Zeit die Bühne des Geschehens, sondern ist zu jeder Zeit als Bedrohung auf dem Plan. Hat der Erzähler die biblische Hoffnung verloren und den Glauben an die Überwindung des

---

1   Perez, Baal Schem, 290.
2   Vgl. Oberhänsli-Widmer, Hiob, 197.
3   Siehe dazu Vollenweider, Satan, 187–203.

Satans ein für allemal aufgegeben? Am Ende also doch kein getrösteter Hiob, sondern ein hämischer Satan?

Diese Frage soll zunächst zurückgestellt werden. Erst nachdem wir uns zwei der wichtigsten Texte des Alten Testaments, die sich mit der Figur des Satans auseinandersetzen, ein wenig genauer angesehen haben, werden wir auf sie zurückkommen.

1. Der Satan in Sacharja 3

In der Rede vom »Satan« (שטן)[4] haben sich die Erzähler und Schreiber des Alten Testaments äußerste Zurückhaltung auferlegt.[5] Ist er eine Randfigur, über die man besser nicht spricht? Lediglich an vier Stellen, in Num 22,22.32; Sach 3; Hi 1–2 und I Chr 21,1, begegnet er als eigenständige, nicht der Sphäre der Menschen, sondern Gottes zugehörige Gestalt.[6]

In Num 22,22.32 wird ein dort auftretender מלאך יהוה als שטן bezeichnet, der dem Esel Bileams als »Widersacher« den Weg verstellt. Dabei ist dieser Engel JHWHs nicht auf die Rolle des שטן festgeschrieben. Vielmehr übernimmt er sie nur vorübergehend, um als Werkzeug des Zornes Gottes das eifernde Streben Bileams zu unterbrechen.[7] Der Engel, der für eine begrenzte Aktion zum Satan, zum Widersacher für Bileam wird, stoppt diesen auf seinem Weg der Verfluchung Israels und bringt ihn auf den Weg des Segens JHWHs über sein erwähltes Volk. Er wirkt mit seinem Widerstand, den er Bileam leistet, daher nichts Böses, sondern Gutes![8]

Sach 3 hingegen erweckt durch die Determination des Nomens den Eindruck, dass es sich bei *dem* Satan (השטן) nicht mehr um eine nur vorübergehende Rollenbesetzung einer Figur des himmlischen Hofstaates handelt. Vielmehr haben sich Funktion und Figur hier verfes-

---

4 Das Nomen שָׂטָן geht auf die Wurzel שטם/שטן zurück, das die Grundbedeutung »streiten, anfeinden, anklagen« hat. Vgl. Wanke, שָׂטָן, 821–823, und Nielsen, שָׂטָן, 745–751. Zur alternativen Herleitung von dem Verb שוט oder שטה siehe Fabry, Satan, 277f.

5 Grundinformationen bei Molin, Satan; Nielsen, Teufel; Gies/Böcher, Satan; Berlejung, Widersacher; Achenbach, Teufel.

6 Zur Bezeichnung von Menschen als »Widersacher, Feinde« oder »Ankläger« siehe I Sam 29,4; II Sam 19,23; I Reg 5,18; 11,14.23.25; Ps 109,6.

7 Vergleichbar wäre etwa die vorübergehende Funktion des »Lügengeistes« (רוח שקר) in I Reg 22,19–23.

8 Siehe zu den literarkritischen Problemen von Num 22–24 Schmidt, Bileam, 333–351; ders., Das vierte Buch Mose, 122ff.

tigt. Das Kapitel enthält die vierte Vision im Zyklus der Nachtgesichte
(Sach 1,7–6,15). Die überwiegende Mehrheit der Ausleger ist sich darin
einig, dass sie nicht zum Grundbestand des Zyklus gehört.[9] Die wichtigsten Argumente, die hierfür ins Feld geführt werden, sind die
Nichterwähnung des *angelus interpres*,[10] der dadurch bedingte Wegfall
der Frage-Antwort-Struktur zwischen Deuteengel und Prophet, die alle
anderen Nachtgesichte formal bestimmt, und die Erwähnung einer
konkreten historischen Gestalt, des Hohenpriesters Joschua.[11] Die Vision setzt mit der Beschreibung einer Gerichtsszene ein (Sach 3,1 f.):

> 1 Und er[12] ließ mich den Hohenpriester Joschua sehen,
> der vor dem Engel JHWHs stand.
> Der Satan aber stand auf seiner rechten Seite, um ihn anzuklagen.
> 2 Da sprach JHWH[13] zum Satan:
> JHWH bedroht dich, Satan.
> JHWH bedroht dich,
> der Jerusalem erwählt.
> Ist dieser (Joschua) nicht ein aus dem Feuer gezogenes Brandscheit?

Am Anfang steht ein Visionsbild (V. 1) und eine JHWH-Rede (V. 2).
Nur in diesem Eingangsbild und der darauf folgenden JHWH-Rede ist
der Satan ein Thema. Von V. 3 an spielt er keinerlei Rolle mehr. Das
einleitende וַיַּרְאֵנִי »und er ließ mich sehen« führt den Verursacher der
folgenden Vision als Subjekt sowie ihren Empfänger als Objekt ein,

---

9   Vgl. zuletzt Willi-Plein, Sacharja, 84 f.; Hallaschka, Sacharja, 193 ff., und Rokay,
    Nachtgesichte, 117 ff. Anders Bič, Sacharja, 42 f.; Hanhart, Sacharja, 213; Tollington,
    Tradition, 78 ff.; Becking, Zerubbabel, 268–279 u. a.
10 Dieser begegnet allerdings auch nicht im sechsten Nachtgesicht von der »fliegenden
    Buchrolle« (Sach 5,1–4), was häufig übersehen wird. Allerdings stimmt dieses in der
    Grundstruktur mit den anderen vollkommen überein.
11 Siehe die umfassende Zusammenstellung von insgesamt siebzehn Argumenten bei
    Delkurt, Nachtgesichte, 147.
12 Als Subjekt des וַיַּרְאֵנִי ist – wie in Sach 2,3 – mit dem ursprünglichen LXX-Text, der
    hier κύριος einfügt, JHWH anzunehmen. Das ergibt sich auch aus dem unmittelbaren
    Kontext. Die 3. Pers. Sg. in 3,1 kann sich nur auf das vorausgehende Tetragramm in
    2,17 beziehen. Vgl. ausführlich dazu Hanhart, Sacharja, 167 f.
13 𝔊 fügt vor יהוה hier מַלְאַךְ ein und macht damit den Engel und nicht JHWH selbst
    zum Sprecher. Viele Ausleger folgen dem, da JHWH schwerlich von sich in der
    3. Pers. Sg. gesprochen haben könne (vgl. Willi-Plein, Sacharja, 85; Petersen, Zecha-
    riah, 186; Robinson/Horst, Propheten, 224; Rudolph, Sacharja, 92; Elliger, Propheten
    II, 112; Wellhausen, Propheten, 181 u. a.). Anders Hanhart, Sacharja, 168. Dass JHWH
    von sich in dritter Person redet, ist allerdings keineswegs ausgeschlossen. Vgl. z. B.
    Jes 7,10 ff. Die in der Regel durch einen Propheten vermittelten JHWH-Reden wollen
    wahrscheinlich mit der Rede in 3. Pers. den ursprünglichen Sprecher der Rede her-
    vorheben. Außerdem kommt dadurch in Sach 3 ein Moment der Distanzierung zwi-
    schen JHWH und dem Satan zum Ausdruck.

ohne diese explizit zu benennen. Die Identität beider ergibt sich aus
dem Kontext. Subjekt kann nur JHWH selbst sein, der die Vision gewährt, und von dem im unmittelbar vorausgehenden Vers Sach 2,17
die Rede war; Objekt ist der Prophet, Sacharja, an den sich auch die
übrigen Nachtgesichte richten.[14]

Er sieht drei Figuren: Joschua, den הכהן הגדול, einen מלאך יהוה und
השטן. Es gibt keinerlei Ortsangabe. Dem Leser wird lediglich die Per-
sonenkonstellation vor Augen gestellt, in der die drei Figuren zueinander stehen. Joschua steht vor (לפני) dem »Engel JHWHs«. Der Satan
steht על ימינו לשטנו, »an seiner rechten Seite, um ihn anzufeinden«
(V. 1b). Theoretisch können sich die Personalsuffixe der 3. Pers. Sg. auf
den unmittelbar vorausgehenden »Engel JHWHs« oder auf den Hohenpriester Joschua beziehen. Der folgende Kontext stellt aber sicher,
dass nur Joschua gemeint sein kann. Er ist das aus dem Feuer gezogene
Brandscheit in V. 2b, er steht in schmutzigen Kleidern da (V. 3a), beides
Bilder für den עון, der auf ihm liegt (V. 4b). Es ist diese visuell in Szene
gesetzte »Schuld«, die dem Satan offensichtlich dazu diente, Joschua
anzufeinden. Zu diesem Zweck nahm er an der rechten Seite Joschuas
und nicht des Engels JHWHs Aufstellung, um von dort aus als Ankläger aufzutreten.

Eine vergleichbare Konstellation findet sich im Rahmen eines irdischen Rechtsverfahrens in Ps 109,6. Dort erheben die Feinde des Beters
die Forderung, man möge einen »Frevler« (רשע) gegen den Beter in
Stellung bringen »und ein Satan solle an seine rechte Seite treten«
(ושטן יעמד על ימינו). Der Psalm imaginiert ein Gerichtsverfahren, in dem
zwei Personen, ein Frevler als Lügenzeuge (vgl. 2b) und ein Ankläger,
der an der rechten Seite des angeklagten Beters steht, gegen diesen tätig
werden.[15] In Analogie dazu sieht der Visionär von Sach 3,1 offensichtlich einen Engel JHWHs, sowie den Hohenpriester Joschua und an
dessen rechter Seite den Satan, die beide vor dem Engel stehen.

Dass es sich hierbei um eine *himmlische* Gerichtsszene handelt, wird
nicht *expressis verbis* gesagt. Der *terminus technicus* für die himmlische
Ratsversammlung (סוד) fehlt.[16] Allerdings legt dies der Kontext nahe. In
den unmittelbar voraus gehenden Versen Sach 2,16f. war davon die
Rede, dass JHWH Juda wieder als seinen Erbbesitz auf »dem heiligen

---

14 Das wird auch durch die den Gesamtzyklus einleitende chronologische Notiz in 1,7
     sichergestellt, die alle folgenden Nachtgesichte als דבר יהוה an Sacharja, den Prophe-
     ten, ausweist.

15 Vgl. Hossfeld/Zenger, Psalmen, 183; Seybold, Psalmen, 435. In V. 31 nimmt dann
     JHWH die Position des Anklägers ein, jetzt aber als Rechtsbeistand des Armen, der
     damit den Ankläger aus dem Feld schlägt.

16 Siehe dazu Ps 25,14; 89,8; Jer 23,18; Hi 15,8 und Neef, Thronrat, 1994.

Land« (אדמת הקדש) einnehmen wird und Jerusalem noch einmal erwählen wird (2x Waw-Pf.). Mit Juda und Jerusalem geht es um JHWHs
irdischen Wohnbereich, den er offensichtlich vorübergehend verlassen
hatte, und von dem er erst in unmittelbar bevorstehender Zukunft
wieder Besitz ergreifen wird (Sach 1,3.16; 2,9.14). V. 17 fordert dann
alles Fleisch zur Ruhe auf, denn JHWH habe sich bereits ממעון קדשו,
»von seiner heiligen Wohnung erhoben« (עור Perf. Nif.), um aktiv zu
werden.[17] Da er aber dem literarischen Zusammenhang nach in Jerusalem noch nicht wieder Wohnung genommen hat, seine irdische Wohn-
statt, der Tempel, noch nicht wieder errichtet wurde, ist hier mit der
»heiligen Wohnung« aller Wahrscheinlichkeit nach sein himmlischer
Wohnsitz gemeint.[18] Wenn sich an diese Aussage unmittelbar Sach 3
anschließt, dann wird dem Leser bei einer synchronen Lektüre der
Texte der Eindruck vermittelt, dass sich JHWH von seinem heiligen
Wohnsitz erhoben habe, um jetzt in diesen himmlischen Rechtsstreit
einzugreifen.

Das Bild in Sach 3,1 stellt uns also eine himmlische Gerichtsszene
vor Augen, in der der Satan als Ankläger des Hohenpriesters Joschua
tätig wird.[19] Den Verfasser des Textes interessiert offensichtlich nicht,
was der Widersacher gegen Joschua vorzubringen hatte. Auch das lässt
sich – wenn überhaupt – nur recht vage aus dem Kontext erschließen.
Was hingegen interessiert ist lediglich, *dass* JHWH sofort in das Verfahren eingreift, um gegen השטן (V. 2a) und für Joschua (V. 2b) Partei zu
ergreifen. Das doppelte יגער mit JHWH als Subjekt lässt daran keinen
Zweifel.

Das Lexem גער mit der Präposition ב bringt eine lautstarke, erregte
Invektive zum Ausdruck, die sich gegen eine Person oder eine personal
vorgestellte Größe richtet. Als Grundbedeutung kann »schreien, brül-
len, drohen, schelten« angenommen werden. In theologischen Kontexten bezeichnet גער mit JHWH als Subjekt »fast immer eine bedrohliche
Manifestation des Zornes Gottes«.[20] Dabei richtet sich dieser lautstark
geäußerte Zorn Gottes kämpferisch gegen die Chaosmächte (Ps 18,16;
68,31; 104,7; Hi 26,11f.; Jes 50,2; Nah 1,4), gegen JHWHs Feinde und
fremde Völker (Ps 9,6; 80,17; Jes 66,15f.) und auch gegen sein eigenes

---

17 So die Grundbedeutung der Wurzel עור nach Schreiner, עור, 1185.
18 Vgl. dazu Dtn 26,15; Jer 25,30; II Chr 30,27 und Schreiner, עור, 1189, sowie Lux, Still
    alles Fleisch, 188. Das wird auch durch die unmittelbar vorhergehende Rede von der
    אדמת הקדש unterstrichen, die deutlich vom gegenwärtigen מעון קדש unterschieden
    wird.
19 So auch Graf Reventlow, Sacharja, 52f.; Delkurt, Nachtgesichte, 148; Pola, Priester-
    tum, 201, u.v.a.
20 Siehe Caquot, גער, 53.

Volk Israel (Jes 51,20; 54,9).[21] Ziel des Drohens und Scheltens ist die
Eindämmung, Zurückweisung, Unterwerfung und in letzter Konsequenz auch die Vernichtung der gegnerischen Kräfte. Die Verdoppe-
lung der Aussage vom Drohen JHWHs unterstreicht die Dringlichkeit
seiner Intervention. Die in dem Finalsatz in V. 1b festgehaltene Anfeindung Joschuas durch den Satan wird demnach umgehend mit der
kämpferischen Gegnerschaft JHWHs gegen den Satan beantwortet.
Kaum ist der Satan aufgetreten, da hatte er bereits seine Zeit!

JHWH und Satan agieren zwar in demselben Fall, aber die Inten-
tionen ihres Handelns widersprechen sich diametral. Der Konflikt zwischen beiden entzündet sich an der Person des Hohenpriesters Joschua.
Er ist damit konkret an einem besonderen Fall orientiert und nicht an
einem allgemeinen Prinzip. Die Funktion des Satans wird nicht grundsätzlich verworfen, sondern seinem Agieren in der Sache Joschuas wird
widersprochen. Eine wie auch immer geartete dualistische Weltsicht
einer prinzipiellen Auseinandersetzung zwischen JHWH, der Macht
des Guten, und Satan als dem Agenten des Bösen, kann sich jedenfalls
nicht auf unseren Text berufen.[22] Das schon deswegen nicht, weil das
Drohen JHWHs den Satan sofort zum Verstummen bringt, er ganz
offensichtlich kein ebenbürtiger Gegner des Gottes Israels ist. Seine
Anfeindungen mögen einem Menschen gegenüber gefährlich sein,
haben aber im Lichte der souveränen Herrschaft JHWHs keinerlei Bestand.

Worin aber bestand der Widerspruch zwischen JHWH und dem Satan im Blick auf die Person und Funktion Joschuas? Er kann m. E. nicht
allein in der Person Joschuas verankert werden, seiner kultischen Befä-
higung bzw. Nichtbefähigung zum Amt des Hohenpriesters. Denn
über den עָוֹן Joschuas und die Notwendigkeit seiner Entsühnung besteht ja nach den V. 3–5 keinerlei Zweifel. Er steht in schmutzigen Kleidern vor dem מַלְאָךְ יהוה und muss in einem rituellen Akt der Neueinkleidung mit reinen Gewändern von seiner Schuld befreit werden.

---

21 Vgl. auch Liedke, גער, 430f.

22 Das zu betonen ist wichtig, da man das Auftreten der Gestalt des Satans in der
    frühpersischen Zeit gerne mit dem Prinzip des zoroastrischen Dualismus zwischen
    Ahura Mazdā als der Macht des Guten sowie Angra Mainyu/Ahriman und den
    Daevas als den bösen Antigöttern und Dämonen in Verbindung brachte. Vgl. Berle-
    jung in Gertz (Hg.), Grundinformation, 177. Derartige Einflüsse liegen auf den ersten
    Blick nahe. Da der Satan aber im Alten Testament JHWH als Mitglied seines Hof-
    staates zugeordnet wird und bei aller Eigenwilligkeit klar untergeordnet bleibt, eta-
    bliert er im Unterschied zum Zoroastrismus kein dualistisches Religionskonzept.
    Vgl. die kritisch zurückhaltenden Ausführungen zur These der persischen Beein-
    flussung bei Ahn, Toleranz, 198ff.

Diese visuell in Szene gesetzte Neueinkleidung erinnert an die Gesetzgebung der Tora zur Einkleidung der aaronidischen Priester vor der Aufnahme kultischer Handlungen im Zelt der Begegnung (Ex 28,43; 29,4–6.29f.). In Ex 28,35.43 wird deren Neueinkleidung ausdrücklich mit der Zweckbestimmung versehen ולא ישאו עון ומתו »damit sie nicht Schuld tragen und sterben«. Der Eintritt ins Heiligtum in unreinen Kleidern hätte ihren Tod zur Folge. Der Kleiderwechsel markiert sichtbar die Grenze von heilig und profan, rein und unrein. Ohne ihn käme es zur Grenzverletzung, zum Einbruch des עון in das Heiligtum und damit zu einer Profanierung des Sakralen.[23] Da der Priester aber in beiden Bereichen lebte und agierte, hatte er bei der Passage der Grenze, zu der nur er berechtigt war, besondere Sorgfalt walten zu lassen (vgl. Ez 44,15–19).

Daraus lässt sich mit Erhard S. Gerstenberger schlussfolgern, dass »den Priestern kein besonderes Wesen« eignet, »am wenigsten ein *charakter indelebilis*, eine unauslöschliche, durch die Weihe versehene Priesterqualität«.[24] Sie bedürfen ebenso wie die Laien der Sühne ihrer Schuld (Lev 8,30–35; 16,23f.). Wenn man voraussetzen darf, dass die Aufnahme des Motivs des Kleiderwechsels in Sach 3,3–5 auf diese Zusammenhänge der Priestergesetzgebung anspielt,[25] dann relativiert sich die immer wieder erörterte Frage nach einer besonderen persönlichen Schuld, die Joschua anzulasten wäre.[26]

Das wird bereits durch das in V. 2b wahrscheinlich aus Am 4,11 übernommene Bildwort vom »aus dem Feuer geretteten Brandscheit« (אוד מצל מאש) angedeutet. Das Ptz. Hof. von נצל ist hier als *passivum divinum* zu interpretieren. Danach hatte JHWH Joschua bereits durch

---

23   Siehe Dohmen, Exodus, 266.

24   Gerstenberger, Leviticus, 288.

25   Anders Willi-Plein, Sacharja, 86. Sie geht davon aus, dass die schmutzigen Kleider nicht auf irgendeine Form der Unreinheit oder Kultunfähigkeit Joschuas schließen lassen, sondern auf eine mit Schuld zusammenhängende »Unansehnlichkeit«, die durch Neueinkleidung behoben würde. Die Neueinkleidung hätte dann eher den Charakter der sichtbaren Amtseinsetzung (vgl. Gen 41,14) oder Begnadigung (II Reg 25,29). Da es sich bei Joschua aber um den Hohenpriester handelt, liegen m. E. die Bezüge zur Priestergesetzgebung der Tora eher auf der Hand. Richtig an der Sicht von Willi-Plein und auch von Hanhart (Sacharja, 186ff.) ist, dass es sich hier nicht um eine *prinzipielle* Unreinheit oder um einen *grundsätzlichen* kultischen Makel handelt, der Joschua vom Priesterdienst ausschließen würde. Es geht mit dem Kleiderwechsel vielmehr um die ganz selbstverständliche priesterliche Sorgfaltspflicht bei der Ausübung seines Dienstes im Heiligtum und am Altar.

26   Der Targum und auch Hieronymus lasten ihm an, dass seine Söhne bzw. er selbst gegen die besonderen Ehebestimmungen für die Priester verstoßen hätten, indem sie fremde Frauen heirateten. Vgl. Rudolph, Sacharja, 95.

den Feuersturm des Gerichts hindurchgerettet, das in Am 4,11 dem von
Sodom und Gomorra gleichkam. Die »schmutzigen Kleider« (בגדים
צאים), die Joschua trägt (V. 3a.4a), sind lediglich das äußere, sichtbare
Zeichen für das Gericht, durch das er – wie alle anderen Überlebenden
des Exils – hindurchgegangen ist. So wie ein angekohltes und aus dem
Feuer gerissenes Brandscheit verschmutzt ist, so auch Joschua. Aber er
ist zugleich gerettet, und zwar von JHWH selbst! Die בגדים צאים erinnern auch an Jes 4,2–4. Dort ist von der künftigen Heiligkeit des Restes
Zions und Jerusalems die Rede, der durchs Gericht ging. Das Gericht
wird hier als Reinigungsakt verstanden, in dem JHWH die צאה, den
»Schmutz«, von den Töchtern Zions abwaschen wird (V. 4a).[27] Eben
solche Reinigung soll bei Sacharja dem aus dem Feuer gezogenen
Brandscheit Joschua jetzt durch den Kleiderwechsel widerfahren. Die
Schuld Joschuas ist also keine allein ihm individuell zurechenbare Ver-
fehlung, sondern Teil der Schuld Israels, das durch das Gericht JHWHs
gehen musste.[28]

Es käme allenfalls ein Tatbestand für eine persönliche Verschul-
dung in Betracht, nämlich ein Verstoß gegen die »Residenzpflicht«.
Von ihr ist in einem wahrscheinlich sehr späten Zusatz zum Heilig-
keitsgesetz (Lev 21,10.12) für den הכהן הגדול die Rede: מן הקדש לא יצא
»aus dem Heiligtum soll er nicht herausgehen«.[29] Gab es danach im
nachexilischen Juda Stimmen, die im Exilsgeschick der Nachkommen
des Zadokiden Seraja, des letzten Hauptpriesters (כהן הראש) von Jerusalem und des Großvaters von Joschua (II Reg 25,18; I Chr 5,40f.;
Esr 2,1f.) eine grundsätzliche Beeinträchtigung für die Ausübung des
Amtes des Hohenpriesters am Zweiten Tempel sahen? Hatten die
Nachkommen Serajas durch das – wenn auch zwangsweise – Verlassen
des Zionsheiligtums das Anrecht auf das Hohepriesteramt ein für allemal verspielt? Wurde ihr Aufenthalt im Exil als ein derartig schwer-
wiegender Makel betrachtet, dass er sie für diese Funktion nicht mehr
in Frage kommen ließ?

Falls man diese Fragen bejahen möchte, dann können nur judäische
Kreise, die nicht im Exil waren, solch eine Position vertreten haben. So
hat Joachim Schaper die These aufgestellt, dass eine Koalition aus ehemaligen Landleviten, Abjathariden und den in Bethel agierenden Aa-
roniden, die dem Schicksal der Deportation entgangen waren, den aus

---

27   Beuken, Jesaja, 126f.
28   Dass hier lediglich von der individuellen Entsühnung Joschuas die Rede ist, der eine
     kollektive Entsühnung des gesamten Landes noch folgen soll, geht aus Sach 3,9 her-
     vor. Vgl. dazu Lux, Der Stein, 226–239.
29   Siehe Gerstenberger, Leviticus, 288f.

dem Exil zurückkehrenden Zadokiden die Hohepriesterwürde streitig gemacht hätte.[30] Dass es in Jerusalem auch nach 587 einen – wie auch immer gearteten – Notkult gegeben hat, Klagefeiern über die Zerstörung des Tempels u.a., geht aus Jer 41,4f.; Sach 7,1ff.; 8,19 hervor. Nach Thr 1,4 waren auch weiterhin כהנים in der Stadt.[31] Daher ist es durchaus vorstellbar, dass derartige Kreise aus ihrer Tätigkeit in Jerusalem während der Exilszeit entsprechende Ansprüche im Blick auf den Zweiten Tempel für sich ableiteten. Allerdings sollte man sehr vorsichtig damit sein, darüber zu viel wissen zu wollen. Die Quellenbasis für einigermaßen zuverlässige Aussagen ist zu schmal. Ob es z.B. in Bethel in der babylonischen und frühpersischen Zeit überhaupt einen nennenswerten Kult mit einer aaronidischen Priesterschaft gab, die den zurückgekehrten Zadokiden das Hohepriesteramt von Jerusalem hätte streitig machen können, ist nach bisherigen archäologischen Einsichten mehr als fraglich.[32] Wir wissen also nicht, welche Kreise sich hinter der Opposition gegen den Zadokiden Joschua tatsächlich verbargen, und ob sie ihm außer seiner Zugehörigkeit zur Gola einen speziellen עון anlasteten.

Was wir aber wissen, ist dies, dass der Autor von Sach 3 die Figur des Satans zum Sprecher dieser Opposition gemacht hat. Begegnet hier – salopp gesagt – erstmalig das Phänomen der »Verteufelung« des politischen und religiösen Gegners? Und wenn ja, warum waren alle möglichen – uns unbekannten – Argumente, Anfeindungen und Anklagen, die dieser vorzubringen hatte, gegenstandslos? Warum scheiterten sie am Einspruch JHWHs selbst? Die Antwort auf diese Fragen lautet schlicht: Weil die Gegner Joschuas die Zeichen der Zeit nicht erkannt und anerkannt hatten, die dem Propheten in den Nachtgesichten offenbart worden waren.

Das erste Zeichen war Joschua selbst als ein »aus dem Feuer gerettetes Brandscheit« (אוד מצל מאש). Allein die Tatsache, dass er als Nachkomme Serajas das Exil überlebt hatte, war für die Verteidiger

---

30 Schaper, Priester, 186ff.

31 Zur Lage des Jerusalemer Kultes speziell siehe Berges, Klagelieder, 70, und Keel, Geschichte Jerusalems, 784ff. Allgemein zur Situation nach Tempelzerstörungen im Alten Orient siehe Berlejung, Notlösungen, 196–230.

32 Nach Finkelstein/Singer-Avitz, Bethel, 42ff., war Bethel von der neubabylonischen bis in die frühhellenistische Zeit hinein wenn überhaupt, dann nur sehr spärlich besiedelt. Von einem Heiligtum mit überregionaler Bedeutung kann für diese Epoche daher kaum die Rede sein.

Joschuas der sichtbare Beweis dafür, dass JHWH weiterhin mit ihm und seinem Geschlecht rechnete.[33]

Das zweite Zeichen lässt sich in der Selbstbezeichnung JHWHs als הבחר בירושלם (V. 2a) finden. Schließlich hatte JHWH ja bereits nach 1,17 und 2,16 durch den Propheten seinen Willen kundgetan, dass er Jerusalem noch einmal erwählen wolle.[34] Der Autor von Sach 3 nimmt diese Erwählungszusage auf und erklärt sie zum Wesenszug JHWHs für sein gegenwärtiges Handeln. Mit der unmittelbar bevorstehenden Erwählung Jerusalems wird dem Leser signalisiert, dass die Zeit des Zornes und des Gerichtes JHWHs beendet ist. Das sichtbare Zeichen für diese Erwählung ist der wieder erstehende Tempel (Hag 1–2; Sach 1,16; 4,6–10a*), an dem Joschua künftig als Hoherpriester über die Tempelgerichtsbarkeit und den gesamten, die Vorhöfe einschließenden Tempelbetrieb zuständig sein soll (Sach 3,7).[35]

Der Konflikt zwischen JHWH und Satan war daher nicht allein in der Person Joschuas begründet. Mit der Anfeindung Joschuas stellte der Satan vielmehr auch das souveräne Heilshandeln JHWHs in Frage. Diese Einsicht ist für die Beurteilung der biblischen Satansgestalt von entscheidender Bedeutung. Der Satan ist nie allein ein Gegner des Menschen, sondern darin zugleich auch ein potenzieller Gegner Gottes. Der Satan, und die in seiner Gestalt verdichtete Opposition gegen das Hohepriestertum Joschuas, sah die aus dem Exil zurückgekehrte Priesterschaft nach wie vor unter dem Gericht JHWHs stehend. Während er als Opponent für sich ganz selbstverständlich einen Platz im himmlischen Thronrat beanspruchte, setzte er alles daran, um Joschua, dem aus dem Feuer geretteten Brandscheit, einen solchen Platz und damit wohl auch den priesterlichen Dienst am wieder erstehenden Tempel streitig zu machen. Genau dies aber verheißt ihm das abschließende JHWH-Wort in V. 7b: »Und ich werde dir Zugänge geben zwischen denen, die da stehen«. Das Verb עמד ist ja eines der Leitworte des hier

---

33 Eine vergleichbare Position nahm Serubbabel ein, ein Davidide und Enkel des in Babel festgehaltenen Königs Jojachin (Esra 3,2; Neh 12,1; Hag 1,1; I Chr 3,19), von dem sich Haggai und wohl auch noch Sacharja bzw. dessen »Schüler« die Wiedererrichtung der davidischen Dynastie (Hag 2,20–23) und des Tempels (Hag 1,1.12; 2,2; Sach 4,6–10a*) erhoffte. Auch er war durchs Exil gegangen und nach den Weissagungen der beiden Propheten von JHWH für eine bestimmte Mission vorgesehen.

34 Die Aussage über die Erwählung Jerusalems hat ihre Vorgeschichte in der dtr. Formel vom »Ort, den JHWH erwählen wird« (Dtn 12,14.18.26; 14,25f.; 16,16 u.ö.). Vgl. zur Traditionsgeschichte der Vorstellung Weippert, Der Ort, 325–342, und Seebaß, Erwählung, 185.

35 Zum Bau des Zweiten Tempels als einem prophetischen Projekt vgl. Lux, Der Zweite Tempel, 122–143.

besprochenen Abschnittes, das sechsmal begegnet. Als Subjekte werden Joschua (V. 1a.3b), der Satan (V. 1b), der Engel JHWHs (5b) und eine Gruppe weiterer Personen (untergeordnete Dienstengel?) genannt, die bei der Neueinkleidung mitwirken (4a.7b). Alle außer Joschua nehmen bestimmte Aufgaben wahr.[36] Zu diesem Kreis der Dienstleute JHWHs soll Joschua aber künftig ebenfalls Zugang haben. Joschua, der *irdische* Diener JHWHs, erfährt im himmlischen Gerichtsverfahren einen Freispruch erster Klasse. Satan, ein *himmlischer* Diener JHWHs, wird zurückgewiesen, weil er dem Willen JHWHs zum Heil im Wege steht. Seine Gegnerschaft betraf also nicht allein Joschua, sondern auch JHWH und dessen Pläne für Jerusalem. Mit der Anklage Joschuas gab er sich als Saboteur des Wirkens JHWHs zu erkennen, der die Zeichen der Zeit nicht erkannt hat. Daher sah der Verfasser von Sach 3 die Zeit gekommen, ihn und mit ihm die Gegner des zadokidischen Hohepriestertums energisch in die Schranken zu verweisen. Ihre Zeit ist zu Ende, noch ehe sie wirklich begonnen hat.

2. Der Satan in Hiob 1–2

Die folgenden Überlegungen zur Gestalt und Funktion des Satans in Hi 1,6–12 und 2,1–6 gehen von einer synchronen Lektüre der Rahmenerzählung aus. Dass das Hiobbuch als Ganzes eine komplexe Entstehungsgeschichte hat, scheint mir außer Frage zu stehen, obwohl auch hier die Mahnungen zur Zurückhaltung beim literar- und redaktionskritischen Eifer von Konrad Schmid nicht überhört werden sollten.[37] Ob die Rahmenerzählung in sich noch einmal literarische Schichten aufweist, nach denen die sogenannten Himmelsszenen eine spätere Hinzufügung seien, darüber ist noch nicht das letzte Wort gesprochen. Mit Hermann Spieckermann u.a. bin ich von einer späteren Fortschreibung der Rahmenerzählung durch die beiden Himmelszenen nach wie vor nicht wirklich überzeugt.[38]

Schaut man sich nach den Urhebern um, die für Hiobs Leiden im Hiobbuch ins Feld geführt werden, dann präsentiert uns das Buch selbst drei Antworten.

---

36 Zur Bedeutung von עמד im Sinne von »dienen« siehe Ringgren, עָמַד, 198f.
37 Vgl. Oeming/Schmid, Hiobs Weg, 11ff.
38 Siehe Spieckermann, Satanisierung, 433. Anders Berges, Der Ijobrahmen, 225–245.

2.1. Der Mensch

Hiob, der Mensch selbst, sei letztlich Urheber für das Unglück, das ihn getroffen hat. Diese Antwort geben die Freunde. Bündig wird sie von Elifas in Hi 5,6 f. zusammengefasst.

> 6 Denn nicht aus dem Staub geht die Sünde (עָוֶן) hervor
> und nicht aus der Erde sprosst die Mühsal,
> 7 sondern der Mensch wurde zur Mühsal geboren
> wie Feuerfunken hoch hinauf fliegen.

Das Unheil ist danach im menschlichen Maß des Menschen selbst begründet, da eben kein Mensch vor Gott gerecht ist (Hi 4,17; 15,14; 25,4). Wie Feuerfunken nach oben fliegen, so geht auch von ihm das Unheil aus. Mit dem Verweis der Freunde auf dieses anthropologische Defizit, der in der Sache auch von Hiob geteilt wird (Hi 14,4), erleiden diese aber – wie wir wissen – Schiffbruch. Im Allgemeinen mag das durchaus richtig sein, im speziellen Fall Hiobs aber bleibt diese Antwort vollkommen unbefriedigend. Denn mit der allgemeinen Schuldverfallenheit des Menschen ist Hiobs besonderes, jedes menschliche Maß übersteigendes Leid ja nicht erklärt. Das hat wohl auch der Erzähler der Rahmenerzählung und ein Teil seiner Leserschaft so gesehen. Daher werden von ihm zwei weitere Größen als Antwort auf die Frage nach dem Urheber des Unheils ins Spiel gebracht: Satan und Gott. Neben der Anthropologie wird der Beitrag der Theologie und der Satanologie im Ringen mit dem Bösen kritisch geprüft.

2.2. Der Satan

Gleich in Hi 1,1 erfahren wir nach dem Land der Herkunft und dem Namen des »Helden« der Erzählung: וְהָיָה הָאִישׁ הַהוּא תָּם וְיָשָׁר וִירֵא אֱלֹהִים וְסָר מֵרָע »Und jener Mann war vollkommen, geradlinig, gottesfürchtig und das Böse meidend«. Diese Evaluation Hiobs ist im wahrsten Sinne des Wortes eine Spitzenaussage. Ihre Stellung am Eingang des Buches sichert ihr ein besonderes Gewicht für die gesamte Erzählung zu. Vier positive Eigenschaften werden gleichsam wie die vier Himmelsrichtungen genannt, um seine Person zu charakterisieren. Hiob ist ein in jeder Weise untadeliger, vollkommener Mensch. Was wir hier also vor uns haben, ist eine literarische Idealfigur, an der ein Problem erörtert wird, und keine historische Gestalt, wie das bei Joschua der Fall war.[39] Der menschlichen Vollkommenheit korrespondiert seine familiäre und soziale Position in der Gesellschaft. Er hat

---

39 Vgl. dazu auch Kaiser/Mathys, Hiob, 26 ff.

zehn Kinder und einen überaus reichen Herdenbesitz, der ihn zum bedeutendsten Mann der »Söhne des Ostens« machte (Hi 1,2). Exakt diese ideale Welt wird in den beiden Himmelsszenen (1,6–12; 2,1–7a) vom Satan in Frage gestellt.

In 1,6 begegnet der Satan erstmalig inmitten der בני אלהים, die vor JHWH Aufstellung genommen haben. Auch hier gehört er also ganz offensichtlich zum himmlischen Hofstaat JHWHs, in dem er einen festen Platz hat, ja, wie es scheint, sogar eine hervorgehobene Rolle spielt.[40] Denn JHWH wendet sofort ihm, und nur ihm, seine Aufmerksamkeit zu (1,7; 2,2). Die anderen Gottessöhne bleiben reine Statisten.

JHWH fragt ihn, woher er komme. Er antwortet: Vom Umherstreifen auf der Erde.[41] Offensichtlich gehört die Erde zu dem Bereich, dem er seine besondere Aufmerksamkeit widmet. Das hat ihm bei einigen Auslegern den Verdacht eingebracht, er sei in Analogie zu altorientalischen Regierungspraktiken vor allem als »geheimer Kundschafter« unterwegs gewesen, um den (Gott-) König über das Wohlverhalten oder den Ungehorsam seiner Vasallen auf dem Laufenden zu halten.[42] War er die himmlische Entsprechung zu denjenigen Subalternen, die man im Alten Orient die »Augen« und »Ohren des Königs« nannte?[43] Für die sozialgeschichtliche Ableitung der alttestamentlichen Satansgestalt sind diese Fragen nicht unerheblich.

Theologisch interessant wird die Gestalt aber durch die Fragen, die JHWH an ihn richtet. In 1,8 fragt er den Satan, ob er »Hiob, seinen Knecht« gesehen habe. Die Tatsache, dass JHWH Hiob als עבדי »mein Knecht« tituliert, macht deutlich, dass beide in einer besonderen Beziehung zueinander stehen. Michael Rohde und Raik Heckl haben in ihren jüngsten Arbeiten zum Hiobbuch deutlich gemacht, dass damit einerseits eine deutliche Verbindung zu Mose als »Erinnerungsfigur« gegeben ist[44] und andererseits in Aufnahme von Jer 30,10; 46,27f. sowie Jes 41,8; 44,1f.21 u.ö. die Individualisierung der Hiobsgestalt aufgebrochen wird und dieser auch als »Repräsentanzgröße« für das Volk Israel verstanden werden soll.[45] Damit erhält die Erzählung einen doppelten Boden. Sie stellt uns einerseits ein fiktives individuelles Geschick eines leidenden Gerechten vor Augen. Andererseits lädt sie das im Exil le-

---

40 Vgl. oben S.296f. und die einschlägigen Kommentare z. St.

41 Dass JHWH himmlische Boten ausschickt, um die Lage auf der Erde zu inspizieren, ist eine geläufige Vorstellung, die auch im ersten Nachtgesicht Sacharjas in Gestalt der himmlischen Reiterei JHWHs begegnet (Sach 1,8–11).

42 Vgl. Brock-Utne, Feind, 219–227, und Mathys, Der Achämenidenhof, 274–278.

43 Vgl. dazu Houtman, Himmel, 337.

44 Rohde, Knecht, 177ff.

45 Heckl, Hiob, 430–438.

bende Diasporajudentum dazu ein, sich als »Knecht Israel/Jakob« im »Knecht Hiob« wieder zu erkennen.[46] Damit geht es bei Hiob und Israel also nicht um reale, sondern um ideale theologische Figurationen, die in einem außergewöhnlichen Gottesverhältnis stehen.

Eines der wichtigsten Signale für die Leserlenkung durch den Autor in diese Richtung ist die wortwörtliche Übernahme der Evaluation Hiobs durch JHWH, die der Erzähler am Anfang vorgenommen hatte. Ausdrücklich wiederholt JHWH in beiden Himmelsszenen (1,8; 2,3) die Feststellung, Hiob sei תם וישר וירא אלהים וסר מרע. Mit der Wiederholung dieser vier Eigenschaften erklärt also auch JHWH selbst Hiob zu einer untadeligen Person und stellt sich damit ganz auf dessen Seite. Diese durch den Knechtstitel und die vierfach positive Charakterisierung Hiobs gekennzeichnete unvergleichliche Gottesbeziehung wird vom Satan desavouiert. Im folgenden Disput zwischen JHWH und dem Satan geht es daher nicht allein um das leidenschaftliche Verhältnis Hiobs zu Gott, sondern auch um die Leidenschaft Gottes in der Verteidigung der Frömmigkeit Hiobs. Die Herausforderung des Satans gilt daher nicht nur Hiob, sondern auch JHWH.[47]

Der Satan beabsichtigt in diese von vollkommener Übereinstimmung gekennzeichnete Beziehung einzubrechen, indem er das – aus seiner Sicht – schwächere Glied der Zweierbeziehung, nämlich Hiob, versucht aus ihr herauszubrechen. Damit stellt er aber nicht nur Hiob und sein Gottesbild, sondern auch JHWH und dessen Hiobbild auf den Prüfstand. Er spricht den Verdacht aus, dass sich Hiob nur deswegen *bewährt* habe, weil JHWH ihn bisher *bewahrt* habe, indem er ihn geschützt und mit großem Reichtum gesegnet habe (1,10). Mit diesem Verdacht sät er den Zweifel daran, dass Hiob חנם »selbstlos, uneigennützig« JHWH die Treue halte.[48] Er unterstellt dem frommen Knecht eine nach dem *do-ut-des*-Prinzip verfahrende Lohnfrömmigkeit.

Diese Unterstellung lässt auch den Satan in Hi 1–2 als eine ausgesprochen theologische Figur erscheinen. So wie er in Sach 3 das bereits

---

46 Zum »Knecht Jakob/Israel« siehe Jes 41,8; 44,1.2.21; 45,4; 48,20; 49,3 und Simian-Yofre, עבד, 1003ff. Dass mit der kollektiven Deutung Hiobs als Repräsentanzfigur die Ebene der individuellen Deutung in der Rahmenerzählung ausgeschlossen sei, weil diese keine »Handlungsanweisungen für den Umgang mit dem Leiden« enthalte (so Heckl, Figur, 47), ist m.E. eine überzogene Schlussfolgerung. Gerade die Duldersprüche Hiobs in 1,21; 2,10 können und sollen sehr wohl auch als Handlungsanweisungen für das Verhalten des einzelnen Frommen im Leid verstanden werden. Wenn der Erzähler am individuellen Geschick Hiobs das kollektive Geschick Israels demonstriert, dann sind dabei immer beide Lektüreebenen im Spiel.

47 Vgl. Lux, Hiob, 93f.

48 Vgl. Ebach, Ist es »umsonst«, 15–31.

beschlossene und geschehene Heilshandeln JHWHs an Joschua nicht
zur Kenntnis nehmen wollte und sich durch seine Anfeindungen diesem in den Weg stellte, so versucht er auch in Hi 1–2 das Vertrauens-
verhältnis zwischen JHWH und Hiob, JHWHs Segenshandeln an Hiob
und Hiobs »Knechtsdienst« für JHWH (vgl. 1,5) in Misskredit zu bringen. Die in beiden Texten im Ansatz enthaltene Satanologie wird zur
Negation von Theologie. Gottes Tat und Wort sowie Hiobs Leben und
Handeln werden dem Zwielicht der Unwahrhaftigkeit und Eigennüt-
zigkeit ausgesetzt. Der Satan ist danach nicht einfach die Inkarnation
des Bösen schlechthin. Er nimmt vielmehr im Reich des Bösen eine
ganz bestimmte Funktion wahr, die der Zerstörung der »Beziehung
Mensch – Gott«.[49]

Dieser Sicht der Dinge begegnet der Autor, indem er seinen Lesern
unmissverständlich deutlich macht, dass der Satan zwar die Beziehung
»Gott – Mensch« in Frage stellen kann, dabei aber selbst JHWH unterstellt bleibt. Seine Eigenständigkeit besteht im Hinterfragen, in der
Anstiftung zu Zweifel und Zwietracht, nicht aber im vorbehaltlosen
und schrankenlosen Agieren. Ohne JHWHs Zustimmung kann er Hiob
nicht ans Leder.

Das Bestürzende ist, dass JHWH auf die raffinierte Herausforderung des Satans eingeht und seine Zustimmung zur Erprobung der
Frömmigkeit Hiobs gibt (1,12; 2,6). Wird er damit nicht zum Komplizen
des Satans? Hat Hermann Spieckermann nicht recht, wenn er feststellt,
dass damit eine »Satanisierung« Gottes gegeben sei?[50] Und ist es angesichts dieses Sachverhaltes nicht verständlich, wenn Carl Gustav Jung
in seiner Hiobinterpretation eine Wandlung Gottes und die Überwindung solch eines barbarischen Gottesbildes gefordert hat,[51] ja, wenn
Ernst Bloch gar postulierte, dass man den Exodus aus solch einem Got-
tesglauben riskieren müsse?[52] Oder gibt es zum tyrannischen »Gott-
Satan« auch eine alternative Lesart?

Zunächst ist zu beachten, dass JHWH dem Satan Grenzen setzt. Er
ist nicht JHWH, auch nicht sein dunkler Schatten,[53] aber ohne JHWH ist
er nichts. Er darf etwas, aber er darf nicht alles. An Hiob selbst soll er
nicht Hand anlegen (1,12a). Und als der Satan in der zweiten Himmelsszene schließlich auch diese letzte Grenze niederzureißen versucht,

---

49 Ganz offensichtlich behielt er diese Funktion bis in die neutestamentliche Zeit hinein
   bei (vgl. Mk 1,12f.; Mt 4,1–11).
50 Spieckermann, Satanisierung, 431 ff.
51 Jung, Antwort, 49 ff. Vgl. dazu Wildberger, Hiobproblem, 9–27.
52 Bloch, Atheismus im Christentum, 148–166.
53 Anders Spieckermann, Satanisierung, 435, und Heckl, Figur, 49 ff.

weil die erste Prüfung nicht das gewünschte Ergebnis brachte, da gibt JHWH – zum äußersten Erschrecken der Leser – auch Hiobs Gesundheit frei. Aber wiederum baut er eine letzte Grenze auf: אַךְ אֶת נַפְשׁוֹ שְׁמֹר – »Sein Leben jedoch verschone« (2,6)! Das ist zunächst einmal zur Kenntnis zu nehmen. JHWH will, dass Hiob am Leben bleibt, wie auch Joschua am Leben blieb! Er will das Gute und nicht das Böse! Warum lässt er sich dann aber trotzdem auf das unverschämte Drängen des Satans ein? Eine mögliche Antwort auf diese Frage wäre: Weil JHWH – und mit diesem der Erzähler – ein stärkeres Vertrauen in Hiob setzt als in das Treiben des Satans. Gott traut es dem leidenden Menschen (Volk) zu, seinem Knecht Hiob (Jakob/Israel), stärker zu sein als der Satan.[54]

Auch bei dieser Antwort bleiben Risse und Untiefen im Gottesbild des Erzählers. Sofort stellen sich Gegenfragen ein. Warum wird dann dem Satan von JHWH überhaupt ein solcher Spielraum eingeräumt? Warum weist er ihn nicht umgehend zurück, wie das bei Joschua der Fall war? War seine eigene Macht doch nur von beschränkter Souveränität? Oder war ihm sein Knecht Hiob und dessen Unversehrtheit nicht mehr wert als das Rechtbehalten gegenüber dem Satan? Diese Fragen lassen sich nur dann beantworten, wenn wir uns noch einmal deutlich machen, dass es in dem Drama nicht allein um Hiob geht, sondern ebenso um JHWH und seine Beziehung zu ihm. Denn mit der kritischen Anfrage der Frömmigkeit Hiobs durch den Satan wurden indirekt ja auch JHWHs Macht und Freiheit angefragt. Würde sich JHWH der Herausforderung verweigern, bliebe der Verdacht in der Welt, dass Hiob JHWH nur um seiner selbst willen die Treue hält, nicht aber um Gottes willen. Damit stünde tatsächlich JHWHs Freiheit auf dem Spiel. Er wäre geradezu in der Pflicht, den Segenskordon um Hiob unablässig aufrecht zu erhalten. Indem sich JHWH auf die Herausforderung des Satans einlässt, wahrt er seine Freiheit gegen jedermann, gegenüber dem Satan und gegenüber Hiob. Mit diesem Zugeständnis erweist er seine unvergleichliche Freiheit und seine Gottheit. Andererseits gibt er Hiob, dem Menschen, die Ehre, sich stärker zu erweisen als der Satan. JHWH hält daran fest, dass sich ein Mensch nicht nur im Glück, sondern auch in Not und grenzenlosem Leid in seiner Gottesbeziehung bewährt. Wenn man im Hiobbuch den Versuch einer grandiosen Theodizee sehen möchte, dann sollte man nicht vergessen, dass dem eine mindestens ebenso beeindruckende Anthropodizee des leidenden Gerechten an die Seite gestellt wurde.

---

54 Vgl. Lux, Hiob, 92 f., und Janowski, Die Erde, 1–18.

Eine Aussage in der Rahmenerzählung kann allerdings gegen diese hier gegebene Deutung ins Feld geführt werden. In der zweiten Himmelsszene trifft JHWH gegenüber dem Satan folgende Feststellung, nachdem er noch einmal die positiven Charakterisierungen Hiobs aus 1,1.8 repetiert hat:

> 2,3b Noch hält er (Hiob) fest an seiner Vollkommenheit.
> Du aber hast mich angestiftet, ihn grundlos zu verschlingen.

Wird damit nicht doch »das Handeln des Satans im Zusammenhang der Himmelsszenen letztlich ursächlich auf *Jhwh* zurückgeführt«?[55] Bekennt sich JHWH denn nicht selbst dazu, dass *er* gegenüber dem Satan schwach geworden ist, anders als Hiob, der stark blieb? Ja ist das das Große an der Hioberzählung, dass sich da ein Mensch nicht nur stärker als der Satan, sondern auch stärker als Gott erweist?[56]

Zunächst einmal stellt JHWH schlicht fest, dass Hiob die erste Probe seiner Frömmigkeit glänzend bestanden hat (V. 3bα). Für den Zweifel des Satans an Hiobs selbstloser Frömmigkeit gab es also keinerlei Grund. Mit dem zweiten als Vorwurf gegen den Satan formulierten Satz bringt der Erzähler JHWHs Bedauern darüber zum Ausdruck, was mit Hiob geschehen ist (V. 3bβ), dass er nämlich ohne Grund ins Elend gestürzt wurde. Weil sich Hiobs Frömmigkeit ja tatsächlich als »grundlos« (חנם) erwies, deswegen stellte sich das, was ihm widerfuhr, ebenfalls als »grundlos« (חנם) heraus (vgl. 1,9 mit 2,3). Ist also doch JHWH der Urheber des Unheils, das Hiob widerfährt? Das Gegenteil ist der Fall! JHWH sagt ja zum Satan ותסיתני »*du* aber hast mich verführt...« (2. Pers. Sg.). Damit wird klargestellt, dass die Absicht zum bösen Handeln an Hiob gerade nicht von JHWH, sondern vom Satan ausging. Er ist als der Versucher die Quelle und dann auch der Vollstrecker der bösen Tat.[57]

Allerdings übernimmt JHWH dafür ausdrücklich die Mitverantwortung, obwohl der Erzähler größten Wert darauf legt festzuhalten, dass Gott nicht selbst Hand an Hiob gelegt hat, sondern dass er ihn

---

55 So Heckl, Hiob, 370.

56 Eine derartige Überlegung stellt Jung, Antwort, 28 an: »Sollte JHWH Verdacht geschöpft haben, dass der Mensch zwar ein unendlich kleines, aber konzentrierteres Licht als er, Gott, besitzt?«

57 Wenn schließlich am Ende in 42,11 die Verwandten und Bekannten zu Hiob kommen, um ihn zu trösten »wegen all des Bösen, das JHWH über ihn (Hiob) habe kommen lassen«, dann übernehmen sie damit lediglich die streng monotheistische Option des frommen Dulders Hiob aus 2,10, die Beleg seiner vorbildlichen Frömmigkeit ist. Weil Hiob bereit ist, Gutes *und* Böses aus *Gottes* Hand zu nehmen, deswegen wird dem Satan der Boden für alle weiteren listigen Anschläge vollkommen entzogen.

lediglich der Hand des Satan überließ (1,12a; 2,6a).[58] Auf die Gründe
dafür ist noch zurückzukommen. Trotzdem bleibt festzuhalten, dass
die Initiative zur Erprobung Hiobs nicht von JHWH ausging, sondern
vom Satan. Er hatte JHWH dazu »gereizt/angestiftet« (סות Hi.). Und er
war es dann auch, der schließlich gegen Hiob tätig wurde. Versteht
man den Satz von der Anstiftung JHWHs durch den Satan als das, was
er ist, nämlich als einen Ausdruck des Bedauerns, dann kann er kaum
die These von der »Satanisierung JHWHs« stützen, sondern spricht
eher gegen sie. Der Satan, nicht JHWH, musste wie bereits in Sach 3
eine empfindliche Niederlage einstecken.

Die Einführung dieses Widersachers durch den Erzähler der
Hiobnovelle dient daher unübersehbar dem Willen zur Entlastung und
nicht zur Belastung JHWHs. Der Satan als Figuration des Bösen, das
Hiob trifft, ist der Exponent einer zwar von JHWH nicht unabhängigen,
aber doch diesem widerstehenden Gegenmacht, die das Verhältnis
zwischen JHWH und dem frommen Hiob dem bösen Verdacht aus-
setzt, dass Hiob Gott nicht um Gottes willen, sondern um des eigenen
Vorteils willen treu sei. Damit stünden JHWH und Hiob in einem gegenseitigen Abhängigkeitsverhältnis. Würde JHWH ihm einmal seine
Wohltaten verweigern, dann wäre es auch mit seiner Macht über Hiob
vorbei, und dieser würde ihn verfluchen.

Damit aber, dass der Satan seine himmlische Wette verloren hat,
war es nun auch mit ihm vorbei. Die Zeit war gekommen, von der
Bühne des Geschehens abzutreten. Dies um so mehr, da Raik Heckl mit
Recht darauf hingewiesen hat, dass es sich bei den beiden Ansagen des
Satans, dass Hiob im Falle des Segensentzuges JHWH verfluchen wer-
de (1,11b; 2,5b), um elliptische Schwursätze handelt, die im Falle des
Nichteintreffens der Vorhersage eine Selbstverfluchung des Satans zur
Folge haben. Der falsche Schwur, den Satan leistete, traf diesen dem
Grundsatz von Dtn 19,18f. folgend selbst.[59] Haben damit Hiob und
JHWH endgültig[60] den Sieg über den Satan errungen? Mit dieser Frage

---

58 Daher wirkt die Formulierung Spieckermanns (Satanisierung, 435), dass JHWH und
    der Satan » Hand in Hand« gearbeitet hätten, »weil es sich um die selbe Hand han-
    delt«, zu suggestiv. Sie beachtet nicht die Nuancen des Erzählers, der die Initiative
    und damit die Hauptverantwortung für das, was Hiob widerfährt, eindeutig beim
    Satan sieht. Er unterscheidet zwischen der Hand JHWHs und der Hand des Satans.
    Denn nicht JHWH, sondern der Satan führt aus, wozu er JHWH überredete.

59 Heckl, Figur, 52f.

60 Ob der Erzähler eine grundsätzliche Überwindung des Satans und seiner Macht im
    Blick hatte, mit der er eine eschatologische Wende von der anhaltenden Unheilszeit
    zur endgültigen und weltweiten Heilszeit postulierte, ist eine Frage, die hier offen
    bleiben muss. Bei einer ausschließlich kollektiven, geschichtstheologischen Lektüre
    der Rahmenerzählung, wie sie von Heckl, Figur, 49ff., vorgenommen wird, lassen

sind wir bei der dritten Größe angekommen, die der Hioberzähler für das Unheil Hiobs ins Spiel bringt.

2.3. Gutes und Böses aus JHWHs Hand

So wie sich JHWH in 2,3b zu seiner Mitverantwortung für das Unheil, das Hiob widerfuhr, bekannt hat, so behaftet ihn letztlich auch Hiob dabei. Aber gerade dies, dass *JHWH* dafür haftet und eben nicht der Satan, von dessen Treiben Hiob ja im Unterschied zum Leser gar nichts wissen konnte, wird ihm zum festen Grund seiner unerschütterlichen Hoffnung. Er hält sich im Guten wie im Bösen gleichermaßen an seinen Gott und traut ihm *alles* zu. Das belegen letztlich die beiden Duldersprüche:

> Nackt bin ich ausgezogen aus dem Leib meiner Mutter
> und nackt kehre ich dorthin zurück.
> JHWH hat gegeben und JHWH hat genommen,
> der Name JHWHs sei gepriesen. (1,21)

> ...das Gute empfangen wir von Gott,
> und sollten das Böse nicht auch [von ihm] empfangen? (2,10a)

Mit diesen Duldersprüchen und der These, dass JHWH gibt und nimmt, dass wir Gutes und Böses von ihm empfangen, überlässt Hiob dem Satan, von dem er nichts weiß oder wissen will, keinen Millimeter dieser Erde und keine Stunde der Geschichte. Der in der ausgehenden Exilszeit zum Durchbruch gekommene Monotheismus hat – so paradox das ist – das Auftauchen des Satans als einer eigenständigen Figur im himmlischen Hofstaat geradezu provoziert, weil man glaubte, mit ihm JHWH aus dem Geheimnis des Bösen heraushalten zu können.[61] Aber er hat das Deutungsmodell »Satan« provoziert, um es letztlich mit den Verfassern von Sach 3 und Hi 1–2 theologisch zu überwinden. Das ist jedenfalls die Position, die Hiob vertritt, dass, wo JHWH ist, kein Satan sein kann.

Mit der Niederlage des Satans in Hi 1–2 und dem Bekenntnis Hiobs zu JHWH, von dem Gutes *und* Böses empfangen wird, bricht der Erzähler die einseitige Perspektive auf Gott und den Menschen auf, die

---

sich für diese Deutung durchaus gute Argumente ins Feld führen. Berücksichtigt man allerdings, dass das kollektive Geschick Israels sich im individuellen Geschick einzelner Frommer durch die Zeiten hindurch immer neu spiegelt, dann bleibt Satan als Figuration des Bösen im Rahmen individueller Frömmigkeit weiterhin als Deutungsmodell für das Böse im Spiel.

61 Siehe dazu den Vernichtungszorn JHWHs in II Sam 24,1 und dessen Übertragung auf den Satan in I Chr 21,1.

die Vertreter der Hypothese »Satan« haben. Der Satan war ja nach dem Gesetz der Vergeltung angetreten: Wie du mir, so ich dir! Je nachdem, wie sich JHWH zu Hiob verhalte, so würde sich auch Hiob zu JHWH verhalten. Seinen Segen würde er mit Treue, den Entzug des Segens mit einem Fluch quittieren. Die Beziehung aber zwischen JHWH und Hiob geht in keinem Gesetz auf. Sie lebt aus der Freiheit des gegenseitigen Festhaltens aneinander unabhängig vom jeweiligen Ergehen. »Dort, wo Gott ist, sind keine Gesetze, dort ist Freiheit. Und wo keine Freiheit ist, dort ist kein Gott.«[62]

Für die Vertreter der Satanshypothese kann es dagegen die Möglichkeit einer geheilten sowie einer heilen, selbstlosen und grundlosen Gottesbeziehung nur unter bestimmten, dem Menschen einsehbaren gesetzlichen Voraussetzungen geben. Dieser Anspruch der »Anwälte des Satans«, über Gott und seine Beziehung zum Menschen besser Bescheid zu wissen als JHWH selbst, die Bahnen und Gesetze zu kennen, in denen sich JHWH und Mensch bewegen, wird vom Erzähler zurückgewiesen. JHWH kann in freier Entscheidung schuldig Gewordenen vergeben wie Joschua in Sach 3, und der Mensch kann aus freiem Willen die Kraft aufbringen, JHWH auch im schweren Leiden die Treue zu halten wie Hiob in Hi 1–2.

Da der Erzähler nach den beiden Himmelsszenen sowie den sich daran anschließenden Prüfungen Hiobs durch den Satan mit den Duldersprüchen (1,21; 2,10) Hiob jeweils selbst das letzte Wort überlässt, ist davon auszugehen, dass er genau diese konsequent monotheistische Position auch seinen Lesern in ihrer Vorbildlichkeit zur Übernahme empfiehlt. Dabei setzte er sich offensichtlich kritisch mit zeitgenössischen Auffassungen auseinander, die – um der Entlastung JHWHs willen – unter und neben ihm in der Gestalt Satans eine Gegenmacht etablierten. Selbst als dem JHWH untergeordneten himmlischen Funktionär wird dem Satan mit der ausdrücklichen Niederlage und dem Bekenntnis Hiobs zu JHWH das Recht zur weiteren Desavouierung der Gottesbeziehung des Menschen abgesprochen.

Der Erzähler belässt das Geheimnis des Bösen damit in Gott selbst, weil er es bei ihm immer noch besser aufgehoben weiß als beim Satan. Denn wenn überhaupt von einem die Wende zum Guten und zum Heil zu erwarten ist, dann allein von ihm, nicht aber von einer Figur, die sich allein auf die Anfechtung und das Böse versteht. Daher ist es nur konsequent, wenn Hiob dann auch im Epilog eine solche Wiederherstellung widerfährt (42,10–17; vgl. Gen 50,20).

---

62 Schestow, Athen und Jerusalem, 405.

Die Niederlage des Satans in Sach 3 und Hi 1–2 entreißt damit die Gott-Mensch-Beziehung jeglicher Spielart des Utilitarismus oder der Zweckrationalität. Ingolf U. Dalfert ist zuzustimmen, wenn er feststellt:

>»Gerechtigkeit, so lautet ihre [der Hiobsgeschichte, R. L.] Lektion, gibt es nur *ohne Sinn und Zweck,* sie ist kein Mittel, um mit ihr etwas anderes zu erreichen, sondern man kann sie nur entweder um ihrer selbst willen oder gar nicht leben. Gerechtigkeit gibt einem *kein Recht auf etwas,* sie ist *ohne Wozu,* oder sie ist überhaupt nicht. Wer gerecht ist, um Gott zu gefallen, ist nicht gerecht und gefällt Gott nicht. Vielmehr ist nur gerecht, wer es ist, ohne Gott damit gefallen zu wollen. Gerechtigkeit hat nur ihren Sinn *allein in sich selbst,* und nur wenn sie so gelebt wird, […] wird sie tatsächlich gelebt.«[63]

Dass Gott dem Menschen solche Gerechtigkeit zutraut, das wird uns an seinem Knecht Hiob demonstriert.

Am Ende also doch ein wiederhergestellter Hiob und kein schallend lachender Satan? Der Autor von Sach 3 und der Erzähler der Hiobnovelle hatten diese Zuversicht. Die abgründigen Leidenserfahrungen des jüdischen Volkes im 19. und 20. Jh. aber haben Jizchak Leib Perez und andere dazu veranlasst, hinter die »Lösung« des Hiobbuches ihrerseits noch einmal ein Fragezeichen zu setzen. Der *Kartejger* betrat erneut die Bühne der Weltgeschichte. Denn wer konnte schon hoffen, dass er sich mit seiner biblischen Niederlage endgültig geschlagen gäbe? Doch an einer letzten Bastion hat selbst der große ostjüdische Erzähler festgehalten, daran, dass auch Bonze Schweig in seinem Leiden einen immer auf seiner Seite hatte, den »barmherzigen Vater«, der all dieses unermessliche Leiden wahrgenommen hat und sich letztlich seiner erbarmte.

Literatur

R. Achenbach, Teufel III, ⁴RGG 8, Tübingen 2005, 183

G. Ahn, »Toleranz« und Reglement. Die Signifikanz achaimenidischer Religionspolitik für den jüdisch-persischen Kulturkontakt, in: R. G. Kratz (Hg.), Religion und Religionskontakte im Zeitalter der Achämeniden, VWGTh 22, Gütersloh 2002, 191–209

B. Becking, Zerubbabel, Zechariah 3–4, and Post-Exilic History, in: B. E. Kelle/ M. B. Moore (Ed.), Israel's Prophets and Israel's Past. Essays on the Relationship of Prophetic Texts and Israelite History, The Library of Hebrew Bible/Old Testament Studies 446, London 2006, 268–279

U. Berges, Klagelieder, HThKAT, Freiburg/Basel/Wien 2002

---

63 Dalfert, Malum, 440.

— Der Ijobrahmen (1,1–2,10; 42,7–17). Theologische Versuche angesichts un-
schuldigen Leidens, BZ 39 (1995), 225–245

A. Berlejung, Notlösungen – Altorientalische Nachrichten über den Tempelkult
in Nachkriegszeiten, in: E. A. Knauf/U. Hübner (Hg.), Kein Land für sich
allein. Studien zum Kulturkontakt in Kanaan, Israel/Palästina und
Ebirnari, FS M. Weippert, OBO 186, Fribourg/Göttingen 2002, 196–230

— Widersacher/Satan/Teufel, HGANT, Darmstadt 2006, 421–423

W. A. M. Beuken, Jesaja 1–12, HThKAT, Freiburg/Basel/Wien 2003

M. Bič, Das Buch Sacharja, Berlin 1962

E. Bloch, Atheismus im Christentum, Frankfurt a.M. 1968

A. Brock-Utne, »Der Feind«. Die alttestamentliche Satansgestalt im Lichte der
sozialen Verhältnisse des nahen Orients, Klio 28 (1935), 219–227

A. Caquot, גער, ThWAT II, Stuttgart u.a. 1977, 51–56

I. U. Dalfert, Malum. Theologische Hermeneutik des Bösen, Tübingen 2008

H. Delkurt, Sacharjas Nachtgesichte. Zur Aufnahme und Abwandlung prophetischer Traditionen, BZAW 302, Berlin/New York 2000

Chr. Dohmen, Exodus 19–40, HThKAT, Freiburg/Basel/Wien 2004

J. Ebach, Ist es »umsonst«, dass Hiob gottesfürchtig ist? Lexikographische und
methodische Marginalien zu חִנָּם in Hi 1,9, in: Ders., Hiobs Post. Gesammelte Aufsätze zum Hiobbuch, zu Themen biblischer Theologie und zur
Methodik der Exegese, Neukirchen-Vluyn 1995, 15–31

K. Elliger, Das Buch der zwölf Kleinen Propheten II, ATD 25/II, Göttingen
²1951

H.-J. Fabry, »Satan« – Begriff und Wirklichkeit. Untersuchungen zur Dämono-
logie der alttestamentlichen Weisheitsliteratur, in: H. Lichtenberger/
A. Lange/K. F. D. Römfeld (Hg.), Die Dämonen – Demons. Die Dämonolo-
gie der israelitisch-jüdischen und frühchristlichen Literatur im Kontext ihrer Umwelt, Tübingen 2002, 269–291

I. Finkelstein/L. Singer-Avitz, Reevaluating Bethel, ZDPV 125 (2009), 33–48

E. S. Gerstenberger, Das 3. Buch Mose. Leviticus, ATD 6, Göttingen 1993

J. Chr. Gertz (Hg.), Grundinformation Altes Testament, Göttingen ³2009

M. Gies/O. Böcher, Satan, NBL III, Düsseldorf/Zürich 2001, 448–452

M. Hallaschka, Haggai und Sacharja 1–8. Eine redaktionsgeschichtliche Untersuchung, BZAW 411, Berlin/New York 2011

R. Hanhart, Sacharja 1–8, BK XIV/7, Neukirchen-Vluyn 1998

R. Heckl, Hiob – Vom Gottesfürchtigen zum Repräsentanten Israels. Studien
zur Buchwerdung des biblischen Hiobbuches und zu seinen literarischen
Quellen, FAT 70, Tübingen 2010

— Die Figur des Satans in der Rahmenerzählung des Hiobbuches, leqach 10,
Leipzig 2012, 45–57

C. Houtman, Der Himmel im Alten Testament. Israels Weltbild und Weltan-
schauung, OT.S 30, Leiden 1993

F.-L. Hossfeld/E. Zenger, Psalmen 101–150, HThKAT, Freiburg/Basel/Wien
2008

B. Janowski, »Die Erde ist in die Hand eines Frevlers gegeben.« Zur Frage
nach der Gerechtigkeit Gottes im Hiobbuch, in: H. Lichtenberger/

H. Zweigle (Hg.), Wo ist Gott? Die Theodizee-Frage und die Theologie im Pfarramt, Theologie Interdisziplinär 7, Neukirchen-Vluyn 2009, 1–18

C. G. Jung, Antwort auf Hiob, Zürich 1952

G. Kaiser/H.-P. Mathys, Das Buch Hiob. Dichtung als Theologie, Berlin 2010

J. Kalms, Der Surz des Gottesfeindes. Traditionsgeschichtliche Studien zu Apk 12, WMANT 93, Neukirchen-Vluyn 2001

O. Keel, Die Geschichte Jerusalems und die Entstehung des Monotheismus, Teil 2, Göttingen 2007

G. Liedke, גער, THAT I, München 1971, 429–431

R. Lux, »Still alles Fleisch vor JHWH…«. Das Schweigegebot im Dodekapropheton und sein besonderer Ort im Zyklus der Nachtgesichte des Sacharja, in: Ders., Prophetie und Zweiter Tempel, FAT 65, Tübingen 2009, 180–190

— Der Zweite Tempel von Jerusalem. Ein persisches oder prophetisches Projekt?, in: Ders., Prophetie und Zweiter Tempel, FAT 65, Tübingen 2009, 122–143

— Der Stein Joschuas – ein Stein der Versöhnung. Überlegungen zu Sach 3,8–10, in: N. Bolin/M. Franz (Hg.), Im Klang der Wirklichkeit. Musik und Theologie, FS M. Petzoldt, Leipzig 2011, 226–239

— Hiob. Im Räderwerk des Bösen, BG 25, Leipzig, ²2013

H.-P. Mathys, Der Achämenidenhof im Alten Testament, in: B. Jacobs/R. Rollinger (Hg.), Der Achämenidenhof – The Achaemenid Court, Wiesbaden 2010, 231–308

G. Molin, Satan, BHH III, Göttingen 1966, 1674–1676

H.-D. Neef, Gottes himmlischer Thronrat. Hintergrund und Bedeutung von *sôd JHWH* im Alten Testament, AzTh 79, Stuttgart 1994

K. Nielsen, שָׂטָן, ThWAT VII, Stuttgart u. a. 1993, 745–751

— Teufel II, TRE 33, Berlin/New York 2006, 115–117

G. Oberhänsli-Widmer, Hiob in jüdischer Antike und Moderne. Die Wirkungsgeschichte Hiobs in der jüdischen Literatur, Neukirchen-Vluyn 2003

M. Oeming/K. Schmid, Hiobs Weg. Stationen von Menschen im Leid, BTHSt 45, Neukirchen-Vluyn 2001

I. L. Perez, Baal Schem als Ehestifter und andere Erzählungen, Berlin 1969

D. L. Petersen, Haggai and Zechariah 1–8, London 1985

Th. Pola, Das Priestertum bei Sacharja. Historische und traditionsgeschichtliche Untersuchungen zur frühnachexilischen Herrschererwartung, FAT 35, Tübingen 2003

H. Graf Reventlow, Die Propheten Haggai, Sacharja und Maleachi, ATD 25/2, Göttingen 1993

H. Ringgren, עמד, ThWAT VI, Stuttgart u. a. 1989, 194–204

Th. Robinson/F. Horst, Die Zwölf kleinen Propheten, HAT I/14, Tübingen ²1954

M. Rohde, Der Knecht Hiob im Gespräch mit Mose. Eine traditions- und redaktionsgeschichtliche Studie zum Hiobbuch, ABG 26, Leipzig 2007

Z. Rokay, Die Nachtgesichte des Propheten Sacharja. Eine einzelexegetische Untersuchung zur Bestimmung und ihrer Eigenart, Frankfurt a.M. u.a. 2011

W. Rudolph, Haggai – Sacharja 1–8 – Sacharja 9–14 – Maleachi, KAT, Berlin 1981

J. Schaper, Priester und Leviten im achämenidischen Juda, FAT 31, Tübingen 2000

L. Schestow, Athen und Jerusalem. Versuch einer religiösen Philosophie, München 1994

L. Schmidt, Bileam. Vom Seher zum Propheten Jahwes. Die literarischen Schichten der Bileam-Perikope (Num 22–24), in: M. Witte (Hg.), Gott und Mensch im Dialog, FS O. Kaiser, BZAW 345/I, Berlin/New York 2004, 333–351

— Das vierte Buch Mose. Numeri, Kapitel 10,11–36,13, ATD 7,2, Göttingen 2004

J. Schreiner, עוּר, ThWAT V, Stuttgart u.a.1986, 1184–1190

H. Seebaß, Erwählung I, TRE 10, Berlin/New York 1993, 182–189

K. Seybold, Die Psalmen, HAT I/15, Tübingen 1996

H. Simian-Yofre (u.a.), עבד, ThWAT V, Stuttgart u.a. 1986, 982–1012

H. Spieckermann, Die Satanisierung Gottes. Zur inneren Konkordanz von Novelle, Dialog und Gottesreden im Hiobbuch, in: »Wer ist wie du unter den Göttern?« Studien zur Theologie und Religionsgeschichte Israels (FS Kaiser), Göttingen 1994, 431–444

J. Tollington, Tradition and Innovation in Haggai and Zechariah 1–8, JSOTSup 150, Sheffield 1993

S. Vollenweider, Ich sah den Satan wie einen Blitz vom Himmel fallen, ZNW 79 (1988), 187–203

G. Wanke, שָׂטָן, THAT II, München 1976, 821–823

H. Weippert, »Der Ort, den Jahwe erwählen wird, um dort seinen Namen wohnen zu lassen«. Die Geschichte einer alttestamentlichen Formel, in: Dies., Unter Olivenbäumen. Studien zur Archäologie Syrien-Palästinas, Kulturgeschichte und Exegese des Alten Testaments. Gesammelte Aufsätze, AOAT 327, Münster 2006, 325–342

J. Wellhausen, Die Kleinen Propheten, Berlin ³1898

H. Wildberger, Das Hiobproblem und seine neueste Deutung, in: Ders., Jahwe und sein Volk. Gesammelte Aufsätze zum Alten Testament, TB 66, München 1979, 9–27

I. Willi-Plein, Haggai, Sacharja, Maleachi, ZBK.AT 24.4, Zürich 2007

Die Merkabah-Vision – eine ikonische Offenbarung der Ewigkeit Gottes[*]

Cătălin Vatamanu

1. Hermeneutische Vorüberlegungen zu Ezechiel 1

Der Prophet Ezechiel, geboren 622 v. Chr., aus der Familie des Priesters Busi (Ez 1,3), ist einer der »großen Propheten« nicht nur wegen seiner umfangreichen literarischen Hinterlassenschaft, sondern vor allem wegen seiner tiefen theologischen Botschaft. Die prophetischen Ideen Ezechiels haben als Quelle das offenbarte Wort Gottes, aber die Form, in der sie Gestalt gewonnen haben – charakteristisch für den großen gelehrten Propheten – ergibt sich aus seiner eigenen Erfahrung des babylonischen Exils, 597 v. Chr. (II Reg 24,10–17), aus dem bevorstehenden Ende des Königreichs Juda, Jerusalems und des Tempels, und aus der Zerstreuung Israels, das zum Knecht unter den Völkern geworden war. Das Exil, der tragischste Moment seines Lebens, wird durch den Tod seiner Frau noch schwerer (Ez 24,18), sodass seine Berufung zur Prophezeiung im babylonischen Tel Aviv, am Ufer der Khebar- Kanals, in der Nähe von Nippur (Ez 3,15), zur Erlösung der eigenen Identität wird – in Verantwortung innerhalb der großen Familie des versklavten Volkes Israel.

Weit entfernt vom Heiligen Land, zögert Ezechiel nicht, seiner Frustration bezüglich der laschen Haltung der Weggeführten, die er »ein ungehorsames Haus« nennt (Ez 3,26–27; 25,8), auszudrücken, aber vor allem derjenigen, die nur für eine kurze Zeit in Jerusalem geblieben sind und auf die wundersame politische Rettung durch die direkte Intervention von Jhwh Zebaot, des »Herrn der Heerscharen«, warten.

Deshalb reicht seine Botschaft von aufrüttelnden Drohungen bis zu Ankündigungen voll der Hoffnung auf das Herabkommen des Gottes-

---

[*] Mit diesem Beitrag grüße ich Prof. Dr. Ernst-Joachim Waschke zu seinem 65. Geburtstag, unter dessen Leitung ich an der Theologischen Fakultät der Martin-Luther-Universität Halle-Wittenberg promoviert habe.

segens. So kann man erklären, warum das Schreiben Ezechiels so schwer zu verstehen ist – nicht nur für seine Zeitgenossen, sondern auch für die späteren weisen Rabbiner und christlichen Denker. Das Buch überrascht den Bibelwissenschaftler durch den häufig üppigen Stil. Deshalb haben rationalistische Kritiker seine Authentizität in Abrede gestellt und das Buch Ezechiel einer nachexilischen Priesterschule zugerechnet.[1] Wegen inhaltlicher Abweichungen vom mosaischen Gesetz wurde die Interpretation des Buches Ezechiel von Talmudgelehrten verboten.[2] Über diese kritischen Schuldzuweisungen gegen seine Landsleute hinaus spielten die Visionen von Ezechiel eine wichtige Rolle in Mystik und Theologie des rabbinischen Judentums. Die Vision des Gottesthrons in Ezechiel 1, bekannt durch den hebräischen Begriff *Merkabah* (»Der Wagen«), ist ein Teil einer Reihe mystisch gedeuteter prophetischer Texte, die nicht gelesen und nicht nach dem Zufallsprinzip interpretiert werden dürfen. In Mischna *Chagiga* 2,1 wird gesagt:

> »Die Schöpfungsgeschichte darf nicht unter Zweien und die Himmelskreislehre auch nicht für sich allein erörtert werden, es sei denn, dass er ein Gelehrter ist und es aus eigener Erkenntnis versteht«.

bChagiga 13a fügt die Wörter hinzu:

> »Jedoch darf man einem die Hauptzüge anweisen«.

In demselben Abschnitt verbietet Rabbi Ze'era (ca. 3. Jh.) streng:

> »Die Hauptzüge darf man nur einem Gerichtsoberhaupt und einem, dessen Herz besorgt ist, anweisen«.

In diesem Zusammenhang erklärt ein anderer Amoräer:

> »Die geheimen Lehren werden nur demjenigen anvertraut, der folgende fünf Eigenschaften besitzt: Hauptmann, Hochangesehener, Ratsherr, Kunstverständiger und Zauberkundiger«.[3]

Wie die anderen Propheten versuchte Ezechiel durch theologische bzw. geschichtliche Deutungen zu seiner Vision, die Gottesbotschaft den

---

1 Zur chronologischen Einordnung des Buches Ezechiel: Rooker, Hebrew.

2 Die Rabbinen identifizierten zahlreiche Fehlanpassungen zwischen Ez 4–7 und 34–37 mit Lev 26. Bei dem Versuch, diese Texte in Einklang zu bringen, verbrauchte Rabbi Hananiah ben Hezekiah bei nächtlicher Arbeit dreihundert Fass Lampenöl. Shabbath 13b: »R. Jehuda sagte im Namen Rabhs: Fürwahr, jenes Mannes soll zum Guten gedacht werden, nämlich Hananja b. Hizqijas; wenn nicht er, so wäre das Buch Jehezqeel versteckt worden, weil seine Worte den Worten der Gesetzlehre widersprechen. Was that er? -- er setzte sich in den Söller, wo man ihm dreihundert Mass Oel brachte, und erklärte sie« (Goldschmidt, Talmud, I, 348).

3 Goldschmidt, Talmud, III, 815.823f. Abelson, Mysticism, 27.

Menschen verständlich zu machen. Später suchten die jüdischen Mystiker, die die Vielfalt der Bilder und der von ihnen angedeuteten Geheimnisse nutzten, nicht nach einer logischen Bedeutung der *Merkabah*-Vision, sondern sie behielten sie in diesem unerklärlichen, unaussprechlichen und unverständlichen Rahmen, ohne sie exegetisch festzulegen, ohne sie durch realistische oder rationalistische Deutungen einzuengen.

Die rabbinischen Mystiker deuteten die Vision des Gotteswagens von Ezechiel als Versuch des Propheten, Ewigkeit und Heiligkeit Gottes zu ergründen. Die Entäußerung Gottes in der Offenbarung ermöglicht eine Begegnung mit dem Menschen als »Ich« und »Du« und enthüllt ein verborgenes Lernen, das den Menschen wieder zum »Ungesehenen« leitet. Es ist deutlich, dass die *Merkabah*-Vision von Ezechiel nicht im Zweck der Prophezeiung aufgeht, sondern eine Lektüre evoziert, die ins Unbekannte und Ungewisse vorstoßen will. In der alten hebräischen Literatur ist Ezechiel zweifellos ein Vorgänger des apokalyptischen Denkens,[4] das später in den Schriften der Propheten Sacharja (Kap. 9–14) und Daniel zum Ausdruck kommt und bei Henoch und IV Esra entfaltet wurde.

2. Die Vision des Thronwagens (*Merkabah*) im biblischen Kontext

Die Vision des Gotteswagens mit den vier Rädern, »eines im andern«, erscheint in Ezechiel 1,4–28 und im parallelen Text Ez 10,9–19.

> Und ich sah, und siehe, es kam ein ungestümer Wind von Norden her,
> eine mächtige Wolke und loderndes Feuer, und Glanz war rings um sie her,
> und mitten im Feuer war es wie blinkendes Kupfer.
> Und mitten darin war etwas wie vier Gestalten; die waren anzusehen wie
> Menschen. Und jede von ihnen hatte vier Angesichter und vier Flügel. […]
> Ihre Angesichter waren vorn gleich einem Menschen und zur rechten Seite
> gleich einem Löwen bei allen vieren und zur linken Seite gleich einem Stier
> bei allen vieren und hinten gleich einem Adler bei allen vieren. […]
> Als ich die Gestalten sah, siehe, da stand je ein Rad auf der Erde
> bei den vier Gestalten, bei ihren vier Angesichtern.
> Die Räder waren anzuschauen wie ein Türkis und waren alle vier gleich,
> und sie waren so gemacht, dass ein Rad im andern war. Nach allen vier
> Seiten konnten sie gehen; sie brauchten sich im Gehen nicht umzuwenden.
> Und sie hatten Felgen, und ich sah, ihre Felgen waren voller Augen ringsum bei allen vier Rädern. […]

---

4   Siehe Tischler, Apocalypse, Apocalyptic Literature.

Aber über den Häuptern der Gestalten war es wie eine Himmelsfeste, wie ein Kristall, unheimlich anzusehen, oben über ihren Häuptern ausgebreitet, dass unter der Feste ihre Flügel gerade ausgestreckt waren, einer an dem andern; und mit zwei Flügeln bedeckten sie ihren Leib.
Und wenn sie gingen, hörte ich ihre Flügel rauschen wie große Wasser, wie die Stimme des Allmächtigen, ein Getöse wie in einem Heerlager.
Wenn sie aber stillstanden, ließen sie die Flügel herabhängen, und es donnerte im Himmel über ihnen. Wenn sie stillstanden, ließen sie die Flügel herabhängen.
Und über der Feste, die über ihrem Haupt war, sah es aus wie ein Saphir, einem Thron gleich, und auf dem Thron saß einer, der aussah wie ein Mensch.
Und ich sah, und es war wie blinkendes Kupfer aufwärts von dem, was aussah wie seine Hüften; und abwärts von dem, was wie seine Hüften aussah, erblickte ich etwas wie Feuer und Glanz ringsumher.
Wie der Regenbogen steht in den Wolken, wenn es geregnet hat, so glänzte es ringsumher.
So war die Herrlichkeit des HERRN anzusehen.
Und als ich sie gesehen hatte, fiel ich auf mein Angesicht und hörte einen reden.   (Ez 1,4–28*)[5]

Die Vision des Thronwagens ist die göttliche Berufung des Propheten zur Mission, in der er die Herrlichkeit Gottes wie einen Wagen mit vier himmlischen Wesen sieht. Der Begriff מֶרְכָּבָה (mærkābāh) bedeutet »Wagen« und wird von der Verbalwurzel רכב »reiten« abgeleitet, die 44-mal im Alten Testament erscheint. In Bezug auf Gott erhält der Wagen göttliche Eigenschaften, und wird von speziellen Elementen der Offenbarung Gottes begleitet: Wind, Feuer, sehr starkes Licht. Im Zusammenhang damit leihen die Texte aus Jes 66,15, Hab 3,8 und Sach 6,1–3 neue theologischen Bedeutungen zum Bild des Thronwagens von Ezechiel.

> Denn siehe, der HERR wird kommen mit Feuer und seine Wagen wie ein Wetter, dass er vergelte im Grimm seines Zorns und mit Schelten in Feuerflammen. (Jes 66,15)

> Warst du nicht zornig, HERR, in der Flut, und dein Grimm in den Wassern und dein Zorn im Meer, da du auf deinen Rossen rittest und deine Wagen den Sieg (מַרְכְּבֹתֶיךָ יְשׁוּעָה) behielten? (Hab 3,8)[6]

> Und ich hob meine Augen abermals auf und sah, und siehe, da waren vier Wagen, die gingen zwischen zwei Bergen hervor; die Berge aber waren

---

5 Die Übersetzungen biblischer Texte sind der Revidierten Lutherbibel (1984) entnommen.

6 Die wörtliche Übersetzung des Textes wäre »deine Wagen der Rettung«, eine klare Bezugnahme auf die Rettung durch das Eingreifen der göttlichen Macht.

ehern. Am ersten Wagen waren rote Rosse, am andern Wagen waren schwarze Rosse, am dritten Wagen waren weiße Rosse, am vierten Wagen waren scheckige, starke Rosse. (Sach 6,1–3)[7]

Weil der Kampfwagen von Personen mit hohem sozialen Rang, vor allem vom politischen und militärischen Anführer, gefahren wurde, ist er das Symbol der Majestät, der Autorität, der absoluten Macht auf der Erde (siehe Gen 41,43; 46,29; I Sam 8,11; II Sam 15,1; II Reg 5,21–26).

Einige hebräische Texte (I Sam 4,4; II Sam 6,2; II Reg 19,15; Ps 80,1; 99,1) unterstützen die Idee, dass die Cherubim auf der Lade des Bundes des HERRN mit ihren Flügeln als »ein sichtbarer Sockel für den unsichtbaren Thron des Gottes« angesehen wurden,[8] was durch I Chr 28,18 bestätigt wird: »und für den Räucheraltar vom allerlautersten Golde sein Gewicht, auch ein Vorbild des Wagens, nämlich der goldenen Cherubim (וּלְתַבְנִית הַמֶּרְכָּבָה הַכְּרֻבִים זָהָב), dass sie sich ausbreiteten und bedeckten oben die Lade des Bundes des HERRN«. Dieser Thron von geflügelten Wesen wird in der Vision von Ezechiel beweglich und fliegt sogar. Die Vielzahl der Darstellungen von Cherubim an den Wänden und dem Vorhang des Tempels spielt sicherlich für diese Vision eine wichtige Rolle (II Chr 3,7).

Die *Merkabah* von Ezechiel wird von vier חַיּוֹת (»Wesen«) geführt, jedes von ihnen mit vier Gesichtern: »Ihre Angesichter waren vorn gleich einem Menschen, und zur rechten Seite gleich einem Löwen bei allen vieren, und zur linken Seite gleich einem Stier bei allen vieren, und hinten gleich einem Adler bei allen vieren« (Ez 1,10). Die Väter der Kirche identifizieren die vier Wesen in der Vision von Ezechiel mit den vier Evangelisten: der Mensch – Matthäus, der Löwe – Markus, der Stier – Lukas, der Adler – Johannes.

3. Ezechiel 1 und 10 – Quellen der Inspiration für die Kunst

3.1 *Merkabah* in der Kunst

Wenn die Talmudgelehrten, die antiken Schriftsteller und die Väter der Kirche die historisch-literarische Interpretation der komplizierten Vision Ezechiels vermieden, ist es wahrscheinlich, dass das Gleiche im viel größeren und freieren Gebiet der Malerei und der bildenden Kunst geschah. Es überrascht nicht, dass die Vision des Ezechiel von einem Wagen, getragen von vier Wesen mit einem Menschen-, einem Löwen-,

---

7   Wie bei Ezechiel, finden wir auch in diesem Text von Sacharja eine Vision.
8   Harrison, Heruvim.

einem Stier- und einem Adler-Gesicht, nur wenige Künstler inspiriert
hat.

Einige anonyme Miniaturen aus der Französischen Miniatur-Schule
des 13. Jahrhunderts, die jetzt ein Teil der »Pariser Bibel« der Ko-
ninklijke Bibliotheek in den Haag sind, stellen den Schlaf des Ezechiel
dar. Rechts oben sind die vier Wesen als die vier Evangelisten dargestellt.

Eine andere berühmte Darstellung ist die von Raffael, *Die Vision des
Propheten Ezechiel* (1518), die heute im Palazzo Pitti in Florenz (Galeria
Palatina) aufbewahrt wird.

Der Gottesthron aus der Vision Ezechiels erscheint auf einer Ausgabe der *Lutherbibel*, Nürnberg, 1702.

Andere Darstellungen von unbekannten Autoren finden sich in
L'histoire du Vieux et du Nouveau Testament von Nicolas Fontaine (Ausgaben von 1670 und 1699), und in der von Jean Benoit 1552 herausge-
gebenen *Biblia Sacra iuxta vulgat[am] quam dicunt editionem....*

1931–1939 malt Marc Chagall *Die Vision Ezechiels*.

1969 veröffentlicht Salvador Dali in *Biblia Sacra* 105 Lithographien,
unter denen eine, mit dem Titel *Ecce quasi Filius hominis in nubibus us
caeli*, auf Ez 1,4 Bezug nimmt.

Unter diesen Darstellungen des Gotteswagens von Ezechiel stammt
eine besondere künstlerische Vision von einem der bedeutendsten Maler des Quattrocento, Fra Angelico (1395–1455).[9] Der große italienische
Meister, kanonisiert im Jahr 1982 von Papst Johannes Paul II., schuf
1451–1453 eine bedeutende Malerei auf Holz: *Armadio degli argenti*.
Heute aufbewahrt im Museum von San Marco in Florenz, besteht *Armadio degli argenti* aus vierzig Bildern in gleichem Format (38,5 x 37 cm)
und einem in doppelter Größe. Diese stellen Szenen aus dem Leben
Jesu dar, umrahmt von drei besonderen Szenen: *Die Vision Ezechiels*
oder *Das Mystische Rad*, *Der Baum Jesse* und *Das Jüngste Gericht*.

3.2 Theologische Symbole in
Die Vision des Ezechiel oder *Das mystische Rad* von Fra Angelico

Die Elemente, die die Anwesenheit der Gottheit in der Vision von Ezechiel charakterisieren, werden ebenfalls von Fra Angelico dargestellt:
das äußere Rad ist von Feuer umgeben; seine goldenen Sprossen, die
von der Mitte ausgehen, sind wie ein strahlendes Licht; der Name des
sich schnell drehenden Rades (גלגל) kann auch die Bedeutung »Wir-

---

9   Für weitere Informationen über Fra Angelico: Scotmüller, Work of Fra Angelico;
    Creighton, How Fra Angelico; Vasari, Lives; Didi-Huberman, Fra Angelico.

belwind« implizieren; die Texte im oberen Teil des Bildes scheinen wie von der gewaltigen Stimme Gottes ausgesprochen zu sein, der sich offenbart. Ezechiel selbst (1,24) stellt fest, dass der Ton, der vom Flügelschlag erzeugt wurde, »wie die Stimme des Allmächtigen« war (כְּקוֹל־ שַׁדַּי). Das ist einerseits eine anthropomorphe Beschreibung von Gottes Verhalten bei der Kommunikation mit den Menschen, andererseits, wie die jüdische und die kirchliche Tradition es verstanden, eine Manifestation des prophetischen Geistes, in dem Gott sich offenbarte.

Das äußere Rad stellt das Alte Testament mit zwölf der wichtigsten Propheten dar: Mose, Salomo, Ezechiel, Jeremia, Micha, Jona, Joel, Maleachi, Esra, Daniel, Isaak und David. Mose, flankiert vom König David auf der rechten Seite und vom König Salomo auf der linken Seite, ist die zentrale Figur mit den zehn Geboten auf zwei Steintafeln. Von den oben erwähnten ist Isaak die einzige alttestamentliche Figur, auf die kein biblisches Buch zurückgeführt wird.

Das innere Rad repräsentiert das Neue Testament: Johannes, Simon Petrus, Markus, Judas Thaddäus, Lukas, Jakobus Alphäus, Matthäus und Paulus.

Nicht überraschend werden die vier Evangelisten so positioniert, dass sie das Kreuzzeichen bilden. Entsprechend den vier Schenkeln des Kreuzes führt uns die Korrelation unter den vier Evangelisten und den vier Gesichtern der himmlischen Wesen in Ezechiel die symbolische Bedeutung der Zahl Vier als Ausdruck der Universalität vor Augen.

Aufmerksam gegenüber Details (schließlich hat Fra Angelico auch Miniaturen hervorgebracht, wahrscheinlich gemeinsam mit seinem älteren Bruder Benedetto, ebenfalls dominikanischer Mönch[10]), malte Fra Angelico die vier Evangelisten mit den Ezechiel offenbarten Gesichtern: im oberen Teil Johannes mit einem Adlerkopf; rechts Marcus mit einem Löwenkopf; an der Unterseite Lukas mit einem Ochsenkopf; zur Linken Matthäus mit einem Engel- oder Manneskopf.[11] Sie halten Kodizes (gebundene Bücher) in ihren Händen, im Unterschied zu den übrigen Aposteln, die mit Spruchbändern in den Händen porträtiert sind.

Die theologische Idee, die der Maler-Mönch hervorheben will, ist, dass Gott sein Wort durch vier Erzählungen in unterschiedlichem Rahmen, aber identisch bezüglich des Hauptinhalts gab, inspiriert durch denselben Heiligen Geist. Die Identität der Bibel gründet in der Identität der Quelle ihrer Offenbarung: der Heiligen Dreifaltigkeit. Deshalb stellt Hieronymus fest:

---

10   Mason, Fra Angelico, 27.
11   Clement, Handbook, 21–24.

»Matthäus, Markus, Lukas und Johannes, dieses erhabene Viergespann des Herrn, sind die wahren Cherubim, d.h. des Wissens Fülle«.[12]

In der Darstellung von Fra Angelico ist der Hintergrund für die alttestamentlichen Propheten dunkel, entsprechend dem »Volk, das im Finstern wandelt« (Jes 9,1), das aber, in neutestamentlicher Erfüllung, »ein großes Licht« gesehen hat. Dass »es hell scheint« über diejenigen, »die da wohnen im Finstern Lande«, verdeutlicht Fra Angelico durch die blaue Farbe des Himmels. Der Außenkreis grenzt nicht ab, sondern führt zum Zentrum, zum Innersten, zum Mysterium, wohl in Auslegung von Joh 1,5: »Und das Licht scheint in der Finsternis, und die Finsternis hat's nicht begriffen« (vgl. auch Joh 8,12; 12,35–36.46; Luk 2,29–32; II Kor 4,6). Es ist deutlich, dass zwischen dem Zentrum und den Lichtsäulen der beiden Testamente Durchlässigkeit besteht.

Fra Angelico umgab das äußere Rad des Alten Testament mit dem lateinischen Text von Gen 1,1–5:

In principio creavit Deus caelum et terram terra autem erat inanis et vacua et tenebrae super faciem abyssi et spiritus Dei ferebatur super aquas dixitque Deus fiat lux et facta est lux. Et vidit Deus lucem quod esset bona et divisit lucem ac tenebras appellavitque lucem diem.

Das innere Rad, das des Neuen Testaments, wird durch den lateinischen Text von Joh 1,1–3 umgeben:

In principio erat Verbum et Verbum erat apud Deum et Deus erat Verbum. Hoc erat in principio apud Deum. Omnia per ipsum facta sunt et sine ipso factum est nihil quod factum est.

Es ist offensichtlich, dass die von Fra Angelico gewählten Texte für die zwei Räder mit *in principio* (»am Anfang«) beginnen, um die Einheit der Offenbarung Gottes in den beiden Testamenten zu verdeutlichen.

4. Zeit und Ewigkeit oder »Das Neue Testament ist in dem Alten versteckt, und das Alte ist in dem Neuen offenbart«

In der *Vision Ezechiels* hebt Fra Angelico zwei grundsätzliche Eigenschaften der Offenbarung hervor: die Einheit der Bibel, vom ersten bis zum letzten Wort, und die innere Beziehung zwischen Altem und Neuem Testament.

---

12 *Matthaeus, Marcus, Lucas, et Joannes, quadriga Domini, et verum Cherubim, quod interpretatur scientiae multitudo* (Hieronymus, Epistula 53, 9 = Brief an Paulinus, Bischof von Nola).

Weitere textliche Hinweise aus Ez 1 und 10 leiten die Kirchenväter zur Idee der Einheit der göttlichen Offenbarung. Die drei Tiere und ein Engel sehen identisch aus (Ez 1,5–8), und deshalb werden sie in Ez 1,22; 10,15.17.20 durch den Singular חַיָּה (»Wesen«) identifiziert. Ihre Einheit ergibt sich auch aus der Tatsache, dass »sie anzusehen waren, als ob ein Rad im andern wäre« (הָאוֹפַן בְּתוֹךְ הָאוֹפָן Ez 1,16). Das »Rad inmitten des Rades« wird als Bild für die Einheit der beiden Testamente verstanden, eine Idee, die mit anderen alttestamentlichen theologischen Bildern kombiniert wird, wie dem der Cherubim, die einander auf dem Deckel der Lade des Bundes von »Angesicht zu Angesicht« gegenüberstehen und zwischen denen Gott sich offenbart (Ex 25,18.22; Num 7,89).

Das Rad von Ezechiel kann als eine Sonne mit Strahlen angesehen werden, die aus dem Zentrum hervorbrechen und in einer dauernden und unendlichen Beziehung zueinander stehen. Als Quelle des Lichtes ist das Rad der Offenbarung des Neuen und des Alten Testamentes die Ikone des Lichtes Gottes, der ewigen Offenbarung der zeitlosen Liebe Gottes.

An der Unterseite der Darstellung erscheinen links der Prophet Ezechiel und rechts Gregor der Große, von 590–604 Papst in Rom. Der Text auf dem oberen Teil zitiert die Homilie von Gregor zum Buch Ezechiel, einen Text, der seit 1990 auch in englischer Übersetzung vorliegt.[13] Gregor der Große bezieht sich auf die Idee von Ezechiel vom »Rad inmitten des Rades« und wendet sie auf die beiden Testamente an. Es ist wichtig zu betonen, dass sich Fra Angelico in seiner Malerei auf Papst Gregor und nicht auf Augustinus (354–430 n. Chr.) bezieht, der die Formulierung prägte: *Novum in Vetere latet et in Novo Vetus patet* (vgl. *Quaestiones in Heptateuchum*, 2, 73).

Als biblische Argumente für die Vorstellung der Einheit der Offenbarung und des inneren Zusammenhangs der beiden Testamente stellt Fra Angelico unter jedes Bild aus der komplexen *Armadio degli Argenti* zwei biblische Texte: Der erste ist eine Prophetie aus dem Alten Testament und der zweite eine Stelle aus dem Neuen Testament, die die Erfüllung des ersten Textes anzeigt. Jedes Paar von Texten steht beispielhaft für die Idee des »Rades inmitten des Rades« und soll die Authentizität des heiligen Textes, die Wirklichkeit und die Einheit der Offenbarung bekräftigen. Gott ist es, der spricht, und ebenso derjenige, der gesprochen wird, weil er selbst die Offenbarung ist. Nach herkömmlichem christlichem Verständnis ist das offenbarte Wort im Alten Testament der fleischgewordene Herr im Neuen (Apk 19,13).

---

13 Saint Gregory the Great, Homilies on the Book of the Prophet Ezekiel.

In der Darstellung von Fra Angelico sind die Elemente der Offenbarung – Feuer, Wind, Licht – nicht selbst die Offenbarung. Es scheint, dass Gott in der Szene nicht anwesend ist. Aber wenn im Buch Ezechiel, auf dem Thron, in der Mitte, »einer saß, der aussah wie ein Mensch« (Ez 1,26), so wird in der Mitte von Angelicos »Rad« ein großer Kreis voll von Licht dargestellt. Nach paulinischer Theologie ist dieses Licht die Offenbarung Gottes:

> Denn Gott, der sprach: Licht soll aus der Finsternis hervorleuchten,
> der hat einen hellen Schein in unsre Herzen gegeben,
> dass durch uns entstünde die Erleuchtung zur Erkenntnis der
> Herrlichkeit Gottes in dem Angesicht Jesu Christi. (II Kor 4,6)

»Das Licht Christi scheint über allen« und erlöst den alten Menschen zum ewigen Leben, sagte eine der christlichen Liturgien.[14]

> So seid ihr nun nicht mehr Gäste und Fremdlinge,
> sondern Mitbürger der Heiligen und Gottes Hausgenossen,
> erbaut auf den Grund der Apostel und Propheten,
> da Jesus Christus der Eckstein ist. (Eph 2,19–20)

Literatur

J. Abelson, Jewish mysticism, London 1913

N. M. Tischler, Apocalypse, Apocalyptic Literature, in: Dies., All things in the Bible. An Encyclopedia of the Biblical World, vol. I (A-L), Westport/London 2006, 31–32

E. G. Creighton, How Fra Angelico and Signorelli saw the End of the World, University Park (Pennsylvania) 2003

G. Didi-Huberman, Fra Angelico. Dissemblance and Figuration, translated by Jane Marie Todd, London 1995

C. Erskine Clement, A Handbook of Christian Symbols and Stories of the Saints as illustrated in Art, Boston/New York ⁵1895

L. Goldschmidt, Der Babylonische Talmud, Bände I-VII, Leipzig 1906 ff.

R. K. Harrison, Heruvim. Dictionar biblic, Editura Cartea creștină, Oradea, 1995, 526

Hieronymus, Ad Paulinum de studio scripturarum (Epistula LIII); engl. Übers. in: A Select Library of the Nicene and Post-Nicene Fathers of the Christian Church, second series, vol. 6: St. Jerome. Letters and Select Works, transl. by W. H. Fremantle, New York 1893, 96–102

Liturghier, Editura Institutului Biblic si de Misiune al BOR, Bukarest 2000

J. Mason, Fra Angelico, Illustrated with eight Reproductions in colour, London/New York 1908

---

14 Liturghier, 2000, 274.

M. F. Rooker, Biblical Hebrew in Transition. The Language of the Book of Ezekiel, JSOT.S 90, Sheffield 1990

Saint Gregory the Great, Homilies on the Book of the Prophet Ezekiel, translated by Theodosia Tomkinson, introduction by Archbishop Chrysostomos,
Etna CA 1990

F. Scotmüller, The Work of Fra Angelico da Fiesole. Reproduced in three hun-
dred and twenty-seven Illustrations. With a Biographical Introduction,
New York 1913

G. Vasari, The Lives of the Artists, New York 1991

Abb. 1: Fra Angelico, Das mystische Rad (Museo di San Marco, Florenz)

.

»Verlieren hat seine Zeit, wegwerfen hat seine Zeit«

Wandel und Kontinuität im Ostjordanland am Übergang von der Bronze- zur Eisenzeit

Dieter Vieweger, Katja Soennecken und Jutta Häser[1]

Kulturelle Umbrüche haben seit jeher für die archäologische Forschung ihren besonderen Reiz. Der Übergang von der spätbronzezeitlichen zur eisenzeitlichen Gesellschaft wird allerdings auch in der alttestamentlichen Exegese vielfach diskutiert. Dass es sich hierbei um grundlegende gesellschaftliche und kulturelle Veränderungen handelte, ist unbestritten.[2] Während man im Westjordanland diese Umwälzungen allgemein auf die Zerstörung der spätbronzezeitlichen Städte durch die »Seevölker«, auf das Fehlen der ägyptischen Ordnungsmacht, auf Zwistigkeiten zwischen kanaanäischen Stadtstaaten oder gar auf die Eroberung durch israelitische Stämme zurückführt, ist man im Ostjordanland von solchen, häufig aus Schriftquellen eingetragenen Vermutungen frei und kann den Übergang von vorgegebenen Deutungsmustern unbeeinflusster beobachten. Dennoch wurde bisher die Herausbildung der Königtümer Ammon, Moab (und zeitlich versetzt dazu Edom) wie auch die (nachmalig als israelitisch bezeichnete) urbane Besiedlung »Gileads« zumeist mehr oder weniger unreflektiert in eine letztlich aus dem Westjordanland erschlossene Entwicklungslinie gesetzt.[3]

---

1 Herzlicher Dank gebührt Dr. Wolfgang Auge, Wuppertal, für seinen maßgeblichen Beitrag zur archäometrischen Erforschung des Materials vom Tall Zira'a, dem Deutschen Bergbaumuseum Bochum, besonders Prof. Dr. Andreas Hauptmann, für die dort durchgeführten Untersuchungen, und der Dr. Werner Jackstädt-Stiftung, Wuppertal, für die großzügige finanzielle Unterstützung des Projektes.
2 Vieweger, Archäologie.
3 Vgl. die Diskussion: Sauer, Transjordan; Dornemann, Archaeology; Weippert, Palästina und Bienkowski, Edom.

1. Der Übergang von der Bronze- zur Eisenzeit im Ostjordanland

Die vermehrten archäologischen Befunde der letzten Jahrzehnte zeigen allerdings, dass sowohl Art und Chronologie der Besiedlung von Ortschaften der Eisenzeit I wie auch die Herausbildung von Flächenstaaten während der Eisenzeit II ein höchst differenzierter Prozess war. Im ammonitischen Gebiet gab es z.B. befestigte Siedlungen, die bruchlos von der späten Bronzezeit in die Eisenzeit I übergingen, wie insbesondere Tall al-ʿUmayrī, die größte umwallte Anlage der Eisenzeit I in der südlichen Levante. In diese Gruppe gehören auch Sahāb und Ḥirbat Umm ad-Danānīr.[4] Einer etwas anderen Situation begegnet man im Jordantal. Das Ende des Tempels von Tall Dayr ʿAllā wird von den Ausgräbern mit einer gewaltigen Zerstörung verbunden. Das entspricht der traditionellen, in der Forschung vertretenen Sicht auf das Ende der späten Bronzezeit.[5] Auf dem benachbarten Tall as-Saʿīdiyya gab es hingegen eine Übergangsperiode von der späten Bronzezeit II zur Eisenzeit I. Im Stratum XII von Tall as-Saʿīdiyya fand sich ein Palast im ägyptischen Baustil. Die Begräbniskultur wies Einflüsse aus Ägypten sowie der Seevölker auf.[6] Der Tall al-Fuḫār im Norden Jordaniens[7] legt ebenso einen bruchlosen Übergang von der späten Bronzezeit II zur Eisenzeit IA nahe, während die bisherigen Befunde auf dem Tall Zirāʿa diese Sicht nicht unterstützen und auf einen stufenweisen Übergang und eine zeitweise parallel existierende materielle Kultur der späten Bronzezeit II und der Eisenzeit I sowie der Eisenzeit I und der Eisenzeit II hinweisen.

Aus alledem ist zu schließen, dass die Entwicklung in den einzelnen Regionen auf der Basis der archäologischen Daten differenziert betrachtet und erklärt werden muss.

Im Folgenden soll daher der Übergang von der Spätbronzezeit zur Eisenzeit I und II am Beispiel des Tall Zirāʿa (Abb. 1) betrachtet werden, ohne damit allgemeingültige Aussagen machen zu wollen. Außerdem werden verschiedene Beobachtungen miteinander in Verbindung gebracht: die traditionelle Untersuchung der architektonischen Befunde, der materiellen Hinterlassenschaft sowie eine archäometrische Erörterung der Technikgeschichte und der Entwicklung des Handwerks am Beispiel der Töpferkunst.

---

4   Bienkowski, Iron Age, 266.
5   In diesem Bereich findet man zwar mykenische Keramik IIIB, nicht aber IIIC; so Franken, Excavations at Tell Deir ʿAlla.
6   Tubb, Preliminary Report, 26–37.
7   Strange, Late Bronze Age, 292; vgl. Bienkowski, Iron Age, 265f.

Abb. 1: Der Tall Zirāʿa in Nordjordanien, Blick nach West

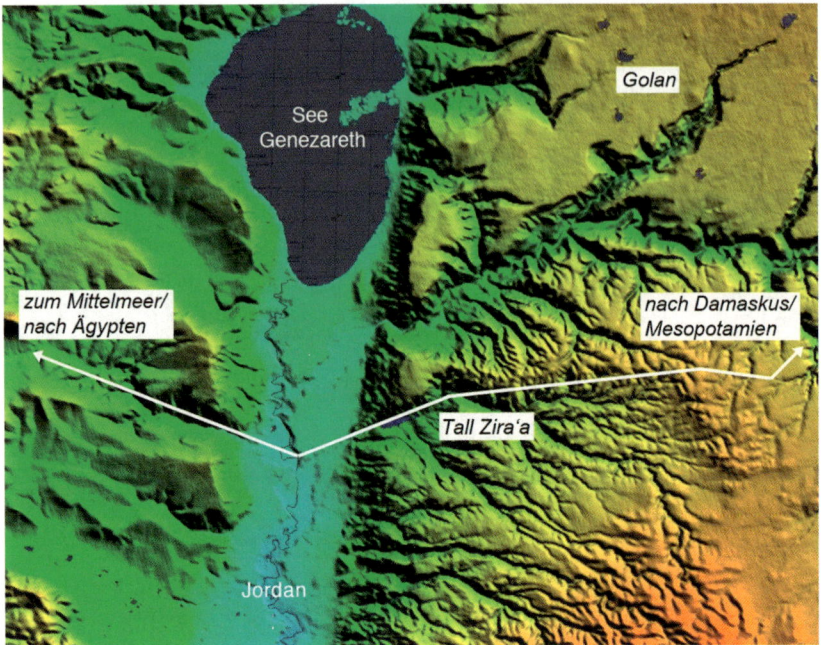

Abb. 2: Geographische Lage von Tall Zirā'a

2. Tall Zirā'a

Der 5,6 ha große Tall Zirā'a (»Hügel des Ackerbaus«) befindet sich im
Norden Jordaniens im Dreiländereck zwischen Jordanien, Syrien und
Israel und erhebt sich weithin sichtbar an strategisch wichtiger Stelle
im Wadi al-'Arab. In alter Zeit führte hier eine der großen Handelsstra-
ßen zwischen Ägypten und dem Zweistromland vom Jordantal nach
Damaskus (Abb. 2). Seit 2001 wird dieser seit 5000 Jahren besiedelte
Hügel vom Biblisch-Archäologischen Institut Wuppertal (BAI) und
dem Deutschen Evangelischen Institut für Altertumswissenschaft des
Heiligen Landes (DEI) erforscht. Seither konnten hier in 18 Kampagnen
Siedlungsschichten seit der Mitte des 4. Jts. v. Chr. (frühe Bronzezeit)
bis in die osmanische Zeit freigelegt werden.

Der Tall Zirā'a befindet sich nicht allein an einem geopolitischen
Schlüsselpunkt der Handelsstraße vom Mittelmeer nach Damaskus,
sondern auch am Übergang vom (ägyptisch beeinflussten) palästinischen Kulturbereich im Süden zum syrischen im Norden und wurde
folglich aus beiden Richtungen deutlich beeinflusst.

Das heute 1800 m² große Areal I im Nordwesten des Tells (Abb. 3) war bereits 2003 angelegt worden, um hier die Stratigrafie des Hügels (d.h. die Siedlungsabfolge dieses Ortes) und insbesondere die Struktur der Wohnbereiche und deren handwerkliche Einrichtungen zu erforschen. Der Tell – und speziell der nordwestliche Bereich – bot für das Handwerk besonders geeignete Bedingungen. Aufgrund der in der Mitte des Tells befindlichen Quelle herrschte hier niemals Wassermangel und der täglich um die Mittagszeit von Westen kommende auflandige Wind ermöglichte das Betreiben der auf Wind angewiesenen Öfen der Handwerker. Darüber hinaus sicherte der rege Betrieb an der Handelsstraße die Rohstoffzufuhr sowie den Waren- und den Informationsaustausch.

Folglich bietet der Tell nicht nur die Möglichkeit, die kulturellen Umbrüche zu beobachten, sondern auch das Handwerk und den technischen Fortschritt in diesen Epochen zu analysieren.

Abb. 3: Der Tall Zirā'a, Areal I
(ausgegrabene Stratigrafie von der frühen Bronzezeit bis in omayyadische Zeit)

3. Architektur und Siedlungsentwicklung

3.1 Die späte Bronzezeit (jüngste Phase)

Das markanteste Bauwerk des jüngsten spätbronzezeitlichen Stratums (Stratum 14) war eine gewaltige Kasemattenmauer, welche die Siedlung an der Nordwestflanke schützte. Aufgrund von ¹⁴C-Analysen von Holzkohleresten kann ihre Errichtung in die Zeit zwischen 1450 und 1300 v. Chr. datiert werden. Im südlichen Bereich endete die Kasemattenmauer in einem großen, stadteinwärts ausgerichteten Turm, in dem ein unterteilter Langraumtempel – wohl ein Torheiligtum – untergebracht war. Östlich des Einganges dieses Heiligtums wurde ein gepflasterter Vorhof gefunden, in dem ein Altar stand, dessen Oberseite sorgfältig mit Keramikscherben ausgelegt war. Südlich des Heiligtums wurde ein 2,75 m breiter Tordurchgang entdeckt. Hier befindet sich die kürzestmögliche begehbare Verbindung zu den Unterstädten im Nordwesten und Westen der befestigten Stadt.

Abb. 4: Der Tall Zirāʿa, Areal I (2007), spätbronzezeitliche Siedlung des 14. / 13. Jhs. v. Chr.

Hinter der Kasemattenmauer ließen sich drei für die späte Bronzezeit typische Hofhäuser und zwei weitere, aufgrund ihrer ungewöhnlichen Ausdehnung besonders sorgfältig erbaute »Megahäuser« im Norden und Süden des Areals nachweisen.

Abb. 5: Einige der 38 Zylindersiegel vom Tall Zirā'a (hier aus Quarzfritte im Mitanni-Stil) und ein Silberanhänger mit der Abbildung einer weiblichen Gottheit

Vom nördlichen Gebäude (»Megahaus I«) wurde 2006 zunächst das südliche Steinfundament mit seinem Lehmziegelaufbau entdeckt. In dessen unmittelbarer Nähe wurde damals ein Rollsiegel aus Quarzfritte gefunden, das aus stilistischen Gründen in das 14./13. Jh. v. Chr. datiert werden kann. 2007 wurde der nördlich an das Steinfundament angrenzende Raum ausgegraben. Dabei konnten auf der Begehungsfläche des Hauses in einem Bereich von etwa 1,5m x 1,5m 23 weitere Rollsiegel verschiedener Qualität und Gravierung aufgefunden werden. Sie waren vermutlich gemeinsam mit einem Silberanhänger, der mit einer stehenden weiblichen Figur verziert war, einem großen Skarabäus, einem Goldblech und dutzenden Perlen und Kettengliedern während der Zerstörung des Hauses von einem erhöhten Ort (von einem Tisch, einem Schrank oder einem Regal) auf den Boden gefallen und hatten sich dort unregelmäßig über dem ehemaligen Fußboden verteilt (Abb. 5).

In den Jahren 2009–2011 konnte die gesamte Ausdehnung des Gebäudes erfasst
werden. Es zeigte sich, dass es im Osten
drei breite Anten aufwies, denen ein Hof
vorgelagert war, der sorgfältig mit Kie-
selsteinen ausgelegt worden war. Die
östliche Begrenzung des Hofes bestand
aus mehreren kleinen Räumen. Im Hof
des Gebäudes wurden weitere Rollsiegel
entdeckt, die den Eindruck verstärken,
dass es sich um ein Gebäude mit einer
bedeutenden Funktion im Stadtbereich
handelte. Denkbar wäre, dass es ein
Heiligtum war, in dem diese Rollsiegel

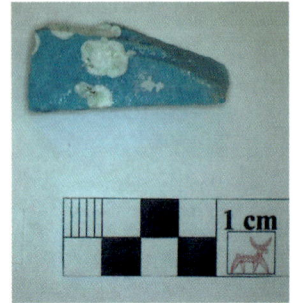

Abb. 6: Rohglas vom
Tall Zirāʿa (2009)

einer Gottheit dediziert wurden, um ein herausragendes administrati-
ves Gebäude, in dem diese Verwendung fanden, oder um eine Werkstatt, in der diese hergestellt wurden. Für letzteres würde die Beobachtung sprechen, dass auch ein noch nicht graviertes Siegel aufgefunden
wurde. Außerdem gibt es Hinweise, dass es hier auch eine Glasver-
arbeitung gab (Abb. 6).

Der bemerkenswerteste Fund im Umfeld des Gebäudes war eine
Keramikplatte mit der Darstellung eines Mannes in Kampfposition in
Relief, der von fünf Köpfen umgeben ist, die in den Ton eingeritzt sind.
Zu diesem Fund gibt es im Vorderen Orient keine Parallele. Vermutlich
handelt es sich um einen König oder einen Gott, der sich mit den
Häuptern seiner getöteten Feinde umgibt. Nach dieser Interpretation
würde sich die Darstellung in die Reihe von vorderasiatischen Königs-
darstellungen mit erschlagenen oder gefangenen Feinden einfügen.

Die massive Architektur, die nachgewiesenen wertvollen Fundob-
jekte, der beachtliche Prozentsatz an Importkeramik aus Zypern, Syrien
und dem Mittelmeerraum sprechen für die Bedeutung dieser spätbronzezeitlichen Stadt. Es ist deshalb durchaus wahrscheinlich, dass es sich
hier um das Zentrum eines Stadtstaates handelte.[8]

3.2 Die Eisenzeit I (Abb. 7)

Die Zerstörung der spätbronzezeitlichen Stadt des Stratums 14 auf dem
Tall Zirāʿa fand um 1200 v. Chr. statt, wie die Funde und Radiokarbon-
daten zeigen. Dieses Geschehen fügt sich in den allgemeinen Zusam-

---

8   Dijkstra et al., Onderzoek, 18 –26.

Abb. 7: Das Stratum der Eisenzeit I vom Tall Zirāʿa (2010)

menbruch der spätbronzezeitlichen Stadtstaatengesellschaft in der Levante und darüber hinaus ein. Der aktuelle Grund für die Zerstörungen auf dem Tall Zirāʿa war nicht festzustellen. Es zeigte sich kein durchgehender Brandhorizont. Es muss sich um ein relativ kurzes, einschneidendes Ereignis (z.B. Krieg oder Erdbeben) gehandelt haben, denn es sind keine Hinweise zu erkennen, die auf einen langsamen Verfall hindeuten.

Der Wiederaufbau der Siedlung erfolgte rasch, wobei spätbronzezeitliche Traditionen, z.B. im Hausbau und im Handwerk, fortgesetzt wurden. Eindrücklich zeigt sich allerdings, dass die Siedlung nicht auf demselben kulturellen Niveau wie die spätbronzezeitliche Stadt errichtet wurde. So war sie nicht mehr von einer Mauer umschlossen und stärker agrarisch geprägt. Sicher haben die artesische Quelle sowie die hervorragenden Ackerbau- und Weidebedingungen im Umfeld des Tells die Bevölkerung am Ort und in der Gegend gehalten und weiterhin deren Überleben gesichert.

Die planmäßige Nutzung der Ruinen der spätbronzezeitlichen Stadt für den Neuaufbau der früheisenzeitlichen Siedlung muss jedenfalls dahingehend interpretiert werden, dass die der Verwitterung sonst schonungslos preisgegebenen Lehmziegel-Ruinen sehr bald nach dem Untergang der spätbronzezeitlichen Stadt in den Neuaufbau einbezogen wurden. Es lässt sich vermuten, dass der Wiederaufbau durch die autochthone Bevölkerung vollzogen wurde.

Man wird den zentralen Ausgrabungsbereich des Areals I als einen landwirtschaftlich geprägten Wohn-, Arbeits- und Vorratsbereich interpretieren können (Abb. 7). Dieser Befund stimmt mit der traditionellen Forschungsmeinung zu den in etwa parallel verlaufenden Anfängen der israelitischen und judäischen Ansiedlungen in den westjordanischen Berglandregionen überein. Doch im südlichen Abschnitt des Grabungsareals zeigt sich zur gleichen Zeit ein gänzlich anderes Bild. Das große Doppelgebäude mit Fundamenten aus sorgfältig gesetzten Feldsteinen nutzte die spätbronzezeitlichen Ruinen als Fundament und führte die Tradition des spätbronzezeitlichen Hofhauses ungebrochen in der Eisenzeit I fort.

Wiederum anderer Tradition verpflichtet war offensichtlich das große Gebäude im Norden des Areals. Mit seinem großen Innenhof und den umliegenden langen, schmalen Räumen – insbesondere dem in gut konserviertem Zustand bisher aufgefundenen Teil des Hauptraums – erinnert diese Hausstruktur deutlich an den eisenzeitlichen Typ des sog. Vierraum-Hauses. In diesem Gebäude wurden Reste von Rohglas, Produktionsabfälle und zahlreiche Glasobjekte entdeckt, die vermuten lassen, dass sich dort eine Glaswerkstatt befunden hat. Hier

deutet sich die Fortführung dieses Handwerks aus der späten Bronzezeit in etwa dem gleichen Bereich des Tells in der Nachfolgesiedlung
an. In den vorangegangenen Kampagnen waren an dieser Stelle bereits
Hinweise auf solche handwerkliche Tätigkeiten in den Schichten der
Eisenzeit II ausgegraben worden.

Obwohl die kulturelle Blüte der spätbronzezeitlichen Stadt mit ihren weitreichenden Kontakten in der Eisenzeit I nicht mehr erreicht
wurde, lassen die Funde und Befunde erkennen, dass es sich nicht um
eine ärmliche dörfliche Siedlung handelte. Dieses Ergebnis erweitert
das Bild der Siedlungen im nördlichen Ostjordanland in der Eisenzeit I,
die hier nicht als simple Umbruchsphase zwischen den spätbronzezeitlichen Stadtstaaten und den Flächenstaaten der Eisenzeit II beschrieben
werden kann. Vielmehr werden spätbronzezeitliche Traditionen bewusst fortgeführt, während eisenzeitliche parallel dazu beginnen und
beide über lange Zeit miteinander auftreten.

3.3 Die Eisenzeit IIA/B

Die Stadtanlage auf dem Tall Zirāʿa bekam um 1000 v. Chr. wieder eine
konsolidierte Struktur – die allerdings gegenüber der späten Bronzezeit
auf deutlich geringerem Niveau blieb. Die Architektur der Eisenzeit
IIA/B (10.–8. Jh. v. Chr.) deutet auf eine größere Bevölkerung auf dem
Tell hin als während der Eisenzeit I. Die Siedlung nimmt wieder einen
urbanen Charakter an und wird wieder befestigt, allerdings mit einer
Zickzack-Mauer und weniger aufwändig als in der späten Bronzezeit.
Die Siedlung scheint in einer Agglomerat-Bauweise errichtet worden
zu sein, in der Wohnhäuser und öffentliche Bereiche direkt aneinander
grenzten. Haus- und Eigentumsgrenzen sind oftmals eindeutig durch
Doppelmauern zu erkennen.

Auf dem Vierraumhaus der Eisenzeit I wurde ein ähnliches Haus in
der Eisenzeit II gebaut (Abb. 8). Die Architektur ist nach dem Ausgra-
bungsbefund nicht allein als Wohnbebauung zu interpretieren. Im südlich angrenzenden Haus wurde eine Glaswerkstatt entdeckt, die auf die
Kontinuität dieses Handwerks von der Bronzezeit in die Eisenzeit II
hindeutet.

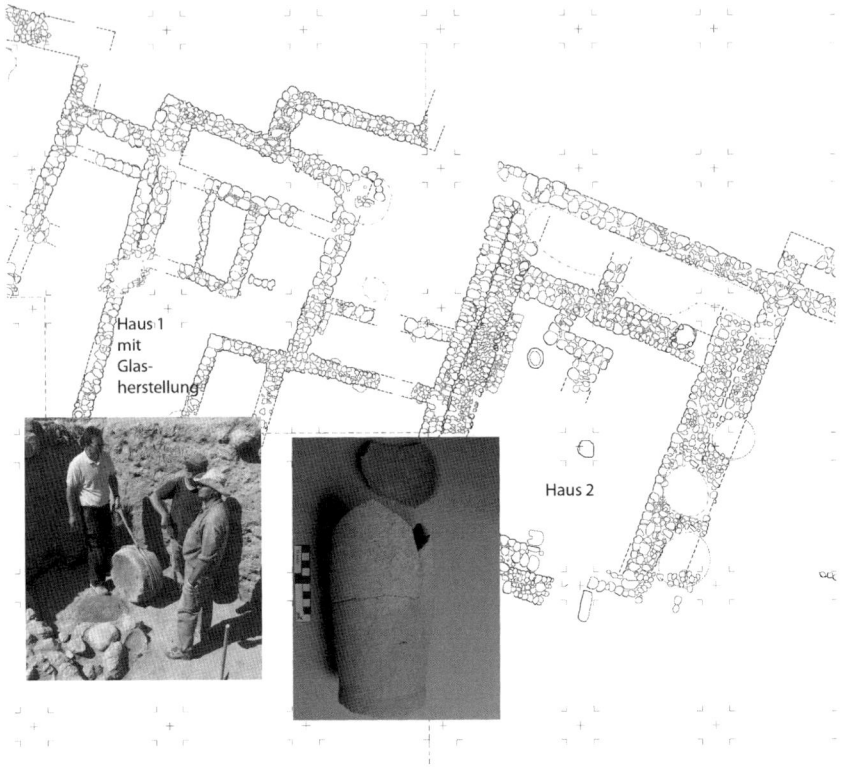

Abb. 8: Ein Teil des Eisen-II-zeitlichen Stratums im Norden von Areal I (2009)

Auf den ersten Blick erscheint der Wandel zwischen der gut ausgebau-
ten spätbronzezeitlichen Stadt und der Siedlung der Eisenzeit I drama-
tisch. Die einschneidenden Veränderungen von der Siedlung der Eisenzeit I zu derjenigen der Eisenzeit II sind ebenfalls bemerkenswert.
Die kulturellen Hinterlassenschaften der Eisenzeit I bilden ein eindeu-
tiges Bindeglied zwischen den spätbronzezeitlichen und den eisenzeitlichen Traditionen, in denen einige Charakteristika der vorangehenden
Perioden abbrechen, andere weitergeführt werden, während gleichzeitig neue auftreten und sich parallel zu den eingeführten Lebensweisen
entwickeln. Wandel und Kontinuität prägen die frühe Eisenzeit in gleichem Maße.

4. Archäometrische Beobachtungen
zum Übergang von der späten Bronze- zur Eisenzeit
(mit Beiträgen von Andreas Hauptmann[9] und Wolfgang Auge[10])

Mit archäometrischen Methoden ist es möglich, die im Handwerk angewandten Techniken, das technische Wissen der Akteure sowie deren handwerkliche Weiterentwicklung nachzuzeichnen. Im Folgenden soll die Keramikentwicklung im Mittelpunkt des Interesses stehen, die sich auf dem Tall Zirāʿa angesichts der bruchlosen Besiedlung von der Bronzezeit bis in die Neuzeit nahezu lückenlos nachzeichnen lässt. Angesichts des zur Verfügung stehenden Raumes wird allein die Kochtopfentwicklung am Umbruch von der Bronze- zur Eisenzeit analysiert. Dabei soll gefragt werden, ob sich die Entwicklung von Kochtöpfen am Übergang von der Bronze- zur Eisenzeit mit der Veränderung der Hausarchitektur und der Siedlungsanlage vergleichbar oder völlig unabhängig vollzog.

Kochtöpfe eignen sich deshalb besonders für eine Untersuchung der Technikgeschichte, weil diese angesichts ihres unverzichtbaren Gebrauches, ihrer täglichen Verwendung und ihrer hohen Bruchgefährdung im Mittelpunkt des Interesses eines Haushaltes und damit auch der Anforderungen an die Töpferwerkstätten stehen mussten.

Um die wesentlichen Funktionen eines Kochtopfes erfüllen zu können, musste das Material des Kochgefäßes mit Temperaturen über 1 000°C an der Außenhaut thermisch beanspruchbar sein. Der Kochtopf selbst sollte möglichst wenig wiegen (es war schwer genug, den Inhalt in ihm zu transportieren) und er sollte eine möglichst effektive Temperaturaufnahme von der Herdstelle ermöglichen. Das heißt: Die Kochgefäße sollten eine möglichst dünne Wandung bei großem bogenförmigen Boden bieten.

Natürlich gab es weitere Erfordernisse und Wünsche: Kochtöpfe mussten im heißen Zustand aus dem Feuer zu nehmen (Randformen), leicht zu transportieren und mit einem Deckel zu verschließen sein (Energieeffizienz). Auch ästhetische Komponenten wie Form und Farbe mögen für den Verkaufserfolg der jeweiligen Töpferware wichtig gewesen sein.

---

9   Deutsches Bergbaumuseum, Bochum.
10   Biblisch-Archäologisches Institut, Wuppertal.

4.1 Das Verhältnis von plastischen und nichtplastischen Anteilen

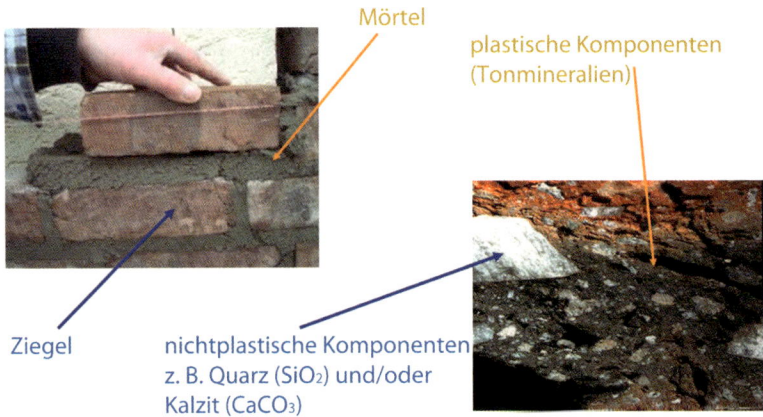

Abb. 9: Plastische und nichtplastische Anteile von Keramikgattungen

Die Abb. 9 zeigt das »Innenleben« eines beliebigen Kochtopfs der vor-römischen Zeit. Keramik besteht aus einem plastischen (PT) und einem nichtplastischen Anteil (NPT). Das Zusammenwirken beider ist gut mit einem Mauerwerk zu vergleichen: der plastische Anteil ist vergleichbar mit dem Mörtel – er kann im feuchten Zustand geformt werden. Der nichtplastische Anteil ist vergleichbar mit den Mauersteinen, die der Mauer den nötigen Halt geben. Er besteht bei den auf dem Tall Zirāʿa gefundenen Kochtöpfen im Wesentlichen aus Quarz (SiO_2) und/oder Kalzit ($Ca[CO_3]$).

Die handwerkliche Kunst des Töpfers bestand nun darin, einen Ton zu finden oder zuzubereiten, bei dem zum einen plastische und nicht-plastische Bestandteile in der richtigen Relation zueinander standen – die Formbarkeit und Festigkeit sich also die Waage hielten – und zum anderen die einzelnen nichtplastischen Anteile (vor allem Quarz und Kalzit) in der richtigen Konzentration vorhanden waren.

Diese hohe handwerkliche Fertigkeit muss besonders bei den Koch-töpfen beherrscht werden. Die Kochtopfwand weist in der Regel einen Temperaturgradienten von bis zu 1000°C auf der Feuerseite und mini-mal 20–30°C auf der Innenseite auf. Dabei kommt es zu großen Scheer-kräften in der Wandung, die ein solches Gefäß aushalten muss. Hinzu-kommt, dass der Kochtopf nicht nur hitze- sondern auch angesichts

seines häufigen Gebrauches und üblichen Ortswechsels möglichst stoß-
resistent sein muss.[11]
　Grundsätzlich scheint den Töpfern daran gelegen gewesen zu sein,
die Wandungsstärke der Kochtöpfe zu reduzieren. Vermutlich ging es
dabei nicht allein um die Reduzierung des Gewichtes, sondern auch
um homogenere, »beherrschbare« Keramikmischungen. Während die
als Kochtöpfe verwendeten sog. Holemouth-Krüge der frühen Bronzezeit mit bis zu 12 mm dicken Wandungen hergestellt wurden, reduzieren sich diese in der Eisenzeit auf durchschnittlich 5–6 mm. Während
der römisch-byzantinischen Zeit konnte konstant Kochgeschirr mit 3–
4 mm Wandstärke herstellt werden. Eine derartige Qualität konnte auf
dem Tall Zirāʿa zuvor allein die ausgezeichnete Ware WM 0610TZ-f
aus der Eisenzeit II erreichen.

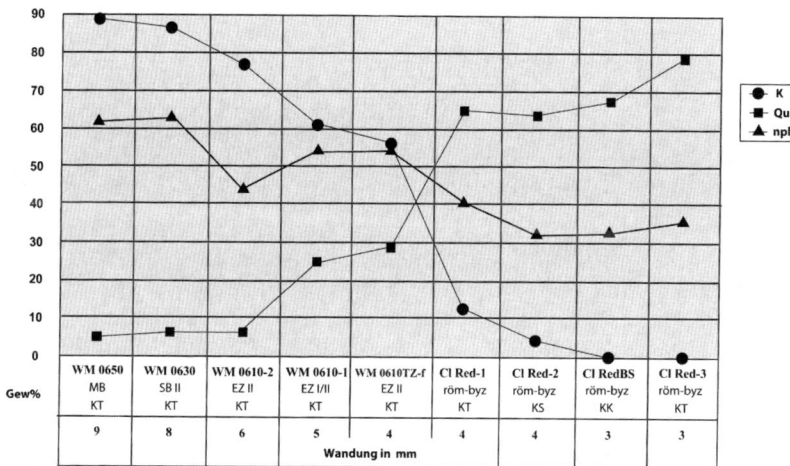

	WM 0650	WM 0630	WM 0610-2	WM 0610-1	WM 0610TZ-f	CI Red-1	CI Red-2	CI RedBS	CI Red-3
	MB	SB II	EZ II	EZ I/II	EZ II	röm-byz	röm-byz	röm-byz	röm-byz
	KT	KT	KT	KT	KT	KT	KS	KK	KT
Gew%	9	8	6	5	4	4	4	3	3

Wandung in mm

Abb. 10: *Verhältnis von plastischen und nichtplastischen Bestandteilen in der Keramik*
mit deren Zeitstellung und Wandungsdicke

Aus der chemischen und mineralogischen Analyse lässt sich sowohl der nichtplastische, d.h. vor allem der Quarz- und Kalzit-Anteil, als auch der plastische
Anteil der Keramik in den Töpferwaren bestimmen. Das Diagramm (Abb. 10)[12]

11　Vilders, Some Technological Features, 69–81.
12　Im Diagramm sind die prozentualen Gewichtsanteile (Gew%) der nichtplastischen
　　Komponenten (npl) an der Keramik insgesamt sowie die prozentualen Gewichtsan-

zeigt, dass Kochtöpfe der mittleren und späten Bronzezeit (MB/SB) nichtplastische Bestandteile (npl/▲) in einer Größenordnung von mehr als 60% besaßen, die sich dann im Laufe der Eisenzeit auf 40–55% reduzierten. Erst in der römischen und während der byzantinischen Epoche (röm-byz) fiel deren Anteil unter 40%. Bis zur Eisenzeit I/II blieb der Kalzit-Anteil (K/●) innerhalb der nichtplastischen Bestandteile auf einem stets hohen Level (über 55%), und der Quarz-Anteil (Qu/■) stagnierte unterhalb der 30%-Marke. Es ist offensichtlich, dass die Kochtopfkeramik in der vorrömischen Zeit die hohen Kalzitanteile zur Gewährleistung ihrer thermischen Fähigkeiten und ihrer steten durch Erhitzung und Abkühlung bedingten Beanspruchung benötigte. Die hohen Kalzitanteile wurden sozusagen zum (auch für den Laien) leicht erkennbaren »Markenzeichen« der bronze- und eisenzeitlichen Kochtopfkeramik.[13]

Die Kochtopfwaren WM 0610-1/WM 0610-2 und ebenso die Sondergruppe WM 0610TZ-f belegen eine gegenüber der Bronzezeit neue Herstellungstechnik. Sie besitzen in etwa den gleichen nichtplastischen Anteil wie ihre Vorgänger (45–55%), reduzieren aber zugunsten des Quarzes (von 5% auf 25–30% der nichtplastischen Bestandteile) den Anteil des Kalzits (ca. 60%).

Deutlich ist, dass sich zwischen der späten Bronze- und der Eisenzeit I/II nicht nur graduelle Veränderungen ergaben. Das Erscheinungsbild der eisenzeitlichen, typisch (dunkel-)rotbraunen Kochtöpfe unterscheidet sich deutlich von den bronzezeitlichen, meist (in Richtung beigebraun) helleren Exemplaren und offenbart weitere deutliche Veränderungen.

Durch den erhöhten Quarz- und den verringerten Kalzitanteil wurde fortan Kochgeschirr mit dünneren Wandungen hergestellt. Die Wandungen der Kochtöpfe WM 0610TZ-f gerieten derartig dünn, dass diese Werte (3–4 mm) erst mit den späteren römisch-byzantinischen Waren verglichen werden können.[14] Allerdings handelt es sich bei dieser Gattung um eine besondere, zahlenmäßig kleine Gruppe der auf dem Tall Zirāʿa hergestellten Kochtöpfe.

Unabhängig von der Zusammensetzung des Tons weisen die typologisch zu unterscheidenden Randformen eher auf gebrauchsmäßige Veränderungen im Umgang mit Kochgeschirr hin.

---

teile von Kalzit (K) und Quarz (Qu) an den nichtplastischen Komponenten der Keramik dargestellt. Die weiteren Kürzel bedeuten: KT = Kochtopf; KS = Kochschale; KK = Kochkrug; HM = Hand made (handgemacht); WM = Wheel made (scheibengedreht).

13   Kalzit als Magerungsmittel besitzt einen guten thermischen Ausdehnungs-Koeffizienten in Beziehung zu den anderen Tonbestandteilen (Rice, Pottery Analysis, 228–230).

14   Die Dicke der Keramikwandung einer Warengattung wird nach dem Mittelwert der Einzelmessungen entsprechend der Gaußschen Normalverteilungskurve angegeben.

Der wahrhafte Umbruch in der Herstellungstechnik der auf dem Tall Zirāʿa aufgefundenen Kochtöpfe geschah jedoch erst in römisch-byzantinischer Zeit. Die Töpfe der Gattung Classic Red-1 (Cl Red-1) besitzen zwar noch einen relativ hohen Anteil an nichtplastischem Gut (ca. 40%), doch dessen Quarzanteil wurde auf bemerkenswerte 65% gesteigert, während der Kalzitanteil auf unter 15% sank. Es ist außerdem festzustellen, dass bei den Warengattungen Classic Red-2/3 sowie Classic Red Black Slip (Cl RedBS), obwohl die nichtplastischen Anteile auf unter 40% reduziert wurden, der Quarzanteil im Ton deutlich höher ist als in der vorrömischen Zeit und bis zu 80% der nichtplastischen Anteile ausmacht. Kalzit ist bei diesen Warengattungen, wenn überhaupt, nur noch in sehr kleinen Anteilen nachzuweisen.

Die Analyse von vielen Keramikbrenn- und Nachbrennversuchen zeigt, dass Keramik mit einem hohen Kalzitanteil (WM 0610TZ-f/WM 0610/ WM 0630/WM 0650 – also die vorrömische Keramik) bei Temperaturen zwischen 550 und 700°C[15] gebrannt worden sein muss. Im Gegensatz dazu dürften die typischen Warengattungen der römisch-byzantinischen Epoche wie Classic Red und Classic Red Black Slip angesichts des hohen Quarzanteils bei Temperaturen deutlich über 900°C, zumeist bei mehr als 1000°C gebrannt worden sein. Daraus lässt sich schließen, dass ab der römischen Zeit Keramiköfen genutzt wurden, die höhere Temperaturen erreichten als die der Bronze- und Eisenzeit.

Die veränderten Tonmischungen und die neue Brenntechnik veränderten die Keramiktechnologie in römisch-byzantinischer Zeit grundlegend. Auf ein solches Ziel hatten die Töpfer schon früher hingearbeitet. Ihre Kreativität ist u.a. an den einzelnen Kochtopftypen pro Epoche ablesbar. Während auf dem Tell nur sehr wenige differierende frühbronzezeitliche Kochtopftypen nachgewiesen werden konnten, finden sich 23(!) unterschiedliche Typen in der Eisenzeit I und II, wovon die bereits erwähnte Ware WM 0610TZ-f sicher die elaborierteste war.

Bezeichnend ist, dass die Zahl der römischen oder byzantinischen Kochtopftypen wieder deutlich geringer als in der Eisenzeit I/II ausfällt, obwohl oder gerade weil die römische Epoche nahezu optimale Tonmischungen gefunden und durchgesetzt sowie adäquate Feuerungstechniken bei den neuartigen Keramiköfen eingeführt hatte. Die Keramikherstellung dieser Zeit war zentralisiert, auf Massenverkauf ausgerichtet und kann als »industrialisiert« beschrieben werden.[16] Lo-

---

15 Rice, Pottery Analysis, 98. Kalzit ($CaCO_3$) verwandelt sich bei Temperaturen oberhalb von 700°C in CO_2 und CaO (»ungelöschter Kalk«). Da dieses hygroskopisch wirkt, absorbiert es H_2O und bildet »gelöschten Kalk«, $Ca(OH)_2$. Dieser Prozess führt zu einer Zunahme des Volumens und kann Keramikobjekte sprengen, besonders wenn die Kalkpartikel relativ groß waren (»Kalkspatzen«).

16 Homès-Fredericq/Franken, Pottery and Potters, 227f.

kale Kleinhersteller wie auf dem Tall Zirāʿa konnten dem qualitativ und quantitativ nichts entgegensetzen.

Diese »Revolutionierung« der Herstellungstechnik kann nicht als lokale Erscheinung verstanden werden – ihre Basis lag in Europa und ist ein Produkt der »römischen Globalisierung« rings um das Mittelmeer.[17]

Es bleibt noch abschließend zu fragen, warum die Töpfer im Tall Zirāʿa-Gebiet eine solche »Revolution« der Kochtopfherstellung nicht schon früher vollzogen haben. Die Antwort liegt auf der Hand: Die lokalen Tone besitzen im weiten Umfeld um den Tall Zirāʿa einen hohen Anteil an Kalzit und nur relativ geringe Mengen an Quarz. Die für Tone mit einem höheren Quarzanteil benötigte Ofen- und Feuerungstechnik (mehr als 900°C) war – wie durch das »Gadara Region Project« durch Experimente mit nachgebauten Öfen der Eisen- und Bronzezeit nachgewiesen wurde – in der vorrömischen Periode nicht vorhanden.

Insgesamt sehen wir am Beispiel der Kochtopfentwicklung von der späten Bronze- zur Eisenzeit eine deutliche Fortentwicklung, allerdings keine grundlegenden Umbrüche. Der spätbronzezeitliche Kochtopfwarentyp WM 0630 (Fig. 10) wurde bis in die EZ I weiter produziert. Die neue Ware WM 0610 entstand bereits gegen Ende der Spätbronzezeit und wurde in der Eisenzeit I parallel zum bronzezeitlichen Typ hergestellt. Erst in der Eisenzeit II setzt sie sich durch ihr geringeres Gewicht (Wandungsstärke) und ihre höhere Stabilität vollkommen durch.

4.2 Die chemische Analyse

Selbst wenn die Kochtöpfe während der späten Bronze- und der Eisenzeit I in der gleichen Tradition und mit einer vergleichbaren Brenn technik hergestellt wurden, sind sie anhand ihre spezifischen Färbung und Formmerkmale deutlich voneinander zu unterscheiden. Die chemische Analyse der lokal hergestellten Kochtöpfe kann diese Differenzen (Abb. 11) objektiviert darstellen. Untersucht man die wichtigen Oxidverbindungen der Keramik – SiO_2, Al_2O_3, Fe_2O_3 – und das Verhältnis von Kalzit zu Fe_2O_3, kann man zu folgenden Aussagen gelangen:

Die Kochtopfwaren der mittleren Bronze- (Typ WM 0650), der späten Bronze- (Typ WM 0630) und der Eisenzeit (Typ WM 0610) untereinander sind als technische Weiterentwicklungen in einer viel größeren Entwicklungslinie zu verstehen: auf dem allgemein durch den täglichen Gebrauch vorgegebenen Weg, Kochtöpfe robuster, leichter

---

17   Schneider, Chemical and Mineralogical Studies, 525–536.

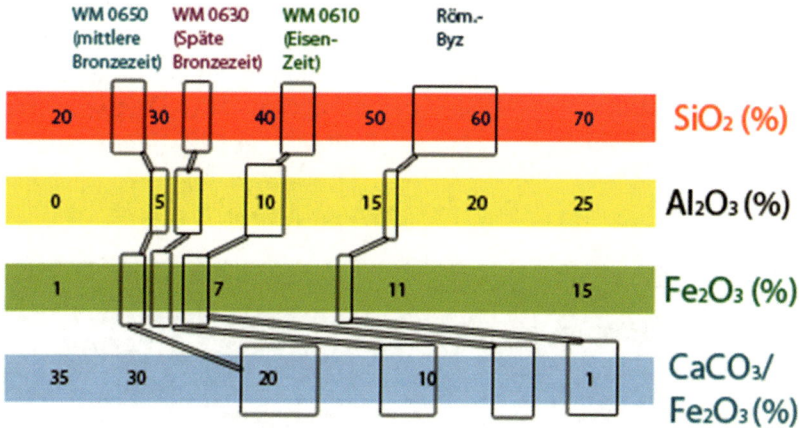

Abb. 11: Chemische Analyse von Kochtöpfen

und härter zu machen. Während dieser langen Entwicklungszeit stieg der SiO_2-Anteil (auf Kosten des Kalzits) beträchtlich und die Fe_2O_3- und die Al_2O_3-Anteile nahmen ebenso stetig zu.

Die verschiedenen Typen überlappen sich in ihrem zeitlichen Gebrauch; sie existieren für längere Zeit nebeneinander, bis sich schließlich der »modernere« Typ – wie z.B. WM 0610 gegenüber WM 0630 – durchsetzte.

Kochtöpfe sind nicht einfach nur als »normales Haushaltsgeschirr« zu begreifen, sondern auch als technisches Entwicklungsprodukt. Der tägliche Umgang mit dieser fragilen Keramikgruppe forderte die Handwerkskunst heraus, Innovationen voranzutreiben und deren materialimmanente Nachteile zu mildern. Dabei zeigt die chemische Untersuchung eine klare Kontinuität der Anstrengungen, auch über den Bruch von der Bronze- zur Eisenzeit hinweg.

5. Resumé

Mit Kontinuität zur Vorgängerepoche bei gleichzeitigen Neuanfängen – so kann man die Eisenzeit I auf dem Tall Zirāʿa bei der Betrachtung der Architektur, der Siedlungsentwicklung sowie der technischen Neuerungen in der Keramikproduktion beschreiben. Selbstverständlich sind beim Übergang von der Spätbronzezeit II zur Eisenzeit I insbesondere auf dem Gebiet der Architektur und der Siedlungsentwicklung deutliche Abbrüche zu konstatieren, doch kein genereller Zusammenbruch. Viele Traditionen blieben bewahrt, wurden erfolgreich weitergeführt und behaupteten sich noch über weitere zwei Jahrhunderte. Die neuen Techniken und Methoden entwickelten sich in dieser Zeit, wurden allseits bekannt und vielfach benutzt – doch setzten sie sich schließlich erst während der Eisenzeit II endgültig durch.

Abb. 12: Luftfoto von Areal I (2010)

Das Zusammenspiel von Kontinuität und Diskontinuität ist am Umbruch von der Bronze- zur Eisenzeit auf dem Tall Zirāʿa typisch. Vielleicht ist diese Darstellung auch für andere Orte oder ganze Regionen anwendbar. Eine durchgängige Besiedlung von Ortslagen über all diese Jahrhunderte ist allerdings nur an wenigen Orten vergleichbar gut zu untersuchen.

Abbildungsverzeichnis

Abb. 1: Der Tall Zirā'a in Nordjordanien, Blick von Gadara nach West (APAAME; David Kennedy)

Abb. 2: Geographische Lage des Tall Zirā'a

Abb. 3: Der Tall Zirā'a, Areal I (ausgegrabene Stratigrafie von der frühen Bronzezeit bis in omayyadische Zeit)

Abb. 4: Der Tall Zirā'a, Areal I (2007), spätbronzezeitliche Siedlung des 14./13. Jhs. v. Chr.

Abb. 5: Einige der 38 Zylindersiegel vom Tall Zirā'a (hier aus Quarzfritte im Mitanni-Stil) und ein Silberanhänger mit der Abbildung einer weiblichen Gottheit

Abb. 6: Rohglas vom Tall Zirā'a (2009)

Abb. 7: Das Stratum der Eisenzeit I vom Tall Zirā'a (2010)

Abb. 8: Ein Teil des Eisen-II-zeitlichen Stratums im Norden von Areal I (2009)

Abb. 9: Plastische und nichtplastische Anteile von Keramikgattungen

Abb. 10: Verhältnis von plastischen und nichtplastischen Bestandteilen in der Keramik mit deren Zeitstellung und Wandungsdicke

Abb. 11: Chemische Analyse von Kochtöpfen

Abb. 12: Luftfoto von Areal I (2010)

Literatur

P. Bienkowski, The Iron Age and Persian Periods in Jordan, SHAJ 7 (2001), 265–274

— (Hg.), Early Edom and Moab: The Beginning of the Iron Age in Southern Jordan, Sheffield 1992

J. Dijkstra/M. Dijkstra/D. Vieweger/K. Vriezen, Regionaal Archaeologisch Onderzoek Nabij Umm Qes (Ant. Gadara). De Opgravingen op Tell Zera'a en de Ligging van Laatbrons Gadara, Phoenix 51/1 (2005), 5–26

R. H. Dornemann, The Archaeology of the Transjordan in the Bronze and Iron Ages, Milwaukee 1983

H. El-Akhal, Contribution to the petrography, geochemistry, and tectonic setting of the basalt flows of the Umm-Qais plateau, north Jordan, Geological Bulletin of Turkey 2004, 47

H. J. Franken, Excavations at Tell Deir 'Alla. The Late Bronze Age Sanctuary, Leuven 1992

J. Häser/D. Vieweger, »Gadara Region Project« – Preliminary Report on the Archaeological Excavations on Tall Zirā'a in 2005 and 2006, American Journal of Archaeology 111 (2007), 526–530

— The »Gadara Region Project« – Preliminary Report on the Archaeological Excavations on Tall Zirā'a in 2007, American Journal of Archaeology 112 (2008), 511–513

— The »Gadara Region Project« – Preliminary Report on the Archaeological Excavations on Tall Zirā'a in 2008 and 2009, American Journal of Archaeology 114 (2010), 506–509

A. Hauptmann/V. Pingel, Archäometrie – Methoden und Anwendungsbeispiele, Stuttgart 2008

D. Homès-Fredericq/H. J. Franken (Hg.), Pottery and Potters – Past and Present. 7000 Years of Ceramic Art in Jordan, Ausstellungskataloge der Universität Tübingen Nr. 20, Tübingen 1986

P. M. Rice, Pottery Analysis, A Sourcebook, Chicago and London 1987

J. A. Sauer, Transjordan in the Bronze and Iron Ages. A Critique of Glueck's Synthesis, Bulletin of the American Schools of Oriental Research 263 (1986), 1–26

G. Schneider, Chemical and Mineralogical Studies of Late Hellenistic to Byzantine Pottery Production in the Eastern Mediterranean, Rei Cretariae Romanae Fautorum Acta 36 (2000), 525–536

J. Strange, The Late Bronze Age, in: B. MacDonald et al. (Hg.), The Archaeology of Jordan, Levantine Archaeology 1, Sheffield 2001, 291–321

J. N. Tubb, Preliminary Report on the Fourth Season of Excavations at Tell es-Sa'idiyeh in the Jordan Valley, Levant 22 (1990), 21–42

D. Vieweger, The »Gadara Region Project«. Archaeological and Archaeometric Investigations, SHAJ 9 (2007), 497–502

— Archäologie der Biblischen Welt, Gütersloh ⁴2012

D. Vieweger/J. Häser, Tall Zirā'a, New Encyclopedia of Archaeological Excavations in the Holy Land V (2007), 1841–1843

— The Tall Zar'a and the Gadara Region Project in the Years 2007 and 2008, ADAJ 52 (2009), 375–395

— Das »Gadara Region Project«, Der Tell Zera'a in den Jahren 2007 bis 2009, Zeitschrift des Deutschen Palästina-Vereins 126/1 (2010), 1–28 und Tafel 1–12

M. M. E. Vilders, Some Technological Features of the Late Bronze and Iron Age Cooking Pots from Tell es-Sa'idiyeh, Jordan, Newsletter of the Department of Pottery Technology Leiden University 9/10 (1991/2), 69–81

G. A. Wagner, Einführung in die Archäometrie, Berlin/Heidelberg 2007

H. Weippert, Palästina in vorhellenistischer Zeit, Handbuch der Archäologie, II,1, München 1988

Zeitvertreib

Die Reise Wilhelms II. in das Heilige Land als Gesellschaftsspiel

Ulrich Hübner

Vor, während und nach der zweiten Reise des deutschen Kaisers Wilhelm II. (reg. 1888–1918) in das Osmanische Reich im Jahr 1898 wurden die verschiedensten Medien und Unterhaltungsartikel produziert und auf den Markt gebracht, um die Reise bekannt zu machen, von ihr in irgendeiner Art und Weise zu profitieren oder aber sie wenigstens nachvollziehbar zu machen.[1] Dazu gehörten z.b. Postkarten,[2] offizielle,[3] offiziöse[4] und private[5] Reiseberichte, Kinderbücher,[6] Bibelausgaben[7] sowie Medaillen und Plaketten.[8] In Deutschland war die Begeisterung groß, wie z.B. ein Zeitgenosse wie Friedrich Zange (1846–1931) be-

---

1   Meinem Kollegen Ernst-Joachim Waschke zum 65. Geburtstag, dem ich für die Zukunft viele Spielräume zum Auskaufen des Kairos (Kol 4,5; Eph 5,16) wünsche.
    Für freundliche Hinweise und Hilfen danke ich Rudolph Rühle (Europäische Spielesammler Gilde), Dr. Helmut Schwarz (Spielzeugmuseum Nürnberg/Museum Lydia Bayer), PD Dr. Ulrich Schädler (Schweizer Spielmuseum, La Tour-de-Peilz), Dr. Claudia Selheim (Germanisches Nationalmuseum, Volkskunde – Spielzeug – Judaica, Nürnberg) und Dr. Benjamin Ziemer (Universität Halle). Die im Folgenden angeführten Zitate aus dem Spiel »Die Kaiserfahrt nach Palästina« (1898) sind in einer moderaten diplomatischen Weise zitiert.

2   Carmel/Eisler, Kaiser, Abb. 39.41.44.46.66.94.105.110.118–129 u.ö.

3   Vgl. v.a. Barkhausen/Mühlmann, Kaiserpaar; Auguste Victoria, Erinnerungsblätter; Goerke, Festfahrt; Mirbach, Reise; Niemöller, Hinauf gen Jerusalem.

4   Bosse, Dienstfahrt; Braun, Bilder; Maurer, Briefe; Ellrichshausen, Erinnerungen; Meyer, In's heilige Land; Baumann, Festfahrt; NN [Sewing], Vademecum; Schneller, Kaiserfahrt; Durant-Baranowitz, Festfahrt.

5   Z.B. Noack-Wiemers, Robert Hermann Tillmanns, 45–53; Pahlow, Erich Bock; Thomas, Orientreise; Schott, Fahrt.

6   Z.B. Forsten, Unser Kaiser in Palästina; Frankenberg, Reise; Tiesmeyer, Aus des Heilands Heimat; vgl. Kousal, Orientreise.

7   Müller/Benzinger (Hg.), Das Neue Testament.

8   Meshorer, Visit, 248–259; Bannicke/Tewes, Erbe, 161–173.

zeugt: »Die Orientfahrt unsres Kaisers beschäftigte als das bedeutungs-
vollste Ereignis des abgelaufenen Jahres noch lebhaft die Gemüter. Alle
ernsten Patrioten konnten nicht ohne eine tiefe Bewegung an dieses
große und in mancher Hinsicht gefahrvolle Unternehmen des geliebten
Herrscherpaares und seinen glücklichen Ausgang denken. Dazu beschäftigten allerlei Einzelheiten der Reise wie die Bedeutung des ganzen Unternehmens im In- und Auslande lebhaft die Köpfe«[9].

Insofern verwundert es nicht, dass der im Jahre 1848 gegründete
Verlag (und »Königliche Hofsteindruckerei«) Adolph H. Engel in Berlin die Gelegenheit wahrnahm,[10] anlässlich der kaiserlichen Reise und
des eigenen 50-jährigen Firmenjubiläums ein Brettspiel unter den Namen »Kaiserfahrt nach Palästina. Ein Gesellschaftsspiel« auf den Markt
zu bringen – das altbekannte Kinderspiel »Die Reise nach Jerusalem«
einmal ganz anders. Damit lag der Verlag ganz im Trend der Zeit. Erste
Reisebrettspiele waren um 1800 in England und den USA entstanden.
Als sogenannte Laufspiele mit Hindernissen, deren Ablauf durch Würfeln bestimmt wurde, basierten sie auf dem Klassiker der Gesellschaftsspiele, dem seit Jahrhunderten bekannten und in zahllosen Varianten
existierenden Typus des didaktischen Gänsespiels, das thematisch
meist historisch oder geographisch orientiert war. Nun wurden auf
einer meist faltbaren, aber dennoch stabilen Spielunterlage Ansichten
von Städten, Landschaften, Denkmälern und anderen Sehenswürdigkeiten graphisch mehr oder weniger aufwendig entlang einer Reiseroute abgebildet und zu einem Parcours gestaltet, auf dem die Spieler eine
entsprechende Reise mit all ihren Annehmlichkeiten und Gefahren
nachspielen und nacherleben konnten.[11]

Mit dem 19. Jahrhundert wurde die Epoche des Massentourismus
und der Pauschal- und Gesellschaftsreisen eingeläutet.[12] In den entstehenden Freizeit- und Konsumgesellschaften Europas wurden Reisen
populär, das zeigt auch die Entwicklung von Fotografie, Telegrafie und

---

9   Zange, Jerusalemfahrt, 3.

10   Rühle, Aus der königlichen Hofsteindruckerei, 10. Das Spiel »Kaiserfahrt nach Palästina. Ein Gesellschaftsspiel« ist m.W. bisher nirgends publiziert worden, bei Faber,
Spiel und Kommerz, 312 wenigstens durch eine Abb. sichtbar gemacht, die auf ein
Spieleexemplar im Besitz des Schweizer Spielmuseums in La Tour-de-Peilz zurückgeht. Die anderen mir bekannten und angefragten (Spiele-)Museen sind nicht im Besitz des hier behandelten Spiels. Das mir vorliegende Spiel (mit der Nr. 1669) habe
ich 2010 antiquarisch in Berlin erworben.

11   Faber, Spiel und Kommerz, 129–142; Falkenberg, Reisespiele - Reiseziele, 284–290;
Morawe, Die Reise im Karton, 9ff. u.ö.

12   Bausinger/Beyrer/Korff, Reisekultur, *passim*; Boissevain, Coping with Tourists,
passim.

die Zunahme von Dioramen, Panoramen und Stereobildern.[13] Der
technische Fortschritt im Verlauf der Industrialisierung und Motorisie-
rung erlaubte schnelleres, bequemeres und kostengünstigeres Reisen.
Entdeckerreisen wie z.B. die von David Livingstone (1813–1873)
oder Henry M. Stanley (1841–1904) erregten nicht nur ein großes öffent-
liches Interesse, sondern inspirierten auch die Spielehersteller. Aufse-
hen erregende Entdeckungen wie die der nabatäischen Hauptstadt
Petra 1812 durch Johann Ludwig Burckardt (1784–1817) oder der Fund
der moabitischen Mēšaʻ-Stele 1868 in Dibon,[14] Ausgrabungen in Jerusalem, darunter die von Hermann Guthe (1849–1936) in Jerusalem 1881,[15]
oder die Gründungen verschiedener wissenschaftlicher Gesellschaften
wie des Palestine Exploration Fund 1865, des Deutschen Vereins zur
Erforschung Palästinas 1877 und der Deutschen Orient-Gesellschaft
1895 erhöhten und beförderten das Interesse größerer Bevölkerungs-
kreise.[16]

Nicht alle konnten am (Massen-)Tourismus teilnehmen. Die einen
wollten beabsichtigte oder geplante Reisen vorausnehmen und üben,
andere die schon gemachten Reisen virtuell wiederholen, andere wiederum Reisen spielen, die sie niemals machen würden. Dazu boten sich
Reisespiele an, seien es Reise-Quartettspiele, Eisenbahnspiele oder
Brettspiele. Die zweite Hälfte des 19. Jahrhunderts sollte zum goldenen
Zeitalter des Reisebrettspiels werden. In deutschen Reisespielen dieser
Zeit dominierte die Schweiz als Reiseland, wie z.B. in der »Reise durch
die Schweiz« bei Otto Maier, das in Ravensburg 1891 erschien.[17] Aber
es gab natürlich auch Patriotisches, so z.B. »In die deutschen Kolonien«, 1908 ebenfalls bei Maier in Ravensburg erschienen. Oder aber
man folgte Forschungsexpeditionen wie »Nansen's Nordpolfahrt«, von
Carl C. Abel und J.G. Klinger in Nürnberg um 1900 produziert, oder
spielte Jules Vernes »Le Tour du monde en quatre-vingts jours« (1873)
in der »Reise um die Welt« bei Maier (Ravensburg 1884) nach. Überhaupt war Deutschland vor dem Ersten Weltkrieg das weltgrößte und

13 Holmes, The Stereoscope and the Stereograph, 71–82; Krüger, Optische Wunderwel-
    ten, 51–55; Plessen/Giersch, Sehsucht, 135–139.148.155.282–284; Kaschuba, Über-
    windung, 119–125.

14 Weippert, Textbuch, 38, Nr. 105; Stucky, Johann Ludwig Burckhardt *alias* Scheich
    Ibrahim, 19–28.

15 Bieberstein, Grabungen, 145–163.

16 Davies, Contribution, 53–64; Hübner, Verein, 1–52. Vgl. auch Hübner, Institute, 59–
    72; Wilhelm, Zwischen Tigris und Nil; Goren, »Zieht aus und erforscht das Land«,
    passim.

17 Kaysel/Etter, Die Schweiz im Spiel; Schiller, Spielräume, 143–150; Schiller, Viaggiare
    per gioco: La Svizzera, 21–30; vgl. Gugerli/Speich, Topografien.

bedeutendste Spielzeugland mit einer Jahrhunderte alten Tradition der Spielzeugherstellung. Kommerziell gesehen dürfte Adolph Engel also aufgrund der Popularität des Reisekaisers und der Aktualität seiner Orientreise einen Markt vor sich gesehen haben, in den hinein sich zu investieren lohnte, wenn ein neues Reisespiel die offizielle Festfahrt Wilhelms II. nach Jerusalem zum Thema machte.

Das bei Adolph Engel 1898 verlegte Brettspiel besteht zunächst aus einem farbig illustrierten und lackierten, 39 cm x 39 cm x 3 cm großen Kartonkasten, auf dessen Deckel (Abb. 1) ein zweiteiliges Titelband mit der Aufschrift »Kaiserfahrt nach Palästina. Ein Gesellschaftsspiel« dem potentiellen Käufer Inhalt bzw. Verwendungszweck signalisiert. Unten rechts kann man ein als Ligatur aus den Buchstaben »AEB« gestaltetes

Abb. 1: Deckelbild

Monogramm für Adolph Engel, Berlin, sehen. (In dem dem Verf. vorliegenden Spielexemplar ist daneben die »No. 1699« zu sehen, die einen Hinweis auf die Auflagenhöhe gibt). Deckel, Spielbretter und Spielkompass bzw. Glücksrad sind mittels Chromolithographie hergestellt, bei der die Druckbögen auf Karton aufgezogen und mit glänzendem Mastixlack vor Beschädigungen geschützt wurden.

Umrandet von einer Zierleiste mit Sternen illustrieren elf schwarzweiße Ansichten von »Haifa«, »Omar-Moschee«, »Jericho«, »Konstantinopel«, »Betlehem«, »Jaffa« (mit dem in seiner jetzigen Form 1888–1894 errichteten franziskanischen St. Peter-Komplex, wobei auf der Ansicht der Kirchturm noch im Baugerüst steht), »Jordan«, »Nazareth«, »Gethsemane«, »Baalbek« und »Oelberg« (mit der 1888 errichteten russischen Maria Magdalena-Kirche) sowie ein Jerusalemkreuz (mit der umlaufenden Beischrift »Stadt-Wappen d. Stadt Jerusalem«) auf rotem Hintergrund den Deckel und verweisen so exemplarisch auf die Reiseroute. Nur die Ansicht der »Omar-Moschee«, eine Innenansicht, findet sich so nicht auf den beigelegten Ansichtskarten des Spiels, auf denen die »Omar-Moschee« (Nr. X) von außen (von Nordwesten) gesehen ist. Das Unterteil des Kartonkastens ist in sechs hölzerne Fächer eingeteilt, in denen die beiden Spielbretter, die Spielanleitung, der Spielkompass (ø 12 cm) mit seinem beweglichen Metallzeiger (Abb. 2), das Spielgeld in einem Geldsäckchen aus rötlich-braunem Textilstoff, 38 Ansichtskarten, der Würfel und die Spielsteine einschließlich des Kaisersteins aufbewahrt werden konnten. Das Spielgeld in Form güldener Marken soll wohl an imaginäre Goldmünzen der hellenistisch-römischen Welt erinnern: Auf dem Avers ist der mit dem Petasos bedeckte Kopf des Mercurius, des Schutzgottes der Wege und Wanderer, Kaufleute und Diebe zu erkennen, auf dem Revers möglicherweise der Wert 3 oder 5 als arabische (?!) Ziffer (Abb. 3).

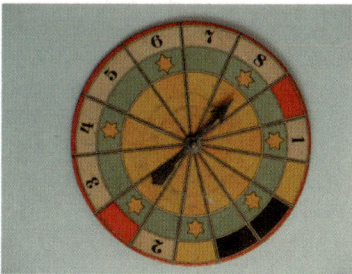

Abb. 2: Spielkompass

Abb. 3: Spielgeld

Das größere Spielbrett ist 69 x 34 cm groß und zweifach gefaltet. Durch die Faltung sind drei gleichgroße Felder entstanden, die mit zwei unterschiedlich großen, kolorierten Karten illustriert sind. Auf den Karten ist die Reiseroute mittels annähernd rechteckiger bläulicher und runder, gelber Spielfelder eingetragen, die beide mit arabischen Ziffern durchnummeriert sind. Die Nrn. 1–50 betreffen die weitgehend per Schiff zurückgelegte Reise von Venedig bis Haifa via Jaffa nach Jerusalem, die Nr. 51–70 die Reise zu Land von Jerusalem nach Beirut.

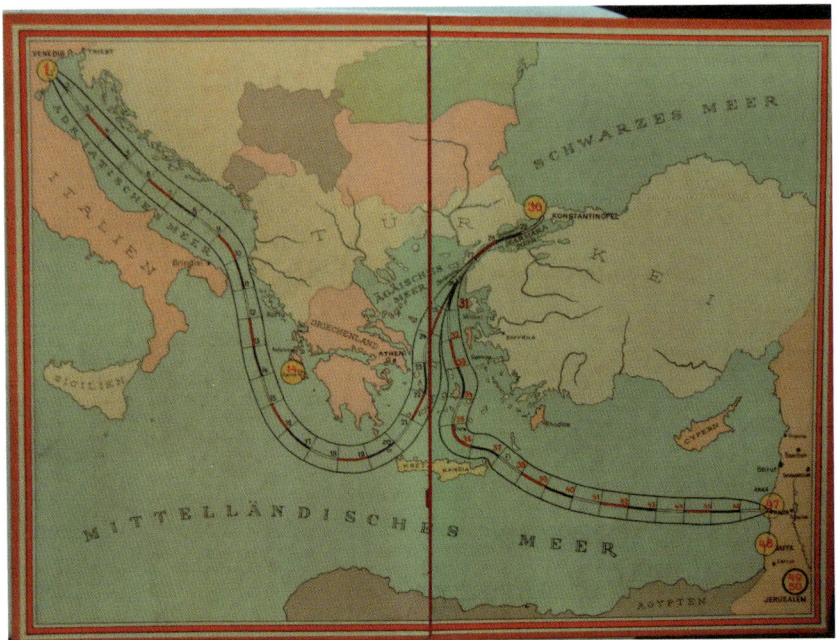

Abb. 4: Karte des östlichen Mittelmeerraums

Die Karte des östlichen »mittelländischen Meeres« (46 x 34 cm; Abb. 4) versucht in einer stark schematisierten, wenn nicht gar simplifizierenden Weise den geopolitischen Status des Osmanischen Reiches, also des Gastgeberlandes, gegen Ende des 19. Jahrhunderts zu visualisieren und macht dies weitgehend auf der Grundlage des Berliner Kongresses von 1878. Die nationalen Unabhängigkeitsbewegungen, von denen einige maßgeblich zur Schrumpfung des »kranken Mannes am Bosporus« beigetragen hatten, sind auf der Karte, wenn auch nicht immer zutreffend, eindrucksvoll festgehalten: Im Westen beginnend mit dem Königreich Italien einschließlich der habsburgischen Hafenstadt Triest (!), aber ohne Sizilien, dann die südöstlichen Teile Österreich-Ungarns auf dem Balkan, das unabhängige Griechenland einschließlich Thessaliens (1881), das autonome Kreta (1898) unter nomineller osmanischer Oberhoheit, die osmanischen Inseln Lesbos und Rhodos, gefolgt von Zypern unter britischer Verwaltung (seit 1878), der europäische Teil des Osmanischen Reiches mit Albanien, Makedonien und Rumelien, im Norden der übrige Balkan mit dem von Österreich-Ungarn seit 1878 besetzten Sançak Novi Pazar, das unabhängige Serbien und das unabhängige Montenegro (1878), Bulgarien als den Osmanen tributpflichtiges Fürstentum (1878) und Rumänien (einschließlich der nördlichen Dobrudscha 1878), im Südosten das seit 1882 von den Briten besetzte Vizekönigreich Ägypten und die osmanische Cyrenaika, im Osten die osmanischen Vilayets Aleppo, Damaskus, Beirut sowie die als *mutaṣarriflik* seit 1872/1874 direkt der Hohen Pforte unterstehende Provinz von Jerusalem.

Die Karte mit Palästina, dem südlichen Libanon, Südsyrien und mit dem Ostjordanland, das nicht Ziel der Reise war, ist zwar nur halb so groß (23 x 34 cm), aber im Maßstab deutlich größer (Abb. 5). Dieser Maßstab ermöglichte es erst, die Vielzahl der besuchten Orte Palästinas einzutragen. Zusätzlich sind biblische Landschaftsbezeichnungen u.ä. wie »Judäa«, »Syrien (Land der Philister)«, »Samaria«, »Galliläa«, »Peräa (Land der Moabiter)« und »Libanon« bzw. »Antilibanon«, »Todtes Meer«, »Bach Kidron«, »Ghor-Tal«, »Jordan«, »See Genezareth«, »See Meron« u.a. eingetragen, keineswegs immer zutreffend und gelegentlich mit offensichtlichen Fehlern (z.B. »Berg Tabor/Gr. Hermon«). Nr. 69 »Libanon« liegt auf der Karte an einem imaginären Fluss, der eher der Eisenbahnlinie Beirut–Damaskus nahe kommt, etwa in Höhe des wichtigen Bahnhofs Rayāk, zeigt aber den Zedernwald bei Bšarre. Die meist namenlosen Flüsse bahnen sich in fast schon kuriosen Verläufen ihren Weg durch die Karte. »Sodom und Gomorrha« sind an die Nordostecke des Toten Meeres gelegt. Der Ort, an dem man den Jordan besuchte, ist nördlich der Mündung des Jabbok, der »Berg der Versuchung« auf der Höhe von En-Gedi und Bethlehem auf der Höhe von Bīr as-Sebaʿ eingetragen, was aber wohl eher dem zur Verfügung stehenden Spielplatz geschuldet ist als schlechten Kenntnissen der Geographie oder des tatsächlichen Verlaufs der Kaiserreise. Sicherlich kann man aus den Fehlern und Versehen dieser Karte den Schluss ziehen, dass keiner der Fachleute, an denen es im Berlin jener Zeit nicht mangelte, die Karte vor ihrer Drucklegung durchgesehen hat. Die Karte ist ein Laienwerk.

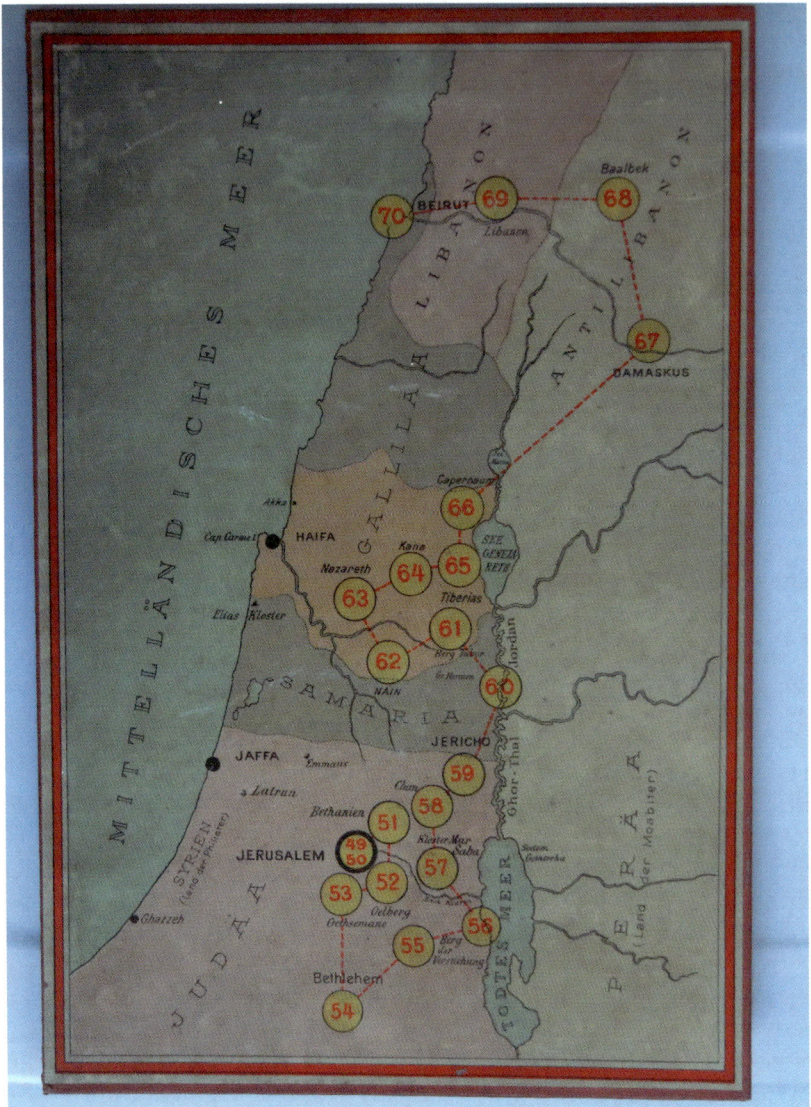

Abb. 5: Karte Palästinas

Das zweite, kleinere Spielbrett (Abb. 6) ist mit 23 x 34 cm genauso groß wie die Palästinakarte. Um ein Jerusalemkreuz gruppieren sich auf einem von gelben Sternen übersäten grün-gelblichem Untergrund zwölf mit arabischen Zahlen durchnummerierte Ansichten von Jerusalem in ovalen und rechteckigen Vignetten: 1. »Jaffathor« (mit Schleichwer-

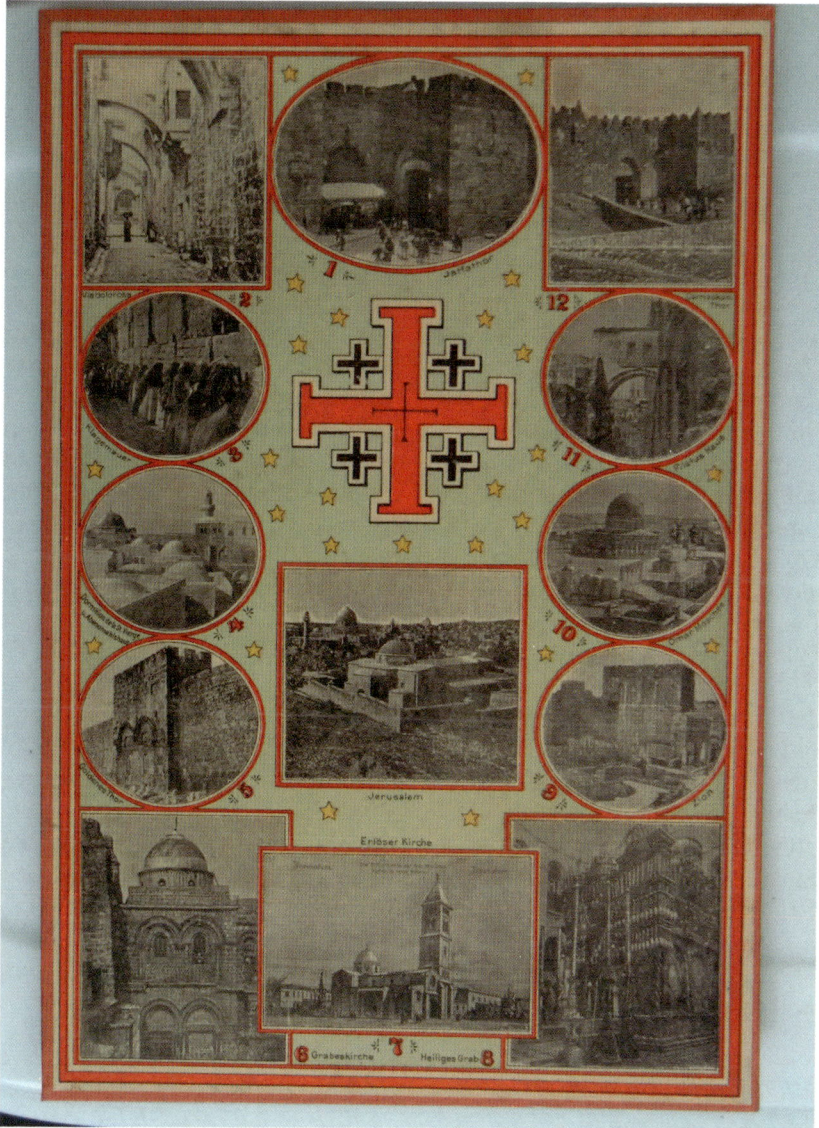

Abb. 6: Jerusalem-Spielplan

bung – an der Stadtmauer ist ein Plakat von Cooks zu sehen, also der Reiseagentur, mit der Wilhelm II. 1898 reiste); 2. »Via dolorosa«; 3. »Klagemauer«; 4. »Dormition de la Ste Vierge u. Abendmahlshaus«; 5. »Goldenes Thor«; 6. »Grabeskirche«; 7. »Erlöser Kirche«; 8. »Heiliges Grab« (in Gestalt der im »osmanischen Rokoko-Stil« 1809–1810 errichteten Aedicula); 9. »Zion«; 10. »Omar Moschee« (Felsendom); 11. »Pilatus Haus« (Ecce homo-Bogen) und 12. »Damaskus-Thor«. Unter Nr. 9 »Zion« wird eine Ansicht der Jerusalemer Zitadelle gezeigt. Eine weitere rechteckige Ansicht »Jerusalem« ist nicht nummeriert und zeigt einen Blick von Nordosten auf St. Anna und den Felsendom. Das kleinere Spielbrett wurde benutzt, wenn man Jerusalem erreicht hatte; wenn man es wieder Richtung Beirut verlassen hatte, wechselte man auf die Palästinakarte. Sieger wurde, wer zuerst Beirut erreicht hatte.

Zwei Serien von 12 (Nrn. I-XII, zu Jerusalem) und 26 (Nrn. 11.14. 30.47.48.49/50 sowie 51-70, zu den anderen beiden Spielplänen) schwarz-weißen Ansichtskarten in Spielkarten-Format (10 x 7 cm) sind dem Spiel beigelegt. Nur die Ansichtskarte »Cana« (Nr. 64) zeigt kein Bild einer Landschaft, eines Ortes oder Denkmals, sondern stattdessen das historisierende Bild einer Hochzeitsgesellschaft in einer fiktiven antikisierenden Umgebung. Alle Ansichtskarten beider Serien sind umseitig nummeriert und beschriftet, also zugleich auch Textkarten: Dort ist die auf der Bildseite gezeigte Örtlichkeit benannt und mittels eines kurzen Gedichtes beschrieben. Die Verfasser der Gedichte und die für die Bebilderung zuständigen Graphiker sind namentlich nicht bekannt, außer im Fall der Ansichtskarte Nr. VII »Erlöserkirche«: Die Abbildung der Kirche geht auf den Architekten Friedrich Adler (1827–1908) zurück.[18] Nach der Lektüre der Gedichte würde auch der geneigte Leser dem Urteil von Paul Hildebrandt (1870–1948) zustimmen können: »Die Verse der meisten dieser Spiele, soweit dieselben solche enthalten, sind auch von geringster Qualität«.[19] Was die Bebilderung angeht, so wurde – wie in den meisten zeitgenössischen Reiseberichten auch – Konventionelles geboten: »Leider steht der größte Teil dieser Spiele in künstlerischer Hinsicht weiter unter dem Niveau der Mittelmäßigkeit«.[20]

Die Spielanleitung »Die Kaiserfahrt nach Palästina« ist auf einem Beilagezettel gedruckt und lautet wie folgt:

---

18   Vgl. Adler, Erlöser-Kirche, 1898, Abb. 1. Die Darstellung entspricht dem Titelbild bei Barkhausen/Mühlmann, Kaiserpaar.
19   Hildebrandt, Spielzeug, 184f.
20   Hildebrandt, Spielzeug, 183.

»An diesem Reisespiel ins Gelobte Land können beliebig viel Personen teil-/nehmen. Jeder Mitspieler erhält einen Stein zum Setzen. Der Leiter des Spieles/führt den Stein mit der Kaiserkrone; er gilt als kaiserlicher Reise-Marschall und be-/ginnt das Spiel, indem er den Zeiger des Spiel-Compasses dreht, was darauf der/Reihe nach auch die anderen Spieler thun und setzt jeder alsdann auf die Nummer,/die der Compaß andeutet. Die Würde des Reisemarschalls erwirbt derjenige, der beim/Drehen des Compasses die höchste Nummer erreicht.

Wer so dreht, daß der Zeiger auf ein schwarzes Feld zeigt, wird beim nächsten/Rundgang des Spiel-Compasses einmal übersprungen; zeigt er auf ein gelbes Feld, muß/er um 2 Felder zurück; trifft er dagegen ein rotes Feld, rückt er noch 2 Felder vor.

Wer nach der ersten Drehung am weitesten vorgerückt ist, erhält die Ansichts-/karte Nr. 1 von Venedig. Der Text der Ansichtskarten wird von dem Empfänger stets vorgelesen.

Wer während der Seereise mit dem Kaiserstein auf dasselbe Feld kommt, bietet/dem Kaiserstein (als Schiff Hohenzollern gedacht) Salut d.h. er zahlt 2 Marken an/den Reise-Marschall. Es können auch drei und mehr Spieler auf einem Felde zu-/sammen treffen.

Wer Feld 13 erreicht, gilt als vom Sirocco-Sturm verschlagen und muß nach/9, Hafen von Brindisi, zurück.

Wer zuerst über Feld 13 hinaus segelt, muß des Sturmes wegen (gleich dem/Kaiserschiff Hohenzollern) in den Hafen der Insel Zante einlaufen und wird, wenn die/Reihe des Drehens wieder an ihn kommt, einmal übersprungen; er erhält jedoch die Ansichtskarte Nr. 14 von Zante.

Wer später als der Kaiserstein die Dardanellen (Nr. 26) passirt,/zahlt drei Marken Strafe.

Wer zuerst Nr. 30 Constantinopel erreicht, erhält die Ansichtskarte. Hier/bleibt jeder Spieler so lange, bis alle Teilnehmer eingelaufen sind, be-hufs Teilnahme/an den vom Sultan zu Ehren des Kaiserbesuches gegebenen Festen.

Wenn alle Spieler auf Nr. 30 eingetroffen sind, wird in gleicher Weise/ (der Kaiserstein beginnend) gesetzt, mit Feld 31 der neuen Seeroute beginnend.

Wer zuerst Nr. 47 (Haifa) erreicht, ob Spieler oder Reisemarschall, erhält die/Ansichtskarte.

Von Nr. 47 (Haifa) ab aber gelten nur die Sterne auf dem Spiel-Compaß./Wer den Zeiger so dreht, daß er auf einen Stern zeigt, geht um zwei Felder weiter,/wer keinen Stern trifft, setzt nur ein Feld weiter.

Immer, wer als Erster auf ein gelbes Feld des Spielplans/kommt, erhält die betreffende Ansichtskarte.

Wer zuerst die Doppelnummer 49/50 (Jerusalem) erreicht, erhält außerdem/einen Orden vom Reise-Marschall.

Wer, nachdem er Feld 50 erreicht hat, ans Weiterspielen kommt, geht mit/seinem Setzstein auf den Plan mit den Ansichten von Jerusalem über und setzt in/gleicher Weise von Bild zu Bild weiter, mit dem Jaffathor be-

ginnend bis zum Aus-/gang durchs Damascusthor und setzt alsdann wieder auf dem Palästina-Plane von/Nr. 51 ab weiter, als Erster stets Ansichtskarten empfangend und vorlesend. Die An-/sichtskarten, welche auf den Plan von Jerusalem sich beziehen, tragen römische Zahlen/und haben eine andere Rückseite.
        Wer zuerst Nr. 70 (Beirut) erreicht, ist Gewinner des Spieles und der vom/Reisemarschall gesammelten Strafgelder.
        Wer versäumt, den Text einer empfangenen Ansichtskarte vorzulesen, zahlt eine/Marke Strafe. Der Reise-Marschall kauft die während des Spieles ausgegebenen An-/sichtskarten mit eine Marke pro Stück von den Besitzern zurück. Der Rest ist für den/Gewinner des Spieles. Zu Anfang des Spieles muß jeder Spieler sich mit 10–15/Marken oder Zahlpfennigen versehen.«

Strapazierfähiges Material, handliche Form und Größe, ein übersichtlicher, gut bespielbarer Spielplan auf einem Spielbrett aus stabiler Pappe, eine werbewirksame und großzügig dimensionierte Schachtel mit einem attraktiven, mehrfarbigen und reich bebilderten Deckelbild für ein gebrauchsfertiges Gesellschaftsspiel, ein reichhaltiges Set an Würfeln, Spielsteinen, Spielgeld, Spielkarten u. ä., das alles waren gute ästhetische und pragmatische Voraussetzungen für die Aufnahme in das Verlagsprogramm. Auch der pädagogische Wert des Spiels mit der großen Bandbreite seiner Alterseignung, seinem geschlechterunabhängigen Unterhaltungswert, seinem maßvollen Schwierigkeitsgrad und begrenzten Spannungsreiz passten gut in die Markt- und Wettbewerbssituation eines expandierender Spielemarkts mit seiner gestiegenen Nachfrage nach Reisespielen. Mit dem neuen Spiel wurde der bürgerliche Geschmack der Gründerjahre, das grassierende Fernweh und Reisefieber, das kolonialistisch-imperialistische Interesse und die Neugier bürgerlicher Kreise an politischer Aktualität und Modernität zeitgemäß abgedeckt.
        Wer wollte nicht einmal wie der eigene Kaiser reisen[21] oder zumindest in dessen Spuren wandeln, dem exotischen Orient wenigstens vom bürgerlichen Wohnzimmer aus nahe kommen, sich den Heiligen Stätten des Gelobten Landes mit der Eisenbahn, per Dampfschiff, zu Pferd, in Kutschen oder gar zu Fuß durch Würfeln nähern? Sich spielerisch auf eine solche Reise vorbereiten, sie unbelästigt von Quarantäne, korrupten Zollbeamten, verlorenem Gepäck, Moskitos und Flöhen virtuell

---

21 Benner, Strahlen; Carmel/Eisler, Kaiser; Freischlader, Orientreise, 181–223; Gründer, Kaiserfahrt, 363–388; Gutsche, »Pilgerfahrt«, 21–30; Jaschinski, Reise, 17–36; Köstlin, Besuche, 31–42; Meier, Palästinareise; Naltchayan, Visits, 47–78; Richter, Orientreise; Röhl, Wilhelm II., Band 2: Der Aufbau der persönlichen Monarchie, 1050–1060; Schoeps, Palästina-Reise, 75–86.

durchführen oder sie zum Zeitvertreib als Souvenir nachspielen – und sie auf jeden Fall überleben?

Von den Reisegefahren werden im Spiel nur der Scirocco zwischen Korfu und Zante erwähnt,[22] nicht aber die Attentatspläne in Alexandria,[23] der im letzten Moment verhinderte Zusammenstoß zweier Züge auf der Strecke Beirut – Damaskus zwischen az-Zebedānī und ʿAin Fīǧe[24] oder der Tod des Basler Verlegers Paul Kober-Gobat (1842–1898) auf dem von Hugo Stangen gecharterten englischen Dampfer »Midnight Sun« vor Alexandria.[25] Die Schwierigkeiten der Reise-Spieler waren auf erträgliches Verweilen, Aussetzen, Zurückfallen und Strafzahlungen mittels Spielgeld reduziert. Das Brettspiel war jugendfrei und für Erwachsene wie Kinder beiderlei Geschlechts geeignet. Suchtgefahr bestand nicht. Die Reise wurde auch im Spiel nicht zu einer Abenteuer-, sondern zu einer komfortablen Bildungsreise in fremde, und doch so nahe orientalische Gefilde der Bibel, denen man mit spätromantischer Träumerei und biblischer Frömmigkeit entgegensah.

Die Auswahl der besuchten Orte und damit der Sehenswürdigkeiten beginnt mit den drei einzigen im Spiel namentlich genannten europäischen Orten: Vom Auslaufhafen Venedig führte die Fahrt an Zante vorbei nach Konstantinopel. Der Libanon ist mit Beirut und Baalbek,[26] Syrien nur mit Damaskus (mittels einer Ansicht der von Sinān errichteten Külliye Sulṭān Sülaimān) vertreten, denn auf der Reise wurde kein anderer syrischer Ort besucht. Alle anderen im Spiel erwähnten Orte sind palästinische Orte. Mit Abstand am häufigsten ist Jerusalem erwähnt.

Auf den Ansichtskarten wird auf das Alte Testament vergleichsweise selten und meist recht konventionell Bezug genommen: So heißt es z.B. im Fall von Jericho (Ansichtskarte Nr. 59): »Die alten Schriften raunen – von einem Mauernwall,/Den Israels Posaunen – dereinst gebracht zu Fall« (Jos 6). Die Ansichtskarte Nr. 60 zum Jordan spricht dem Fluss ein historisches Gedächtnis zu: »Da rauscht es im Strom von vergangener Zeit«. Auf der Ansichtskarte Nr. 56 zum Toten Meer wird auf Sodom und Gomorrha angespielt: »Kein Vogel singt, kein Bienchen

22 Barkhausen/Mühlmann, Kaiserpaar, 51–53; Durant-Baranowitz, Festfahrt, 4–6.26. 29f.

23 Barkhausen/Mühlmann, Kaiserpaar, 51.

24 Goerke, Festfahrt, 61f.; Niemöller, Hinauf gen Jerusalem, 128–130.135; Tiesmeyer, Aus des Heilands Heimat, 143; Durant-Baranowitz, Festfahrt, 25; vgl. Treves, The Land that is desolate, 267–276.

25 Kober-Gobat, Skizzen, VII; Naumann, »Asia«, 80; Maurer, Briefe, 6.66; Bosse, Dienstfahrt, 41–46; Meyer, In's heilige Land, 11; Durant-Baranowitz, Festfahrt, 81.

26 Hübner, Besuch, 122–125; Petersen, Orientreise, 398–409.

summt;/Des Lebens Pulsschlag ist verstummt/Vor diesem schaurig, tiefen Grab,/In das Gomorrha sank hinab,/Und das auch Sodom blutbefleckt,/Mit seinem grauen Spiegel deckt« (Gen 19). Zion (Ansichtskarte Nr. IX) lag dort, wo heute die angeblich von David erbaute Zitadelle steht. Die »Omar-Moschee« (Ansichtskarte Nr. X) liegt an der Stelle, »Wo auf Morijah einst der Tempel stand«. Dazu passt, wenn die Ansichtskarte Nr. 69 zum Libanon reimt: »Ein Cedernhain die Schultern kränzt,/Aus denen einst in grauer Zeit/Erstand des Tempels Herrlichkeit,/Den Salomon durch Meisterhand/Erbauen ließ im jüd'schen Land« (I Reg 6–7). Eine der hellenistischen Grabanlagen am Fuße des Ölbergs gilt traditionell als Absalom-Grab (Ansichtskarte Nr. 52), was einen Reimeschmied zu folgendem literarischen Elaborat führte: »Dies Denkmal ward in alter Zeit/Dem schönen Absalom geweiht,/Dem ungetreuen Königssohn,/Der nach der blut'gen Schlacht geflohn,/Dem Jüngling, dem der Locken Pracht/Verderben einst und Tod gebracht« (II Sam 15–18).

Auf das Neue Testament wird sehr viel häufiger Bezug genommen. Durch die Auswahl der christologisch orientierten Gedächtnisorte steht es im Zentrum des Spiels: Jerusalem mit Ölberg, Gethsemane und Bethanien, zusätzlich Bethlehem, der Berg der Versuchung, Chan Hadrûr, Jordan, Tabor, Nain, Nazareth, Kana, Kapernaum und der See Genesareth. Damit werden Kontinuität und Diskontinuität zwischen alt- und neutestamentlicher Zeit thematisiert. Im Alten Testament ist das Neue präfiguriert und das Alte durch das Neue überholt: Die alttestamentliche Zeit kann als »vergangene«, »graue« oder »alte« Zeit bezeichnet werden. Die neutestamentliche Botschaft dagegen ist zeitlos und universal. Sie ist in Gegenwart und Zukunft gültig wie die Bergpredigt: »Die Predigt, die in den Bergen dort/Gehalten der Meister, sie klinget fort/Durch alle Länder und Zeiten,/Soll stets uns erheben und leiten« (Ansichtskarte Nr. 65 zum See Genesareth). So führt die Reise in die eigene religiöse Vergangenheit, vergewissert sich ihrer, sucht das himmlische Jerusalem im irdischen. Das Brettspiel macht das eigene Leben als Zeitreise und die menschliche Lebenszeit als Pilgerreise verstehbar.

Das Spiel versucht konfessionell ausgewogen zu sein: Poetisch besungen werden die protestantische Erlöserkirche und die katholische Dormitio in Jerusalem. Allerdings wird der Erlöserkirche im Unterschied zur Dormitio ikonographisch und literarisch eine exzeptionelle Stellung als neues protestantisches Heiligtum zugesprochen: Auf dem zweiten kleinen Spielbrett ist die Erlöserkirche zwischen und vor der Grabeskirche und Heiligem Grab plaziert, und auf der Ansichtskarte

Nr. VII dazu eigens festgehalten, dass es das Kaiserpaar ist, »Das diese Kirche für alle Zeit/Dem protestantischen Glauben weiht«.

Andere Konfessionen kommen nur anlässlich des Besuches des griechisch-orthodoxen Klosters Mār Sābā ins Blickfeld, dessen »düstere Mönche freudlos trauern« (Ansichtskarte Nr. 57).[27] Juden – »mit umflortem Blick« – werden bei der Klagemauer genannt (Ansichtskarte Nr. III), Muslime in der Omar-Moschee und die verbündeten »Türken« in Jerusalem (»obgleich in Türkenmacht«). Sultan ʿAbdülḥamīd II. (reg. 1876–1909)[28] wird in dem Gedicht auf Haifa und auf die Dormitio erwähnt, sein deutscher Kollege ebendort wie auch in den Gedichten auf die Erlöserkirche (und via Haifa mit der Erwähnung SMY Hohenzollern als dem Kaiserschiff). Nationale Konkurrenten wie Briten, Franzosen und Russen sind ausgeblendet und nur durch die Karte allenfalls implizit anwesend. Insofern ist das Spiel trotz seines christlicheurozentristischen Blickwinkels weitgehend entpolitisiert.

Der bildungspolitische und pädagogische Wert[29] solcher Spiele galt schon damals als durchaus hoch: »Einzelne dieser Spiele, wie die geographischen Reisespiele, sind sehr lehrreich«. Das Spiel konnte biblische, geographische und historische Kenntnisse wie ein kommentierter Bildreiseführer verbessern helfen. Über die Ansichtskarten wurden überwiegend realistische Darstellungen der besuchten Örtlichkeiten geboten, die umseitig auf der Textseite in einer zeitbedingten Mischung von religiös-biblizistischer Schwärmerei und zutreffenden Erläuterungen als Poesie quasi kommentiert wurden. Wie es sich für ein gutes Reisespiel der Kaiserzeit gehört, vereinigten sich hier Belehrung und Unterhaltung, weltläufige Mobilität und vaterländische Erziehung, deutsch-nationaler Patriotismus und christliche Erbaulichkeit, orientalisierende Exotik und kulturelles Befremden. Insofern huldigt das Spiel dem Zeitgeist. Im Nachvollzug der Reise mutierten die Spielenden zu grenzüberschreitenden Pilgern und Touristen, die sich mit ihrem Spielstein personifizierten und sich auf die Wechselfälle eines ungefährlichen, aber Horizonte öffnenden Reisetraums einließen. Platz für Ironie und gar Spott über seine Majestät und deren Reiserei gab es hier nicht.[30]

Näherte sich die erträumte Reise ihrem Ende, wurde derjenige Gewinner des Spiels, der zuerst und am schnellsten Beirut erreichte, jene

27 Petschulat, Wahrnehmungen, 109–148; Tamcke, Orthodox Christianity, 203–212.
28 Vgl. zuletzt Hübner, Zeitalter, 23–44.
29 Hildebrandt, Spielzeug, 182f.
30 Wenzel, Wilhelm II. in der Karikatur; Grand-Carteret, »Er« im Spiegel der Karikatur; Lammel, Majestätsbeleidigung. Die Hohenzollern in der Karikatur.

Hafenstadt, von der aus man rasch die Heimreise antreten konnte: Zu Hause ist es doch am schönsten.

Abbildungsverzeichnis

Literatur

F. Adler, Die Evangelische Erlöser-Kirche in Jerusalem (Erweiterter Sonderdruck aus dem Centralblatt der Bauverwaltung 18,32–33), Berlin 1898

Auguste Victoria, Erinnerungsblätter an die Palästinafahrt. Aufgenommen und wohlthätigen Zwecken gewidmet von Auguste Victoria, I.(mperatrix) R.(egina), herausgegeben auf Allerhöchsten Befehl, Berlin o.J. (1899)

E. Bannicke/L. Tewes, Das phaleristische Erbe der Kaiserfahrt vom Jahre 1898 ins Heilige Land, Beiträge zur Brandenburgisch/Preussischen Numismatik, Numismatisches Heft 18 (2010), 161–173

F. W. Barkhausen/C. Mühlmann (Hg.), Das deutsche Kaiserpaar im heiligen Land im Herbst 1898. Mit allerhöchster Ermächtigung Seiner Majestät des Kaisers und Königs bearbeitet nach authentischen Berichten und Akten, Berlin 1899

E. Baumann, Eine Festfahrt nach Jerusalem, Berlin 1899

H. Bausinger/K. Beyrer/G. Korff (Hg.), Reisekultur. Von der Pilgerfahrt zum modernen Tourismus, München 1991

T. Benner, Die Strahlen der Krone. Die religiöse Dimension des Kaisertums unter Wilhelm II. vor dem Hintergrund der Orientreise 1898, Marburg 2001

K. Bieberstein, Die Grabungen von Hermann Guthe in Jerusalem 1881, in: U. Hübner (Hg.), Palaestina exploranda. Studien zur Erforschung Palästinas im 19. und 20. Jahrhundert anläßlich des 125jährigen Bestehens des Deutschen Vereins zur Erforschung Palästinas, ADPV 34, Wiesbaden 2006, 145–163

J. Boissevain (Hg.), Coping with Tourists. European Reactions to Mass Tourism, New Directions in Anthropology 1, Providence – Oxford 1996

R. Bosse, Eine Dienstfahrt nach dem Orient. Erinnerungen von Staatsminister Dr. Robert (von) Bosse, Leipzig 1900

F. Braun, Bilder aus dem Morgenlande, Stuttgart 1899

A. Carmel/J. Eisler, Der Kaiser reist ins Heilige Land. Die Palästinareise Wilhelms II. 1898 – Eine illustrierte Dokumentation, Stuttgart u.a. 1999

G. Davies, The Contribution of the Palestine Exploration Fund to Research on the Holy Land, in: U. Hübner (Hg.), *Palaestina exploranda*. Studien zur Erforschung Palästinas im 19. und 20. Jahrhundert anläßlich des 125jährigen Bestehens des Deutschen Vereins zur Erforschung Palästinas, ADPV 34, Wiesbaden 2006, 53–64

H. Freiherr von Durant-Baranowitz, Die offizielle Festfahrt zur Einweihung der Erlöserkirche in Jerusalem am 31. Oktober 1898, Berlin 1899

J. von Ellrichshausen, Erinnerungen an die Pilgerfahrt in den Orient Herbst 1898. Mit besonderer Berücksichtigung der Kolonien in Palästina, Stuttgart 1899

M. Faber, Spiel und Kommerz. Die deutsche Spieleproduktion 1850–1950, in: U. Schädler (Hg.), Spiele der Menschheit: 5000 Jahre Kulturgeschichte der Gesellschaftsspiele, Darmstadt 2007, 129–142

R. Falkenberg, Reisespiele – Reiseziele, in: H. Bausinger/K. Beyrer/G. Korff (Hg.), Reisekultur. Von der Pilgerfahrt zum modernen Tourismus, München 1991, 284–290

H. Forsten, Unser Kaiser in Palästina. Reise Kaiser Wilhelm II. (sic!) und der Kaiserin Auguste Viktoria nach dem gelobten Land. Der deutschen Jugend erzählt, Berlin o.J. (1898 o. 1899). 2.Aufl. o.J. (^{2}1900)

P. von Frankenberg, Kaiser Wilhelm II. Reise nach Jerusalem. Für die reifere Jugend bearbeitet, Berlin 1899

L. Freischlader, Die Orientreise Kaiser Wilhelms II. im Jahre 1898. Vorgeschichte, Verlauf und Ergebnisse, in: H.-D. Bienert/B. Müller-Neuhof (Hg.), At the Crossroads. Essays on the Archaeology, History and Current Affairs of the Middle East, Amman 2000, 181–223

F. Goerke (Hg.), Die officielle Festfahrt nach Jerusalem. Eine Erinnerungsschrift an die Einweihung der Erlöser-Kirche, herausgegeben von Franz Goerke. Text von G. Freiherrn von Seherr-Thoss. Gedichte von Dr. G. Wühlisch, Berlin 1899

H. Goren, »Zieht aus und erforscht das Land«. Die deutsche Palästina-Forschung im 19. Jahrhundert, Schriftenreihe des Instituts für deutsche Geschichte der Universität Tel Aviv 23, Göttingen 2003

J. Grand-Carteret, »Er« im Spiegel der Karikatur. 348 Zeichnungen aus aller Welt, Wien/Leipzig ^{2}1906

H. Gründer, Die Kaiserfahrt Wilhelms II. ins Heilige Land 1898: Aspekte deutscher Palästinapolitik im Zeitalter des Imperialismus, in: H. Dollinger et al. (Hg.), Weltpolitik, Europagedanken, Regionalismus (FS Gollwitzer), München 1982, 363–388

D. Gugerli/D. Speich, Topografien der Nation. Politik, kartografische Ordnung und Landschaft im 19. Jahrhundert, Zürich 2002

W. Gutsche, »Pilgerfahrt« zu den heiligen Stätten. Die Orientreise Kaiser Wilhelms II. 1898, in: W. Gutsche/B. Kaulisch (Hg.), Bilder aus der Kaiserzeit. Historische Streiflichter 1897 bis 1917, Köln 1985, 21–30

P. Hildebrandt, Das Spielzeug im Leben des Kindes, Berlin 1904

O. W. Holmes, The Stereoscope and the Stereograph, in: A. Trachenberg (Hg.), Classical Essays on Photography, New Haven (CT) 1980, 71–82

U. Hübner, Der Besuch Wilhelms II. in Baalbek, in: M. van Ess/Th. Weber (Hg.), Baalbek. Im Bann römischer Monumentalarchitektur, Mainz 1999, 122–125

— Der Deutsche Verein zur Erforschung Palästinas: Seine Vorgeschichte, Gründung und Entwicklung bis in die Weimarer Zeit, in: U. Hübner (Hg.), *Palaestina exploranda*. Studien zur Erforschung Palästinas im 19. und 20. Jahrhundert anläßlich des 125jährigen Bestehens des Deutschen Vereins zur Erforschung Palästinas, ADPV 34, Wiesbaden 2006, 1–52

— The German Protestant Institute of Archaeology (Deutsches Evangelisches Institut für Altertumswissenschaft des Heiligen Landes), in: K. Galor/ G. Avni (Hg.), Unearthing Jerusalem: 150 Years of Archaeological Research in the Holy City, Winona Lake (IN) 2011, 59–72

— Das neue Zeitalter: Eine unpublizierte Schulinschrift Sultan ʿAbd al-Ḥamīds II. aus Kerak/Jordanien aus dem Jahr 1317/1899, in: M. Pietsch/ D. Schmid (Hg.), Geist und Buchstabe (FS Meckenstock), Theologische Bibliothek Töpelmann 164, Berlin/New York 2013, 23–44

K. Jaschinski, Des Kaisers Reise in den Vorderen Orient 1898, ihr historischer Platz und ihre Dimensionen, in: K. Jaschinski/J. Waldschmidt (Hg.), Des Kaisers Reise in den Orient 1898, Gesellschaft – Geschichte – Gegenwart 27, Berlin 2002, 17–36

W. Kaschuba, Die Überwindung von Raum und Zeit. Zeit und Raum in der europäischen Moderne (Europäische Geschichte), Frankfurt a.M. 2004

R. Kaysel/M. Etter, Die Schweiz im Spiel/La Suisse en jeu, hrsg. von Carlit AG, Würenlos, anlässlich des 50-Jahre-Firmenjubiläums, Würenlos 1989

M. Kober-Gobat, Skizzen aus meiner Jugendzeit. Aufzeichnungen, Basel 1917

A. Köstlin, Die Besuche Kaiser Wilhelms II. in Konstantinopel (1889, 1898, 1917), in: Generalkonsulat der BRD Istanbul (Hg.), Das kaiserliche Palais in Istanbul und die deutsch-türkischen Beziehungen, Istanbul 1989, 31–42

J. Kousal, Eine Orientreise, bearbeitet von Franz Proschwitzer (Heredität der Kleine, 48. Beteiligungsbuch für das Jahr 1904), Königgrätz 1904

J. Krüger, Optische Wunderwelten – Laterna Magica, Stereoskope und andere »Durchgucker«, in: H. Mehl/H. Mannheims (Hg.), Du bist dran! Spielen gestern und heute, Schleswig 1992, 51–55

G. Lammel, Majestätsbeleidigung. Die Hohenzollern in der Karikatur, Berlin 1998

H. Maurer, Briefe von der Festfahrt zur Einweihung der Erlöserkirche zu Jerusalem im Oktober und November 1898, Herborn 1899

A. Meier, Die kaiserliche Palästinareise 1898. Theodor Herzl, Großherzog Friedrich I. von Baden und ein deutsches Protektorat in Palästina, Konstanzer Schriften zur Schoáh und Judaica 5, Konstanz 1998

Y. Meshorer, The Visit of Kaiser Wilhelm II to Jerusalem in Commemorative Coins and Medals, INJ 14 (2000–2002), 248–259

A. Meyer, In's heilige Land. Reisebilder von der großen Festfahrt nach Jerusalem, Berlin 1899

E. v. Mirbach, Die Reise des Kaisers und der Kaiserin nach Palästina. Drei Vorträge gehalten in Potsdam zum Besten der Diakonissen-Stationen, des St. Josephs-Krankenhauses und der Auguste Viktoria-Krippe, Berlin 1899

W. Morawe, Die Reise im Karton. 150 Jahre spielend unterwegs. Brettspiele als Spiegel der Gesellschaft. Sammlung Wolfgang Morawe (Katalog zur Ausstellung im Museum Burg Linn), Krefeld 1994

N. Müller/I. Benzinger (Hg.), Das Neue Testament nach der deutschen Übersetzung D. Martin Luthers. Durchgesehene Ausgabe. Mit 97 Bildern und Karten, Berlin. Zur Erinnerung an die Einweihung der deutschen evangelischen Erlöser-Kirche zu Jerusalem am 31. Oktober 1898 der deutschen evangelischen Christenheit dargebracht, Berlin 1899

NN [= H. Sewing], Geschichte der deutschen evangelischen Kirche und Mission im Heiligen Lande. Ein Vademecum für die Pilgerfahrt zur Einweihung der Erlöserkirche in Jerusalem, Gütersloh 1898

N. Naltchayan, Kaiser Wilhelm II's Visits to the Ottoman Empire: Rationale, Reactions, and the Meaning of Images, Armenian Review 42,2 (1989), 47–78

H. Niemöller (Hg.), Hinauf gen Jerusalem. Gedenkbuch der offiziellen Festfahrt zur Einweihung der Erlöserkirche in Jerusalem. Im Namen der beauftragten Kommission herausgegeben, Berlin 1899

Fr. Noack-Wiemers, Leben und wissenschaftliches Werk von Robert Hermann Tillmanns (1844–1927), Diss. med. unpubl. Universität Leipzig 2004

R. Pahlow (Hg.), Pastor Erich Bock im Heiligen Land. Der Pastor von Rüper und Wense reist 1898 zur Einweihung der Erlöserkirche nach Jerusalem, Wendeburger Heimatkunde Heft 20, Wendeburg 2001

L. Petersen, Die Orientreise des deutschen Kaisers 1898 und die Ausgrabungen in Baalbek, in: Ch. Trümpler (Hg.), Das Große Spiel. Archäologie und Politik zur Zeit des Kolonialismus (1860–1940), Köln/Essen 2010, 398–409

T. O. Petschulat, Wahrnehmungen zu den orientalischen Christen im Kontext der Kaiserreise Wilhelms II. 1898, in: M. Tamcke/A. Manukyan (Hg.), Protestanten im Orient, Würzburg 2009, 109–148

M.-L. v. Plessen/U. Giersch (Hg.): Sehsucht: Das Panorama als Massenunterhaltung des 19. Jahrhunderts (Kunst und Ausstellungshalle der Bundesrepublik Deutschland), Frankfurt/Basel 1993

J. S. Richter, Die Orientreise Kaiser Wilhelms II. 1898: Eine Studie zur deutschen Außenpolitik an der Wende zum 20. Jahrhundert, Studien zur Geschichtsforschung der Neuzeit 9, Hamburg 1997

J. C. G. Röhl, Wilhelm II., Band 2: Der Aufbau der persönlichen Monarchie, 1888–1900, München 2001

R. Rühle, Aus der königlichen Hofsteindruckerei Adolph Engel Berlin, Spielbox. Das Magazin zum Spielen H. 1 (2007), 10

J. Schiller, Spielräume im Brettspiel »Reise durch die Schweiz«, in: U. Schädler (Hg.), Spiele der Menschheit: 5000 Jahre Kulturgeschichte der Gesellschaftsspiele, Darmstadt 2007, 143–150

— Viaggiare per gioco: La Svizzera, in: Le Montagne per Gioco Vol. I. Tra le vette e le nevi dei giochi da tavolo, Museo Nazionale della Montagna, Cahier Museomontagna 155, Turin 2006, 21–30

L. Schneller, Die Kaiserfahrt ins Heilige Land, Leipzig 1898. ([10]1900)

J.-H. Schoeps, Theodor Herzls Palästina-Reise und die Visionen des Judenstaates, in: K. Jaschinski/J. Waldschmidt (Hg.), Des Kaisers Reise in den Orient 1898, Gesellschaft – Geschichte – Gegenwart 27, Berlin 2002, 75–86

R. Schott, Eine Fahrt nach dem Orient. Zur Erinnerung an den Einzug des deutschen Kaisers und der Kaiserin in Jerusalem Herbst 1898, hrsg. von H. Hillger, Berlin/Eisenach/Leipzig o.J. (1899)

R. A. Stucky, Johann Ludwig Burckhardt *alias* Scheich Ibrahim, der Entdecker von Petra und Abu Simbel, in: St. G. Schmidt (Hg.), Petra. Begleitbuch zur Ausstellung »Petra – Wunder in der Wüste. Auf den Spuren von J. L. Burckhardt *alias* Scheich Ibrahim«, Basel 2012, 19–28

M. Tamcke, Orthodox Christianity in Palestine as it was seen by two German Travelogues in 1898/99, in: Palestinian Christianity, Pilgrimages and Shrines, ARAM 18–19, 2006–2007, 203–212

M. Thomas, Eine Orientreise zur Zeit der Kaiserfahrt nach Palästina (3. Oktober 1898 bis 21. November 1898), Arnstadt 1899

L. Tiesmeyer, Aus des Heilands Heimat. Der deutschen Jugend erzählt, Bielefeld/Leipzig 1899

Fr. Treves, The Land that is desolate. An Account of a Tour in Palestine, London 1912

M. Weippert, Historisches Textbuch zum Alten Testament, Göttingen 2010

F. Wenzel, Wilhelm II. in der Karikatur, Dresden 1928

G. Wilhelm (Hg.), Zwischen Tigris und Nil. 100 Jahre Ausgrabungen der Deutschen Orient-Gesellschaft in Vorderasien und Ägypten, Mainz 1998

F. Zange, Die Jerusalemfahrt Kaiser Wilhelms II. im Lichte der Geschichte, Berlin 1899

In aeternum et ultra

Die Vorstellung eines Zeitenendes nach Gen 8,22 und Ex 15,18

Stefan Schorch

עֹד כָּל־יְמֵי הָאָרֶץ זֶרַע וְקָצִיר וְקֹר וָחֹם וְקַיִץ וָחֹרֶף וְיוֹם וָלַיְלָה לֹא יִשְׁבֹּתוּ: – Noch alle Tage der Erde werden Saat und Ernte, Kälte und Hitze, Sommer und Winter, Tag und Nacht nicht aufhören. (Gen 8,22)

Im Masoretischen Text steht dieser Satz am Ende der Sintflutgeschichte,[1] zugleich trifft er eine in göttliche Autorität gehüllte Aussage über die von nun an gültige Schöpfungsordnung und deren Zukunft: Der Fortbestand der nachsintflutlichen Welt beruht demnach im Wesentlichen auf einem jahreszeitlichen Ablauf, durch den Fruchtbarkeit, Nahrung[2] sowie ein durch seine regelmäßig wiederkehrende Abgemessenheit das Erdenleben ermöglichendes Wetter garantiert werden.

Jenseits der Feststellung, dass Gen 8,22 primär den von nun ab initiierten jahreszeitlich rhytmisierten Verlauf der Gegenwart und Zukunft umfassenden Weltzeit in den Blick nimmt,[3] haben sich Exegeten allerdings auch bald mit der Frage beschäftigt, ob der Vers ein Zeitenende impliziere. Explizit wird das etwa von dem mittelalterlichen jüdischen Bibelausleger Ibn Esra (12. Jh.) in dessen Kommentar zum Buch Genesis festgestellt:[4]

עֹד כָּל־יְמֵי הָאָרֶץ וגו': לאות כי יש לה קץ קצוב. – »Noch alle Tage der Welt etc.: Damit soll ausgedrückt werden, dass sie [d.h. die Erde] ein festgesetztes Ende hat.«

---

1 Siehe Waschke, Untersuchungen, 120–123.156.

2 Siehe Ziemer, Wort, 531.

3 »Der darauf folgende Akt der Bewahrung [sc. in Gen 8,22] ist dementsprechend keine partielle Zuwendung Gottes, sondern die Errichtung eines status quo [...]« (Waschke, Untersuchungen, 122).

4 Zitiert nach Mikra'ot Gedolot.

Eine vergleichbare Aussage findet sich bereits im spätantiken Midrasch
Bereschit Rabba:[5]

עוד כל ימי הארץ זרע וקציר וגו': ר' יודן בשם ר' אחא מה סבורים בני נח שבריתן
כרותה עומדת לעז, אלא שכל זמן ששמים וארץ קיימים בריתן קיימת, לכשיבוא אותו
היום שכת' בו כי שמים כעשן נמלחו והארץ כבגד תבלה ותופר ביום ההוא.
»R. Judan sagte in R. Aḥas Namen: Meinten die Söhne Noahs, dass der mit
ihnen geschlossene Bund auf ewig bestehen würde? Das ist nicht der Fall,
vielmehr besteht ihr Bund so lange, wie Himmel und Erde bestehen, bis
derjenige Tag kommt, über den geschrieben steht: Denn der Himmel wird
wie ein Rauch vergehen und die Erde wie ein Kleid zerfallen [Jes 51,6], und
er wurde aufgehoben am selben Tage [Sach 11,11].«

Bis in die neuzeitlichen Bibelwissenschaft hinein wird das Verständnis
von Gen 8,22 als eschatologische und auf eine Begrenzung der Erden-
zeit abzielende Aussage von einigen Auslegern dezidiert vertreten,[6]
wenngleich auch Stimmen nicht fehlen, welche in Gen 8,22 den Ausdruck eines kontinuierlichen und in die Zukunft hinein zeitlich unbe-
grenzten status quo sehen.[7]
Ihre Grundlage hat diese Deutung in der Auffassung, dass mit כֹּל
»Gesamtheit« eine abgeschlossene Menge bezeichnet werde, im vorliegenden Fall also ein endlicher Zeitraum angesprochen sei. In der Tat
kann die Verbindung »כֹּל + Nomen im Plural« eine solche Begrenzung
markierende Bedeutung durchaus haben, so etwa in כָּל־יְמֵי אָדָם »alle
Tage Adams« (Gen 5,5). Andererseits zeigen aber Belege wie כָּל־
מִשְׁאֲלוֹתֶיךָ »jede deiner Bitten« (Ps 9,2), dass mit dem genannten Syn-
tagma nicht notwendigerweise die Abgeschlossenheit einer Menge in
den Blick genommen wird (»alle«), sondern auch die bedingte Zugehörigkeit zu einer solchen (»jeder«), wobei an eine quantitative Beschränkung nicht notwendigerweise gedacht wird. Zwingend ist das eschatologische Verständnis von Gen 8,22 folglich keineswegs, und die
fragliche Passage lässt sich neben »noch die Gesamtheit der Tage der
Erde« ebensogut auch mit »weiterhin jeden Weltentag« übersetzen.
Übersehen worden ist in der bisherigen Diskussion allerdings eine
im Samaritanischen Pentateuch überlieferte abweichende Lesung des
fraglichen Verses. Die Samaritaner lesen Gen 8,22 nämlich wie folgt:[8]

---

5   Zitiert nach der Ausgabe von Theodor/Albeck, Bereschit Rabba, ad loc. (Abschnitt 34,
    S. 321 f.).
6   So etwa Westermann, Genesis, 613, unter zustimmendem Verweis auf Umberto
    Cassutos Erklärung der Passage.
7   So z.B. Waschke, Untersuchungen, 114, der in Gen 8,22 eine »Zusage Gottes, den
    Rhythmus von Saat und Ernte … nicht noch einmal zu unterbrechen«, sieht.
8   Die Transkription der mündlichen Lesung folgt der Ausgabe von Ben-Hayyim,
    LOT IV. Der Rückgriff auf die mündlich überlieferte Lesung ist erforderlich, weil die

ʿad kal yāmi āːrəṣ zēra wqāṣər qor wam qeṣ wirrəf yūmam wlīla lā yišbātu

Nach den Regeln des samaritanischen Hebräisch wird an dieser Lesung deutlich, dass die samaritanische Überlieferung das erste Wort nicht עֹד, sondern עַד vokalisiert,[9] womit dem Vers eine vom masoretischen Text verschiedene Bedeutung zukommt, nämlich:

> »Bis an das Ende der Erdentage werden Saat und Ernte, Kälte und Hitze, Sommer und Winter, Tag und Nacht nicht aufhören.«

Mit der Formulierung *עַד כל ימי הארץ* ist hier die Vorstellung einer »Erfüllung der Zeit« angesprochen, also die vom zukünftigen Ende der Weltzeit.

Angesichts der Tatsache, dass wir bisher allein die erst in den 50er und 60er Jahren des letzten Jahrhunderts aufgezeichnete und im Jahre 1974 erstmals vollständig veröffentlichte, mündlich überlieferte samaritanischen Toralesung in Betracht gezogen haben, erscheint es geraten, nun zunächst die Zuverlässigkeit der samaritanischen Tradition (1.) und deren texthistorischen Kontext (2.) zu betrachten, bevor wir uns Bedeutung und Hintergrund der samaritanischen Vokalisierung näher zuwenden (3.).

1. Gen 8,22 in der samaritanischen Überlieferung

Einen deutlichen Hinweis auf Alter und Zuverlässigkeit der samaritanischen Lesung gibt bereits die überlieferte Orthographie des fragli-

---

Samaritaner in ihrer schriftlichen Überlieferung Vokalzeichen nur sehr sparsam verwenden und die erste vollständig vokalisierte samaritanische Tora erst aus dem Jahre 1998 (*sic!*) stammt; sie wurde von Israel Tsedaka (Holon) geschrieben. Zum texthistorischen Wert der samaritanischen Vokalisierung siehe Schorch, Vokale, 39–61.245–249.

9   Zwar bestimmt Ben-Hayyim in der Konkordanz zu seiner Transkription der samaritanischen Lesung das Wort als nur hier belegtes Äquivalent zu tiberiensisch-hebräischem עֹד (Ben-Hayyim, LOT IV, 201), doch ist die Ansetzung dieses angeblichen *Hapax legomenon* angesichts der Tatsache, dass die samaritanische Lesung generell stark von harmonisierenden Tendenzen gekennzeichnet ist, mithin Ausnahmen kaum zulässt, und das reguläre Äquivalent zu עֹד im Samaritanischen Hebräisch als *ūd* erscheint (siehe Ben-Hayyim, LOT IV, 202), kaum wahrscheinlich. Da auch die samaritanischen Übersetzungen das fragliche Wort als Präposition »bis« wiedergeben (siehe hierzu unten), besteht für die Ansetzung eines Lexems *עַד »noch, weiterhin« im Samaritanischen Hebräisch kein Anlass. Auch Abraham Tal und Moshe Florentin in ihrer Kommentierung der vom MT abweichenden Vokalisierungen des Samaritanischen Pentateuch bestimmen *ʿad* als Präposition (Tal/Florentin, Pentateuch, 627).

chen Wortes: Ausnahmslos alle bekannten Handschriften der Samaritanischen Tora,[10] ab dem 12. Jh. n. Chr. datierend, überliefern die
Schreibung עד. Das ist insofern ein signifikanter Befund, als עוד »noch,
weiterhin« in der samaritanischen Schreibertradition stets mit *Waw* als
mater lectionis geschrieben wird. Die schriftliche Überlieferung gibt
daher keinerlei Grund zu der Annahme, die Samaritaner könnten
irgendwann einmal etwas anderes als *עַד gelesen haben, vielmehr findet die mündliche Lesung hier eine umfassende Bestätigung.

Auch die Übersetzer des Samaritanischen Targums dürften nicht
*עוֹד, sondern durchgängig *עַד in ihrer hebräischen Vorlage gefunden
haben, wie die Wiedergaben in der handschriftlichen Targumüberlieferung zeigen:[11]

Sam Tg Ms J	עד כל יומי הארעה
Sam Tg Ms A	סעד כל יומי הארעה

Sowohl עד als auch סעד sind samaritanisch-aramäische Präpositionen
mit der Bedeutung »bis«,[12] d.h. die zitierte Passage liest ebenso wie der
Samaritanische Pentateuch »bis an das Ende der Erdentage«.

Auch in Manuskripten der samaritanisch-arabischen Pentateuchübersetzung[13] findet sich eine Wiedergabe, die auf die hebräische Vorlage *עַד weist, und zwar:

Sam Arab Üs. Text א (Apparat)	الى كل ايام الالرض

Die vorliegende Lesart[14] gibt mit الى *ilā* eine Präposition »bis« wieder
und bietet mithin eine Entsprechung zu hebr. *עַד.

---

10 Konsultiert wurden vor allem die insgesamt 15 für die fragliche Stelle einschlägigen
Manuskripte der Hallenser Samaritanusausgabe (zu derselben siehe Schorch, editio)
sowie die Ausgabe von Gall, Pentateuch, *ad loc.*

11 Zitiert nach Tal, Targum I. Wie Tal gezeigt hat, war der samaritanische Targum
Gegenstand fortwährender Überarbeitungen, so dass die Texte verschiedener Manuskripte z.T. erheblich voneinander abweichen, siehe Tal, Targum III. Daher präsentiert Tals Edition eine Synopse zweier verschiedener Handschriften, die er mit den
Siglen J (= die ältere Targumüberlieferung) und A (= die jüngste Schicht der samaritanischen Targumüberlieferung) bezeichnet und die hier als Sam Tg Ms. J bzw.
Ms. A erscheinen.

12 Siehe hierzu Tal, Dictionary, *sub voce.*

13 Zitiert nach Shehadeh, The Arabic Translation I. Auch die samaritanisch-arabische
Pentateuchübersetzung besteht *de facto* wohl aus verschiedenen Versionen, weshalb
Haseeb Shehadeh seine Ausgabe gleichfalls als Synopse angelegt hat, indem er die
Version א neben der Version B präsentiert.

14 Sie findet sich in den Mss. ו und ט, die im Apparat der Textversion א dokumentiert
sind.

Im Gegenüber zu dieser Variante enthält die Mehrheit der bedeutenden Handschriften der samaritanisch-arabischen Pentateuchübersetzung allerdings eine Lesung, die nicht Begrenzung, sondern eher Dauer auszudrücken und damit näher an einer möglichen Vorlage *עֹד zu stehen scheint, obgleich Bedeutung und Hintergrund dieser Übersetzung nicht völlig klar sind:

Sam Arab Üs. Text א und B   بل كل ايام الالرض

Das Wort بل *bal* – »sondern, aber«[15] gibt ansonsten in der samaritanisch-arabischen Übersetzung im allgemeinen אַף wieder,[16] so dass die Passage am ehesten »Wahrlich alle Tage der Erde...« zu bedeuten scheint. Möglicherweise mag dieser Übersetzung das hebräische *עֹד zu Grunde gelegen haben, doch könnte es sich ebenso gut um eine freiere exegetische Deutung des Verses handeln.

Trotz dem nicht ganz eindeutigen Befund in einem Teil der samaritanisch-arabischen Pentateuchüberlieferung kann im Hinblick auf den dargestellten Befund geschlossen werden, dass die Lesung *עֹד כל ימי הארץ innerhalb der samaritanischen Überlieferung seit der frühesten Schicht der samaritanischen Targumim, die in die ersten nachchristlichen Jahrhunderte datiert,[17] durch das Mittelalter hindurch bis in die Neuzeit sicher bezeugt ist und demgegenüber eine möglicherweise konkurrierende Vokalisierung *עוֹד jedenfalls nicht sicher nachzuweisen ist.

2. Gen 8,22: Der textkritische Befund außerhalb der samaritanischen Überlieferung

Betrachtet man zunächst die im Masoretischen Text von Gen 8,22 belegte Defektivschreibung עֹד, so ist diese zwar relativ selten, aber keineswegs völlig ungebräuchlich – das Wörterbuch von Köhler und Baumgartner[18] vermerkt diese Orthographie für 14 der insgesamt 490 Belege von עוֹד, davon zwei im Pentateuch.[19]

---

15   Siehe Lane, Lexicon, 243 *sub voce*.

16   Diese Information kommt von Leonhard Becker, Mitarbeiter im Hallenser Samaritanusprojekt, dem ich hiermit ausdrücklich danke.

17   Tal, The Samaritan Targum III, נט.

18   HALOT, *sub voce* עוד.

19   Der andere Beleg, neben Gen 8,22, findet sich in Gen 19,12 עֹד מִי־לְךָ פֹה.

Bezüglich der proto-masoretischen/masoretischen Tradition bezeugen die jüdischen Targumim im allgemeinen die gleiche Vokalisierung wie der MT selbst:[20]

T Onkelos   עוֹד כֹּל יוֹמֵי ארעא

T Neophyti   מן כדון כל יומי דארעא

T Pseudo-Jonathan   עוד כל יומי ארעא דרועא

Alle drei Targumim bedienen sich an der fraglichen Stelle eines Aus-
drucks, der keine Begrenzung, sondern eine fortgesetzte Zeitdauer
bezeichnet, und sie dürften damit auf die Vorlage *עוֹד zurückgehen.

Ähnliches gilt auch auch für die antiken Übersetzungen der Hebräischen Bibel:[21]

Septuaginta   πάσας τὰς ἡμέρας τῆς γῆς

Peschitta   ܡܕܡ ܟܠܗܘܢ ܝ̈ܘܡܬܐ ܕܐܪܥܐ

Vulgata   cunctis diebus terrae

Mit hoher Wahrscheinlichkeit beruhen alle diese Übersetzungen auf
einer mit dem Masoretischen Text identischen Vorlage: *עוֹד כל ימי
הארץ.

Die neben dem Samaritanus einzige Spur einer abweichenden Tradition findet sich in der Pariser Handschrift des Fragmenten-Targums:

T Fragm   עד כל יומי ארעא מן כדון זרעיין וחצדין […] לא פסקו

Der Fragmenten-Targum bietet hier anscheinend eine Doppelüberset-
zung, denn die aramäische Präposition עד[22] entspricht Hebräisch *עַד,
wohingegen מן כדון das Äquivalent zu Hebräisch *עוֹד bietet, also:

»Bis an das Ende der Erdentage: Säen und Ernten […] werden nicht *mehr* aufhören.«

Ob diese Fassung indes eine tatsächlich virulente Vokalisierung *עַד belegt oder aber exegetisch motiviert ist, muss wiederum offen bleiben.

Zusammenfassend ist hinsichtlich des nicht-samaritanischen text-
kritischen Befundes in Gen 8,22 festzustellen, dass die verschiedenen

---

20 Die Texte der Targumim sind nach der Fassung der Software »Accordance« (Version
10.4.2.2) zitiert.

21 Die Septuaginta wird nach der Göttinger Ausgabe zitiert (Wevers), die Vulgata nach
der Ausgabe von Weber, die Peschitta nach Accordance.

22 So allerdings für diese Stelle nur in der Handschrift Paris bezeugt; nach der Handschrift Vatikan und den Mikra'ot Gedolot liest auch das Fragmenten-Targum hier
עוֹד, wie die anderen Targumim. Ich bedanke mich für diesen Hinweis bei Benjamin
Ziemer (Halle).

Zeugen nahezu einhellig die auch im Masoretischen Text vorfindliche
Fassung *עֹד כל ימי הארץ zu belegen scheinen.

3. Die Formulierung עַד כל ימי הארץ vor dem Hintergrund des Hebräischen und Aramäischen der Qumrantexte

Während die Lesung עַד כל ימי הארץ demnach nahezu ausschließlich
innerhalb der samaritanischen Textüberlieferung bezeugt ist und im
Biblischen Hebräisch keine engen Parallelen hat, scheint der hier vorausgesetzte Gebrauch der Verbindung »עַד + כל + Zeitangabe« für »bis
zum Ende/Ablauf von…« seinen Hintergrund im Hebräischen und
Aramäischen der Spätzeit des Zweiten Jerusalemer Tempels zu haben,
wie Belege aus Qumrantexten demonstrieren.

Die erste diesbezüglich einschlägige Passage wird von der Tempelrolle bezeugt und ist hebräisch:[23]

וכו̇ל̇] עוף טמא לוא יוכל ל]היות בתוך מקדשי לעו̇ל̇ם] ועד כול הימים אשר אנ̇י̇
ש̇[ו]̇כן בתוכם. – »[K]ein [unreiner Vogel soll] jemal[s] in meinem Heiligtum
[s]ein, bis an das Ende der Tage, während derer ich unter ihnen w[oh]nen
werde.« (11Q19 46,3–4)

Dreifach sind zudem aramäische Entsprechungen bezeugt. Den ersten
Beleg bieten die Henoch-Fragmente:

[למאסר]כון עד כול יומי ע̇[למא] – »[… um] euch [zu binden] bis an das Ende
der Tage der W[elt…]« (4Q204 f1vi,15)

Zwei weitere Belege stehen im Text des Genesis-Apokryphons,[24] nämlich:

ל̇מ̇ל̇ך כ̇ו̇ל̇ עלמ̇י̇א לעלם ולעד עד כול ע̇למים – »dem König aller Zeiten für immer
und ewig, bis an das Ende der Zeiten« (1Q20 10,10)

ארי לך ולזרעך אנתננה אחריך עד כול עלמיא – »Siehe, dir und deinen Nachkommen nach dir will ich sie geben bis an das Ende der Zeiten.«
(1Q20 21,14)

Die Parallelen des durch die samaritanische Lesung *עַד כל ימי הארץ
vorausgesetzten Syntagmas im Hebräischen und Aramäischen von
Qumran sind mithin deutlich, was darauf deuten könnte, dass die ent-

---

23 Die Qumrantexte, mit Ausnahme des Genesis-Apokryphons, werden hier nach der
in »Accordance« gebotenen Transkription zitiert.

24 Transkription und Interpretation der Belege aus 1Q20 folgen Machiela, The Genesis
Apocryphon.

sprechende samaritanische Vokalisierung im zeitlichen Umfeld dieser
Texte entstand, also wohl im 2./1. Jh. v. Chr.[25] Dieses Datum entspricht
zugleich der wahrscheinlichsten Datierung des Beginns der samaritanischen Lesetradition.[26]

4. עַד versus עוֹד in Ex 15,18

Die Entdeckung, dass sich in der samaritanischen Vokalisierung von
Gen 8,22 Spuren einer mutmaßlich in das 2./1. Jh. v. Chr. datierenden
eschatologischen Weltsicht finden, wirft die Frage auf, ob dieses Konzept vom »Ende der Weltzeit« noch weitere Spuren hinterlassen hat.
Das scheint nun in der Tat der Fall zu sein, und zwar im Text von
Ex 15,18, wo die Samaritanische Tora eine Doppelüberlieferung bewahrt, wie bereits Abraham Tal und Moshe Florentin in ihrer Samari-
tanus-Ausgabe bemerkt haben:
Die jener Ausgabe zugrundeliegende Handschrift Ms Nablus Synagogue 6 liest die in Ex 15,18 vorliegende liturgische Akklamation in
deutlicher Differenz zum Masoretischen Text nicht יְהוָה יִמְלֹךְ לְעֹלָם
וָעֶד, sondern יהוה ימלך עולם ועוד, d.h. anstelle des adverbiell gebrauch-
ten Substantivs עַד »Ewigkeit, unbegrenzte Zukunft«[27] bietet das fragliche Manuskript das Adverb עוֹד »weiterhin«. Die samaritanische Lesetradition weicht hier indes von der Handschrift ab und enthält eine
Vokalisierung, die mit der Schreibung aufgrund der orthographischen
Konventionen des Samaritanischen Hebräisch[28] nicht kompatibel ist,
nämlich ūlam wād, d.h. עוֹלָם וָעֶד.
Solche Differenzen zwischen der handschriftlichen Überlieferung
der Samaritanischen Tora und der mündlich überlieferten Vokalisierung sind nicht sehr häufig, wiewohl Ms Nablus Synagogue 6 ein Manuskript mit einer Reihe von ungewöhnlichen Schreibungen ist.[29] Im
vorliegenden Fall von עולם ועד / עולם ועוד kann die Doppelüberliefe-

---

25 Die Tempelrolle wird gemeinhin dem 2. Jh. v. Chr. zugeschrieben, das Genesis-
    Apokryphon datiert Machiela ins frühe bis mittlere 2. Jh. v. Chr. (Machiela, The Ge-
    nesis Apocryphon, 313f.) und das Manuskript 1Q20 ins späte 1. Jh. v. Chr. (ebd.,
    300f.); das Fragment 4Q204 datiert wahrscheinlich um die Zeitenwende (siehe etwa
    Maier, Die Qumran-Essener II, 147: »Herodianisch«).

26 Siehe Schorch, Vokale, 39–61.

27 GesMD[18], 921 s.v. עַד 1.

28 Siehe dazu oben.

29 Tal/Florentin, Pentateuch, 737–745, listen insgesamt 247 Stellen auf, an denen die
    Schreibung von Ms Nablus Synagogue 6 nicht der von Ben-Hayyim transkribierten
    Lesetradition entspricht.

rung allerdings nicht auf die Idiosynkrasie eines einzelnen Schreibers oder eines einzigen Manuskripts zurückgeführt werden, sondern sie ist breit und von verschiedenen Zeugen belegt.

1. Zunächst ist die schriftliche Textüberlieferung in den samaritanischen Pentateuchhandschriften geteilt: Von zwölf der ältesten Samaritanus-Handschriften (12.–14. Jh. n. Chr.), deren Lesungen geprüft wurden, bieten immerhin drei die Lesung עד, gegenüber neun mit der Lesung עוד. Zudem bieten vier dieser zwölf Handschriften ein textkritisches Zeichen, welches anzeigt, dass dem Schreiber eine alternative Scheibung bekannt war – darunter drei in Verbindung mit עוד (für ein Beispiel siehe Abb. 1) und eine in Verbindung mit עד (ein Beispiel in Abb. 2).

Abb. 1: Die Lesung עוד *יהוה ימלך עולם ועד (mit textkritischem Zeichen über dem Waw von* עוד*) in der samaritanischen Pentateuchhandschrift Ms Dublin Chester Beatty Library, 751 (1225 n. Chr.)*

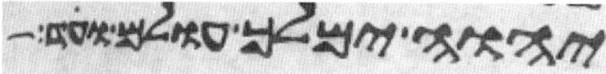

Abb. 2: Die Lesung עד *יהוה ימלך עולם ועד (mit textkritischem Zeichen über dem Ayin von* עד*) in der samaritan. Pentateuchhandschrift Ms Manchester John-Rylands Library, Sam 1 (1211 n. Chr.)*

Damit ist deutlich, dass die schriftliche Tradition beide Varianten kennt, also sowohl *עַד als auch *עוֹד.

2. Ähnlich wie die Manuskripttradition bewahren auch die samaritanischen Targumim beide Lesungen: Vier der in Abraham Tals Ausgabe[30] erfassten Targumhandschriften dürften auf einer hebräischen Vorlage *עוֹד beruhen, nämlich die Mss. J und M (עלם וערא) sowie E und C (עלם ועורי) – beide Wiedergaben bedeuten »die Welt/Ewigkeit und danach«. Andererseits bieten zwei Handschriften Übersetzungen, deren wahrscheinliche hebräische Vorlage *עַד las (Ms. N וסעד Ms. B וסחד »Ewigkeit«).

3. Beide Varianten finden sich auch in den verschiedenen Handschriften der samaritanisch-arabischen Übersetzung. Diese enthalten nämlich

---

30   Siehe Tal, Targum I, *ad loc.*

einerseits Wiedergaben, die auf hebräisch *עַד beruhen (Ms. א al-ʿālam abadan – »ewig, für immer«; Ms. B abad abadīn – »für immer und ewig«), wohingegen andere Manuskripte Entsprechungen zu hebräisch *עוֹד bieten (Ms. ח al-dunya wa-l-uḫra – »diese Welt und die Welt danach«).

Der dargestellte Befund zeigt folglich sehr deutlich, dass die samaritanische Überlieferung in bezug auf Ex 15,18 zwei verschiedene Varianten bewahrt: Einerseits *עוֹלָם וָעֶד, in weitestgehender Übereinstimmung mit dem Masoretischen Text, andererseits *עוֹלָם וְעוֹד.

Da עַד »Ewigkeit« innerhalb der Tora ein *hapax legomenon* darstellt, mag der Gedanke verführerisch sein, das Aufkommen der Lesung עוֹד mit einem nur unzureichend gebildeten oder aber auf Textvereinfachung bedachten Schreiber zu verbinden. Dem steht allerdings entgegen, dass die Lesung *עוֹלָם וְעוֹד auch in nicht-samaritanischen Zeugen weithin nachweisbar ist, insbesondere in der Septuaginta und in der Vulgata:

Septuaginta   κύριος βασιλεύων τὸν αἰῶνα καὶ ἐπ᾽ αἰῶνα καὶ ἔτι

Vulgata   Dominus regnabit in aeternum et ultra

Beide Übersetzungen dürften sehr wahrscheinlich ihren Ausgang von einer Vorlage genommen haben, die identisch oder doch jedenfalls fast identisch mit dem Samaritanustext war. Und während der Septuagintabefund zeigt, dass die fragliche Lesung bereits vor der Loslösung der Samaritaner im Judentum verbreitet war, dürfte die Übersetzung des Hieronymus beweisen, dass die Variante *עוֹלָם וְעוֹד auch zu Zeiten, da die masoretische Tradition ihre Vorherrschaft bereits anzutreten begonnen hatte, im palästinischen Judentum noch verbreitet war.[31]

Die Lesung *עוֹלָם וְעוֹד in Ex 15,18 ist daher keineswegs als eigentlich »samaritanisch« zu bestimmen. Ihr Ursprung liegt vielmehr in der vor dem 2. Jh. v. Chr. von den verschiedensten Gruppen der israelitisch-judäischen Tradition geteilten Literalkultur, von woher sie sowohl in die griechische Übersetzung des alexandrinischen Judentums als auch in die ab der zweiten Hälfte des 2. Jh. v. Chr. selbständig werdende samaritanische Tradition eindrang und selbst in den hebräischen Überlieferungen des palästinischen Judentum noch wenigstens bis zur zweiten Hälfte des 4. Jh. n. Chr. lebendig blieb.

Hinsichtlich der samaritanischen Tradition ist andererseits deutlich, dass die konkurrierende Lesung *עוֹלָם וָעֶד kaum als Folge einer sekun-

---

31   Die Peschitta bietet demgegenüber eine Wiedergabe, die einen dem Masoretischen Text entsprechenden Wortlaut vor sich gehabt haben dürfte, nämlich ܠܥܠܡ ܚܠܨܝ, vgl. ähnlich, aber erweiternd, die Targumim.

dären Entwicklung gedeutet werden kann, denn *עַד in Ex 15,18 stellt innerhalb der Tora ein *hapax legomenon* dar, und eine *hapax*-Lesung dürfte schwerlich spontan und unmotiviert aus einem so bekannten und verbreiteten Wort wie עוֹד entstehen, zumal die samaritanische Überlieferung generell von einer hohen harmonisierenden Konsistenz charakterisiert ist.

Die Lesung *עולם וַעַד versus *עולם וְעוֹד in Ex 15,18 bewahrt daher eine Doppeltradition, die innerhalb der samaritanischen Überlieferung nicht sekundär entstand, sondern von Anfang an vorhanden war.

5. Eschatologische Textspuren in Gen 8,22 und Ex 15,18

Wie bereits angemerkt, ist der hohe Grad an Harmonisierung eines der hervorstechendsten Charakteristika der Samaritanischen Tora, und zwar sowohl sprachlich als auch in inhaltlicher Hinsicht. Diese harmonisierende Grundtendenz hat ihren Ursprung allerdings nicht in der samaritanischen Tradition selbst, sondern geht auf eine Texttradition zurück, die etwas irreführend als »pre-Samaritan« bezeichnet wird, wiewohl sie mit der samaritanischen Überlieferung keineswegs in einer ausschließlichen Verbindung steht.[32]

Vor diesem Hintergrund von in der »prä-samaritanischen« und samaritanischen Texttradition wirksamen, auf harmonisierenden Ausgleich bedachten Tendenzen scheint es nun sinnvoll, die beiden in den samaritanischen Lesarten von Gen 8,22 und Ex 15,18 erhaltenen und hier besprochenen Lesarten miteinander in Bezug zu bringen.

Deutlich ist zunächst, dass mit der Doppelüberlieferung von Ex 15,18 zwei verschiedene Konzepte von Zeit und Ewigkeit der Welt repräsentiert werden:

Während die Formulierung *עולם וָעֶד auf eine »Unendlichkeit« der Zukunft zielt, nimmt die Formulierung *עולם וְעוֹד ein zweiphasiges Zukunftsszenario in den Blick, nämlich einerseits die auch die Gegenwart umfassende Zeit der gegenwärtigen Welt (עולם), nach deren Ablauf andererseits eine neue eschatologische Zeit ihren Anfang nimmt (וְעוֹד). Diese Sicht passt zu der Lesung *עַד כל ימי הארץ in Gen 8,22, welche den Modi des gegenwärtigen Zeitverlaufs mit dem Ende dieser Welt eine markante Grenze setzt.

Vor dem Hintergrund dieser konzeptuellen Nachbarschaft erscheint plausibel, dass die beiden Lesungen *עַד כל ימי הארץ und *עולם

---

32 Siehe Tov, Textual Criticism, 74–93. Zur Bestimmung des Grades von Harmonisierungen in der biblischen Textüberlieferung siehe v.a. Eshel/Eshel, Dating.

וְעֹד etwa zeitgleich und im selben Milieu zum festen Bestandteil der Überlieferungen des Pentateuchtextes wurden, als Ausdruck einer eschatologischen Zukunftserwartung, die in kosmologischen Dimensionen dachte und auf nicht weniger als eine grundlegende Erneuerung der Welt hoffte, in der die Zeit zum Stillstand kommen sollte.

Literatur

Accordance Bible Software. Version 10.4.2.2. OakTree Software 2014

Z. Ben-Hayyim, LOT IV = Z. Ben-Hayyim, עברית וארמית נוסח שומרון, כרך ד': מלי תורה (The Literary and Oral Tradition of Hebrew and Aramaic Amongst the Samaritans, vol. IV: The Words of the Pentateuch; hebr.), Jerusalem 1977

E. Eshel/H. Eshel, Dating the Samaritan Pentateuch's compilation in light of the Qumran biblical scrolls, in: Sh. Paul/R. A. Kraft/L. H. Schiffman/ W. W. Fields (Hg.), Emanuel: Studies in Hebrew Bible, Septuagint and Dead Sea Scrolls in Honor of Emanuel Tov, VT.S 94, Leiden/Boston 2003, 215–240

A. F. v. Gall, Der hebräische Pentateuch der Samaritaner, Giessen 1914–1918

GᴇsMD[18] = W. Gesenius/R. Meyer/H. Donner, Hebräisches und Aramäisches Handwörterbuch über das Alte Testament, Berlin u.a. 1987–2013

HALOT = L. Köhler/W. Baumgartner, The Hebrew and Aramaic Lexicon of the Old Testament, Leiden u.a. 1994–2000

E. W. Lane, An Arabic–English Lexicon, London 1801–1876

D. A. Machiela, The Genesis Apocryphon (1Q20): A Reevaluation of its Text, Interpretative Character, and Relationship to the Book of Jubilees: A Dissertation Submitted to the Graduate School of the University of Notre Dame, Notre Dame, Indiana 2007

J. Maier, Die Qumran-Essener: Die Texte vom Toten Meer, Band II: Die Texte der Höhle 4, UTB 1863, München/Basel 1995

St. Schorch, Die Vokale des Gesetzes. Die samaritanische Lesetradition als Textzeugin der Tora, Band 1: Das Buch Genesis, BZAW 339, Berlin/New York 2004

— A Critical editio maior of the Samaritan Pentateuch: State of Research, Principles, and Problems. HeBAI 2 (2013), 100–120

H. Shehadeh, The Arabic Translation I = H. Shehadeh, התרגום הערבי לנוסח התורה של השומרונים, כרך א': בראשית. שמות (The Arabic Translation of the Samaritan Pentateuch, vol. 1: Genesis – Exodus; arab. und hebr.), Jerusalem 1989

A. Tal, A Dictionary of Samaritan Aramaic, Leiden u.a. 2000

— Targum I = A. Tal, התרגום השומרוני לתורה, מהדורה ביקורתית. כרך א': בראשית, שמות (The Samaritan Targum of the Pentateuch: A critical edition, part I: Genesis, Exodus; hebr.), Texts and Studies in the Hebrew Language and Related Studies 4, Tel Aviv 1980

— Targum III = A. Tal, מבוא :כרך ג'. כרך ג': מבוא. מהדורה ביקורתית, מהדורה לתורה, התרגום השומרוני לתורה
(The Samaritan Targum of the Pentateuch: A critical edition, part III: Intro-
duction; hebr.), Texts and Studies in the Hebrew Language and Related
Studies 6, Tel Aviv 1983

A. Tal/M. Florentin, Pentateuch = A. Tal/M. Florentin, נוסח ,תורה חמישה חומשי
נספחים ,הערות ,מבוא: המסורה ונוסח שומרון (The Pentateuch – The Samaritan Version and the Masoretic Version, hebr.), Tel Aviv 2010

J. Theodor/Ch. Albeck, Bereschit Rabba mit kritischem Apparat und Kommentar. Parascha I–XLVII, Berlin 1912

E. Tov, Textual Criticism of the Hebrew Bible, Minneapolis ³2012

E.-J. Waschke, Untersuchungen zum Menschenbild der Urgeschichte. Ein Beitrag zur alttestamentlichen Theologie, Theologische Arbeiten 43, Berlin
1984

R. Weber, Biblia sacra iuxta Vulgatam versionem, Stuttgart ³1984

C. Westermann, Genesis, Biblischer Kommentar I, Neukirchen-Vluyn 1982

J. W. Wevers, Septuaginta, vol. 1: Genesis, Septuaginta auctoritate Societatis
Scientiarum Gottingensis edita 1, Göttingen 1974

— Septuaginta, vol. 2: Exodus, Septuaginta auctoritate Societatis Scientiarum
Gottingensis edita 2,1, Göttingen 1974

B. Ziemer, Gott steht zu seinem Wort. Die Bedeutung von הקים ברית in
Gen 6,18 und der Ort der Sintflut in der Endkomposition des Pentateuch,
in: J. Tubach u.a. (Hg.), Vom Nil an die Saale: Festschrift Arafa Mustafa,
Halle (Saale) 2008, 507–539

Anhang

Autorenverzeichnis

Graham Davies ist Professor emeritus für Old Testament Studies und Fellow des Fitzwilliam College an der University of Cambridge, UK.

Sebastian Grätz ist Professor für Altes Testament an der Evangelisch-Theologischen Fakultät der Johannes Gutenberg-Universität Mainz.

Jutta Häser ist Co-Direktorin des Gadara Region Projects.

Raik Heckl ist Privatdozent an der Theol. Fak. der Univ. Leipzig, Heisenbergstipendiat an der Ev.-Theol. Fak. der Univ. Tübingen und Research Associate an der Univ. of Pretoria, Faculty of Theology.

Georg Hentschel ist Professor emeritus für Altes Testament an der Universität Erfurt.

Ulrich Hübner ist Professor für die Archäologie und Religionsgeschichte Palästinas und Syriens an der Christian-Albrechts-Universität Kiel.

Otto Kaiser ist Professor emeritus für Altes Testament an der Philipps-Universität Marburg.

Jens Kotjatko-Reeb ist Lektor für Hebräisch an der Martin-Luther-Universität Halle-Wittenberg.

Zoltán Kustár ist Professor für Altes Testament an der Reformierten Theologischen Universität Debrecen (Ungarn).

Christoph Levin ist Professor für Altes Testament an der Ludwig-Maximilians-Universität München.

Rüdiger Lux ist Professor emeritus für Altes Testament an der Universität Leipzig.

Arndt Meinhold ist Professor emeritus für Altes Testament an der Martin-Luther-Universität Halle-Wittenberg.

Jutta Noetzel ist Pfarrerin in Herzberg und Lehrbeauftragte für Altes Testament an der Martin-Luther-Universität Halle-Wittenberg.

Hans-Christoph Schmitt ist Professor emeritus für Alttestamentliche Theologie an der Friedrich-Alexander-Universität Erlangen-Nürnberg.

Stefan Schorch ist Professor für Bibelwissenschaften an der Martin-Luther-Universität Halle-Wittenberg.

Katja Soennecken ist Assistentin am Deutschen Evangelischen Institut für Altertumswisssenschaft des Heiligen Landes.

Johannes Thon ist wissenschaftlicher Mitarbeiter am Seminar für Altes Testament der Martin-Luther-Universität Halle-Wittenberg.

Jürgen Tubach ist Professor für die Wissenschaft vom Christlichen Orient an der Martin-Luther-Universität Halle-Wittenberg.

Cătălin Vatamanu ist Dozent an der Theologischen Fakultät der Alexandru Ioan Cuza Universität Jassy, Rumänien.

Giuseppe Veltri war 1997—2014 Professor für Judaistik an der Universität Halle-Wittenberg und ist seit 2014 Professor für Jüdische Philosophie und Religion an der Universität Hamburg.

Dieter Vieweger ist Direktor des Deutschen Evangelischen Instituts für Altertumswisssenschaft des Heiligen Landes.

Benjamin Ziemer ist wissenschaftlicher Mitarbeiter am Seminar für Altes Testament der Martin-Luther-Universität Halle-Wittenberg.

Register

Sachen und Personen

Fremdsprachliche Wörter

Stellen